AF252163

TESI GREGORIANA
Serie Diritto Canonico

— 119 —

FRÉDÉRIC FERMANEL

LA SYNODALITÉ ÉPISCOPALE DANS LA PROVINCE ECCLÉSIASTIQUE LATINE

Sa physionomie dans l'ordonnancement canonique actuel, particulièrement en France

Pontificia Università Gregoriana
Pontificio Istituto Biblico

Roma 2021

Vidimus et approbamus ad normam Statutorum Universitatis

Romae, ex Pontificia Universitate Gregoriana
die 20 mensis martii anni 2021

Prof. Ulrich Rhode
Prof. Patrick Valdrini

Direttore di Collana: P. Janusz Piotr Kowal, SJ

Impaginazione a cura dell'Autore

© 2021 Gregorian & Biblical Press
Piazza della Pilotta, 4 - 00187 Rome, Italy
www.gbpress.org - books@biblicum.com

ISBN 978-88-7839-**457**-5

INTRODUCTION GÉNÉRALE

Les perspectives de cette recherche s'inscrivent dans différentes lignes d'intérêts, visant en particulier l'étude des rapports entre la territorialité, la coordination pastorale, la collaboration ecclésiale et la coopération épiscopale. Dans la présente étude, ces lignes de recherche se rassemblent dans un champ thématique plus restreint qui concerne les modalités synodales des relations organiques entre évêques et la manière dont elles rendent visibles, au travers d'institutions, la communion entre les Églises particulières dans un espace territorial déterminé. Dans ce champ thématique il existe de nombreuses études au niveau de l'Église Universelle, notamment sur l'institution du Synode des Évêques, mais aux niveaux supra-locaux des regroupements ecclésiaux et épiscopaux, on trouve principalement des études sur les Conférences Épiscopales[1] et peu sur d'autres institutions intermédiaires. En son temps, J. Beyer faisait remarquer, par exemple, que la province ecclésiastique, comme «réalité de communion», n'était pas suffisamment étudiée[2]. Il nous a paru dès lors intéressant de fixer notre champ thématique dans ce cadre institutionnel: le sujet de cette recherche porte ainsi sur la synodalité épiscopale dans la province ecclésiastique.

Cette étude s'intéresse à la province ecclésiastique à la fois comme un lieu canonique, une circonscription de l'organisation administrative de l'Église mais également comme un lieu ecclésiologique de communion entre des communautés hiérarchiques diocésaines. Elle est une réflexion

---

[1] Citons, par exemple, G. FELICIANI, *Le Conferenze episcopali*; A. ANTÓN, *Conferencias episcopales, ¿instancias intermedias? El estado teológico de la cuestión.*

[2] Cf. J. BEYER, *Du Concile au Code de droit canonique*, 20. Il existe peu d'études sur la province ecclésiastique en elle-même, sinon des commentaires du Code de 1983. Parmi les contributions parues après le Code de 1983, citons J.I. ARRIETA, «Instrumentos supradiocesanos para el gobierno de la Iglesia particular»; J.L. GUTIERREZ, «I raggruppamenti di Chiese particolari»; G. MARCHETTI, «Origine e significato nell'ordinamento canonico delle province».

canonique dans le Code de 1983 autour des cann. 431-432 qui concernent la définition des regroupements ecclésiastiques provinciaux et des cann. 435-437 sur la charge d'Archevêque métropolitain et plus particulièrement sur la manière dont ils se combinent, sur un plan institutionnel, dans une synodalité pratique dont le concile provincial est la forme la plus achevée (cann. 439 §2; 440; 442-446). La «synodalité», à laquelle il est fait si souvent référence aujourd'hui, nous a semblé être ainsi un axe de recherche pertinent pour entreprendre cette étude sur les fondements et les fonctionnements des institutions provinciales.

L'originalité de notre démarche repose sur une vision organique de la synodalité, comme fait constitutionnel de la communion ecclésiale. Notre postulat de départ est que la synodalité, comme mécanisme de la communion ecclésiale, conditionne organiquement les regroupements d'Églises particulières en réseaux de coopération pastorale depuis les premiers temps de l'Église. Cette collaboration ne peut s'envisager qu'à un niveau opératif où les décideurs, par le droit divin et humain, sont appelés à exercer, conjointement parfois, leur ministère pastoral pour le bien des fidèles qui leurs sont confiés. Les évêques diocésains, en tant que pasteurs propres, portent collégialement le souci missionnaire sur un même territoire défini pour leur regroupement, et doivent s'organiser de manière coresponsable pour manifester la communion ecclésiastique où les fidèles peuvent participer. Cette coopération pastorale qui met en œuvre la collégialité à un niveau supra-local peut commodément s'appeler «synodalité épiscopale». Les provinces ecclésiastiques sont nées dans un contexte de relations entre les diocèses et de coopérations épiscopales qui remonte au premier temps de l'organisation de l'Église: elles portent en elles, de manière génétique, une mécanique synodale, propre à la communion ecclésiale.

Il existe quelques études assez variées sur la conciliarité provinciale[3]. Le système métropolitain, quant à lui, est souvent observé à partir de la fonction de l'Archevêque métropolitain ou du signe liturgique du pallium[4]. D'autre

---

[3] Citons par exemple, pour une étude ancienne, D. BOUIX, *Du concile provincial ou traité des questions de théologie et de droit canon qui concernent les conciles provinciaux* (1850); J.B. D'ONORIO. «Les conciles particuliers après dix ans d'applications du code de droit canonique de 1983» (1993); F. DIATEZULWA-MBUNGU, *Les conciles particuliers dans l'Église latine: enjeux des canons 439-446 du Code de 1983* (2009).

[4] Parfois anciennes, comme A.S. POPEK, *The rights and obligations of metropolitans, a historical synopsis and commentary* (1947); A. APRÀ, *Il Metropolita e la sua potestà giurisdizionale sino al concilio di Trento compreso* (1966); l'étude la plus récente et la plus complète: H. HOHL, *Das Amt des Metropoliten und die Metropolitanverfassung in der lateinischen Kirche: Geschichte, Theologie und Recht* (2010). Sur

part, les perspectives œcuméniques de ce champ de recherche nous ont amené à ne pas négliger les contributions éclairantes de certains auteurs orthodoxes comme J. Zizioulas[5], ou celles de la Commission Mixte Internationale pour le dialogue théologique entre l'Église Catholique romaine et l'Église Orthodoxe (CMIECO)[6]. En ce qui concerne spécifiquement la position de l'Église Catholique, la Commission Internationale Théologique (CTI) a produit en 2018 un document synthétique, *«De synodalitate in vita Ecclesia»*[7] auquel nous ferons souvent référence. Il faut toutefois noter que ces derniers textes n'ont pas de caractères magistériels.

Notre contribution souhaite apporter un regard analytique et critique sur les fonctionnements de la communion supradiocésaine latine. Le *status quæstionis* est, dès lors, assez vaste et nécessite d'être circonscrit.

La synodalité, qui constitue l'épine dorsale de notre recherche, est le mode de fonctionnement institutionnel de la communion. Comme caractéristique fondamentale typique de la vie ecclésiale, elle met en relation des «sujets», les fidèles, réunis en communautés hiérarchiques, et les évêques constitués comme «chefs» de ces communautés. Concept polyvalent, la synodalité désigne tout autant la participation de tous les fidèles à chaque échelon de l'organisation de l'Église, qu'une manière de faire spécifique des relations entre évêques comme pasteurs de leurs Églises. La synodalité s'enracine, en effet, dans la pratique antique de l'Église de réunir les évêques d'un même territoire pour traiter de questions de doctrine et de vie ecclésiale autour du premier d'entre eux – *prótos/primus* –. La synodalité repose ainsi sur deux piliers qui favorisent le discernement pastoral: le *sensus fidei fidelium* et la collégialité sacramentelle de l'Épiscopat. Ce mécanisme de communion ecclésiale met en relation des sujets qui sont autant de *catégories théologiques*: les fidèles – *tous* – avec leur pasteurs réunis collégialement – *quelques-uns* – autour d'un principe d'unité – *un seul* –. Ce principe d'unité se caractérise par une fonction personnelle, une primauté: comment s'est-elle identifiée au cours de l'histoire et quelle est-elle aujourd'hui?

---

l'histoire du Pallium, une étude récente de S.A. SCHOENIG, *Bonds of wool; The Pallium and papal power in the Middle Ages* (2016).

[5] Cf. J. ZIZIOULAS, *L'Église et ses institutions*, où on trouvera une large bibliographie de cet auteur.

[6] La CMIECO est une commission du Conseil Pontifical pour l'Unité des Chrétiens. Elle a produit plusieurs documents dont certains intéressent particulièrement notre sujet et sont référencés dans la bibliographie sous les noms de leur provenance: «Valamo» (1988), «Ravenne» (2007), «Chieti» (2016).

[7] La CTI est une commission de la Congrégation pour la Doctrine de la Foi [CDF]; Cf. S. MORANDINI, «Un dinamismo ecumenico», 83-92.

Dans l'histoire de l'Église, les conciles provinciaux furent les premières formes institutionnelles de la communion ecclésiale[8] et on peut dire que leur mécanique synodale-épiscopale typique est à l'origine des circonscriptions en provinces ecclésiastiques. Dès l'antiquité, les rapports collégiaux entre évêques se stabilisent selon une règle précise qui nous est parvenue dans le canon 34 du *Canon des Apôtres*[9], tenue en grande estime dans les Églises Catholiques Orientales comme dans les Églises Orthodoxes. Ce canon, qui peut être considéré comme la «charte» de la synodalité épiscopale au premier millénaire, rappelle que les premières manifestations de la collégialité entre les évêques, dès avant le IVe siècle, s'organisent traditionnellement dans une dynamique synodale régionale des Églises locales[10]. Cette communion ecclésiale va prendre place progressivement dans des organisations institutionnelles territoriales dont les provinces ecclésiastiques seront le premier niveau[11]. La synodalité épiscopale est-elle toujours au fondement des provinces comprises comme des circonscriptions administratives de l'organisation ecclésiastique?

La règle du canon 34 des Apôtres est parvenue en Occident dans sa version aménagée du canon 9 du concile d'Antioche (341) qui organise ce que l'on appelle communément le système métropolitain. Cette organisation met en relation deux éléments nécessaires qui s'appellent l'un l'autre: la synodalité et la primauté[12]. Localement, cette primauté fonctionnelle prise parmi les évêques de la province – *primus inter pares* – était désignée par l'élection de ses pairs puis s'est stabilisée sur un siège épiscopal fixe, le siège métropolitain. La synodalité entre les Églises, où s'exprime à la fois la diversité et l'unité, ne peut-elle se développer sans un principe de primauté locale de nature épiscopale? Cette primauté fonctionnelle d'un siège en particulier établit-elle une gradualité entre les Églises et induit-elle des rapports hiérarchiques entre les évêques dans la province?

---

[8] Cf. CMIECO, «Valamo», n. 53.

[9] Cf. *Les Constitutions Apostoliques* 8, 47, can. 34,: «Il faut que les évêques de chaque nation sachent lequel d'entre eux est le premier, qu'ils le considèrent comme leur chef et ne fassent rien d'important sans son accord; chacun ne s'occupera que de ce qui concerne son district et les territoires qui en dépendent; mais que le chef ne fasse rien non plus sans l'accord de tous; ainsi la concorde règnera-t-elle et Dieu sera-t-il glorifié, par le Christ dans le Saint Esprit», trad. M. METZGER in SC 336, 285.

[10] Cf. CMIECO, «Ravenne», nn. 24-25.

[11] Cf. CMIECO, «Chieti», nn. 11-14.

[12] Cf. CMIECO, «Chieti», nn. 3-6.

L'expérience des premières assemblées d'évêques, notamment dans les conciles particuliers, a permis une compréhension de la nature théologique de l'Église comme communion, structurée à la fois synodalement et hiérarchiquement. Bien que l'élément synodal ne se réduise pas au fonctionnement des institutions ecclésiales[13], cet aspect historique de l'organisation ecclésiastique met en évidence un modèle organique de communion des Églises particulières qui se structure sur l'élément épiscopal autour d'une figure primatiale qui rend possible le développement en un lieu de l'esprit collégial – *affectus collegialis* – typique de la *Communio Episcoporum*.

Le lien entre collégialité et synodalité est devenu si prégnant en théologie qu'il n'est pas rare d'employer un terme pour l'autre, comme dans la tradition Orientale ou Orthodoxe[14]. Sur le plan matériel, la collégialité théologique s'identifie avec cet élément synodal dans sa signification juridique. Dans ce sens, la *communio Ecclesiarum* est le lieu de réalisation théologique de la synodalité, où l'élément épiscopal remplit une fonction juridique constitutive[15]. En effet, de manière formelle, l'élément épiscopal, avec son caractère interpersonnel et collégial dérivant de l'ordination sacramentelle, ne fonctionne pas seulement quand les évêques sont appelés à exercer la *suprema potestas* sur l'Église universelle, mais encore quand ils partagent ensemble, au plan local, le soin pastoral des Églises qui leur sont confiées[16]. Cette *sollicitudo omnium Ecclesiarum*, qui est le propre du ministère collégial épiscopal tout entier, ne peut s'exercer que dans la communion avec l'évêque de Rome. La collégialité théologique, rappelle Jean-Paul II, «au sens propre ou au sens strict, n'appartient qu'au collège épiscopal tout entier, lequel comme sujet théologique, est indivisible»[17]. Le Pontife romain comme vecteur de la communion ecclésiale est le «Chef» du Collège épiscopal. L'action des évêques réunis en assemblées locales, soit en province ecclésiastique soit

---

[13] Cf. E. CORECCO, «Sinodalità», 1483.

[14] Une étude de A. MILTOS, *Collégialité et synodalité*, issue de sa thèse, donne un panorama intéressant de cette question œcuménique, cf. bibliographie.

[15] Cf. W. AYMANS, *Das synodale Element*, 351-360; voir FRANÇOIS, disc., 17 oct. 2015, 78: «la synodalité comme dimension constitutive de l'Église, nous offre le cadre d'interprétation le plus adapté pour comprendre le ministère hiérarchique».

[16] Cf. W. AYMANS, «Die Communio Ecclesiarum als Gestaltgesetz der einen Kirche», 90. Voir aussi J. HAMER, «la conférence épiscopale, exercice de la collégialité», 969: «Il n'y a pas deux collégialités épiscopales: celle qui s'exercerait à l'échelle universelle et celle qui se manifesterait à l'échelle d'une région quelconque. Il n'y en a qu'une seule mais qui connaît des modalités infiniment variées».

[17] JEAN-PAUL II, m.p. *Apostolos suos*, n.12.

en Conférence Épiscopale, ne peut donc être qualifiée théologiquement de «collégiale». Cependant, il n'est pas inconcevable que les rapports juridiques entre les évêques au niveau d'un regroupement pastoral d'Églises particulières puissent être définis comme «collégiaux», au moins dans un sens analogique, puisqu'il s'agit d'une action locale du corps épiscopal en communion avec l'évêque de l'Église de Rome. Cette mise en œuvre partielle ou pastorale de la collégialité peut être vue, selon le Pape François, comme un «niveau d'exercice» entre égaux – au sens juridique – de l'*affectus collegialis*[18].

La collégialité est donc un moment clef, premier et juridiquement essentiel de la synodalité. Or, à chaque échelon, la collégialité entre dans la définition des relations ecclésiales, selon une forme de réalisation qui implique deux éléments essentiels: la synodalité et une primauté personnelle de nature épiscopale. Comme la collégialité appartient à la constitution de l'Église, en soit, elle n'a pas besoin de formes institutionnelles spécifiques pour s'exprimer. Cependant, selon la *Nota Explicativa Prævia* (NEP) qui accompagne la constitution dogmatique *Lumen gentium*, la collégialité ne doit pas être comprise «comme un vague sentiment, mais comme une *réalité organique* qui exige une *forme juridique*»[19], et cela à tous les niveaux où elle s'exprime. Le système métropolitain est-il alors une forme juridique de la communion organique des évêques réunis en un lieu? Ce système a-t-il aujourd'hui le même sens qu'au moment où il est né, dans les confins du IIe siècle? Comment se positionne, ecclésiologiquement et canoniquement, le système métropolitain dans la conception latine universaliste de la communion hiérarchique? Quel est sa fonction aujourd'hui dans l'organisation de la province ecclésiastique?

Le concile Vatican II souhaitait que les circonscriptions ecclésiastiques soient rénovées, notamment la province ecclésiastique, ainsi que la fonction d'Archevêque métropolitain qui est placée à sa tête (*CD* 40). Ils sont pourtant à peine évoqués dans le directoire pour le ministère des évêques de 1973, *Ecclesiæ imago*, qui restera en vigueur jusqu'en 2004. Paul VI avait commencé de renouveler l'institution du pallium métropolitain à la fin des années 1970 avec le m.p. *Inter eximia*[20] pour lui redonner du sens dans la communion hiérarchique. Il faudra attendre la codification de 1983 pour que cet *aggiornamento* se prolonge concrètement par de nouvelles normes plus appropriées. Comment les apports de l'ecclésio-

---

[18] Cf. FRANÇOIS, disc., 17 oct. 2015, 79.

[19] *NEP* 2: «Non intelligitur autem de vago quodam affectu, sed de *realitate organica*, quae *iuridicam formam* exigit» (notre traduction et nos italiques).

[20] Cf. PAUL VI, m.p. *Inter eximia episcopalis*, 11 mai 1978.

logie conciliaire sont-ils entrés dans la nouvelle codification, notamment dans la définition canonique de la province?

La province ecclésiastique, de constitution obligatoire (can. 431 §§1-2), met en relation des diocèses comme communautés hiérarchiques de fidèles et par suite des pasteurs dans un espace territorial où se réalise une communion locale. La province, constituée par les diocèses les plus proches (can. 431 §§1-3,) comme une entité juridique de pleine capacité (can. 432 § 2), a pour but d'entretenir et de développer les relations mutuelles entre les évêques sous la responsabilité de l'un d'entre eux, l'Archevêque métropolitain. Ce dernier, titulaire d'un siège épiscopal qui occupe graduellement une place importante dans la province, porte le signe du pallium (can. 437) qui manifeste ainsi symboliquement sa juridiction primatiale ordinaire et vicaire pour veiller sur la communion disciplinaire. C'est lui qui préside et représente sa province (cann. 114-116; 435), et qui convoque le Concile provincial (can. 442) en accord avec les autres évêques diocésains, les suffragants. Toutefois, la célébration des conciles provinciaux (can. 440 §1) est devenue très exceptionnelle, quoique vivement encouragée par le Concile Vatican II (*CD* 36). L'organisation actuelle des provinces ecclésiastiques favorise-t-elle la voie synodale entre les Églises particulières? La célébration des conciles provinciaux peut-elle être encouragée par une revalorisation de la fonction du métropolitain?

Une modification[21] apportée au Cérémonial des Évêques en 2014, rénovant le rite de l'imposition du pallium, veut que cette «coutume» puisse aider les Églises locales à réaliser un «chemin de synodalité», à la fois entre les Églises mais également entre leurs pasteurs au niveau local d'une province ecclésiastique. Le rôle de l'Archevêque métropolitain ne semble donc pas totalement éteint. Quel est alors le contenu juridique de sa charge canonique dans l'organisation synodale de la province? Sa fonction a-t-elle un sens disciplinaire ou synodal? Pourrait-elle être plus développée comme le laisse entendre le can. 436 §2, et dans quel sens?

Depuis la mise en place de ce nouvel ordonnancement canonique, les provinces ecclésiastiques ont toutefois fait figure de «parent pauvre» auprès des Conférences Épiscopales et des régions ecclésiastiques où se sont fixés de nombreux enjeux ecclésiologiques après le concile Vatican II. Dans le questionnement de la mise en œuvre d'une communion réelle et engageante entre les pasteurs et leurs Églises, elles retrouvent une place dans le débat doctrinal au début des années 2000. Souvent citées

---

[21] Cf. OFFICE DES CÉLÉBRATIONS LITURGIQUES DU SOUVERAIN PONTIFE, Lett. circ. aux Nonces Apostoliques , 12 janv. 2015, *Comm.* (2017) 111.

dans les travaux du Synode des Évêques de 2001[22], Jean-Paul II en fait mention dans l'exhortation apostolique post-synodale *Pastores gregis*. Il consacre ainsi un paragraphe[23] aux provinces ecclésiastiques et à leur organisation métropolitaine, les désignant comme des lieux institutionnels d'implication synodale du ministère épiscopal. Il reprend une réflexion déjà amorcée dans le m.p. *Apostolos suos*, à propos du rôle important des provinces ecclésiastiques dans la conciliarité entre les Églises particulières au cours des siècles[24]. Le nouveau directoire pour le ministère pastoral des évêques *Apostolorum successores*, en 2004, apporte des éléments significatifs pour une compréhension renouvelée de la norme de 1983, notamment sur le sens canonique des institutions de la province ecclésiastique: le concile provincial, l'Assemblée des évêques de la province et le métropolitain[25]. Dès lors, les provinces ecclésiastiques apparaissent mieux comme un premier niveau graduel du travail de coordination de l'action pastorale des évêques. Comment fonctionnent les institutions provinciales aujourd'hui? Quel est leur place graduelle dans l'organisation ecclésiastique? Les provinces peuvent-elles être des niveaux structurels locaux de la concertation entre évêques qui pourraient être pris en compte dans le schéma organique d'une Conférence Épiscopale? Quelles en seraient les conditions?

Afin de donner un peu de relief à la réflexion, il nous a paru nécessaire d'illustrer notre propos de manière concrète au travers d'une organisation ecclésiastique précise où les provinces ecclésiastiques pourraient être étudiées dans leur fonctionnement. Dans cet esprit, l'expérience française dans son organisation ecclésiastique nous a fourni plusieurs exemples qui nous ont semblé intéressants pour au moins trois raisons.

La première, c'est qu'entre le concile Vatican II et aujourd'hui, la Conférence des Évêques de France a cherché plusieurs fois à établir une organisation pastorale rationnelle pour le travail collaboratif des évêques au niveau de sa Conférence Épiscopale. Après avoir expérimenté pendant une trentaine d'année un modèle organisationnel en «Régions apostoliques», créées au début des années soixante, la Conférence française a décidé d'abandonner ce type de regroupement pastoral à la fin des années 1990 au profit du modèle classique en provinces ecclésiastiques. Ce

---

[22] Synode des Évêques, Xe Assemblée générale ordinaire, 30 septembre- 27 octobre 2001, «l'Évêque serviteur de l'Évangile de Jésus Christ pour l'Espérance du monde».

[23] Cf. Jean-Paul II, exh. ap. post-syn. *Pastores gregis*, n. 62.

[24] Cf. Jean-Paul II, m.p. *Apostolos suos*, 21 mai 1998, n. 3.

[25] Cf. Directoire *Apostolorum successores* [DPME], n. 23.

choix s'inscrivait également dans une refonte des Statuts de la Conférence Épiscopale où les provinces devaient remplacer les Régions apostoliques. Une réforme de 2002[26] modifie les regroupements ecclésiastiques provinciaux en France, dessinant une nouvelle carte des circonscriptions pastorales, approuvée définitivement en 2008. Quels ont été les principes pour la révision du schéma géographique des coopérations pastorales des évêques de France? Quelle place les Statuts de la Conférence réservent-ils aux provinces et quel sens leur attribuent-ils? Quels sont les points forts et les points faibles de l'organisation française? Une comparaison avec d'autres Statuts de Conférences, par exemple ceux de la Conférence Épiscopale Espagnole (CEE), parus en 2019, pourrait nous aider à mieux les identifier.

Une deuxième raison pour nous intéresser à l'expérience française est l'organisation spécifique de la Province Ecclésiastique de Paris (PEP). Dans cette grande agglomération, la situation pastorale unique a commandé une organisation originale entre les Églises particulières et leurs pasteurs. Advenue en 1966[27], au sortir du concile Vatican II, cette organisation réglementaire porte en elle toutes les questions, telles que nous les verrons, qui furent à l'origine du can. 436 §2 du Code de 1983. En reprenant les différents éléments qui ont conduit à l'élaboration de Normes spécifiques pour la province de Paris en 1966, nous tenterons d'en voir les mécanismes juridiques et également la manière dont furent surmontées les difficultés canoniques. Ces Normes de 1966 ont été renouvelées en 1984, après la parution du nouveau Code. Cet *aggiornamento* a-t-il fait appel au can. 436 §2 et à ses ressources? Cette expérience canonique dans un contexte pastoral précis peut-elle, *mutatis mutandis*, trouver à s'appliquer ailleurs?

Une troisième raison enfin, voudrait montrer que le souhait conciliaire de voir rénover les provinces ecclésiastiques peut en effet aider à relancer une dynamique synodale de concertation entre les diocèses. Les expériences de conciliarités entre les Églises particulières, notamment provinciales, sont assez rares, notamment en Europe. Cependant, un exemple existe en France, après la modification de la carte pastorale: de 2013 à 2015, la Province Ecclésiastique de Lille, à l'occasion de son renouvellement comme circonscription ecclésiastique, a célébré un concile provincial, selon les canons en vigueur dans le Code de 1983 (cann. 440 §1; 442 §1, 1°-3°). Cette modification a-t-elle favorisé la dé-

---

[26] CONGRÉGATION POUR LES ÉVÊQUES, décr. N. 619/02, 8 décembre 2002, portant sur la nouvelle organisation des provinces ecclésiastiques en France.

[27] Cf. PAUL VI, const. ap. *Qui volente Deo*, 9 oct. 1966.

marche conciliaire? Comment se sont organisées synodalement la participation et la collaboration entre les différentes catégories de fidèles? Quels furent les rôles des évêques et de l'Archevêque métropolitain dans le déploiement de cette démarche synodale typiquement provinciale?

Toutes ces questions auxquelles nous tenterons de répondre définissent ainsi l'objectif de ce projet de recherche: évaluer la physionomie canonique de la synodalité épiscopale dans un premier niveau normatif de regroupement ecclésial, la province ecclésiastique et sa pertinence dans une organisation ecclésiastique structurée, particulièrement en France.

Sur le plan méthodologique, nous progresserons de manière didactique. Il semblait difficile de ne pas mentionner, même sommairement, les sources primaires, quand elles existent, à côté des sources secondaires afin de justifier nos propos. Notre questionnement fait souvent appel à l'histoire institutionnelle de l'organisation ecclésiastique, prenant en compte les aspects théologiques dont elle est porteuse, pour mener ensuite vers une lecture en contexte et un commentaire juridique des canons en vigueur et des concepts ecclésiologiques dont ils rendent compte. Afin d'entraîner le lecteur dans cette étude, il nous a paru utile de commencer d'abord par une mise en perspective des différents aspects du concept de synodalité pour le situer dans le champ de recherche et formuler les hypothèses de travail. Le recours à l'histoire ecclésiastique aura alors pour but de vérifier ces hypothèses et d'isoler les dynamiques – territorialité, représentativité, subsidiarité et coresponsabilité – qui rendent pertinent l'exercice de la synodalité provinciale. L'analyse proprement dite des canons sera conduite selon la méthode analytico-exégétique, complétée par une lecture critique historico-juridique, utilisant les sources canoniques ainsi que les documents conciliaires, pontificaux et dicastériels. Pour l'exploitation des archives de la CEF et de l'Archevêché de Paris[28], concernant la réforme des structures provinciales (1992-2010) et la Province Ecclésiastique de Paris (PEP), nous avons eu recours à la méthode documentaire.

Cette recherche comporte certaines limites. La première concerne la définition de l'axe de recherche. La littérature sur la synodalité est abondante et presque sans fin: comme il est impossible de tout lire, notre bibliographie s'arrête délibérément au 31 décembre 2019. La thématique de la synodalité est également diversement comprise et il est parfois dif-

---

[28] Déposées pour une part au Centre National des Archives de l'Église de France [CNAEF], 35 rue du Général Leclerc, 92130 Issy-les-Moulineaux, et d'autre part aux Archives Historiques de l'Archevêché de Paris [AHAP], 4 rue de l'Asile Popincourt, 75011 Paris.

ficile de s'y retrouver, tant les domaines abordés et les aspects soulevés vont parfois dans des sens opposés. Il a donc été nécessaire de faire des choix méthodologiques en privilégiant l'un ou l'autre aspect, pour amener ce thème dans le champ institutionnel, principalement au niveau de la concertation locale entre les évêques. D'autre part, quand bien même le domaine de cette recherche ne peut faire l'impasse sur le droit oriental, notamment dans l'analyse du système métropolitain, c'est principalement dans le champ canonique et ecclésiologique latin que se développe cette étude. Une dernière limite concerne la communication des archives de la Conférence des Évêques de France (CEF), ainsi que celles de l'Archevêché de Paris ou la documentation relative au Concile provincial de Lille auxquelles nous avons pu avoir accès. Autant que possible, nous préciserons les éléments analysés, tout en constatant qu'un certain nombre nous demeurent inconnus, soit à cause de lacunes dans la conservation de ces archives, soit parce que certains aspects font encore l'objet de travaux à la CEF, ne permettant pas l'accès à la documentation en cours.

Cette étude se déroulera en deux phases où se répartiront nos quatre chapitres. La première phase, *in essendo*, étudiera la synodalité épiscopale dans ses structures et ses fondations. Dans un premier temps, elle mettra en évidence les éléments formels par lesquels la synodalité favorise le regroupement des Églises particulières ainsi que les échanges entre pasteurs au niveau d'une province ecclésiastique (chapitre I). Dans un deuxième temps, c'est au système métropolitain que nous nous intéresserons, de sa genèse à sa compréhension dans l'ordonnancement canonique latin aujourd'hui (chapitre II). La seconde phase, *in agendo*, porte sur l'étude organique et dynamique de la synodalité épiscopale. Elle concerne plutôt l'aspect pratique et pastoral du fonctionnement canonique de la synodalité provinciale, selon la norme de 1983, dans le contexte pastoral général français depuis Vatican II (chapitre III) et dans un contexte pastoral spécifique comme celui de la Province Ecclésiastique de Paris (chapitre IV). Afin de mieux mettre en valeur le can. 436 §2, nous avons préféré en faire une analyse contextuée et le traiter dans ce dernier chapitre, pour en faire percevoir les perspectives dans le droit particulier et ouvrir, pourquoi pas, à la possibilité de nouvelles recherches.

PREMIÈRE PARTIE

LES FONDEMENTS
DE LA SYNODALITÉ ÉPISCOPALE
DANS LA PROVINCE ECCLÉSIASTIQUE

CHAPITRE I

Les dynamiques de synodalité
de la province ecclésiastique latine

La synodalité est le mécanisme même de la communion[1]. Il se développe à chaque niveau de la vie ecclésiale en commençant dans les Églises particulières. Chacune d'elle est impliquée dans un espace d'échange ecclésial, le plus souvent pastoral et sous un repère territorial. Historiquement, le premier niveau canonique de communion synodale est celui de la province ecclésiastique, qui est toujours de constitution obligatoire en droit latin mais également oriental. Dans quelle mesure ce modèle provincial d'organisation de coopération entre les Églises particulières est-il, aujourd'hui encore en droit latin, une mécanique pertinente de synodalité?

Dans ce chapitre, nous cherchons d'abord à comprendre pourquoi la synodalité est au fondement de la structuration institutionnelle de la province ecclésiastique. Puis, à savoir si cette modélisation organique, qui s'est fixée au cours des premiers siècles, est toujours celle prévue par le Code actuel pour la circonscription provinciale de plusieurs diocèses. Nous étudierons ainsi les dynamiques de la synodalité, telles que nous les comprenons aujourd'hui dans la réflexion théologique et canonique. Ensuite, nous chercherons à en établir les critères dans l'organisation ecclésiastique, principalement dans l'expérience du premier millénaire. Nous serons alors à même d'entreprendre une lecture des cann. 431-432 du Code de 1983 présentant la province ecclésiastique latine et d'apprécier la pertinence actuelle de ses structures du point de vue de la synodalité.

---

[1] Pour un repérage d'ensemble sur le thème de la synodalité, voir A. MODA, «Sulla sinodalità. Per un percorso bibliografico», à jour jusqu'en 2005.

1. **Les dynamiques de la synodalité**

1.1 *Concevoir la synodalité*

1.1.1 Repères sémantiques de la synodalité

Le vocable «synode» trouve son origine dans le terme grec σύνοδος qui se compose de deux mots: σύν (avec, ensemble) et ὁδός (chemin, route, voie). Son sens étymologique parle, dans un sens second, d'un «compagnon de voyage», ce que corrobore le terme approché de συνοδία qui signifie «voyage fait en compagnie»[2]. Le terme ὁδός a par ailleurs une résonnance très johannique, référant le terme au Seigneur, qui est lui-même le «Chemin» (Jn 14, 4-6). Cependant, dans son sens premier, σύνοδος (*synodos*) signifie proprement «réunion, assemblée, conseil»[3].

Une analyse intéressante de A. Join-Lambert[4] trouve une autre étymologie au terme σύνοδος qui proviendrait du terme ὁδός, avec un esprit doux, contraction de οὐδός, qui a le sens de «seuil»[5], d'un «pas de porte»: le synode serait ainsi le lieu caractérisé par le «seuil» qui en constitue l'entrée, afin de s'y réunir ensemble, s'écouter et prendre acte de la vie de la communauté, envisager l'avenir par des décisions communes. Cette dernière étymologie va encore dans le sens d'une signification institutionnelle du synode, comme «événement» pour l'Église qui se rassemble, l'inscrivant dans son histoire comme un «seuil» à passer, pour entrer dans un nouveau niveau de communion.

Le terme grec σύνοδος se traduit correctement en latin par «*conventus*». Cependant, le terme «*concilium*»[6] est souvent donné comme synonyme latin de *synodos*, bien que les racines étymologiques des deux mots soient différentes[7]. Provenant des termes «*cum*» (avec, ensemble) et «*calare*» (appeler, convoquer)[8], la forme substantivée «*concilium*» signifie «assemblée d'élus», avec l'idée de «conciliation». Cette dernière acception est retenue pour son sens biblique: le terme «*concilium*» est en effet employé pour traduire du texte grec des LXX, parfois le

---

[2] Cf. G.W.H. LAMPE, *A patristic Greek*, «σύνοδος», sens C, 1335; J. FONTBONA, «La sinodalitat», 357.

[3] Cf. A. BAILLY, *Dictionnaire*, «σύνοδος», sens I, 1, 1864; G.W.H. LAMPE, *A patristic Greek*, «σύνοδος», sens B, 1, 1334.

[4] Cf. A. JOIN-LAMBERT, *Les liturgies des synodes diocésains français,* 61-65.

[5] Cf. A. BAILLY, *Dictionnaire*, «οὐδός», occurrence 2, 1421.

[6] Cf. A. LUMPE, «Zur Geschichte der Wörter», 3-8.

[7] Cf. CTI, «La sinodalità nella vita e la missione della Chiesa», n. 4.

[8] F. GAFFIOT, *Dictionnaire*, «calō», sens 1.

terme *ἐκκλησία*[9], plus souvent le terme *συνέδριον* ou *συναγωγή*[10] qui ont tous un sens d'assemblées représentatives. Le sens «institutionnel» est celui qui apparaît ainsi avec le plus d'évidence[11]. Le terme *σύνοδος* ne se trouve jamais dans le texte des LXX, mais plutôt dans la littérature patristique. Les divers sens convergent vers une même compréhension au cours des cinq premiers siècles, et déjà chez Jean Chrysostome, à la fin du IVe siècle, expriment qu'«en effet Église (comme assemblée organisée) et synode (comme assemblée délibérante) sont synonymes»[12]. Les termes «*synodos*» et «*concilium*» ont ainsi été posés dans une équivalence épistémologique, avec une prévalence toutefois pour une signification organisationnelle de l'activité consultative (*consilium*)[13]. Il faut noter avec J. Ratzinger, que «dans toute la tradition (même préchrétienne), les mots *concilium* et *consilium* se recouvrent»[14].

Le terme *concilium*, employé au pluriel (*concilia*), en son sens ecclésiastique d'assemblées de chrétiens, est utilisé vers 213 par Tertullien[15]. Comme terme technique pour désigner une assemblée communautaire élargie[16], Eusèbe de Césarée en rapporte l'usage en Égypte au IIIe siècle[17], mais l'emploie également pour désigner, à la même époque, les rencontres en Orient autour de la question de la date de Pâques, distinguant le synode et l'assemblée des évêques[18]. Au siècle suivant, les *Constitutions Apostoliques* confirment l'utilisation du terme *σύνοδος* pour désigner les assemblées des chrétiens lors de la célébration du culte

---

[9] De «ἐκ» (vers) et «κλῆσίς» (assemblée) substantif du verbe «καλέιν» (appeler); cf. H. Kung, *Structures de l'Église*, 56.

[10] Cf. J. Ratzinger, *Le nouveau peuple*, 83-86.

[11] Cf. G.W.H Lampe, *A patristic Greek*, «Ἐκκλησία», 429.

[12] Joannes Chrysostomus, *Exp. In Psalm.*, 149, 1, PG 55, 493: «Ἐκκλησία γὰρ συστήματος καὶ συνόδου ἐστὶν ὄνομα» (notre traduction).

[13] Cf. G.W.H. Lampe, *A patristic Greek*, «σύνοδος», sens B, 3, 1335.

[14] J. Ratzinger, *Le nouveau peuple*, 84 (avec la nt. 24): «Le concile (…) est une forme du ministère de "direction de l'Église", une assemblée délibérative».

[15] Tertullien parle d'assemblées qui se tiennent en Grèce, «concilia ex universis ecclesiis», et qui étaient une «repræsentatio totius nominis Christiani», Tert., *De ieiunio*, 13, 6, CCL 2, 1272. Cf. A. Lumpe, «Zur Geschichte der Wörter», 4. Sur le sens donné par Tertullien au terme «*concilia*», voir E. Lanne, «L'origine des synodes», 201, nt. 1.

[16] Cf. R. Sohm, *Kirchenrecht* I, 281, nt. 70.

[17] Cf. *e.g.*, Eus., *H.e.*; 7, 5,5, SC 41, 170. Le terme désigne chez cet auteur à la fois l'assemblée locale pour l'eucharistie, la synaxe ou le synode lui-même (cf. Eus., *H.e.*, index SC 73, 319). Mais pour désigner strictement le concile, Eusèbe parle de «synédrion», cf. J. Ratzinger, *Le nouveau peuple*, 85, avec la nt. 26.

[18] Cf. Eus., *H.e.*, 5, 23, 2, SC 41, 66.

divin[19]. Au IVe siècle, le canon 37 des Apôtres[20] utilise les deux termes dans ses versions grecques et latines, avec le sens d'assemblée publique d'évêques d'une province, réunis pour discerner les vérités de la vraie foi. Par simplification, les termes «*σύνοδος*» et «*concilium*» indiquèrent ainsi le lieu même de ces assemblées[21]. Le Décret de Gratien (1140), reprenant l'une des versions du *Livre des Étymologies* d'Isidore de Séville, synthétise ainsi la convergence de sens:

> Sinodus autem ex greco interpretatur comitatus vel cetus. Concilii vero nomen tractum est ex more Romano. Tempore enim, quo causa agebatur, conveniebant omnes in unum, communique intentione tractabant. Unde et concilium a communi intentione dictum quasi consilium; concilium quasi considium, d in l literam transeunte; vel concilium dictum est ex communi intentione, eo quod in unum dirigant omnem mentis oblutum: supercilia enim oculorum sunt; unde qui sibimet dissentiunt, non agunt concilium, quia non sentiunt in unum. Cetus vero conventus est vel congregatio, a coeundo, id est a conveniendo in unum. Hinc et conventus est nuncupatus, quod ibi homines conveniunt; sicut conventus cetus sic et concilium a societate multorum in unum appellatur[22].

Les mots «synode» et «concile» recouvrent un sens technique identique jusque vers le XIIIe siècle[23] pour désigner des assemblées de chefs d'Églises, dont la typologie peut différer selon les formes et les fins recherchées[24], mais dont le processus fut toujours de confesser la foi et de régler la discipline[25]. Aussi, sur un plan méthodologique, nous il faut choisir une définition, que nous empruntons à E. Junod:

> Ce que j'appelle «synode» peut être sommairement défini comme une réunion à laquelle prennent part des représentants «autorisés» de plusieurs communautés dans le but d'examiner ensemble un (ou plusieurs) problème les concernant et, si besoin, de prendre une position, voire une décision commune. Les traits

---

[19] Cf. *Const. Ap.*, 5, 20,19, SC 329, 285.

[20] *Can. Ap.* 37, in *CSP*, I/2, 26, version latine de Denys le Petit: «Δεύτερον τοῦ ἔτους σύνοδος (concilia) γινέσθω τῶν ἐπισκόπων, καὶ ἀνακρινέτωσαν ἀλλήλους τὰ δόγματα τῆς εὐσεβείας καὶ τὰς ἐμπιπτούσας ἐκκλησιαστικὰς ἀντιλογίας διαλυέτωσαν, ἅπαξ μὲν τῇ τετάρτῃ ἑβδομάδι τῆς πεντηκοστῆς, δεύτερον δὲ ὑπερβερεταίου ἐνάτῃ, τουτέστι κατ'Αἰγυπτίους μηνὸς φαωφὶ δωδεκάτῃ, κατὰ δὲ Ῥωμαίους ὀκτωβρίου ἐνάτῃ».

[21] Cf. M. DUJARIER, «La tradition synodale africaine», 13. G.W.H. LAMPE, *A patristic Greek*, «σύνοδος», sens B, 3,b 1335.

[22] D. 15, c. 1.

[23] Cf. F.J. SCHMALE, «Synodus, synodale, concilium», 80-102.

[24] Cf. R. NAZ, «Synode», 1134; A. LUMPE, «Zur Geschichte der Wörter», 12-15; M.A. SANTOS, «Sinodalidad», 342.

[25] Cf. A. LUMPE, «Zur Geschichte der Wörter», 8-12.

dominants du synode ainsi définis sont la dimension intercommunautaire et le caractère représentatif de ses membres[26].

Cette définition, qui décrit la pratique synodale sur la base de son fonctionnement souligne deux aspects: la relation entre communautés ecclésiales constituées et le caractère représentatif de ceux qui ont autorité pour opérer le discernement et prendre des décisions. Il convient maintenant de savoir si cette définition est conforme à ce qui, dans le Nouveau Testament, apparaît comme une pratique synodale.

1.1.2 Repères scripturaires

Les mots «synode» ou «synodalité» ne se trouvent pas dans le corpus scripturaire. Historiquement, le judaïsme de la Diaspora a adapté des assemblées politiques du monde hellénique dérivées de l'assemblée des citoyens d'Athènes (*βουλή*), dont l'élément dynamique était en son sein la *Gerousia*, sorte de sénat ou conseil des Anciens[27]. A Jérusalem, le *συνέδριον*[28] appelé en araméen le «Sanhédrin», qui est présenté comme une instance collégiale de nature politique et judiciaire[29], avait pour vocation «de maintenir l'unité du peuple juif autour de sa tradition vivante[30]». La *via synodalis* chrétienne s'est très vite identifiée à cette pratique pour maintenir la communion dans la foi entre des Églises disséminées dans les cités du bassin méditerranéen, mais souvent considérées, déjà dans la pratique des Apôtres, comme des unités sur un plan géographique[31].

Les références concernant la pratique synodale néotestamentaire parlent de la constitution des communautés et des relations entre elles. La

---

[26] E. JUNOD, «Naissance de la pratique synodale», 165. Cf. CMIECO, «Chieti», n. 3: «Le terme "synode" (…) désigne d'abord une réunion d'évêques guidés par l'Esprit Saint, en vue de délibérer et d'agir pour le bien de l'Église. Plus largement, [il] se réfère à la participation active des fidèles et à la vie et à la mission de l'Église».

[27] Cf. J. MASSONET, «Sanhédrin», 1353-1357.

[28] Cf. J. MASSONET, «Sanhédrin», 1357: «Le mot hébreu *sanhédrin* est une transcription du grec *synedrion*. L'idée fondamentale est "d'être assis ensemble"; à partir de là, trois sens fondamentaux de *synedrion* se dégagent dans la littérature grecque: a) un congrès, une assemblée générale, un conseil de guerre; b) un corps judiciaire; c) l'Aéropage d'Athènes, instance suprême (c'est également ainsi qu'est désigné le Sénat romain). D'après les papyrus de l'ère ptoléméenne, il est possible de conclure que ce terme désignait avant l'ère chrétienne non seulement une assemblée, mais, de façon plus spécifique, un tribunal permanent». Cf. S. PIÉ-NINOT, *La sinodalitat*, 8-12.

[29] Cf. J. MASSONET, «Sanhédrin», 1374-1379. Sur le cadre collégial, voir 1391-1393.

[30] Cf. J. MASSONET, «Sanhédrin», 1411.

[31] Cf. Hefele-Leclercq, I, 381-382; cf. Ac 15,4; 1Co 16,19; Ga 1,1.

plupart se trouvent dans le cycle lucanien. Ce sont des constructions littéraires, théologiques, destinées à interpeller les communautés principalement organisées sur le modèle antiochien[32]. Les Actes des Apôtres rédigés vers 80 de notre ère, mettent en avant des structures communautaires et une vision institutionnelle sur des évènements anciens[33], dont le rôle premier de Pierre parmi les Douze. Cette pratique synodale est présentée de manière graduelle, partant de l'«élection» de Matthias, en passant par la structuration du service de la communauté locale avec l'établissement des diacres, pour s'achever sur la rencontre entre des Églises sur des questions de foi dans le paradigmatique «concile de Jérusalem».

Le premier repère de pratique synodale concerne l'intégrité du groupe apostolique avec l'élection du remplaçant de Juda (Ac 1,15-26) peu avant la Pentecôte. Les Apôtres sont réunis ainsi que les «frères» (v.15) qui sont au nombre de cent-vingt[34]. On procède après le discours de Pierre à un tirage au sort qui semble reproduire la coutume juive pour le service du Temple[35]. Deux candidats sont proposés ($\check{\varepsilon}\sigma\tau\eta\sigma\alpha\nu$), «établis» à partir des critères donnés par Pierre. Matthias est désigné par le sort pour «être au nombre des Douze» (v.23). On ne sait pas qui fait la recommandation (*suffragium*) des deux candidats, mais on suppose que c'est avec le consentement de tous les frères. Cette péricope indique que le choix des Douze par le Seigneur (Lc 6,13) est vu comme une institution stable et d'autre part que ce choix continue d'être opératif dans la présence des Apôtres et de l'assemblée des frères où se fait le discernement des candidats. Que cette élection enfin, ait lieu avant la Pentecôte indique bien l'intention de Luc de manifester que l'Esprit-Saint doit agir par le groupe des Douze, puis par leurs successeurs.

Le deuxième repère concerne l'authentification des charismes et la diversification fonctionnelle dans la communauté de Jérusalem (Ac 6,1-6). Il intervient après l'effusion de l'Esprit-Saint à la Pentecôte (Ac 2). La communauté s'agrandissant, la *diakonía* suppose une diversification de l'organisation. L'assemblée est invitée à présenter (v.3) sept personnes idoines afin d'être établis ($\kappa\alpha\tau\alpha\sigma\tau\eta\sigma\rho\mu\varepsilon\nu$) par les Apôtres pour le ministère particulier des tables. C'est une action typique de délégation insti-

---

[32] Cf. D. MARGUERAT, *La première histoire du christianisme*, 26-42.

[33] Cf. R. SCHNACKENBURG, «La coopération de la communauté», 22.

[34] Cf. R. SCHNACKENBURG, «La coopération de la communauté», 23, nt. 3: «D'après la Mishna Sanhedrin, I, 6ᵉ, cent-vingt Juifs doivent se trouver dans une ville pour qu'un synedrion soit formé (…)».

[35] Cf. R. SCHNACKENBURG, «La coopération de la communauté», 23 avec la nt. 5.

tutionnelle: un pouvoir vicaire est attribué à des membres de la communauté, par l'imposition des mains (v.6), une *chirotonie*. Celle-ci suppose une autorité qui ne soit pas contestée. La «délimitation» de la mission impose une subordination de ceux qui sont institués et une surveillance de la part de ceux qui instituent. De ce constat, nous pouvons supposer que dans le contexte lucanien – antiochien – il existe, dès les premiers temps apostoliques, une structuration interne à la communauté avec une autorité reconnue, de laquelle découlent d'autres fonctions qui lui sont connexes.

Enfin, le dernier repère se trouve dans le récit d'une controverse à Antioche et Jérusalem, sur l'opportunité de la circoncision pour les païens, occasion d'une rencontre entre les deux Églises (Ac 15). Les Apôtres et les Anciens se réunissent (v.6) et la figure de Pierre est mise encore en avant par Luc[36] pour donner une autorité doctrinale au débat (vv.7b-12), puis Jacques s'exprime au nom des Anciens de Jérusalem (vv.13-21), enfin Paul et Barnabé en mission à Antioche expose leur enseignement. Tout se passe devant le peuple rassemblé[37]. La méthode est celle d'un discernement: un problème particulier à résoudre pour le bien de l'Église; une constatation de la dissidence au sein de la communauté, exacerbant le problème à un moment donné; une assemblée des Apôtres et des Anciens et leurs délibérations; un «décret synodal», présenté très solennellement comme l'effort commun du Saint-Esprit et des Apôtres avec les Anciens (v.28), adressé en commun à la communauté des croyants (v.22b); la réception enfin par la communauté de la «lettre» synodale (vv.30-31)[38]. Cette péricope met en scène une unique chrétienté dans la diversité des communautés, entre continuité et discontinuité[39]. L'Église de l'Esprit-Saint, unie autour des Apôtres, d'où émerge le «nous» ecclésial articulant l'aspect pluriel, le «tout», l'aspect particulier, le «quelques uns» et l'aspect personnel, «un» seul[40].

À la lumière de ce qui précède, la pratique synodale apparaît d'abord comme un moyen de discernement ecclésial. Une procédure typique de

---

[36] Cf. H.J. SIEBEN, *Die Konzilsidee der alten Kirche*, 385: pour l'A., la présence de Pierre est un élément déterminant du caractère conciliaire de cette assemblée.

[37] Cf. Ac 15,12 emploie le terme «πλῆθος», désignant aussi bien la multitude que le peuple (la plèbe), mais en Ac 23,7 et Lc 23,1, il indique l'assemblée réunie au Sanhédrin.

[38] Ce *modus operandi* est courant dans la communauté juive de Jérusalem, cf. FLAVIUS JOSÈPHE, *Les Antiquités juives*, 16, 163; P.P. JOANNOU, *Pape, Concile*, 23-24.

[39] Cf. J. CAZEAUX, *Les Actes des Apôtres*, 205-219.

[40] Cf. H.M. LEGRAND, «la sinodalità, dimensione inerente», 14-15.

participation des fidèles par une structuration organique autour des pasteurs[41]. Localement, la communauté[42] est l'instance qui régule certaine difficulté d'organisation et juge des graves erreurs de ses membres. Cette pratique synodale locale est reproduite à un niveau supérieur de rencontre entre communautés, et donne naissance à ce que nous appelons la «synodalité»: un discernement exercé en commun par des responsables de communautés pour réguler la communion entre les Églises. Il s'agit de maintenir la concorde et l'harmonie entre les Églises dans l'unité de la foi et une même discipline[43]. Le souvenir du «Concile de Jérusalem» inscrit dans la stabilité l'expérience ecclésiale primitive[44], qui ne se relie peut-être aux premières attestations conciliaires de la fin du IIe siècle que dans un désir d'authentification théologique[45]. La synodalité apparaît pourtant bien, dès la fondation, comme le mécanisme d'activation de la communion.

1.2 *La dimension synodale de la communion ecclésiale*

1.2.1 La synodalité, constitutive de l'Église

La structure synodale ou conciliaire appartient à l'être même de l'Église. L'élément synodal est constituant par sa nature du lien d'unité dans la communion des fidèles, si bien qu'il en exprime sa vie même[46]. C'est ainsi que le substantif «synodalité» renvoie à cette dimension existentielle du groupe appelé d'abord à se rassembler pour avancer. Le néologisme «*synodalitas*» (synodalité), apparu dans la littérature canonico-pastorale post-Vatican II[47], formé sur le terme grec «*synodos*» auquel a été ajouté une finale latine (*alitas*) veut évoquer une qualité du processus ecclésial. L'Église est un peuple, dont le concile Vatican II rappelle que le dessein est de cheminer (*LG* 9). Dans un

---

[41] Cf. M.A. SANTOS, «Sinodalidad», 341-342.

[42] *E.g.*, Mt 18,15-18; 1Cor 5,3-5,

[43] Cf. C. VOGEL, «Unité de l'Église et pluralité», 604.

[44] P. VALDRINI, «Promotion et limites», 127-128: «(...) l'expérience vécue par les Apôtres à Jérusalem à un moment crucial de la formation des premières communautés traduisait en actes institutionnels quelque chose de l'être profond de l'Église, non pas seulement une manière de faire, mais un agir spécifique qui révélait par un début de procédures mais surtout dans les mots prononcés que la synodalité serait difficilement comparable à des modèles d'organisation des sociétés par la science politique».

[45] Cf. G. KRETSCHMAR, «Die Konzile der alten Kirche», 17;

[46] Cf. M. DORTEL-CLAUDOT, «l'évêque et la synodalité», 641; P. VALDRINI, «La synodalité comme dimension», 26-28.

[47] Cf. CTI, «*De synodalitate*», n. 5.

contexte de redécouverte de l'ecclésiologie de communion, le terme «indique le spécifique du *modus vivendi et operandi* de l'Église peuple de Dieu»[48]. La synodalité rend compte du phénomène visible de la communion sacramentelle des fidèles au travers des institutions appelées à la servir[49]. Comme tel, le substantif «synodalité» désigne la «bonne marche» de la pratique organisative de l'Église. Certains auteurs réservent ce vocable pour désigner «la communion interne à une Église locale»[50]. De manière déployée, la «conciliarité» s'entend souvent comme le moment le plus prégnant de la synodalité dans son processus de décision commune entre Églises particulières. Certains auteurs veulent préserver ce terme pour désigner surtout les rencontres majeures d'évêques[51]. Les deux termes sont équivalents dans la tradition orientale et orthodoxe pour désigner la «collégialité épiscopale»[52], mais la tradition latine les distingue comme des réalités «corrélatives» dont l'élément commun est l'évêque[53].

Le terme «synodalité» n'est pas employé dans le concile Vatican II. La réalité est pourtant sous-jacente à la réflexion sur l'office épiscopal. On ne trouve pas de définition dans le Code actuel, qui parle seulement des institutions du synode et du concile[54]. Le Code des Canons des Églises Orientales, qui connaît une réalité synodale plus développée ne donne, lui aussi, qu'une description des institutions[55]. La «synodalité» est un terme doctrinal qui veut manifester l'expérience où le peuple de Dieu est constitué organiquement pour vivre la communion.

---

[48] CTI, «*De synodalitate*», n. 6 (notre traduction).

[49] *LG* 48: «Ecclesia peregrinans, in suis sacramentis et *institutionibus*, quæ ad hoc ævum pertinent, portat figuram huius sæculi quæ præterit» (nos italiques).

[50] Cf. G. ROUTHIER, «La synodalité de l'Église locale», 123-125.

[51] Cf. W. AYMANS, «La *communio Ecclesiarum* legge costitutiva», 41; A. BORRAS, «Trois expressions», 646. Dans le document «Ravenne» de la CMIECO, le terme «conciliarité» est utilisé comme synonyme de «synodalité», ce qui ne correspond pas selon G. Ghirlanda exactement à la signification de ce dernier qui serait plutôt «l'espressione operativa della communione ecclesiale nella sua organicità a tutti i livelli, locale, regionale e universale»; cf. G. GHIRLANDA, «Il documento di Ravenna», 546.

[52] Cf. A. BORRAS, «Trois expressions», 646.

[53] Cf. G. ROUTHIER, «La synodalité de l'Église locale», 125.

[54] Cf. CIC/1983, cann. 342-348: Synode des Évêques; cann. 337-341: Concile Œcuménique; cann. 439-446: conciles particuliers; cann. 460-468: synode diocésain.

[55] Cf. CCEO/1990, cann. 102-113: synode patriarcal; cann. 140-145: l'assemblée patriarcale; cann. 164-172: assemblée des Hiérarques des Églises métropolitaines *sui iuris*; can. 322: assemblées des Hiérarques de plusieurs Églises de droit propre.

1.2.2 Le principe synodal de la communion

Le concept de «communion» est comme «l'idée centrale» de la vision conciliaire sur l'Église[56]. Si les racines de la communion ecclésiale évoquent l'Église comme mystère et sacrement (*LG* 1), c'est d'abord en référence au Christ et la Trinité. L'Église n'est pas un concept abstrait, mais une réalisation de relations interpersonnelles. Le caractère organique de la communion ecclésiale «est donné par l'action de l'Esprit, lui qui détermine la structure charismatico-institutionnelle fondamentale de l'Église»[57].

Le concept trouve principalement son origine dans le Nouveau Testament[58]. La *Koínâ*, qui se réfère à la fraction du pain (Ac 2,44) et à la communion spirituelle entre les membres de la communauté (Ac 4,32), s'entend principalement de ce qui est mis «en partage», d'un «bien commun». Le substantif «*koinônía*», forgé sur celui-ci, n'est jamais employé pour définir l'Église, mais de manière globale, il emporte le sens de «participation», de «prendre part à ce qui est mis en commun», suggérant l'idée de concorde ou d'unité sur un plan collectif[59]. Ce substantif est traduit en latin par le mot «*communio*» qui dépend sémantiquement du verbe «*communire*» («fortifier»)[60]. Employé au génitif, ce mot à bien le sens de «participation», d'unité active.

En affinant cette étymologie, J.M. Tillard nous apporte une précision supplémentaire. Le mot «*communio*» prendrait racine dans l'adjectif «*commūnis*», dérivant du radical *mœnia, munus*, signifiant «qui appartient (qui sert = *munus*) à tous»[61]. Le terme «*munus*» a reçu dans son usage ecclésial une forte connotation théologique. Il sert notamment à désigner les trois fonctions du sacrement de l'Ordre (*docere, sanctificare, gubernare*) reçus par l'évêque dans la *potestas sacra* et exercées personnellement, comme les autres évêques, chacun pour conduire le peuple de Dieu qui lui est confié. Entre ces trois *munera*, il y a une réelle

---

[56] Synode des Évêques, IIe, rapport final «Ecclesia sub verbo Dei mysteria Christi celebrans pro salute mundi», 7 décembre 1985, II, C. 1.

[57] Cf. G. Ghirlanda, «Église universelle, particulière, locale», 270.

[58] Cf. P.C. Bori, *Koinonia. L'idea*, 69-77; A. Acerbi, *due ecclesiologie,* 13-105.

[59] Cf. J.M. Tillard, *Églises d'Églises*, 34-35.

[60] Cf. A. Gaffiot, *Dictionnaire*, «communio», sens 2.

[61] Cf. J.M. Tillard, «Communion», 236. Confirmée aussi par Y. Congar, «Bulletin d'ecclésiologie», 98, nt. 22: «Le français "communion" est la transcription du latin *communio*. Celui-ci ne vient pas, comme certains le croient, de *cum* et *unio*, mais d'un adjectif tombé en désuétude, *communis*, dont il reste l'opposé, *immunis*, immunité. C'est d'avoir en commun un *munus*, une charge, une mission. Cela ne manque pas d'intérêt pour les notions de collégialité et de "communion hiérarchique"» (nos italiques).

unité: quand il enseigne, l'évêque gouverne et sanctifie; quand il célèbre, l'évêque enseigne et gouverne; quand il gouverne, l'évêque sanctifie et enseigne. De cette capacité pleine, propre et ordinaire, ce déduit l'*auctoritas* de l'évêque comme pasteur, maître et grand prêtre dans son diocèse. Mais son exercice «dans l'Église ne peut pas être conçu comme quelque chose d'impersonnel et de bureaucratique, précisément parce qu'il s'agit d'une autorité qui vient du témoignage. En tout ce que l'Évêque dit et fait, «c'est l'autorité de la parole et de l'agir du Christ qui doit être révélée»[62]. L'évêque doit donc développer un gouvernement au «style pastoral toujours plus ouvert à la collaboration de tous»[63]. Rapprochée de sa seconde étymologie, la communion serait ainsi la participation structurelle à une charge (*munus*) qui, sur un mode spécifiquement organique, est exercée par «quelques uns» (le ministère ordonné) pour le service de «tous» (le peuple de Dieu). L'élément synodal trouve place en ce lieu théologique.

Une interprétation terminologique et conceptuelle «correcte» a été donnée dans la lettre *Communionis notio*[64] (*CN*), étant entendu que la notion de communion n'est pas «univoque» (*CN* 3). Elle suppose de connecter divers aspects entre eux dans un effort d'élaboration systématique d'une vision de l'Église. La «communion» se compose ainsi à la fois d'une dimension verticale, la communion avec Dieu et d'une dimension horizontale, la communion entre les hommes (*CN* 3), mais encore d'une double dimension, l'une invisible, la communion intime avec la Trinité et avec le genre humain et l'autre visible, l'unité autour d'une même profession de foi, des sacrements et du ministère hiérarchique (*CN* 4).

L'Église, signe de l'union du Christ à l'humanité, est dans son essence une communion de nature sacramentelle (*CN* 9). La communion visible peut se décrire dans une vision thomiste comme la *forma* de la communauté ecclésiale[65]. La communion ecclésiale s'y présente sous diverses formes intrinsèquement liées sur le plan ontologique, issues d'une source commune qui est l'Esprit-Saint au travers de l'événement sacramentel[66]: les *christifideles* sont appelés à devenir pleinement sujets participants de l'Église par l'action du sacrement reçu.

---

[62] JEAN-PAUL II, exhort. ap. postsyn. *Pastores gregis*, n. 51.

[63] JEAN-PAUL II, exhort. ap. postsyn. *Pastores gregis*, n. 52.

[64] CDF, lett. *Communionis notio*, 28-05-1992.

[65] H. MÜLLER, «Utrum "communio"», 105.

[66] Cf. L. BORDIGNON, «*Che cosa la sinodalità*», 76: l'exclamation de saint Augustin, «je suis chrétien avec vous, mais je suis évêque pour vous» rappelle que la *communio fidelium* précède la *communio hierarchica*, tout autant que la *communio hierarchica* précède la *communio fidelium*, car c'est par elle que sont communiqués les biens du salut.

Cette communion ecclésiale s'organise selon différentes «directions»[67]. La première est la *communio fidelium*, présentant l'Église comme une communauté de foi. Cette communion spirituelle repose sur les dons reçus dans l'Esprit saint par chacun des fidèles et communiqués par le Christ (*LG* 14) afin de participer à son sacerdoce dans ses trois dimensions, sacerdotale, prophétique et royale, en vue du bien commun. Le sacrement du baptême insère dans la communauté des croyants, il est l'instrument même de la communion (*CN* 5). Cette *communio fidelium* est, par institution divine, organisée (*LG* 32): elle s'exprime dans des réalités extérieures ou sociales[68] en une dimension sociétale qui postule «l'action confirmative et synthétique»[69] du ministère hiérarchique.

La *communio ecclesiastica* rend compte, dans une deuxième direction, du lien qui existe entre les communautés croyantes constituées dans la communion ecclésiale comme Églises particulières avec l'Église de Rome et dont la manifestation est la «pleine communion»[70].

Une troisième direction est la *communio hierarchica* «qui est l'élément constitutif de la pleine communion»[71]. Cette formule, tirée de la *Nota Explicativa Prævia* (*NEP*) à la constitution *Lumen gentium*, a été introduite dans le texte même (*LG* 21b) et précise la nature de la communion qui est d'être une réalité organique qui se structure autour de l'autorité du Chef de la communion, le Souverain Pontife[72]. Ce n'est donc pas un «vague sentiment» mais une manière organisée de concevoir les relations juridiques ecclésiales, animées en tout par le Saint-Esprit. Cette participation, «essentiellement» diverse de celle des fidèles, appelle une spécification.

---

[67] Cf. *CN* 3; G. GHIRLANDA, «la notion de communion hiérarchique», 234-235; ID., *Il diritto nella Chiesa*, 51-52.

[68] R. CASTILLO LARA, «La communion ecclésiale», 247: «La communion ne reste pas circonscrite à la sphère purement intérieure et spirituelle. Elle a une expression concrète que l'on pourrait appeler juridique. Elle se concrétise en comportements extérieurs visibles, d'adhésion à un credo, de participation à des sacrements, d'observance des lois».

[69] P. AMENTA, *Partecipazione alla potestà legislativa*, 78 (notre traduction).

[70] Cf. *LG* 13c; *AG* 22b; G. GHIRLANDA, «La notion de communion», 235.

[71] CIC/1983, cann. 204 §2.330.

[72] *NEP* 2c: «Non intelligitur autem de vago quodam *affectu*, sed de *realitate organica*, quæ iuridicam formam exigit et simul caritate animatur» (italiques dans le texte). G. GHIRLANDA, *Hierarchica communio. Significato*, 426: «La communio, come si tiene a specificare la *Nota Explicativa Prævia*, 2°, è una realtà organica, che, quindi, comporta di per sé una struttura con un'autorità che, nell' esercizio di una potestà propria, determina la vita della struttura stessa. Allora la "*hierarchica communio*" è una realtà organica, che si struttura intorno all'autorità del "*Caput communionis*", il Sommo Pontifice, nell'esercizio della sua "*potestas Capitis communionis hierarchicæ*"».

La communion hiérarchique, qui dans l'Église est de droit divin, se structure elle-même selon deux niveaux[73]. Le premier est celui de la *communio ministeriorum*: les ministres reçoivent une capacité à participer ontologiquement à la mission du Christ de sanctifier, d'enseigner et de gouverner le peuple de Dieu et sont habilités à servir la communion ecclésiale dans la *communio sacramentalis* qui unit évêque, prêtres et diacres d'un même presbyterium au moyen du sacrement de l'Ordre. Le second est celui de la *communio episcoporum*, l'ordre épiscopal, comme niveau originaire de la communion et expression visible de celle-ci. Le Christ demeure présent dans ce signe visible qu'est la communion des évêques, dans l'Église universelle par le Successeur de Pierre, et dans les Églises particulières par les évêques à qui elles sont confiées. Les évêques, unis entre eux avec le Souverain Pontife, forment un «Collège, c'est à dire [...] un groupe stable»[74] de la même manière que Pierre et les Douze formaient entre eux un Collège[75]. La collégialité est le mode propre d'expression de la communion entre les évêques, *sub et cum Petro*. Comme communion, la collégialité intègre une certaine synergie d'inclusion entre les deux dimensions de l'Église, à la fois universelle et particulière.

1.2.3 Les dynamiques d'inclusion de la communion: l'«uni-diversité»

Pour cerner la collégialité, l'Église de Vatican II s'est penchée sur sa propre nature par un retour aux sources bibliques et patristiques. Dans cette perspective est apparue la conscience que l'Église universelle se constitue «*in quibus* – dans» et «*ex quibus* – à partir» des Églises particulières, dont la légitime diversité manifeste sa catholicité et lui confère le caractère de communion (*LG* 23a). L'élément intrinsèque (*dans*) et l'élément extrinsèque (*à partir*) ne peuvent être dissociés, car l'Église particulière dans son universalité (catholicité) se réalise dans la pluralité[76].

Si au concile prédomine une prospective de l'Église universelle, celle-ci offre toutefois de nombreux éléments pour le développement d'une théologie de l'Église particulière. Avant Vatican II, le regard principalement «juridique» avait conditionné la compréhension de

---

[73] Cf. G. GHIRLANDA, «La notion de communion», 245.

[74] Cf. *LG* 19. 20. 22 ; *PG* 8.

[75] Cf. J. RATZINGER, *Le nouveau peuple*, 101-104: Les Douze, depuis la Pentecôte représentent l'Israël dans sa forme achevée dont la forme communautaire est exprimée partiellement par le concept juridique de «collège».

[76] Cf. *LG* 13; W. AYMANS, «La *communio Ecclesiarum* legge», 11; P.A. BONNET, «Pluralismo», 957-961.

l'Église comme *societas*, sans pour autant perdre de vue son essence qui est «communion»[77]. L'Église est «un signe élevé sur les peuples», dont la «grâce de catholicité» (*SC* 2) manifeste l'harmonie entre l'universel et le particulier.

L'Église, fondée sur le Christ, est dans son essence même un corps constitué et organisé comme une communion d'Églises particulières réunies autour de leurs pasteurs, successeurs des Apôtres (*LG* 22. 23). L'Église se réalise historiquement sur deux niveaux: celui des communautés ecclésiales individuelles ou Églises particulières, et celui de la communion des Églises locales ou Église universelle (*LG* 22). C'est à cet effet que la constitution dogmatique *Lumen gentium* parle de l'Église universelle comme un *corpus Ecclesiarum* (*LG* 23b) auquel on peut appliquer de manière analogique le concept de communion (*CN* 8a). Cette résultante de la catholicité de l'Église n'a pas d'équivalence dans le monde (*CN* 9c).

Les adjectifs «universelle» ou «particulière» accolés à la notion d'«Église», sont des catégories de nature théologique qui se réfèrent l'une à l'autre[78]. L'Église fondée sur le Christ a deux dimensions (*CN* 7), reliées entre elle par un rapport ontologique d'immanence réciproque, un rapport «d'intériorité mutuelle»[79]. Entre les Églises particulières et l'Église universelle, il n'y a pas d'intermédiaire[80]. Ces dimensions ne rendent compte que partiellement de la réalité même de l'Église. Le concept de communion s'applique autant à la réalité de l'Église universelle, comme *universitas fidelium* qu'à la réalité de l'Église particulière, comme *portio populi Dei*. Dans chaque Église particulière[81], entendue comme une réalisation locale et historique, l'Église universelle

---

[77] Dans le texte de *Lumen gentium*, deux modèles ecclésiologiques sont présents: le premier est celui de l'Église comme communauté, qui s'appuie sur un renouveau de la théologie patristique, modèle du premier millénaire; le second, plus juridique, est celui de l'Église comme société, fortement développé au cours du deuxième millénaire dans l'Église latine. Si l'un ou l'autre modèle est apparu parfois plus apte à décrire l'Église au cours des sessions de préparation du texte de *LG* (cf. G. GHIRLANDA, *Hierarchica communio*, 435-650), les deux modèles, apparemment difficilement conciliables, ont été conservés, chacun apportant sa lumière sur un aspect du mystère de l'Église, l'un plus juridique l'autre plus théologique; cf. A. ACERBI, *Due ecclesiologie*, 586.

[78] Cf. CTI, «Thèmes choisis d'ecclésiologie», n. 5,1a.

[79] Cf. *CN* 9a; CTI, «Thèmes choisis d'ecclésiologie», n. 5,2d.

[80] Cf. *LG* 23; H. DE LUBAC, *Les Églises particulières*, 92, nt. 28.

[81] L'Église particulière trouve sa réalisation normale dans le diocèse (cann. 368-369 CIC/1983). Elle peut se décrire comme l'«Église réalisée en un lieu», cf. H.M. LEGRAND, «La réalisation de l'Église en un lieu», 156-180.

est présente et c'est à partir de cette réalité immanente qu'elle existe comme l'unique Église[82].

L'universalité ayant le sens d'une qualité plutôt que d'une quantité, l'Église universelle ne peut être comprise comme un tout uniforme, une somme d'unité dont la *communio Ecclesiarum* serait la manifestation[83]. Cette réalité d'immanence suppose en effet que les Églises particulières sont intérieures les unes aux autres[84]. Ainsi l'authenticité de l'Église particulière est en quelque sorte garantie, et même rendue possible, que par la *communio Ecclesiarum*. Les deux dimensions ne sont pas «essentiellement diverses»[85], mais d'une certaine manière s'appellent l'une l'autre. Cette relation subsistante n'est pas «un lien d'association, une relation

---

[82] *LG*, 23a: «*In illis et ex illis* [*ecclesiis particularibus*], *ad imaginem ecclesiæ universalis formatæ, una et unica ecclesia catholica existit*». Cf. *CN* 9a: «(…) Pour comprendre le vrai sens de l'application analogique du terme communion à l'ensemble des Églises particulières, il faut avant tout considérer que ces Églises, en tant que "parties de l'unique Église du Christ", ont avec le tout, c'est-à-dire avec l'Église universelle, un rapport particulier d'"*intériorité mutuelle*", parce que dans chaque Église particulière "*est vraiment présente et agissante l'Église du Christ, une, sainte, catholique et apostolique. Pour cette raison, "l'Église universelle ne peut être conçue ni comme la somme des Églises particulières, ni comme une fédération d'Églises particulières*". Elle n'est pas le résultat de leur communion, mais elle est, dans son mystère essentiel, une réalité *ontologiquement* et *chronologiquement* préalable à toute Église particulière singulière» (italiques dans le texte). Pour D. Vitali, le terme «*imago*» employé dans le texte conciliaire est difficile à saisir sur le plan sémantique comme théologique: «Ciò che si può affermare con certezza è un'ecclesiologia fondata sulla complementarità di due aspetti costitutivi: quello della communio Ecclesiarum, rappresentate ciascuna dal proprio vescovo e tutte dall'insieme dei vescovi uniti con il capo, e quello della *ecclesia tota*, con il papa come principio e fondamento di unità tanto dell'insieme dei vescovi che della totalità dei fedeli», D. VITALI, *Verso la sinodalità*, 46-47.

[83] Cf. m.p. *Apostolos suos*, n. 12. *A contrario*, E. Corecco présente l'Église universelle comme résultante globale de la communion des Églises particulières, cf. E. CORECCO, «Sinodalità», 1485: «L'identità di adeguazione non esiste tra la chiesa universale e la singola chiesa particolare, ma tra la chiesa universale e la totalità delle chiese particolari»; ID., «Struttura sinodale o democratica della Chiesa particolare?», 13. Cf. G. GHIRLANDA, «Inculturazione», 49: l'A. souligne «che la mutua interiorità tra la Chiesa universale (…) e la Chiesa particolare significa che questa seconda, come *portio* della prima, è particolarizzazione di essa. Sotto questo aspetto la Chiesa non è il risultato della comunione tra le Chiese particolari né tra i raggruppamenti di esse, quindi non è la somma di esse o una loro specie di federazione».

[84] Cf. CTI, «Thèmes choisis d'ecclésiologie», n. 5, 2. Cf. H. DE LUBAC, *Les Églises particulières dans l'Église*, 50; E. CORECCO, «Ontologia», 89-90.

[85] Voir PAUL VI, enc. *Evangelii nuntiandi*, n. 62.

fédérative, mais la charité, don divin, propre à chaque Église comme Église du Christ»[86].

La notion de communion met en rapport l'unité de l'Église avec ses éléments constitutifs, l'Eucharistie et l'Épiscopat (*CN* 11). Enracinée dans l'Eucharistie, la communion entre les Églises ouvre chacune d'elle à la présence des autres, dans une «inclusion mutuelle»[87], accueillant le don sacramentel de la grâce et de l'union avec tout le Corps mystique. Chaque réalisation locale s'inclue de manière graduelle et substantielle dans un niveau supra-local. Dans cette ligne ecclésiologique, cet ensemble d'Églises prend corps dans la communion visible de ceux qui en constituent le principe et le fondement, les évêques, avec celui qui préside leur Collège, l'évêque de Rome (*CN* 12). Ce que Jean-Paul II synthétise ainsi dans l'exhortation post-synodale *Pastores gregis*:

> La dimension collégiale confère à l'épiscopat le caractère d'universalité. On peut donc établir un parallèle entre l'Église une et universelle, et donc indivisible, et l'épiscopat un et indivis, et donc universel. (…) Dans la communion des Églises, l'évêque représente donc son Église particulière et, en celle-ci, il représente la communion des Églises. Par le ministère épiscopal, en effet, les *portiones Ecclesiæ* participent à la totalité de l'Une-sainte, tandis que celle-ci, toujours par ce même ministère, se rend présente dans la *Ecclesiæ portio*[88].

Dès lors, affirme le pape François, dans «une Église synodale», la synodalité «en tant que dimension constitutive de l'Église, nous offre le cadre interprétatif le plus adéquat pour comprendre [le] ministère hiérarchique»[89] épiscopal, dont la *diakonía* ne doit pas opposer mais unir l'Église qui enseigne (*docens*) et l'Église qui apprend (*discens*)[90]. La «mutuelle intériorité», comme clef herméneutique, apporte une compréhension renouvelée de l'Église particulière comme «sujet intégral»[91]. L'Église tout entière y est présente et agissante comme «un sujet en soi

---

[86] P.A. BONNET, «Communione ecclesiale e sinodalità», 123-124 (notre traduction).

[87] JEAN-PAUL II, disc. à la Curie romaine, 21 décembre 1984, 168: «entre les Églises particulières il y a une relation ontologique d'une inclusion mutuelle (…). Cette relation ontologique doit se traduire sur le plan dynamique de la vie concrète si la communauté chrétienne ne veut pas se trouver en contradiction avec elle-même. Les choix ecclésiaux fondamentaux des fidèles doivent pouvoir être harmonisés avec ceux des fidèles des autres communautés de sorte qu'ils donnent lieu à cette communion des esprits et des cœurs pour laquelle le Christ a prié à la dernière Cène (…)».

[88] JEAN-PAUL II, exhort. ap. *Pastores gregis*, n. 55. Cf. G. FELICIANI, «La dimensione collegiale del ministero», 53-61.

[89] FRANÇOIS, disc., 17 octobre 2015, 78.

[90] Cf. P. VALDRINI, «La synodalité comme dimension», 29.

[91] Voir sur cette thématique, Y. CONGAR, «L'*Ecclesia* ou communauté chrétienne».

complet»[92], dans la mesure où elle possède intérieurement tous les liens de la communion universelle. La communion du collège épiscopal avec son chef ou la communion locale des évêques entre eux ne sont pas des éléments externes à la célébration eucharistique ou à l'existence même des Églises particulières, mais bien des éléments intérieurs et qui signifient une seule et même réalité. Du fait de la nature unique de la *potestas sacra* à laquelle participent tous les évêques, il y a donc également une «immanence réciproque» dans la conscience subjective de leur ministère épiscopal. La dimension ontologique de la communion hiérarchique spécifie ainsi que l'élément synodal de la *communio Ecclesiarum* se situe dans la *communio Episcoporum*. Pour que la collégialité, qui est l'expression de cette Communion des Évêques, puisse répondre à cette requête de synodalité, elle doit exercer institutionnellement la *sollicitudo omnium Ecclesiarum* tant du point de vue universel que particulier. La collégialité doit formaliser sur un mode organique institutionnel, les relations intersubjectives de l'*affectus collegialis* à tous les niveaux de la vie ecclésiale[93]. Il appartient cependant en propre à l'autorité suprême[94] de reconnaître ces instances et de les articuler pour en manifester la synergie de communion. La communion, comme fait ecclésial, est ce qu'on pourrait ainsi appeler une «uni-diversité», fondée sur l'union de différents niveaux de communions.

1.3 *La synodalité, forme organique de la communion*

1.3.1 La synodalité, principe général du gouvernement ecclésial

Pour les théologiens, une «Église constitutivement synodale» se réfère d'abord à la Trinité, modèle absolu de la communion ecclésiale[95]. La synodalité est avant tout un concept de doctrine théologique[96] qui n'est

---

[92] G. GHIRLANDA, «Inculturazione», 49. Cf. *LG* 26: L'Église du Christ «est vraiment présente (*vere adest*) en tous les légitimes groupements locaux de fidèles qui, unis à leurs pasteurs, reçoivent eux aussi dans le Nouveau Testament, le nom d'Églises».

[93] Cf. W. AYMANS, «Die Communio Ecclesiarum als Gestaltgesetz», 90. Voir aussi J. HAMER, «la conférence épiscopale, exercice de la collégialité», 969: «Il n'y a pas deux collégialités épiscopales: celle qui s'exercerait à l'échelle universelle et celle qui se manifesterait à l'échelle d'une région quelconque. Il n'y en a qu'une seule mais qui connaît des modalités infiniment variées».

[94] Cf. CIC/1983, can. 431 §3; *PB* 76. 82.

[95] D. VITALI, «I soggetti della sinodalità», 169-175. Cf. CTI, «*De synodalitate*», n. 6; FRANÇOIS, disc., 17 octobre 2015, 78.

[96] Cf. N. WITSCH, «Synodalität», 642.

pas directement de nature juridique mais plutôt ecclésiologique[97]. D'ailleurs, observe J.M. Tillard, «avant d'être canonique, la question posée par les institutions postconciliaires est fondamentalement un problème dogmatique»[98]. Le concept de synodalité apparaît comme «une propriété de l'Église découlant de sa nature communionnelle»[99]. En ce sens, il y a une seule «synodalité», et non plusieurs[100].

Sur le plan théologique, la pratique synodale apparaît moins comme une modalité ou un instrument de la pratique référée à l'assemblée que comme une expérience liée à la foi et à la charité[101]. La synodalité ne s'envisage pas seulement comme un style de vie ecclésiale mais comme une qualité de la démarche de témoignage[102] dans laquelle s'impliquent tous les fidèles du Christ. Comme catégorie théologique, cela suppose que l'action de l'Esprit soit une dimension constitutive et même l'origine de la «structuration du peuple de Dieu», *nonobstant,* la nécessaire «compréhension juridique»[103] qui doit en être faite. C'est sous cet angle spécifique que la synodalité au plan juridique se place comme un principe général du droit en matière de gouvernement ecclésial:

> En vertu du principe affirmé par les codificateurs, *omnis definitio periculosa est,* aucun canon du Code de droit canonique de 1983 ne définit la synodalité et explique ce qu'elle représente pour l'exercice du gouvernement ecclésiastique. En revanche, pour les juristes, elle est présente comme une référence, un des principes généraux du droit nécessaires pour l'interprétation, dans les canons majeurs et les détails qui décrivent l'organisation concrète des institutions ecclésiales. La synodalité n'est pas

---

[97] E. CORECCO, «Sinodalità», 1484: «Nella sinodalità emerge, a livello formale dell'esercizio del potere, il principio della "communio", il quale però ha una rilevanza ecclesiologica molto più vasta della sinodalità stessa, poiché investe non solo l'uso dei ministeri nella loro funzione sacramentale e giurisdizionale, ma tutta la realtà mistico-sacramentale della Chiesa, che a livello ontologico è una "communio cum Deo et hominibus"»; voir ID., «Ius universale-ius particulare», 550-551.

[98] J.M. TILLARD, «Vatican II et l'après concile», 356.

[99] A. BORRAS, «Trois expressions de la synodalité depuis Vatican II», 645.

[100] Voir le commentaire de A. JOIN-LAMBERT, «Le concile provincial», 318-319.

[101] Cf. G. MAZZILO, «Nodi storici ed ecclesiologici della prassi sinodale», 121.

[102] Cf. G. INCITTI, «L'esercizio della sinodalità», 371: «la sinodalità non definisce un mero stile. Essa pone nella linea dell'essere stesso della Chiesa e poiché *agere sequitur esse,* la sinodalità non potrà mai mancare nell'agire ecclesiale. Mentre si può affermare che la Chiesa è sinodalità, non si può, al contrario, affermare che la Chiesa è collegialità».

[103] Cf. G. INCITTI, «L'esercizio della sinodalità», 372: «Emerge così il ruolo ecclesiologico-costituzionale del carisma nell'organizzarsi e modellarsi tipico del popolo di Dio, un ruolo che non ha trovato congruo spazio nella normativa canonica (…). Il carisma non si oppone all'istituzione, anzi la crea e la esige per il suo vivere».

seulement la création d'un lieu ou d'un moment où l'Église organise un dialogue pour porter des décisions; elle est aussi un principe de gouvernement qui repose sur la foi en l'Esprit-Saint qui assiste la recherche des justes décisions que l'Église veut prendre pour accomplir sa mission salvifique dans l'histoire.[104]

La synodalité est un principe herméneutique pour comprendre la mise en œuvre de la *communio fidelium*, dont la communion hiérarchique est un élément intrinsèque, dans ses différents aspects structurels. Élaborées au cours des premiers siècles, les règles canoniques de gouvernement forment comme un faisceau qui s'explique et se délimite dans le cadre de la synodalité. Comme principe général du droit dans l'Église, et donc comme élément constituant de son être même, la synodalité est un moyen de rendre compte des spécificités de l'organisation ecclésiale.

Ce principe herméneutique induit donc une certaine dynamique juridique pour donner «corps» au *sensus fidelium* du peuple de Dieu[105]. Le terme «synodalité» se montre insuffisant pour décrire les mécanismes engagés dans le processus de participation ecclésial. Le néologisme «synodalisation», forgé par l'École de Navarre, comme «terme théologique plus approprié», pourrait ainsi mieux exprimer la demande juridique de participation de tous les fidèles dans une communauté hiérarchique au processus de discernement ecclésial[106]. Ceci suppose que le pasteur de chaque communauté hiérarchique soit organiquement en communion, *ad intra* et *ad extra*. En effet, note P. Valdrini, «la synodalité, dans les réalisations institutionnelles concrètes, permet de mettre en œuvre des capacités sacramentelles ou juridiques mais jamais dans une mise en œuvre déliée de l'appartenance à l'*Ecclesia* formée de l'unité ou communion des Églises particulières»[107]. En ce sens participatif, la «synodalisation» est la conception d'un mode institutionnel du gouvernement ecclésial, selon le principe de la communion, où les rapports typiques entre une portion du peuple de Dieu et son pasteur se réalisent et s'incluent formellement au travers d'institutions[108]. La sy-

---

[104] P. VALDRINI, «Promotion et limites», 128.

[105] Cf. C.R. REDAELLI, *Il concetto di diritto della Chiesa*, 163-224.

[106] Cf. M.A. SANTOS, «Sinodalidad», 342.

[107] P. VALDRINI, «La Synodalité. Séance de clôture», 855 (italiques de l'A.).

[108] G. ROUTHIER, *Le défi de la communion*, 186: «ces diverses réalités [de communion] expriment un type particulier de rapports caractéristiques de la synodalité: la coopération structurée et organique des «nombreux» sous la présidence de l'«un» à une action commune, la confession de la même foi. Personne n'agit solitairement, mais chacun doit plutôt agir solidairement. C'est ainsi que chacun devient présent à l'acte de l'autre».

nodalité, en tant que principe général de gouvernement dans l'Église, serait alors le moteur de la communion organique.

1.3.2 La synodalité, émergence institutionnelle de la communion

La synodalité est donc un concept à multiple facettes[109]. Si théologiens et canonistes ont des approches différentes[110], appelées à se compléter, ils s'accordent cependant pour désigner par le terme «synodalité» tout ce qui peut «décrire des relations – le droit – opérant au niveau du *munus regendi*»[111]. Naissant pour ainsi dire de l'agir ecclésial, la synodalité a valeur institutionnelle[112], et vise, dans le champ du droit, un but particulier à atteindre: la communion[113]. Le faisceau des règles, ainsi établies dans l'Église, trouve dans le but commun son point de convergence et dans les institutions juridiques, un support. Si nous croyons que l'Esprit-Saint guide l'Église, il faut admettre que ce qui la conduit, à travers une pratique qui se consolide au cours des siècles, ne peut que révéler sa norme même. Ainsi, la synodalité est comme «l'émergence institutionnelle» de la communion ecclésiale[114]. Vérifiée à tous les niveaux du peuple de Dieu, elle est d'abord une réalité théologico-institutionnelle qui qualifie l'exercice de la coresponsabilité ministérielle des évêques dans laquelle s'enracine par *analogie*, l'expérience participative du sacerdoce commun et du sacerdoce ministériel[115].

S'il n'en existe pas une définition canonique, «il reste cependant que la synodalité peut difficilement exister sans lieux institutionnels ni procédures de mise en œuvre»[116]. Une approche juridique des institutions permet de déterminer les lieux concrets de l'analyse. Par «institution», il convient d'entendre une entité juridique qui s'enracine dans le bien des personnes que déterminent deux critères: la durée et le caractère organique. Une durée qui, sans viser à l'éternité, dénote une certaine permanence (le terme institution, provenant de «*stare*», parle de stabilité); une

---

[109] Cf. A. BORRAS, «Évolutions souhaitables en matière de synodalité», 268.

[110] Cf. A. BORRAS, «Trois expressions de la synodalité», 647: pour l'A., «théologiens et canonistes ne s'accordent pas sur le contenu exact du concept de "synodalité"».

[111] G. ROUTHIER, *Le défi de la communion*, 18; ID., «La synodalité de l'Église», 158. cf. P. VALDRINI, «La synodalité dans le code de droit canonique 1983», 64.

[112] Cf. H.M. LEGRAND, «la sinodalità, dimensione inerente», 5-42.

[113] Cf. CTI, «La sinodalità nella vita», n. 6.

[114] Cf. E. CORECCO, «Sinodalità», 1491: l'A. parle d'une «émergence technico-institutionnelle» (notre traduction).

[115] Cf. L. BORDIGNON, «Che cosa la sinodalità?», 82-83.

[116] Cf. A. BORRAS, «Trois expressions», 650.

organicité, d'autre part, souvent en dépendance des faits, qui met en œuvre une certaine rationabilité.

Même si cela a été beaucoup critiqué[117], l'Église est elle-même une institution: don originaire donnée conjointement avec l'Esprit, sa finalité est de rendre présent et actif l'événement du Salut dans l'Histoire, d'authentifier la présence du Christ parmi ses disciples et de les prémunir contre toute illusion. D'abord, comme un tout socialement visible, présent dans le monde, «une société hiérarchiquement organisée d'une part et le corps mystique d'autre part, l'assemblée discernable aux yeux et communauté spirituelle» (*LG* 8). Ensuite parce qu'elle inscrit sa permanence dans le monde au travers de structures stables qui ne sont pas réinventées à chaque génération, mais dont la fonction est de servir le but qui est la communion et offrir les moyens du salut. Les sacrements, dans leur normativité, sont des institutions qui structurent les relations ecclésiales (*AG* 4). Selon l'approche du canoniste luthérien H. Dombois, l'Église peut s'interpréter comme «l'expression juridique de formes typiques de relations et de communautés»[118]: la structure de grâce à l'origine du rapport religieux nouveau fondé sur le Christ passe par des processus institutionnels. On peut parler ainsi, comme le fait l'ecclésiologue S. Dianich d'un «agir communicatif»[119]: le mystère de la communion divine inscrit historiquement la dimension Trinitaire de l'Église dans des formes ecclésiales diverses et plurales qui tendent à s'unifier, au contact du monde, en structures communautaires reliées entre elles dans un processus graduel de synodalisation institutionnelle. Pour P. Valdrini, l'épiscopat, comme ministère synthétique, redéfini au concile Vatican II, met en relief ces deux «perspectives» que sont le «principe» et «l'institutionnalisation» (*CD* 36). Perspectives reprises et développées dans la codification de 1983 en favorisant la participation des fidèles «à la détermination concrète des moyens de l'action missionnaire»[120] au travers des institutions synodales qui structurent l'Église particulière.

---

[117] Pour une synthèse, voir J.L. MONNERON, *L'Église: institution et foi.*

[118] H. DOMBOIS, *Das Recht der Gnade*, 905: «Die Institutionen sind also der rechtliche Ausdruck typischer Beziehungsformen oder Gemeinschaftsformen (…)»; pour l'A., l'Évangile n'est pas un simple récit, mais il propose des catégories à interpréter dans une herméneutique juridique. Cf. J. HOFFMANN, «Grâce et institution selon Hans Dombois», 657.

[119] Cf. S. DIANICH, *Ecclesiologia*, 11-113.

[120] P. VALDRINI, «La synodalité dans le code de droit canonique», 64.

1.3.3 La synodalité dans une herméneutique institutionnelle

a) Le cadre institutionnel de la recherche

Quoique l'élément synodal ne se réduise pas au fonctionnement des institutions[121], pour qu'il existe cependant à l'état ontologique de communion réalisée et donc comme principe, il faut qu'il s'applique au travers de formes institutionnelles. Le caractère institutionnel de l'Église se structure dans la formalisation d'actions typiques répétées[122], reconnues objectivement comme caractéristiques par toutes les communautés: la «*martyría*», la «*leitourgía*» et la «*diakonía*»[123]. Celles-ci identifient les éléments génétiques de l'organisation juridique d'une Église que sont les sacrements, la communion hiérarchique et la mission. La communauté se dote, à partir de son agir ecclésial, d'une organisation liturgiquement ritualisée et juridiquement déterminée[124]. Le passage d'une *praxis* (pratique sacramentaire) à une régulation institutionnelle (synodalité) suppose donc un processus de canonicité qui articule à la fois le droit institutionnel (la grâce) et le droit normatif (la législation), non plus en termes opposés mais unifiés. L'organisation ecclésiale n'est pas fondée par un droit qui lui est extérieur ou encore par un droit qui n'en serait que la

---

[121] Cf. E. CORECCO, «Sinodalità», 1483.

[122] Tout «charisme» fondateur, religieux ou autre, ne survit que s'il est d'une manière ou d'une autre institutionnalisé à travers des structures qui en rendent possible sa socialisation et sa continuité au-delà de son impact initial. Une telle approche plus phénoménologique des aspects sociaux de la synodalité peut en effet nous permettre de l'appréhender comme un processus d'institutionnalisation, entendu comme la «typification réciproque d'actions habituelles», dans le sens défini par les auteurs P. BERGER et T. LUCKMANN en 1966 dans leur ouvrage commun *The Social Construction of Reality*. Toute structure sociale est une «somme de typifications»: un groupe répétant une manière d'agir qui se transmet, celle-ci sera perçue par les générations successives comme inhérente à la nature même de l'activité. Pour ces auteurs de la sociologie de la connaissance, partant de l'étude des individus et de leurs interactions, rien ne vit sans forme institutionnelle. Un ordre social ne repose pas sur l'intégration objective des institutions mais sur leur légitimation (cf. 224). Sans entrer dans le débat sur la formule célèbre de ces auteurs, «la réalité est construite socialement», souvent mal comprise, leur approche «logique» d'une société démontre que celle-ci ne repose pas sur l'objectivité de ses institutions ni dans leur fonctionnalité externe, mais dans la manière dont elle est pensée: «If the integration of an institutional order can be understood only in terms of the "knowledge" that its members have of it, it follows that the analysis of such "knowledge" will be essential for an analysis of the institutional order in question» (82).

[123] Cf. M. KEHL, *La Chiesa. Trattato sistematico*, 375.

[124] Cf. H.M. LEGRAND, «la sinodalità, dimensione inerente», 15-16; ID., «L'épiscopat: le cahier des charges», 161-162.

conséquence, mais bien par le rapport religieux nouveau fondé sur le Christ dans l'Esprit-Saint[125]. La synodalité, dans ses applications ecclésiologiques, en est la traduction juridique.

La synodalité dans son déploiement institutionnel peut s'entendre, selon A. Borras, de deux façons. Soit au «sens strict»: elle est alors «la réalité communionnelle qui se réalise en un lieu», typiquement le diocèse sous la conduite d'un unique pasteur, l'évêque; soit au «sens large»: désignant alors la «réalité communionnelle du mystère de l'Église et se réfère à la communion des Églises, à l'Église dans son ensemble»[126]. Ces deux sens envisagés ne rendent pas suffisamment compte du donné conciliaire. La communion des Églises se réalise dans la collégialité épiscopale qui manifeste la synodalité ecclésiale: «chaque manifestation authentique de synodalité exige par sa nature l'exercice du ministère collégial des évêques»[127]. La nature collégiale du pouvoir propre de chaque évêque s'est exercée au cours des siècles au travers de la conciliarité (*LG* 22a), toujours en lien avec le successeur de Pierre comme primat et avec le Collège épiscopal, «dont l'Esprit-saint assure par l'action continue de sa force la structure organique et la concorde» (*LG* 22b). C'est deux derniers éléments fondent la forme catholique de l'Église au travers de la *communio Ecclesiarum*[128], laquelle s'imprime structurellement dans le Collège épiscopal et s'exprime organiquement par lui. Dès lors, la collégialité et la synodalité n'entretiennent pas une relation de subordination mais d'inclusion mutuelle:

> S'il y a *collégialité* épiscopale dans un collège, groupe unifié et structuré d'évêques ne faisant qu'un corps épiscopal, c'est parce que l'Église de Dieu a pour nature d'être une *communion* d'Églises locales. (…) La collégialité est une manifestation et un service (nous dirions un *sacramentum*) de la synodalité des Églises locales. (…) Aussi la collégialité épiscopale n'est-elle pas tant un organe de pouvoirs s'exerçant sur l'Église de Dieu que l'expression, le canal, le service, l'instrument de la communion des Églises locales et par là de la nature même de l'Église de Dieu[129].

Le terme «collégialité», qui a reçu au cours des siècles le sens restrictif d'un lien juridique entre le Collège épiscopal et son Primat, le Pontife

---

[125] Voir Y. CONGAR, *L'Église de saint Augustin*, 11-24.

[126] Cf. A. BORRAS, «Trois expressions», 647.

[127] Cf. CTI, «De synodalitate», n. 7.

[128] Cette notion issue de *AG* 19, 3 est décrite dans *LG* 23. Cf. W. AYMANS, *Das synodale Element*, 318-365; ID., «Communio. Theologische Reflexionen»,71-86.

[129] J.M. TILLARD, *Église d'Églises*, 273-274 (italiques de l'A.). Voir également H.M. LEGRAND, «Enjeux théologiques de la revalorisation», 56.

romain[130], semble à certains auteurs insuffisant (Aymans, Corecco, Legrand) pour rendre compte de la réalité constitutive de l'Église. Tout en réservant le terme de collégialité à la relation fondamentale du Collège épiscopal à son Primat, il faudrait envisager une autre qualification comme celle de «synodalité épiscopale» qui permettrait de rendre compte du rapport d'union entre évêques dans le Collège et entre évêques et prêtres dans le presbytérium, tout en maintenant la réflexion conciliaire de Vatican II sur l'Église universelle qui inclut la communion des Églises particulières[131]. Cette expression permettrait aussi d'envisager la réalisation institutionnelle intermédiaire, à un niveau supra-diocésain, de l'*affectus collegialis* entre les évêques. L'expérience des rencontres entre évêques dans les premiers siècles, comme chefs de communautés ecclésiales, a fourni une clef de compréhension de la nature théologique de l'Église, structurée à la fois synodalement et hiérarchiquement[132]. C'est pourquoi le choix terminologique de réserver le sens «strict» du concept de synodalité nous semble plus judicieux en référence exclusive aux assemblées composées d'évêques, comme une expression institutionnelle et juridique de l'*affectus collegialis*[133] et d'entendre le sens «large» comme celui de la participation des fidèles à tous les niveaux de la vie institutionnelle de l'Église[134], *cum et sub episcopis*.

L'élément collégial-épiscopal a une fonction formelle dans l'Église[135]. Dans un sens matériel, la collégialité s'identifie avec l'élément synodal, mais n'est qu'un aspect de la synodalité dans l'Église[136] qui trouve

---

[130] Cf. E. CORECCO, «Sinodalità», 1484; ID., «Ontologia», 83. Voir les critiques de la position de E. Corecco par G. RUGGIERI, *I sinodi tra storia*, 135, nt. 13.

[131] Cf. E. CORECCO, «Sinodalità», 1484-1488.

[132] Cf. O.M. HERIVONJILALAINA, *Synodalité du et dans le peuple*, 150.

[133] Qui n'exclut pas la participation des fidèles, mais réserve le moment délibératif à l'élément épiscopal cf. W. AYMANS, *Kirchenrechtliche Beiträge*, 176-177. Voir P. ERDÖ, «La partecipazione sinodale al governo», 90.

[134] Une critique souvent faite à E. Corecco et W. Aymans est d'avoir trop insisté sur l'élement épiscopal comme fondement de la synodalité et, en la plaçant au niveau de la *communio Ecclesiarum*, d'en avoir fait une loi constitutive pour l'Église universelle, délaissant le niveau diocésain. On peut cependant objecter que sur le plan historique, dès le IVe siècle, la synodalité locale n'est plus qu'une synodalité de réception et que si la synodalité diocésaine après un regain de vigueur marque le pas aujourd'hui, c'est peut-être parce que la synodalité épiscopale supra-locale manque de dynamismes structurels réels.

[135] Cf. W. AYMANS, «La *communio Ecclesiarum* legge costitutiva», 18.

[136] Cf. W. AYMANS, «Sinodalità: forma di governo ordinaria», 41-46.

d'autres applications dans l'Église particulière[137]. Cet aspect matériel nous indique le lieu théologique principal de la synodalité: la *Communio Ecclesiæ et Ecclesiarum*. Celle-ci est présente dans chaque Église particulière par la sollicitude pour les Églises qui caractérise le ministère épiscopal[138]. La *Communio Ecclesiarum* et la *Communio Episcoporum* assurent ensemble la fonction constitutive de l'Église parce qu'elles s'impliquent mutuellement de manière significative, entre autres, dans les regroupements d'Églises particulières[139]. Le lien spécifique, qui unit les deux, se situe dans le concept de «communion hiérarchique» qui offre une manière de saisir la réalité ecclésiale où se «synthétise la tradition pragmatique et théologique de l'Église depuis les origines jusqu'à nos jours et ouvre ainsi de nouvelles perspectives de réflexions»[140]. La communion comme élément essentiel de l'être même de l'Église repose sur cette idée structurante du lien hiérarchique. La réalité organique de cette structuration suppose alors d'être envisagée de manière analogique selon différents niveaux qui s'impliquent de manière dynamique dans un processus de synodalisation vers une *«plenitudo communionis»*.

Comme principe de gouvernement, la synodalité, dans l'Église latine, génère des institutions qui organisent le discernement ecclésial sous le mode consultatif mais également décisionnel. Cet élément synodal trouve son point d'assise local dans le charisme épiscopal en tant qu'il est facteur d'unité et d'équilibre dans une portion déterminée du peuple

---

[137] R. MINNERATH, «Primauté, collégialité», 99: «la collégialité n'a pas de rapport organique avec l'Église particulière». Voir W. AYMANS, *Kirchenrechtliche Beiträge*, 169: «"Synodalität" kann auch Formen umfassen, die in ihrer rechtlichen und praktischen Verwirklichung der Synode nachgebildet sind und gewisse Ähnlichkeiten mit dem Rechsinstitut "Synode" aufweisen». *A contrario* de cette position, selon G. Routhier, il existe une synodalité dans l'Église particulière, et pas seulement par analogie; cf. G. ROUTHIER, «La synodalité de l'Église locale», 131-145.

[138] Cf. W. AYMANS, *Das synodale Element in der Kirchenverfassung*, 324-326. Dans le même sens, E. CORECCO, «Sinodalità», 1484: «Essendo espressione istituzionale della *"communio Ecclesiae et Ecclesiarum"*, la sinodalità non tende a coartare l'esercizio personale-individuale del potere ma a conferirgli una dimensione più vasta e più perfetta in funzione dell'unità ecclesiale». Voir R. MINNERATH, «Primauté, collégialité», 99.

[139] Cf. W. AYMANS, «La *communio Ecclesiarum* legge costitutiva», 30.

[140] G. GHIRLANDA, «La notion de communion hiérarchique», 235-236: «la communion ecclésiastique dans son essence et dans sa constitution dépend nécessairement de la communion hiérarchique, car les Églises particulières sont en communion avec l'Église de Rome lorsque leurs évêques sont en communion hiérarchique avec le chef du Collège».

de Dieu. Il s'organise en «synodalité» au plan supra-local en déployant des formes organiques de la communion ecclésiale qui sont autant d'expressions intermédiaires de l'*affectus collegialis*. Cette synodalité suppose une «circonscription» épiscopale et synodale du *sensus fidelium* qui fonde l'existence même d'un regroupement d'Églises[141]. Elle repose enfin sur la connexion synodale de ces communautés dans des regroupements ecclésiaux qui sont appelés eux-mêmes à devenir structurellement des circonscriptions territoriales.

Les conciles particuliers ont été ainsi une première forme institutionnelle des regroupements ecclésiaux où l'esprit collégial s'est développé entre les évêques dans des organismes de communion supra-locaux. La synodalité entre les Églises s'est interprétée de manière différente en Orient et Occident, mais les lignes théologiques convergent vers une même compréhension du rôle de l'épiscopat et des moyens organiques de sa coordination, au moins pour le premier millénaire[142]. Cinquante ans après le concile Vatican II, le pape François invite à une réflexion pour «faire davantage de ces organismes des instances intermédiaires de collégialité, peut-être en intégrant et en réhabilitant certains aspects de l'ancienne organisation ecclésiastiques»[143].

Pour faire droit à cette réflexion, il nous faut pouvoir évaluer dans le temps les conditions de réalisation institutionnelle de la synodalité de l'organisation ecclésiastique, mais sans forcer à une lecture moderne des évènements[144]. Dans cette optique, il faudrait selon H.M. Legrand, «arriver à élaborer des critères pour distinguer la tradition de l'Église et son histoire effective, réalités que l'on confond souvent»[145]. C'est dans cette démarche que nous abordons la recherche historique dans la section suivante de cette étude.

b) Le cadre historique de la recherche

L'objectif que nous nous sommes fixés dans ce chapitre est d'évaluer de manière critique les dynamiques de synodalité des canons actuels du Code latin en vigueur concernant la province ecclésiastique. Le cadre

---

[141] Cf. A. BORRAS «Évolutions souhaitables», 289-290: «La doctrine de la collégialité ne peut faire abstraction du *sensus fidelium*. La commune responsabilité épiscopale incite au discernement avec les fidèles et leur *sensus fidei* en vue de l'évangélisation sur un même territoire».

[142] CMIECO, «Valamo», n. 53. Cf. A. MILTOS, *Collégialité et synodalité*, 235-469.

[143] FRANÇOIS, disc., 17 octobre 2015, 79.

[144] Cf. G. ROUTHIER, *Le défi de la communion*, 135, nt. 48.

[145] H.M. LEGRAND, «L'épiscopat: cahier des charges œcuménique», 6.

institutionnel collégial, ecclésial et épiscopal, dans lequel nous allons développer notre recherche, s'est fixé très tôt dans ce repérage synodal territorial que sont les provinces ecclésiastiques. Celles-ci prennent leur sens canonique et théologique dès les premiers siècles en Orient. En Occident, la structuration synodale des provinces ecclésiastiques prendra plus de temps et ne s'achèvera que vers le Xe siècle, pour ne plus varier par la suite dans sa signification de communion épiscopale d'Églises particulières. Durant cette période du premier millénaire, entre l'Orient et l'Occident, il y a une compréhension commune des deux sens, théologique et canonique, de la Collégialité synodale dans l'organisation provinciale. Il apparaît dès lors pertinent de délimiter, pour ce chapitre, le cadre de notre recherche historique au seul premier millénaire commun, pour mettre en évidence, sous formes de critères organisationnels, les dynamiques institutionnelles supra-locales de la synodalité, afin de savoir si notre cadre institutionnel latin actuel correspond toujours à ce qui a prévalu à son organisation. À partir du second millénaire, le système structurel des provinces va évoluer, dans la conception latine, vers un cadre plus universel, qui nous occupera dans le deuxième chapitre de cette étude.

Entre traditions ecclésiologiques et faits historiques, les positions divergent quant aux facteurs déclenchants du phénomène synodal. Du point de vue des facteurs internes, en dépendance d'une lecture théologique et patristique, R. Sohm fut le premier à lier la constitution fondamentale de l'Église à la célébration eucharistique[146]. Il fut suivi en cela par des auteurs tant orthodoxes, comme N. Afanassiev ou J. Zizioulas, que catholiques comme E. Lanne ou L. Mortari[147]. La structure sacramentelle de l'Église locale (en particulier en Asie Mineure) serait ainsi la matrice de l'institution synodale dans tous les niveaux supra-locaux. Les sources historiques existent, mais peinent à étayer solidement cette thèse qui a cependant le mérite d'en faire une caractéristique propre à l'agir ecclésial, sans opposer charisme et institution. Du point de vue des

---

[146] Cf. R. SOHM, *Kirchenrecht*, I, 68: «Aus der Ordnung des eucharistischen Gottesdienstes ist die Ordnung der Kirche hervorgegangen»; ID., *Das altkatholische Kirchenrecht*, 186.

[147] Cf. N. AFANASSIEV, «Le concile dans la théologie orthodoxe russe», 319. J. ZIZIOULAS, «The development of Conciliar Structures» 34-51; E. LANNE, «L'origine des synodes», 217: l'A. considère que le concile ancien qui se tient localement dans une Église est «une extension de la synaxe doxologique dont l'expression la plus haute est la célébration du repas du Seigneur»; cf. L. MORTARI, *Consacrazione episcopale*, 138: pour cette A., l'ordination d'un nouvel évêque pour une Église particulière semble être l'occasion primitive des réunions épiscopales et ainsi des synodes épiscopaux.

facteurs externes, certains auteurs notent l'influence sur les pratiques ecclésiales du monde hellénique en Asie et en Orient, ou celle des institutions municipales de l'Empire romain en Afrique[148]. Cependant, les zones d'implantation des communautés, au moins dans le monde romain où subsiste de nombreuses exceptions et particularismes, montrent qu'il existe ecclésiologiquement une unité de fond institutionnelle qui dépasse les cadres juridiques de l'époque.

Sur un plan méthodologique, une étude historique sera forcément limitée. Sur la période que nous avons choisie de délimiter au premier millénaire[149], l'ensemble des structures organisationnelles ecclésiastiques vont se fixer. Notre regard portera sur les aspects ecclésiologiques que nous avons jusqu'ici mis en avant et qui forment la compréhension actuelle de la synodalité[150]. Sur ce plan, les formes historiques sur lesquelles la synodalité s'est appuyée institutionnellement pour se développer ne peuvent être pertinentes que pour autant qu'elles furent des vecteurs de sa réalisation. Il faudra donc évaluer dans les modèles ainsi générés par la synodalité elle-même, les «critères» par lesquels elle s'est établie comme principe de gouvernement dans la dynamique de la communion ecclésiale. Ainsi, éléments internes et externes ne sont pas tant à séparer dans cette étude historique, car ils offrent une vue d'ensemble de la synodalité qui affirme que l'Église institutionnelle s'est développée comme le lieu de l'Esprit, le lieu du discernement[151]. Une lecture phénoménologique de la constitution de l'Église amène ainsi à voir la synodalité comme la «merveilleuse fécondité»[152] de la diversité

---

[148] Cf. P. MONCEAUX, *De Communi Asiae*, 117; C. LÜBECK, *Reichseinteilung und Kirchliche Hierarchie des Orients*, 75-98; A. HARNACK, *Entstehung und Entwicklung*, 115-116; P. BATIFFOL, *Origines du règlement des conciles*.

[149] L'étude historique, notamment du second millénaire, se poursuivra dans le chapitre suivant, consacré plus spécifiquement au système métropolitain.

[150] P. VALDRINI, «La Synodalité. Séance de clôture», 848: «[…] l'approche du thème de la synodalité ne peut pas s'appuyer uniquement sur une étude historique. Elle doit être augmentée d'un second point de vue, théologique et ecclésiologique, qu'il faut considérer comme indissociable du premier. Ce point de vue considère le développement institutionnel qui nous intéresse comme la maturation progressive et fluctuante d'un principe d'organisation déjà présent dans les premiers temps de l'Église dont l'émergence est perçue postérieurement, sans que la conscience ecclésiologique que l'on y découvre soit dépendante de la mise en place de structures conciliaires ou synodales».

[151] Cf. G. KRETSCHMAR, «Die Konzile der alten Kirche», 17; ID., «Le développement de la doctrine», 30. Dans le même sens voir G. BARDY, «Montanisme», 2359.

[152] CBP, «Unité et diversité», *EV* 11/639-643. Voir *e.g.*, H. HAUSER, *L'Église à l'âge apostolique*, 8-16.

ecclésiale, fruit d'un développement historique et contextué des communautés. Ce processus actif est proprement la *Tradition*, dans lequel J. Liébaert souligne que «les Pères ne connaissent pas (...) notre distinction entre communion et institution», puisque «l'institutionnalité était intérieure à la communion et que ses déterminations concrètes naissent pour ainsi dire de la vie même de la communion»[153].

2. Les dynamiques synodales de l'organisation ecclésiastique

2.1 *Collégialité épiscopale et synodalité*

2.1.1 L'avènement de la «primauté» épiscopale

Les Apôtres prirent l'habitude d'établir des Anciens (*presbyteroï*), souvent élus dans les communautés qu'ils avaient fondées, afin d'«assister» et «gouverner» celles-ci[154]. Ces derniers formèrent un groupe «placé en tête» de la communauté[155] pour «veiller au-dessus» (*episkopé*). Les Apôtres établirent aussi des successeurs dans leur mission (Ga 1,1).

La «Succession apostolique» fut d'abord une pratique institutionnelle, apparue assez tôt avant d'être théorisée[156]. Elle désignait le dépôt d'une autorité qui appartenait en propre aux Apôtres et qui était transmise au moyen d'un rite, la *chirotonie*[157]. Les successeurs des Apôtres installèrent à leur tour un groupe parmi les Anciens[158], des «presbytres-épiscopes» (*episkopoï*). Ce groupe était un vecteur local de la catholicité: c'est lui qui régulait la communion dans la communauté et avec les autres Églises. Lorsque les successeurs des Apôtres, d'abord itinérants, finirent par se fixer dans les communautés, ils assumèrent naturellement la présidence de ce groupe[159]. Après eux, émergea en interne une fonction personnelle de régulation de l'*episkopé* entre les Anciens,

---

[153] J. Liébaert, «communion spirituelle et institution dans l'Église» 151 et 153.

[154] Cf. 1Co 12,28. Voir *Didachè* 15,1, SC 248, 193; cf. J. Colson, *Les fonctions ecclésiales*, 317-318; G. Dix, «Ministry in early Church», 266-274.

[155] Cf. 1Th 5,12:«προϊσταμένουϛ». Cf. B. Capper, «Apôtres, maîtres», 414.

[156] Cf. P. Benoit, «Les origines apostoliques», 13-57; C. Vogel, «Unité de l'Église et pluralité», 598-599. G. Dix, avec C.H. Turner, préfère dater la réalité du «concept» de Succession apostolique vers la fin du IIe ou au début du IIIe siècle, dans le contexte de la controverse gnostique; cf. G. Dix, *Le ministère dans l'Église*, 37-49, surtout 42.

[157] L. Bouyer, *Dictionnaire théologique*, 327-328: «Utilisé particulièrement dans les sacrements de l'ordre (1Tm 4, 14; 2Tm 1,6) et de la confirmation (Ac 8,18), ce rite est interprété à cause de cela avant tout comme une transmission d'un don, d'un pouvoir».

[158] Cf. Eus., *H.e.* 3, 37, 3, in SC 31, 151. Voir aussi Clem. R., *Ep. ad Corinthios*, 42,4. 44,2, SC 167, 168-169.172-173.

[159] Cf. J. Dauvillier, *Les temps apostoliques*, 225s.

un rôle unique de «présidence» du presbyterium, un *«proestós»* (προεστώς), littéralement «celui qui est mis en avant»[160], pour veiller sur la communauté et la représenter. Un mono-épiscopat apparaît alors, comme un rôle synodal, qui ne semble pas avoir été dans un premier temps détaché du groupe des Anciens[161]. Ce service dans la communauté est un office[162] pourvu de charismes propres. Vue l'importance que prend cette fonction et le caractère personnel qu'elle revêt dans sa désignation, elle tend à concentrer sur un seul toute la charge de la Succession apostolique, jusqu'à en faire le «premier» de la communauté, la tête locale du corps ecclésial, le πρῶτος (*prótos*)[163]. Dans un sens théologique, le *prótos* assure dans sa communauté la «représentation» du Christ, lui donnant une autorité personnelle. Cette «primauté», jointe à la fonction de présidence (*proestós*) de la communion synodale locale, lui confère ainsi un réel pouvoir dans l'*episkopé* qu'il exerce au sein du presbyterium. Après la disparition des successeurs d'Apôtres, ce sont les *prótoï* des Églises avoisinantes qui assurent la reconnaissance dans la Succession apostolique et constituent le chef d'une communauté locale.

D'un mono-épiscopat on passe à un épiscopat monarchique[164]. L'évêque préside, au-dessus du *presbyterium*, qui devient un lieu de

---

[160] Cf. A. BAILLY, *Dictionnaire*, «προεστώς» renvoi à «προΐστημι», sens 4, qui signifie «être placé à la tête du peuple», «gouverner» avec l'idée de «fonction».

[161] Cf. *e.g.*, IGN., *Epistolæ*, SC 10bis, 176-177, Polycarpe de Smyrne semble présider au milieu des presbytres. Voir V. SAXER, «L'organisation des Églises», 424; A. VILELA, *La condition collégiale*, 389-392: le terme «sacerdoce» pour désigner «prêtre» et «évêque» indique une vision «collégiale» du sacrement de l'Ordre à cette époque.

[162] Cf. EUS., *H.e.* 5, 1, 29, SC 41, 13. Eusèbe de Césarée utilise parfois le terme de «*leitourgia*» pour indiquer l'office épiscopal; voir *e.g.*, EUS., *H.e.* 4, 6, 4, SC 31, 166. Sur l'émergence du mono-épiscopat, voir J. ZIZIOULAS, «Episkopé et episkopos», 484-495; sur ses fonctions communautaire, cf. P. GHERRI, «Episkopé e vigilanza», 76-81.

[163] A. BAILLY, *Dictionnaire*, «πρῶτος», sens 2, avec l'idée de rang et de nombre. Voir également, G.W.H. LAMPE, *A patristic Greek*, «πρῶτος», sens B: le chef, le plus important. Cf. CMIECO, «Chieti», n. 4; L. ÖRSY, «The development of the concept», 84; G. GRESHAKE, «Die Stellung des *Protos*», 23-26.

[164] C. VOGEL, «Communion et Église locale», 171: «A l'aube du IIIe siècle, il n'y a plus de traces d'un épiscopat collectif ou d'une direction collégiale dans l'Église locale. À l'évêque, et à lui seul incombe la charge de veiller à l'orthodoxie, à la catéchèse, à la discipline intérieure de la communauté. Le rôle privilégié de l'évêque lui vient, non pas essentiellement de son privilège d'ordonner les membres de son clergé, mais de sa prééminence absolue, la "*prostasia*" ou "*prædia*", symbolisée par le "*thronos*" ou *cathedra*» (italiques de l'A.); cf. J. COLSON, *L'évêque dans les communautés primitives*, 91-108; P. BENOIT, «Les origines apostoliques» 47; R. INTERLANDI, *Potestà sacramentale*, 337-338; V. SAXER, «L'organisation des Églises», 416.

consultation, sorte de «sénat»[165] ou de «sanhédrin»[166]. Il s'en distingue en assumant *personnellement* une fonction unique fondée sur la charge reçue de garder la communion, communiquée et authentifiée dans la Succession apostolique[167].

Les listes épiscopales témoignent ainsi d'une volonté de s'inscrire dans un *continuum* mais également de manifester des liens entre les communautés[168]. Chaque Église particulière matérialise en elle l'Église universelle sous la forme d'une communauté hiérarchisée autonome, dont l'évêque est la «tête» (*prótos*) et le représentant (*proestós*).

Pour Ignace d'Antioche, l'évêque représente le Christ et matérialise tout à la fois sa communauté et sa dimension de catholicité[169]. En effet l'évêque assure une fonction de *repræsentatio*, à la fois de la continuité apostolique et de témoin authentique de la foi de l'Église. Sa fonction est conçue dans la perspective d'une «représentation du corps dans son chef»[170]. Il est le représentant institutionnel de son Église en qui il perçoit

---

[165] Cf. *e.g.*, IGN., *Ep. ad Philadelphos*, 8,1, SC 11, 127; *Ep. ad Magnesianos*, 6,1, SC 11, 85; *Ep. ad Trallesianos*, 3, 1, SC 11, 97; ORIGENES, *contra Celsum*, 3, 30, SC 136, 72; *Didachè* 2, 28,4, SC 244.

[166] Cf. CHRYS., *De sacerdotio*, 3, 10, 11 SC 272, 188: «τῶν πρεσβυτέρων συνέδριον».

[167] J.M. TILLARD, *Église d'Églises*, 235-236: «Le ministre chrétien exerçant l'*episkopé* a donc, au cœur de sa fonction, la charge d'assurer la référence apostolique de ce qui se vit dans l'Église. Il le fait de deux façons. La première est la conduite de la communauté dans la fidélité à ce que les Apôtres ont fait et voulu, selon leur intelligence de la pensée du Christ (…). Néanmoins, il doit "présider" à la *communion* ecclésiale, y exercer le *leadership*. L'autre façon pour lui d'assurer la référence apostolique est la "réception" des "services", des initiatives, des intuitions des autres membres de la communauté. En d'autres termes, il a pour responsabilité de coordonner mais en les "vérifiant", c'est-à-dire en les jugeant à la lumière de la Tradition apostolique et en déclarant qu'ils sont en conformité avec elle et autorisés par elle, les charismes destinés à la construction et à la vigueur de la communion ecclésiale» (italiques de l'A.).

[168] Cf. E. LANNE, «L'origine des synodes», 213; A. DEMOUSTIER, «Épiscopat et union à Rome», 337; C. VOGEL, «Communion et Église locale», 173: «La prééminence de l'évêque est renforcée et rendue intangible par la notion de Succession apostolique, dans la formulation acquise dès les années 170/200 (*successio = traditio*), ou dans l'équation post-constantinienne (*successio = series episcoporum*)».

[169] Cf. IGN., *Ep. ad Smyrnos*, 8, 2, SC 10bis, 138. L'usage du terme «catholique» chez Ignace est sujet à interprétation; voir J.M. TILLARD, *L'Église locale*, 17-18; également Y. CONGAR, «Catholicité», 722-725.

[170] Cf. Y. CONGAR, «Conclusion», 308-309: «S'inscrivant à l'intérieur d'une conception organique, elle ne portait aucun ombrage au caractère hiérarchique du chef qui représentait sa communauté. Il la représentait, non comme le délégué d'individus souverains, mais comme la personnification et le résumé du corps dont il est la tête. Tenant son pouvoir du Seigneur, qui a fait le corps ainsi, organisé et communiant, il incorporait en sa personne – non privée, mais officielle – les membres

le *sensus fidelium*, car «entre l'évêque et l'Église locale existe (...) un dynamisme d'inclusion mutuelle qui fait que dans la voix de l'évêque s'entend celle de l'Église locale entière»[171]. Pour Cyprien l'épiscopat est préposé extérieurement à l'unité de l'Église[172] tout en étant le lien local des relations internes[173]. Le siège qu'il occupe symbolise sa qualité de ministre principal[174] comme source de toute action liturgique[175]. L'union de l'évêque avec son Église s'appuie sur l'union du Christ avec l'Église.

───────────

dont il avait été institué le chef. C'est cette idée qu'on trouve, sous différentes formes, au long de la tradition: soit dans l'espèce de circumincession existant entre l'Église et l'évêque "Ecclesia est in episcopo", "Episcopus est in Ecclesia"». Certains théologiens ont voulu reprendre cette idée de la représentation au travers du concept de «personnalité corporative» que H.W. Robinson avait identifié, au début du XXe siècle, dans la pensée vétéro-testamentaire. Selon cette théorie on peut voir dans certaines figures, comme Adam, Abraham, des êtres qui représentent un groupe ou un peuple; cf. H.W. ROBINSON, «The Hebrew Conception of Corporate Personality», 49-61. La notion trouve bien une application restrictive dans la théologie paulinienne du Corps. Le concept fut repris par J. Zizioulas, dans une dialectique de l'un et du multiple (One and many) pour exprimer l'idée patristique que l'évêque est l'image eucharistique du Christ et le successeur des Apôtres dans sa communauté. Dans cette conception l'évêque est vu comme une «hypostase ecclésiale», portant en lui toute la communauté, sens qui se rapproche de ce que nous appelons «représentation», telle que Y. Congar l'a décrite plus haut. Voir J. ZIZIOULAS, *l'Être ecclésial*, 120-121; ID., *L'Eucharistie, l'Évêque et l'Église*, 73-88. Sur la pensée de cet A., voir l'analyse catholique de P. NÈGRE, *Pour qu'il ait en tout*, 78-91. 131-171; pour l'analyse orthodoxe, voir A. MILTOS, *Collégialité et synodalité*, 471-540. Cf. J.M. TILLARD, *L'évêque de Rome*. L'A. applique cette théorie au pape dont la fonction «typique» d'évêque de Rome serait d'être le *«centrum unitatis»* du collège épiscopal et de le représenter.

[171] J.M. TILLARD, *Église d'Églises*, 245.

[172] CYPR., *Ep.* 33,1, CCL 3B, 164: «Ecclesia super episcopos constituatur et omnis actus ecclesiæ per eosdem præpositos gubernetur». Cf. J. COLSON, *Les fonctions ecclésiales*, 322-323; J.M. TILLARD, *Église d'Églises*, 259; M. POIRIER, «L'évêque, les clercs», 54-78.

[173] CYPR., *Ep.* 66,8, 3 CCL 3C, 443: «Unde scire debes episcopum in ecclesia esse et ecclesiam in episcopo et si qui cum episcopo non sit in ecclesia non esse (...)».

[174] Cf. CYPR., *Ep.* 45,1,2, CCL 3B, 216; *Ep.* 63,1,1 CCL 3C, 389; *Ep.* 81,1-2, CCL 3C, 629. Cyprien parle parfois de l'évêque comme d'un «præpositus» à la communauté, cf. CYP., *Ep.* 66,5; 72,3, CCL 3C, 439; 528. Cf. M. MACCARRONE, *Lo sviluppo dell'idea dell'episcopato*, 86-11; R. INTERLANDI, *Potestà sacramentale*, 154-156. Cette notion de «préposé» à une Église particulière subsiste jusqu'au CIC/1917, can. 329 § 1.

[175] Cf. Y.M. DUVAL, «Densité et répartition», 512 et 521. Sur le rôle primordial de l'évêque dans la liturgie, cf. G. DIX, *Le ministère dans l'Église ancienne*, 85-96; J. COLSON, *Les fonctions ecclésiales*, 317; R. INTERLANDI, *Potestà sacramentale*, 104-122. C. VOGEL, «Unité de l'Église et pluralité», 59, souligne dans un langage scolastique que «la *potestas iurisdictionis* est corrélative de la *potestas ordinis*».

Ce lien est décrit comme «matrimonial»[176]. C'est une relation organique qui trouve dans la *synaxe* eucharistique une détermination, la formation du corps ecclésial, car c'est un acte de toute l'Église, d'où la nécessité de donner un caractère authentique à la reconnaissance du charisme de son ministre principal. Aussi, le choix de l'évêque implique toute la communauté, la *plebs*[177]. L'élection épiscopale est le fruit d'un processus ecclésial, une démarche communautaire de discernement de l'élu[178].

Les témoignages sur ce processus synodal remontent au IIIe siècle. Il comporte un droit de désignation par des hommes qualifiés, le *suffragium*[179], duquel se distingue le *testimonium* donné sur les candidats par le clergé local aux évêques voisins[180]. Ces derniers, chefs d'Églises proches, d'où ils tirent leur légitimité, sont parfois arrivés dans la cité dès le début du processus[181] pour assurer la surveillance et l'authentification des élections. Ils viennent donner leur *iudicium* sur les candidats, leur avis, qui finalise l'élection. Le processus s'achève avec l'imposition des mains sur l'élu, une chirotonie[182] faite par les évêques voisins au cours de la synaxe dominicale[183]. La désignation de l'évêque n'est pas un moment isolé pour la communauté: elle l'inscrit dans un système de garanties de reconnaissance mutuelle entre les

---

[176] Cf. J. GAUDEMET, «Le symbolisme du mariage», 110-123: la communauté en attente de pasteur est une «Église veuve»; C. VOGEL, «Communion et Église locale», 171.

[177] Cf. *Trad. Ap.*, 2, SC 11bis, 40; R. GRYSON, «Les élections ecclésiastiques au IIIe siècle», 353- 404. Le terme *«plebs»* désigne à l'époque, au plan institutionnel, toute la communauté chrétienne d'une cité, en y incluant le clergé; voir Y.M. DUVAL, *Les Chrétientés d'Occident*, 322; V. SAXER, «La mission: l'organisation», 53.

[178] Cf. R. INTERLANDI, *Potestà sacramentale*, 61-81. Sur le mode de désignation, voir J. GAUDEMET, *Les Élections dans l'Église latine*, 13-104; cf. E. ROLAND, «Élection d'évêques», 2256-2267; H. LECLERCQ, «Les élections épiscopales», 2618-2652; P. CHRISTOPHE, *L'élection des évêques*, 15-23. Cf. Cf. G. BARTELINK, «"Electio" et "Consensus"», 149-155; G. ALBERIGO, «Élection, Consensus, Réception», 7-17. Cf. A. DE HALLEUX, «La collégialité dans l'Église ancienne», 435.

[179] Cf. J. GAUDEMET, *l'Église dans l'Empire romain*, 330-341. R. GRYSON, «Les élections ecclésiastiques au IIIe siècle», 360-388; Hefele-Leclercq I/1, 544. Ils doivent être au nombre minimum de douze, cf. J.M. TILLARD, *L'Église locale*, 334-335.

[180] Cf. H.M. LEGRAND, «Le sens théologique des élections», 44-47; C. VOGEL, «Unité de l'Église», 617.

[181] Sur l'influence des évêques, cf. Y.M. DUVAL, *Les Chrétientés d'Occident*, 323.

[182] Cf. *supra*, nt. 157. L. BOUYER, *Dictionnaire théologique*, 328: «Il semblerait que son sens primitif ait été plutôt celui d'une prise de possession, d'où aurait dérivé celui d'agrégation à un corps social». G. Kretschmar confirme ce sens au plan historique: la chirotonie n'est pas un geste de bénédiction ou de sanctification, mais un rite d'entrée dans la charge, G. KRETSCHMAR, *Das bischöfliche Amt*, 235.

[183] Cf. *Trad. Ap.*, 2, SC 11bis, 40.

Églises, fondé dans la Succession Apostolique[184] et basé sur les relations sacramentelle.

Le rite liturgique place au niveau du corps épiscopal la reconnaissance de l'autorité l'*exousia* (ἐξουσία)[185]. En transmettant l'Esprit Saint, les évêques constituent le chef (*caput*) de la communauté[186]. Le processus montre que la communion des Églises est une solidarité qui se réalise dans la synodalité des évêques portant en eux une sollicitude d'ordre sacramentel[187]. La reconnaissance préalable de l'élu par le *conventus* épiscopal indique qu'il y a une antécédence de l'appartenance à un «collège» ou un «corps» sur l'insertion dans l'Église particulière.

L'accueil de l'élu s'inscrit dans une réception collégiale entre chef de communauté, marquée par le «voisinage»[188]. En Occident, le concile d'Arles en 314, semble rappeler ainsi une coutume ancienne[189] en imposant un nombre minimum de trois évêques[190]. Cette pratique est attestée dans toutes les Églises[191]. La coutume est authentifiée au concile de Nicée (325), premier Concile Œcuménique, convoqué par l'empereur Constantin. La tradition devient législation et fixe de manière pérenne des règles

---

[184] Cf. P. CHRISTOPHE, L'élection des évêques, 15-28.

[185] Cf. CMIECO, «Ravenne», n. 12; CTI, «*De synodalitate*», nn. 17. 27.29.

[186] G. KRETSCHMAR, *Das bischöfliche Amt*, 243: «Sie gliedern den Ordinanden nicht in einen für sich existierenden Bischofsstand ein, sondern erbitten den Geist für ihn, daß er Hirte seiner Gemeinde sei».

[187] Cf. J. COLSON, «Le ministère apostolique», 166; Y. CONGAR, «De la communion des Églises à une ecclésiologie», 232; L. MORTARI, *Consacrazione episcopale*, 137-139; R. INTERLANDI, *Potestà sacramentale*, 55: l'A. souligne que «tale *elezione* venga "assorbita" sbrigativamente dalla *consacrazione*» (italiques de l'auteur).

[188] Cf. EUS., *H.e.*, 6,10, SC 41, 99 qui décrit la consécration de l'évêque de Jérusalem.

[189] CONC. ARELATENSE (314), can. 20, CCL 148, 13; voir également EUS., *H.e*, 6, 43, 8-10, SC 41, 155-156, à propos de l'ordination de Novatien. Pour Cyprien, l'usage n'est pas identique partout; cf. CYP. *Ep.* 67, 5, 1, CCL 3C, 454: «Fere per provincias universas (…) de traditione divina et apostolica observatione (…) ad ordinationes (…) episcopi eiusdem provinciæ proximi quique conveniant».

[190] Cf. *Can. Ap.* 1, in *CSP*, I/2, 8. Cf. J. GAUDEMET, *L'Église dans l'Empire romain*, 338-339; R. GRYSON, «Les élections épiscopales en Occident», 259-261.

[191] Sauf peut-être à Alexandrie, cf. HIER., *Ep.* 146, 1, CSEL 56,1, 31; J. LECUYER, «L'épiscopat comme sacrement», 746, avec la nt. 1.747.752: l'A. fait un parallèle avec la nomination d'un fonctionnaire dans la curie municipale. Cf. R. GRYSON, «Les élections ecclésiastiques», 394-399: si l'évêque est élu parmi le collège des presbytres cela suppose une égalité foncière de fonction. Pour Jérôme, «épiscopat» et «presbytérat» sont une même chose: l'un est mis à la tête du collège des seconds pour éviter les dissensions; cf. HIER., *Com. Tit.*, 1,5b, CCL 77C, 13-14. Voir J. RATZINGER, «La collégialité épiscopale, développement», 767-769; ID., *Le nouveau peuple*, 120.

jusque-là imprécises. En particulier la notion de proximité est canoniquement définie[192] dans un ressort administratif civil, l'éparchie ou province.

À la fin du IIIe siècle en effet, une coutume émerge pour achever le processus des élections: le *suffragium* prépondérant d'un *prótos*, un évêque, considéré localement comme le premier d'entre eux. Sa qualité de *primus* lui vient de son ancienneté ou du prestige, apostolique ou politique, du siège qu'il occupe. Sa *sententia* devient nécessaire pour garantir canoniquement le processus collégial d'intégration. Ce primat qui possède une certaine autorité dans le groupe des évêques «*viciniores*», doit ratifier (κύρος/*firmitas*) la procédure avant l'ordination[193], avec l'assentiment de tous, au besoin par lettre. L'élection s'achève alors avec son consentement qui est réceptionné (*syneudokeitô*) au cours d'une assemblée locale de toute la *plebs*[194]. Cette procédure administrative est recueillie au concile de Nicée (325)[195] qui désigne le primat comme l'évêque de la métropole civile de l'éparchie: le métropolitain. Cette stabilité s'est conservée en Orient, tandis qu'en Occident, plus tardivement organisé, prévaut d'abord le décanat[196], une autorité basée sur l'ancienneté, avant de se fixer sur un siège déterminé.

Assuré d'une prééminence dans le groupe épiscopal, le concile de Chalcédoine (451) insiste pour que le métropolitain ne néglige pas d'or

---

[192] Cf. CONC. NICAEUM (325), can. 4, in *COD*, 7: «Ἐπίσκοπον προσήκει μάλιστα μὲν ὑπὸ πάντων τῶν τῆς ἐπαρχίας ἐπισκόπων καθίστασθαι· εἰ δὲ δυσχερὲς εἴη τοῦτο ἢ διὰ κατεπείγουσαν ἀνάγκην ἢ διὰ μῆκος ὁδοῦ, ἐξάπαντος τρεῖς ἐπὶ τὸ αὐτὸ συναγομένους, συμψήφων γινομένων καὶ τῶν ἀπόντων καὶ συντιθεμένων διὰ γραμμάτων, τότε τὴν χειροτονίαν ποιεῖσθαι· τὸ δὲ κῦρος τῶν γινομένων δίδοσθαι καθ᾽ ἑκάστην ἐπαρχίαν τῷ μητροπολίτῃ ἐπισκόπῳ». Cf. *CONST. APOST.*, 8, 4-5, SC 336, 141-142.

[193] Cf. G. DIX, *Le ministère dans l'Église*, 33: «c'est pour ces fonctions [de représentation de Dieu devant sa communauté et de celle-ci devant Dieu] que l'évêque a besoin de cette double ratification».

[194] Cf. G. DIX, *Le ministère dans l'Église*, 31.

[195] Cf. CONC. NICAEUM (325), can. 6, in *COD*, 8-9: Τὰ ἀρχαῖα ἔθη κρατείτω τὰ ἐν Αἰγύπτῳ καὶ Λιβύῃ καὶ Πενταπόλει, ὥστε τὸν Ἀλεξανδρείας ἐπίσκοπον πάντων τούτων ἔχειν τὴν ἐξουσίαν, ἐπειδὴ καὶ τῷ ἐν τῇ Ῥώμῃ ἐπισκόπῳ τὸ τοιοῦτον σύνηθές ἐστιν. Ὁμοίως δὲ καὶ κατὰ τὴν Ἀντιόχειαν καὶ ἐν ταῖς ἄλλαις ἐπαρχίαις τὰ πρεσβεῖα σώζεσθαι ταῖς ἐκκλησίαις. Καθόλου δὲ πρόδηλον ἐκεῖνο· ὅτι, εἴ τις χωρὶς γνώμης τοῦ μητροπολίτου γένηται ἐπίσκοπος, τὸν τοιοῦτον ἡ μεγάλη σύνοδος ὥρισε μηδὲ εἶναι ἐπίσκοπον. Ἐὰν μέντοι τῇ κοινῇ πάντων ψήφῳ, εὐλόγῳ οὔσῃ καὶ κατὰ κανόνα ἐκκλησιαστικόν, δύο ἢ τρεῖς δι᾽ οἰκείαν φιλονεικίαν ἀντιλέγωσι, κρατείτω ἡ τῶν πλειόνων ψῆφος.

[196] On le nomme «primæ sedis episcopus», «senex» ou «primas», cf. CONC. CARTHAGENENSE (397), can. 25, in *brev. Hippon.*, CCL 149, 40: «Ut primæ sedis episcopus non appelletur princeps sacerdotum, aut summus sacerdos, aut aliquid huiusmodi, sed tantum primæ sedis episcopus».

donner lui-même les évêques de son ressort, avec les évêques voisins, dans les trois mois de l'élection[197]. La ratification de l'élection par le métropolitain au sein du synode confirme son autorité dans la province[198]. Ainsi, le canon 6 de Nicée précise que celui qui est fait évêque sans avoir reçu la confirmation du métropolitain doit présenter sa démission. Mais c'est le nombre des évêques présents qui rend tangible le don de l'Esprit-Saint et l'intégration dans le corps épiscopal. La ratification du métropolitain n'a de valeur que pour la licéité de la charge, l'honneur dû ($\tau\tilde{\eta}\varsigma$ $\tau\iota\mu\tilde{\eta}\varsigma$) à celui qui reçoit une compétence sur un espace ecclésial déterminé[199]. Cet ordonnancement canonique sera fixé législativement en Orient à la fin du Ve siècle dans les *Novellæ* 123 et 137 de Justinien[200], tandis que la coutume se forme en Occident comme en témoigne la décrétale *Ad Gallos episcopos* où le rôle du métropolitain est décrit comme celui du dispositif nicéen[201].

Dans cette logique institutionnelle, à partir IVe siècle, le *iudicium* anticipe le *suffragium*: c'est l'*entente préalable* des évêques de la province. Le corps épiscopal n'établit plus le premier de la communauté mais le «constitue» et l'insère dans une Église particulière existante[202]. Pour prémunir la fonction de toutes dérives[203], les élections épiscopales s'achèvent dans le synode local avec la présence du métropolitain et des comprovinciaux[204]. Jules Ier, à Rome vers 341, confirme ce processus dans

---

[197] Cf. CONC. CHALCEDONENSE (451), can. 25, in *COD*, 98.

[198] Cf. CONC. NICAEUM (325), cann. 4.6, in *COD*, 7.8-9; CONC. ANTIOCHENUM (341), can. 19, in *CSP* I/2, 119; CONC. CONSTANTINOPOLITANUM (381), can. 2, in *COD*, 31-32; CONC. CARTHAGINENSE (390), can. 12, CCL 149, 18 (cf. D. 65, c. 5); CONC. LAODICENUM (fin du IV[e] s.), can. 12, in *CSP* I/2, 135; INNOCENTIUS I, *Ep.*, 2,1, PL 20, 471-472; *Stat. Eccl. Ant.*, can. 1, CCL 148, 165-166, lignes 36-41; CONC. REGENSE (439), *Incipiunt*, CCL 148, 63; CONC. ARELATENSE (442-506), cann. 5-6, CCL 148, 114-115; CONC. CHALCEDONENSE (451), can. 25, in *COD*, 98.

[199] Rendre «l'honneur» à une personne dans l'Antiquité signifie reconnaître son «pouvoir», cf. A. BAILLY, *Dictionnaire*, «τιμή», sens C: autorité, magistrature.

[200] Cf. A. DE HALLEUX, «La collégialité dans l'Église ancienne», 435-439.

[201] Cf. *Canones synodum Romanorum ad Gallos episcopos*, 18. Décrétale attribuée au pape Damase (366-384) et adressée aux évêques de Gaule, la lettre montre le rôle central de Rome dans l'unification disciplinaire en Occident dès le IVe siècle. Voir R. GRYSON, «Les élections épiscopales en Occident», 265-266.

[202] G. BARTELINK, «"Electio" et "Consensus"», 149.

[203] Cf. I. ORTIZ DE URBINA, *Nicée et Constantinople*, 99-101; cf. *e.g.*, en Gaule, CONC. PARISIENSE (614), can. 2, SC 354, 508.

[204] Cf. R. GRYSON, «Les élections épiscopales en Orient», 306-312. 341-345. Voir CONC. ANTIOCHENUM (341) can. 19, in *CSP* I/2, 119: soupçonné d'arianisme ce concile fut réceptionné en Occident dans le *Codex canonum Ecclesiæ Africanæ*.

une lettre aux évêques d'Orient[205]. La procédure du *consensus* est plus tardive en Occident[206]. Le *conventus* provincial devient une institution, lieu ordinaire de la collégialité épiscopale.

Quand il s'agit de pourvoir à l'évêque du premier siège de l'éparchie, c'est un autre métropolitain qui doit ordonner le futur *primus* en présence des évêques voisins de la province, signe du rôle supérieur qui lui est assigné dans le corps épiscopal local[207]. Les comprovinciaux prennent une part active dans l'élection locale du premier d'entre eux, qui s'identifie de fait avec le siège qu'il occupe. Le rôle politique du métropolitain s'accroît en Orient, surtout après la Concession constantinienne (313), et la concorde tant recherchée est parfois difficile à réaliser: l'entente préalable est une lutte d'influence et de chicanes ecclésiastiques[208]. Il semble que cela soit dans une perspective d'apaisement, tout autant que de structuration, qu'un niveau supplémentaire de hiérarchisation épiscopale se met en place[209]: le primat de la capitale du Diocèse civil, qui regroupe un ensemble de provinces civiles, appelé également métropolitain. Celui-ci ratifie le processus d'élection du *prótos* provincial et l'ordonne, car il «incarne» formellement le principe synodal de la communion locale.

À mesure que la synodalité supra-locale se renforce, la synodalité locale n'a plus qu'un rôle mineur dans les élections. En Occident, elle s'y maintient jusqu'au XIIIe siècle[210]. La communauté réceptionne son pasteur plus qu'elle ne le fait: elle peut cependant récuser le nouvel élu

---

[205] Cf. A. APRÀ, *Il Metropolita*, 15; J.R. PALANQUE, «Les métropoles», 484.

[206] *Stat. Eccl. Ant.*, can. 1, CCL 148, 164-166, lignes 36-38; Cf. A. FAIVRE, *Naissance d'une hiérarchie*, 182-198.

[207] Cf. CONC. AURELIANENSE (533), can. 7, SC 353, 198; ID. (538), can. 3, SC 353, 232. Le terme juridique romain «suffragant», pour désigner les comprovinciaux, apparaît en 779 dans le capitulaire d'Herstal, dans une période où Charlemagne renforce le rôle hiérarchique du métropolitain avant d'établir de nouvelles provinces.

[208] Pour l'Orient, voir GREGORIUS NAZIANZENUS, *Ep.* 41-43; *Ep.* 130, 1-2, éd. P. Gallay, I, 51-56; II, 19-20. L'Occident n'est pas épargné, avec la lutte entre Arles et Vienne pour emporter la dignité primatiale, cf. CONC. TAURINENSE (398), can. 2, SC 241, 138; J.R. PALANQUE, «Les métropoles ecclésiastiques», 467-470.

[209] Cf. CONC. NICAEUM (325), can. 6, in *COD*, 8-9; CONC. CONSTANTINOPOLITANUM (381), can. 2, in *COD*, 31-32.

[210] Cf. CONC. AURELIANENSE (511), cann. 5-7, SC 353, 76; ID. (533), can. 2, SC 353, 196; ID. (538), can. 3, SC 353, 233; ID. (549), cann. 9-12, SC 353, 306-309; CONC. CLAREMONTANUM SEU ARVENENSE (535), can. 2, SC 353, 212; CONC. PARISIENSE (556-573), can. 8, SC 354, 420-421; CONC. PARISIENSE, (614), can. 2, SC 354, 508; CONC. CABILONENSE (647-653), can. 10, SC 354, 554; cf. P. CHRISTOPHE, *L'élection des évêques*, 43-59; J. GAUDEMET, «Les élections», 50-62.

pour des motifs que le métropolitain doit apprécier avec le synode provincial[211]. Il n'est pas rare que certains pasteurs soient alors dépourvus de communauté et donc sans assignation de mission. L'évêque ne peut, non plus, choisir son propre successeur, même avec l'assentiment de sa communauté[212]: le jugement final est réservé aux évêques de la province[213].

Le développement administratif de la procédure de l'élection permet ainsi de mieux comprendre que «c'est la primatialité qui est requise parmi les mécanismes essentiels à la survie de l'institution, non la synodalité»[214]. Dans le même temps, elle montre que la synodalité entre les Églises a fait émerger un système coutumier de contrôle de la collégialité fondé sur la Succession Apostolique, procédure que le pouvoir civil a fixé sur un territoire.

2.1.2 La régulation de la compétence épiscopale

Au IVe siècle, l'expansion de l'évangélisation favorise l'émergence de nouveaux sièges épiscopaux. Devant un tel accroissement, il est décidé que là où un simple prêtre suffit pour desservir un village ou une petite ville, on s'abstienne d'y installer un évêque[215] pour ne pas «avilir le titre épiscopal». Afin de manifester la catholicité, l'autorité épiscopale doit être unique sur un territoire et unifiée dans une personne (*prótos*)[216].

Dès l'origine les communautés, surtout en Orient, se structurent *ad intra* sur les modèles séculiers environnants[217]. Tertullien, distinguant *cleros* (*ordo*) et *laïkos* (*plebs*)[218] ne fait que transposer des catégories existantes. La désignation synodale des ministres de la communauté lo-

---

[211] Cf. CONC. ANTIOCHENUM (341), can. 18, in *CSP* I/2, 118; R. GRYSON, «Les élections épiscopales en Orient au IVe siècle», 302-303.

[212] Cf. CONC. ANTIOCHENUM (341) can. 23, in *CSP* I/2, 122-123; *Can. Ap.* 76, in *CSP* I/2, 46-47; A. APRÀ, *Il Metropolita*, 14.

[213] Cf. CONC. LAODICENUM (v. 364), can. 12, in *CSP* I/2, 135; R. GRYSON, «Les élections épiscopales en Orient au IVe siècle», 313.

[214] C. VOGEL, «Communion et Église locale», 177.

[215] Cf. Hefele-Leclercq, I/2, 737-742.777-782; R. GRYSON, «Les élections épiscopales en Orient», 309-312.

[216] Cf. H.M. LEGRAND, «La délimitation des diocèses», 212: «seul le principe territorial élimine dès l'abord tout exclusivisme et se révèle ainsi apte à manifester l'Église. […] La catholicité tellement signifiante de l'Église locale […] n'est possible que dans un cadre territorial».

[217] Cf. A. DE HALLEUX, «La collégialité dans l'Église ancienne», 434.

[218] Cf. TERT., *De exhortatione castitatis*, 7,3, SC 319, 92-93. Voir C. VOGEL, «Unité de l'Église et pluralité», 600; ID., «Communion et Église locale», 173.

cale, similaire à une procédure d'*adlectio*[219], s'achève par la chirotonie de l'évêque sur les élus. Les clercs dans l'*ordo* sont comme des délégués institutionnels: rien ne peut se faire sans l'évêque[220] source originaire des ministères dans la communauté. L'organisation hiérarchique naît d'une distinction de fonctions où, chacun à son rang ($\tau\acute{\alpha}\xi\eta$), est «assigné, sans en dépasser les limites ($\acute{o}\rho\iota\alpha$)»[221]. La $\tau\iota\mu\acute{\eta}$ épiscopale est une «charge publique» assurant la garde de ces limites, à laquelle on doit «l'honneur», compris au sens de «crainte filiale et révérencielle». D'abord d'origine charismatique, l'*episkopé* prend un sens plus juridique, notamment aux vues des pouvoirs personnels dont son titulaire peut user dans la communauté. En particulier, l'évêque occupe une fonction administrative, avec un pouvoir de justice, l'*audientia episcopalis*[222], dont le synode provincial est souvent l'instance d'appel. L'autorité épiscopale est une aptitude à gouverner, qui s'exerce sur une communauté de fidèles par une relation sacramentelle subjective[223], devenant peu à peu une «juridiction», dont le «périmètre» est fixé par une base objective, le territoire, qu'il faut sans cesse contrôler[224]. Le pape Gélase Ier (496) rappelle ce-

---

[219] R. GRYSON, «Les élections ecclésiastiques», 355: l'A. cite A. VILELA, *La condition collégiale*, 248: «L'*adlectio* désignait dans le droit romain une nomination faite par le chef seul, sans intervention du peuple».

[220] Cf. *Didasc.*, 36, éd. F. Nau, 53.

[221] Cf. *Const. Ap.*, 8, 46, 1, SC 336, 264.

[222] Cf. TERT., *Apologiæ*, 39, 1-4, CCL 1, 150; *Didasc.*, 11, éd. F. Nau, 67-74; *Const. Ap.*, 2, 11-14. 37,1 SC 320, 166-175. 262-263. C. VOGEL, «Unité ecclésiale et pluralité d'organisation», 596. Les chrétiens soumettent leurs différends au jugement de leur évêque plutôt qu'à l'autorité des juges impériaux; cf. 1Co 6,1-8. Voir M. METZGER «Les institutions judiciaires et pénitentielles», SC 329, 97-105; ID., «La pénitence dans les *Constitutions apostoliques*», 228-230. L'*Episcopalis audientia* signifie la juridiction des évêques dans les conflits civils entre laïcs, exercée depuis le Ier siècle et entièrement régie par les constitutions impériales au IVe siècle; cf. O. HUCK, «La "création" de *l'Audientia episcopalis*». Sous Constantin, cette *Audientia* est une juridiction pleine mais qui décline rapidement en une procédure invoquée *inter volentes*; cf. A.J.B. SIRKS, «The episcopalis audientia in Late Antiquity», 79-88. Sa compétence fut réduite *ratione materiæ* par Valentinien II. Justinien n'en fait plus qu'un simple arbitrage; cf. *cod. theod.* I,27; *cod. iust.*, 1, 4, 5; *Nov.* 123, SC 531, 30-33. 404-405. Voir également «L'arbitrage épiscopal», in SC 531, 540-546; B. BIONDI, *Il diritto romano cristiano*, I, 435-461.

[223] Cf. H. DESTIVELLE, *Conduis-là vers l'unité*, 234-235; M. LAUWERS, «"Territorium non facere diocesim"»23-26; L. VILLEMIN, *Pouvoir d'ordre*, 180.

[224] Le mot «juridiction» semble employé pour la première fois par Grégoire le Grand à propos d'une contestation entre évêques au sujet de l'autorité de l'un d'eux sur son territoire; cf. *Ep. Lib.* III, 7; XI, 72; XIV, 7-8. Il est déjà employé avec le même sens par la législation de Justinien pour désigner l'autorité d'un évêque; cf. *Nov.* 120, 6.

pendant que «*territorium non facere diocesim*»: c'est le peuple rassemblé au nom de son baptême sur un territoire déterminé qui matérialise l'aire de compétence épiscopale[225].

La «périmètre» épiscopal a été circonscrit au concile de Nicée (325) qui consacre le principe d'un seul évêque par ville[226]. Les difficultés à le réaliser, faute d'un droit suffisamment élaboré, favorisent le recours aux délimitations administratives pour définir les «frontières» d'un espace de compétence épiscopale[227]. La législation canonique va peu à peu s'«accommoder» au droit romain[228] imposant le respect des divisions administratives et l'organisation hiérarchique impériale qui en découle. L'intégration progressive de l'Église dans l'administration impériale, surtout en Orient, comme une institution de droit public, va encourager l'établissement d'une meilleure organisation ecclésiastique entre les évêques afin de faciliter les communications et la diffusion des lois impériales. La constitution de patriarcats dans les Diocèses civils rassemblant plusieurs provinces, semble acquise en ce sens[229]. Cette structuration, qui se fonde sur la tradition des élections, émerge au IVe siècle comme le «système métropolitain», une organisation juridique locale d'un collège d'évêques, désigné comme le «synode provincial», et présidé par l'évêque de la capitale provinciale, le métropolitain.

Dans son ressort personnel, l'évêque exerce sa pleine compétence sacramentelle. Il doit visiter son diocèse chaque année, pour en vérifier la bonne administration[230]. *Ad extra*, sa compétence est contrôlée par l'ensemble des évêques de la province sous la présidence du métropolitain.

---

[225] Cf. M. LAUWERS, «"*Territorium non facere diocesim*"», 31-32.

[226] Cf. CONC. NICAEUM (325), can. 8, in *COD*, 9-10; H.M. LEGRAND, «Délimitation des diocèses», 182; ID., «Un seul évêque par ville», 5- 43; J. ZIZIOULAS, «L'Eucharistie, l'Évêque et l'Église», 91-117.

[227] Cf. K. MÜLLER, «Grenzen», 1854: «Aus der Anlehnung wird in der fortschreitenden Ordnung ein *Rechtsprinzip*» (nos italiques). Cependant, H.M. LEGRAND, «Délimitation des diocèses», 183, note: «Cette fixation correspond (…) à un besoin interne de la vie juridique de l'Église: elle n'a, en soi, aucune valeur théologique et entend encore moins exprimer une option sur la nature profonde de l'Église. Par ailleurs, l'accommodement de l'Église aux circonscriptions administratives civiles est spontané; il résulte autant de la tradition que de la commodité; lui attribuer une signification politique serait parfaitement anachronique».

[228] Cf. CONC. CHALCEDONENSE (451), can. 17, in *COD*, 95. On trouve en particulier une utilisation ecclésiastique de l'*usucapio*, distinction que font les jurisconsultes entre l'usage et la possession; cf. R. MONIER, *Manuel élémentaire de droit romain*, I, 387-388. Sur l'acquisition de la propriété par possession, voir *Ibidem*, I, 421-430.

[229] Cf. C. BUENACASA-PEREZ, «Un aspect de la correspondance», 177.

[230] Cf. S. DI PAOLO, «La centralità della visita», 60, nt. 6.

Celui-ci est le superviseur de la communion locale: il doit donner son consentement (*sententia*) tant pour les absences de l'évêque que pour la validité de toute initiative en dehors du diocèse[231]. L'évêque qui ne respecte pas cette règle peut ainsi être déposé par le synode provincial[232]. Le pouvoir du métropolitain dans sa province, va se renforcer juridiquement: si le synode provincial contrôle la légalité du territoire de chaque évêque[233], c'est lui qui autorise la création d'un nouveau diocèse dans sa province[234], mais toujours en s'accommodant au rang hiérarchique civil des villes[235]. Le rôle du métropolitain, en Orient, se conforme au modèle du supérieur de la législation justinienne, en se reportant en particulier à la *Notitia dignitatum*, en usage dans l'administration impériale[236].

En Occident, l'Église cherche l'unité dans l'uniformisation de la discipline ecclésiastique. Des collections canoniques[237] rassemblent des textes

---

[231] Cf. J. GAUDEMET *L'Église dans l'Empire romain*, 382.

[232] Cf. CONC. ANTIOCHENUM (341), can. 22, in *CSP*, I/2, 121-122.

[233] Cf. CONC. CARTHAGINENSE (348), can. 12, CCL 149, 9, sur la nécesité de respecter un accord entre deux évêques sur la délimitation de leur territoire.

[234] Cf. pour l'Afrique: CONC. CARTHAGINENSE (407), in *Reg. Eccl. Carth. Exer.*, 98, CCL 149, 216; CONC. CARTHAGINENSE (v.348), can. 10, CCL 149, 8; CONC. CARTHAGINENSE (390), can. 11, CCL 149, 17-18; CONC. CARTHAGINENSE (397), in *coll. Hisp.*, can. 20, CCL 149, 333; CONC. CARTHAGINENSE (397), *coll. Hisp.*, can. 46, CCL 149, 339-340. Pour la Gaule: CONC. TURONENSE (461), cann. 9.10.11 CCL 148, 146. 147; CONC. EPAONENSE (517), can. 5, SC 353, 104; CONC. LUGDUNENSE (518-523), can. 2, SC 353, 130; CONC. CLAREMONTANUM seu ARVERNENSE (535), can. 10, SC 353, 214; CONC. AURELIANENSE (538), can. 16, SC 353, 244; pour l'Espagne: CONC. BRACARENSE (572) *Cap. ex or. patr. syn.*, can. 7, España Cristiana, 1, 88.

[235] Cf. CONC. NICAEUM (325), can. 6, in *COD*, 8; *Can. Ap.* 74, in *CSP* I/2, 45-46; CONC. ANTIOCHENUM (341), can. 14-15, in *CSP*, I/2, 115-116; CONC. CHALCEDONENSE (451), can. 17, in *COD*, 95.

[236] Cf. *Notitia dignitatum et administrationum omnium tam civilium quam militarium dignitatum in partibus Orientis et Occidentis*: d'origine incertaine, la *Notitia* est plusieurs fois remaniée entre 390 et 425, établissant un ordre de préséance des dignitaires de l'Empire sur la base de leur fonction et de l'organisation administrative civile et religieuse du Bas-Empire; voir G. OSTROGORSKY, *Histoire de l'État byzantin*, 59-70. Des listes ecclésiastiques, à visée administrative, s'inspirent de ce modèle, comme le *Hieroclis Synecdemus et notitiæ graecæ episcopatuum* (v. 535), donnant les noms des subdivisions administratives de l'Empire byzantin et celui des cités métropolitaines. Le texte reporte entre le VIIe et IXe des listes épiscopales et de nouvelles provinces; cf. G. PARTHEY, *Hieroclis Synecdemus*. On trouve également des descriptions de l'organisation civile dans le *Georgii Cyprii descriptio orbis romani*, cf. E. HONIGMANN, *Le Synekdèmos d'Hiéroklès*; J. DARROUZÈS, *Notitiæ episcopatuum*.

[237] *E.g.*, la *Collectio Hispana* où est repris l'*Etymologiarum libri XX* d'Isidore de Séville (vers 636) définissant les titulatures ecclésiastiques, mais également celle envoyée par le pape Hadrien Ier à Charlemagne vers 774, la *collectio Dionysio-Ha-*

qui sont autant de moyens pour développer l'autorité pontificale en revalorisant l'autorité épiscopale contre celle des métropolitains. La réforme carolingienne[238] au IXe siècle, en organisant administrativement le nouvel Empire, donna pourtant une certaine légitimité aux métropolitains. Ils sont alors des «archevêques», confirmant, par un droit de visite dans la province, leur rôle juridictionnel dans un ressort synodal[239]. Les provinces se stabilisent comme des «périmètres» de l'organisation ecclésiastique, dans lesquels la puissance pontificale va s'étendre de manière uniforme sous l'effet de la Réforme grégorienne[240]. Profitant des nombreux conflits entre les suffragants et leurs métropolitains, les papes vont limiter leurs droits en matière de justice et de police, revalorisant l'autonomie épiscopale[241]. La communion épiscopale va s'enserrer peu à peu «dans une relation à la *sedes* (*cathedra, thronos*) de Rome de telle nature que la relation à Pierre du groupe apostolique y demeure et s'y actualise»[242].

2.2 *Organisation ecclésiastique et synodalité*

2.2.1 La constitution de réseaux synodaux

Le tissu communautaire chrétien s'inscrit à l'évidence dans un système de réseaux de synodalité dont la référence n'est pas d'abord territoriale mais ecclésiale[243]. Cette organisation ecclésiastique ne coïncide

---

driana (cf. PL 67, 135-137 et 315-346), toutes deux remaniées dans les *Fausses décrétales* des *Recueils Pseudo-Isidoriens*; cf. P. FOURNIER – G. LE BRAS, *Histoire des collections canoniques en Occident*, 94-97; J. RAMBAUD-BUHOT, «Denys le Petit», 1131-1152; A. VILLIEN, «Décrétales (les fausses)», 212-222 . Les *Etymologiæ* entreront ensuite dans le Décret de Gratien; cf. *Corpus Iuris Canonici*, I, Ae. Friedberg éd., *proleg.* XXXVII.

[238] Cf. C. DE CLERCQ, «La législation religieuse franque», 250-264; A. MARCHETTO, *Episcopato e primato*, 57-109.

[239] Le titre d'«Archevêque» en Orient est honorifique, même s'il est souvent employé dans les Lois impériales, cf. É. LESNE, *La hiérarchie épiscopale*, 26, nt. 3. 28, nt. 2. 71.

[240] Cf. *Dictatus papæ*, PL 148, 407-408; A. PARAVICINI BAGLIANI, «L'Église romaine de 1054 à 1122», 75. Le texte des *Dictatus, ibidem*, 77-80;

[241] Cf. G. LE BRAS, «Institutions ecclésiastiques», 529-534.

[242] J.M. TILLARD, *L'Église locale*, 458; J. RATZINGER, *Le nouveau peuple*, 58: «(…) toutes les Églises locales particulières furent incorporées dans l'Église locale de Rome, de sorte que l'on n'aperçoit plus une pluralité d'*Ecclesiæ*, car la communauté urbaine de Rome intègre dans le petit espace de son *urbs* tout l'*orbis* latin; l'Occident tout entier n'est plus (…) qu'une seule communauté locale et perd de plus en plus son ancienne structure d'unité et de pluralité, qui finalement devient totalement incompréhensible».

[243] Cf. M.F. BASLEZ, «Des communautés sans territoires», 236: «la construction territoriale de l'Église n'a donc pas consisté à découper et à organiser en circonscriptions

pas toujours avec les subdivisions administratives de l'Empire. Les facteurs politiques sont en général déterminants, mais d'autres éléments comme l'apostolicité, la culture ou encore le prestige attaché à une cité sont à prendre en compte[244].

La «communion» entre les Églises se comprend surtout en terme de «communication»: les deux termes[245] sont souvent employés l'un pour l'autre, ce dont témoignent les nombreux échanges épistolaires[246]. Rome est l'épicentre de cette communication, comme l'évoque déjà le concile de Sardique (342-343) informant le pape de la situation religieuse dans la province[247]. «Communion» et «communication» désignent ici une synodalité qui se fonde sur le besoin de se consulter entre évêques, de s'informer, de prendre certaines décisions en commun[248]. Des lettres synodales d'ailleurs communiquent les décisions aux autres provinces, car, pour tous, ces réunions ont une résonnance collective[249].

Dès le IIe siècle des rencontres d'évêques sont attestées. Il s'agit de régler des problèmes tant disciplinaires que doctrinaux en présence des

---

l'espace à évangéliser (…), mais à établir un maillage pour maîtriser l'espace, envoyer et recevoir des informations, transmettre des décisions disciplinaires ou dogmatiques (…) dans un espace toujours élargi». Cf. P. GHERRI, «Episkopé e vigilanza», 85.

[244] Cf. Y.M. DUVAL, «Densité et répartition», 520; M.F. BASLEZ, «Des communautés sans territoires», 229-230.

[245] Cf. J.M. TILLARD, «Communion», 237, b: «Comme le verbe *communicare*, le nom *communicatio* vient d'un adjectif, *municus*, dérivé de *munis* (…). *Communicare* a un sens actif ("faire part de") et un sens passif ("prendre part en commun"). L'effet en est la communion. C'est pourquoi les noms *communicatio* et *communio* seront voisins, parfois employés l'un pour l'autre bien qu'ils ne soient pas strictement synonymes. Le latin chrétien des premiers siècles semble avoir nettement préférer *communicatio* à *communio*, sans doute parce qu'il ajoute un élément dynamique» (italiques de l'A.).

[246] Un signe d'unité est l'échange de «lettres de communion», que les évêques adressent en tant que *représentants* de leur peuple, cf. C. VOGEL, «Unité de l'Église et pluralité», 615-616; Y. CONGAR, *De la communion des Églises*, 232-233; E. LANNE «L'origine des synode», 208; H.M. LEGRAND, «Communion ecclésiale et eucharistie», 136-141. Elles sont des instruments de communication avec lesquels les évêques s'informent mutuellement des événements particuliers dans leurs Églises (cf. EUS., *H.e.* 4, 23, 1-9, SC 31, 202-204), affirmant l'unité dans la foi (cf. ID., *H.e.* 5, 23, 2, SC 41, 66).

[247] Cf. *Ep. synodi Sardicense ad Iulium urbis Romæ episcopum*, MANSI, III, 40.

[248] Cf. E. CORECCO, «Sinodalità», 1468. Voir M. DORON, *The Media of Early Christianity*, 151-177: l'A. propose une intéressante théorie des réseaux synodaux sous l'angle des techniques de communications.

[249] Cf. M. DUJARIER, «La tradition synodale africaine», 16: ce qui est décidé en un lieu regarde l'ensemble de l'*Oikomène*; cf. EUS., *H.e.*, 7,30,1-3, SC 41, 214-215. Les décisions synodales sont communiquées aux autres Églises, qui les intègrent dans leur propre discipline. Cf. J. ZIZIOULAS, «The development of Conciliar», 34-51.

fidèles[250]. On retient notamment deux controverses, où apparaît un rôle décisionnaire des évêques agissant *in solidum*[251]: la première, est une divergence entre les Églises sur la date de Pâques, la seconde cherche à harmoniser le règlement disciplinaire de l'hérésie de Montan qui s'est répandue dans les éparchies[252].

On y a vu une première forme de synodalité[253]. Elles sont aussi l'expression d'une coutume dans la réception de la Tradition apostolique. Irénée de Lyon répondant au pape Victor[254], l'exhorte à recevoir la diversité comme une richesse pour la communion. La pluralité appelle comme une nécessité l'unité. Dans ce contexte une autonomie relative des Églises locales dans leur tissu de relations locales n'a pas d'incidence sur la foi. L'idée d'un centralisme n'apparaît pas comme une nécessité pour l'unité. L'Église de Rome authentifie le choix des Églises et communique les décisions prises[255]. A partir du IVe siècle, les définitions dogmatiques de foi sont l'œuvre des Conciles Œcuméniques, réunis sous l'impulsion de l'Empereur comme des manifestations de l'unité ca-

---

[250] Cf. EUS., *H.e.*, 5,16,10, SC 41, 49: Eusèbe parle de «ἀσίαν πιστῶν».

[251] Cf. E. JUNOD, «Naissance et pratique synodale», 170-178: pour l'A., les rencontres sur l'hérésie montaniste sont bien des assemblées épiscopales où agissent des «experts», mais pas des assemblées synodales. Alors que celles de 190-200, sur la date de Pâques correspondraient à une démarche conciliaire par la recherche d'un consensus.

[252] En Asie Mineure, vers 170, les évêques se consultèrent en présence de la *plebs* sur le Montanisme pour déterminer l'attitude à adopter face aux divisions, cf. EUS., *H.e.* 5,14-19 SC 41, 45-60. Également vers 190, à l'invitation du pape Victor (193-203) des consultations ont lieu sur la date de Pâques, cf. EUS., *H.e.*, 5, 23-25, SC 41, 67-72; J. GAUDEMET, *Église et Cité*, 115; H. LECLERCQ, «Archiépiscopat», 233-234. Pour certains auteurs, on ne peut parler ici d'activité conciliaire; voir R. NAZ, «Province ecclésiastique», 397-398; J.I. ARRIETA, «De Ecclesiarum particularibus cœtibus», 883.

[253] Voir H. MAROT, «Les conciles anténicéens», 25; G. KRETSCHMAR, «Die Konzile der Alten Kirche», 15-16: pour cet A., ces rencontres sont des lieux où s'atteste l'autorité de l'Église par la présence de l'Esprit: elles auraient été des réponses aux prétentions de Montan qui prophétisait des oracles spirituels; E. LANNE, «L'origine des synodes», 202: à partir du témoignage de Tertullien sur la tenue d'assemblées chrétiennes en pays grec (cf. TERT., *De ieiunio* 13, 6, CCL 2, 1272), l'A. voit dans ces réunions des assemblées délibérantes qui ont tout du synode, par le fait qu'elles se situent en dehors de la synaxe eucharistique et qu'elles prennent des décisions disciplinaires avec une certaine solennité; J.A. FISCHER «Die ersten Synoden», 27-60: l'A. adopte une position intermédiaire et date les premières formes de synodes des rencontres sur la date de Pâques.

[254] Lettre d'Irénée sur la controverse pascale, cf. EUS., *H.e.*, 5, 14-15, SC 41, 69.

[255] Cf. EUS., *H.e.,* 5, 25, SC 41, 72: les évêques de Palestine demandent au pape Victor de «communiquer» une copie de leur position aux autres Églises.

tholique, où la figure du Successeur de Pierre sur le siège romain s'affirme alors comme un lien de la communion[256].

Les modèles institutionnels des milieux culturels urbains dans lesquels sont nées les premières communautés, ont certainement eu une influence[257]. Il y a, par exemple, une similitude institutionnelle entre la pratique synodale locale dans l'Église et la vie publique et religieuse des *municipia*[258]. La coutume ecclésiastique s'est «inculturée» sans heurt dans une législation nomocanonique, à la logique plutôt administrative, et dont l'Église a su profiter[259]. Parce que les institutions civiles

---

[256] En pleine querelle iconoclaste, le concile de Nicée II (787), mettant en cause la prétention du concile de Hieria (754) d'être œcuménique, fait une déclaration au début de sa 6ᵉ session (cf. Mansi, XIII, 207-209), refletant l'opinion canonique commune sur les conditions pour un concile «œcuménique»: ainsi, il faut que ceux qui président aux Églises soient d'accord (*symphonía*), que les patriarches d'Alexandrie, d'Antioche, de Constantinople et de Jérusalem y consentent (*symphronúntes*), que l'évêque de Rome y collabore (*synérgheia*) d'une manière ou d'une autre, enfin que les décisions ne soient pas seulement régionales et soient en cohérence avec les décisions des conciles précédents; cf. V. PERI, *I concili e le Chiese*, 21-32; cf. CMIECO, «Chieti», n. 18.

[257] Cf. M. COSTALUNGA, «L'organizzazione in provincie», 750-751. Dans l'Orient grec, l'institution du *Koínon* dans chaque cité était une assemblée à caractère décisionnel. Plus tard, dans le cadre du nouveau culte impérial institué sous Auguste au 1ᵉʳ siècle, on voit se développer périodiquement des réunions de *flamen* (prêtres) dans le chef-lieu de la province, les *concilia provinciarum*. Sous la présidence d'un *archiflamen* ces *concilia* avaient la possibilité de faire remonter à Rome des propositions pour qu'elles soient étudiées; cf. EUS., *H.e.*, 8,14,9. 9,4,2, SC 55, 34. 49; LACT., *De mortibus persecutorum*, 36,22, SC 39/1, 119. Ces assemblées provinciales n'avaient pas d'autorité propre et siégeaient par devoir plus que par droit: leur fonction était d'aider le gouvernement civil; cf. P. GUIRAUD, *Les assemblées provinciales*. Certains auteurs, à partir des textes d'Eusèbe et de Lactance cités ci-dessus, avancent l'hypothèse que le culte impérial structurant la vie publique des *municipia*, pourrait avoir été réformé au cours du IIᵉ siècle sur le modèle des organisations ecclésiastiques asiatiques et orientales, Cf. C. MUNIER, «Concilium», 1086; J. MAURICE, «Les pharaons romains», 87. 89. Le Pseudo-Isidore fait, toutefois, un parallèle direct entre la hiérarchie chrétienne et païenne des cultes provinciaux, cf. ISIDORUS MERCATOR, *collectio decretalium*, PL, 130, 30 B.

[258] Cf. *supra*, nt. 146. Dans le même sens, F. DVORNIK, *Emperors, Popes*, 1-23, reprenant la thèse de P. BATIFFOL, «Le règlement des premiers conciles africains», 1-19, voit une influence de l'institution du Sénat romain sur les pratiques synodales en Afrique et parle du «principle of accommodation».

[259] Cf. IREN., *Adv. hær.*, 4, 30, 3, SC 100/2, 778. Voir J.R. PALANQUE, «La paix constantinienne», 17-39; H. LECLERCQ, «Divisions administratives», 1213-114; B. BIONDI, *Il diritto romano cristiano*, I, 242-243; A. DE HALLEUX, «La collégialité dans l'Église», 448. Il faut noter cependant que la «logique» ecclésiale est différente: il ne s'agit pas de décentralisation hiérarchique comme c'était le cas pour les subdivisions provinciales civiles, mais d'une gradualité des centres ecclésiaux, dans une dynamique d'unité.

correspondaient aux besoins ecclésiaux, le vocabulaire même fut adopté. Le terme «province»[260] semble être accepté dans tout l'Empire et n'avoir jamais varié dans son contenu juridique de regroupement à un échelon territorial de παροικίαι (diocèses)[261]. La plupart des évêchés sont des *civitates* possédant un statut municipal[262], reliées administrativement en province. Lors des consécrations, les infrastructures de proximité favorisent le regroupement des évêques, mais pour des questions graves, les rencontres épiscopales peuvent dépasser ces cadres administratifs[263], où domine toujours l'aspect représentatif de leur fonction.

Par exemple les *Sententiæ episcoporum*, émises en 256 au concile de Carthage que préside Cyprien en présence des fidèles[264], indiquent que

---

[260] La *provincia* représentait à l'origine un commandement militaire, puis ensuite la sphère d'action d'un magistrat. Les premières provinces apparaissent dans les territoires pris aux carthaginois (Sicile et Sardaigne en 227 av. J.C.) puis en Espagne (vers 197 av. J.C.). Chaque province est divisée en circonscriptions administratives et judiciaires, le «Diocèse». Le gouverneur ou ses délégués tenaient à intervalle régulier des assises (*conventus*) dans chaque chef-lieu, la *civitas metropolis*. Cf. R. MONIER, *Manuel élémentaire de droit romain*, 41-44. Le terme «Diocèse» désignera, sous Constantin, un regroupement de provinces.

[261] Le terme grec «διοικεῖν», signifie «administrer (correctement) la maison», «gouverner», «soigner». Le vocable «διοίκησις», dont dérive le substantif «diocèse» signifie administration, gouvernement, direction, mais aussi district, province, préfecture et, au sens canonique, *diocèse*, juridiction épiscopale. Dans le langage juridique de l'Église orientale, «diocèse» a toujours été utilisé au dernier sens du droit romain: il désigne une grande circonscription ecclésiastique composée de plusieurs provinces ecclésiastiques, présidée par un exarque métropolitain, nommé par la suite patriarche. Pour indiquer l'étendue territoriale de la juridiction de l'évêque, le terme «*paroichía*» fut d'abord utilisé, puis «*eparchía*». En Occident, la portée territoriale de l'évêque s'appelle paroisse ou *parœcia*, terme utilisé pour désigner la communauté urbaine et, à partir du IVᵉ siècle, le territoire comprenant la ville et la campagne. Vers la fin du IVᵉ siècle, les Églises locales du nord de l'Italie se désignent sous le terme de «diocèse». Le premier à utiliser le terme *diocèse* au sens du contexte territorial de la juridiction d'un évêque est le pape Innocent Iᵉʳ (417), cf. *Ep.* 40, PL 20, 602 s. Les termes «paroisse» et «diocèse» sont longtemps restés synonymes en Occident. Ce n'est qu'au XIIIᵉ siècle que «diocèse» devient un terme technique pour désigner la juridiction territoriale de l'évêque. Cf. K. BAUS, «La struttura organizzativa della Chiesa», 253.

[262] Cf. Y.M. DUVAL, «Densité et répartition», 513. Des divisions territoriales, sans posséder de statut municipal, pouvaient être reconnues dans un statut associatif avec personnalité juridique, cf. P.F. GIRARD, *Manuel élémentaire de droit romain*, 236.

[263] Cf. R. GRYSON, «Les élections ecclésiastiques au IIIᵉ siècle», 382.

[264] Cf. *Sententiæ episcoporum, prœm.*, CCL 3E, 2: «(…)præsente etiam plebis maxima parte (…)»; voir V. SAXER, «La mission: l'organisation de l'Église», 63-68. De manière générale, la *plebs* ne semble pas exclue des synodes provinciaux, cf. CONC. TOLETANUM (v. 400) *prœm.* MSH.C, 327; Hefele-Leclercq, I/2, 1181.

les évêques viennent «*ex provincia Africa Numidia Mauritania*»[265]. La Numidie, province civile à partir de 196, ne semble pas avoir de primat propre avant 305[266]. Le terme «*provincia*» ne désigne pas, comme dans le canon 4 de Nicée (325) le mot «ἐπαρχία» – éparchies –, qui signifie «provinces civiles»[267]. La notion cyprienne de «province» s'entendrait plutôt d'un espace ecclésiastique *représentatif*, soumis à un premier siège épiscopal[268]. Il est possible que des groupes épiscopaux de concertation aient pu ainsi former des «blocs» régionaux d'influence au moment des *Sententiæ*. Ces rencontres épiscopales annuelles auraient alors généré une «provincialisation», canonisant des formes «spontanées» de collégialité locale et assurant une représentation des communautés aux conciles pléniers[269].

La législation conciliaire affirme qu'aucune communauté n'est isolée, s'inscrivant dans un tissu ecclésial qui l'englobe dans un système de relation et de contrôle[270]. Dès le IVᵉ siècle, l'organisation ecclésiale est une coutume *ab antiquo*, œuvre de la Providence, si bien que le réseau synodal amène à une gradualité d'autorité entre les centres ecclésiaux[271]. L'aspect géographique et ethnique des regroupements orientaux montre l'élaboration de traditions internes dont le synode va devenir le gardien[272].

Le rôle du synode provincial, comme lieu de l'administration ecclésiale, devient prépondérant, au point que les mots «synode» ou «con-

---

[265] *Sententiae episcoporum*, CCL 3E, 1-109, notamment l'*index locorum*, 117-118. Les *Sententiæ* sont les avis sur le rebaptême des hérétiques donnés par chaque évêque présent au concile de Carthage le 1ᵉʳ septembre 256. Cf. Hefele-Leclercq, I/2, 1199-1202; C. MUNIER, «Concilium», 1086; Y.M. DUVAL, «Densité et répartition», 500-511; V. SAXER, «L'Afrique chrétienne», 599-605.

[266] Cf. Y.M. DUVAL, «Densité et répartition», 516.

[267] Cf. R. GRYSON, «Les élections ecclésiastiques au IIIᵉ siècle», 383

[268] Cf. *supra*, nt.196. Voir Y. CONGAR, «De la communion des Églises et une ecclésiologie», 232: «(…) les évêques représentent ou personnifient ces Églises. La communion des Églises se réalise dans la communion des évêques. C'est une solidarité, une concorde dans les biens de l'Alliance, c'est à dire l'union à Dieu et, à partir de Lui, entre nous (…)». Devant l'accroissement du nombre d'évêques, l'Empereur ne convoqua aux conciles d'Éphèse (431 et 449) et Chalcédoine (451) que les métropolitains et leurs suffragants les plus qualifiés; cf. P.P. JOANNOU, *Pape, Concile*, 54.

[269] Cf. Y.M. DUVAL, «Densité et répartition», 517; V. SAXER, «L'Afrique chrétienne», 603.

[270] Cf. V. GROSSI – A. DI BERARDINO, *La Chiesa antica: ecclesiologia*, 129-135.

[271] Cf. V. PERI, «Chiese locali e cattolicità», 115-118: l'A. note le recours à Pr 22, 28: «*Ne transgrediaris terminos antiquos, quos posuerunt patres tui*». J. GAUDEMET, *L'Église dans l'Empire romain*, 380-389; J.R. PALANQUE, «Les métropoles ecclésiastiques», 437-487; S. ÖRSY, «development of prótos», 87-88.

[272] Cf. V. PERI, «La Chiesa di Roma e le missioni "Ad gentes"», 187.

cile» emportent un élément juridictionnel dans leur emploi. Ils désignent une institution géographique regroupant des Églises déterminées et peuvent être employés tant pour l'assemblée des évêques ou
des Églises que pour signifier le territoire délimité par le regroupement de ces dernières, la province ecclésiastique ou éparchie. Reconnu comme une entité juridique par la législation impériale dès
321[273], le synode provincial est un collège de personnes, une entité
ecclésiale institutionnellement obligatoire[274]. Les synodes conduisent
ainsi à regrouper des Églises proches en unités ecclésiales territoriales, des réseaux juridiques d'évêques qui conservent chacun leur
pleine capacité d'exercice juridictionnelle sur leur communauté. Ces
réseaux organisent une vigilance sur le ministère épiscopal, tant du
point de vue de l'administration sacramentelle que de la gestion financière et représentent les intérêts juridiques communs des Églises
devant les instances de l'Empire.

2.2.2 L'organisation synodale de la coopération épiscopale supra-locale

Le fonctionnement des réseaux de synodalité a fait émerger la notion
de «primauté». Ce qui caractérise le synode provincial au IVe siècle, ce
n'est pas tant la réunion des évêques que la présidence du métropolitain.
Les évêques partageant une même et égale *auctoritas*[275] ne peuvent se
réunir pour décider, condition *sine qua non*, sans la présence du «premier» d'entre eux[276]. Le synode est «parfait» ou «plénier» lorsqu'il y est
présent, devenant le lieu ordinaire de la bonne gouvernance ecclésiastique[277]. L'aspect de «correction» exprime bien le champ de compétence
du synode provincial. Selon la coutume constamment répétée, la province est le lieu d'une synodalité intermédiaire pour légiférer en matière
disciplinaire[278].

---

[273] Cf. *cod. theod.* 16, 2, 4 = *cod. iust.*, 1, 2, 1; cf. Hefele-Leclercq, I/1, 1.

[274] Cf. CONC. NICAEUM, (325), can. 5, in *COD*, 8; A DE HALLEUX, «la collégialité
dans l'Église ancienne», 439-442.

[275] Cf. M. DUJARIER, «La tradition synodale», 15-16; R. INTERLANDI, *Potestà sacramentale*, 353.

[276] Cf. *Can. Ap.* 34, in *CSP* I/2, 24; CONC. ANTIOCHENUM (341), can. 9, in *CSP*, I/2,
110-111; CONC. SERDICENSE (342-343), can. 1, in *CSP* I/2, 159-160;

[277] Cf. CONC. ANTIOCHENUM (341), can. 20, in *CSP*, I/2, 120-121; *Stat. Eccl. Ant.*,
can. 11 (27), CCL 148, 167.

[278] Cf. CONC. CHALCEDONENSE (451), can. 19, in *COD*, 96; CONC. NICAEUM II
(787), can. 6, in *COD*, 143-144; cf. CONC. LATERANENSE (1215), const. 6ª, in *COD*,
236; cf. J. ORLANDIS, «Funzione storica ed ecclesiologica», 150.

Afin de dirimer les nombreux conflits et contrôler les peines[279], le synode doit se réunir régulièrement, au moins deux fois par an[280]. Le métropolitain doit le convoquer périodiquement: la négligence est sévèrement réprimée[281] et les comprovinciaux doivent y assister ou y être représentés à peine de sanctions[282]. La périodicité du synode provincial fut plus ou moins bien suivi en Occident selon les régions jusqu'au XIVe siècle[283].

En Orient, avec l'affermissement de Constantinople comme seconde Rome, une forme de synode supérieur permanent (*endemousa*) se développe près du pouvoir civil avec un rôle administratif majeur de contrôle comme tribunal d'appel et instance ecclésiastique de conseil pour le pouvoir politique[284]. En Occident, le concile de Trente, rappelant l'importance de la tenue régulière des conciles provinciaux sur le plan disciplinaire[285], créa la Sacrée Congrégation du Concile, chargée de mettre en place les décrets conciliaires et d'en contrôler leur réception dans les conciles provinciaux ou pléniers, ainsi que leur actualisation dans les statuts synodaux diocésains[286].

Le synode provincial agit comme une cour de justice, notamment en appel et parfois en dernier ressort[287] pour les causes judiciaires impliquant des clercs ou des laïcs, et en première instance pour les causes im-

---

[279] Cf. E. JOMBART, «Excommunication», 616; J. DENIS, «Excommunication», 877.

[280] Cf. CONC. NICAEUM, (325), can. 5, in *COD*, 8; CONC. ANTIOCHENUM (341), cann. 16.20, in *CSP*, I/2, 117.120-121; CONC. ARELATENSE (442-506), can. 42 (41), CCL 148, 122; CONC. CHALCEDONENSE (451), can. 19, in *COD*, 96; *Can. Ap.* 37, in *CSP*, I/2, 26. Règle rappelée par Justinien, cf. *Nov.* 123, 10; 137, 4; CONC. AURELIANENSE (533), cann. 1-2, SC 353, 196; CONC. AURELIANENSE (538), can. 1, SC 353, 231; CONC. TURONENSE (567), can. 1, SC 354, 350; CONC. CABILONENSE (647-653), *proœm.*, SC 354, 550.

[281] Cf. CONC. TAURINENSE (398), cann. 1-2, SC 241, 136-140; CONC. ARELATENSE (442-506), can. 56, CCL 148, 125, CONC. AURELIANENSE (538), can. 1, SC 353, 230.

[282] Cf. CONC. CHALCEDONENSE (451), can. 19, in *COD*, 96; *Stat. Eccl. Ant.*, can. 9 (21), CCL 148, 167.

[283] Le concile de Latran IV n'en impose la célébration qu'une fois par an, CONC. LATERANENSE IV (1215), const. 6ª, in *COD*, 236-237; cf. J.B. D'ONORIO, «Les conciles particuliers», 593-594; J. ORLANDIS, «Funzione storica e ecclesiologica», 150-153.

[284] Cf. J. HAJJAR, «Synode permanent et collégialité», 151-166; P. DUPREY, «La structure synodale de l'Église», 129-133.

[285] Les conciles provinciaux sont rétablis «pro moderandis moribus, corrigendis excessibus, controversiis componendis, aliisque ex sacris canonibus permissis», CONC. TRIDENTINUM, sess. XXIV, *decr. de reformatione*, can. 2, in *COD*, 761.

[286] Cf. J. GAUDEMET, *Les sources du droit canoniques*, 19-21.

[287] Cf. *e.g.*, *Concilii africani ad Cœlestinum epistula* (v. 425), in *EOMIA*, I, 614-622; C. DE CLERCQ, *La législation religieuse franque*, 85-95; 166-169; 211-217.

pliquant les évêques[288]. Les décisions du synode provincial doivent être respectées par tous et le métropolitain est l'autorité devant qui sont évoqués les différents et qui impose, à peine d'excommunication, les décisions judiciaires prisent dans le synode provincial[289]. Il est toutefois possible, avec son autorisation, d'en appeler à l'Empereur ou à l'évêque de Rome[290] qui, selon, agissent en cassation ou rendent une sentence définitive dans ces *causæ maiores*.

Le plus important du travail synodal est cependant de gérer l'espace dans lequel interviennent les évêques[291] et de réguler l'exercice du ministère épiscopal. L'apparition des chorévêques[292], «évêques des campagnes» qui participent aux Conciles Œcuméniques, montre la mise en place chaotique d'une saine organisation ecclésiastique[293]. De manière générale, lors des crises (donatiste, novatienne), les synodes ont été assez défavorables aux démembrements des unités épiscopales et pour le maintien des équilibres existants. Conscient de la difficulté de gérer les «frontières» de compétence, le concile de Constantinople (381) renforce une synodalité de contrôle de proximité dans l'éparchie[294]. Les divisions ter-

---

[288] Cf. CONC. ANTIOCHENUM (341), can. 14-15, in *CSP*, I/2, 115-116: la sentence n'est pas succeptible d'appel; *Can. Ap.* 74, in *CSP*, I/2, 45- 46; en Occident: *Stat. Eccl. Ant.*, can. 48 (59), CCL 148, 17; CONC. AURELIANENSE (549), can. 1, SC 353, 300; CONC. LUGDUNENSE (567-570), can. 1, SC 354, 402; CONC. MASTICONENSE (585), can. 9, SC 354, 468; CONC. PARISIENSE (614), can. 13, SC 354, 516.

[289] Cf. CONC. SERDINENSE (v. 344), can. 20, in *CSP* I/2, 186-187.

[290] Cf. CONC. SERDINENSE (v. 344), can. 3.5, in *CSP* I/2, 163.165; Hefele-Leclercq, I/2, 762-777; INNOCENTIUS I, *Ep. ad Victricius*, PL XX, 472, où apparaît pour la première fois l'expression «*causæ maiores*».

[291] Cf. J. GAUDEMET, *L'Église dans l'Empire romain*, 328.

[292] Cf. EUS., *H.e.* 7, 30,10, SC 41, 217; voir R. AIGRAIN, «Chorévêques», 1072-1073.

[293] H. LECLERCQ, «Chorévêques», 1424-1425: «Ainsi qu'il arrive presque toujours, le titre distinctif ne dût être choisi qu'à partir du moment où son adoption s'imposa pour des raisons d'ordre et de discipline. Au début, il n'y eut que des évêques, tous égaux entre eux. Mais cette égalité était en contradiction avec la nature des choses. Au point de vue politique et administratif, il existait une subordination manifeste entre les villes et les campagnes: il ne pouvait en aller autrement au point de vue religieux». On trouve des chorévêques parmi les signataires au concile de Nicée (325), d'Ephèse (431), Chalcédoine (451), voir H. LECLERCQ, «Chorévêques», 1434-1435.

[294] Cf. CONC. CONSTANTINOPOLITANUM (381), can. 2, in *COD*, 31-32: «Τοὺς ὑπὲρ διοίκησιν ἐπισκόπους ταῖς ὑπερορίοις ἐκκλησίαις μὴ ἐπιβαίνειν μηδὲ συγχέειν τὰς ἐκκλησίας, ἀλλὰ κατὰ τοὺς κανόνας τὸν μὲν Ἀλεξανδρείας ἐπίσκοπον τὰ ἐν Αἰγύπτῳ μόνον οἰκονομεῖν, τοὺς δὲ τῆς ἀνατολῆς ἐπισκόπους τὴν ἀνατολὴν μόνην διοικεῖν, φυλαττομένων τῶν ἐν τοῖς κανόσι τοῖς κατὰ Νίκαιαν πρεσβείων τῇ Ἀντιοχέων ἐκκλησίᾳ, καὶ τοὺς τῆς Ἀσιανῆς διοικήσεως ἐπισκόπους τὰ κατὰ τὴν Ἀσιανὴν μόνην

ritoriales ecclésiastiques en Occident subsistèrent après la disparition de l'Empire, de manière moins organique, conséquence de «la distinction progressive entre l'ordre, qui confère un pouvoir spirituel, et l'affectation à un territoire déterminé pour en exercer les prérogatives»[295]. Sous l'Empire carolingien les provinces ecclésiastiques furent rénovées et demeurèrent ensuite un maillage nécessaire de l'organisation ecclésiastique dans la régulation des compétences épiscopales locales[296].

2.3 *Les critères dynamiques de la synodalité*

Sur un plan historique, on constate que le concile de Nicée (325) a réceptionné l'expérience ecclésiale des trois premiers siècles en lui donnant une assise juridique qui restera constante tout au long du premier millénaire[297]. Les dynamiques de la synodalité se fixent ainsi durablement dans l'organisation ecclésiastique autour de quatre critères.

Le premier critère est celui de la «*localité*». Chaque communauté est définie comme une portion territoriale du peuple de Dieu, confiée à la compétence d'un pasteur constitué pour elle dans la communion hiérarchique. Sa compétence sacramentelle locale, une juridiction, est circonscrite par une détermination juridique à base objective, le territoire. Le contrôle de sa compétence est assuré par les autres évêques proches qui en se regroupant forment un *cœtus* territorial dont la «surveillance» est confiée à l'un d'entre eux, souvent à cause des liens qui l'unissent aux différentes communautés que son Église a fondées (Église-mère = μητρόπολις) ou à cause du rôle administratif de la cité où il a son siège épiscopal. Le recours externe à un droit déjà formalisé vient soutenir l'effort de structuration des réseaux formels de communion-communication entre Églises voisines, selon un modèle typique de synodalité ecclésiale préexistant qui s'accommode de l'organisation civile territoriale du moment. Le critère de localité est un facteur engageant pour la régularité des rencontres entre évêques[298]. Le *conventus* synodal réuni pour les

---

οἰκονομεῖν, καὶ τοὺς τῆς Ποντικῆς τὰ τῆς Ποντικῆς μόνον, καὶ τοὺς τῆς Θρακικῆς, τὰ τῆς Θρακικῆς μόνον· *ἀκλήτους δὲ ἐπισκόπους ὑπὲρ διοίκησιν μὴ ἐπιβαίνειν ἐπὶ χειροτονίᾳ ἤ τισιν ἄλλαις οἰκονομίαις ἐκκλησιαστικαῖς. Φυλαττομένου δὲ τοῦ γεγραμμένου περὶ τῶν διοκήσεων κανόνος εὔδηλον, ὡς τὰ καθ᾽ ἑκάστην ἐπαρχίαν ἢ τῆς ἐπαρχίας σύνοδος διοικήσει, κατὰ τὰ ἐν Νικαίᾳ ὡρισμένα. Τὰς δὲ ἐν τοῖς βαρβαρικοῖς ἔθνεσι τοῦ θεοῦ ἐκκλησίας οἰκονομεῖσθαι χρὴ κατὰ τὴν κρατήσασαν ἐπὶ τῶν πατέρων συνήθειαν»* (nos italiques).

[295] J. GAUDEMET, *L'Église dans l'Empire romain*, 113.

[296] Cf. R. NAZ, «Province ecclésiastique», 397-398.

[297] Cf. N. AFANASSIEV, «Le concile dans la théologie orthodoxe russe», 318.

[298] Cf. P. VALLIN, «Figures de synodalité», 115-117.

élections épiscopales est la formalisation d'un *cœtus* synodal d'Églises représentées par leurs pasteurs, qui apparaît comme une base restreinte et technique de la synodalité dans la province.

Territorialement circonscrite par la compétence sacramentelle de l'évêque, l'Église particulière est en quelque sorte identifiée par son pasteur qui est le garant de sa catholicité. La synodalité entre Églises fait alors apparaître un deuxième critère, celui de la *«représentativité»*. L'évêque est à la tête de l'Église particulière comme le Christ, il exerce une «primauté». Il est le «premier» dans sa communauté qui constitue sa «juridiction» sur laquelle il «veille». Comme *«primus»*, l'évêque est le «représentant-né» (*prótos*) de sa communauté devant les autres et il est le «représentant-constitué» (*proestós*), témoin authentique dans la Succession apostolique pour sa propre communauté. Personnellement dans sa communauté, il est l'autorité qualifiée pour régir le peuple de Dieu et authentifier le *sensus fidei fidelium* dans le discernement de ce que l'Esprit dit aux Églises (cf. Ap. 2,7). En lui, tous les fidèles d'un territoire, sur lequel il est compétent, sont «représentés» et par lui sont fondés dans la différenciation à «participer» de manière graduelle à la communion ecclésiale. Synodalement dans un réseau d'Églises, l'évêque porte la voix de sa communauté et agit avec les autres évêques pour maintenir la communion dans la foi et la discipline. Dans un ensemble territorial d'Églises «représentées», les évêques désignent leur «premier» (*prótos/primus*), une «tête» qui préside au corps épiscopal, le «superviseur» de l'unité de l'autorité épiscopale et le «représentant légal» de cette communion dont il a la «sollicitude».

Les évêques possédant une égale et identique autorité par laquelle ils exercent en propre le *munus regendi* dans leur Église, participent par leur ministère pastoral à la sollicitude pour les autres Églises. Apparaît un troisième critère de synodalité: la *«coresponsabilité»* ministérielle. De la reconnaissance des pasteurs de communautés par le *conventus* épiscopal réuni localement pour l'élection, naissent des relations de proximité qui valorisent la conscience «collégiale» de l'*episkopé* et en réfutent l'exercice solitaire. Les évêques sont coresponsables *in solidum* de l'exercice du *munus* épiscopal auquel ils participent de manière indivise. Dans le synode provincial ils coopèrent ensemble, exerçant une coresponsabilité dans la manifestation de la communion visible. Celle-ci induit une forme de circularité de la grâce ministérielle et une réciprocité entre les pasteurs, sur laquelle veille un *primus* épiscopal, identifié et établi par son siège épiscopal. Le vecteur de communion, dans un ensemble déterminé d'Églises, est un *conventus* d'évêques réuni autour du *primus*, où se règlent les conflits et se gèrent les affaires disciplinaires qui concernent le cadre territorial commun. Cette régulation solidale ou synodalité stricte, est le mécanisme synodal fondamental de la communion au niveau supra-local. Le pouvoir personnel du *primus* est celui collégial du synode dont il est l'exécutant.

Cette solidarité, faite de réciprocité et d'entraide locale, met en place une réelle *«subsidiarité pastorale»*. Il faut entendre ici le terme sous un double niveau. Le premier est celui d'une «juste autonomie»: dans ce sens, tout ce qui est de la compétence de l'évêque lui revient de droit et il l'exerce seul avec ses collaborateurs dans sa communauté. La synodalité supra-locale appuie et fortifie le moyen principal de l'action pastorale qu'est l'autorité de chaque évêque. À un niveau supérieur, la subsidiarité doit s'entendre dans son sens étymologique de coopération coresponsable, organisée entre égaux, pour «aider», «porter une assistance» (*subsidium*) dans l'exercice personnel du *munus regendi* qui leur est commun et préexiste à chacun d'eux. La synodalité supra-locale est la garantie d'une «saine autonomie» qui fait droit au «consensus» ecclésial afin de ne pas «blesser» la communion. Cet aspect fait converger les intérêts particuliers vers un discernement collégial des problématiques pastorales et de leur résolution dans l'espace territorial défini par le *conventus* épiscopal. Selon l'adage romain *Quod omnes tangit*[299], duquel s'inspirent toutes décisions collégiales dans l'Église, cette coopération solidaire des pasteurs présuppose localement l'existence de rencontres épiscopales comme fondement d'une synodalité plus large, où le *sensus fidei* (*ekklesiastikè syneidesis*) est discerné avec les fidèles[300]. La coopération synodale dans la concorde de «quelques-uns», sous la présidence d'un «seul», rend ainsi efficiente la réception par «tous» d'une discipline ecclésiastique homogène.

Ces quatre critères – localité, représentativité, coresponsabilité, subsidiarité – ont formé un cadre organique de synodalité dans lequel les institutions ecclésiales se sont développées jusqu'au IIIe siècle puis se sont solidifiées comme des instances de collaboration, dans l'idée de progresser vers une plus parfaite communion en Christ. Les *conventus* d'évêques constituent le prototype ecclésiologique par lequel l'existence d'une sy-

---

[299] *Cod. theod.*, C. 5,59,5,2; *Digesta*, D. 50,1,19 et D. 50,17,160. Elle figure dans les *regulæ iuris* de Boniface VIII, *Reg.* 29. Voir Y. CONGAR, «*"Quod omnes tangit ab omnibus tractari"*», 210 s. Le principe s'est conservé dans le CIC/1983, can. 119, 3°: «quod autem omnes uti singulos tangit, ab omnibus approbari debet».

[300] Cf. H.M. LEGRAND, «Collégialité des évêques et communion», 551-555; CMIECO, «Ravenne», n.7; J. FAMERÉ, «Communion ecclésiale, conciliarité», 277.

nodalité diocésaine, locale, était garantie par une synodalité provinciale, supra-locale[301]. Ils manifestent une effectivité de l'esprit collégial, appliquant dans le domaine d'une autorité de service (*diakonía*) une forme ecclésiale de subsidiarité[302]. Le regroupement des Églises particulières avait pour but de gérer, par une synodalité pratique, un espace juridique techniquement circonscrit par la notion de territoire où le droit particulier suppléait à l'absence d'un droit universel. Chaque communauté structurée hiérarchiquement était ainsi reconnue organiquement dans un ensemble de relations juridiques et les fidèles protégés des abus d'un ministère épiscopal solitaire.

La «synodalisation» a donc développé des espaces de cohésion, où la communion se faisait par intégration, d'abord par harmonisation qui privilégie la complémentarité, puis par absorption, conception englobante, dominante qui privilégie l'égalité, le système métropolitain. Il s'agit de l'application d'un modèle logistique, ici urbain, mais qui pourrait être aussi culturel ou social. Dans chaque échelon de la vie ecclésiale, la synodalité présente des caractéristiques identiques: un lien sacramentel et personnel d'appartenance communautaire (le baptême), une structure compétente fondée sur la différenciation fonctionnelle pour gérer l'unité de la communauté (le synode), une structuration communautaire à partir de l'exercice d'une charge épiscopale (l'évêque ou le métropolitain). L'émergence à tous les niveaux d'une primauté personnelle de nature épiscopale s'est donc configurée, dans son fonctionnement, dans ce que la doctrine actuelle nomme des «communautés hiérarchiques»[303]. Le mouvement de constitution de réseaux synodaux que nous avons repéré s'est effectué, non sous le mode associatif, mais sous le mode hiérarchique de reconnaissance d'une primauté et de gestion synodale de sa compétence juridictionnelle. En ce sens, l'expression «communauté hiérarchique» peut s'entendre de manière équivalente à celle juridique de «circonscription ecclésiastique»[304].

Ces critères d'organisation au premier millénaire ont porté une synodalité épiscopale missionnaire dans des formes horizontales et pastorales de la collégialité mais toujours structurellement en lien avec une collégialité verticale, dont la «tête» est l'évêque de Rome[305]. La province ecclésiastique, durant le second millénaire, est restée fondamentalement

---

[301] Cf. H.M. LEGRAND, «Collégialité des évêques et communion», 555-560.
[302] Voir O. CONDORELLI, «Sul principio della sussidiarietà».
[303] Cf. P. VALDRINI – Al., *Droit canonique*, 121
[304] Cf. J.P. SCHOUPPE, «Les circonscriptions ecclésiastiques», 435-438.
[305] Cf. JEAN-PAUL II, m.p. *Apostolos suos*, n. 3.

un lieu de communion synodale entre les évêques et entre les Églises particulières. Les critères que nous venons de mettre en évidence se sont plus ou moins maintenus jusqu'à aujourd'hui, dans la pluralité des lieux et la diversité des situations. Nous en verrons les effets sur cette période dans le deuxième chapitre, en étudiant plus spécialement le système métropolitain.

En nous intéressant maintenant au modèle actuel de la province ecclésiastique, nous voudrions savoir si ces critères dynamiques d'organisation de la synodalité sont toujours présents comme au premier millénaire ou s'il conviendrait de réhabiliter, comme les différents Pontifes romains l'ont parfois souligné au cours de ces dernières années, certains aspects de l'ancienne organisation ecclésiastique pour redonner vigueur à une synodalité supra-locale[306].

3. La province ecclésiastique, structure synodale de communion

3.1 *Les regroupements ecclésiaux de coopération épiscopale*

3.1.1 Les regroupements ecclésiaux dans les Codes de 1917 et 1983

La nécessité de ne laisser aucune communauté ecclésiale isolée a toujours présidé à la notion de regroupement. Parce que l'action pastorale suppose une certaine forme de proximité des ministres ordonnés, l'Église a toujours encouragé à une «répartition», le plus souvent de type «territorial», parfois de type «personnel», pour une juste administration. Toute Église particulière est ainsi divisée territorialement en «parties distinctes», comme les paroisses dans les diocèses[307]. Des coordinations de ces parties, «pour favoriser la charge pastorale par une action commune» peuvent être développées[308]. De manière analogique, au niveau supra-diocésain, des regroupements territoriaux sont également formalisés comme des circonscriptions ecclésiastiques, qui privilégie d'abord la collaboration entre des pasteurs d'Églises particulières[309].

Le Code de 1917 traitait de manière incidente des regroupements ecclésiaux dans la section sur «Les clercs»[310]. Le traitement des structures

---

[306] Cf. FRANÇOIS, disc. 17 oct. 2015, 79.

[307] Cf. CIC/1917, can. 216 §1; CIC/1983, can. 374 §1.

[308] Cf. *CD* 30; *ES* I, 19; *e.g.*, le vicariat forain ou doyenné, CIC/1917, can. 217 §1; CIC/1983, can. 374 §2. Voir , nn. 217-218: sur les critères de leur érection et l'opportunité de les doter d'un «statut commun», pour favoriser la charge de coordination.

[309] Cf. CIC/1917, cann. 284, 1°.285; CIC/1983, cann. 431-434; , DPME, n. 23.

[310] CIC/1917, livre II «De personis», titre VII «De suprema potestate», section II «De clericis in specie», cann. 271-280: traitent des patriarches, des primats et des mé-

juridictionnelles répondait à une vision principalement hiérarchique dans laquelle le pouvoir de juridiction était présenté comme l'axe central de la vie de l'Église, dans une vision essentiellement sociétale. La province était conçue comme une circonscription où l'Archevêque métropolitain exerçait une fonction juridictionnelle[311]. Le territoire de cette juridiction n'était pas pensé en relation avec celui des diocèses, mais avec celui de la juridiction des pasteurs. Sa raison d'être était moins celle d'une communion que celle d'une supervision disciplinaire, confiée à l'Archevêque métropolitain et délimitée par la norme[312]. Rompant avec ce formalisme, les circonscriptions devaient être révisées pour faciliter le «bien des âmes»[313] autant que pour revaloriser le ministère des évêques.

Les Pères du concile Vatican II ont voulu aborder cette matière sous l'angle de la revalorisation des formes concrètes de sollicitude entre les Églises à partir du ministère épiscopal[314], bien que la question des relations entre évêques et leur coopération dans la mission apparaissent tardivement dans les débats[315]. Dans cette vision ecclésiologique, les structures juridictionnelles déterminées selon une notion territoriale comme la circonscription, ne devaient plus être qualifiées par l'autorité à laquelle elles étaient soumises mais selon les caractéristiques propres à une portion du peuple de Dieu (*CD* 40, 1°). Dans la phase préparatoire au Concile, le regroupement territorial provincial, qui répondait, à plus d'un titre, à la mise en œuvre d'une organisation pastorale de proximité, était toujours d'actualité, avec un possible regroupement en «régions conciliaires»[316]. L'aspect synodal de sa structure, à la fois historique et géographique, plaidait en sa faveur. Elle fut donc maintenue et encouragée (*CD* 40, 2°), notamment dans la pratique des conciles particuliers (*CD* 36). Dans le même temps les Conférences Épiscopales étaient promues comme une forme signifiante de coopération entre les évêques (*CD* 37-38).

---

tropolitains; cann. 281-292: traitent des conciles pléniers et provinciaux, considérés par le droit ecclésiastique comme participants au pouvoir suprême de l'Église.

[311] Cf. J.I. ARRIETA, «Instrumentos supradiocesanos», 616-618.

[312] Cf. CIC/1917, cann. 223.273-275.282.284.432.434.

[313] Cf. *CD* 39, *infra*, nt. 370; PAUL VI, m.p. *Ecclesiæ Sanctæ*, I, 42.

[314] Le décret *Christus Dominus* organisa la matière différemment du CIC/1917, en partant de la fonction pastorale de l'évêque en relation avec l'Église universelle (*CD* 4-10), puis avec l'Église particulière (*CD* 11-35), enfin sous l'aspect de la coopération épiscopale (*CD* 36-43), où il était traité des institutions interdiocésaines (conciles particuliers, Conférences Épiscopales, provinces et régions ecclésiastiques). Dans ces instances devaient s'actualiser, de manière opératoire, la coresponsabilité et la coordination entre évêques en divers collèges particuliers.

[315] Sur les travaux du Concile, voir H. HOHL, *Das Amt des Metropoliten*, 144-268.

[316] Cf. *Commissio de Episcopis*, Schema «de diœceseon partitione», *AS*, III/1, 280, n. 9.

C'est donc d'abord en référence à la doctrine conciliaire sur l'Église particulière qu'on lit les canons du Code actuel. Celle-ci a eu une large incidence juridique dans le nouveau Code, sans que soient toutefois formalisées suffisamment, semble-t-il, les conséquences institutionnelles locales d'un renouveau de la collégialité épiscopale[317]. Le Code de 1983 prend ainsi en compte les requêtes conciliaires au livre II sur «Le peuple de Dieu», dans sa deuxième partie, «La constitution hiérarchique de l'Église». La seconde section de cette partie est consacrée aux «Églises particulières et leurs regroupements». La matière envisage d'abord «Les Églises particulières et leurs autorités», puis dans un deuxième titre, «Les regroupements des Églises particulières», présentés comme des institutions de l'Église universelle, réglés par l'autorité suprême[318]. La norme se contente de les décrire comme des «instances intermédiaires» de coopération épiscopale[319]. Ces instances peuvent être pourvues de la personnalité juridique sans préjudice pour celle des institutions regroupées: chacune conserve sa pleine autonomie et sa forme juridique[320].

Une certaine logique graduelle semble prévaloir, comme le rapportent les travaux de révision, que l'on retrouve dans la logique systématique du Code de 1983[321]. Celui-ci présente ainsi les Provinces ecclésiastiques (cann. 431-434), l'office du Métropolitain (cann. 435-438), puis les Conciles particuliers (cann. 439-446) et enfin les Conférences des Évêques (cann. 447-459).

La province ecclésiastique, par son ancienneté et parce qu'elle demeurait une base pour la structure hiérarchique des Églises orientales, fut conservée comme un premier niveau raisonnable de «circonscription administrative». C'est d'ailleurs sous cette dénomination qu'elle figure dans

---

[317] Voir *CD* 11, *infra*, nt. 393. Cf. J.I. ARRIETA, «Instrumentos», 615-616.

[318] Cf. J.I. ARRIETA, «Provincia y Región eclesiásticas», 621; A. VIANA, *Organización del gobierno*, 184.

[319] Cf. R. PAGÉ, Les Églises particulières, I, 9, avec la nt. 232: pour l'A., ces instances ne sont pas des «niveaux» entre l'Église universelle et l'Église particulière

[320] Cf. A. VIANA, *Organización del gobierno*, 177.

[321] *Comm.* 12 (1980) 244: «Nello Schema prima si tratta dei ceti e poi delle Chiese particolari e dei Vescovi, mentre alcuni propongono di invertire l'ordine e cioè di parlare prima delle Chiese particolari e poi dei ceti. La ragione della sistematica proposta dallo Schema è di ordine discendente, cioè prima si parla del Romano Pontifice, del Concilio Ecumenico eccan., fino alla Chiesa particolare. Nella sistematica alternativa si tiene conto, invece, dei due cardini essenziali della gerarchia: il Romano Pontefice e i Vescovi. Per questo viene proposto di parlare dapprima dei Vescovi e delle Chiese particolari, poi dei ceti in ordine ascendente e poi degli organi discendenti come il Sinodo e la Curia diocesana».

l'*Annuario pontificio*[322]. La nécessité d'envisager une coopération épiscopale plus large, parfois à l'échelle d'une nation, conforta l'idée d'une forme institutionnelle, au caractère permanent, la Conférence Épiscopale (can. 447). Sous cet aspect, la circonscription ne prend en compte les Églises particulières que de manière seconde[323]. Dans une perspective de collaboration utile, le concile Vatican II souhaita un niveau de coopération inter-épiscopale de proximité, mais infranationale. La région ecclésiastique fut donc proposée[324], d'abord comme un substrat de la Conférence Épiscopale[325] comme l'entrevoyait le Concile. Dans le Code, elle apparaît différemment, non pas comme un démembrement de la Conférence Épiscopale mais comme un regroupement de provinces ecclésiastiques[326]. Lors de la révision, le can. 306 §1 du schéma de 1980, reporté au can. 431 §1 du Code de 1983, comportait une précision prévue dans le texte conciliaire (*CD* 40) qui subsistait encore dans le *Schema Novissimum* de 1982 et finalement déplacé au can. 433 §1 du Code: la région ecclésiastique sera composée (*componantur*) de provinces ecclésiastiques, «*si utilitas id suadeat*»[327].

Dans les schémas 1980 et 1982, le gouvernement législatif des provinces et des régions ecclésiastiques ressortait, *ad normam*, du concile provincial et du concile régional. Il était clair alors que le principe du regroupement était synodal, même si la province avait un exécutif per-

---

[322] *Annuario pontificio 2019*, «Distribuzione geografica delle circoscrizioni ecclesiastiche», 1089-1125, les diocèses sont répartis en provinces ecclésiastiques.

[323] G. FELICIANI, «Le conferenze episcopali», 167-170.

[324] *CD* 41. cf. *Comm.* 12 (1980) 253. Dans un premier temps, les schémas présentaient une forme nécessaire de regroupement des provinces ecclésiastiques dans le concile régional, en un lien avec les Conférences Épiscopales, cf. *Comm.* 17 (1985) 103. Dans de nombreux statuts de Conférences Épiscopales figuraient avant 1983 des regroupements régionaux qui prévoyaient de regrouper des diocèses proches, même de nations différentes, créant des entités de coordination pastorale plus ou moins autonome et soumises au Saint-Siège, sans dépendance hiérarchique avec les Conférences Épiscopales nationales. Ces figures n'ont pas inspiré l'actuelle région ecclésiastique. L'*Annuario pontificio 2019*, 1116, nt. 49, ne donne que l'Italie comme exemple de ce type d'organisation. Cf. J.I. ARRIETA, *Diritto dell'organizzazione*, 479-480.

[325] Cf. *Comm.* 12 (1980) 250.

[326] Cf. J.I. ARRIETA, «Instrumentos supradiocesanos», 631: pour l'A., la région n'est qu'une province aux caractéristiques spécifiques, «un instrumento técnico-jurídico».

[327] PCCICR, *Schema Codicis Iuris Canonici* 1980, 72, can. 306 §1: «Ut communis diversarum diœcesium vicinarum, iuxta personarum et locorum adiuncta, actio pastoralis promoveatur utque Episcoporum diœcesanorum inter se relationes aptius foveantur, Ecclesiæ particulares viciniores componantur in provincias ecclesiasticas certo territorio circumscriptas, quæ provinciæ, si utilitas id suadeat, in regiones ecclesiasticas componantur». Cf. E.N. PETERS, *Incrementa*, 389-391, cann. 433-434 CIC/1983.

sonnel, et la région, un exécutif collégial. Le noyau stable de cette synodalité devait être constitué par les réunions régulières des évêques tant au niveau de la province que de la région. Mais rien n'était proposé pour leur organisation. Dans les travaux de la Commission on chercha des moyens pour favoriser les relations entre évêques[328]. Ces réunions étaient mentionnées au niveau provincial notamment pour les taxes ecclésiastiques[329]. La Commission cependant préféra éviter une réglementation normative de ces «petites réunions»[330].

Pendant les travaux, on note ainsi une progressive désinstitutionalisation de ces assemblées épiscopales intermédiaires au profit de la seule Conférence des Évêques[331]. Dans le schéma *De populo Dei* de 1977 on souhaitait l'érection de conférences épiscopales à tous les niveaux territoriaux[332] avec une réelle connexion entre elles. Le principe est plus nuancé dans le schéma de 1980, où l'attention des codificateurs se concentre sur la Conférence Épiscopale nationale, qui apparaît comme le prototype des assemblées épiscopales, laissant dans un champ résiduel et à la discrétion du Siège Apostolique l'éventuelle érection de conférences à un niveau territorial infrarégional[333]. Lors de la présentation du schéma de 1980, des remarques (J. Ratzinger, J. Rosales, P. Palazzini) soulignèrent la contradiction à vouloir revaloriser la place de l'Église particulière tout en accordant des pouvoirs étendus aux Conférences Épiscopales[334]. Cependant, il n'était plus déjà question de formaliser canoniquement des assemblées épiscopales provinciales, ni dans le *Schema Novissimum* de 1982 ni dans le Code de 1983[335]. Le *conventus* de la province n'a donc jamais été formellement systématisé comme une instance juridique, même si son existence canonique et son action sont attestées[336]. Il n'est

---

[328] PCCICR, *Schema Codicis Iuris canonici* 1980, 80, can. 334 §1: «Foveantur relationes inter Episcoporum Conferentias diversarum, præsertim finitimarum, regionum ad maius bonum promovendum ac tuendum».

[329] PCCICR, *Schema Codicis Iuris Canonici* 1980, 270, can. 1215 §1.

[330] PCCICR, *Relatio Complectens Synthesim Animadversionum*, 98, can. 334: «quibus certo certius non applicantur praescripta de Episcoporum Conferentiis».

[331] Cf. J.I. ARRIETA, «Instrumentos supradiocesanos», 621, fin de la nt. 36.

[332] PCCICR, *Schema canonum libri II De populo Dei* 1977, 88, cann. 199 §1.200 §1. Il était précisé que l'autorité *ad normam* de la province (métropolitain et concile provincial) n'agirait pas au-delà (*non pertinente*) de l'autorité *ad normam* de la conférence épiscopale régionale lorsqu'elle était constituée, cf. *ibid.*, 83, can. 186 §3.

[333] PCCICR, *Schema Codicis Iuris Canonici* 1980, 77, cann. 322-323.

[334] PCCICR, *Relatio Complectens Synthesim Animadversionum*, 1981, 13-14.

[335] Cf. *Comm.* 18 (1986) 75-76; *Comm.* 24 (1992) 310, 333.

[336] C'est à la fois une instance de délibération, cann. 952 §1.1264, 1°-2° CIC/1983 et une instance de proposition can. 377 §§2-3 CIC/1983.

pas décrit comme un organe ordinaire de gouvernement dans la province (can. 432). Peut-être reste-t-il à le développer en «mettant à jour certains aspects de l'ancienne organisation ecclésiastique (…) pour contribuer à accroître l'esprit de la collégialité épiscopale»[337].

Pour que la synodalité soit vraiment un «concept opératoire» de la communion ecclésiale[338], il aurait été nécessaire de présenter des points de connections techniques entre les diverses institutions de regroupement. Car il y a une différence de *nature* dans l'exercice de la synodalité entre les modèles proposés par le nouveau Code[339]. La province et la région ecclésiastique, comme rassemblement de provinces[340], regroupent des «communautés hiérarchiques» de fidèles, des Églises particulières, appelés à se rassembler avec leurs pasteurs, selon l'opportunité, en conciles particuliers avec un pouvoir législatif étendu[341]. La Conférence des Évêques, quoiqu'elle soit située dans la partie codicielle sur les regroupements d'Églises particulières, est un collège permanent d'évêques (can. 447) réunis en vertu de leur statut sacramentel, où l'élément territorial est moins déterminatif. Son pouvoir législatif est limité (can. 455), même si elle peut opportunément célébrer un concile plénier (can. 441) mais qui, cependant, n'est pas un élément normatif de son gouvernement comme pour la province ecclésiastique (can. 432). C'est l'approche territoriale-synodale du *sensus fidelium* dans la question des regroupements ecclésiaux qui remet progressivement la province ecclésiastique à l'honneur dans le droit latin.

3.1.2 La province dans les débats après 1983

Les débats doctrinaux ont souvent porté sur le statut des Conférences Épiscopales, laissant la province ecclésiastique dans un relatif oubli. Le directoire des Évêques en leur ministère pastoral *Ecclesiæ imago*, publié en 1973, ne la mentionne qu'à propos de la tenue des conciles particuliers[342] et ne parle jamais du rôle du métropolitain. Ce directoire aborde principalement le ministère de l'évêque, en partant de l'Église universelle au travers du rapport avec le Pontife romain, notamment dans la nouvelle institution du Synode des Évêques, pour se concentrer ensuite sur l'évêque dans son diocèse. La coresponsabilité épiscopale est envi-

---

[337] FRANÇOIS, disc., 17 octobre 2015, 79.
[338] Cf. P. VALLIN «Figures de synodalité», 122-123.
[339] Cf. P. VALDRINI, «Promotion et limites», 135.
[340] Cf. C.R. REDAELLI, «Le regioni ecclesiastiche in Italia», 403-433.
[341] CIC/1983, cann. 440.442.443.
[342] SACRÉE CONGRÉGRATION POUR LES ÉVÊQUES, directoire *Ecclesiæ imago*, n. 213.

sagée seulement du point de vue de la Conférence Épiscopale, nationale ou régionale, lieux d'une «collégialité affective»[343]. La province est pourtant clairement établie comme une circonscription ecclésiastique lors de la parution du Code de 1983, avec sa forme particulière de gouvernement à la fois personnel et synodal (can. 432 §1). La parution du Code oriental en 1990 en montre à nouveau la pertinence ecclésiologique à partir de la question de l'existence d'une «collégialité effective» dans des niveaux intermédiaires de collaboration épiscopale. Le m.p. *Apostolos suos* (n. 3) sur la nature théologique et juridique des Conférences des Évêques en parle brièvement, à propos de l'expérience historique des conciles particuliers. Son actualité revient en 2001, avec la Xe Assemblée ordinaire du Synode des Évêques sur le ministère épiscopal. Dans les *lineamenta*[344], elle est pour les évêques un espace de fraternité sacramentelle et de charité. Termes repris par l'*Instrumentum laboris* qui la présente comme un lieu d'une collégialité affective, où le métropolitain exerce une figure particulière du ministère épiscopal *ad normam*[345]. Pour les cercles linguistiques[346], elle est le lieu naturel pour proposer des noms à l'épiscopat dans la province, un espace d'entraide où se vit une forme pastorale de subsidiarité pour l'inculturation de l'Évangile[347]. Elle est une base de la collaboration entre les évêques mais insuffisamment développée[348]. Pour améliorer cette collaboration le cardinal G.B. Re préconise de revaloriser le rôle du métropolitain pour «promouvoir la collégialité au niveau local entre évêques suffragants»[349]. Le rapporteur général adjoint, le cardinal J. Bergoglio souligne ainsi dans le rapport après le débat en assemblée qu'«il a été suggéré qu'un exercice rénové des fonctions des Archevêques métropolitains dans le cadre de leurs pro-

---

[343] L'expression est issue de SACRÉE CONGRÉGRATION POUR LES ÉVÊQUES, directoire *Ecclesiæ imago*, n. 210.

[344] Voir le SYNODE DES ÉVÊQUES, Xe Assemblée générale ordinaire, lineamenta, n. 47. 48.94.

[345] SYNODE DES ÉVÊQUES, *ibid. supra*, Instrumentum laboris «*Iesus Christus, spes nostra*», n. 47 *in fine*; n. 73. Cf. L. VILLEMIN, «Les provinces ecclésiastiques», 189.

[346] Cf. F. WETTER, arch. de München et Freising (Allemagne), *Bulletin*, n. 43, 23 oct. 2001, 16; A. KOTHGASSER, évêque d'Innsbruck (Autriche), rapport du cercle Germanicus, *Bulletin*, n. 45, 6 nov. 2001, 16; J.C. MAKAYA LŒMBE, évêque de Pointe-Noire (Rep. Dém. du Congo), rapport du cercle Gallicus A, *Bulletin*, n. 45, 6 nov. 2001, 18. Cf. CIC/1983, can. 377 §§2-3, qui prévoit déjà une telle consultation.

[347] Cf. J.H. CHEMELLO, évêque de Pelotas, président de la Conférence des Évêques du Brésil, *Bulletin.*, n. 44, 30 oct. 2001, 9.

[348] Cf. B. CALVET, arch. de Nouméa (Nouvelle-Calédonie), *Bulletin*, n. 44, 30 oct. 2001, 11; E.V. MIRÁS, arch. de Rosario (Argentine), *Bulletin*, n. 44, 30 oct. 2001, 18.

[349] G.B. RE, préfet de la Congrégation pour les Évêques, *Bulletin*, n. 13, 6 oct. 2001.

vinces ecclésiastiques respectives puisse offrir une aide à l'activité des Conférences Épiscopales»[350]. La problématique est alors formulée différemment:

> Les réunions des évêques d'une même province ecclésiastique, si organisée régulièrement, pourront-elles être le moyen pour une meilleure et plus concrète réalisation de la collégialité par rapport à l'évangélisation, afin de résoudre les problèmes pastoraux des fidèles qui vivent dans un territoire plus homogène et mieux défini?[351]

Cette question suppose ainsi que les provinces ecclésiastiques, comme regroupements territoriaux d'Églises particulières, devraient d'abord fonctionner au niveau épiscopal comme des collèges de personnes, selon une forme stricte de la synodalité qui soit à l'écoute des problématiques spécifiques des fidèles qui leur sont confiés. Il s'agirait alors de formaliser un *conventus* épiscopal provincial dont les compétences répondent à la mise en œuvre de directions communes pour la gestion des besoins pastoraux locaux. Les travaux restent silencieux sur le rôle du concile provincial.

Comme lieu de «collégialité et d'évangélisation»[352], les participants se sont interrogés sur les liens institutionnels de communion que la province doit entretenir avec d'autres instances de collégialité, comme la Conférence Épiscopale[353]. Jean-Paul II, dans l'exhortation post-synodale *Pastores gregis*, soulignera cet aspect, en rappelant que la province ecclésiastique favorise une spiritualité de communion entre les évêques (*PG* 22c; 59). Il revient sur son organisation canonique et, reprenant la proposition 28 du document final, souligne le rôle majeur du métropolitain comme vecteur de la fraternité épiscopale et lien de communion effective par lui avec le Pontife romain[354].

---

[350] Cf. J. BERGOGLIO, arch. de Buenos Aires, «Relatio post disceptationem», n. 15, *Bulletin*, n. 45, 6 nov. 2001, 11. J. Bergoglio fut nommé Rapporteur général-adjoint le 4 oct. 2001, et membre élu du Conseil post-synodal, *Bulletin*, n. 45, 6 nov. 2001, 23.

[351] «Questions aux *circuli minores*», n. 6, *Bulletin*, n. 45, 6 nov. 2001, 14.

[352] Cf. P. MORISSETTE, évêque de Baie-Comeau (Canada), rapport du cercle Gallicus C, *Bulletin*, n. 45, 6 nov. 2001, 17; R.O. PEREZ MORALES, arch. de Los Teques (Venezuela), rapport du cercle Hispanicus B, *Bulletin*, n. 45, 6 nov. 2001, 17.

[353] Cf. G. CAZABON, rapport du cercle gallicus B, *Bulletin*, n. 23, 16 oct. 2001.

[354] JEAN-PAUL II, exhort. ap. *Pastores gregis*, n. 62: «Le moyen concret de favoriser la communion entre les Évêques et la solidarité entre les Églises est de redonner de la vitalité à la très ancienne institution des provinces ecclésiastiques, où les métropolitains sont les instruments et les signes tant de la fraternité entre les Évêques de la province que de leur communion avec le Pontife romain. En effet, à cause de la

La province ecclésiastique retrouve sa raison d'être, celle d'un niveau concret de coopération dans le travail pastoral des évêques. Dans cette perspective de coresponsabilité épiscopale, le directoire *Ecclesiæ imago* devait être réformé. Il fut donc remplacé en 2004 par le directoire pastoral pour le ministère des Évêques *Apostolorum Successores* (DPME)[355]. La province ecclésiastique y apparaît au côté de la région ecclésiastique et de la Conférence Épiscopale, comme un niveau supra-diocésain de collaboration, en relation avec l'exercice du ministère personnellement reçu par chaque évêque. La communion locale entre les évêques, qui est une forme «partielle» de la Collégialité, est un facteur dynamique de la communion ecclésiale. Les évêques sont les agents de cette communion où les communautés hiérarchiques, dont ils assurent le repérage, forment un réseau d'Églises particulières. La mécanique de la synodalité, qui entraîne tout phénomène de communion supra-locale, se situe donc toujours au niveau de la collaboration épiscopale, comme elle l'était durant le premier millénaire.

Chacun des niveaux permet que «les Églises particulières resserrent *elles-mêmes* les liens de communion avec l'Église universelle à travers les évêques, leurs représentants légitimes»[356]. Il y a un changement dans les dynamiques ecclésiologiques: le mouvement ne se fait plus de manière descendante, avec l'idée d'une certaine décentralisation, mais provient d'une volonté de la base, de l'Église particulière «*elle-même*» qui doit s'inscrire dans la «*plena communio Ecclesiarum*»[357], de manière ascendante, avec l'idée d'une concentration. La sollicitude pour toute l'Église se valorise dans les structures de proximité où elle s'envisage d'abord comme solidarité à tous les niveaux. Dès lors chaque Assemblée épiscopale, quelque soit le niveau où elle intervient, est vue comme une progression vers l'unité et le ministère pétrinien comme un vecteur d'harmonisation.

---

similitude des questions qui assaillent les Évêques et du fait que le nombre limité de ces derniers permet une entente plus large et plus efficace, un travail pastoral commun sera certainement mieux programmé dans les assemblées des Évêques de la même Province et surtout dans les Conciles provinciaux».

[355] CONGRÉGATION POUR LES ÉVÊQUES, Directoire *Apostolorum successores* pour le ministère pastoral des évêques [DPME], 22 fév. 2004. On note, simplement dans les titres, le déplacement ecclésiologique entre les deux directoires sur le ministère épiscopal, conçu comme un service, non plus d'abord dans une perspective universelle avec une dimension collégiale (*Ecclesiæ imago*) où l'évêque est «préposé» à une Église qu'il administre, mais dans une perspective particulière de mission avec une dimension synodale (*Apostolorum Successores*) où il est un «témoin».

[356] DPME, n. 22 (nos italiques).

[357] DPME, n. 5.

La province ecclésiastique, comme structure institutionnelle manifeste la sollicitude de chaque évêque pour les autres Églises, notamment les plus proches, en même temps que le lieu d'implication de son ministère épiscopal. Cette sollicitude est visible lors de la visite *«ad limina»* quinquennale auprès du Siège Apostolique[358]. Ces visites se réalisent par Conférence Épiscopale «ce qui souligne l'union collégiale entre les évêques» (DPME, n. 15) mais s'organisent souvent par provinces ecclésiastiques, comme pour signifier *in concreto* qu'elles sont des «lieux» de l'action pastorale.

3.2 *La province dans la norme latine actuelle*

Can. 431 §1: *Ut communis diversarum diœcesium vicinarum, iuxta personarum et locorum adiuncta, actio pastoralis promoveatur, utque Episcoporum diœcesanorum inter se relationes aptius foveantur, Ecclesiæ particulares viciniores componantur in provincias ecclesiasticas certo territorio circumscriptas.*
§2: *Diœceses exemptæ deinceps pro regula ne habeantur; itaque singulæ diœceses aliæque Ecclesiæ particulares intra territorium alicuius provinciæ ecclesiasticæ exsistentes huic provinciæ ecclesiasticæ adscribi debent.*
§3: *Unius supremæ Ecclesiæ auctoritatis est, auditis quorum interest Episcopis, provincias ecclesiasticas constituere, supprimere aut innovare.*
Can. 432 §1: *In provincia ecclesiastica auctoritate, ad normam iuris, gaudent concilium provinciale atque Metropolita.*
§2: *Provincia ecclesiastica ipso iure personalitate iuridica gaudet.*

3.2.1 Les sources

Les sources de ces canons sont codiciaires, réglementaires et conciliaires[359]. Les sources codiciaires sont toutes issues du Livre II *«De personis»* du Code Pio-bénédictin. La source principale du can. 431 §3 provient essentiellement du can. 215 §1 CIC/1917[360], qui se trouve dans l'introduction de la section II, *«De clericis in specie»*. Le positionnement normatif du can. 215 s'expliquait par le fait que la province n'était pas considérée comme un regroupement d'Églises mais d'abord d'évêque, regroupés sur un territoire. La référence à ce canon rappelle

---

[358] CIC/1983, can. 400; cf. CONGRÉGATION POUR LES ÉVÊQUES, *directoire pour la visite Ad limina*, n. 2.1.2; JEAN-PAUL II, exhort. ap. post-synodale *Pastores gregis*, n. 57.

[359] Cf. *CIC auctoritate Joannis-Pauli pp. II promulgatus, fontium annotatione et indice*, 122-123. Voir H. HOHL, *Das Amt des Metropoliten*, 95-117.

[360] CIC/1917, can. 215 §1: «Unius supremæ ecclesiasticæ potestatis est provincias ecclesiasticas diœceses, abbatias vel prælaturas nullius, vicariatus apostolicos, præfecturas apostolicas erigere, aliter circumscribere dividere, unire, supprimere».

cependant que les Églises particulières se lient entre elles d'abord au niveau de leurs pasteurs légitimes.

Le can. 432 §1, quant à lui, prend sa source directe dans le can. 272 du Code de 1917[361]. Ce dernier canon était positionné au Titre VII, *«De suprema potestate deque iis qui eiusdem sunt ecclesiastico iure participes»*, au chapitre VI, «*De Patriarchis, Primatibus, Metropolitis*», qui inscrivait déjà la province ecclésiastique comme une structure dans la constitution organique de l'Église.

Les sources du can. 432 §2 proviennent des canons introductifs au livre II du Code de 1917, portant sur la constitution de la personnalité juridique: le can. 99[362] distingue à côté des personnes physiques, l'existence de personnes morales et les décrit sous deux formes: collégiale[363] et non collégiale[364]; le can. 100 §1[365], rappelle que l'Église Catholique et le Siège Apostolique sont des personnes morales, et qu'il appartient à l'Autorité ecclésiastique d'établir et de vérifier la légitime existence d'autres personnes morales[366]. Le recours à ces deux canons, desquels ont voit ressortir la tradition juridique d'un droit romain assumée depuis longtemps dans l'Église, rattachent ainsi la nature juridique associative de la province ecclésiastique à celle des structures constitutionnelles de l'organisation ecclésiale, là où la codification Pio-bénédictine ne les envisageait d'abord que sous un rapport juridictionnel et disciplinaire. La province associe des entités ecclésiales diocésaines, dotées de la personnalité juridique.

---

[361] CIC/1917, can. 272: «Provinciæ ecclesiasticæ præest Metropolita seu Archiepiscopus; quæ dignitas coniuncta est cum sede episcopali a Romano Pontifice determinata vel probata».

[362] CIC/1917, can. 99: «In Ecclesia, præter personas physicas sunt etiam personæ morales, publica auctoritate constitutæ, quæ distinguuntur in personas morales collegiales et non collegiales, ut ecclesiæ, Seminaria beneficia, etc.».

[363] Cf. A. CANCE, *Le Code de Droit Canonique*, I, 116-117. Les personnes collégiales comprennent «au moment de l'érection, au moins trois personnes physiques, librement adhérentes et pouvant comprendre ensuite d'autres personnes – même morales – qui forment un groupe d'individualités considéré comme une personnalité autonome distincte de celle de chacun de ses membres et ayant des droits et des devoirs spéciaux».

[364] Cf. A. CANCE, *Le Code de Droit Canonique*, I, 116, n. 118, 2: les personnes morales non collégiales «sont des entités juridiques constituées par une masse de biens corporels ou incorporels affectés à un but religieux ou charitable».

[365] CIC/1917, can. 100 §1: «Catholica Ecclesia et Apostolica Sedes moralis personæ rationem habent ex ipsa ordinatione divina; ceteræ inferiores personæ morales in Ecclesia eam sortiuntur sive ex ipso iuris præscripto sive ex speciali competentis Superioris ecclesiastici concessione data per formale decretum ad finem religiosum vel caritativum».

[366] Cf. F.X. WERNZ – P. VIDAL, *Ius Canonicum*, II, *De Personis*, 37-39, n. 29-30.

Les sources réglementaires comprennent un décret sur la célébration des conciles régionaux en Italie[367], une circulaire qui met en œuvre ce décret[368] et enfin un autre décret pris pour la mise en œuvre de conférences épiscopales régionales en Italie[369], tous émis par la Sacrée Congrégation du Concile et portant chacun une interprétation du can. 215 §1 CIC/1917. Ces sources réglementaires sont rassemblées sous le seul can. 433 §1.

Les sources conciliaires de ces canons sont toutes issues du concile Vatican II, notamment du décret sur le ministère épiscopal *Christus Dominus*. Les orientations ecclésiologiques et canoniques pour une révision du Code sur la question des provinces ecclésiastiques sont très clairement indiquées dans la section II «*Provinciarum ecclesiasticarum circumscriptio et regionum ecclesiasticarum erectio*» du chapitre III du décret «*De episcopis in commune plurium Ecclesiarum bonum cooperantibus*»[370]. De manière plus spécifique, le can. 431 §1 trouve son origine en *CD* 40, 1, tandis que le §2 du même canon, tout comme le can. 432, s'inspirent directement de *CD* 40, 2[371]. Le can. 431 §3, sur la constitution des provinces, se réfère à *CD* 41[372], et souligne la nécessaire impli-

---

[367] SACRÉE CONGRÉGATION DU CONCILE, décret *Conciliorum provincialium*, 15 févr. 1919, *AAS* 11 (1919) 72-74.

[368] SACRÉE CONGRÉGATION DU CONCILE, circ. 22 mars 1919, *AAS* 11 (1919) 175-177.

[369] SACRÉE CONGRÉGATION DU CONCILE, *Disposizioni circa le conferenze episcopali in Italia*, 21 juin 1932, *AAS* 24 (1932) 242-243.

[370] *CD* 39: «Animarum bonum non diœcesium tantum sed provinciarum quoque ecclesiasticarum aptam expostulat circumscriptionem, immo et regionum ecclesiasticarum suadet erectionem, ita ut apostolatus necessitatibus iuxta socialia et localia adiuncta melius provideatur, atque faciliores fructuosioresque reddantur Episcoporum relationes sive inter se sive cum Metropolitis et cum ceteris eiusdem nationis Episcopis, necnon et Episcoporum cum civilibus Auctoritatibus».

CD 40: «Itaque, ad memoratos fines consequendos, Sacrosancta Synodus hæc statuenda decernit: 1) Provinciarum ecclesiasticarum circumscriptiones opportune recognoscantur et iura ac privilegia Metropolitarum novis aptisque normis definiantur. 2) Pro regula habeatur ut omnes diœceses aliæque territoriales circumscriptiones quæ iure diœcesibus æquiparantur alicui provinciæ ecclesiasticæ adscribantur. Proinde diœceses quæ nunc Apostolicæ Sedi immediate sint subiectæ quæque nulli alii uniantur, aut in novam provinciam ecclesiasticam, si id fieri possit, sunt simul componendæ aut illi provinciæ aggregandæ, quæ vicinior seu opportunior sit, et iuri metropolitico Archiepiscopi sunt subiciendæ ad normam iuris communis. 3) Ubi utilitas id suadet, provinciæ ecclesiasticæ in regiones ecclesiasticas componantur, quarum ordinatio iure est statuenda».

[371] Cf. *Comm.* 12 (1980) 253.

[372] *CD* 41: «Expedit ut competentes Episcoporum Conferentiæ quæstionem de huiusmodi provinciarum circumscriptione aut regionum erectione examini subiciant,

cation des évêques intéressés localement dans ce processus, sans pour autant acter de manière normative que la consultation doit se faire en Conférence Épiscopale, ou même que celle-ci ait à donner son avis[373].

Le choix des sources par les codificateurs de 1983 semble marquer une réelle hésitation. On peut noter que la plupart présentent un «caractère exclusivement normatif»[374], qui se réfère plutôt au ministère hiérarchique en tant qu'il est constitutif des Églises particulières et de leur regroupement, ce que corrobore le choix des textes conciliaires qui sont tous issus du même décret *Christus Dominus* sur le ministère épiscopal ainsi que de sa mise en œuvre par le m.p. *Ecclesiæ sanctæ*[375] de Paul VI. On peut regretter, comme le fait J.I. Arrieta[376], qu'il n'y ait pas une référence, même indirecte, à la constitution dogmatique *Lumen gentium*, notamment au numéro 23 qui traite des relations entre évêques à l'intérieur du Collège Épiscopal et en souligne les bienfaits pour toute l'Église tant au niveau universel que régional ou particulier. On pressent qu'il y a une certaine réticence à donner un contour ecclésiologique précis à la province ecclésiastique et même à tout regroupement ecclésial.

Le positionnement dans le Code de 1983 des nouveaux canons 431 et 432, au Livre II «*De popolo Dei*», dans la seconde section de la deuxième partie «*De Ecclesiæ constitutione hierarchica*», qui est introduit par une première section consacrée à l'autorité suprême dans l'Église, pourrait laisser penser que nous sommes encore dans une vision organique, centralisée depuis Rome et stratifiée hiérarchiquement de haut en bas. Mais cette impression est corrigée par la section II «*De Ecclesiis particularibus deque earundem cœtibus*» qui nous offre un schéma graduel ascendant de communion ecclésiale, qui part des Églises particulières et leurs autorités épiscopales à leurs regroupements en provinces et régions ecclésiastiques jusqu'à la Conférence Épiscopale, avant d'aborder l'organisation interne des diocèses. Il y a comme un effort d'intégrer des formes juridiques de coordinations pastorales dans un ordonnancement ecclésiologique progressif vers une vision universelle et plénière de la communion.

Sous cet aspect des choses, le ministère hiérarchique apparaît comme un élément secondaire de la communion mais nécessaire à sa constitution

---

iuxta normas iam de diœcesium circumscriptione in nn. 23 et 24 statutas, et consilia ac vota sua Apostolicæ Sedi proponant».

[373] Les travaux mentionnent également *CD* 24, cf. *Comm.* 12 (1980) 253.

[374] J.L. GUTIERREZ, «I raggruppamenti di Chiese particolari», 438.

[375] Cf. *ES* I, 42, cité également comme source pour le can. 431 §3 CIC/1983.

[376] Cf. J.I. ARRIETA, «Instrumentos supradiocesanos», 610.

et sa croissance. Ce qui est premier, ce sont les communautés hiérarchiques, constituées des fidèles et leurs pasteurs, appelées à se rassembler pour former l'unique peuple de Dieu. La mission pastorale de l'Épiscopat est de structurer l'Église-Une, par son unité autour du Pontife Romain. En ce sens, le Code présente les regroupements d'Églises particulières comme des niveaux synodaux de réalisation graduelle de la communion de tous les *christifideles*, dont la forme la plus achevée est manifestée par la célébration des conciles particuliers (cann. 439-446). La province ecclésiastique, qui met en relation communautés et pasteurs, est une circonscription ecclésiastique dont la finalité pastorale est d'être un réseau synodal d'Églises. Sous cette forme, elle est le premier de ces niveaux que l'on peut qualifier d'intermédiaires, un «seuil» de progression vers la communion, selon l'étymologie déjà évoquée du terme «synode», relevée par A. Join-Lambert.

3.2.2 Commentaire des canons 431-432 CIC 1983

a) Un groupement pastoral de diocèses

La province regroupe pastoralement des diocèses constitués par le droit:

Can. 369: «Diœcesis est populi Dei portio, quæ Episcopo cum cooperatione presbyterii pascenda concreditur, ita ut, pastori suo adhærens ab eoque per Evangelium et Eucharistiam in Spiritu Sancto congregata, Ecclesiam particularem constituat, in qua vere inest et operatur una sancta catholica et apostolica Christi Ecclesia».

Dans ce canon, les éléments communautaires et ministériels, «apparaissent indissociables pour la constitution de la communauté diocésaine»[377]. Ils s'impliquent mutuellement au travers d'un *cœtus fidelium* de baptisés (*portio populo Dei*), d'une différenciation organique des fidèles (*presbyterium*), de l'ensemble des liens visibles (*Evangelium* et *Eucharistiam*), du gouvernement épiscopal (*pastori suo*) avec et sous le Successeur de Pierre, rendant présente et opérative l'Église du Christ. Ces éléments comportent tous une dimension universelle[378] et sont par eux-mêmes autant de ressorts sur lesquels repose la synodalité dans l'Église et entre les Églises. Ils sont également des caractéristiques par lesquels une Église particulière se repère comme «communauté hiérarchique» au plan doctrinal[379].

---

[377] P. VALDRINI – É. KOUVEGLO, *Leçons de droit*, 34-35. Voir aussi G. GHIRLANDA, «La Chiesa particolare», 551-568; ID., «La dimensione universale», 6-22.

[378] En ce sens, voir G. GHIRLANDA, «Criteri di organizzazione», 97-98.

[379] La communauté hiérarchique est une communauté de personnes circonscrite selon le principe utilitaire du territoire (cf. can. 372 §1 CIC/1983) qui fournit la clé d'une

Le diocèse, au sens du can. 368, est le modèle (*imprimis*) de toute
«Église particulière»[380]. G. Ghirlanda précise qu'«*Église particulière* veut
indiquer la relation de l'unique et identique sujet, c'est-à-dire l'Église avec
une partie de l'ensemble des baptisés»[381]. Cependant, l'expression peut
aussi recouvrir des notions de discipline propre, de patrimoine liturgique
et juridique dans les Églises catholiques orientales. L'expression a alors
un sens fort de regroupement ecclésial[382]. Le concile Vatican II utilise également l'expression «Église locale» pour les désigner d'un point de vue
territorial[383], sens qui est aussi employé pour le diocèse «lorsqu'on considère d'une façon particulière le territoire comme élément de spécification»[384]. Le diocèse est donc la matérialisation *in concreto* et *in loco* de
l'Église comme communauté de fidèles en un périmètre précis[385]. Il est

organisation hiérarchique d'un *cœtus fidelium*. Cela ne signifie pas que, par avance, le
territoire soit considéré comme prévalent par rapport à l'élément humain, mais que,
avec la formulation actuelle du canon, sans changer l'orientation du Code de 1917 sur
cette notion, les éléments sont présentés de manière plus précise: d'abord il y a le *po-
pulus Dei* et après, en fonction de ce dernier, les structures hiérarchiques. Cette notion
fait du territoire un élément intrinsèque, objectif, qui délimite l'appartenance du fidèle
à l'Église dans le lieu où il se trouve, mais suit sa décision, volontaire et première celle-
là, d'appartenir à l'Église (cf. P. VALDRINI – Al., *Droit canonique*, 147, nt. 3.) Ce critère objectif détermine également le champ d'exercice du ministère épiscopal qui est
configuré au plan ecclésiologico-canonique comme un «ministère de représentation»
ad intra et *ad extra*. Cependant, le territoire peut être un facteur secondaire par rapport
au lien interpersonnel hiérarchique créé par la juridiction qui peut s'exercer sur les personnes au-delà des limites de compétences *ratione materiæ* (cf. can. 136 CIC/1983), ce
qui justifie l'existence de communautés hiérarchiques de type personnelles équiparées
aux diocèses. Cf. J.P. SCHOUPPE, «Les circonscriptions ecclésiastiques», 455-466.

[380] CIC/1983, can. 368: «Ecclesiæ particulares, in quibus una et unica Ecclesia catholica exsistit, sunt *imprimis* diœceses, quibus nisi aliud constet, assimilantur præla-
tura territorialis et abbatia territorialis, vicariatus apostolicus et præfectura apostolica
necnon administratio apostolica stabiliter erecta» (nos italiques).

[381] G. GHIRLANDA, «Église universelle, particulière et locale», 276, nt. 70 (notre traduction). ID., *Il diritto nella Chiesa, mistero di comunione*, 42. FRANÇOIS, disc., 17 oct.
2015, 78-79: le pape précise que le terme «local» signifie l'Église particulière réalisée
en un lieu précis et déterminée canoniquement; «régional» signifie un niveau supra-
local et correspond à une aire géographique déterminée. Le terme «Église universelle»
est entendu dans son acception ordinaire de *toute* l'Église. Cf. G. GRESHAKE,
«Zwischeninstanzen», 111-114.

[382] Cf. P. DUPREY, «La structure synodale de l'Église», 144-145

[383] *UR* 14a; *LG* 23 d; 26a; *AG* 19d; 27a.

[384] G. GHIRLANDA, «Église universelle, particulière et locale», 277. Voir également
H.M. LEGRAND, «Délimitation des diocèses», 206-214.

[385] Sur les difficultés terminologiques pour une définition claire de «l'Église réalisée
en un lieu», nous renvoyons, à titre d'exemple, aux travaux du Colloque de Salamanque
(1991), où les divers groupes linguistiques ont tenté de cerner le concept. Pour ne rete-

donc impossible de ne pas matérialiser ces communautés hiérarchiques en vue de leur rassemblement sans intégrer l'office de capitalité par lequel elles sont constituées, et partant, leur critère distinctif: le territoire.

Si le canon n'y fait aucune référence, la portion du peuple de Dieu constituée en communauté hiérarchique est généralement *distinguée* par le critère objectif du territoire[386]. Le territoire forme le lien implicite par lequel un pasteur reconnaît son peuple et le peuple son pasteur. Ce critère est *«pro regula»*, ceci suppose qu'il est obligatoire mais sans caractère absolu et qu'il puisse donc faire l'objet d'aménagement ou d'exceptions circonstanciées, selon les personnes et les lieux, comme le souligne la rédaction ouverte du can. 372 §1[387].

Les codificateurs ont fait là un choix d'utilité, sur les recommandations du Synode des Évêques de 1967[388]. Sans s'éloigner de la norme pio-bénédictine, la notion de «territoire» reste donc un principe canonique d'optimisation du ministère ecclésial, en particulier de la stabilité de l'office ecclésiastique[389]. Le territoire n'est pas, en soi, un élément *constitutif* de l'Église particulière mais bien du ministère épiscopal dont

---

nir qu'une ligne synthétique, les théologiens semblent être orientés à réserver le nom d'«Église particulière» aux réunions d'Églises caractérisées par leurs particularités culturelles et à désigner plutôt l'Église présente dans un lieu, sous la direction d'un évêque, avec l'expression «Église locale», en mettant l'accent sur la catholicité, cf. H.M. LEGRAND – J. MANZANARÈS – A. GARCÍA Y GARCÍA, *Chiese locali e cattolicità*, «Gruppi di lavoro», 319-323; P. CHOUINARD, «Les expressions "Église locale"» 115-161; L. VILLEMIN, «Le diocèse est-il une Église locale», 75-86.

[386] Cf G. GHIRLANDA, «Église universelle, particulière et locale», 278.

[387] CIC/1983, can. 372 §1: «Pro regula habeatur ut portio populi Dei quæ diœcesim aliamve Ecclesiam particularem constituat, certo territorio circumscribatur, ita ut omnes comprehendat fideles in territorio habitantes».

[388] Cf. PCCICR, *Principia quæ Codicis Iuris Canonici Recognitionem dirigant*, 84, n. 8. Voir les travaux de révisions du Code, notamment le *cœtus De Clericis – De Sacra Hierarchica,* deuxième session (3-8 avril 1967), cf. *Comm* 17 (1985) 74-112, en particulier 90-98.102-104. Lors de cette session, on commence de parler des circonscriptions ecclésiastiques, reprenant les directives conciliaires (*CD* 11) et on établit pour le schéma que le territoire n'est pas un élément constitutif bien que déterminant du diocèse (can. 7 §1, schéma 1967). Normalement, le territoire définit la portion du peuple de Dieu qui détermine un diocèse, mais sans pour autant signifier qu'il ne puisse y avoir d'autres critères pour définir une communauté de fidèles, cf. *Comm.* 17 (1985) 90. La présence d'un «peuple propre», en revanche, est constitutive pour la définition des Églises particulières (cann. 3-6 du schéma 1967). Dans la session III (4-7 décembre 1967), on précisa que les Églises particulières sont des «portions déterminées» (*certæ Dei populi portiones*) du peuple de Dieu; cf. *Comm.* 18 (1986) 54-110.

[389] Voir CIC/1917, can. 145; CIC/1983, can. 145.

il exprime par la localisation sa dimension de mission[390]. Le critère d'organisation territorial a une valeur instrumentale et permet d'insérer le peuple de Dieu, préexistant en un lieu, dans une structure hiérarchique déterminée par la *missio canonica*[391]. Ce critère est en soi pratique, car il s'adapte à différentes réalités, tant géographiques qu'ethniques voire même rituelles. Il délimite ainsi des «circonscriptions ecclésiastiques» qui étaient qualifiées dans l'ancienne norme comme des structures juridictionnelles, soumises à l'autorité d'un membre de la hiérarchie[392]. Mais dans la perspective ecclésiologique développée à Vatican II, cette interprétation juridique de l'Église particulière devait être dépassée pour mieux prendre en compte ses caractéristiques essentielles: pour circonscrite qu'elle soit comme «lieu déterminé» au niveau de la juridiction des pasteurs, elle demeure selon la vision conciliaire une «portion du peuple de Dieu» qui ne connaît pas de frontières. Chaque Église particulière est une terre de mission. Dans sa forme déterminée, l'Église particulière présuppose non pas un donné figé mais en mouvement, impliquant une certaine porosité quant à sa présence dans le monde. Ainsi, une Église particulière ne peut vivre la dimension apostolique de sa catholicité qu'en étant en lien ou mieux en relation avec les Églises les plus proches.

Dans cette conception où prédomine l'aspect hiérarchique du territoire, il apparaissait naturel aux rédacteurs du Code de suivre, comme base canonique de leur réflexion sur le regroupement des Églises particulières, d'abord le numéro 11 du décret conciliaire *Christus Dominus*[393] qui avait inspiré les canons 368 et 369 déjà rédigés, plutôt que le numéro

---

[390] G. GHIRLANDA, «Criteri di organizzazione», 121-122.

[391] Cf. F.X. WERNZ – P. VIDAL, *Ius canonicum*. II, 387s.; R. NAZ, éd., *Traité de droit canonique*, I, 368-369; A. VIANA, «Territorialidad», 557-559.

[392] Cf. CIC/1917, can. 215 §§1-2. Voir par ex. le can. 319 CIC/1917.

[393] *CD* 11: «Diœcesis est Populi Dei portio, quæ Episcopo cum cooperatione presbyterii pascenda concreditur, ita ut, pastori suo adhærens ab eoque per Evangelium et Eucharistiam in Spiritu Sancto congregata, Ecclesiam particularem constituat, in qua vere inest et operatur Una Sancta Catholica et Apostolica Christi Ecclesia. Singuli Episcopi, quibus Ecclesiæ particularis cura commissa est, sub auctoritate Summi Pontificis, tamquam proprii, ordinarii et immediati earum pastores, oves suas in nomine Domini pascunt, munus docendi, sanctificandi et regendi in eas exercentes. Ipsi tamen agnoscant iura, quæ sive Patriarchis sive aliis hierarchicis Auctoritatibus legitime competunt. Ad suum autem apostolicum munus intendant Episcopi ut Christi testes coram omnibus hominibus, non solum iis providentes qui iam Principem Pastorum sequuntur, sed iis quoque toto animo sese devoventes qui a via veritatis quoquo modo deflexerunt aut Christi Evangelium et misericordiam salutiferam ignorant, donec "in omni bonitate et iustitia et veritate" (Éph. 5,9) tandem omnes ambulent». Cf. *CD* 23, *infra*, chap. IV, nt. 5.

23 de la constitution *Lumen gentium* d'aspect plus ecclésiologique. Le nouveau Code présente formellement la province comme un premier niveau de regroupement ecclésial déterminé par un «territoire».

Il y a donc une évolution par rapport au code Pio-bénédictin, mais sans «révolution»: nous disposons désormais d'une définition de la province ecclésiastique, qui n'existait pas, à partir des Églises particulières mais toujours en dépendance du ministère hiérarchique. Du point de vue de la synodalité, entendue au sens large, cette évolution est positive car elle intègre tous les *christifideles* présents sur le territoire provincial. D'un point de vue organisationnel, cette définition canonique repose seulement sur l'élément constitutionnel hiérarchique sans préciser toutefois la nature ecclésiologique de ce rassemblement.

Sous l'aspect juridique, la province est une entité collégiale d'Églises particulières strictement égales entre elles. La province comprend un «certain territoire délimité»[394], celui des diocèses qui la constitue. La proximité géographique de diocèses voisins (*vicinarum*) s'impose comme le critère normatif de l'union provinciale pour favoriser les échanges. Même dans le cas d'un possible regroupement «utile» de provinces en région ecclésiastique, la proximité ne pourrait être mise de côté (cf. can. 433 §1). Ce territoire circonscrit (*circumscriptas*) ne se définit pas comme un nouveau territoire puisque son érection ne comporte pas une nouvelle structure hiérarchique d'un *coetus fidelium*[395]. S'il n'est pas distinctif, et donc autonome, il doit cependant être significatif de l'unité[396]. Dans ce sens il est pastoralement déterminatif de la composition de la province: il s'agit d'unifier *objectivement* des portions disparates du peuple de Dieu pour signifier la communion ecclésiale. Le lieu détermine l'appartenance *a priori* d'une communauté de fidèles à l'institution provinciale canoniquement érigée.

---

[394] Cf. PCCICR, *Schema canonum Libri II De Populo Dei*, 1977, 82, can. 186 §1: dans ce schéma, on fixe l'expression «*certo territorio circumscriptas*», qui sera préservé, sans variation, dans les schémas suivants jusqu'à la norme du can. 431 §1.

[395] Cf. J.I. ARRIETA, *Diritto dell'organizzazione ecclesiastica*, 474.

[396] Cf. J.I. ARRIETA, «Instrumentos supradiocesanos», 617-618: «Sin embargo, ese carácter secundario que en el plano eclesiológico tiene el territorio para la configuración de las Iglesias particulares, por cuanto afecta a las nociones de Provincia y de Región eclesiástica, llega también al plano jurídico. Es decir, mientras que el territorio es elemento jurídico inherente al concepto de diócesis – las diócesis tienen territorio –, no es, en cambio, elemento jurídico del concepto de provincia: la provincia no tiene un territorio, sino que es una agrupación de diócesis, que no llega a formar – de modo jurídicamente unificado – un nuevo territorio resultante, entendido como unidad territorial autónoma».

Le territoire, comme caractère nécessaire de la loi[397], présuppose la participation de tous (pasteurs et fidèles) en vue de la nécessité de promouvoir (*promoveatur*) l'action pastorale, dont le concile provincial est la forme concrète de réalisation matérielle et locale[398]. Le territoire provincial sert principalement à délimiter l'implication dans l'agir commun des pasteurs et développer une réelle forme de solidarité entre les Églises. Selon le principe *causa nostra agitur*, c'est donc le motif pastoral qui motive cette unité organique qui s'impose à chaque diocèse, non pas de manière arbitraire ou volontaire mais juridique et opportune. Le critère territorial est d'abord un repère pastoral par lequel se connectent les Églises particulières.

Le can. 431 §2, donne un caractère préceptif à la norme, disposant qu'il n'y aura plus d'exemptions[399]: chaque diocèse doit faire parti d'une province ecclésiastique. Il n'y a donc, en principe, pas de dispenses[400], mais des aménagements sont possibles. Sur ce point, la volonté des codificateurs, dans la ligne ecclésiologique conciliaire, est d'une particulière détermination[401]. Il s'agit de normaliser les rapports systématiques entre évêques sur un territoire juridiquement caractérisé et de ne pas entretenir de distinctions qui seraient préjudiciables à l'action pastorale commune sur une aire géographique ou culturelle donnée[402]. Les évêques des diocèses «exempts» deviennent, par le fait même, les suffragants d'un métropolitain, tout en restant en dépendance du Saint-Siège. Le directoire *Apostolorum successores* laisse entendre que c'est au Siège

---

[397] CIC/1917, can. 8 §2: «Lex non præsumitur personalis, sed territorialis, nisi aliud contest», et aujourd'hui le can. 13 §1 CIC/1983: «Leges particulares non præsumuntur personales, sed territoriales, nisi aliud contest»

[398] Cf. CIC/1917, can. 291 §2; CIC/1983, can. 445; DPME, n. 27.

[399] Cf. *Comm.* 17 (1985) 97-98. Les diocèses exempts dépendent directement du Siège Apostolique, soit par l'importance de leur population (*e.g*: Marseille avant 2002, Barcelone avant 2004, Tanger, Canberra) ou pour des raisons politiques et diplomatiques (*e.g*: Strasbourg et Metz) voire historiques (*e.g*: la Suisse, qui pas de provinces ecclésiastiques) ou encore géographiques, quand les limites du territoire diocésain correspondent à une nation (*e.g*: Monaco, Luxembourg, Gambie, Stockholm qui est l'unique diocèse de Suède). Cf. J.I. ARRIETA, «Instrumentos supradiocesanos», 618-620.

[400] Cf. CIC/1983, can. 86: «Dispensationi obnoxiæ non sunt leges quatenus ea definiunt, quæ institutorum aut actuum iuridicorum essentialiter sunt constitutiva».

[401] PCCICR, *Schema canonum Libri II De Populo Dei*, 1977, 82-83, can. 186 §2: «Territoriales diœceses exemptæ deinceps *ne habeantur*; omnes itaque et singulæ diœceses aliaque Ecclesiæ particulares intra territorium alicuius provinciæ ecclesiasticæ exsistentes huic provinciæ ecclesiasticæ adscribi debent» (nos italiques).

[402] Seuls des motifs pastoraux dérogeraient au principe, cf. *Comm.* 12 (1980) 253.

Apostolique qu'il revient d'apprécier l'utilité pastorale qui sera alors le critère décisif d'une telle participation et de leur engagement dans une province[403].

Ce principe de révision, prévu par les Pères conciliaires (*CD* 40, 2°), s'étendait à toutes les «circonscriptions territoriales», ce qui laisse un point d'interrogation quand aux formes équiparées aux diocèses, mentionnées dans le can. 368 comme l'abbaye ou la prélature territoriale (can. 370) ou encore celles qui ne seraient concernées que de manière incidente par la détermination territoriale de la norme du can. 372 §1, comme les vicariats et les administrations apostoliques (can. 371 §§1-2). Les ordinariats et les diocèses aux Armées, qui sont constitués en vue d'administrer une certaine catégorie de fidèles, selon la norme du can. 372 §2, semblent concernés de manière utile[404]. On introduisit ainsi l'incise «*pro regula*», qui fut placée au cours de la rédaction avant le «*ne habentur*»[405] afin d'apporter une souplesse au principe[406], en prenant en considération que l'élément de connectivité entre toutes ces réalités ecclésiales était d'abord le ministère épiscopal et ses formes équiparées.

La province n'est donc pas une fédération d'Églises particulières mais bien une «structure pastorale» qui forme un espace territorial de relations interpersonnelles pour lesquelles doit être configurée une représentation juridique[407]. C'est pourquoi sa reconnaissance de droit revient directement à l'autorité suprême comme le prévoyait déjà le Code Pio-bénédictin[408]: cela justifie sa détermination territoriale autant comme espace juridique d'échanges entre pasteurs que comme caractéristique d'un réseau d'Églises particulières.

La charge de l'unité du Successeur de Pierre est nécessaire pour authentifier un rassemblement d'Églises et le qualifier comme communion ecclésiale. Cela suppose en effet d'intégrer le rapport de mutuelle intériorité entre les Églises, que la fonction pétrinienne manifeste et promeut en associant les pasteurs à sa *sollicitudo omnium Ecclesiarum*[409]. L'autorité suprême règle et circonscrit le pouvoir épiscopal dans certaines li-

---

[403] Cf. DPME, n. 23a; H. HOHL, *Das Amt des Metropoliten*, 507.

[404] Cf. J.I. ARRIETA, «De Ecclesiarum particularium», 890. Cf. DPME, n. 23.

[405] PCCICR, *Schema Codicis Iuris Canonici*, 1980, 72, can. 306, §2: «Diœceses exemptæ deinceps *pro regula* ne habeantur; itaque singulæ diœceses aliæque Ecclesiæ particulares intra territorium alicuius provinciæ ecclesiasticæ exsistentes huic provinciæ ecclesiasticæ adscribi debent» (nos italiques).

[406] Cf. *Comm.* 12 (1980) 253.

[407] Cf. J.I. ARRIETA, «Instrumentos supradiocesanos», 639

[408] CIC/1917, can. 215 §1; CIC/1983, can. 431 §3.

[409] Cf. CDF, doc. «La primauté du Successeur de Pierre», 6.

mites, selon l'utilité et le bien des fidèles[410]. Elle peut développer ou limiter l'exercice du pouvoir épiscopal par le moyen des délégations ou réserves (can. 381 §1) en vue de maintenir la communion. Elle peut aussi établir des collèges et des offices interdiocésains dotés de pouvoirs ordinaires pour aider à construire cette communion. Par conséquent, le droit pontifical en matière d'organisation interdiocésaine accomplit une double fonction: ordonner positivement l'activité officielle de l'évêque en dehors de son diocèse et d'autre part, fortifier le pouvoir épiscopal (can. 333 §1) ou le conditionner à travers des institutions supra-locales qui sont toujours marquées d'un caractère juridictionnel et par là, territorial. Le Siège Apostolique peut ainsi *a priori* constituer, supprimer ou modifier les provinces ecclésiastiques, mais eu égard au pouvoir propre de chaque évêque dans son diocèse, le Code recommande qu'il n'agisse pas sans prendre l'avis de chacun d'eux. Les relations futures s'engagent dans une certaine stabilité, lesquelles ne sont pas remises en question chaque fois que change le titulaire d'un siège suffragant. Elles portent en elles des ressorts sociologiques, culturels, parfois administratifs, qui conditionnent le repérage de cette agrégation de diocèses et doivent assurer de la bonne marche pastorale de l'entité ainsi constituée. L'avis de la Conférence Épiscopale n'est pas requis comme tel par le droit universel, mais elle pourrait être concernée[411] si une restructuration de l'organisation ecclésiastique intervenait sur l'ensemble de son territoire.

En pratique, puisque nous nous situons dans le domaine de l'organisation du ministère épiscopal, c'est la Congrégation pour les Évêques qui prend en charge le contrôle des regroupements territoriaux des Églises particulières[412]. C'est elle qui reçoit et conserve, selon une formule précise[413], l'avis de chaque évêque diocésain sur le choix de leur province de rattachement, et dans le cas d'une nouvelle province, le choix de l'Église métropolitaine qui la présidera. C'est à partir de ces avis, dont il est tenu compte dans la mesure du possible, que se dessine le territoire

---

[410] Cf. *LG* 27; DPME, n. 64.

[411] Cf. *CD* 41; *ES* I §42; *e.g.*, l'expérience française, *infra*, chap. III, nt. 152.

[412] Cf. *PB*, art. 76. La Congrégation pour l'évangélisation des peuples est compétente pour les territoires de missions (*PB*, art. 89). Les territoires des Églises *sui iuris* ressortent de la compétence de la Congrégation pour les Églises orientales (*PB*, art. 58 §1).

[413] L'avis est toujours formulé par écrit. Dans le cadre de la restructuration des provinces en France (cf. *infra*, chap. III, 263), les avis personnels de chaque évêque diocésain étaient ainsi rédigés: «Moi, N., évêque de X, je choisis la province ecclésiastique de Y, avec pour siège métropolitain, l'évêque de Z. Fait à X, daté et signé». Les copies sont conservées au CNAEF, dossier «Les nouvelles provinces ecclésiastiques».

provincial et par là, un réseau synodal d'Église[414]. Ce processus de consultation s'achève par un décret de constitution qui désigne le siège métropolitain d'une province et les diocèses suffragants qui la constituent. Ce décret est publié dans les *Acta Apostolici Sedis* et notifié par le Nonce Apostolique à chaque évêque pour être promulgué dans leur diocèse. Le décret de constitution doit être néanmoins formellement ratifié dans un procès-verbal d'érection de l'institution provinciale par le métropolitain et les suffragants désignés, dont une copie est conservée aux archives de l'Église métropolitaine et dans celles de la Congrégation pour les Évêques. Cet acte pourrait être considéré comme une «charte» de fondation de l'entité juridique provinciale, de laquelle naissent un certain nombre de droit et devoirs, juridiques et moraux, tant de la part des évêques suffragants que du métropolitain. Au travers de ce processus, c'est donc chaque communauté ecclésiale diocésaine, représentée par son pasteur, qui est impliquée et engagée de manière stable dans des rapports ecclésiaux de communions visibles, dont la forme synodale institutionnelle la plus significative est la célébration du concile provincial (can. 442 §1). La mise en œuvre du can. 431 répond ainsi à la volonté ecclésiologique conciliaire de réforme de la province ecclésiastique d'en faire une figure institutionnelle synodale de proximité, prévalente pour la coordination en réseau pastoral, plutôt qu'une structure juridictionnelle de contrôle du ministère épiscopal[415].

b) Une communauté pastorale d'évêques

La province trouve sa finalité dans l'agir ministériel et donc au niveau des évêques diocésains à qui il revient, selon le droit, d'exercer la charge pastorale attachée à leur mission[416]. Ceux-ci exercent un pouvoir ordinaire, propre et immédiat dans les circonscriptions territoriales qui forment leur diocèse[417]. La province ecclésiastique, dans sa définition normative de regroupement de diocèses voisins, formalise donc un *conventus*

---

[414] Cette consultation peut ainsi mettre en valeur d'autres motif que la seule proximité. Par exemple, en Allemagne, les Provinces Ecclésiastiques de Bamberg ou de Fribourg-en-Brisgau comptent dans leurs suffragants des diocèses qui ne sont pas immédiatement voisins, parfois séparés par un diocèse appartenant à une autre province. La localité pastorale est fonction de l'histoire des diocèses et donc des traditions ou coutumes de collaborations épiscopales.

[415] *Schema Decreti de Pastorali Episcoporum Munere in Ecclesia. Textus emendatus. Relatio de capite* III. *AS*, 3ème période, VI, 200-201.

[416] CIC/1983, can. 376; DPME, n. 65.

[417] Cf. CIC/1983, cann. 369.381.

d'évêques «résidentiels», que leur mission canonique assigne à la tête d'une Église particulière.

L'évêque dans son Église particulière, d'institution divine, est un centre d'unité, son fondement et le principe visible (DPME, n. 8a; 63). Pour réaliser cette communion, l'évêque reçoit dans la *potestas sacra* les trois fonctions du sacrement de l'Ordre (*docere, sanctificare, gubernare*) par lesquelles il conduit la portion du peuple de Dieu vers laquelle il est envoyée et qui lui est confiée. Entre ces trois *munera*, il y a une réelle unité: quand il enseigne, l'évêque gouverne et sanctifie; quand il célèbre, l'évêque enseigne et gouverne; quand il gouverne, l'évêque sanctifie et enseigne. De cette capacité pleine, propre et ordinaire se déduit l'autorité de l'évêque comme pasteur, maître et grand prêtre dans son diocèse. Mais son exercice «dans l'Église ne peut pas être conçu comme quelque chose d'impersonnel et de bureaucratique, précisément parce qu'il s'agit d'une autorité qui vient du témoignage. En tout ce que l'Évêque dit et fait, c'est l'autorité de la parole et de l'agir du Christ qui doit être révélée. Le gouvernement épiscopal doit être empreint d'un «style pastoral toujours plus ouvert à la collaboration de tous»[418]. Ce «style», synodal par essence au niveau de l'Église particulière, doit l'être également dans la coopération épiscopale supra-diocésaine.

Dans la communion hiérarchique avec le pape et les autres évêques, le pasteur propre du diocèse est également un lien de l'unité catholique de son Église avec l'Église universelle. Son gouvernement doit manifester cette communion (DPME, n. 5a). Par son appartenance au Collège des Évêques, il a une sollicitude pour toutes les Églises (DPME, n. 13a) et participe pour cela aux différentes assemblées épiscopales: elles «sont l'expression de la dimension collégiale du ministère épiscopal»[419] qui s'adapte ainsi aux diverses réalités humaines. Son ministère est construit sur une base collégiale, autant à l'intérieur de son Église qu'à l'extérieur de celle-ci:

> L'évêque exerce donc le ministère qui lui a été confié non seulement quand il accomplit dans le diocèse les fonctions qui lui sont propres, mais aussi quand il coopère avec ses frères dans l'épiscopat dans les divers organismes épiscopaux supradiocésains. Parmi ceux-ci, il faut compter *les réunions des Évêques de la province ecclésiastique*, de la région ecclésiastique (là où

---

[418] JEAN-PAUL II, exhort. ap. *Pastores gregis*, n. 44. Dans le diocèse, le presbyte-rium coopère à la mission de l'évêque (can. 369 CIC/1983; , n. 75a) dans les différents conseils et le peuple de Dieu collabore sous diverses formes (DPME, n. 108) particulièrement dans le synode diocésain (can. 460 CIC/1983).

[419] DPME, n. 22b.

elles ont été constituées par le Siège Apostolique) et surtout les Conférences Épiscopales[420].

Le but de ces assemblées est «l'aide mutuelle» entre évêques pour l'exercice de leur ministère et «l'harmonisation» de leurs initiatives pastorales (DPME, n. 22b). L'évêque n'est donc pas solitaire dans sa mission même s'il est seul responsable de sa charge (DPME, n. 22c). Pour accomplir convenablement et avec fruit celle-ci, il doit vivre l'*affectus collegialis* dans une vraie concorde avec les évêques voisins, qui se manifeste dans un agir mieux coordonné autour des soucis pastoraux qu'ils ont en commun[421]. La coopération se fonde sur l'identique *munus* épiscopal dont la spécificité est le rassemblement et l'unité: elle est au sens propre une «communion»[422].

La province ecclésiastique comme agrégation de diocèses est donc d'abord une circonscription de coopération épiscopale, peut être moins bien suggérée qu'elle ne l'était dans le Code Pio-bénédictin. En effet, une telle circonscription revient sur le plan pastoral à mettre en évidence des lieux de concertations épiscopales pour la mise en œuvre en commun du *munus regendi* et rendre évidente la communion. La différence entre le *ius vetus* et le *ius vigens* réside dans la finalité de ces rencontres. Dans la norme pio-bénédictine, elles étaient clairement référencées au concile provincial. Un *conventus* d'évêques existait en vue de sa préparation[423] et prévoyait des réunions «au moins» (*saltem*) tous les cinq ans, soit trois fois dans l'intervalle prévu pour le concile provincial qui était «au moins» tous les vingt ans[424]. Ces *conventus* étaient de véritables conférences épiscopales locales. Le but de ces réunions d'évêques dans l'ancienne norme était «de délibérer ensemble sur ce qu'il faut faire dans leurs diocèses pour promouvoir le bien de la religion et préparer le travail du futur concile provincial»[425]. Il s'agissait de définir des objectifs, dont

---

[420] DPME, n. 22a (nos italiques).

[421] Cf. *CD* 37: «Hodiernis potissimum temporibus Episcopi haud raro munus apte ac fructuose adimplere non valent nisi cum aliis Episcopis arctiorem in dies suam concordem atque coniunctiorem operam efficiant».

[422] Voir l'une des étymologies du mot «communion», *supra*, nt. 61.

[423] CIC/1917, can. 292 §1: «Nisi aliter pro peculiaribus locis a Sede Apostolica provisum fuerit, metropolita, eoque deficiente, antiquior e suffraganeis ad normam can. 284, curet ut Ordinarii locorum, saltem quinto quoque anno, stato tempore apud metropolitam aliumve episcopum comprovincialem conveniant, ut, collatis consiliis, videant quænam in diœcesibus agenda sint ut bonum religionis promoveatur, eaque præparent de quibus in futuro Concilio provinciali erit agendum».

[424] Cf. CIC/1917, can. 283.

[425] CIC/1917, can. 292 §1, cf. *supra*, nt. 423.

l'horizon de concrétisation était surtout disciplinaire. Si l'initiative de telles réunions pouvait être prise par l'un des évêques suffragants, c'était autour du métropolitain que se faisait cette concertation[426].

Les réformateurs du code, comme nous l'avons vu précédemment, n'ont pas désiré légiférer sur ces rencontres, ne leur attribuant pas, semble-t-il, une valeur juridique. Ils ont cependant jugé nécessaire de mieux formaliser l'institution provinciale au regard de l'autorité ecclésiale qui, en elle, devait être constituée. Cette autorité est à la fois personnelle et collégiale: le métropolitain et le concile provincial (can. 432 §1). Cette autorité provinciale est aujourd'hui mieux précisée dans ses rapports internes. Le concile provincial, comme organe collégial législatif, n'est plus détaché mais mis sous l'autorité du métropolitain. Désormais, le concile ne peut se réunir lorsque le siège du métropolitain est vacant[427]. Le pouvoir d'action du concile provincial est, comme autrefois, celui conjoint (*coniunctim*) des évêques suffragants qui s'y réunissent[428], sous l'autorité du premier d'entre eux. Cette action reste limitée toutefois par le manque de régularité des célébrations. Le Code de 1917, dans la longue tradition conciliaire en prévoyait une tenue périodique. L'existence de cette autorité conciliaire n'est plus incitative, comme auparavant, quant à l'obligation d'opérer un travail commun ordinaire dans la province dans l'intervalle de sa réalisation. C'est à «l'avis de la majorité des évêques diocésains de la province» qu'est laissée l'«opportunité» de réunir le concile (can. 440 §1). Le métropolitain n'a pas le pouvoir seul de le convoquer. Comme président de la province, sa fonction ordinaire est de «veiller» sur la discipline ecclésiastique dans les diocèses suffragants, mais il n'a pas de pouvoir contraignant pour réunir le concile qui en serait le remède. À la différence toutefois de l'ancienne norme[429], il est *seul* à pouvoir le convoquer, en établir le lieu, l'ordre du jour et la durée, toujours avec le consentement des autres évêques de la province[430]. Son rôle semble donc moins en retrait et se conçoit plutôt comme «impulsif» d'une dynamique de synodalité. Le Code traduit ainsi que l'aspect de vigilance du ministère épiscopal dans la province, dont le métropolitain est la figure tutélaire, est en fait un devoir pour chaque évêque suffragant. La fonction métropolitaine est

---

[426] Cf. CIC/1917, can. 290.

[427] CIC/1983, can. 440 §2. cann. 283-284 CIC/1917 prévoyaient que le concile devait se réunir obligatoirement à temps fixe, même si le siège métropolitain était vacant.

[428] Cf. CIC/1917, can. 284 = CIC/1983, can. 442 §2

[429] Cf. CIC/1917, can. 284; *infra*, chap. II, nt. 273.

[430] CIC/1983, can. 442 §1, 1°-3°.

d'être une autorité exécutive et, en ce sens, elle est mieux déterminée comme principe primatial par lequel se mettent en œuvre les dynamiques de synodalité et rendre ainsi visible la communion pastorale entre les évêques. Le problème est que le concile provincial est rarement mis en acte et donc cette autorité exécutive demeure dénuée d'efficience sans une réelle volonté collégiale de coopération.

Le gouvernement provincial est donc une double autorité épiscopale qui semble divisée mais qui en fait présente les caractères unifiés d'une personne collégiale. L'exercice de l'autorité dans la province n'est pas personnel mais collégial: la norme juridique installe clairement son efficacité au niveau de la coordination synodal du pouvoir décisionnel des chefs d'Églises surtout lorsqu'ils se réunissent en concile particulier[431]. L'office rénové du métropolitain, selon les désirs des Pères conciliaires, est le vecteur de la concorde entre tous les évêques[432]. La province est donc conçue comme un service pour le bon gouvernement des Églises particulières, et en ce sens comme une aide mutuelle pour l'exercice du ministère épiscopal commun. L'autorité provinciale s'exprime dans un collège épiscopal, au sens juridique, ce qui peut être un atout ou un désavantage, en fonction des équilibres réalisés dans la «majorité».

En effet, puisque toute communion porte en elle-même une nature organique, exprimée dans une forme juridique typique de la structure ecclésiale[433], la province, comme agrégation de communautés hiérarchiques érigées par l'Autorité compétente (can. 373 CIC/1983) et égales entre elles, possède *ipso iure* la personnalité juridique[434]: elle est une entité juridique publique (can. 116 §1 CIC/1983). Le principe de l'érection d'une communauté en une personne juridique postule le choix ecclésial de lui donner une certaine stabilité institutionnelle en vue des fins auxquelles elle est destinée, avec des moyens[435]. La province, comme personne morale, est donc «sujet» de droits et d'obligations[436]. C'est une évolution par rapport au *ius vetus* où la province n'existait pas formellement comme un institut juridique mais seulement comme une entité ju-

---

[431] Cf. *Comm.* 12 (1980) 273

[432] Cf. *CD* 39.40, 1°; cf. *supra*, nt. 370.

[433] Cf. *NEP* 2; G. GHIRLANDA, «La notion de communion hiérarchique», 237.

[434] Cf. CIC/1983, cann. 114-116. Pour les régions ecclésiastiques, la personnalité juridique n'est pas automatique et doit être sollicitée auprès du Siège Apostolique; cf. can. 433 §2 CIC/1983, M. COSTALUNGA, «L'organizzazione in province», 757.

[435] P. VALDRINI, «Communauté et institution», 54: «Ce principe d'action s'explique par la permanence qu'elle veut inscrire dans une action pastorale en un lieu choisi».

[436] Cf. CIC/1983, can. 113 §2.

ridictionnelle liée au concile provincial, le *conventus* des évêques suffragants sur lequel veillait le métropolitain.

Le métropolitain semble légitimement le «représentant légal» de l'entité «province ecclésiastique», mais cela n'apparaît formellement nulle part. Le Code actuel suppose que les personnes juridiques publiques aient une représentation qui soit spécifiée dans la loi universelle ou dans une loi particulière, à défaut par des statuts propres[437]. Par analogie de la loi, on peut penser que le métropolitain représente la province dans les questions juridiques, comme l'évêque le fait pour son diocèse[438]. Il aurait été toutefois plus clair de le préciser dans la norme que de le déduire.

Ainsi, le Code de 1983 matérialise bien les pôles ministériels – les évêques suffragants avec le métropolitain – et le centre collégial de décision – le concile provincial: les évêques autour du métropolitain avec une représentation des communautés de fidèles –, mais il n'a pas concrétisé formellement un institut juridique, un *conventus* épiscopal qui serait porteur, de manière ordinaire, des dynamiques synodales. Cette réunion existe bien pourtant puisque le Code lui attribue certaines fonctions, comme nous l'avons vu, et parfois même à côté du concile provincial[439]. Ce *conventus* épiscopal est aussi sollicité tous les trois ans, au moins, pour proposer une *Terna* de candidats idoines à l'Épiscopat, y compris dans l'option de pourvoir aux sièges vacants de la province[440]. Son existence est donc bien attestée en certains actes, mais peine à trouver une place institutionnelle dans la réalité synodale de la province. La norme universelle reste muette sur de telles réunions et renvoie donc, sauf autres précisions, au champ du droit particulier établi soit par le concile particulier soit par la Conférence Épiscopale à laquelle la province appartient[441], qui devra toujours cependant être approuvé par le Siège Apostolique. Il apparaît toutefois surprenant qu'une personne morale constituée légitimement ne se dote pas, par elle-même, de statuts, comme le prévoit la loi[442], ou à défaut d'un règlement. On perçoit alors mieux, dans les

---

[437] Cf. CIC/1983, can. 118. Voir pour la province le can. 1480 CIC/1983.

[438] Cf. CIC/1983, can. 19. L'évêque représente son diocèse, CIC/1983, can. 393. Ce rôle de représentation semble mieux formalisé dans le CCEO de 1990 notamment dans le cadre de l'Église métropolitaine *sui iuris*: le métropolitain qui préside le Conseil de Hiérarques, distinct du synode métropolitain, est formellement le représentant juridique de l'entité ecclésiale; cf. CCEO/1990, can. 157 §3: «In omnibus negotiis iuridicis Ecclesiæ metropolitanæ sui iuris Metropolita eiusdem personam gerit».

[439] Cf. CIC/1983, taxes financières, can. 1264; offrandes de messes, can. 952.

[440] Cf. CIC/1983, can. 377 §§1.3.

[441] En ce sens J.I. ARRIETA, «Instrumentos supradiocesanos», 614, avec la nt. 14.

[442] Cf. CIC/1983, can. 117.

silences du Code, les limites ecclésiologiques qui transparaissent dans la définition actuelle de la province: on a pas voulu, de prime abord, en faire un lieu contraignant pour le ministère épiscopal. Seule une raison pastorale grave pourrait nécessiter une matérialisation accentuée de la province, impliquant davantage les évêques et leurs Églises particulières. C'est ce que prévoit la norme du can. 436 §2 que nous analyserons au chapitre 4.

Si la province ecclésiastique existe aujourd'hui en droit latin comme «unité pastorale», la réalité de son action est obérée par le manque d'efficience juridique de ses institutions. Pour rendre opérationnelles les provinces, telle que le concile Vatican II le souhaitait et le magistère après lui (cf. *PG* 62), le directoire de 2004 sur le ministère pastoral des évêques *Apostolorum successores* est venu apporter des précisions sur le contour des Assemblées provinciales d'évêques (*conventus*) et le rôle d'unité du métropolitain, sans donner toutefois le cadre ecclésiologique dans lequel ils évoluent (cf. DPME, n. 23). La province, en effet, ne constitue pas une communauté *propre* de fidèles (clercs et peuples), une «Église particulière» qui se surajouterait comme une réalité ecclésiale, sous la juridiction d'un métropolitain. La province ecclésiastique latine, par le déficit juridique de ces institutions locales, peine à exister comme une «communauté synodale», un réseau d'Églises particulières, soit par un manque de décisions des évêques eux-mêmes, soit par un défaut constitutionnel de l'agrégation provincial, qui par les aléas historiques et économiques, peut ne plus correspondre aux nécessités pastorales. C'est en ce sens que le concile Vatican II souhaitait que les territoires des circonscriptions, qui sont de droit seulement ecclésiastique, puissent être réévalués et modifiés si nécessaire, afin de mieux répondre à leurs finalités pastorales.

S'il reste encore à approfondir les conditions dans lesquelles peuvent s'envisager des rencontres locales entre évêques[443], il faut constater que, malgré une conception universaliste de la collégialité, le Livre II du Code de 1983 a bien déterminé des niveaux «intermédiaires» où elle pourrait se réaliser pastoralement, sans pour autant fournir une logique juridique. La présentation du Code qui relie les diocèses aux provinces, et celles-ci aux régions, semble juxtaposer des réalités ecclésiales pastorales, sans pour autant les connecter à l'institution des Conférences Épiscopales où s'illustrent le mieux, selon le magistère, l'esprit collégial[444]. De cet effet,

---

[443] Voir *e.g.*, G. GRESHAKE, «"Zwischeninstanzen"», 106-111.

[444] P. VALDRINI, «La réforme des provinces ecclésiastiques», 276: «il ressort que le lien [de la province ecclésiastique] à la conférence des évêques devra être défini afin

se ressent comme une distanciation entre le ministère épiscopal, appelé à développer son efficacité dans des formes de coopération pastorale et les communautés de fidèles que les évêques sont appelés à unir et à servir. Chaque niveau, évoqué par le Code, est en lien avec une mise en route synodale de la communion dans les conciles particuliers, provinciaux ou pléniers, selon une certaine gradualité qui suppose un engagement local pérenne des pasteurs. Cette lacune juridique apparente, laisse cependant la possibilité à chaque Conférence épiscopale de proposer un organigramme et des méthodes de travail où les dynamiques synodales locales pourraient se mettre en place, selon la culture et les traditions de collaboration propre à chaque nation[445].

3.3 *Évaluation du modèle synodal provincial des canons 431-432*

À partir des critères de synodalité – localité, représentativité, coresponsabilité et subsidiarité – que nous avons identifiés dans la section historique de ce chapitre, nous voudrions maintenant évaluer le modèle provincial du Code dans ses deux actions principales: «promouvoir» l'action pastorale commune et «favoriser» les relations mutuelles entre évêques.

3.3.1 Localité et représentativité: promouvoir l'action pastorale

L'action pastorale doit être promue (*promoveatur*), énonce le can. 431 §1, selon les circonstances de personnes et de lieux (*iuxta personarum et locorum adiuncta*). Elle est conditionnée (*adiuncta*) selon deux critères déjà repérés dans l'antiquité: la représentativité et la localité ou territorialité. C'est la modalité de réalisation de l'*actio pastoralis* qui forme le point de connectivité entre les deux critères. Le texte suppose en effet que, puisque celle-ci est semblable (*ut communis*) dans toutes les réalités ecclésiales, elle impose un travail de promotion qui doit lui-même être fait en commun. Ce qui est commun, ce sont donc les moyens comme les matières sur lesquels l'action pastorale se porte. Il s'agit, dès lors, d'une mise en œuvre technique pour «promouvoir le bien commun de l'ensemble des Églises et de chacune d'entre elles»[446]. La cause commune, celle de l'Évangile et de son annonce, objet de la sollicitude inter-ecclésiale, se spécifie en diverses problématiques sur un même territoire, nécessitant de générer une action *in solidum* des pasteurs.

---

de lier l'activité provinciale à ce que la Conférence fait et décide sinon les tensions, voire les oppositions entre les deux "lieux" de gouvernement pourraient naître».

[445] Cf. *e.g.*, notre étude entre la France et l'Espagne, *infra*, chap. III, 307-331.

[446] Cf. *CD* 36: «(…) ad bonum tum commune tum singularum Ecclesiarum»

La proximité, le voisinage, est un élément d'implication pour la conception locale des *res communes* sur le plan pastoral. Le cadre territorial canonique de la province ecclésiastique, établi normativement *a priori* par l'autorité suprême, est un lieu d'échanges et de relations pour évoquer «selon les circonstances de personnes et de lieux» ce que chaque évêque peut réaliser personnellement ou conjointement avec les autres. Le repère territorial, qui dans l'ancien Code était prévalent, présente surtout dans la norme en vigueur un aspect technique pour l'organisation de la communion entre les diocèses, en y intégrant toutes les composantes du peuple de Dieu qui y prennent corps.

La localité pastorale «détermine» les *choses communes* qui, dépassant le cadre de chaque diocèse, les unit pour une même cause. Puisque tous y ont intérêts, elles ne peuvent être appropriées par un seul ou quelques-uns. Selon le principe *causa nostra agitur*, le Code actuel, en précisant qu'il n'y a plus de diocèses exempts d'une appartenance à une province[447], incite leurs évêques à s'impliquer, sur un plan pastoral, avec les diocèses proches afin de traiter des «affaires communes» de manière adéquate et donner une solution pertinente sur le plan de la communion visible. Le Code en liste quelques unes que nous avons déjà vues. Cette liste ne semble pas exhaustive et pourrait se compléter, sauf autres précisions avec le consentement ou l'approbation de l'autorité compétente[448], plus précisément par des statuts ou des règlements établis dans les provinces ou par la Conférence Épiscopale. Les *res communes* au niveau provincial sont alors d'abord à apprécier selon un critère d'*utilité* pastorale, *iuxta personarum et locorum adiuncta*. Dans la perspective d'un concile particulier, les affaires communes déterminent un espace juridique de «représentation» du peuple de Dieu, un périmètre où les fidèles des Églises particulières sous la direction de leurs pasteurs s'impliquent, chacun selon leurs charismes, pour discerner les réponses disciplinaires qui rendront l'Évangile du Christ toujours plus signifiant[449].

Les «choses communes» au niveau provincial sont d'abord celles qui appartiennent à chaque évêque au titre de son ministère et admettent d'être traitées collégialement, selon la règle *quod omnes tangit*[450]. Elles ne remettent pas en question le pouvoir ordinaire des évêques de «coordonner l'action pastorale» dans leurs diocèses[451], mais suppose de leur part une

---

[447] Cf. CIC/1983, can. 431 §2.

[448] Cf. CIC/1983, can. 10.

[449] Cf. CIC/1983, can. 440 §1.

[450] Cf. CIC/1983, can. 119, 3°, cf. *supra*, nt. 299.

[451] Cf. CIC/1983, can. 473 §2.

écoute du *sensus fidei fidelium*[452] qui ne se limite pas à leur juridiction et suppose un discernement plus large par le ministère épiscopal[453].

L'évêque ne gouverne pas en solitaire dans son diocèse. Le Code prévoit qu'il consulte dans son diocèse pour discerner avant de décider en certaines matières, car leurs effets juridiques ne sont pas sans conséquences «pastorales», *ad intra* mais également *ad extra*[454]. À cet effet, l'évêque doit constituer des conseils et réunir, s'il le juge opportun, le synode diocésain[455]. S'il existe de telles précautions pour le gouvernement interne du diocèse, outre les réserves concernant les matières financières, la norme ne prévoit pas cependant de matières où l'évêque devrait consulter ses pairs provinciaux. Le Code actuel impose un seul cas où l'évêque diocésain doit obligatoirement consulter le métropolitain: quand il est amené à dissoudre son Conseil presbytéral[456], signe évident d'une crise dans son gouvernement qui peut avoir des répercussions dans la vie des diocèses proches. Les «choses communes» sont donc à discerner pastoralement de manière opportune par les évêques, envisageant alors plutôt de les voir comme des lieux possibles pour des aides mutuelles, tant pour la vie matérielle que spirituelle des diocèses.

La promotion de l'action pastorale en province suppose une dynamique commune par le jeu des nombreuses implications et résonnances dans lesquelles les actions de chaque acteur portent leurs fruits. Sa dimension de synodalité requiert de promouvoir le critère de la «représentativité» en incitant les pasteurs à s'impliquer davantage pour et avec

---

[452] Cf. CIC/1983, can. 212 §3.

[453] Cf. DPME, n. 54f.

[454] *E.g.*, l'âge requis pour recevoir la confirmation (cf. can. 891 CIC/1983). Un évêque qui déciderait de le fixer à tel âge pour les enfants, alors que la plupart des diocèses voisins ont une pratique différente, sauf le droit qu'il en a de le faire, néglige ainsi certains facteurs sociologiques comme la mobilité des fidèles qui peuvent inscrire leurs enfants dans des institutions scolaires en dehors du diocèse: dans une même fratrie, des enfants en bas âge pourraient ainsi être déjà confirmés quand leurs aînés ne le seraient pas encore.

[455] Cf. CIC/1983, can. 492 §1, Conseils pour les affaires économiques (CDAE); can. 495 §1, Conseil presbytéral; can. 502 §1 le Collège des consulteurs; can. 460, Synode diocésain. Facultatif mais recommandé, un Conseil pastoral diocésain, can. 511-514. Enfin, pour «favoriser l'action pastorale», un Conseil épiscopal peut être constitué, can. 473 §4.

[456] CIC/1983, can. 501 §3: «Si consilium presbyterale munus sibi in bonum diœcesis commissum non adimpleat aut eodem graviter abutatur, Episcopus diœcesanus *facta consultatione cum Metropolita*, aut si de ipsa sede metropolitana agatur cum Episcopo suffraganeo promotione antiquiore, illud dissolvere potest, sed intra annum debet noviter constituere» (nos italiques).

leurs fidèles. Les évêques et ceux équiparés expriment particulièrement dans le concile provincial une note de communion ecclésiale, mais également de promotion participative d'une représentation pastorale significative des catégories de fidèles qui composent le peuple de Dieu dont ils ont la conduite. Comme le précise son emplacement codiciel sous le titre «*De Ecclesiarum cœtibus*», le concile provincial est l'expression pleine et concrète de l'espace synodal formé par un rassemblement d'Églises particulières avec leurs pasteurs[457].

Dans le Code de 1917, le concile provincial était encore une forme participée de l'exercice du pouvoir suprême. Dans cette optique juridique, le droit imposait à tous les prélats à la tête d'une communauté hiérarchique[458], même ceux qui dépendaient du Saint-Siège, de choisir «une fois pour toutes» un référant métropolitain, leur ouvrant ainsi la possibilité de participer au concile provincial et d'en observer les décrets disciplinaires.

Rien n'est recommandé de semblable dans la norme actuelle où l'Église particulière est mieux revalorisée comme *portio populi Dei* que comme structure hiérarchique. La participation des autres formes représentatives, équiparées aux Églises particulières, comme les prélatures et abbayes territoriales ne semble pas prévue comme nous l'avons vu. Selon leur définition normative, elles sont assimilées à des diocèses. Aussi la pratique «selon les circonstances de personnes et de lieux» imposerait qu'elles manifestent leur désir d'appartenance à une province, selon les prescriptions normatives[459]. Rien n'est prévu également par le Code pour les autres formes équiparées de communautés hiérarchiques qui ne sont pas canoniquement des Églises particulières, mais peuvent être des circonscriptions[460]. Leur critère de représentation n'est pas directement ter-

---

[457] Cf. G. GHIRLANDA, «Introduzione al diritto ecclesiale», 192.

[458] CIC/1917, can. 285: «Episcopi qui nulli Metropolitæ subiiciuntur, Abbates vel Prælati nullius, et Archiepiscopi Suffraganeis carentes, aliquem viciniorem Metropolitam, nisi forte iam elegerint, semel pro semper, prævia Sedis Apostolicæ approbatione, eligant, cuius Concilio provinciali cum aliis intersint, et quæ ibi ordinata fuerint, observent et observanda curent».

[459] Voir *Annuario pontificio 2019*, dans la partie «*Gerarchica cattolica*», les rubriques «*Prelature territoriali*» (1003-1014) et «*Abbazie territoriali*» (1015-1017). Un cas connu est celui de la Mission de France (1011), érigée en prélature *nullius* par la const. ap. *Omnium Ecclesiarum*, du 18 septembre 1954, *AAS* 46 (1954) 567-574, dont le siège est à Pontigny (diocèse de Sens-Auxerre), cf. can. 319 §2 CIC/1917. Son prélat est toujours un évêque diocésain ou titulaire, et depuis 1996 toujours celui du diocèse de Sens-Auxerre. Elle rejoint la province ecclésiastique de Dijon en 2002, cf. D. LE TOURNEAU, «Le statut canonique de la Mission», 357-382.

[460] PCCICR, *Codex Iuris Canonici Schema Novissimum*, 1982, 66-67; cf. CIC/1983, can. 373. Cf. J.I. ARIETTA, «Gli ordinari personali», 151-172: pour l'A., l'élément per-

ritorial mais personnel[461]. Ce sont les ordinariats militaires[462], les ordinariats apostoliques pour les fidèles de rite oriental dans un territoire latin, certaines administrations apostoliques[463] ou l'ordinariat pour les anglicans[464], qui peuvent être membres de la Conférence Épiscopale où ils ont été constitués[465]. Ces formes avaient été souhaitées (cf. *PO* 10) pour une approche pastorale plus sensible. Elles sont un repérage utile, transversal, du *sensus fidelium* et doivent être, dans une circonscription comme la province, connectées de quelques manières à la charge épiscopale[466]. Leur implication locale dans les provinces, y compris au concile particulier, semble laissée à l'appréciation *ad casum* de l'autorité compétente[467].

Sur ce plan de l'utilité pastorale, qui n'est plus un repère directement disciplinaire, la proximité et la représentativité peuvent aussi recommander, «*iuxta personarum et locorum adiuncta*», que d'autres Églises particulières, comme des diocèses soumis au Siège Apostolique ou d'autres formes équiparées[468] puissent participer aux travaux provinciaux (DPME, n. 23a). Les Assemblées épiscopales de provinces peuvent *elles-*

---

sonnel qualifie ces formes équiparées. Ainsi les ordinariats personnels seraient des «structures complémentaires» qui existeraient à l'intérieur de la constitution hiérarchique de l'Église sans pour autant être des Églises particulières; cf. D. LE TOURNEAU, *Les communautés hiérarchiques*, 49-50.

[461] Cf. P. VALDRINI – É. KOUVEGLO, «Leçons de droit», 36-63; G. GHIRLANDA, «Criteri di organizzazione», 108-109.

[462] Cf. JEAN-PAUL II, const. ap. *Sprituali militum curæ*, sur les ordinariats militaires, 21 avril 1986, *AAS* 78 (1986) 481-486; *EV* 10/345-370.

[463] Cf. *e.g.*, l'Administration apostolique personnelle *Sancti Ioannis Mariæ Vianney* (*São João Maria Vianney*), déc. 18 janv. 2002, *AAS* 94 (2002) 305-307.

[464] Cf. BENOÎT XVI, const. ap. *Anglicanorum cœtibus*, sur l'institution des ordinaires personnels pour les anglicans, 4 novembre 2009, *AAS* 101 (2009) 985-990; CDF, *adnotatio circa Ordinariatum Personalem pro Anglicanis catholicam Ecclesiam ingredientibus*, 20 octobre 2009, *AAS* 101 (2009) 939-942; ID., décret d'érection de l'ordinariat personnel *Our Lady of Walsingham*, pour les fidèles anglicans sur le territoire anglais et gallois; G. GHIRLANDA, «La Costituzione Apostolica Anglicanorum», 386-389.

[465] Cf. CIC/1983, cann. 448 §1.450. Voir, *e.g.*, la const. ap. *Spirituali militum curæ*, III. Pour les ordinariats anglicans, cf. Norme complementari alla costituzione Apostolica *Anglicanorum cœtibus*, art. 2 §2.

[466] Cf. CIC/1983, can. 383 §§1-2.

[467] Cf. CIC/1983, can. 443 §6. Voir, *e.g.*, selon les informations recueillies auprès de la Congrégation pour les Évêques, l'Administration apostolique personnelle *São João Maria Vianney*, participe aux travaux de la province de Niterói, dont le diocèse de Campos est suffragant; cf. *Annuario pontificio 2019*, 141. 1056. Voir DPME, n. 23a.

[468] Voir, *e.g.*, vicariats et administrations apostoliques, can. 371 §§1-2 CIC/1983.

mêmes prendre l'«initiative» de les inviter. Cela se fera avec l'autorisation du Saint-Siège, notamment dans le cas des vicariats et des administrations apostoliques qui, compte tenu de leur nature – le Souverain Pontife est le pasteur propre de ces circonscriptions (can. 371 CIC/1983) –, ne peuvent être compatibles avec un regroupement ecclésial comme la province ecclésiastique que sous certaines conditions, en raison du rôle prédominant assigné par sa mission au métropolitain vis-à-vis de ses suffragants[469].

Si l'*actio pastoralis* est bien référée en propre au *munus pastorale* de chaque évêque diocésain (DPME, n. 158b), c'est parce qu'ils sont qualifiés, par leur ordination et la mission canonique, pour être les représentants de l'unité dans et entre les Églises particulières (DPME, nn. 13b; 22b). La province, selon le can. 431 §1, rassemble territorialement les «évêques diocésains» (*episcoporum diœcesanorum*): il s'agit bien de pasteurs qui exercent une réelle *cura animarum* et réalisent, avec un pouvoir de gouvernement, l'unité de l'Église particulière[470]. Ici le critère de représentativité trouve une application conjointe dans la mission canonique avec celui du territoire: les pasteurs sont ceux qui sont habilités comme Ordinaire, ce qui réduit le nombre des décisionnaires potentiellement impliqués dans une Assemblée des évêques de la province.

Le Code en vigueur prévoit pourtant la participation des évêques coadjuteurs et auxiliaires, avec suffrage délibératif, aux conciles provinciaux ainsi que les autres évêques titulaires présents sur le territoire[471]. Il ne dit rien de leur participation aux travaux éventuels d'un *conventus* provincial. Le directoire *Apostolorum successores* cependant confirme leur présence dans cette Assemblée, avec voix délibérative (DPME, n. 23a). Il y a donc ici une réelle question ecclésiologique: les pasteurs propres, en matière d'action pastorale ne sont pas les seuls décideurs des orientations, mais c'est le ministère épiscopal, en tant qu'il est ontologiquement vecteur de communion qui doit impulser les dynamiques de synodalité, en manifestant autour du métropolitain une réelle unité. La province semble donc un lieu de collégialité épiscopale *affective*, à cause de l'action pastorale qui se réfère à l'aspect sacramentel du ministère épiscopal et non plus simplement juridictionnel comme cela apparaissait dans la Code de 1917. Cette *affectio collegialis*, «qui n'est pas un simple sentiment de solidarité»[472], suppose une *effectivité* visible de la communion épiscopale sur un même territoire.

---

[469] Cf. J.I. ARRIETA, «Chiesa particolare», 3-9.
[470] Cf. DPME, n. 63.
[471] Cf. CIC/1983, can. 443 §1, 2°-3°.
[472] DPME, n. 12b.

Sur un plan formel, la définition actuelle de la province ecclésiastique répond toujours à l'organisation du fait pastoral sous un aspect fort de localité. Les critères de territorialité et de représentativité sont bien normativement présents dans la nouvelle définition pastorale de la province ecclésiastique. Sous un repère ecclésiologique, il semble toutefois que la responsabilité locale des pasteurs propres, qui manifeste la cohésion ecclésiale, devrait être engagée de manière différente pour être plus signifiante de la mission qu'ils ont reçue, notamment en ne prévoyant pour les figures épiscopales qui leurs sont liées qu'un vote consultatif et non délibératif. À moins qu'il ne soit souhaitable de faire des Assemblées des évêques de la province des éléments techniques des Conférences épiscopales, dans une perspective de coresponsabilité et de subsidiarité.

3.3.2 Coresponsabilité et subsidiarité: favoriser les relations épiscopales

Si l'évêque et ceux qui lui sont équiparés sont Ordinaires du lieu[473], comme tous ceux qui dans la même Église particulière jouissent du pouvoir exécutif ordinaire général, l'Assemblée des évêques de la province ne regroupe que des figures épiscopales. Les Ordinaires diocésains sont à parité égale avec leurs coadjuteurs et auxiliaires: la province est ainsi un lieu explicite de la communion hiérarchique où se forme une communauté épiscopale fondée sur une coresponsabilité dans l'exercice du *munus pastorale episcopale*.

Cette notion de coresponsabilité, qui est plutôt une catégorie morale, n'est pas utilisée dans les textes conciliaires. Elle entre dans le domaine de la «communion ecclésiale», qu'elle qualifie au même titre que la participation[474]. Comme le terme n'est pas univoque, sa définition est évidemment fluctuante. Sous un angle canonique, H. Müller la définit comme «des formes organisées ou des institutions au niveau du droit, dans lesquelles les fidèles peuvent et doivent s'exprimer selon leur propre compétence par rapport aux pasteurs désignés à cet effet pour l'édification du Corps du Christ et le bien de l'Église»[475]. Cette descrip-

---

[473] Cf. CIC/1983, can. 134 §§1-2.

[474] SYNODE DES ÉVÊQUES, IIe Assemblée extraordinaire (1985), *relatio finalis*, C/6, 40; cf. H. MÜLLER, «Comunione ecclesiale», 27

[475] H. MÜLLER, «Comunione ecclesiale», 28-29: «forme organizzate o istituzioni a livello di diritto, nelle quali i fedeli possono e devono esprimersi secondo la propria competenza nei confronti dei pastori a ciò preposti per l'edificazione del Corpo di Cristo e del bene della Chiesa» (notre traduction). L'A. détermine comme organes de coresponsabilités dans l'Église universelle: le Synodes des évêques (can. 342), le Consis-

tion répond à une définition des institutions ecclésiales comme lieux de participation des *christifideles*, et dans le sens large de la synodalité à l'implication de «tous» avec «quelques-uns». Pour G. Ghirlanda cependant, la coresponsabilité «indique que plusieurs sujets ont tous la même capacité ou le même pouvoir, donc les mêmes droits et devoirs à l'égard d'un objet»[476]. Cette définition affine la notion de coresponsabilité au niveau de la capacité des participants, égaux entre eux sur un plan juridique, et l'amène dans le champ de l'«habileté»: être responsable signifie être en pleine capacité d'agir et répondre des décisions prises. Sous cet aspect, la synodalité est donc l'expression opérative de la communion ecclésiale dans son organicité[477], en commençant au niveau strict et structurant de l'élément épiscopal qui n'empêche pas la coopération des fidèles, lesquels peuvent être associés au discernement qui précède chaque acte de gouvernement des pasteurs diocésains.

La province a ainsi pour fonction de favoriser (*foveantur*) de manière organique des relations entre les évêques diocésains, mais plus largement de toute figure proprement épiscopale en lien avec une portion du peuple de Dieu, comme nous l'avons vu. Ainsi, selon la norme du can. 431 §1, la province ecclésiastique répond à un besoin de coordination et de coopération spécifique entre les pasteurs des Églises particulières. Elle place le regroupement provincial sous le principe de l'agir commun. Ce point est particulièrement souligné (*utque*) en relation avec l'efficacité de l'*actio pastoralis* commune. Deux points sont alors à retenir pour réaliser une réelle coordination de l'action pastorale: l'effectivité du pouvoir épiscopal diocésain et le nombre des participants.

La norme codicielle stipule que la province doit aider à favoriser des relations entre évêques diocésains et non entre tous les évêques présents sur le territoire. La connexion entre les Églises particulières est donc placée au niveau de l'élément constitutif de chacune d'entre elle. Comme il n'y a pas de définition normative du *conventus* épiscopal provincial, nous sommes réduits à lire le can. 431 §1 de manière stricte. Il semblerait donc que la note caractéristique d'une Assemblée d'évêques de la province ne soit pas la collégialité mais la *missio canonica*.

---

toire (can. 353 §§2-3), et dans l'Église particulière, le Conseil presbytéral, le Conseil des Consulteurs, le Conseil pour les affaires économiques, le Conseil pastoral diocésain, et le Synode diocésain. Il ne parle pas de la province.

[476] G. GHIRLANDA, «Introduzione al diritto», 176: «(…) indica che più soggetti hanno tutti la stessa capacità o lo stesso potere, quindi stessi diritti e doveri, riguardo ad un oggetto» (notre traduction).

[477] Cf. G. GHIRLANDA, «Il Sinodo diocesano», 588-592.

Par comparaison, la composition des Assemblées Plénière de Conférences Épiscopales semble plus précise. La note de collégialité y est plus affirmée puisque prédomine structurellement l'élément épiscopal. Dans ces dernières, les évêques coadjuteurs, mais également les auxiliaires, sont membres de droit (can. 450 §1). Il est expressément précisé que le suffrage délibératif *ipso 'iure* appartient aux évêques diocésains, aux coadjuteurs et ceux équiparés en droit (can. 454 §1). Aux évêques auxiliaires, revient un vote délibératif ou consultatif, selon les statuts reconnus de la Conférence (can. 454 §2). Les autres Ordinaires peuvent y être invités et ce sont les statuts qui précisent leur niveau de participation[478]. Cette répartition souligne que si les décisions prises en Conférence intéressent le ministère épiscopal, en tant qu'il confirme et synthétise le *sensus fidei fidelium*, elles regardent d'abord les Chefs d'Églises puisqu'elles impliquent directement le pouvoir de chaque évêque dans son diocèse. Une telle Assemblée ne peut être présidée que par un évêque résidentiel, en charge réelle d'un diocèse[479]. Il s'agit là d'un lieu explicite, posé sur le caractère épiscopal afin de donner une aide précise pour les pasteurs d'Églises diocésaines, et plus largement au ministère des évêques et équiparés présents sur un même territoire national. Dans les Conférences Épiscopales, en effet, la collégialité se déploie de manière plus affective qu'effective et le caractère territorial, au sens de circonscription de population, y est moins bien identifié que dans la province[480]. Elle n'est pas d'abord une communauté d'intérêts. Elle manifeste surtout le «corps épiscopal» à l'échelle d'une nation dans un vis-à-vis avec la société civile et les pouvoirs publics[481]. Son organisation, plus juridique qu'ecclésiologique, apparaît moins comme une structure de synodalité, qui impliquerait les fidèles – *tous* – avec les évêques – *quelques-uns* –, dans une communion[482].

L'utilité des Conférences Épiscopales apparaît évidente pour la Collégialité, mais leur taille rend leur efficacité limitée. C'est ce qui ressort des travaux du Synode des Évêques de 2001, et rend crédible la nécessité de niveaux intermédiaires de coopérations épiscopales[483]. Ce qui garantit la

---

[478] Cf. DPME, n. 29. Les statuts de la Conférence épiscopale peuvent également prévoir que les évêques émérites participent avec voix consultative, DPME, n. 23.

[479] CPTL, réponse authentique sur le canon 452, 19 janv. 1988, 414. Le président ou le vice président doivent cesser leur fonction lorsqu'ils cessent d'être évêques diocésains, cf. CONGRÉGATION POUR LES ÉVÊQUES, lett. circ. aux présidents des Conférences épiscopales, N. 763/98, n. 7, 719.

[480] Cf. M. MOSCONI, «Favorire la comunione», 191-192; DPME, n. 28.

[481] Cf. *CD* 39; 28. Voir G. FELICIANI, «Le conferenze come fonte», 21-2.

[482] Cf. J. FONTBONA, «La sinodalitat», 376.

[483] Sur ce point, voir P. MONETA, «la sede metropolitana», 92-93.

possibilité de ces échanges et leur coordination, c'est *in fine* le nombre des participants[484]. Pour les Pères conciliaires, ce nombre devait être significatif d'une certaine unité dans la représentativité des problématiques pastorales et ne pas être trop élevé[485]. Dans la province, le nombre des diocèses suffragants impliqués est en effet un facteur déterminant pour la qualité des échanges et la définition des orientations de l'action pastorale[486]. L'efficacité de la structure provinciale réside bien dans sa dimension qui permet à chaque évêque d'être personnellement impliqué et responsable, ce qui est moins perceptible dans des instances plus importantes comme la Conférence Épiscopale tentée par la bureaucratisation[487]. La province, avec ses dimensions circonscrites, présente tous les intérêts d'un niveau graduel qui implique intrinsèquement à la fois la collégialité et la synodalité, avec leurs dynamiques habituelles[488].

Le directoire *Apostolorum successores*, dépassant une lecture étroite du can. 431 §1, indique que les évêques coadjuteurs et auxiliaires participent aux Assemblées des évêques de la province avec voix délibérative (DPME, n. 23a). Puisque la présidence est, *ad normam*, celle du métropolitain (can. 435 CIC/1983), cette indication ne pose aucune difficulté quant à la direction de l'institution provinciale. Il semble alors qu'elle soit un lieu effectif de la coresponsabilité pastorale et donc de la régulation du ministère épiscopal. C'est en ce sens que la province peut s'identifier comme une institution de coordination fondée sur la collégialité ministérielle des évêques[489]. Cela n'explique pas pourquoi le *conventus* n'a pas été formalisé positivement, alors qu'il est dans son expression conciliaire un lieu de gouvernement. Ce manque de formalisme, certainement contraignant, est peut-être l'origine de la «crise des conciles particuliers» que nous connaissons depuis le concile Vatican II[490]. Si ce n'est pas un lieu formel de gouvernement, il reste un lieu spécifique pour une efficacité de la collégialité «de terrain», en lien réel avec les *portiones populi Dei*. Comme lieu de consultation et de coopération pour

---

[484] Cf. P. SzABÓ, «Competenza governativa», 454-455.

[485] Cf. *CD* 22-23.39-41.

[486] Cf. J.I. ARRIETA, «Instrumentos supradiocesanos», 631.

[487] Cf. P. SzABÓ, «Competenza governativa», 454-456.

[488] Voir *e.g.*, les huit diocèses de la province ecclésiastique de Malines-Bruxelles (11 évêques) qui forment la Conférence Épiscopale de Belgique (CEB), prévoit dix rencontres par an (Statuts CEB/2014, art. 4), alors que la Conférence des Évêques de France (101 évêques) ne prévoit que deux rencontres (Statuts CEF/2006, art. 13).

[489] Cf. JEAN-PAUL II, m.p. *Apostolos suos*, n. 12b: le pape donne une description de l'*affectus collegialis* qui n'est pas, en soi, réservé qu'à la Conférence Épiscopale.

[490] Cf. G. FELICIANI, «La dimensione collegiale del ministero», 53-54.

aider à la prise de décision, c'est tout le corps épiscopal présent dans la province qui doit s'impliquer dans une coresponsabilité et aussi une réelle représentativité. On note toutefois le risque de déséquilibre en terme de «majorité» lors des votes délibératifs: les diocèses pourvus de coadjuteurs et d'auxiliaires[491] ont un poids «représentatif» plus important que celui des diocèses simplement représentés par leurs pasteurs.

Cette même remarque vaut également pour le concile particulier ou provincial (can. 443 §1, 2° CIC/1983). Sur le plan de la mécanique de communion, le manque d'institutionnalisation du *conventus* épiscopal en rapport avec la réalisation du concile provincial, comme le prévoyait le Code Pio-bénédictin (can. 283 CIC/1917) rend moins favorable la mise en place d'une dynamique synodale, qui n'est plus *ad normam*, mais laissée à la simple appréciation de la majorité des évêques. La place des évêques diocésains, avec leur aptitude à s'engager pour la recherche d'un bien commun, se retrouve à part égale avec toutes les autres figures épiscopales (can. 443 §1, 2° CIC/1983). Le risque dès lors est de vouloir éloigner le plus loin possible les moments contraignants, ainsi que les lieux de décisions ou d'orientations supra-locales.

Une synodalité épiscopale engageante et périodique permettrait d'envisager une conciliarité des Églises dans la province de manière plus «incisive». La régularité pose ainsi la synodalité comme un «cycle» de vie ecclésiale, comme autant de «seuils» de communion, matérialisés et correctement mis en œuvre de manière significative. Les conciles provinciaux ne se réunissent plus ou difficilement peut-être parce que le ministère des évêques, tout en ayant été revalorisé dans son aspect sacramentel par le concile Vatican II, a plutôt encouragé les formes locales de la synodalité, comme les synodes diocésains. C'est le pouvoir ordinaire de l'évêque qui donne au diocèse sa structure propre. Dons et charismes, s'ils donnent force à l'individualisme épiscopal, renforcent également l'autonomie de la communauté ecclésiale qui suppose dès lors, dans l'ordre de la communion, une régulation collégiale de proximité. Le droit particulier de chaque diocèse est rarement harmonisé à l'échelle d'une province, hormis le volet financier, et les garanties juridiques des fidèles, parfois mis en place lors des synodes diocésains, ne sont pas à l'abri d'un changement de tête épiscopale. Dans la *Communio Ecclesiarum*, telle que

---

[491] L'évêque coadjuteur, ou l'évêque auxiliaire, sera constitué dans le diocèse comme Vicaire général ou au moins épiscopal (can. 406 §§1-2 CIC/1983). Dans le même esprit que le can. 480 sur ces Vicaires, le coadjuteur comme l'auxiliaire doivent se concerter avec l'évêque diocésain (can. 407 §§1-2 CIC/1983) pour exercer leur charge «ut concordi cum ipso opera et animo» (can. 407 §3 CIC/1983).

l'envisage le Code actuel, le concile provincial n'apparaît plus comme une structure complémentaire ou auxiliaire à l'Église particulière qui, «autonome» en soi, «jouit de ses droits spécifiques et pour cela a droit, *au besoin*, à une aide nécessaire»[492]. Cette «aide nécessaire» n'est toutefois que difficilement vue dans l'exercice d'une collégialité de proximité qui, sans caractère d'obligation, n'est que peu souvent recherchée.

La province, qui subsiste malgré tout comme un espace de compétence pour le métropolitain, ne se constitue jamais en espace synodal, peut-être parce qu'elle n'a plus été pensée sur un plan canonique comme un espace disciplinaire mais seulement comme un lieu de coordination de pasteurs, pour lesquels seul compte le jugement du Siège Apostolique sur leur initiatives pastorales. Toute la structure hiérarchique de l'Église implique que soient développées des formes organiques de la communion pastorale, où se préserve localement la valeur du principe d'une «juste autonomie» dans les relations mutuelles, typiques de la vie ecclésiale[493]. La conciliarité, dans sa forme provinciale, pour faire progresser la communion dans une attention unanime aux problématiques pastorales, met en valeur une «saine autonomie»[494] de chaque diocèse dans son rapport avec les autres. La «saine autonomie» a besoin d'une gestion supra-locale des «justes autonomies» locales pour maintenir une communion effective et visible. Les institutions existent, mais elles ne fonctionnent pas, par manque d'une régularité positive. La leçon des siècles passés a montré pourtant que sans cette règle d'obligation, le territoire missionnaire redevient vite une «jungle» législative. Or historiquement, dans le domaine de la mission comme nous l'avons vu, la coresponsabilité épiscopale était fondée sur une gradation des sièges et sur un *leadership* du siège métropolitain, autour duquel se formait une communauté hiérarchique collégiale, la province ecclésiastique.

Ces deux aspects, collégialité et subsidiarité, étaient mieux cernés dans la province ecclésiastique du Code de 1917 qui la caractérisait comme un type juridictionnel de communauté épiscopale, où un droit particulier commun fondait une unité. Aujourd'hui, si tous les éléments sont nor-

---

[492] J. BEYER, «Le principe de subsidiarité», 458 (nos italiques).

[493] Cf. *NEP* 2. Voir J. BEYER, «Principe de subsidiarité», 812-821. J.A. KOMONCHAK, «Le principe de subsidiarité», 391-447; Ad. LEYS, *Ecclesiological impacts*, 135-206; A. MODRIĆ, *Interazione tra l'esercizio*, 218-221; C. CARDIA, «Subsidiariedad».

[494] Cf. PCCICR, *Principia quæ Codicis Iuris Canonici Recognitionem dirigant*, n. 5, 80-81: «Propugnat vero convenientiam vel necessitatem providendi utilitati præsertim *institutionum singularium*, tum per iura particularia ab iisdem condita tum per *sanam autonomiam* regiminis potestatis exsecutivæ illis recognitam» (nos italiques).

mativement présents pour faire de la province un lieu d'entraide mutuelle et de coresponsabilité entre évêques pour le bon gouvernement de leurs Églises, son manque de configuration ecclésiologique ne lui donne qu'une efficacité relative. A l'échelle pourtant d'un Conférence Épiscopale, elle peut être un lieu de subsidiarité dans le discernement pastoral. L'Église latine, par son histoire, a conservé les circonscriptions ecclésiastiques provinciale, en préservant une forme altérée de la synodalité, qui était un phénomène très contrôlé et centralisé, dont nous gardons encore les traces aujourd'hui[495]. En redonnant toute leur place aux Églises et toutes leurs capacités d'actions aux pasteurs, le concile Vatican II comptait sur un phénomène de concertation qui serait partie de la base elle-même, c'est-à-dire de la volonté des pasteurs. Les structures de la province ont donc été pensées pour faire droit à une nouvelle conception de l'Épiscopat, qui laisse une part à l'«opportunité» comme la manifestation d'une «saine autonomie» propre à un réseau synodal d'Églises proches.

Comme l'a noté J.I. Arrieta, le caractère «souple» ou «élastique» des principes structurels provinciaux actuels est un atout, pour le bien de l'Église réunie en un lieu, que les circonstances pastorales peuvent amener à se renforcer. C'est ce qui se passe lorsqu'une province correspond aux frontières d'un État (can. 439 §2)[496]. Le choix est souvent de transformer la structure provinciale en une réelle Conférence Épiscopale. La question se pose alors pour sa présidence, car le rôle du métropolitain, précisé normativement n'est pas celui du président d'une Conférence d'évêques[497]. Les cas existants confirment que l'efficacité de la province ecclésiastique, avec une autorité permanente, le métropolitain, et une autorité occasionnelle, le concile provincial, est moindre qu'une institution épiscopale permanente. D'ailleurs, dans les États où il n'existe pas de provinces ecclésiastiques, pour des motifs historiques ou géogra-

---

[495] FRANÇOIS, disc. 17 oct. 2015, 79: «dans une Église synodale [...] il n'est pas opportun que le pape remplace les épiscopats locaux dans le discernement de toutes les problématiques qui se présentent sur leurs territoires».

[496] *E.g.*, en Belgique et aux Pays-Bas. D'autres fois, une Conférence Épiscopale dépasse les frontières nationales, comme celle de la Scandinavie ou bien se divise en différentes unités comme celle du Royaume-Uni: Angleterre-Pays de Galles et Écosse.

[497] *E.g.,* les huit diocèses de Belgique forment une unique province ecclésiastique, dont le métropolitain est l'évêque de Malines-Bruxelles, et fonctionne comme la Conférence Épiscopale de Belgique (CEB). Dans les Statuts CEB/1979, il avait été décidé que le président de la Conférence serait toujours l'Archevêque métropolitain. Depuis la modification des Statuts en 2014, approuvés en 2015, le président de la Conférence épiscopale est élu pour trois ans (Statuts CEB/2014, art. 5), et n'est donc plus obligatoirement le métropolitain.

phiques, c'est l'institutionnalisation d'une Conférence Épiscopale qui est le vecteur pastoral de la communion ecclésiale[498]. Le défaut principal apparent dans la définition du modèle provincial actuel, se trouve, selon nous, dans la déficience formelle d'une conception institutionnelle des dynamiques synodales épiscopales. Défaut qui peut être corrigé par une organisation interne de type réglementaire.

Comme nous l'avons déjà souligné, le Code Pio-bénédictin désignait les territoires sous leur aspect hiérarchique: leurs structures juridictionnelles étaient un élément essentiel, au point que celui-ci en emportait leur qualification. En ce sens l'Église présidée par le métropolitain, graduellement la première sur le territoire provincial, désignait par son siège une réelle structure hiérarchique, une province fondée sur une communauté synodale d'évêques sous la vigilance d'un métropolitain[499]. Si l'appellation subsiste encore aujourd'hui pour désigner le territoire d'une province par le nom du siège métropolitain, la communauté épiscopale provinciale n'existe plus comme une double juridiction, personnelle et disciplinaire – l'Archevêque métropolitain – d'un côté et de l'autre collégiale et synodale – le concile provincial –, mais comme une unique autorité de vigilance commune, matérialisée par une fonction, liée à un siège en particulier. La province dans son actuelle définition pastorale se configure plutôt comme un lieu ordinaire de collégialité partielle, mais bien souvent sans une réalisation conciliaire, pourtant significative.

La doctrine de Vatican II sur la sacramentalité de l'Épiscopat a eu pour effet de valoriser la province comme lieu opérationnel de la coresponsabilité et de la subsidiarité pastorale dans la communion du ministère épiscopal. Ce faisant, le caractère délimitatif du territoire, qui avait du sens lorsqu'on l'envisageait du point de vue de la juridiction du métropolitain est passé au second plan, et avec lui le caractère de représentation ecclésiale de chaque évêque diocésain, pour faire de la province ecclésiastique un simple lieu de coordination de l'élément épiscopal en général, seulement mis en évidence par la proximité géographique et la centralité des problématiques pastorales de chaque Église. Les réformateurs du Code ont cependant voulu mettre en avant la synodalité comme moyen de communion entre des communautés de fidèles. Ils ont ainsi souhaité revaloriser le principe primatial, pour en faire à nouveau l'axe traditionnel, le pivot d'une synodalité locale. Ce qui a été facteur de progression dans la communion depuis les premiers siècles, c'est l'individuation de la fonction

---

[498] *E.g.*, la Confédération Helvétique ne possède pas de provinces mais seulement une Conférence Épiscopale.

[499] Cf. CIC/1917, can. 284, 1°; *infra*, chap. II, nt. 273.

de présidence en lien avec une vigilance de type collégiale. En effet, l'opérativité d'une fonction primatiale, liée à un siège épiscopal déterminé, matérialise l'*unio collegialis* des évêques au travers d'une forme locale de la communion hiérarchique, permettant la communion synodale entre des Églises proches. Pour en comprendre alors les ressorts, il nous faut désormais nous intéresser au modèle organique traditionnel que le Code a voulu préserver à ce niveau de regroupement ecclésial.

Au terme de cette évaluation du modèle provincial actuel, les critères de synodalité sont donc fonctionnellement présents, tels qu'ils apparaissaient, *mutatis mutandis*, dans l'Église du premier millénaire. Présentée comme une structure pastorale, la province ecclésiastique est un lieu d'équilibre du ministère épiscopal, dont la mécanique synodale, héritée d'une tradition séculaire, repose sur une organisation institutionnelle typique, le système métropolitain.

4. Conclusion

Dans ce premier chapitre nous avons tenté de mettre en évidence les dynamiques du mécanisme synodal et leur applicabilité dans la nouvelle définition de la province ecclésiastique du Code de 1983.

La synodalité, fondée sur le mystère trinitaire où il n'existe pas de subordination entre les personnes mais un ordre entre elles, selon des relations essentielles, met en relation, de manière analogique, des Églises particulières entre elles, sans préjudice de leur nature[500]. Dans cette dimension théologale, où prime la charité, la synodalité, comme mécanique de l'uni-diversité de communion, fonda très tôt le principe d'une gradation entre communautés hiérarchiques de fidèles, «une différenciation de mission entre les Églises et entre les évêques, qui comportait aussi des rapports de subordination»[501], mais non de hiérarchisation, sinon administrative. La synodalité supra-locale dans son niveau primaire s'est donc située, dès les premiers temps, au niveau du ministère épiscopal en tant qu'il confirme et synthétise le *sensus fidei fidelium*. Chaque évêque, comme *prótos*, était un témoin authentique du discernement ecclésial, dans la concertation avec les autres évêques. Au cours du premier millénaire de l'Église, la coopération entre pasteurs, qui se fonde sur l'unicité

---

[500] CMIECO, «Ravenne», n. 5: «(…) Les Trois personnes de la Trinité sont "énumérées", comme dit saint Basile le Grand (*Sur l'Esprit Saint*, 45), sans que la désignation de "deuxième" ou de "troisième" personne implique une quelconque diminution ou subordination. De même, il existe également un ordre (*táxis*) parmi les Églises locales, qui n'implique toutefois aucune inégalité dans leur nature ecclésiale».

[501] G. GHIRLANDA, «Il documento di Ravenna», 546 (notre traduction).

du *munus* épiscopal reçu et confirmé dans la Succession apostolique, a mis en œuvre des réseaux de synodalité, portés d'abord par l'effort missionnaire de centres d'impulsions ecclésiaux, les Métropoles ou Églises-mères, qui établissaient des rapports ontologiques entre communautés. L'évêque de la cité-mère, le métropolitain, avait en charge, par son autorité subjective, la promotion de la communion pastorale. A mesure que l'évangélisation progressait et que les divisions (hérésies, nouvelles communautés) venaient parfois mettre en péril le caractère unique du ministère épiscopal en un lieu, une détermination objective de la compétence sacramentelle devenait nécessaire. Dans cette perspective, le concept juridique de territoire est apparu dans l'histoire de l'Église comme un des ressorts de l'organisation synodale. Pour fixer des «frontières» de compétences entre les évêques, la règle de l'«accommodement» aux circonscriptions territoriales civiles dans la gouvernance ecclésiale a été retenue dans le but de donner une certaine structure juridique au phénomène déjà existant de la synodalité. Les réseaux synodaux se sont donc formalisés comme des entités juridiques, les provinces, par lesquelles se trouvait préservée la spécificité de l'organisation ecclésiastique, fondée sur la collégialité épiscopale. Le synode provincial était ainsi une communauté d'évêques qui reconnaissait l'autorité d'un *prótos*, le plus souvent objectivement déterminé par son siège, la métropole civile, dont la fonction était de présider la province comme *proestós* et d'assurer la régulation du ministère épiscopal. Ce modèle d'organisation s'est maintenu en Orient comme en Occident jusqu'à aujourd'hui, manifestant la localité des problématiques pastorales que les évêques devaient régler pour maintenir la communion dans une structure de synodalité.

Afin de revenir vers une conception moins centralisée de la communion, et peut-être plus ascendante et donc plus synodale, les Pères conciliaires de Vatican II ont voulu revaloriser sacramentellement le ministère épiscopal dans chaque Église particulière et les liens effectifs de sa coordination supra-locale. La différence d'approche entre le concile Vatican II qui traite de la province ecclésiastique sous l'horizon de la coopération épiscopale et la normative actuelle qui la situe dans le contexte des regroupements d'Églises, montre une carence institutionnelle dans le domaine structurel d'une synodalité épiscopale locale.

Ainsi, la province ecclésiastique du Code de 1983, dans sa définition organique de communion pastorale, avec les apports plus précis du directoire *Apostolorum Successores*, conserve toutes les ressources nécessaires pour mettre en œuvre les dynamiques de la synodalité telles que nous les avons repérées dans l'histoire de l'Église. Cependant, présentée comme un niveau «intermédiaire» dans l'organisation hiérarchique de l'Église, la province s'est conservée surtout comme une circonscription ecclésiastique. Elle obéit alors en tout point à un principe de rationabilité canonique qui inscrit les relations mutuelles de communion entre Églises au niveau des pasteurs, dans un rapport organique d'autorité, la communion hiérarchique. C'est donc dans sa structure traditionnelle, personnelle et collégiale épiscopale de son gouvernement, le «système métropolitain», que nous devons chercher *comment* les dynamiques synodales de la province ecclésiastique peuvent entrer en synergie.

Chapitre II

La synergie métropolitaine
de la synodalité épiscopale provinciale

La province ecclésiastique latine est une institution pastorale où se nouent les relations interpersonnelles entre les évêques selon une gradation des sièges. Ce système de vie ecclésiale prend corps autour d'un siège en particulier que son importance qualifie de «métropole» dans un réseau d'Églises proches. Sur le territoire provincial ou métropolitain s'impliquent ainsi des communautés de fidèles sous un mode de communion synodale. Les dynamiques synodales de la communion ecclésiale ont besoin, pour se mettre en route, d'une synergie dans laquelle les pasteurs peuvent exercer conjointement leur ministère pastoral pour le bien commun des fidèles. Cette synergie, comme nous l'avons vu au chapitre précédent, a fait émerger une primauté personnelle de type épiscopal, identifié par une fonction, le métropolitain, comme élément régulateur de la coopération épiscopale. Le «système métropolitain» a sensiblement évolué tout au long des siècles, notamment en droit latin, tout en restant le support de la synodalité entre les Églises et un moyen pour promouvoir une conciliarité de proximité entre les pasteurs. Son existence, dans la norme actuelle, est-elle encore pertinente pour une *via synodalis* entre les Églises?

Le concile Vatican II avait souhaité la rénovation de la fonction métropolitaine, mais tout en préservant les acquis d'une collégialité structurelle sur laquelle reposait l'unité Catholique. Au travers de la tradition canonique dans laquelle la synergie épiscopale s'est fixée puis s'est développée en un système métropolitain, nous chercherons quelle est la nature de la primatialité synodale dans la province ecclésiastique. L'analyse de la norme actuelle des cann. 435-437 sur l'office de métropolitain, à la lumière des textes récents, nous permettra de comprendre comment s'est opérée la rénovation de cette fonction et son système de coopération épiscopale.

1. Le système ecclésiastique métropolitain

1.1 *La formalisation du système métropolitain au IVe siècle*

Le fondement de la pratique synodale entre les Églises trouve une forme conventionnelle au cours du IVe siècle, qui provient de l'expérience de la collégialité dans les premiers siècles. La coutume des rencontres épiscopales nous est parvenue au travers de deux canons, d'importances diverses, qui sont tenus en particulière estime dans la Tradition ecclésiastique tant orientale que latine[1]. Il s'agit du canon 34 de la collection dite *Canons des Apôtres*, et le canon 9 du concile d'Antioche (vers 341). Ces canons mettent en évidence deux éléments, l'un collégial, l'autre personnel, les deux étant requis comme des corollaires pour leur mise en œuvre synodale[2].

1.1.1 Le canon 34 des Apôtres

Can. Ap. 34: *Episcopos gentium (ἔθνους) singularum scire convenit, quis inter eos primus (πρῶτον) habeatur, quem velut caput (κεφαλὴν) existiment et nihil amplius præter eius conscientiam gerant, quam illa sola singuli, quæ paroeciæ propriæ et villis, quæ sub ea sunt competunt. Sed nec ille præter omnium conscientiam faciat aliquid; sic enim unanimitas erit et glorificabitur Deus per Christum in Spiritu sancto*[3].

a) La réception du canon 34 des Apôtres

Les *Canons des Apôtres* sont connus en Orient comme en Occident, mais n'y tiennent pas la même autorité[4]. Probablement d'origine sy-

---

[1] Cf. J. GAUDEMET, *L'Église dans l'Empire romain*, 338-339.

[2] Cf. CMIECO, «Valamo», n. 43.

[3] *Can. Ap.* 34, in *CSP* I/2, 24 (version latine de Denys le petit): «Τοὺς ἐπισκόπους ἑκάστου ἔθνους εἰδέναι χρὴ τὸν ἑαυτῶν πρῶτον, καὶ ἡγεῖσθαι αὐτὸν ὡς κεφαλήν, καὶ μηδέν τι πράττειν περιττὸν ἄνευ τῆς ἐκείνου γνώμης, ἐκεῖνα δὲ μόνον πράττειν ἕκαστον, ὅσα τῇ αὐτοῦ παροικίᾳ ἐπιβάλλει καὶ ταῖς ὑπ'αὐτὴν χώραις. Ἀλλὰ μηδὲ ἐκεῖνος ἄνευ τῆς πάντων γνώμης ποιείτω τι· οὕτω γὰρ ὁμόνοια ἔσται καὶ δοξασθήσεται ὁ πατὴρ καὶ ὁ υἱὸς καὶ τὸ ἅγιον πνεῦμα»; cf. DION. EX., *Regulæ ecclesiasticæ sanctorum Apostolorum*, can. 35, PL 67, 145. Voir aussi la version grecque des CONST. AP., 8, 34, SC 336, 284.

[4] Dans la tradition canonique orientale, mais également orthodoxe, il y a une gradation de la norme. Les canons sont l'expression de la volonté ecclésiale, conciliaire, mais cette expression est valable à un moment et en un lieu donné. Elle s'inscrit au fond dans

rienne, peut-être de tradition antiochienne[5], ils ne nous sont connus que vers la fin du IVe siècle, au moment du concile de Constantinople (380) où la collection des *Canons des Apôtres*, qui comprend quatre-vingts canons, est intégrée dans le troisième livre des *Constitutions Apostoliques*[6]. Au niveau de la critique interne, la rédaction des canons pourrait ne pas être entièrement de la fin du IVe siècle. En particulier la coutume des ordinations épiscopales dont ils font état, déjà en vigueur au IIIe siècle, pourrait leur donner, selon certains auteurs, une datation plus ancienne[7]. Les *Canons des Apôtres* sont suffisamment importants en Orient pour qu'au cours du Ve siècle le Code de Justinien leur attribue une certaine autorité[8]. Ils sont définitivement intégrés dans le droit canonique grec, puis orthodoxe, par le concile *Quinisexte* dit *in Trullo* (691-692) où ils viennent immédiatement après les canons conciliaires.

Les *Canons des Apôtres* parviennent en Occident par une traduction latine des *Constitutions Apostoliques* du Ve siècle. Le *Decretum gelasium*, daté de 520, mais dont le contenu pourrait être plus ancien[9], les rejette

---

une perspective pédagogique qui par conséquent est évolutive. À la différence du dogme, le canon n'est pas immuable. En effet la portée et l'intangibilité du canon dépendent d'une double gradation, à la fois d'autorité et de thématique. Ainsi la gradation d'autorité admet des canons «apostoliques», «œcuméniques», «locaux» ou «patristiques». La gradation thématique range les canons selon qu'ils sont doctrinaux ou disciplinaires. La gradation d'autorité implique qu'un canon ne peut être modifié que par un «auteur de droit» de même niveau. Cependant, l'effectivité ou l'applicabilité d'une règle canonique, quel que soit son rang d'autorité, implique sa «réception» par la conscience ecclésiale qui, par essence et dans un premier temps, est territorialement «locale» sans que l'on puisse fixer de limites précises et uniformes à cette notion de «local». Ainsi dans le temps, des canons apostoliques ou œcuméniques peuvent devenir obsolètes alors que des canons patristiques peuvent garder leur autorité; cf. P.P. JOANNOU, «Canon et synode», in *CSP* I/2, 494-502.

[5] Cf. P. DUPREY, «La structure synodale de l'Église», 124; H. LECLERCQ, «Canons Apostoliques», 1912-1914; F. NAU, «Canons des Apôtres», 1606-1612. Il existe des versions de ce canon en diverses langues (syriaque, copte, égyptienne et arabe).

[6] Cf. M. METZGER, *Const. Ap.*, 8, 47, SC 336, 124-311. Voir aussi, SC 320, 72-73.

[7] Cf. P. DUPREY, «La structure synodale de l'Église», 123-124. Le fait que le canon 34 mentionne le *prótos* plutôt que le métropolitain, autorise à en voir l'ancienneté. À partir du concile de Nicée (325), l'organisation métropolitaine est reconnue en Orient, et il ne serait pas logique qu'un canon de la fin du IVe siècle, même s'il n'est pas conciliaire, n'en fasse pas mention. *A contrario*, A. DE HALLEUX, «La collégialité de l'Église ancienne» 442-443, date le canon 34 des Apôtres de la fin du IVe siècle, après la célébration du concile d'Antioche, et le relie plus directement à l'avènement des patriarcats. Pour un état de la question, voir E. LANNE, «Le canon 34 des Apôtres», 214, nt. 5.

[8] Cf. *Cod. Iust.*, *Nov.* 6.

[9] Cf. E. LANNE, «Le canon 34 des Apôtres», 215, nt. 7.

comme apocryphes. Cependant Denys le petit, vers 500, traduit les 50 premiers canons pour les intégrer dans sa propre collection[10]. C'est cette traduction qui est approuvée par le pape Étienne III (767-772) lors du synode régional de Rome en 769. À cette même époque, on trouve des mentions latines du canon 34[11]. Sa finale, qui se réfère à la concorde des Personnes divines dans la Trinité, permet d'en repérer l'usage dans les correspondances des pontifes romains qui semblent y faire référence, en lui donnant une valeur plus universelle que régionale[12]. Gratien rappelle que les Canons des Apôtres sont réputés apocryphes mais que les cinquante premiers ont cependant été reçus dans la législation latine[13]. Le canon 34, s'il n'a jamais intégré comme tel le *Décret* de Gratien, apparaît toutefois en filigrane au travers des textes des Pseudo-décrétales isidoriennes[14]. On en trouve ainsi des traces sous divers noms d'attributions éponymes comme ceux des papes Anicet (166), Calixte Ier (222), Lucius Ier (253-254) ou encore d'Etienne Ier (257), de manière à leur donner une autorité plus antique[15]. Le texte grec traduit en latin est adapté au modèle de l'organisation ecclésiastique métropolitaine désormais en place depuis le concile de Nicée (325). Gratien ne rapporte pas directement la version latine de Denys le petit mais une adaptation de Martin de Braga (579), faite à partir d'un choix de 84 canons des conciles orientaux et africains. Le canon 4 de cette collection compile le canon 34 des Apôtres et le canon 9 d'Antioche, version qui apparaît dans la cause IX de la seconde partie du *Décret* de Gratien, sous le titre «*Nec episcopi sine metropolitani consensu, nec ille sine eorum consensu aliquid agere debet*»[16]. C'est encore par sa finale doxo-

---

[10] Cf. DION. EX., *Regulæ ecclesiasticæ sanctorum Apostolorum*, PL 67, 141-148, le canon 34 y apparaît sous le canon 35 dans la mise en forme que fit Denys le petit, avec le titre retenu par la tradition latine «De primatu episcoporum».

[11] Cf. E. LANNE, «Le canon 34 des Apôtres», 213-217. L'A. présente une lettre du pape Jean VIII à Anspertus, Archevêque de Milan, en 879, qui cite comme normatif (*jubente*) le canon 34 des Apôtres, cf. JOANNIS VIII, *ep.* 223, PL 126, 837 A13 et B15.

[12] Cf. G. MEDICO, «Les lettres des pontifes romains», 369-394.

[13] Cf. D. 16, cc. 1.2.3. Cf. V. PERI, «La Chiesa di Roma e le missioni», 216.

[14] Cf. V. PERI, «La Chiesa di Roma e le missioni "Ad gentes"», 213-216. ID., «Chiese locali e cattolicità», 122-124.

[15] Cf. V. PERI, «Chiese locali e cattolicità», 122-124; ID. «La Chiesa di Roma e le missioni», 217-219. Le Pseudo-Isidore rapporte les canons africains et orientaux compilés par Martin de Braga sous le titre «Præfatio sancti Martini Braccarensis episcopi in libro capitulorum ex græcorum synodis collectorum», cf. *collectio decretalium*, PL 130, 575.

[16] C. 9, q. 3, c. 1: «Nec episcopi sine metropolitani consensu, nec ille sine eorum consensu aliquid agere debet: Per singulas prouincias oportet episcopos cognoscere metropolitanum suum, et ipsum primatus curam suscipere, nichil autem agere reliquos

logique qu'on peut repérer le canon 34 dans le *Décret* de Gratien[17].

b) Lecture contextuelle du canon 34 des Apôtres

La lecture doit commencer par le situer dans le contexte ecclésiologique et politique de l'Orient du IVe siècle. Le canon 34 nous parle d'un niveau d'équilibre supra-local de conciliation ecclésial dans les dernières décennies de la controverse trinitaire qui agita l'Orient du IVe siècle. La finale doxologique du canon veut certainement en être une attestation. Les relations entre les évêques sont déterminées par un critère d'identification, l'*ethnos* (ἔθνος). Ce dernier terme évoque moins l'idée d'un territoire que celle d'une population rassemblée géographiquement dans une destinée commune, une «nation» pourrait-on dire en langage moderne[18]. Le latin utilise le terme «*gens*» (génitif pluriel «*gentium*») qui, dans un sens plus général, reprend l'idée de «nation». L'un et l'autre termes n'évoquent pas cependant une organisation mais plutôt l'existence de groupement communautaire, dans le sens d'une personne morale, d'une «famille». Le terme *ethnos* souligne en effet un aspect communautaire fort, un *affectus*, dans lequel se situeraient les rapports entre évêques. Chacun d'eux «matérialise» les éléments singuliers qui constituent ce groupement de population. C'est donc comme pasteurs qu'ils sont invités par le canon 34 à «reconnaître» parmi eux un «premier» (πρῶτος/*primus*), qui alors incarne le rassemblement de ces communautés. Ce «primat» doit être considéré comme le «chef» des évêques. En reconnaissant ainsi une tête (κεφαλή/*caput*), les évêques forment un «corps» épiscopal, dont la raison d'être tient d'abord à l'aspect commun de leur ministère qui est de *veiller* et de *décider*. Le terme «collège», issu du droit romain, est pratiquement inconnu de la tradition canonique orientale qui préfère la notion de «communauté du corps épiscopal» qu'elle désigne sous le nom de «synode»[19], mais la réalité est là, sousjacente. Ce corps épiscopal possède une «tête» qui ne lui est pas extérieur, ni n'en diffère par sa nature.

Selon la lecture du canon, le *prótos* est lui-même l'évêque d'une παροικία de l'*ethnos*. Il détient une autorité qui lui est attribuée par les

---

episcopos preter eum, secundum quod antiquitus a patribus nostris constitutum continetur in canone. Propter quod et metropopolitanus nichil presumptiue assumat absque consilio ceterorum».

[17] Dans la version de Martin de Braga, C. 9, q. 3. Sous la mention du pape Anicet, c. 5; sous celle du pape Calixte Ier, c. 7.

[18] Cf. G.W.H. LAMPE, *A patristic Greek Lexicon*, « ἔθνος», sens 1, 407.

[19] Cf. J. HAJJAR, «Synode permanent et collégialité», 153.

autres évêques en plus de son ministère. Dans le contexte où nous situons ce canon 34, vers la fin du IIIe siècle, il apparaît évident que la désignation de ce «primat» épiscopal renvoie d'abord à la mémoire des communautés: de quelle cité viennent ceux qui les ont évangélisés et donc de quel évêque, chaque pasteur propre tient sa légitimité. Cette période correspond également à un temps de fin de crises (donatiste, novatienne) et au retour dans les communautés des évêques *lapsi* repentis et des communautés qu'ils ont générées. Il s'agirait donc de rappeler les liens ontologiques, quasi génétiques, qui forment une «communauté épiscopale» autour d'une Église-mère (μητρόπολις). Les relations «filiales» qui pouvaient exister entre communautés issues de l'effort missionnaire d'une cité, sont des éléments non négligeables pour la reconnaissance de leurs pasteurs. En témoigne, en Orient, la formulation des *dyptiques* dans la synaxe eucharistique[20], qui rappellent les liens de communion et de reconnaissance mutuelle. Au IVe siècle le critère ethnique pour le regroupement des Églises marque l'importance d'une gradualité entre les centres ecclésiaux et l'élaboration d'une tradition interne[21]. Le principe est fixé au concile de Constantinople (381)[22], où se dessinent des zones homogènes de traditions géopolitiques, économiques, culturelles et spirituelles, montrant une structuration régionale de la communion ecclésiale[23].

À la fin du IIIe siècle, le retour des *lapsi* avait donné lieu au rappel de règles: la compétence épiscopale est unique sur un territoire déterminé, qui ne peut être divisé sans raisons majeures. Les communautés avaient tout intérêt à être reconnues et avec elles, leurs pasteurs, par une Église importante au témoignage de tous pour sa *martyría* et sa *diakonía*. Le phénomène de communion dans sa mécanique synodale devait donc se rappeler qui était le plus important (*prótos/primus*) dans l'ordre de la lé-

---

[20] Cf. H.M. LEGRAND, «Communion ecclésiale et eucharistie» 136-142. Au niveau d'un ensemble régional, «les Églises célèbrent la même eucharistie et cela les tient unies ensemble, comme n'étant qu'une seule Église, ce qui au plan des institutions se traduit, en certaines régions, par l'envoi du *fermentum* ou de l'*apophoretum* (…) et l'inscription aux dyptiques» (136). La coutume orientale des *dyptiques*, vers le IIe siècle, mentionnait au cours de la synaxe les noms des évêques des centres ecclésiaux importants avec lesquels la communauté entretenait des liens de communion. Cette coutume existe au memento des défunts en Occident et se transforme pour s'affirmer au VIe siècle. Voir CONC. VASENSE (529), can. 4, SC 353, 191, où il est décidé de nommer l'évêque de Rome aux diptyques. Cf. H. LECLERCQ, «Diptyque», 1045-1094.

[21] Cf. V. PERI, «La Chiesa di Roma e le missioni "Ad gentes"», 187.

[22] Cf. CONC. CONSTANTINOPOLITANUM (381), can. 2., in *COD*, 86.

[23] Cf. K. BAUS, «La struttura organizzativa della Chiesa imperiale», 258-263.

gitimité épiscopale. L'autorité primatiale dans un regroupement d'évêques s'entendait comme le vecteur de la catholicité et la garantie d'une même Succession apostolique.

Un indice en ce sens nous est donné par la place du canon 34 dans l'ordonnancement des *Canons des Apôtres*. Quoiqu'il ne fasse pas ici mention d'une autorité de «confirmation» de la part du primat, ce canon précède dans les *Canons des Apôtres* ceux qui concernent les élections épiscopales[24]. Il est raisonnable de penser que le canon 34 trouve son origine dans la coutume de la confirmation des élections épiscopales par des instances supérieures et prend donc sa dynamique dans la Succession apostolique. En ce sens, le canon 34 est le rappel de l'expérience ecclésiastique traditionnelle des trois premiers siècles plutôt que le décalque d'un système administratif. Il n'y est pas question de l'évêque de la métropole, mais d'un évêque qui est «reconnu digne des faveurs» (εἰδέναι) des autres. Il est désigné comme la tête du corps épiscopal autant par sa sagesse ou son expérience que par la prédominance du siège qu'il occupe, soit par l'ancienneté, soit par le fait qu'il fut centre d'impulsion pour l'évangélisation.

Cette «reconnaissance», dans la traduction latine de Denys le petit, prend la forme d'un «consensus» (*scire convenit*) et donc d'un processus juridique. Elle est facteur de communion et génère une mécanique de synodalité dans laquelle se constitue un réseau d'Églises. Elle détermine ainsi un espace juridique de synodalité, dont la base n'est pas d'abord territoriale mais interpersonnelle, comme l'évoque le vocable «*gentium*» (*ethnos*). Ce qui appert en premier dans ce canon 34, ce sont des relations mutuelles qui se fondent sur un élément commun de nature sacramentelle, l'Épiscopat. Le canon rappelle ainsi à la mémoire une *praxis*: la communion synodale entre les pasteurs, et avec eux les communautés qu'ils représentent, ne peut fonctionner sans une primauté personnelle de nature épiscopale.

Cette pratique conduit dès lors à une *táxis*, une organisation juridique qui fonde dans la synodalité une gradualité fonctionnelle entre les sièges épiscopaux. Le terme grec «εἰδέναι» et sa traduction latine «*scire convenit*», montrent que la base consensuelle de la reconnaissance est nécessaire pour établir un *prótos* (*primus*), auquel on doit reconnaître «l'honneur» (τιμή), l'«autorité» d'être la «tête» (*caput*) du corps formé par les évêques assemblés. La version grecque précise qu'il conduit, marche en avant, guide vers un lieu (ἡγεῖσθαι), d'où il «commande» comme «chef»

---

[24] Cf. *Can. Ap.* 35 et 36, in *CSP* I/2, 24-25.

(*prótos*)[25]. La traduction latine, plus timorée, peut-être en considération de l'évêque de Rome, dit : «*quem velut caput existiment*» (que tous le considèrent *par exemple comme* un chef – une tête –): il est «comme au-dessus» des autres.

Dans les deux versions la fonction n'est donc pas comprise exactement de la même manière. La version grecque entend la charge primatiale comme celle qui rassemble et «forme» la communauté qu'elle commande (*prótos*), alors que la version latine laisse entendre que ce n'est que par analogie de fonction avec un «chef» que cette charge doit se comprendre. La notion de «*prótos*», qui qualifie également l'évêque dans son Église où il est le «*proestós*»[26], n'a de valeur que dans le sens d'une «représentation» de la communauté (personnalité corporative) *ad intra* et *ad extra*, au sein d'un collège d'égaux. La notion de «*primus*», traduit bien le sens de «*prótos*», mais seulement dans l'ordre numérique, graduel. La notion grecque renvoie à l'essence du rapport mutuel entre les évêques, la collégialité, tandis que la notion latine renvoie au domaine purement fonctionnel, celui de la coordination pastorale. Denys le Petit, en reportant ce canon 34 dans sa collection en donne déjà une interprétation, peut-être à lumière des précisions apportées dans les conciles du IVe siècle.

Cette reconnaissance par des pairs, équivaut à la détermination d'une charge légitime de nature épiscopale, pour veiller (*episkopeín*) à l'équilibre des relations pastorales entre évêques. C'est la nature de ce rassemblement qui diffère: ontologique dans la version grecque, où il signifie une «communauté» d'évêques dont le *prótos* est le garant, comme l'évêque dans sa communauté; juridique dans la version latine, où il signifie que la fonction de *primus* est un élément nécessaire à la coordination entre des évêques, chacun étant autonome dans son Église. La reconnaissance dont il fait l'objet par ses pairs est juridiquement, en quelque sorte, une délégation *ad personam*, pour veiller sur les rapports mutuels. C'est un principe de sauvegarde d'une saine autonomie épiscopale au niveau supra-local.

Mis sous l'autorité des Apôtres, le canon 34 se présente comme le rappel d'un principe coutumier: les questions qui dépassent une communauté doivent recevoir l'avis (γνώμη) du primat, mais également des autres évêques. Ce qui concerne plusieurs communautés doit être traité en commun par les chefs d'Églises. De manière positive, c'est l'intérêt

---

[25] Cf. les sens du terme «prótos», *supra*, chap. I, nt. 163.

[26] «Celui qui est devant», que traduit le terme «antistes» dans le canon eucharistique Voir F. GAFFIOT, *Dictionnaire*, «antistēs», sens 1

général qui prime. De manière négative, il implique une limite d'action singulière au ministère épiscopal: un évêque ne peut régler seul une question qui implique également les autres. Le canon ne précise pas ce qu'est une «affaire» supra-locale, mais détermine seulement que la localité est le principe du processus décisionnel par lequel ces intérêts communs doivent être traités par les évêques. Si donc la notion n'apparaît pas comme telle, nous sommes fondés à voir dans le canon 34 une définition de la communion synodale sur un territoire défini par un *affectus collegialis*. Aucun évêque, même s'il est le premier d'entre eux, ne peut prendre une décision d'ordre général: il n'en a pas la compétence, et seul le consensus collégial a valeur d'autorité incontestable, comme le souligne la finale doxologique du canon, se référant à la Trinité. Le principe ainsi envisagé dans une dimension théologale est celui de la concorde entre les évêques qui doivent manifester une harmonie dans la mise en œuvre de leur ministère.

c) Commentaire

Ce canon décrit un *conventus* synodal d'évêques, égaux entre eux par la compétence sacramentelle mais entre lesquels existe une gradualité par le positionnement de leurs sièges dans la communion. Il parle d'un souci d'équilibre dans la direction épiscopale. Le canon 34 suppose ainsi l'existence de sphères d'autonomie ($\pi\alpha\rho o\iota\kappa\acute{\iota}\alpha\iota$), définies canoniquement par l'autorité personnelle d'un évêque, et appelées à se maintenir dans la communion par l'union de leurs pasteurs. La relation juridique entre évêques se réalise sous l'autorité régulatrice de l'un d'entre eux, ce qui suppose alors l'existence d'une nouvelle sphère plus large, conditionnée celle-ci par la «reconnaissance» qui constitue le lien juridique entre eux. La réalité de ce *cœtus* met en jeu des capacités décisionnelles égales reliées à un unique pouvoir, celui de l'Épiscopat. Son fonctionnement se base sur un mécanisme de concertation et d'unanimité autour d'un évêque désigné comme «tête» mais dont la stabilité est sujette à sa reconnaissance par les autres.

Le développement de la vie synodale correspond à une autorégulation par les évêques eux-mêmes, réunis en un *cœtus* territorial, affirmant ainsi les droits et devoirs des différents détenteurs de l'autorité sacrée, cherchant à éviter les intrusions arbitraires dans le domaine réservé à chacun et les abus d'autorité de toutes sortes. Chaque évêque est le *prótos* de sa communauté. Il est confirmé, en vertu de l'ordination épiscopale, à la tête d'un siège déterminé, non par la délégation de ses électeurs ou celle de ses consécrateurs, mais par le *conventus* épiscopal qu'il intègre avec le consentement collégial de ses pairs. Le ministère de l'évêque tel que le présente le canon 34 est une participation à un «corps épiscopal». Le *prótos*, en lien avec la synaxe eucharistique, est disposé dans la Succession apostolique et qualifie ainsi l'entité ecclésiale qu'il préside comme une Église particulière dont il est le représentant et sur laquelle il «veille». Comme *episkopos*, il partage avec les autres évêques une même sollicitude collégiale pour les églises proches.

Les règles du collège sont celles de la collaboration ($\sigma\upsilon\nu\varepsilon\rho\gamma\acute{\iota}\alpha$) et de la coopération (par un *munus* identique) qui doivent trouver leur équilibre dans l'unanimité des décisions synodales qui expriment la ligne de conduite commune. Le canon 34 énonce ainsi une autonomie épiscopale contrebalancée par une autorité hiérarchique, de type synodale, manifestée par un «primat» qui assure une *modération* dans les relations collégiales[27]. Il est le «premier» parce que sa fonction de *confirmation* des élections en fait le gardien de l'autorité de chacun dans son Église et de son autorité au-delà. Désigné par ses pairs, il agit comme un vecteur de communion à la manière d'un «modérateur» de la charge épiscopale. Il est le *prótos*, parce qu'il matérialise physiquement le rassemblement et l'unité. Il est le garant de la concertation collégiale entre ses pairs et donc le pivot de la synodalité.

Dans la pratique d'un épiscopat monarchique, cet évêque-primat participe au pouvoir sacré au même titre que les autres et son rôle n'est pas d'une nature différente: il est un *primus inter pares*, désigné par ses égaux. Son autorité est reconnue et son avis est déterminant au sein du synode. Il serait dangereux ($\pi\varepsilon\rho\iota\tau\tau\grave{o}\nu$) pour un évêque, dit le canon, d'entreprendre une affaire d'importance sans qu'il ait pris l'avis ($\gamma\nu\acute{\omega}\mu\eta$) de l'autorité primatiale. Son avis, en effet, est prévalent parce que sa position est prééminente. Mais de manière réciproque, le primat ne peut rien faire dans une affaire qui regarde tous et chacun sans leurs avis: les compétences sont liées mais dans une dynamique de communion, afin d'exercer une vigilance mutuelle dans l'exercice d'un même *munus*.

Cette forme organique de la communion se profile au travers d'un binôme graduel collégialité-primauté, qui constitue le noyau juridique de l'unité de plusieurs Églises. Le modèle ecclésial de regroupement reste le même que pour les Églises particulières: il faut circonscrire une population selon un principe ministériel et isoler le *munus* de surveillance (*episkopé*), gage d'équilibre, au travers d'une figure primatiale[28].

---

[27] Cf. V. PERI, «La chiesa di Roma e le missioni», 213-214.
[28] Cf. C. VOGEL, «Communion et Église locale», 177.

Le binôme pastoral collégialité-primauté ainsi stabilisé au niveau de l'équilibre de l'exercice de la fonction épiscopale, précise une interrelation entre le pouvoir personnel de chaque évêque et celui collectif du collège des évêques formalisée par le *prótos*. Ces deux pouvoirs ne sont pas en opposition sur un plan juridique, ni ne se confondent. Il s'agit d'une interdépendance graduelle: les uns ont besoin de l'autre dans l'expression d'une même autorité (ἐξουσία) qui est celle du Christ. La recherche de la concorde ou d'une unanimité (ὁμόνοια) est donc posée en termes de collaboration (συνεργία) et de discernement (κρίση) qui suppose l'avis de chacun (γνώμη) pour les affaires qui les concernent tous, sous l'autorité régulatrice de l'un d'entre eux.

Le canon 34 souligne l'aspect théologique du mécanisme synodal: glorifier la Trinité, modèle systématique des relations ecclésiales, où il n'y a pas de hiérarchisation mais un ordre processuel, une gradualité dans les rapports mutuels, une différenciation des responsabilités dans la mission sur un territoire où se rassemblent diverses communautés hiérarchiques. La primauté ici mise en évidence par les besoins fonctionnels de la synodalité, la conditionne dans son exercice comme un service (cf. Mc 9,35).

1.1.2 Le canon 9 du concile d'Antioche

CONC. D'ANTIOCHE, canon 9: *Per singulas regiones episcopos convenit nosse metropolitanum episcopum* (τῇ μητροπόλει προεστῶτα ἐπίσκοπον) *sollicitudinem totius provinciæ gerere, propter quod ad metropolim omnes undique qui negotia videntur habere concurrant. Unde placuit eum et honore præcellere* (τῇ τιμῇ προηγεῖσθαι) *et nihil amplius præter eum ceteros episcopos agere, secundum antiquam a patribus nostris regulam constitutam, nisi ea tantum, quæ ad suam diocesim pertinent possessionesque subiectas* (χώραις). *Unusquisque enim episcopus habet suæ parroeciæ potestatem, ut regat iuxta reverentiam singulis conpetentem et providentiam gerat omnis possessionis quæ sub eius est potestate. Ita et presbiteros et diaconos ordinet et singula sua iudicio conprehendat. Amplius autem nihil agere præsumat præter antistitem metropolitanum, nec metropolitanus sine ceterorum gerat consilio sacerdotum*[29].

---

[29] CONC. ANTIOCHENUM (341), can. 9, in *CSP*, I/2, 110-111 (version latine de Denys le petit, can. 87, PL 67, 161): «Τοὺς καθ'ἑκάστην ἐπαρχίαν ἐπισκόπους εἰδέναι χρὴ τὸν ἐν τῇ μητροπόλει προεστῶτα ἐπίσκοπον τὴν φροντίδα ἀναδέχεσθαι πάσης τῆς ἐπαρχίας, διὰ τὸ ἐν τῇ μητροπόλει συντρέχειν πάντας τοὺς τὰ πράγματα ἔχοντας. Ὅθεν ἔδοξεν και τῇ τιμῇ προηγεῖσθαι αὐτόν, μηδὲν δὲ πράττειν περιττὸν τοὺς λοιποὺς ἐπισκόπους ἄνευ αὐτοῦ, κατὰ τὸν ἀρχαῖον κρατήσαντα ἐκ τῶν πατέρων ἡμῶν κανόνα, ἢ ταῦτα μόνα, ὅσα τῇ ἑκάστου ἐπιβάλλει παροικίᾳ και ταῖς ὑπ'αὐτὴν χώραις· ἕκαστον

a) La réception du canon 9 d'Antioche

Le concile d'Antioche, vers 341[30], est appelé aussi concile de la Dédi-cace. Longtemps soupçonné d'être un concile arien, il fut rejeté en Occident par Innocent Ier (417). Ses 25 canons furent cependant regroupés en une collection dite d'Antioche[31], reconnue par le concile de Chalcé-doine (451) dans sa section disciplinaire et accepté partout en Orient. Parvenus cependant bien avant en Afrique, ils intègrent les canons du synode plénier de Carthage de 419[32], dont la partie disciplinaire est con-nue en Occident comme *Canones in causa Apiarii*, car on y jugea en appel l'affaire du prêtre Apiarius[33]. Ce synode plénier de Carthage, où fut présente une délégation de l'Église de Rome, avait notamment disci-pliné les rapports entre les évêques au travers d'une série de canons[34]. Un exemplaire grec de ce synode plénier est connu comme «collection orientale» par Denys le Petit, qui l'insère dans sa propre collection[35]. Durant la seconde moitié du premier millénaire, on ne retrouve pas de manière littérale ce canon 9 dans la législation canonique latine. Des traces apparaissent seulement au milieu du IXe siècle, dans les Fausses-décrétales, sous diverses attributions éponymes, déjà évoqués pour le ca-non 34 des Apôtres, comme celles des papes Anicet (166), Calixte Ier (222), Lucius Ier (254) ou encore d'Etienne Ier (257).

Gratien reporte ce canon d'Antioche dans la Cause IX de la seconde partie du *Décret*. Dans le *dictum ante canonum* qui introduit la question 3 de cette Cause, Gratien indique qu'il se sert de la version déjà évoquée de Martin de Braga, qui fait «référence pour les papes». Si les canons 34

γὰρ ἐπίσκοπον ἐξουσίαν ἔχειν τῆς ἑαυτοῦ παροικίας, διοικεῖν κατὰ τὴν ἑκάστῳ ἐπιβάλλουσαν εὐλάβειαν, καὶ πρόνοιαν ποιεῖσθαι πάσης τῆς χώρας τῆς ὑπὸ τὴν αὐτοῦ πόλιν, ὡς καὶ χειροτονεῖν πρεσβυτέρους καὶ διακόνους, καὶ μετὰ κρίσεως ἕκαστα διαλαμβάνειν, περαιτέρω δὲ μηδὲν πράττειν ἐπιχειρεῖν δίχα τοῦ τῆς μητροπόλεως ἐπισκόπου, μηδὲ αὐτὸν ἄνευ τῆς τῶν λοιπῶν γνώμης». Voir Mansi, 2, 1312.

[30] La datation du concile d'Antioche oscille entre 327 et 341: voir en ce sens R. GRYSON, «Les élections ecclésiastiques en Orient», 306, nt. 3, qui opte pour une datation basse (330). Nous retenons ici la datation classique, vers 341. Cf. P.P. JOANNOU, in *CSP* I/2, 100-101.

[31] Cf. P.P. JOANNOU, in *CSP* I/1, 9.

[32] Cf. P.P. JOANNOU, in *CSP* I/2, 197-436

[33] Cf. l'introduction de C. Munier in *Concilia Africæ*, CCL 149. Voir également P.P. JOANNOU, in *CSP* I/2, 190-191.

[34] Cf. CONC. CARTHAGENENSE (419), cann. 13.17.18.19.39.49.53.56, in *CSP* I/2, 226-227.231-232.232-233.234-235.258-259.267-268.273-277.284-286.

[35] En 1615 à Paris, Chr. Justel donne à cette collection récupérée par Denys le titre de *Codex canonum Ecclesiæ Africanæ*, et c'est sous ce titre qu'elle apparaît dans Mansi, III, 699-844. Restituée et éditée par J.P. Migne, PL 67, 159-166.

et 9 forment une compilation dans le canon 1, en revanche le canon 2 est plus fidèle au canon 9 d'Antioche sous le titre «*Sine metropolitani conscientia extra suam diocesim nichil agat episcopus*»[36], qui est reporté par l'auteur du *Décret* à partir d'une version hispanique de la *Collectio trium Partium* d'Yves de Chartes[37]. Le matériel des *Tripartita* provient des collections Pseudo-isidoriennes, notamment des textes conciliaires d'Orient, d'Afrique, de Gaule et d'Espagne et des Fausses-décrétales. Le canon 9 d'Antioche (341) y apparaît encore par fragments dans ces dernières, que Gratien va réemployer dans les canons de la Cause IX sous les divers pseudonymes des papes auxquelles ces Fausses-décrétales se réfèrent[38]. Cette compilation nous indique ainsi différentes strates de réception dans des sens plus ou moins convergents.

b) Lecture contextuelle du canon 9 d'Antioche

La canonisation du binôme épiscopal collégialité-primauté à partir de Nicée (325)[39] permet d'envisager, au niveau ecclésiologique, un mode typique de fonctionnement du corps épiscopal. Proche sémantiquement du canon 34 des Apôtres, le canon 9 du concile d'Antioche en précise cependant le principe, en rapprochant l'organisation ecclésiastique au plus près des modalités structurelles de l'administration impériale. Il ne s'agit plus, dès cette époque, de reconnaître un *prótos* au sein de la communion épiscopale: son siège le désigne objectivement au sein d'un regroupement juridique, la province (ἐπαρχίας). Le *prótos* provincial, désigné désormais comme l'évêque de la métropole civile, est le pivot de l'organisation synodale sur le territoire déterminé et fixe de l'éparchie qui regroupe plusieurs diocèses (παροικίαι) avec leurs pasteurs. Le canon 6 de Nicée (325)[40] a fixé le cadre de son organisation: il s'agit d'un regroupement de communautés locales, sous le primat d'un métropolitain.

Le canon 9 donne une qualification juridique au regroupement territorial inter-ecclésial: il s'agit d'une province (*eparchía*). Par là même, il nous en donne le principe: une province ecclésiastique est un ressort synodal d'Églises locales où une cité occupe une place privilégiée «pour les affaires à traiter». Il s'agit moins d'établir un réseau de communautés

---

[36] C. 9, q. 3, c. 2.

[37] Collection appelée aussi *Tripartita*. Voir Ae. FRIEDBERG, *Corpus Iuris canonici*, I, *prolegomena*, LXIII. Cf. J. RAMBAUD-BUHOT, «Le Décret de Gratien et le droit romain».

[38] Cf. C 9, q. 3, Pseudo-Anicet, c. 5; Pseudo-Calixte Ier, c. 7.

[39] Cf. CONC. NICAEUM (325), cann. 4.6, in *COD*, 7.8-9.

[40] Cf. CONC. NICAEUM (325), can. 6, in *COD*, 8-9; *supra*, chap. I, nt. 195.

de fidèles (*ethnos*) que d'accommoder un réseau de chefs d'Églises qui doit se constituer comme une entité collégiale. La province elle-même devient une personne morale, le synode provincial, et son représentant est le *prótos* métropolitain qui préside à l'un comme à l'autre. Le canon 6 de Nicée reconnait des circonscriptions et des autorités ecclésiastiques supérieures à la province, présentes déjà avant le concile[41].

Il s'agit ici d'un critère pratique plus qu'ecclésiologique: la métropole civile est un centre politique dans un réseau de cités et un lieu ordinaire de rencontre. Par suite, la position proéminente de la cité métropolitaine entraine une gradation entre les sièges épiscopaux sur un même espace géographique. Cet accommodement sera encore renforcé par les conciles suivants qui stipuleront qu'il ne faut pas déroger à l'organisation administrative civile qui attribue un «rang» à chaque cité[42]. Cette modalité graduelle entre facilement en consonance avec la discipline ecclésiastique. Les emprunts au droit romain se comprennent par l'absence d'un droit spécifique[43]. L'intervention de l'Empereur dans la diffusion des décisions conciliaires depuis l'édit de Théodose[44] apporte un garantie juridique devenue nécessaire pour étendre le christianisme à l'ensemble de l'Empire. La Concession de liberté religieuse (313) a permis à l'Église de s'inscrire dans le paysage politique impérial comme un type d'organisation structurée. La religion reste un élément fédérateur dans la législation impériale et dans l'administration municipale[45]. Les objectifs politiques sont d'assurer l'unité interne de l'Empire et de lier l'Église aux destinées de l'État pour en faire une institution de droit public. Cette législation est principalement réalisée sur le mode de rescrits impériaux[46], adressés aux hauts fonctionnaires de l'Empire, les préfets du Prétoire, chargés de les mettre en œuvre. Ces rescrits, érigés en lois générales, trouveront places dans le Code Théodosien, principalement au Livre XVI. Le

---

[41] Cf. C. VOGEL, «Unité de l'Église et pluralité», 619-623.

[42] Cf. *e.g.*, CONC. CHALCEDONENSE (451), can. 17, in *COD*, 95.

[43] Cf. J. GAUDEMET, *L'Église et l'Empire romain*, 28 s.

[44] Appelé aussi Édit de Thessalonique. Promulgué par Théodose le 27 février 380, il impose le christianisme comme religion de tout l'Empire romain et ferme les temples païens. L'Édit reconnaît les canons du concile de Nicée et les Églises qui s'y réfèrent.

[45] A la mort de Constantin II en 361, Julien l'Apostat ouvre à nouveau les temples des cultes municipaux que ses prédécesseurs avaient fermés. Une nouvelle organisation du culte impérial en vue de favoriser une unité de l'Empire, confie la surveillance des cultes locaux des villes de la province civile à un *archiflamen*. Pour P. Allard, *Julien l'Apostat*, II, 117 s., il y aurait là une similitude d'organisation entre les clergés païen et chrétien, mais cette position ne résiste pas vraiment aux faits historiques.

[46] Cf. C. BUENACASA-PEREZ, «Un aspect de la correspondance», 173-175.

fait que les évêques ne soient pas les premiers destinataires des décisions les concernant, montre que l'organisation ecclésiastique, en Orient comme en Occident, n'est pas encore suffisamment achevée au IVe siècle pour déterminer des interlocuteurs légaux. Le pouvoir civil exerce une pression, à partir de Théodose, pour que soit établie une organisation ecclésiastique entre les évêques afin de faciliter les communications et la diffusion des lois. Sous Justinien, la constitution de «Patriarcats» semble acquise en ce sens[47].

Le canon 9 d'Antioche nous confirme ainsi que le système métropolitain n'est pas d'abord une hiérarchisation du collège épiscopal, mais une gradualité entre des centres ecclésiaux sur un même territoire. C'est la désignation comme centre d'un siège épiscopal en particulier qui va qualifier son *prótos* pour être le premier d'un groupement d'évêques. Une gradualité fonctionnelle existe déjà entre les pasteurs selon un mode «corps-tête», comme nous l'avons vu au canon 34 des Apôtres. La «tête» est constituée par une charge ($\tau\iota\mu\acute{\eta}$) de premier rang ($\pi\rho\omega\tau\varepsilon\tilde{\iota}ov$)[48]. En introduisant un critère objectif comme le territoire, la fonction de capitalité qui s'était déjà fixée, est maintenant identifiée de manière objective et stable. Pour autant, cela ne s'éloigne pas de la pratique ecclésiale qui désignait déjà depuis longtemps certaines cités comme des sièges épiscopaux importants à cause de leurs rôles dans la mission apostolique ou l'évangélisation.

La version grecque du canon 9 souligne le rôle de l'évêque métropolitain. Il est question d'une fonction de «présidence»: le *prótos* qui «préside» ($\pi\rho\omega\varepsilon\sigma\tau\tilde{\omega}\tau\alpha$) l'Église de la métropole, doit «prendre soin» ($\tau\grave{\eta}v$ $\varphi\rho ov\tau\acute{\iota}\delta\alpha$) de toute la province. Sa position comme pasteur de la cité métropolitaine le dispose de manière prééminente pour être le médiateur naturel entre tous les évêques sur le territoire provincial. Comme *prótos* du premier siège de la province, il intervient sur le territoire synodal pour «veiller avec soin» à la communion provinciale, de la même manière qu'il veille sur sa propre Église. Cette sollicitude qui était synodale au canon 34 des Apôtres, où elle était incarnée par un *prótos* désigné collégialement, devient un «office de vigilance» fixé à la charge d'un siège épiscopal[49].

La position graduelle de l'évêque de la cité métropolitaine lui donne la possibilité de veiller, car on vient régler les affaires sur son territoire.

---

⁴⁷ Cf. C. BUENACASA-PEREZ, «Un aspect de la correspondance», 177.

⁴⁸ Cf. A. BAILLY, *Dictionnaire*, «$\pi\rho\omega\tau\varepsilon\tilde{\iota}ov$»: premier rang, prééminence. «$\tau\iota\mu\tilde{\eta}\varsigma$»: occurrence III, 2, «charge en général», «charge honorifique»; CMIECO, «Chieti», n. 4.

⁴⁹ Cf. M.J. LE GUILLOU, «L'expérience orientale de la collégialité», 170.

Cette vigilance est d'abord une sollicitude pour toutes les Églises de la province, un «honneur», une «charge» qu'il faut comprendre dans le sens d'une autorité à qui on accorde une certaine valeur[50]. Cette autorité a fait l'objet de précisions, notamment à propos de la province de Palestine dans le canon 7 de Nicée (325)[51] qui accorde une autorité, la préséance de l'honneur (τῆς τιμῆς) à l'évêque de Jérusalem, la Cité sainte, conséquence de la tradition et de la coutume, sans remettre en cause la dignité (ἀξιώματος) qui est accordée à l'évêque de la métropole, Césarée Maritime. Le terme qui désigne ici la dignité est le génitif de «ἀξίωμα», qui signifie «office», «rang». Il s'agit d'une fonction (*munus*) que doit assurer le métropolitain[52]. Celle-ci est d'être le premier du rang épiscopal dans la province (τῇ τιμῇ προηγεῖσθαι), littéralement celui qui «précède, qui devance sur le chemin»[53], une position synodale.

Son autorité repose non plus sur les faveurs de ses pairs mais sur la notion objective de la préséance de l'Église qu'il préside, au nom d'un droit divin, comme *prótos*. C'est désormais un droit attaché à son siège, contenu dans la charge de *prótos* d'une Église particulière à laquelle ses pairs l'ont élu: il est donc un *primus inter pares* si on ne considère strictement que la manière dont il obtient son siège. Il s'agit d'une définition canonique, sur laquelle il a déjà été statué (Ὅθεν ἔδοξεν), «selon les règles établies par nos pères» qui pourrait renvoyer au canon 34 des Apôtres ou à une source commune. Il existe donc une règle connue: dans la province, il y a un «office de sollicitude», confié *ad normam* à un évêque désigné *a priori*. Le primat est le président (*proestós*) de la province, non le *prótos*: la province n'est pas une communauté hiérarchique.

Dans cette perspective, la nature de son office est égale à celle de ses comprovinciaux. La fonction de chaque évêque dans son diocèse et son aire de compétence est rappelée (les campagnes adjacentes à la cité épiscopale). Chacun a une autorité (ἐξουσίαν) que Denys le petit traduit par «*potestatem*», un pouvoir, notamment pour administrer le diocèse mais également pour «prendre soin» (πρόνοιαν ποιεῖσθαι) du peuple de Dieu, y compris celui qui se trouve hors de la cité mais en dépend. Pour cela

---

[50] Voir le commentaire, *supra*, chap. I, nt. 199.

[51] Conc. Nicaeum (325), can. 7, in *COD*, 9: «Ἐπειδὴ συνήθεια κεκράτηκε καὶ παράδοσις ἀρχαία, ὥστε τὸν ἐν Αἰλίᾳ ἐπίσκοπον τιμᾶσθαι, ἐχέτω τὴν ἀκολουθίαν τῆς τιμῆς, τῇ μητροπόλει σωζομένου τοῦ οἰκείου ἀξιώματος»

[52] Le vocable «τῆς τιμῆς», plus difficile à interpréter, pourrait signifier qu'il n'y a pas de subordination de l'évêque de Jérusalem à l'autorité du métropolitain. Il qualifierait ici une position dans la «charge d'honneur». Voir Hefele-Leclercq, I/1, 569-576.

[53] Cf. A. Bailly, *Dictionnaire*, «προ·ηγέομαι», sens I, 1: marcher en avant, précéder.

l'évêque peut librement ordonner des clercs pour l'assister. En dehors de cette juste autonomie, il ne peut rien faire, au-delà des limites fixées, sans le métropolitain. Mais, comme garant de cette juste autonomie de compétence territoriale, le métropolitain ne peut rien faire également sans l'avis de ses comprovinciaux dans le territoire de la province. Le pouvoir ordinaire du métropolitain est son propre pouvoir épiscopal dont la compétence territoriale est étendue à toute la province en certaines matières disciplinaires, mais soumise au synode provincial. Le canon 9 apporte ainsi une précision fondamentale: le métropolitain exerce une fonction de présidence (*proestós*) au sein de la province, mais n'a de réelle primauté (*prótos*) que sur son diocèse.

Le canon précise encore la nature du regroupement ecclésial. La province est un *conventus* épiscopal caractérisé par une stabilité organique qui existe comme une entité juridique, une personne morale collégiale autour du métropolitain. Avec la reconnaissance d'une personnalité morale, le synode provincial, comme *cœtus* d'évêques, fonctionne comme une personne juridique qui met en œuvre le but poursuivi, la communion. Cette entité épiscopale dans la législation impériale est un collège juridique de pairs, le «synode provincial» ou «province ecclésiastique», qui fonctionne cependant avec une présidence fixe[54]. Le président ne peut rien faire sans l'autorité qui lui est donné par le synode: sa compétence est liée par son office. De même, le synode ne peut se réunir et donc décider, sans sa présence[55].

La reconnaissance par Constantin en 321 de la capacité juridique accordée aux synodes provinciaux de recevoir des legs[56] va renforcer l'autorité du métropolitain bien au-delà de la seule confirmation des élections. Comme représentant légal de l'entité provinciale, il est un «superviseur» pour contrôler la discipline ecclésiastique et la gestion administrative de chaque évêque de l'éparchie. Sa fonction est un droit de vigilance administrative sur l'ensemble de l'agir épiscopal dans le ressort territorial de la province qui est défini juridiquement comme sa compétence. Le canon 9 précise ainsi que le métropolitain n'a pas de facultés pour agir dans la juridiction de chaque évêque, mais seulement dans la sienne. C'est seulement dans sa fonction de surveillance qu'il exerce son autorité dans la province, au nom du synode. Son contrôle s'étend sur toutes actions épiscopales qui pourraient produire des effets juridiques en dehors des limites de leurs seules compétences. C'est d'abord pour

---

[54] Cf. DE HALLEUX, «La collégialité dans l'Église ancienne», 439.
[55] Cf. CONC. ANTIOCHENUM (341), can. 20, in *CSP* I/2, 120
[56] Cf. *cod. theod.* 16,2,4 = *Cod. iust.*, 1,2,1; Hefele-Leclercq, I/1, 1

exercer cette vigilance que les synodes doivent se réunir deux fois par an[57]. Le synode est devenu une cour de justice, tant administrative que judiciaire. Les rencontres régulières doivent dirimer les conflits en seconde instance ou en appel, alors que les définitions de foi sont traitées désormais dans les conciles œcuméniques convoqués par l'Empereur.

À partir du IVe siècle, on voit que «l'égalité n'est jamais la confusion»[58]. L'autorité ecclésiastique est pensée en terme de compétences avec un support juridique et ce que «nous appelons aujourd'hui juridiction [...] était précisément désigné autrefois sous le nom de communion épiscopale»[59]. Dans cette configuration, la collégialité pastorale des évêques dans la province ecclésiastique signifie la synodalité des Églises. Le regroupement provincial n'est pas une Église différente de celles qui le constituent, mais par l'organisation graduelle des sièges entre eux, ils forment une communauté hiérarchique d'évêques de type synodal. La fonction primatiale, qui unit l'autorité épiscopale d'un *prótos* à la capacité personnelle d'un *proestós*, est l'expression d'un pouvoir détenu en commun par le synode épiscopal et exercé exclusivement par le primat en vue de la mise en œuvre des décisions collectives, restant sauve l'autorité de chaque *prótos* sur son territoire pour les affaires propres. Ainsi «communion» et «communication» forment des réseaux synodaux d'Églises qui se cristalliseront en blocs régionaux. De ce phénomène de concentration, les provinces deviennent des niveaux intermédiaires de synodalité épiscopale. Par définition, elles sont des entités autonomes identiques, qui se maintiennent dans la communion par la reconnaissance d'un ordre d'interdépendance de préséances et de privilèges. Cette concentration se fixe au Ve siècle, au travers des cinq patriarcats, tel que le concile de Constantinople (381) les a énumérés selon une *táxis* qui attribue le rang et l'honneur dus à chacun[60]. En se figeant comme dernier niveau d'une communion de regroupement d'Églises, le patriarche, reconnu par les autres patriarches, devient la «tête» du collège épiscopal d'un regroupement d'éparchies, le *prótos*, principe de l'unité constitué par le rassemblement des différents synodes territoriaux.

---

[57] Cf. CONC. ANTIOCHENUM (341), can. 20, in *CSP* I/2, 120. Voir également CONC. NICAEUM (325), can. 5, in *COD*, 8; CONC. CHALCEDONENSE (451), can. 19, in *COD*, 96; une célébration par an, CONC. NICAEUM II (787), can. 6, in *COD*, 143-144.

[58] A. GRÉA, *L'Église et sa divine constitution*, 254.

[59] A. GRÉA, *L'Église et sa divine constitution*, 269.

[60] Cette organisation «pentarchique» entrera dans la législation impériale justinienne; cf. *Nov.* 13. Elle est confirmée au concile *in Trullo* (691-692), can. 36, et par le concile de Constantinople (869-870), can. 17. Cf. F. DVORNIK, *Byzance et la primauté romaine*, 64.

c) Commentaire

Le synode provincial est un regroupement d'évêques dont la juridiction ordinaire est celle de l'éparchie. Le synode est un organe de contrôle de la bonne administration[61] de chaque Église présente sur le territoire provincial: c'est un lieu organique de communion. Le synode provincial, comme entité juridique, est constitué de personnes égales entre elles en dignité comme en pouvoir: c'est un collège de pairs. Cependant, cette parité ne peut fonctionner de manière synodale et ne peut se réunir pour décider dans une forme de conciliarité qu'avec la présence de son président, le métropolitain. Celui-ci préside le synode de l'éparchie, mais non l'ensemble des Églises. Parce qu'il fait corps avec ses comprovinciaux qui participent à son élection sur le siège métropolitain, il est fonctionnellement le premier d'entre eux dans la province, un *primus inter pares*.

Le *prótos* dans la province du canon 34 se voyait reconnaître une fonction de présidence de la province, il en était le *proestós*, celui qui était «mis en avant». Cette vision, très dépendante d'une ecclésiologie fondée sur l'Eucharistie, tend à se préciser dans sa nature juridique, dans la tradition canonique orientale, dès la fin du IVe siècle. La reconnaissance par les pairs est devenue le droit d'un siège, un office avec une compétence. La charge du *proestós* provincial, liée à son ministère de présidence de l'Église de la métropole, l'habilite à la fonction de présidence de la concertation synodale des évêques dans l'entité provinciale. Sa charge comprend un double office, sacramentel et juridique pour sa présidence locale et seulement juridique, pour sa présidence supra-locale. L'autorité dont il est revêtu, qui était d'origine synodale et donc une délégation collégiale devient, en se fixant sur un siège déterminé, dans un espace juridique désigné comme le «synode provincial», un pouvoir personnel, une «juridiction», attachée à sa charge d'évêque de la métropole. Sa prééminence n'est plus une reconnaissance de ses pairs mais provient de la position juridique de son siège dans le réseau synodal des Églises. La compétence du métropolitain est donc de figurer cette juridiction et d'incarner l'unité sur un territoire. Comme *prótos* de la cité métropolitaine il est de droit le *proestós* du *conventus* épiscopal provincial[62]. Dans la tradition antiochienne, et orientale en générale, l'expérience eucharistique est au fondement de la relation communautaire ou naît le binôme primauté-synodalité. Dans la tradition canonique, la relation entre les

---

[61] Cf. CONC. ANTIOCHENUM (341), cann. 24-25, in *CSP* I/2, 123-126.

[62] Cf. CONC. ANTIOCHENUM (341), cann. 16.20, in CSP I/2, 117.120; P. DUPREY, «La structure synodale de l'Église», 127.

Églises au niveau supra-local se forme sur cette même corrélation entre le «premier» et une communauté, ici de type épiscopal.

Il est le premier dans la charge épiscopale commune à tous les évêques de la province, par laquelle, rappelle le canon, chacun administre personnellement sa παροικία, c'est-à-dire un territoire déterminé par une compétence sacramentelle. La juste autonomie de chaque évêque est préservée par une vigilance synodale, pour une saine gestion des rapports entre eux. La province est un lieu organique de subsidiarité. Ce que chacun peut faire de sa propre compétence, il est tenu de le faire comme un droit qu'il détient et un devoir à accomplir: ainsi des ordinations et l'administration de son Église. Sur sa gestion, l'évêque doit rendre des comptes devant le synode provincial. En dehors de cela, c'est le métropolitain, au nom du synode, qui organise la compétence de chacun: il est un «arbitre» des règles de la convivance synodale de la province. De modérateur de l'autorité épiscopale dans le canon 34 des Apôtres, dont l'avis était important par le droit de confirmation, il devient, maintenant juridiquement et au nom du synode, le superviseur disciplinaire de ce que peuvent faire les évêques en dehors de leur Église dans le territoire provincial et rien ne peut se faire sans qu'il en ait connaissance.

Son droit de vigilance personnel s'étend sur les évêques seulement et non sur leurs sujets. Il n'est pas encore question d'un droit de suppléance en cas de carence constatée, comme cela apparaîtra plus tard. Il a l'autorité exécutive du synode par laquelle il doit relever et lui signaler les négligences ou les abus. Ce n'est plus seulement son avis, c'est son droit de regard qui devient prépondérant. Le président du synode n'en reste pas moins lié au consentement et à l'avis des comprovinciaux. C'est le synode qui est le juge ordinaire et il doit recevoir de lui les avis pour corriger la discipline ecclésiastique dans la province. Seul, le métropolitain n'est pas compétent. C'est le *conventus* provincial, où il préside, qui détient le pouvoir suprême dans la province, notamment quand il célèbre le concile provincial qu'il doit convoquer régulièrement. C'est ainsi que les canons du concile d'Antioche réservent l'ordination épiscopale au synode provincial[63] où le métropolitain doit donner son assentiment (κύρος/*firmitas*) pour la licéité de l'élection[64]. Son consentement est requis surtout (μάλιστα) pour les affaires qui vont au-delà de la province comme pour l'appel judiciaire à l'Empereur[65], alors que la sentence rendue par les évêques de la province dans le synode est sensée être irrévo-

---

[63] Cf. CONC. ANTIOCHENUM (341), cann. 19.23, in *CSP* I/2, 119.122-123.

[64] Cf. CONC. NICAEUM (325), can. 6, in *COD*, 8-9.

[65] Cf. CONC. ANTIOCHENUM (341), can. 11, *CSP* I/2, 113.

cable[66]. Son autorité personnelle commence donc d'être posée en contre-point de celle, collégiale, de l'ensemble des évêques comprovinciaux. Cette autorité apparaît plus formellement comme une fonction de gouvernance, qui comprend la médiation entre les chefs d'Églises mais également la préservation et la prise en compte d'un équilibre entre unité et diversité. L'absence de finale doxologique dans le canon 9 nous indique que le principe de la communion épiscopale (collégialité) a besoin localement d'un niveau technique institutionnel (synodalité) qui nécessite le recours à la définition d'un pouvoir fonctionnel lié à une autorité épisco-pale. En ce sens, la communion synodale est devenue un système de droit ecclésiastique et donc susceptible d'évoluer dans le temps.

1.2 *Synthèse et perspectives*

Au terme de cette lecture en parallèle des deux canons antiques, qui témoignent d'une source commune en Orient de la tradition synodale, il apparaît comme une certitude: primauté et synodalité ne sont pas des formes optionnelles de l'administration de l'Église, car toutes deux visent à approfondir et maintenir la communion à tous les niveaux. Elles sont inséparables et complémentaires au service de l'unité de l'Église et ne peuvent s'envisager l'une sans l'autre[67].

Le principe synodal s'est constitué et développé pour assurer dans l'Église une synergie missionnaire qui prend sa source dans la Succes-sion apostolique. Le canon 34 des Apôtres donne une vision organique de la communion ecclésiale, au travers du ministère pastoral épiscopal, dans la formulation primaire d'un binôme graduel collégialité-primauté: sa vision de la synodalité est plutôt sacramentelle, directement reliée aux ordinations. Le passage, à la fin du IVe siècle, à une vision plus juridique de la communion, dont le canon 9 d'Antioche garde la trace, précise la gestion administrative du premier binôme dans un sens plus technique, synodalité-primauté. Le principe primatial, pour mettre en mouvement le réseau synodal de concertation, a besoin d'une stabilité juridique qui organise la gradualité entre les sièges et la synergie entre les évêques.

Au cours du premier millénaire, comme nous l'avons vu dans le pre-mier chapitre, les institutions primatiales, à chaque niveau de l'organisa-tion ecclésiale, furent portées par des structures synodales. La primauté

---

[66] Cf. CONC. ANTIOCHENUM (341), can. 15, *CSP* I/2, 116.

[67] CMIECO, «Ravenne», n. 43: «primauté et conciliarité sont réciproquement inter-dépendantes. Pour cette raison la primauté aux différents niveaux de la vie de l'Église, locale, régionale et universelle, doit toujours être vue dans le contexte de la conciliarité et, de même, la conciliarité dans le contexte de la primauté».

est une fonction synodale, sous divers contextes, qui exprime la relation entre une assemblée et celui qui la préside. Les fondements et les modes de fonctionnement des dynamiques ainsi engendrés, diffèrent cependant d'un niveau à l'autre. La nature de la primauté et de la synodalité n'y sont pas identiques, mais il y a une analogie dans leur relation essentielle. La synodalité au niveau local, diocésain, est portée par le charisme particulier de l'évêque, qui est le garant de la communion de son Église avec les autres. Ce charisme, exprimé dans le sacrement de l'ordination épiscopale par la chirotonie, fait des évêques des serviteurs de la communion tout entière à tous les niveaux. Les évêques sont les témoins de la foi de leurs Églises, mais ils sont également responsables de l'Église dans son ensemble. Aussi, tout regroupement ecclésial territorial est-il une union de «premiers». Cela suppose que, des niveaux locaux, supra-locaux jusqu'au niveau universel, la relation entre la primauté et la synodalité puisse maintenir toujours la corrélation entre la communion des Églises et la collégialité des évêques.

L'histoire de l'organisation métropolitaine dans les circonscriptions ecclésiastiques révèle, sans exclusive, deux tendances ecclésiologiques: l'une orientale est plutôt de type synodale, l'autre occidentale est plutôt de type primatiale. C'est au fond un même système avec des accentuations différentes, poursuivant le même but: que la communion hiérarchique, qui s'exprime dans la Collégialité épiscopale, puisse structurer de manière interne la synodalité des Églises particulières, sous un repérage territorial et selon une gradualité des sièges épiscopaux. Nous intéressant davantage à l'évolution latine du système métropolitain et à la conception synodale latine de la notion de Primauté dans la communion ecclésiale, nous poursuivons cette étude, considérant comme acquis les éléments mis en valeur dans la recherche historique du premier chapitre, les complétant au besoin, pour nous concentrer sur le système métropolitain dans ses développements, particulièrement de la fin du premier millénaire jusqu'au concile Vatican I.

1.3 *L'évolution latine du système métropolitain jusqu'à Vatican I*

1.3.1 L'affirmation d'un pouvoir ordinaire du métropolitain

Dans le premier millénaire occidental, la communion épiscopale est multilatérale et ascendante. Dans le chaos politique de la fin de l'Empire romain, l'Église d'Occident n'a eu de cesse d'apparaître comme un modèle de société parfaite au point, pour se maintenir dans une définition féodale des rapports d'autorité, de développer l'élément personnel sur l'élément synodal. Il n'existe de hiérarchie précise, comme en Orient[68], que vers le VIe siècle. Il n'y a pas d'exarques au-dessus des métropolitains, ni de patriarcats en dehors de celui de Rome, tel que déjà signalés au concile de Nicée (325). Seul le siège romain, en Occident, peut se prévaloir d'une double tradition apostolique et son autorité n'a jamais été remise en question. Le rôle de Rome et du pape dans l'unification de la discipline ecclésiastique apparaît nettement au cours du IVe siècle, comme en témoigne la lettre synodale envoyée aux évêques de Gaule[69].

Manifestant sa Primauté d'honneur, le pape porte le *pallium*[70], insigne consulaire réservé aux hauts dignitaires de l'Empire et qui marque sa qualité de Successeur de Pierre. Cette bande d'étoffe devient en Occident le symbole d'une autorité primatiale et la marque d'une considération pontificale, que seuls les Pontifes romains peuvent accorder. Ils en feront un signe de l'autorité personnelle accordée par le Souverain Pontife, notamment pour les territoires de missions, puis il deviendra ensuite celui d'une fonction disciplinaire stable dans l'organisation ecclésiastique pour la communion synodale entre les évêques d'un même territoire[71].

La difficulté de maintenir la communion dans un vaste ensemble géographique morcelé politiquement, mais encore uni par la culture latine trouvera dans la réception des collections canoniques orientales une organisation ecclésiastique efficace[72]. L'autorité pontificale, qui dans l'idéal ne s'est jamais limitée à l'Occident et à laquelle la fausse

---

[68] Cf. G. GRIGORIȚĂ, «Le concept de la primauté», 127-131.

[69] Cf. *Canones synodum Romanorum ad Gallos episcopos*, in Y.M. DUVAL, éd., *La décrétale Ad gallos episcopos* [Duval]. Attribuée au pape Damase (366-384), est un ensemble de canons pris par le synode de l'Église de Rome visant l'unité de la discipline du ministère des évêques (3,9 in Duval, 36), au travers de l'accès à l'épiscopat (2,7. 5,13-15, in Duval, 34,40-42), de l'interdiction du transfert d'évêque (5,16, in Duval, 44), ou de l'ordination en dehors de la province (6/7,18, in Duval, 46).

[70] Le pallium latin n'a pas le même sens que l'*omophórion* grec que l'on trouve dans les Églises orientales et qui est l'ornement distinctif des évêques, cf. *Nuntia* 28 (1989) 44. Ce dernier est l'héritage des *discolora pallia* que portaient les grands dignitaires de l'Empire, privilège qui fut accordé aux dignitaires ecclésiastiques en Orient à partir de la fin du IVe siècle. Il existe aussi un pallium grec, porté par les patriarches et qu'ils confèrent aux métropolitains de leurs rites, après qu'eux-mêmes aient reçu le pallium latin dans la législation Pio-bénédictine. Il existait également un pallium gallican porté par les évêques en Gaules, cf. CONC. MASTICONENSE (581-583), can. 6, SC 354, 430. Voir R. NAZ, «Pallium», 1192-1194; D.G. ORIOLI, «La collazione del pallio», 88-96; M. BERGER, «Pallium romain», 405-410; S.A. SCHOENIG, *Bonds of wool*, 21-274.

[71] Cf. R. NAZ, *Traité de doit*, I, 415; S.A. SCHOENIG, *Bonds of wool*, 177-178.

[72] Cf. C. DE CLERCQ, *La législation religieuse franque de Clovis*, 89. E. DELARUELLE, «La décadence mérovingienne», 129.

Donatio Constantini[73] va donner une consistance juridique, se développe dans les perspectives d'un nouvel ordre politique. Rome va encourager les regroupements territoriaux d'évêques sous la vigilance d'un *«primæ sedis episcopus»*, comme l'Afrique proconsulaire en connaissait déjà[74].

C'est au concile de Turin[75] (401) qu'apparaît, pour la première fois en Occident, une mention claire du système métropolitain. Il s'agit de dirimer deux prétentions à propos d'un droit de visite des diocèses comprovinciaux, qui témoigne de la mise en œuvre de prérogatives métropolitaines, parfois exorbitantes du droit commun tel que nous l'avons vu se mettre en place dans les conciles orientaux. Ce droit est un moyen concret, *de visu* et *de auditu*, de constater la bonne administration des diocèses, mais également une manière de contrôle des élections épiscopales et *in fine* d'asseoir un pouvoir territorial.

L'autorité du métropolitain latin se pose déjà comme un vis-à-vis de celle du synode provincial, où doivent se régler les affaires courantes entre les Églises locales, notamment les transferts d'évêques d'un siège à l'autre et les conflits de territoires[76]. Le synode veille à la discipline

---

[73] Cf. Le *Constitutum Constantini*, impose l'idée que l'Église a reçu dès l'origine des insignes et des droits impériaux. Ce faux document, relié au pape Sylvestre, était inconnu en Orient jusqu'au grand schisme de 1054 où il a été utilisé contre Michel Cérulaire. Voir E. PETRUCCI, «Rapporti di Leone IX con Constantinopoli», 733-831.

[74] Cf. CONC. CARTHAGENENSE (397), can. 25, in *brev. Hippon.*, CCL 149, 40; cf. Hefele-Leclercq, II/1, 88.

[75] Le concile de Turin (401) arbitra le différent entre l'évêque d'Arles et celui de Vienne sur leur qualité de métropolitain. Le concile préconise deux solutions possibles, le principe déjà admis étant que la *Notitia provinciarum* l'emportait. Ainsi Vienne étant la métropole de la Viennoise et le siège Vicaire impérial, devait être par le fait même métropole ecclésiastique. La difficulté venait de l'Église d'Arles qui n'était pas métropole civile mais était le siège de la Sublime Préfecture des Gaules depuis son repliement de Trèves. Les pères du concile proposent de choisir la métropole ecclésiastique, soit sur un critère objectif, celle des deux cités qui serait métropole civile, soit sur un critère subjectif, que les évêques voisins de chacune des deux Églises lui reconnaissent une autorité métropolitaine en acceptant d'être visités: «Viciniores sibi vindicet civitates, atque eas Ecclesias visitet, quas oppidis suis vicinas magis esse constiterit». La solution du partage prévalue, cf. CONC. TAURINENSE (398), can. 2, SC 241, 138; J.R. PALANQUE, «Les métropoles ecclésiastiques», 467- 470.

[76] Cf. *Stat. Eccl. Ant.*, can. 11 (27), CCL 148, 167; CONC. VALLETANUM (549), can. 2 MHS.C 4, 315; CONC. LUGDUNENSE (567-570), can. 1, SC 354, 402; CONC. MASTICONENSE (585), can. 9, SC 354, 468; CONC. PARISIENSE (614), can. 13 (11), SC 354, 516; CONC. BRACARENSE (572), *Cap. ex or. patr. syn.*, 7 in *CVHR*, 88; CONC. BARCHINONENSE (99), can. 3, in *CVHR*, 159-160; CONC. TOLETANUM (633), cann. 35-37, MHS.C, 5, 222-224.

ecclésiastique[77] dans la province: c'est un lieu de concertation du ministère épiscopal. Il garde sa fonction de cour judiciaire pour les clercs, principalement en appel, mais également en première instance pour les évêques[78]. Toutefois, si le synode provincial est un lieu décisionnel pour le ministère épiscopal, les prêtres et les laïcs n'en sont pas exclus dans sa célébration solennelle[79]. L'organisation des conciles provinciaux jusqu'au IXe siècle restera pourtant d'une pratique occasionnelle, liée à la nécessité de résoudre des questions particulières[80], souvent provoquée par les autorités politiques.

Le rôle du métropolitain est d'être l'agent de la communion dans la province où les évêques se soutiennent mutuellement[81]. Il reçoit une «dignité» (*ad gradum huius dignitatis*) parmi les évêques comprovinciaux[82]. Au VIe siècle, le métropolitain possède, de droit, une vraie *potestas* juridictionnelle[83]. Il est un supérieur hiérarchique exerçant un certain pouvoir d'admonestation auprès des évêques du ressort synodal[84], lui-même étant soumis au Siège Apostolique[85]. Son rôle dans la province est reconnu pour la convocation et la présidence du concile provincial[86] ainsi

---

[77] Cf. CONC. TURONENSE (567), *procem.*, SC 354, 348.

[78] Cf. CONC. AURELIANENSE (533), can. 1, SC 353, 196; CONC. LUGDUNENSE (567-570), can. 1, SC 354, 402; CONC. MATISCONENSE (585), can. 9, SC 354, 469; CONC. PARISIENSE (614), can. 13 (11), SC 354, 516.

[79] Cf. CONC. TOLETANUM (v. 400) *procem.* MSH. C, 4, 327; CONC. TOLETANUM (516), can. 13, MSH.C, 4, 279; CONC. TOLETANUM (633), can. 4, MSH.C, 5, 186-187. Voir Hefele-Leclercq, I/2, 1181.

[80] Cf. J.B. D'ONORIO, «Les conciles particuliers», 593; E. CORECCO, «La formazione della Chiesa cattolica», 92-94.

[81] Cf. CONC. TURONENSE (567), can. 12 (11), SC 354, 356-358.

[82] Cf. CONC. AURELIANENSE (533), can. 7, SC 353, 198.

[83] Cf. CONC. VALLETANUM (549), can. 2, MHS.C 4, 315; CONC. LUGDUNENSE (567-570), can. 1, SC 354, 402; CONC. MASTICONENSE (585), can. 9, SC 354, 468; CONC. PARISIENSE (614), can. 13 (11), SC 354, 516; CONC. BRACARENSE (572), *Cap. ex or. patr. syn.*, 7, in *CVHR*, 88; CONC. BARCHINONENSE (99), can. 3, in *CVHR*, 159-160; CONC. TOLETANUM (633), can. 36, MHS.C 5, 222-223.

[84] Cf. CONC. TARRACONENSE (516), can. 5, MHS.C 4, 274; CONC. EPAONENSE (517), can. 27, SC 353, 114; CONC. BRACARENSE (572), *Capit. Ex. or. Patr.*, 4, in *CVHR*, 87.

[85] Cf. CONC. AURELIANENSE (541), can. 1, SC 353, 266.

[86] Cf. CONC. AGATHENSE (506), can. 35, CCL 148, 208; CONC. TARRACONENSE (516), cann. 6.13, MHS.C 4, 275.279; CONC. EPAONENSE (517), can. 1, SC 354, 102; CONC. AURELIANENSE (533), can. 2, SC 353, 196: la convocation est annuelle les évêques; CONC. AURELIANENSE (538), can. 1, SC 353, 230: la convocation devient bi-sannuelle; CONC. AURELIANENSE (541), can. 37, SC 353, 286; CONC. AURELIANENSE (549), cann. 18.23, SC 353, 314.318; CONC. TURONENSE (567), can. 1, SC 354, 350;

que pour les élections épiscopales[87], qui ne peuvent s'achever sans son consentement[88]. Le concile de Paris (614) précise que l'évêque doit être «élu» par le métropolitain et ordonné par lui, avec le consentement des évêques de la province, du clergé et du peuple de la cité[89]. La dignité métropolitaine exige que lui-même soit ordonné en présence de ses comprovinciaux et par un autre métropolitain, selon «l'ancienne formule d'institution»[90].

Isidore de Séville, dans son *Etymologiarum libri* mentionne bien le métropolitain dans sa description hiérarchique de l'ordre épiscopal: patriarches, archevêques, métropolitains et évêques, qui semble indiquer une gradualité fonctionnelle[91]. Sur un plan historique, les sources montrent cependant que son rôle décline jusqu'à devenir presque silencieux vers la fin du VIIe siècle.

Le titre d'archevêque en Occident a d'abord été porté par l'évêque de Rome comme exarque puis patriarche d'Occident. On en trouve une mention pour le pape dès la fin du IVe siècle. Augustin de Cantorbéry (609), envoyé comme «archevêque» en Angleterre est «représentant» de l'évêque de Rome et reçoit, avec le pallium, les pleins pouvoirs pour ordonner les évêques et réunir les conciles pléniers. Le pallium est devenu le signe de l'investiture pontificale[92]. L'autorité des archevêques ne procède pas du concile, ou d'un synode provincial, mais d'une commission apostolique. Les archevêques sont une légation pontificale, une représentation qui comprend, par la remise du pallium, la qualité de *missus beati Petri* et la faculté d'ordonner les évêques et de convoquer des conciles. Aucune attache à un siège déterminé n'est requise pour exercer sa

---

CONC. MATISCONENESE (585), can. 20, SC 354, 478. Voir A.S. POPEK, *The Rights and Obligations*, 61-63.

[87] Cf. CONC. CLAREMONTANUM SEU ARVENENSE (535), can. 2, SC 353, 212; CONC. AURELIANENSE (541), can. 5, SC 353, 268; CONC. AURELIANENSE (549), can. 10, SC 353, 308; CONC. TURONENSE (567), can. 9, SC 354, 354; CONC. PARISIENSE (614), can. 2, SC 354, 508; CONC. BRACARENSE (572), *Cap. ex or. patr. syn.*, 3, in *CVHR*, 87.

[88] Cf. CONC. CLAREMONTANUM SEU ARVENENSE (535), can. 2, SC 353, 212; CONC. AURELIANENSE (538), can. 3, SC 353; CONC. PARISIENSE (614), can. 2, SC 354, 508.

[89] Cf. CONC. PARISIENSE (614), can. 2, SC 354, 508.

[90] CONC. AURELIANENSE (533), can. 7, SC 353, 198. Cf. ID. (538), can. 3, SC 353, 232.

[91] ISIDORUS HISPALENSIS, *Etymologiarum*, VII, cap. 12, PL 82, 290-291. Cf. GRATIANUS, D. 21, c. 1 §§1-4. Cette hiérarchisation subsiste comme prérogatives honorifiques dans le can. 280 CIC/1917 et, de manière anecdotique, dans le can. 438 CIC/1983. Cf. É LESNE, *La hiérarchie*, 20-24.

[92] Cf. É. LESNE, *La hiérarchie*, 33; S.A. SCHOENIG, *Bonds of wool*, 151-177.

fonction[93]. L'archevêque est un vicaire apostolique qui préside aux métropolitains comme aux évêques[94]. Ravenne, résidence de l'Exarque impérial pour l'Italie, fut le premier siège archiépiscopal en dehors de Rome, signalé au concile de Constantinople II (680). C'est le roi Carloman qui donne ce titre à l'évêque Boniface au concile austrasien (743), l'établissant au-dessus des autres. Les rois mérovingiens useront de ce titre pour d'autres sièges épiscopaux, tandis qu'on le retrouve chez les premiers évêques d'Angleterre, alors terre de missions pontificales.

Le métropolitain, quant à lui, est à la tête d'une province dont il est l'ordinaire où il ne peut rien entreprendre sans le consentement de ses comprovinciaux[95]. La doctrine du canon 9 d'Antioche remonte nettement en contrepoint d'une définition plus juridictionnelle de la fonction métropolitaine. Le métropolitain est un juge ordinaire pour ses comprovinciaux et son pouvoir ne s'étend sur leurs sujets qu'avec leur accord[96]. Les frontières sont minces et les dépassements nombreux. Les Fausses-décrétales, notamment celles attribuées à Calixte III, ne cessent de mettre des limites et de les appeler à plus d'humilité dans le service[97].

En 802 dans un capitulaire destiné aux *Missi dominici*, Charlemagne s'adresse aux archevêques comme à ses envoyés, recommandant aux évêques de prendre leurs conseils en certaines circonstances. En 811, dans son testament, il fixe quatorze nouvelles provinces métropolitaines dans l'Empire carolingien, soutenu par le Saint-Siège. Il s'inspire de la *Notitia provinciarum* dans laquelle le Pseudo-Isidore, pourtant défavorable à un pouvoir propre du métropolitain[98], voyait un modèle d'orga-

---

[93] Willibrord (739), reçoit le pallium comme «Archevêque pontifical», *sine sede*, pour toute la Frise. Boniface (754) le sera de même pour toute la Germanie. Cf. A.S. POPEK, *The Rights and Obligations*, 21-63; Cf. H. HOHL, *Das Amt des Metropoliten*, 23- 40.

[94] ISIDORUS HISPALENSIS, *Etymologiarum*, VII, cap. 12 n. 6, PL 82, 291: «Archiepiscopus græco vocabulo, quod est summum episcoporum, tenet etiam vicem apostolicam, et præsidet tam metropolitanis quam episcopis cæteris».

[95] ISIDORUS HISPALENSIS, *Etymologiarum*, VII, cap. 12, n. 7, PL 82, 291: «Metropolitani autem a mensura civitatum vocantur. Singulis enim provinciis præminent quorum auctoritari et doctrinæ ceteri sacerdotes subiecti sunt, sine quibus nihil reliquos episcopos agere licet, sollicitudo enim totius provinciæ ipsis».

[96] Cf. ISIDORUS MERCATOR, PL 130, 73 B.

[97] Cf. Pseudo-Calixte, PL 130, 133 A-B: le métropolitain ne peut visiter un diocèse autre que le sien sans y être invité par l'évêque, ni y poser d'acte de juridiction sans son assentiment. Pseudo-Lucius, PL 130, 170 A: une décision du métropolitain en dehors du synode est radicalement nulle; Pseudo-Anicet, PL 130, 116 A-B: un métropolitain commettant un abus de pouvoir doit recevoir une correction de la part du synode.

[98] Le Pseudo-Isidore reprend cependant les définitions d'Isidore de Séville, et tient

nisation paisible et fiable. Le titre d'archevêque sera conféré à ces sièges, même s'il continuera d'exister par ailleurs de manière distincte[99]. Le pape Jean VIII (582) impose à chaque métropolitain nommé, la profession de foi et l'investiture du pallium, dans les trois mois. Dès lors, le métropolitain, qui reçoit le *pallium* latin en Consistoire, comme les délégués pontificaux, est pourvu d'une juridiction et devient une sorte de supérieur hiérarchique dans la province. Un nouveau type de *prótos* provincial apparaît: l'Archevêque métropolitain.

Dans la confusion d'une double mission reçue à la fois du pouvoir politique impérial et du pouvoir ecclésiastique pontifical, l'Archevêque métropolitain à partir du IXe siècle occupe une position prééminente avec une réelle puissance. Comme métropolitain, il acquiert un droit ordinaire sur la province par la position de son siège épiscopal où les évêques comprovinciaux l'ont élu. Comme archevêque, il acquiert un pouvoir délégué, en étant associé à la charge pétrinienne comme *missus Beati Petri* et à la charge impériale comme *missus dominus*. La province carolingienne, conçue comme une quasi-communauté hiérarchique, structure des rapports de subordination entre les *comprovinciales* et leur supérieur, l'Archevêque métropolitain[100], lequel prête un serment d'obédience au pape pour recevoir le pallium[101].

Ainsi au Xe siècle, entre les évêques et le pape, les métropolitains entendent jouer le rôle d'intermédiaires, sortent de «père et de chef» qui, par la visite des diocèses suffragants, exercent une juridiction à la fois gracieuse et contentieuse[102]. Les conflits entre le pouvoir pontifical et les métropolitains ne cesseront alors de croître[103], notamment en ce qui concerne l'appel judiciaire impliquant un évêque de la province. Le synode

---

en grande estime l'organisation administrative romaine sous Justinien; cf. ISIDORUS MERCATOR, PL, 130, 73 A-B.

[99] Cf. A. AMANIEU, «Archevêque», 931-932.

[100] Cf. É LESNE, *La hiérarchie*, 742-822.

[101] Cf. *e.g.*, X. 1,33,13. Cette coutume est initiée par Alexandre II (1073). Grégoire VII (1085) impose aux métropolitains de venir recevoir personnellement le pallium à Rome.

[102] Le droit de visite s'exerce d'abord par l'évêque dans son diocèse qui est une mise en œuvre de sa juridiction synodale. Cf. S. DI PAOLO, «La centralità della visita», 63-64.

[103] On connaît les prétentions judiciaires de Hincmar, Archevêque métropolitain de Reims, qui voulait agir dans les diocèses de ses suffragants directement en première instance. Hincmar postulait que le métropolitain pouvait visiter à bon droit sa province, autant de fois qu'il le voulait, y convoquer le concile provincial n'importe où, sans requérir l'avis des suffragants et y réprimer tous les abus qu'il constaterait. Voir *e.g.* HINCMARUS RHEMENSIS, PL 126, 313 A-C.

provincial devient de plus en plus le tribunal du métropolitain. Les conflits seront l'occasion de rappeler que le pouvoir judiciaire du métropolitain, en dehors de son diocèse, se limite à l'appel. De même, en matière de cause épiscopale, son pouvoir se limite à la seule instruction dans le synode, le pouvoir de juger revenant au pape qui se réserve les *causæ maiores*[104]. Les papes ne se sont jamais comportés comme des patriarches: ils ont toujours respecté les prérogatives métropolitaines tout au long du premier millénaire[105]. Mais fort d'un pouvoir qu'ils ne détiennent que du Christ lui-même[106] et non de leur siège, même si celui-ci est apostolique, ils vont, à compter du XIe siècle, accentuer une vision unitaire du corps épiscopal et développer une conception universelle de la fonction primatiale dans le Collège des évêques. Toute fonction primatiale dans l'Église sera en dépendance de cette Primauté, liant le rôle et le pouvoir des Archevêques métropolitains à l'aspect disciplinaire de l'organisation de la communion universelle. Dans la ligne de la réforme grégorienne, le concile de Latran IV (1215), relance les conciles provinciaux que le métropolitain doit convoquer annuellement pour «corriger les abus et réformer les mœurs». A cette occasion, son droit de visite se renforce par l'obligation d'instituer dans chaque diocèse suffragants des «visiteurs synodaux», véritables agents du pouvoir de surveillance du métropolitain, qui n'ont cependant pas de juridiction propre[107].

1.3.2 Les limitations du pouvoir ordinaire du métropolitain

On retrouve l'ensemble des préventions des Fausses-décrétales ainsi que les définitions d'Isidore de Séville dans le *Décret* de Gratien[108]. L'autorité des Archevêques métropolitains est encadrée[109]. Cette juridiction métropolitaine est ordinaire sur les évêques de la province. C'est en ce sens que le *Décret* reporte le canon 9 d'Antioche, comme nous l'avons vu plus haut. La glose ordinaire sur le canon 2 de la question 3 précise: «*hic videtur quod archiepiscopus est judex ordinarius totius provinciæ*».

---

[104] Cf. Pseudo-Damase, PL 130, 661 C; CIC/1917, can. 220.

[105] Cf. É. LESNE, *La hiérarchie*, 119.

[106] Cf. ISIDORUS MERCATOR, PL 130, 77.

[107] Cf. CONC. LATERANENSE IV (1215), const. 6ᵃ, in *COD*, 236.

[108] Cf. D. 21, c.1, §4; A.S. POPEK, *The Rights and Obligations*, 91-109.

[109] Voir *e.g.*, dans les Décrétales de Grégoire IX, «*Jus metropoliticum*»: X. 1,30,1; «*Lex metropolitana*»: X. 1,31,11 qui reporte le décret *Pastoralis officii* d'Innocent III, limitant la juridiction ordinaire du métropolitain en cas d'appel d'un sujet de l'un de ses suffragants. La glose sur ce texte exprime les cas exceptionnels où il peut intervenir directement; cf. «*Auctoritas metropolitana*», X. 2,28,54.

Dans les Décrétales de Grégoire IX, la glose souligne l'étendue de ce pouvoir, notamment le *sicut enim* attribué à Célestin III: «*archiepiscopus omnium episcoporum suæ diœcesis est ordinarius sed non subditorum*»[110]. S'il possède, par le droit de son siège épiscopal, une juridiction ordinaire, il n'est cependant pas l'Ordinaire de la province[111]. Il ne peut librement étendre sa juridiction personnelle dans le territoire diocésain de ses suffragants. Il ne peut ainsi juger en première instance et donc les supplanter[112], mais son droit reste entier en ce qui concerne l'appel[113], *non obstat* la compétence des tribunaux pontificaux. Le droit de visite est reconnu[114] mais restreint et commence pour le métropolitain dans son propre diocèse où il est de plein droit l'Ordinaire. Ensuite, il visitera ceux de sa province et une seule fois, sauf s'il y est invité par l'Ordinaire du lieu. Il ne pourra agir que s'il constate une négligence réelle de son suffragant, celle-ci créant la compétence de son supérieur et l'habileté à procéder par le fait même. Le droit de suppléance est donc très limité à certaines attributions qui ne sont que d'institution ecclésiastique et ne doivent pas empiéter sur le droit divin de la juridiction épiscopale. Si les papes défendent l'autorité métropolitaine en matière d'abus, ils limitent leur pouvoir d'action dans les diocèses suffragants[115].

Le pouvoir métropolitain lui est personnellement délégué par le Pontife romain, lié à l'exercice d'un office épiscopal, signifié par le pallium latin comme la plénitude du pouvoir pontifical[116], sans lequel l'Archevêque métropolitain ne peut accomplir aucun des droits de sa charge tant dans son diocèse que dans la province[117]. Le pallium manifeste le lien

---

[110] X. 5,31,8.

[111] Cf. VI°1,8,1. Au lendemain du concile de Lyon (1245), à l'occasion du règlement d'un conflit entre un métropolitain et ses suffragants (cf. VI°1,16,1), Innocent IV donne des prescriptions très générales dans sa décrétale *Ecclesia Romana* du 17 mars 1246 sur la nature de l'office de métropolitain dans la province. Cette décrétale fut envoyée par Innocent IV avec sa lettre «*Cum inter venerabiles*» aux maîtres et étudiants de l'Université de Paris et fut insérée en différents fragments dans le Sexte.

[112] Cf. VI°1,13,1; VI°1,26,1. La const. *Ecclesia Romana* règlemente également l'appel *prætermisso episcopo* qui permettait d'interjeter l'appel directement au tribunal du métropolitain, sans passer par celui de l'évêque diocésain.

[113] Cf. VI°2,15,3.

[114] Cf. VI°3,20, *De censibus.*

[115] Voir L. THOMASSIN, *Ancienne et nouvelle discipline*, I, 256-260.

[116] Cf. X. 1,8,4.

[117] X. 1,6,28 §1: «Præterea cum non liceat archiepiscopo sine pallio convocare concilium, conficere chrisma, dedicare basilicas, ordinare clericos, et episcopos consecrare, multum profecto præsumit, qui, antequam impetret pallium, clericos ordinare festinat, quum id non tanquam simplex episcopus, sed tanquam archiepiscopus facere videatur.»

étroit qu'il a avec le Siège Apostolique auquel il prête serment au moment de sa réception. Il signifie sa compétence territoriale qui est une participation subordonnée à la Primauté pontificale[118]. Ce pouvoir, qui était devenu ordinaire par dérivation du pouvoir pontifical, ne subsiste plus que comme une forme de délégation[119], pourvue d'une juridiction ordinaire vicaire, dont les termes d'exercice sont clairement spécifiés. L'Archevêque métropolitain, constitué *ad normam antiquam*, est un agent de la sollicitude ecclésiale universelle. Dans ce schéma, l'office d'Archevêque métropolitain est d'être un représentant de la Primauté, un supérieur pour «ses» suffragants[120]. Le pallium doit être postulé comme un droit de pétition personnel, en considération de l'office pour lequel la juridiction déléguée lui est concédée, non avec son office ou par le moyen d'un office, mais par un acte spécial du Souverain Pontife[121]. Comme cette postulation est attachée au siège d'un évêque résidentiel déterminé par le droit, il en résulte que la délégation est dite *a iure*.

Ce pouvoir ordinaire était en quelque sorte un pouvoir épiscopal mieux délié par la concession d'une mission spécifique, s'agrégeant à celle principale d'évêque résidentiel et lui conférant un plein exercice dans les limites de la juridiction vicaire. Selon la doctrine en cours au XIVe siècle, on distingue le pouvoir d'ordre, spirituel et intemporel, qui confère un caractère propre et le pouvoir de juridiction, matériel et transitoire, qui est concédé comme un mandat, procurant une dignité et une autorité[122]. Cette distinction est «de nature ontologique»[123], car «ordre et juridiction sont les moyens institutionnels dans lesquels opère la *potestas sacra*»[124]. Dans cette disposition, l'Archevêque métropolitain, qui reçoit son pouvoir épiscopal de droit divin comme une mission canonique, obtient la concession d'une autorité ordinaire vis-à-vis des évêques de la province,

---

[118] Cf. X. 1,6,4. Sur la participation au pouvoir pontifical, voir C. 2, q. 6, c. 12.

[119] Cf. X. 1,30,1: la différence entre un métropolitain et un légat se situe notamment pour les causes en première instance. La glose sur ce texte souligne toutefois les limites du pouvoir du légat sans un mandat spécial, réduisant la distance entre les deux offices.

[120] Cf. L. VILLEMIN, *Pouvoir d'ordre et pouvoir de juridiction*, 33; 70-72; 194-197.

[121] Cf. X. 1,31,12.

[122] THOMAS AQUINAS, *Summa Theologiæ*, II[a]-II[æ], q. 39, a. 3: «Respondeo dicendum quod duplex spiritalis potestas, una quidem sacramentalis, alia jurisdictionalis. Sacramentalis potestas est quæ per aliquam consecrationem confertur (…). Et ideo talis potestas secundum suam essentiam remanet in homine (…) quandium vivit, sive schima sive in hæresim labatur (…). Potestas autem jurisdictionalis est quæ ex simplici injunctione hominis confertur. Et talis potestas non immobiliter adhæret. Unde in schismaticis et hæreticis non manet (…)».

[123] Cf. J. BEYER, «Teologia e diritto nella "potestas sacra"», 84.

[124] J. GAUDEMET, «Pouvoir d'ordre», 94; cf. A.M. STICKLER, «Bipartición», 49-51

des droits et des devoirs disciplinaires qui sont de nature purement ecclésiastique[125]. Son rôle va être alors mieux redéfini en lien avec la communauté épiscopale synodale, quoiqu'au-dessus d'elle, pour veiller sur elle, au nom du Pontife romain. En ce sens, le concile de Trente, reprenant la législation antérieure, remet en honneur un système qui ressemble à celui du canon 9 d'Antioche où l'aspect de vigilance synodale est vu comme une caractéristique de la fonction métropolitaine[126].

À partir du XIVe siècle, la célébration des conciles provinciaux s'est nettement ralentie[127], à cause peut-être de la limitation des pouvoirs du métropolitain qui devait leur soumettre ses projets de visites dans les diocèses suffragants[128]. Le concile de Trente (1545-1563) tente de redonner vigueur à l'institution conciliaire[129] en imposant une session tous les trois ans et tout en mettant en place un organe romain de surveillance générale, la Sacrée Congrégation du Concile. Les conciles provinciaux sont devenus des moyens disciplinaires du pouvoir central pour la mise en œuvre des décisions du concile général et n'ont plus l'aspect d'un lieu de communion épiscopale comme dans les premiers siècles[130]. Le rôle du métropolitain en matière de vigilance est réaffirmé selon les anciens canons, mais c'est peut-être sa dimension de surveillant disciplinaire qui domine. La province est une *congregatio fidelium*, une circonscription administrative de l'Église universelle vue comme une *societas perfecta et inæqualium*.

Le métropolitain a un certain nombre de devoirs nouveaux. Le premier, est de contrôler la résidence de chaque évêque dans son diocèse[131], surveillance dont il fait lui-même l'objet par le plus ancien de ses suffragants qui est comme son vis-à-vis dans la province[132]. Il doit veiller à ce que chaque diocèse possède des lieux de formations sacerdotales qui peuvent être communs et y consacre une part de ses revenus. La négli-

---

[125] Cf. P. VALDRINI – AL., *Droit canonique*, 195-196.

[126] Cf. L. THOMASSIN, *Ancienne et nouvelle discipline*, I, 271-273.

[127] Cf. J.B. D'ONORIO, «les conciles particuliers», 593; E. CORECCO, «La formazione della Chiesa», 103-110.

[128] Cf. L. THOMASSIN, *Ancienne et nouvelle discipline*, I, 270.

[129] Cf. E. CORECCO, «La formazione della Chiesa cattolica», 110-126; 307-313.

[130] Cf. CTI, «*De synodalitate*», n. 35 c.

[131] Cf. CONC. TRIDENTINUM, sess. VI, *decr. de residentia,* cap. 1, in *COD*, 681-682.

[132] Son rôle n'est pas exactement celui du *protothrône* dans l'Église orientale, qui est l'évêque du siège qui occupe le premier rang dans la province après le siège métropolitain. Dans l'Église latine, le plus ancien des suffragants d'une province est celui qui a reçu le plus anciennement la consécration épiscopale: il est le doyen d'ordination. L'expérience prime donc sur la présence dans la province.

gence de ce devoir est surveillée par le synode provincial[133]. Il doit nommer un vicaire administrateur dans les diocèses vacants si le chapitre capitulaire a négligé de le faire dans les huit jours[134]. C'est le suffragant le plus ancien qui supplée à ce devoir si c'est le diocèse métropolitain qui est concerné. Enfin, le métropolitain veille en propre sur la prédication des réguliers, souvent sous privilège pontifical[135], et sur la tenue des chapitres pour les monastères non rattachés à une congrégation ou à l'évêque diocésain[136].

Les prérogatives anciennes semblent pour la plupart maintenues mais réduites à leur plus simple droit. Le pouvoir judiciaire du métropolitain est identique à celui déjà délimité par les Décrétales, étant rappelée la considération à accorder à l'évêque en raison de la dignité épiscopale dont seul le Siège Apostolique est juge[137]. Sa prérogative dans la consécration épiscopale de ses suffragants semble tombée en désuétude, et le concile de Trente n'en fait aucune mention[138]. Son rôle au contraire se confirme dans la convocation du synode provincial mais c'est en fait la synodalité qui est vraiment revalorisée dans sa régularité. Le synode diocésain doit avoir lieu chaque année et le concile provincial tous les trois ans[139]. En cas de défaillance légitime du métropolitain, c'est le plus ancien des suffragants qui doit procéder à l'assemblée. Les évêques et archevêques non soumis à une province doivent choisir, une fois pour toutes, un synode provincial d'appartenance. C'est à ce seul motif que les évêques suffragants doivent se rendre obligatoirement auprès du métropolitain. La Sacrée Congrégation du Concile avait estimé que les évêques étaient dispensés de visiter personnellement le métropolitain, mais que les visites par procurateur étaient maintenues: elles seront finalement supprimées en 1578. Le concile de Trente a ainsi consacré une certaine autonomie des suffragants vis-à-vis du métropolitain. La conséquence est que le droit de visite, si emblématique de la juridiction métropolitaine et de sa vigilance, est lui-même atteint. L'Archevêque métro-

---

[133] Cf. CONC. TRIDENTINUM, sess. XXIII, *decretum super reformatione*, can. 18, in *COD*, 750-753.

[134] Cf. CONC. TRIDENTINUM, sess. XXIV, *decretum de reformatione*, can. 16, in *COD*, 769.

[135] Cf. CONC. TRIDENTINUM, sess. V, *decretum secundum*, §3, in *COD* 768.

[136] Cf. CONC. TRIDENTINUM, sess. XXV, *decr. de regularibus*, can. 8, in *COD*, 779.

[137] Cf. CONC. TRIDENTINUM, sess. XIII, *decretum super reformatione*, cann. 1.8, in *COD*, 699.701. Voir CONC. LATERANENSE IV (1215), can. 35, in *COD*, 251; C. 6, q. 4, c. 7.

[138] Voir cependant dans le *Sexte*, VI° 1,6,44, qui fait encore référence à ce droit.

[139] Cf. CONC. TRIDENTINUM, sess. XXIV, *decr. de reformatione*, can. 2, in *COD*, 761.

politain ne peut plus visiter les diocèses suffragants sauf si le synode provincial vient à connaître un problème qui le justifie[140].

La synodalité dans l'organisation latine du système métropolitain s'est progressivement insérée dans une conception centralisée de la communion hiérarchique dont le pape est le *Primus*. Rien ne peut se faire sans son autorité. L'unité «corporelle» de l'Église, caractéristique ontologique du *prótos*, est concentrée en son niveau universel sur la figure de Pierre et de ses successeurs[141]. Seule son autorité peut confirmer les fonctions primatiales épiscopales à la tête d'un diocèse et les lier entre elles sous sa propre autorité. Ainsi, l'aspect essentiel de la synodalité au moment de la réforme grégorienne, et réorganisée par le concile de Trente, est moins une communion dans la diversité entre des Églises particulières que la gestion disciplinaire uniforme des prérogatives d'autorité entre chefs d'Églises. Ce modèle de communion organique et structurel centralisé apparaît nettement au concile inachevé de Vatican I où la Primauté de juridiction pontificale a été vraiment définie comme le fondement de l'organisation ecclésiastique.

Le système métropolitain qui s'est préservé ainsi en Occident a permis d'abord la lente matérialisation – maturation – puis l'affirmation d'une structure universelle de communion qui repose sur la dimension collégiale du ministère des évêques vécue localement. La mission épiscopale, dans la communion hiérarchique, est d'assurer un réseau de communication et de communion autour du Successeur de Pierre. La tradition synodale occidentale s'est maintenue en accentuant le principe primatial au niveau universel et une organisation graduelle plus que stratifiée à chaque niveau de communion ecclésiale. La conception latine du rapport fonctionnel synodalité - principe de primauté ne s'est pas éloignée du modèle antique métropolitain en tant qu'il organise localement une «collégialité d'ordre pastorale»[142] sur laquelle se fonde la communion des Églises. Le système s'est transformé en une communion universelle d'Églises dont le centre est le siège de Rome. Cette organisation ecclésiastique avait pour vocation de promouvoir la collégialité comme structure disciplinaire de la communion hiérarchique autour d'un unique pivot pontifical. Chaque ré-

---

[140] Cf. CONC. TRIDENTINUM, sess. XXIV, *decr. de reformatione*, can. 3, in *COD*, 761-763: «A metropolitanis vero, etiam post plene visitatam propriam diœcesim, non visitentur cathedrales ecclesiæ neque diœceses suorum comprovincialium, nisi causa cognita et probata in concilio provinciali» (762).

[141] Cf. R. MINNERATH, «Primauté, collégialité», 109-110.

[142] Cf. J.B. D'ONORIO, *Le pape et le gouvernement*, 181.

seau synodal d'Églises devait donc reprendre localement ce même schéma, figurant cette unique primauté dans une charge canonique au service de la Catholicité.

2. La charge de métropolitain dans l'Église Catholique

2.1 *Primauté et gradualité dans la communion hiérarchique*

2.1.1 La Primauté pontificale de juridiction

Dans l'Église, il n'existe qu'une seule Primauté qui est au sommet de la communion hiérarchique. Cette primauté est celle du siège de l'évêque de Rome qui n'a jamais été contestée bien que son pouvoir fût très tôt circonscrit dans une conception polycentrique de la communion, dont les cinq patriarcats – Pentarchie – formaient l'ultime niveau[143]. Cette *táxis* entre Églises, figée dans la vision byzantine[144], n'affirmait rien du Primat pontifical en dehors d'une compétence territoriale en Occident reconnue comme celle d'un patriarche. La fonction du Pontife Romain n'est cependant pas une simple juridiction primatiale[145]: ayant un caractère de plénitude de droit divin elle est le centre de la communion hiérarchique, une Primauté.

Le Primat universel de juridiction pontificale ne fut vraiment théorisé qu'à partir du concile de Florence (1415) et fût toujours réaffirmé ensuite par les conciles œcuméniques[146]. Le pouvoir supra-diocésain du Pape ne provient pas de la communion reçue des autres évêques mais il exprime le fondement même de la sollicitude du ministère épiscopal pour toute l'Église au travers d'une double dimension: personnelle et collégiale[147]. Le Pontife Romain est ainsi revêtu d'un pouvoir primatial, de nature ex-

---

[143] Cf. CMIECO, «Ravenne», n. 16. Son existence n'est pas contestée mais son lien avec l'Apôtre Pierre comme primat universel de juridiction «n'a pas été adopté en Orient qui avait une interprétation différente des Écritures et des Pères sur ce point».

[144] Cf. CONC. CHALCEDONENSE (451), can. 28, in *COD*, 99-100.

[145] Cf. CMIECO, «Ravenne», n. 41. Le Primat pontifical n'est pas enfermé dans une définition patriarcale, territoriale ou rituelle rappelle A. GARUTI, «Il papa, Patriarca d'Occidente?», 45-50. Pour une critique de cette position, voir J.P. GOUDOT, «Pourquoi un patriarche d'Occident?». Afin de clarifier le niveau théologique de la Primauté de son sens juridictionnel, le pape Benoît XVI a fait retirer de l'*Annuario pontificio 2006* le titre de «Patriarche d'Occident»; cf. CPPUC, *Communiqué* du 22 mars 2006. Voir le dossier in *Istina*, 51 (2006); J. RATZINGER, *Le nouveau peuple*, 68; H. POTTMEYER, «primato – collegialità», 82-83; Cf. P. VALDRINI – É. KOUVEGLO, *Leçons de droit*, 173-174.

[146] Cf. CDF, document «La primauté du Successeur de Pierre», n. 4.

[147] Cf. G. MAZZONI, «Episcopato Collegialità e Primato», 544-549.

tra-sacramentelle[148], «*ad bonum commune Ecclesiæ universæ et ad bonum singularum Ecclesiarum procurandum*» (*CD* 2a).

Dans l'exercice du Primat de juridiction on distingue deux dimensions intrinsèquement liées: le pouvoir de Vicaire du Christ et le pouvoir de Chef de la communion hiérarchique. La première, ontologique, ne peut être participée[149], mais la seconde, plutôt juridique, peut l'être par la mission canonique car elle concerne l'ensemble des relations entre les évêques et le Souverain Pontife[150].

a) Dimension ontologique

La première dimension provient de son origine et regarde la mission spécifique confiée à Pierre par le Christ pour promouvoir l'unité de la foi et la communion catholique: il s'agit d'une primauté apostolique *iure divino* qui ne peut être participée et qui le constitue comme *Primus* de l'Église universelle. La prééminence organique du pouvoir pontifical est d'abord intrinsèquement constitutionnelle dans l'Église: son profil ontologique est inscrit dans la logique du charisme pétrinien[151] tel que nous le rapportent les Évangiles. Le pape, *ex mandato Christi*, possède un pouvoir primatial spécifique comme Chef du Collège Épiscopal de la même manière que Pierre était historiquement le Chef du Collège des Apôtres (cf. *LG* 19). Cependant, il s'agit d'une analogie de proportion, car le Pontife romain et les évêques ne succèdent au Collège des Apôtres que d'une «manière semblable» (*pari ratione*), afin qu'il s'y perpétue. Ils forment un collège, non au sens juridique, qui entendrait qu'ils soient égaux entre eux mais un groupe stable (*ad modum collegii seu cœtus stabilis*)[152]. Comme Tête du Corps épiscopal, le Pontife romain est un supérieur hiérarchique. Comme évêque de Rome, Successeur de Pierre, il est le *Prótos* universel de l'Église, le Pasteur Suprême, le principe de l'unité Catholique dans la Succession apostolique, celui qui confirme ses frères dans la foi (cf. Lc 22,32).

---

[148] Les pouvoirs de la juridiction suprême visent concrètement la communauté chrétienne en son universalité. Cette juridiction est conférée au pape élu, dès son acceptation (can. 219 CIC/1917 = can. 332 §1 CIC/1983). Le pape qui démissionne, perd *ispo facto* sa juridiction (can. 221 CIC/1917 = can. 332 §2 CIC/1983).

[149] Sur la nature canonique du Primat de l'évêque de Rome, on pourra se reporter à l'étude de A. CARRASCO ROUCO, *Le primat de l'évêque de Rome*, 105-197.

[150] Cf. G. GHIRLANDA, «la notion de communion hiérarchique», 244; CDF, document «La primauté du Successeur», n. 8.

[151] Cf. M. DEL POZZO, «L'estenzione della potestà primaziale», 212; J.B. D'ONORIO, *Le pape et le gouvernement*, 183. Voir CDF, document «La primauté du Successeur», n. 7.

[152] Cf. *NEP* 1.

Dans cette dimension pastorale il exerce le pouvoir suprême dans l'Église avec le Collège des Évêques afin que soit enseignée la foi et respectée la discipline ecclésiastique[153]. Il est cependant seul (*Primus*) à pouvoir exercer *en propre* ce pouvoir suprême[154]. A sa discrétion, il lui revient de déterminer librement la «façon personnelle ou collégiale d'exercer cette charge» à l'égard de l'Église tout entière, en lien avec le Collège des Évêques[155], soit en Concile Œcuménique soit par toute autre forme *ad hoc*[156]. Le Pontife Romain, en effet, dispose d'un pouvoir plénier, ordinaire, propre et immédiat sur l'ensemble de l'Église[157]: son pouvoir décisionnel n'est pas limité[158], même par un concile, selon le principe «*Prima sedes a nemine iudicatur*»[159].

Le Collège Épiscopal est également titulaire de ce même pouvoir suprême au niveau universel, qu'il ne peut cependant exercer sans le Pontife romain qui en est le chef[160]. Dans son expression, conciliaire ou extra-conciliaire, une participation du Pontife romain est requise, car il n'est pas extérieur au Collège. Pour rendre un acte collégial parfait, au sens strict, la présence du Primat pontifical est donc nécessaire[161]. Le Collège, en effet, est indivisible en raison de la sacramentalité de l'Épiscopat. Il s'ensuit qu'un acte collégial n'est pas un acte collectif mais celui d'un sujet intégral, le Corps épiscopal, qui n'est complet qu'avec sa Tête[162]. Toutefois, dans le Collège, le Pontife romain «garde intégralement sa charge de Vicaire du Christ et de Pasteur de l'Église universelle»[163]. La doctrine classique parle ainsi de deux sujets inadéquatement distincts[164], deux entités

---

[153] Cf. *CEC*, n. 2034.

[154] Cf. CIC/1983, can. 331; CCEO/1990, can. 43.

[155] Cf. *NEP* 3; CIC/1983, can. 333 §2; CCEO/1990, can. 45 §2.

[156] Cf. *LG* 22; *NEP* 4; CIC/1983, cann. 336.337 §§1-3.338 §1.

[157] Cf. A. MODRIĆ, *Interazione tra l'esercizio*, 249-253.

[158] Cf. W. ONCLIN, «The Power of Decision in the Church», 199-200; M. DEL POZZO, «L'estenzione della potestà primaziale», 209.

[159] Cf. CIC/1983, cann. 333 §3.1404; CCEO/1990, can. 45.

[160] Cf. CIC/1983, can. 336; CCEO/1990, can. 49.

[161] Cf. *LG* 22; CIC/1983, can. 337 §§2-3; CCEO/1990, can. 50 §2.

[162] J.B. D'ONORIO, *Le pape et le gouvernement*, 182: « Un acte n'est vraiment collégial que dans son élaboration; il ne l'est jamais dans sa concrétisation juridique (…) L'unicité de la personne ne nuit pas à la pluralité du Collège; bien au contraire, elle l'assume et elle la résume tout entière pour lui donner vie magistérielle et juridique. Il n'y a pas conflit mais symbiose d'autorités».

[163] *NEP* 3: «(…) quod in Collegio integrum servat suum munus Vicarii Christi et Pastoris Ecclesiæ universalis».

[164] Le débat doctrinal offre une variété d'interprétation. Pour certains, il y a deux sujets titulaires, le pape et le Collège, qui sont comme deux modalités de l'exercice

juridiques unis entre elles qui exercent le pouvoir suprême[165]. Si le Collège ne peut s'exprimer et agir sans son Chef, cela sous-entend aussi que le ministère primatial est indissolublement lié au ministère épiscopal.

Ce ministère de confirmation du Pontife romain, qui se situe au niveau de l'efficacité de la communion s'étend à tous les niveaux de la vie ecclésiale[166]. Comme Chef du Collège Épiscopal il doit approuver, confirmer et promulguer les décrets d'un Concile Œcuménique, dont il est l'un des membres en union (*una cum*) avec les Pères conciliaires, pour leur donner un effet juridique (*vis obligandi*), une vigueur pour toute l'Église[167]. Son autorité apostolique de confirmation est également sollicitée pour la *révision* (*recognitio*) de certaines coutumes et disciplines particulières, avant leur promulgation par les évêques qui les ont validement élaborées comme un acte collégial, au sens juridique[168], par lesquelles sont efficacement régulés à la fois le gouvernement pastoral local des Églises particulières mais également la coordination entre leurs pasteurs[169]. Dans sa charge de Pasteur Suprême il est le vecteur de la communion pour toutes les Églises et leurs regroupements. Il a la primauté du pouvoir ordinaire afin de garantir et d'affermir l'autorité des évêques dans le pouvoir ordinaire, propre et immédiat qu'ils «possèdent sur les Églises particulières confiées à leur soin»[170]. Cette primauté s'exerce comme une juridiction universelle car elle concerne l'ensemble des aspects de la vie ecclésiale.

Le mécanisme de la synodalité s'insère dans cette dimension comme un moyen de l'unité catholique. Comme supérieur hiérarchique, le Pon-

---

d'un unique pouvoir suprême. Pour d'autres, il y aurait un unique sujet du Pouvoir Suprême, le Collège des Évêques structuré, qui accepterait sans préjudice deux modalités d'exercice: personnel de la part du Pontife romain, selon un modèle de représentation corporative, une autre collégiale au sens propre; voir R. LA DELFA, éd., *Primato e collegialità*.

[165] Cf. CIC/1983, can. 336; P. VALDRINI – É. KOUVEGLO, *Leçons de droit*, 165-172.

[166] Cf. CIC/1983, can. 333 §1; CCEO/1990, can. 45 §1; G. GRESHAKE, «Die Stellung des Prótos», 21; M. DEL POZZO, «L'estenzione della potestà», 223.

[167] Cf. CIC/1983, can. 341 §§1-2; cf. U. RHODE, «Die recognitio», 442-443.

[168] Ce sont les actes pris par une institution juridique revêtue de la personnalité juridique publique (CIC/1983, cann. 113-114.116 §§1-2), constituée comme un ensemble de personne dont tous les membres sont égaux et en déterminent l'action (can. 115 §2).

[169] Cf. Conférences Épiscopales, cann. 451.455 §2.838 §2 CIC/1983 // can. 657 §§1-2 CCEO 1990; Conciles particuliers, can. 446 CIC/1983; il n'y a pas d'équivalent dans le CCEO/1990; A. GIACOBBI, «Strutture di comunione», 533. Sur la nature juridique de la *recognitio*, voir CPTL, *Note* du 28 avril 2006.

[170] CIC/1983, can. 333 §1; CCEO/1990, c. 45 §1.

tife romain doit promouvoir sa propre fonction synodale de *Prótos* au travers des différentes modalités de l'organisation ecclésiastique afin de préserver l'unité catholique. Le Souverain Pontife ne peut réaliser seul la communion des Églises qui, par définition, suppose la coopération de tous dans la communion hiérarchique. Dans l'exercice de sa charge de Pasteur suprême, le pape est «toujours en lien de communion avec tous les évêques ainsi qu'avec l'Église tout entière»[171]. Au Pontife romain, il revient d'organiser cette communion entre les pasteurs. De cette manière il exerce son rôle primatial dans la sollicitude pour toutes les Églises. Cette sollicitude qui pénètre intrinsèquement la nature du pouvoir épiscopal[172] «ne s'exprime pas sous la forme d'un acte de juridiction»[173] mais comme le réel motif de la communion hiérarchique dans laquelle s'inscrit le ministère épiscopal.

Les évêques partagent une autorité identique qui les relie ontologiquement dans la mission reçue du Christ. Tout système d'organisation ecclésiale où les évêques s'impliquent pour une mise en œuvre commune de leur ministère épiscopal doit reposer sur cet élément ontologique d'autorité que seul le Pontife romain manifeste de manière plénière. Le pape est le garant de la communion des Églises[174] et exerce ainsi une Primauté sur l'Église entière, comprise comme une seule communauté organisée hiérarchiquement par une médiation ministérielle descendante[175]. L'unité de l'Église est enracinée dans l'unité de l'Épiscopat[176]. Le binôme collégialité-primauté n'est pas à côté du binôme synodalité-primauté mais il en est la structure intérieure et le mécanisme essentiel, sinon naturel. Le fondement de cette collégialité du ministère épiscopal est sacramentel[177] mais une détermination canonique doit définir concrètement les liens de chaque évêque avec les autres dans la communion hiérarchique.

---

[171] CIC/1983, can. 333 §2; pour l'Église Patriarcale, CCEO/1990, can. 45 §2.

[172] Cf. *CEC*, n. 1560.

[173] J.B. D'ONORIO, *Le pape et le gouvernement*, 181. Voir CIC/1983, can. 383 §3.

[174] Le pape ne créé pas la communion, mais il la constate et la juge, cf. E. CORECCO, «Nature et structure de la *sacra potestas*», 372-375; G. MAZZONI, «Episcopato Collegialità e Primato», 542-544.

[175] Cf. *LG* 24. La hiérarchie est formellement constituée par un ensemble unifié de rapports de subordination; voir THOMAS AQUINAS, *Summa Theologiæ*, Iª, q. 108, a. I, 2,4. L'autorité chez le supérieur et la subordination chez l'inférieur constituent *formellement* une relation réciproque, cf. *Ibid.*, Iª, q. 13, a. 7; q. 34, a. 3, ad Iᵘᵐ; q. 103, a. 1 et 3; IIIª, q. 25, a. 5; *de Potestatis*, q. 7, a. 11 et ad 3ᵘᵐ.

[176] Cf. DPME, n. 5 qui reprend la doctrine de *CN* 9-13; voir *PG* 56.

[177] Cf. *CEC*, n. 1087.

b) Dimension juridique

La seconde dimension suit conséquemment la première[178]. Elle concerne l'organisation juridictionnelle de l'exercice du pouvoir primatial dans la communion hiérarchique qui n'a de sens qu'en relation avec le Collège des évêques. L'office de «Chef» du Collège est de droit divin[179]. Le pape est le Modérateur (*Moderator*) du pouvoir des évêques, étant par ailleurs le gardien de la communion qui unit tous les fidèles. Le Primat de juridiction, comme pouvoir de gouvernement (*potestas regiminis*), est ainsi relié à une conception unitaire et sacramentelle de la *potestas sacra*[180] que les évêques reçoivent dans la consécration épiscopale et exercent dans la communion.

Le concile Vatican II n'a pas parlé comme tel de la *potestas sacra* mais des trois fonctions (*tria munera*) du Christ, auxquelles participent tous les baptisés et qui en exprime les dimensions essentielles: sanctifier (*munus sanctificandi*), enseigner (*munus docendi*) et gouverner (*munus regendi*). Le *munus regendi* active la réalisation du Corps du Christ dans le monde, au travers des droits-devoirs des fidèles qui œuvrent ainsi chacun selon leur grâce à l'unité du genre humain dans l'ordre temporel et dans l'Église. Le pouvoir de gouvernement (*potestas regiminis*) est un mode d'exercice spécifique du *munus regendi* par certains fidèles «consacrés et députés» qui reçoivent dans le sacrement de l'ordre[181], d'institution divine, une aptitude à exercer les trois *munera* «dans la personne du Christ Tête»[182]. Le pouvoir d'ordre, en effet, concerne d'abord l'*ordinatissima dispositio* du peuple chrétien sans lequel ce peuple ne serait plus une *congregatio fidelium* mais une foule anarchique[183]. Par l'exercice du pouvoir de gouvernement auquel, selon le droit, les fidèles peuvent coopérer, les pasteurs expriment leur volonté et leur décision par des actes efficaces, obligatoires, formels et légitimes, pour promouvoir le bien commun de l'Église.

---

[178] Cf. M. DEL POZZO, «L'estenzione della potestà primaziale», 216.

[179] Voir PAUL VI, disc. d'ouverture, IIIe session du Concile Vatican II, *AS*, III/1, 147-148; G. GHIRLANDA, «Église universelle, particulière et locale au concile».

[180] Cf. E. CORECCO, «Nature et structure de la sacra potestas», 368- 372; A. CARRASCO ROUCO, *Le primat de l'évêque de Rome*, 203-220.

[181] Cf. CIC/1983, can. 129; CCEO/1990, can. 979 §§1-2.

[182] CIC/1983, can. 1009; CCEO/1990, cann. 325.744. voir également CIC/1983, can. 1008; CCEO/1990, cann. 323 §1.743.

[183] Cf. THOMAS AQUINAS, *Summ. Theol.*, III^a, q. 65, a. 1; sur l'unité d'ordre nécessaire à la *congregatio fidelium*, cf. ID., IV *Sent.*, d. 20, q. un., a. 4, ad 1um; pour l'*ordinatissima dispositio*, cf. CONC. TRIDENTINUM, *sessio* XXIII, cap. 2 et 4, in *COD*, 742.743.

Le concile Vatican I utilisa l'expression *potestas regiminis* dans la constitution *Pastor æternus*, notamment pour décrire le Primat universel de juridiction pontificale par lequel tous les pasteurs et les fidèles sont unis dans un lien de subordination hiérarchique avec le Pontife romain[184]. Dans cette ligne d'interprétation, le Code de 1917 parle du pouvoir de gouvernement comme d'un pouvoir de juridiction ou de direction (*potestas iurisdictionis seu regiminis*)[185]. Ce pouvoir de juridiction pontificale s'expliqua comme un pouvoir «vraiment épiscopal»[186] (*quæ vere episcopalis est*), se reliant ainsi à la doctrine théologique sur l'épiscopat comme *potestas iurisdictionis* et de manière générale à celle du pouvoir d'ordre dont l'objet est d'organiser tout le Corps mystique du Christ[187]. C'est dans cette perspective que Paul VI introduisit la notion de «communion hiérarchique» pour décrire la relation entre le pape et les membres du Collège, unissant les deux aspects sacramentel et juridictionnel dans une unique fin spirituelle.

Dans la communion hiérarchique, le Pontife Romain par un acte de pouvoir (*missio canonica*) donne une *potestas iurisdictionis* à chaque évêque pour qu'il exerce le *munus* épiscopal reçu sacramentellement sur une Église particulière ou dans une mission spécifique[188]. Il s'agit d'une spécification juridique qui n'est pas une diminution du pouvoir pontifical ni une autolimitation mais le mode instrumental par lequel l'influx capital du Christ rejoint chacun de ses membres[189]. La *Nota Explicativa Prævia* à la constitution *Lumen gentium* indique bien que la communion hiérarchique est reçue du «Chef du Collège *avec* ses membres». Le nouvel évêque intègre le Corps épiscopal par la réception de l'Épiscopat comme dernier degré du sacrement de l'Ordre[190]. Le caractère épiscopal est tout entier reçu dans la consécration qui configure l'évêque dans la *sacra po-*

---

[184] CONC. VATICANUM I, (1869-1870), *sessio* IV, *const. dogmatica prima De Ecclesia Christi*, cap. 1, in *COD*, 812.

[185] Cf. CIC/1917, can. 196.

[186] Cf. CONC. VATICANUM I (1869-1870), *sessio* IV, *const. dogmatica prima de ecclesia Christi*, cap. 3, in *COD*, 814; R. MINNERATH, «Primauté, collégialité», 96-97.

[187] Cf. *Catechismus ex decreto Concilii Tridentini*, II^a, cap. 7, q. 6. Voir également dans la norme actuelle, CIC/1983, can. 205; *CEC*, n. 815.

[188] Cf. J.B. D'ONORIO, *Le pape et le gouvernement*, 136-151. Thomas d'Aquin précise que sans la juridiction le pouvoir d'ordre est lié: ceci s'entend que le ministre ne peut exercer le pouvoir d'ordre n'ayant pas de matière sur laquelle agir; voir THOMAS AQUINAS, in IV *Sent.*, d. 17, q. 3, a. 3, q^la 4.

[189] Cf. THOMAS AQUINAS, in IV *Sent*, d. 24, q. I, a. 3, q^la 3, ad 2um.

[190] Cf. *LG* 21. La source du pouvoir dans l'Église est sacramentelle, mais son organisation appartient, *ex iure divino*, au Successeur de Pierre, cf. G. PHILIPS, *L'Église et son mystère*, I, 282; L. VILLEMIN, *Pouvoir d'Ordre*, 408-409.

testas indivise et lui confère en un unique *munus* une «participation ontologique» aux fonctions ou charges sacrées du Christ (*tria munera*) de sanctifier, enseigner, et gouverner[191]. Pour que le *munus pastorale* de chaque évêque exprime sa puissance, il doit être rendu «apte à s'exercer en acte» dans la communion hiérarchique[192]. Il faut donc qu'il soit déterminé canoniquement[193] comme un pouvoir d'action, une compétence en un lieu ou une mission. Cette aptitude provient d'«un acte de pouvoir du Souverain Pontife tel que la mission canonique [par laquelle] le Christ, par voie non sacramentelle, rend les évêques participants du *"pouvoir de la communion hiérarchique"*»[194]. Les évêques gouvernent seuls au nom du Christ[195] mais sous la régulation de l'autorité suprême[196].

Le Pontife romain muni d'un pouvoir propre d'action plénier et contraignant régit l'exercice du *munus pastorale* de tous les évêques. Il lui revient librement de les nommer ou de les confirmer et de déterminer leur juridiction par l'assignation de sujets ou d'une fonction particulière[197]. Le pouvoir des évêques peut être limité soit par une réserve pontificale[198] soit par une cause que le droit réserve à une autre autorité. L'autorité suprême règle ainsi l'exercice du pouvoir épiscopal et peut, dans certaines matières, en

---

[191] Cf. *LG* 20; CIC/1983, can. 371 §1.

[192] Cf. CIC/1983, can. 375 §2; cf. *NEP* 2.

[193] *NEP* 2; cf. G. PHILIPS, *L'Église et son mystère*, I, 275.

[194] G. GHIRLANDA, «La notion de communion hiérarchique», 244 (italiques de l'A).

[195] Cf. CIC/1983, can. 381 §1; CCEO/1990, can. 178.

[196] Cf. W. ONCLIN, «Le pouvoir de l'évêque et le principe», 138-143. Voir JEAN-PAUL II, m.p. *Apostolos suos*, n. 9.

[197] Cf. CIC/1983, cann. 377 §1.1382. Le pape peut confirmer des évêques élus par leur chapitre cathédral (*e.g.* Suisse, Autriche). Il peut aussi, par l'effet d'accords diplomatiques, devoir composer avec les autorités civiles pour nommer des évêques (*e.g.* Allemagne, France); cf. *e.g.*, A. DU CHEYRON, *La part faite au gouvernement français*. Dans les Églises orientales de droit propre, les évêques sont élus par le synode patriarcal ou par une institution semblable et confirmés ensuite par le Pape.

[198] Cf. CIC/1983, can. 381 §1; CCEO/1990, can. 178. Ces canons ne disent rien de la finalité de la réserve pontificale. Les sources de ces canons citent *LG* 27, qui souligne que le pouvoir épiscopal peut être limité par l'autorité suprême «intuitu utilitatis Ecclesiæ vel fidelium». Paul VI, dans le m.p. *De episcoporum muneribus*, fait référence à *CD* 8a qui est également une source, précisant que le pouvoir immédiat du Pontife romain sur chaque Église peut se réserver quelques causes «ad bonum totius Dominicis gregis». Cf. PAUL VI, disc. d'ouverture, IIIème session du Concile Vatican II, *AS*, III/1, 145. Le Pontife romain, par le droit, est le seul à connaître des causes énumérées dans le can. 1405 §1, 1°-3° CIC/1983, ainsi que des affaires qu'il s'est expressément réservé. Cf. JEAN-PAUL II, m.p. *Sacramentum sanctitatis tutela* (2001); FRANÇOIS, m.p. *Come una madre amorevole* (2016); P. VALDRINI – É. KOUVÉGLO, *Leçons de droit*, 176-177.

imposer localement un exercice commun[199], en érigeant, par exemple, des circonscriptions territoriales de concertation[200].

Ainsi, dans le Collège épiscopal il n'y a pas d'intermédiaires entre les évêques et le pape. La communion hiérarchique qui s'est structurée dès les origines autour d'une représentation christologique Corps-Tête configure à son tour la *Communio Episcoporum* dans un schéma collégialité-Primauté qui structure synodalement et articule tout le Corps mystique du Christ. Les évêques ne peuvent être liés que par un acte du Pontife romain, mais jamais par celui d'un autre évêque. La fonction du Primat est donc de maintenir les équilibres ecclésiastiques locaux de gouvernance et de cohésion nécessaire à la communion hiérarchique.

La collégialité, dans l'Église latine, avec son unique pivot primatial, a surtout développé l'aspect ontologique – sacramentel/central – plus que l'aspect sociologique – juridique/local – des organismes de concertation et de décision et donc plutôt valorisé une synergie épiscopale de dimension universelle, rendant possible la conciliarité œcuménique. Pour qu'une conciliarité locale puisse exprimer une forme partielle de la collégialité, la primauté par laquelle se réalise l'unité doit être manifestée, sur un territoire donné, par une fonction primatiale qui en a reçu expressément la mission et déterminé comme une juridiction particulière.

Dans la perspective latine d'un système pyramidal, reprise par le Code de 1917, les fonctions de présidence des regroupements ecclésiaux sont une forme de participation au pouvoir du Pontife romain[201], pour le maintien structurel de la communion hiérarchique. Cette participation était l'objet d'une réserve pontificale[202]. La figure de Pierre se trouvait alors fonctionnellement reproduite au niveau d'un regroupement supra-local, désignée *pro dignitate personæ* de telle sorte que «l'Épiscopat gard[ait] ainsi sa prérogative essentielle, qui est de ne reconnaître aucune supériorité qui ne soit celle de Jésus Christ et de son Vicaire, ou qui émane de celle-là et ne la représente»[203]. Cette réserve

---

[199] Cf. *LG* 27. Voir W. ONCLIN, «Le pouvoir de l'évêque et le principe», 158; ID., «La collégialité épiscopale à l'état habituel», 86-87; ID., «The Power of Decision», 206-207.

[200] Cf. CIC/1983, can. 373. Le Pontife romain peut instituer, modifier et supprimer des provinces ecclésiastiques (can. 431 §3), les unir en régions ecclésiastiques (can. 433 §1), déterminer les sièges métropolitains (can. 435), etc.

[201] CIC/1917, cann. 271-280.

[202] Cf. G. MOLLAT, «Réserve», 635-63. Dans le droit actuel: W. ONCLIN, «Le pouvoir de l'évêque et le principe», 155; A. MODRIĆ, *Interazione tra l'esercizio*, 215-221.

[203] A. GRÉA, *L'Église et sa divine constitution*, 214. À propos de «l'influx hiérarchique du chef [le métropolitain] sur les membres [de la province]», l'A. précise qu'«il

pontificale qualifie ainsi la primatialité dans un *cœtus* épiscopal local non plus comme une délégation des autres évêques mais bien comme un pouvoir personnel accordé *ratione materiæ* par l'autorité suprême, *electa industria personæ*. Cette juridiction personnelle était dite réelle, déterminée pour le titulaire d'un office d'évêque résidentiel et ne pouvait être à nouveau déléguée.

La juridiction métropolitaine est née de la promotion d'une autorité synodale de garantie du pouvoir des évêques par le droit de confirmation des élections épiscopales qui réalisait l'unité du Corps épiscopal dans la Succession apostolique. Comme nous l'avons vu, aucun évêque n'a, de soi, une autorité sur les autres, de même qu'aucun ne peut se départir de son pouvoir au profit d'un autre. La communion provinciale entre les pasteurs devait donc s'exprimer dans une configuration canonique juridictionnelle de type institutionnelle: collégiale par l'expression de leur commune volonté dans le synode provincial manifestant l'unité pastorale locale; personnelle, par la formalisation institutionnelle au milieu d'eux d'une autorité épiscopale qui manifestait la catholicité et l'unité.

Cette configuration reproduisait fonctionnellement la communion universelle des évêques dans des réseaux épiscopaux d'Églises particulières. Des fonctions synodales de capitalité se sont ainsi formalisées au long de l'histoire de l'Église sous deux aspects: transitoire ou permanent. Le premier aspect concerne une reconnaissance *ad casum*, soit de manière externe en désignant un légat pontifical, soit par la confirmation ou approbation d'une présidence élue localement par le Siège Apostolique. C'est le cas des conciles pléniers[204]. Le second aspect concerne une désignation, selon le droit, d'une fonction stable à vocation permanente dans un groupe constitué d'évêques à laquelle sont reconnus un certain nombre de droits et de devoirs, comme les Archevêques métropolitains.

Si dans le rite latin, il allait de soi que le pape était le garant de l'organisation ecclésiastique, dans les Églises orientales, ce rôle rituel revenait soit au Patriarche soit aux Métropolites *sui iuris*. Des aménagements étaient donc nécessaires pour préserver graduellement la communion dans la diversité, signe d'une vraie catholicité.

---

ne s'agit point *seulement* ici de ces pures limitations d'exercice que le supérieur peut apporter, par mesure de réserves, à la juridiction des personnes ecclésiastiques, sans toucher au fond de cette juridiction; mais il s'agit ici de la *substance*, parce que l'institution des métropoles dépend entièrement, et dans sa *substance* même, du vicaire de Jésus Christ, qui seul lui a donné sa forme et son origine», *ibid.*, 218 (nos italiques).

[204] Cf. CIC/1917, can. 281 = CIC/1983, can. 441, 3°; voir également le can. 179.

2.1.2 Primauté et primatialités dans les Églises orientales

La Primauté de juridiction du Pontife romain s'impose également dans l'ordonnancement canonique oriental. Mais eu égard à la signification ecclésiologique de la synodalité épiscopale dans ces Églises de droit propre, le principe d'une primauté intermédiaire subsiste dans leur organisation comme une juridiction particulière[205], garantissant la communion ecclésiale dans la communion hiérarchique avec l'Église de Rome et son pasteur. La Congrégation pour les Églises Orientales est compétente autant pour ce qui «concerne la structure et l'organisation des Églises que l'exercice des fonctions d'enseignement, de sanctification et de gouvernement (…)»[206].

Dans la conception pyramidale, notamment du Code de 1917, les fonctions des Patriarches, des Archevêques majeurs, des Métropolites d'Églises *sui iuris* et des Hiérarques de droit propre étaient classées dans la catégorie de «participation au pouvoir suprême»[207], c'est-à-dire au pouvoir du pape, ce qui laissait penser que leur origine pouvait être une sorte de «délégation» ou une concession personnelle du ministère pétrinien dans la communion hiérarchiaux[208]. Les titres primatiaux comme celui de patriarche ou de primat, dans l'Église latine, ne signifiaient pas en soi une juridiction, sauf si le droit en disposait autrement[209]. Cet aspect différait de la conception orientale, pour laquelle la juridiction ordinaire du chef d'une Église de droit propre est un *ius proprium* de leur office.

Cet aspect de délégation dans la codification orientale actuelle s'est un peu estompé[210] établissant ainsi un équilibre organique entre la Primauté pontificale et des primatialités intermédiaires. Dans la tradition orientale, le système métropolitain demeure un principe de l'organisation générale

---

[205] Pour le territoire patriarcal, *CS*, cann. 242.244-245; pour le territoire de l'Église métropolitaine *sui iuris*, *CS*, can. 320. Cf. H. HOHL, *Das Amt des Metropoliten*, 462- 478.

[206] Cf. *PB*, art. 58 §1.

[207] CIC/1917, cann. 271-280.

[208] Cf. H. HOHL, *Das Amt des Metropoliten*, 67-93.

[209] CIC/1917, can. 271: «Patriarchæ aut Primatis titulus, præter præpogativam honoris et ius præcedentiæ ad normam can. 280, nullam secumfert specialem iurisdictionem, nisi iure particulari de aliquibus aliud contest». Pour les Églises orientales de droit propre, *e.g.* sur la dignité de Patriarche, voir PIE XII, m.p. *Cleri sanctitate* [*CS*], can. 216 §1

[210] L'*iter* de rédaction du décret *Orientalum Ecclesiarum* montre comment les projets successifs ont fini par renoncer à présenter les patriarcats comme une participation ou une délégation du pouvoir du pape. Voir Y.-M. CONGAR, *Église et papauté*, 15- 29; H. HOHL, *Das Amt des Metropoliten*, 455- 462.

des structures ecclésiales rituelles et du point de vue de Rome peut être décrit comme une décentralisation, mais pas directement dans le sens d'une autonomie ecclésiastique[211]. Chaque Église de droit propre jouit d'une autonomie juridique sur son territoire, qui est quelque peu aménagée en dehors[212]. L'Église respecte le pouvoir normatif des communautés ecclésiales orientales comme un droit coutumier et, dans une forme d'application du principe de subsidiarité, n'impose «une norme universelle que pour des exigences de droit constitutionnel ou le bien de la communion»[213]. Selon leur tradition ecclésiale, chaque Église de droit propre est une communauté hiérarchique à la tête de laquelle se trouve un office épiscopal. Hormis le Patriarche qui n'est pas évêque d'un lieu précis après son élection mais réside en un lieu déterminé[214], tous les offices de capitalité, Archevêque majeur, Métropolite d'une Église *sui iuris* ou Hiérarque de droit propre qui sont désignés à la tête d'une Église rituelle sont liés à la charge d'un siège épiscopal, déterminé par le Synode des Évêques de chaque Église et moyennant l'assentiment acquis du Pontife romain[215]. Ils reçoivent l'honneur dû à leur fonction qui fait d'eux des *prótoï*, des *primus inter pares*: ils sont les Ordinaires de leur Église de droit propre et sont les garants coutumiers de l'organisation ecclésiastique.

a) Les Églises Patriarcales et Archiépiscopales

La juridiction du Patriarche ou de l'Archevêque majeur[216] n'apparaissent plus comme une concession du Pontife romain ni une délégation *ad personam*, mais comme une réelle reconnaissance d'une charge unique[217] dont l'autorité juridictionnelle territoriale provient d'une loi propre, acceptée par le Siège Apostolique. Leur juridiction est en dépendance de l'autorité du Souverain Pontife. Le pape, comme tête de la communion entre les Églises, pourrait augmenter ou diminuer leur juridiction[218]. Bien qu'ils ne reçoivent plus le pallium latin comme insigne de leur dignité[219], dans la

---

[211] Cf. G. GRIGORIȚĂ, *L'autonomie ecclésiastique*, 414-457.

[212] Cf. R. METZ, *Le nouveau droit des Églises orientales*, 76-78.

[213] Ph. TOXÉ, «la hiérarchie des normes canoniques latines», 121.

[214] Cf. CCEO/1990, can. 93.

[215] Cf. CCEO/1990, can. 57 §3: Patriarche et Archevêque majeur; cann. 155 §1.158 §1: Métropolite d'une Église *sui iuris*.

[216] Cf. CCEO/1990, can. 152: L'Archevêque majeur suit ce qui est dit du Patriarche.

[217] Cf. CCEO/1990, cann. 55.151.

[218] Cf. G. GRESHAKE, «Die Stellung prótos», 23. Voir can. 57 §§1-3 CCEO/1990.

[219] Dans l'ancienne législation orientale, le pallium latin apparaissait comme trop connoté dans un sens de *potestas iurisdictionis*. Les Patriarches devaient le demander

conception latine, ils n'ont de pouvoir que «s'il s'avère autrement en vertu d'un privilège apostolique ou d'une coutume approuvée»[220]. Ils sont élus par le Synode Épiscopal de leur Église[221] qui doit signifier cette élection au Pontife romain et aux autres Églises orientales. S'il n'est plus dit que les Patriarches exercent illicitement leur office avant d'avoir reçu la communion du Souverain Pontife, ils doivent cependant la solliciter par eux-mêmes[222], et ne peuvent convoquer le Synode Épiscopal ni ordonner d'évêques sur le territoire de leur Église avant de l'avoir reçue en signe de leur pleine obédience personnelle[223]. L'Archevêque majeur doit lui aussi solliciter la communion ecclésiale du Souverain Pontife et son élection doit être confirmée par lui et renouvelée si nécessaire[224]. Ils sont dans une relation graduelle et doivent toujours manifester cette communion dans les actes qu'ils posent[225].

Chaque Église patriarcale est une communauté hiérarchique dont le Patriarche est le *protós*, un *primus inter pares*[226] sur un plan rituel et organique: il incarne l'organisation ecclésiastique. Cette autorité s'étend sur tous les évêques du territoire ainsi que sur les Métropolites qui président aux regroupements éparchiaux[227]. Ce pouvoir s'exerce validement que dans «les limites du territoire de l'Église patriarcale», sauf dispositions contraires[228]. S'ils ne nomment pas les évêques, qui sont élus par le synode des évêques de la province réuni dans chaque éparchie pour l'occasion, il leur revient, comme garant de la communion sur le territoire patriarcal, de donner les lettres de provision canonique aux évêques

---

personnellement mais également le Synode des Évêques pour eux en signe de leur volonté d'être «un» avec lui; cf. *CS*, cann. 236 §§1-2.238.321-322; G. ORIOLI, «La collazione del pallio», 96; B. D'ALTEROCHE, «le statut du pallium», 559, avec la nt. 25. Actuellement, seuls les Patriarches latins de Jérusalem le reçoivent cf. PAUL VI, m.p. *Inter eximia*.

[220] CIC/1983, can. 438. Voir cann. 56.85 §1 CCEO/1990.

[221] Cf. CCEO/1990, cann. 63-75.947-957.

[222] Cf. CCEO/1990, can. 76 §2.

[223] Cf. CCEO/1990, can. 77 §2.

[224] Cf. CCEO/1990, can. 153 §§2.4.

[225] Cf. CCEO/1990, can. 92 §§1-3.

[226] Le terme *primus* s'entend alors dans son sens fort de *protós*, de principe de communion. Ils ont la préséance sur tous les évêques, sauf celle du Pontife romain; cf. can. 58 CCEO/1990. En signe de communion, leur nom est cité après celui du Pontife romain lors de la Divine Liturgie, cann. 91.92 §2 CCEO/1990 et tous les évêques de leur Église doivent leur donner «des marques d'honneur et de déférence et [leur] manifesteront l'obéissance qui leur est due» (can. 88 §1).

[227] Cf. CCEO/1990, can. 56.

[228] Cf. CCEO/1990, can. 78 §2.

et aux Métropolites, mais surtout d'ordonner et introniser ces derniers[229]. Le principe de la communion hiérarchique est identique au droit latin pour toutes les Églises de droit propre: le pouvoir de chaque évêque sur son éparchie, confirmé par le Pontife romain, est un droit plein qu'il exerce comme «légat du Christ», même s'il «peut être circonscrit dans certaines limites en vue de l'utilité de l'Église ou des fidèles chrétiens»[230]. Les Patriarches sont les garants d'une juste autonomie des évêques dans leurs Églises particulières et veillent sur leur collaboration au travers des synodes métropolitains dans les provinces ecclésiastiques. Tous les évêques doivent faire partie d'une province ecclésiastique même en dehors du territoire patriarcal[231]. Ces provinces, qui rassemblent un certain nombre de sièges éparchiaux, sont d'abord des regroupements d'évêques lesquels représentent corporellement leurs communautés ecclésiales[232].

Les sièges métropolitains des provinces ecclésiastiques sont fixés par le Synode des Évêques et les évêques qui y sont élus prennent la charge de Métropolite provincial. C'est le Synode Épiscopal qui détermine les circonscriptions ecclésiastiques ainsi que les droits-devoirs particuliers des Métropolites provinciaux que le Patriarche doit faire respecter même en dehors du territoire[233]. Selon le droit commun oriental plus précis que le droit latin, les Métropolites représentent leur province dans les affaires juridiques et ils sont commémorés dans la Divine Liturgie après les noms du Patriarche et du Pontife romain[234]. Ils sont les *protoï* de leur éparchie et les *proestoï* du regroupement ecclésial métropolitain qu'ils président par leur office propre et ordinaire[235], mais sans autonomie réelle[236]. C'est

---

[229] Les évêques hors du territoire patriarcal sont nommés par le Souverain Pontife d'après une liste établie par le Synode Épiscopal; cf. R. METZ, *Le nouveau droit des Églises orientales*, 125-129. Cf. sur la mission canonique, can. 133 §§1-2 CCEO/1990: droit commun; can. 137 CCEO/1990: droit particulier. Sur les ordinations et intronisations des Métropolites, can. 86 §1, 1°-3° CCEO/1990. Ils peuvent ordonner les évêques et les Métropolites hors du territoire sous certaines conditions, can. 86 §2 CCEO/1990.

[230] CCEO/1990, can. 178; Cf. G. GRIGORIȚĂ, *L'autonomie ecclésiastique*, 459-473.

[231] Cf. CCEO/1990, can. 139.

[232] H. HOHL, *Das Amt des Metropoliten*, 474-476. L'A. souligne, 478: «Auffällig ist, daß im CCEO, im Gegensatz zum CIC/1983, für diese Institutionen keine theologische Fundierung und/oder pastorale Zwecksetzung geboten wird».

[233] Cf. CCEO/1990, can. 137-139.

[234] Cf. CCEO/1990, can. 134-136.

[235] Les Métropolites provinciaux ne reçoivent pas d'insignes distinctifs de leur charge comme le pallium dans l'Église latine. L'*omophórion* porté par tous les évêques n'a pas le même sens, même s'il signifie une plénitude du pouvoir épiscopal.

[236] Cf. G. GRIGORIȚĂ, *L'autonomie ecclésiastique*, 458.

à eux que reviennent l'intronisation d'un nouvel évêque dans leur province, la présidence du synode métropolitain, la convocation et l'ordre du jour du synode métropolitain[237], son transfert, sa prorogation, sa suspension ou sa dissolution. Ils doivent ériger un tribunal métropolitain, veiller à l'intégrité de la foi et à l'observation de la discipline ecclésiastique. En cas de négligence d'un évêque de leur province, ils peuvent faire la visite canonique, nommer ou confirmer les titulaires des offices, notamment celui d'économe éparchial. Ils doivent toujours consulter les évêques de leur province sur les affaires juridiques difficiles avant d'agir: ils ne sont pas les Hiérarques du lieu – Ordinaires du lieu– de leur province[238].

Les Patriarches sont canoniquement des Hiérarques[239]. Cette qualité sous-entend la réalité d'un pouvoir pour organiser la collégialité entre les évêques et la communion entre les Églises particulières et de leurs regroupements ecclésiastiques. Selon les canons et les coutumes légitimes, ils sont munis d'un pouvoir «propre et ordinaire», personnel, lié à leur fonction afin de préserver le système métropolitain qui structure l'ensemble de l'organisation ecclésiastique[240]. Il appartient ainsi à leur office d'assumer le rôle des Métropolites là où des provinces n'auraient pas été érigées par le Synode des Évêques, d'exercer leurs droits en cas de vacance de leur siège, enfin, de suppléer à leur négligence adressant, au besoin, une monition au Métropolite qui n'aurait pas nommé d'économe éparchial, voire le nommer lui-même[241].

Ils peuvent, de droit propre et personnel, porter des décrets généraux dans les limites de leur compétence, s'adresser directement aux fidèles de toutes les éparchies de leur Église afin d'exposer la saine doctrine, favoriser la piété, corriger les abus et peuvent rédiger des encycliques sur les questions concernant leur Église de droit propre et leur rite[242]. Si la fonction législative appartient au Synode des Évêques[243], ils sont néanmoins une autorité exécutive au service de la communion synodale.

---

[237] H. HOHL, *Das Amt des Metropoliten*, 478: «Unter Berücksichtigung der altkirchlichen Auffassung und des synodal strukturierten Verfassungsrechtes im CCEO ist die Metropolitansynode als Verwirklichungsort strikter bischöflicher Kollegialität zu verstehen. Eine Auffassung, die vom Gesetzgeber für die entsprechenden Bischofsversammlungen der Lateinischen Kirche nicht geteilt wird».

[238] Cf. CCEO/1990, can. 984 §2.

[239] Cf. CCEO/1990, can. 984 §1.

[240] Cf. CCEO/1990, cann. 77 §1.78 §1.

[241] Cf. CCEO/1990, can. 80, 1°-4°.

[242] Cf. CCEO/1990, can. 82 §1, 1°-3°.

[243] Cf. CCEO/1990, cann. 110-111.

Les Patriarches sont graduellement des supérieurs, comme cela apparaissait déjà dans la précédente codification orientale[244] et sont donc compétents pour recevoir les recours hiérarchiques au sein du Synode des Évêques devant lequel ils doivent rendre des comptes. La dimension synodale de l'organisation patriarcale se retrouve notamment dans le recours hiérarchique contre l'un de leurs propres décrets administratifs ou contre celui par lequel ils décident d'un recours. Il revient alors à un groupe spécial d'évêques, constitué selon le droit particulier (*ad normam iuris particularis constituendum*), d'examiner le recours et de rendre une décision comme supérieur hiérarchique, à moins que la question n'ait été déférée au Siège Apostolique. Contre cette décision «il n'y a pas de recours ultérieur, restant sauf l'appel au Pontife romain lui-même»[245]. Pour tout ce qui regarde leur fonction, ils agissent conjointement avec le Synode Épiscopal[246].

En dehors de leurs droits propres ils sont donc des agents du Synode et ne peuvent rien faire sans lui. Ils doivent le consulter pour tout ce qui regarde l'Église de droit propre, y compris pour exercer leur droit de visite dans les éparchies[247]. Ils sont les primats de leur Église et doivent veiller au bon fonctionnement de l'organisation des circonscriptions ecclésiastiques qui est définie par le Synode Épiscopal. Aussi, pour des motifs graves, avec le consentement du Synode et après avoir consulté le Siège Apostolique, ils peuvent «ériger des provinces et des éparchies, les délimiter autrement, les unir, les diviser, les supprimer ainsi que modifier leur grade hiérarchique et transférer le siège éparchial»[248]. Ils peuvent également ment nommer des coadjuteurs ou des auxiliaires dans les éparchies et transférer pour des motifs graves tout évêque ou Métropolite à un autre siège[249]. À l'extérieur du territoire ils peuvent, avec le consentement du Synode, ériger des exarchats, les modifier, les supprimer et doivent en informer le Saint-Siège[250]. Ils sont des vecteurs synodaux de la Catholicité

---

[244] Cf. *CS*, can. 145: «Salva cuilibet fideli in toto orbe catholico facultate, ob primatum Romani Pontificis, Sedem Apostolicam directe adeundi atque cum ea libere communicandi, in interponendis recursibus iure admissis, is, nisi aliter expresse statuatur, servetur ordo ut a decretis loci Hierarchæ, subiecti Patriarchæ vel Archiepiscopo, recursus fiat ad Patriarcham vel Archiepiscopum; a decretis autem Hierarchæ loci, Patriarchæ vel Archiepiscopo non subiecti, itemque a decretis ipsius Patriarchæ vel Archiepiscopi, ad Sedem Apostolicam».

[245] CCEO/1990, can. 1006.

[246] Cf. R. METZ, *Le nouveau droit des Églises orientales*, 79.

[247] Cf. CCEO/1990, cann. 82 §3; sur le droit de visite, can. 83 §§1-2.

[248] CCEO/1990, can. 85 §1.

[249] Cf. CCEO/1990, can. 85 §2, 1°-2°; R. METZ, *Le nouveau droit*, 133-134.

[250] Cf. CCEO/1990, can. 85 §§3-4.

qui maintiennent ensemble des évêques dans des réseaux particuliers formés dans la communion hiérarchique avec l'Église de Rome. Leur autorité dans l'Église patriarcale est une responsabilité personnelle du bon fonctionnement de la synodalité épiscopale. Sans leur présence, cette collégialité ne pourrait se mouvoir en mécanique de communion ecclésiale dans l'Assemblée patriarcale[251]. Cette assemblée associe aussi les fidèles par catégories au Synode des Évêques et montre qu'une gradualité organique est possible entre des structures permanentes et des structures occasionnelles.

b) Les Églises Métropolitaines et les autres Églises sui iuris

Dans cette même ligne ecclésiologique, quoique de manière plus dépendante, les Églises métropolitaines *sui iuris*[252] ont aussi un Ordinaire rituel qui est nommé par le Pontife romain et non élu[253], muni d'un pouvoir personnel qu'il ne peut déléguer et qu'il exerce toujours au sein du Conseil des Hiérarques. Le Métropolite *sui iuris* est le représentant légal de son Église[254] et l'incarne formellement. Il possède un office juridictionnel complet, non comme une concession du Siège Apostolique, mais qu'il détient en reconnaissance de l'existence d'une loi propre de son Église[255]. Cette loi propre confère une position prééminente et un pouvoir personnel à l'évêque d'un siège épiscopal prédéterminé par le Conseil des Hiérarques, dont il est l'ordinaire du lieu[256] et à partir duquel il gouverne l'Église métropolitaine *sui iuris*[257] . Pour exercer cet office de métropolitain, qui est celui de son siège, il doit cependant postuler personnellement le pallium latin qui manifeste la reconnaissance de «son (*suæ*) pouvoir métropolitain et la pleine communion»[258] de l'Église qu'il préside avec le Pontife romain. Il ne peut *avant son imposition* exercer aucune des prérogatives métropolitaines[259] comme de convoquer le Conseil des Hiérarques ou ordonner un évêque. Il est l'Ordinaire – *prótos* –

---

[251] Cf. CCEO/1990, cann. 140-145: la convocation est quinquennale.

[252] Les Églises métropolitaines *sui iuris* ne sont pas des provinces ecclésiastiques au sens latin; cf. *Nunt.* 22 (1986) 115.

[253] Cf. CCEO/1990, can. 155 §1. Le Conseil des Hiérarques établit une liste des candidats à la fonction, can. 168; à propos de l'office épiscopal, voir également cann. 180.936 §§1-3.940 §§1-2.

[254] Cf. CCEO/1990, can. 157 §3.

[255] Cf. CCEO/1990, can. 167 §§1-4.

[256] Cf. CCEO/1990, can. 984 §§1-2.

[257] Cf. CCEO/1990, cann. 157.159 §2.164-171.

[258] CCEO/1990, can. 156 §1. Cf. *Nunt.* 22 (1986) 118.

[259] Cf. CCEO/1990, can. 156 §§1- 2 (= *CS*, can. 238)

de son Église, un *primus inter pares*[260], un «représentant de la communion ecclésiastique»[261]. Son pouvoir personnel est ordinaire et propre sur les évêques de son Église et s'exerce validement dès sa nomination. Il s'agit d'un *ius proprium* reçu cependant comme une mission canonique, d'où il conserve un aspect de délégation qui n'est en fait qu'une autorisation à l'exercer licitement[262]. Sa compétence s'étend à tout le territoire de l'Église métropolitaine *sui iuris*[263] et requiert une autorisation du Siège Apostolique pour s'exercer au dehors. Par son pouvoir propre, il convoque annuellement le Conseil des Hiérarques et met en œuvre, tous les cinq ans, une consultation synodale de toute l'Église métropolitaine *sui iuris*. Les devoirs de sa charge n'acceptent aucune suppléance: sa présence ou son consentement sont nécessaires à l'organisation synodale de la vie ecclésiale. Il est un principe d'autorité et de validité mais ne peut rien promulguer, à la différence du Patriarche, sans en avoir reçu la notification du Siège Apostolique, jouant ainsi un rôle de «médiateur»[264].

La question de savoir s'il est un supérieur hiérarchique apparaît cependant moins clairement que pour le Patriarche malgré la présentation assez complète dans le Titre VI du Code oriental d'un «*jus metropolicum sui iuris*»[265]. Le Code n'aborde pas directement les recours contre les décrets administratifs dans l'Église métropolitaine *sui iuris* mais le fait dans les canons généraux, en se référant à «l'autorité supérieure à celui qui a porté le décret»[266]. Le texte ne dit pas si cette autorité supérieure dans l'Église de droit propre est le Métropolite ou bien si elle est directement celle du Saint-Siège. Pour P. Szabó, il paraît implicitement évident qu'il est un supérieur[267] d'autant que, si cela n'est pas précisé par le droit commun, le droit particulier formé par le Conseil des Hiérarques, notamment dans ses Statuts ou par les normes qu'il pourrait légitimement établir, pourrait le prévoir formellement[268]. En conformité avec le droit commun oriental, le Métropolite *sui iuris* pourrait se voir accorder un pouvoir assez large pour confirmer un décret contre lequel s'exerce un recours, le déclarer nul, le rescinder ou le révoquer et même, si le droit particulier le prévoyait, avoir la possibilité de l'amender.

---

[260] Il est nommé après le Pontife Romain dans la Liturgie, cf. can. 161 CCEO/1990.

[261] P. Szabó, «Analisi della competenza giuridica», 151.

[262] Cf. CCEO/1990, can. 155 §2.

[263] Cf. CCEO/1990, can. 157 §2.

[264] Cf. P. Szabó, «Analisi della competenza», 152-168.

[265] CCEO/1990, cann. 155-173. L'appel est toujours possible auprès du Saint-Siège.

[266] CCEO/1990, can. 997.

[267] Cf. P. Szabó, «Analisi della competenza», 169-171, avec les nt. 45- 46.

[268] Cf. CCEO/1990, can. 171. Voir également cann. 984 §§1-2.987.

Ces dispositions concernent également, pour une part, le Hiérarque de l'Église de droit propre dont les droits-devoirs communs sont assez semblables[269]. Ses fonctions de droit propre sont définies cependant plutôt comme celles du métropolitain dans le droit latin sans en porter le titre[270]. Hormis le fait qu'il ne soit pas le *prótos* de son Église, car il est réellement un délégué du Siège Apostolique, il est explicitement désigné comme un supérieur hiérarchique. Le renvoi formel à un droit particulier, dans les cas prévus par les normes communes peut lui assurer un rôle plus incisif dans le maintien local de la communion ecclésiastique[271].

Ce passage dans le droit oriental nous aura confirmé que le rôle primatial dans un système métropolitain très développé appartient toujours *in fine* au Pontife romain dont la charge est de veiller au bon fonctionnement de la communion dans le respect de la diversité. Dans l'Église Catholique, le système métropolitain répond à un double mouvement dynamique centrifuge et centripète qui coexistent. Le premier mouvement, centrifuge, est une action descendante du pouvoir primatial du Pape. Il s'agit alors d'une *décentralisation* qui promeut le plus souvent un système pyramidal et hiérarchique de communion que l'on trouve plutôt dans la vision latine de l'organisation ecclésiastique. Le second mouvement, centripète, est une action ascendante qui provient de la volonté même des évêques de se coordonner pour unifier leur action pastorale en un centre dans la communion hiérarchique avec le Successeur de Pierre. Il s'agit alors d'une *concentration* dont le modèle organique est celui d'une spirale de cercles concentriques qui promeut un système d'organisation graduelle que l'on trouve plutôt dans l'organisation orientale. Les deux mouvements décrivent deux formes d'une même synergie métropolitaine présentes dans l'organisation ecclésiastique de l'Église et nécessaires pour créer les dynamiques de synodalité qui favorise la communion dans la diversité. Le droit oriental nous permet de concevoir que ces deux mouvements peuvent coexister ensemble et ne sont donc pas opposés: ils permettent au contraire une connexion plus naturelle entre le particulier et l'universel et inversement.

---

[269] Cf. CCEO/1990, can. 175 renvoie au can. 159, 3°-8°.

[270] H. HOHL, *Das Amt des Metropoliten*, 477: «Mit dem verfassungsrechtlich bedeutsamen Titel "Großerzbischof" des Ostkirchenrechts ist eine terminologische klare Abgrenzung zum Titel Erzbischof im Bereich der Lateinischen Kirche gegeben, in der dieser Titel mit dem Amt des Metropoliten fest verknüpft ist (can. 435 CIC/1983) oder ehrenhalber verliehen wird».

[271] Cf. CCEO/1990, cann. 174-176.

2.2 *L'Archevêque métropolitain en droit latin*

2.2.1 Dans le Code de droit canonique de 1917

Dans la vision stratifiée du Code de 1917[272], les provinces ecclésiastiques étaient des degrés du contrôle hiérarchique, où les autorités, l'une collégiale et l'autre personnelle, étaient mises en vis-à-vis.

a) la juridiction collégiale du concile provincial

Dans la codification Pio-bénédictine l'Épiscopat se comprenait comme un pouvoir individuel, délié par la *missio canonica*. Ce pouvoir, de nature intrinsèquement collégial, devait régulièrement s'exercer en commun avec les autres évêques dans le concile provincial, qui formait alors une sorte de juridiction collégiale au plan législatif[273]. Les évêques étaient des «suffragants», ceux qui ont voix délibératives pour l'élaboration des décisions disciplinaires qui concernent tous les fidèles du Christ présents sur le territoire provincial et qui sont les sujets d'assignation de chaque évêque. Cette juridiction collégiale était *ordinaire*, défini au cours des siècles par le droit comme un périmètre conciliaire auquel se rattachait l'office stable de chaque évêque.

La juridiction conciliaire latine avait pour but d'encourager le fonctionnement synodal régulier des provinces ecclésiastiques, notamment au travers des conciles provinciaux prévus plus régulièrement depuis le concile Vatican I[274]. Dans cette perspective conciliaire qui, même si elle était prévue normativement restait occasionnelle, la province devait favoriser ponctuellement l'organisation de rencontres entre les évêques de la province, le *conventus* épiscopal, véritable lieu de conciliation. Ces rencontres n'étaient pas nouvelles et existaient de manière informelle, parfois sous la forme de conférences épiscopales provinciales[275]. En

---

[272] Cf. *Comm.* 12 (1970) 96.

[273] CIC/1917, can. 284: «Metropolita, eoque legitime impedito vel sede archiepiscopali vacante, Suffraganeus antiquior promotione ad ecclesiam suffraganeam: 1° Locum ad celebrandum Concilium intra provinciæ territorium, auditis omnibus qui assistere debent eum suffragio deliberativo, eligit; cessantibus tamen iustis impedimentis, metropolitana ecclesia ne negligatur; 2° Concilium convocat eique præest».

[274] Cf. G. Dejaifve, «Conciliarité au concile du Vatican», 796-797: le concile Vatican I demandait que les conciles provinciaux se réunissent tous les cinq ans; les français souhaitaient une périodicité de trois ans.

[275] CIC/1917, can. 292 §1: «Nisi aliter pro peculiaribus locis a Sede Apostolica provisum fuerit, Metropolita, eoque deficiente, antiquior e Suffraganeis ad normam can. 284, curet ut Ordinarii locorum, saltem quinto quoque anno, stato tempore apud Metropolitam aliumve Episcopum comprovincialem conveniant, ut, collatis consiliis,

1909, l'*Ordo servandus*, annexé au décret organisant le nouveau règlement des visites *Ad limina*, demandait aux métropolitains de mentionner dans leur relation quinquennale s'ils avaient des conférences épiscopales et à quelle fréquence elles se réunissaient[276]. La même instruction précisait qu'ils devaient transmettre au Saint-Siège un exemplaire des conclusions prises d'un commun accord dans ces conférences. Elles furent généralisées par le Code Pio-bénédictin. Dans ces conférences, auxquels devaient assister de manière obligatoire les évêques résidentiels de la province, pouvaient se joindre également d'autres dignitaires qui, sans faire partie directement de la province, s'associaient quand même à la célébration du concile provincial[277]. L'entité provinciale, dans son identité synodale, se trouvait ainsi portée par une institution définie par le statut sacramentel de ses membres et ceux équiparés, organe d'exercice de la collégialité où le métropolitain exerçait naturellement la présidence. Cette institution épiscopale répondait selon le droit à la qualification d'instance de coordination pastorale et en faisait un lieu d'orientation pour la bonne gestion du ministère épiscopal. Les résolutions prises n'avaient pas par elles-mêmes force de loi mais les évêques pouvaient décréter ou dénoncer à leurs diocèses, par lettres ou statuts communs, ce qu'ils auraient établis d'un commun accord. Le champ d'action de ces conférences était clairement établi par le droit afin que les évêques recherchent ce qui semblait utile (*opportuna*) à traiter ensemble, particulièrement dans le concile provincial[278]. Dans ces conférences, ils déterminaient eux-mêmes l'ordre des matières à examiner au concile.

Les conférences provinciales se déroulaient selon une régularité au minimum (*saltem*) quinquennale qui pouvait être plus restreinte si nécessaire et seul le Siège Apostolique pouvait en dispenser la tenue[279]. La

---

videant quænam in diœcesibus agenda sint ut bonum religionis promoveatur, eaque præparent de quibus in futuro Concilio provinciali erit agendum».

[276] SACRÉE CONGRÉGATION CONSISTORIALE, déc. *A remotissima Ecclesiæ*, 31 décembre 1909, *AAS* (1909) 13-16. Instruction *De ordine servando in relatione de statu diœcesis, ibid.*, 17-34, art. 31: «Si sit metropolitanus, an provinciale concilium, aut saltem collationes seu conferentias episcopales habuerit, et quoties. Exemplar eorum quae in conferentiis communi consilio conclusa sunt ad Sancta Sedem (si adhuc factum non fuerit) transmittat».

[277] Cf. CIC/1917, cann. 285.292 §2.

[278] Cf. CIC/1917, can. 290: «Patres in Concilio plenario vel provinciali congregati studiose inquirant ac decernant quæ ad fidei incrementum, ad moderandos mores, ad corrigendos abusus, ad controversias componendas, ad unam eandemque disciplinam servandam vel inducendam, opportuna fore pro suo cuiusque territorio videantur».

[279] Cf. CIC/1917, can. 292 §1; *supra*, nt. 275. Ces réunions, dans certains pays, étaient parfois annuelles comme en France, en Italie ou en Belgique.

perspective en était le concile provincial, célébré de manière cyclique tous les vingt ans[280]. Chaque conférence provinciale devait se terminer en fixant un lieu et une date pour la prochaine rencontre[281]. La convocation en était obligatoire, faite par le métropolitain ou à défaut par le plus ancien des suffragants. Elles devaient se tenir même en cas de vacance du siège archiépiscopal[282].

Ces conciles provinciaux s'entendaient d'abord comme une affaire entre Ordinaires qui délibèrent ensemble et consultent ceux seulement prévus par le droit pour les «assister» pendant cette célébration[283]. On notera que les participants sont seulement des clercs avec votes consultatifs et que l'absence des laïcs, hommes ou femmes, marque ici un vrai déficit de synodalité. La même remarque vaut également pour le synode diocésain, lui aussi convoqué régulièrement, au moins tous les dix ans[284]. On y traite surtout de discipline et des intérêts particuliers du diocèse, qui seront ensuite placés dans des statuts synodaux, véritables lois diocésaines promulguées par l'Ordinaire du lieu, seul législateur[285]. Il n'était pas précisé que les statuts synodaux diocésains devaient être approuvés par une autre autorité comme pour le concile provincial, ni même transmis au métropolitain.

Les évêques pouvaient se faire représenter[286] aux sessions conciliaires, mais leur présence était requise lors des rencontres quinquennales. Les décrets conciliaires, une fois votés et après avoir reçu la *recognitio*[287], étaient promulgués comme une loi synodale de la province et s'imposaient à tous les évêques diocésains, les suffragants: il était possible d'en dispenser que pour de juste motif et dans des cas particuliers[288]. Le concile se tenait de préférence sur le territoire de l'Église métropolitaine[289], symbolisant matériellement le lien avec la tradition synodale des pro-

---

[280] CIC/1917, can. 283: «In singulis provinciis ecclesiasticis celebretur provinciale Concilium vicesimo saltem quoque anno».

[281] Cf. CIC/1917, can. 292 §3.

[282] Cf. CIC/1917, can. 284; *supra*, nt. 273. En cas de défaillance du métropolitain, c'était au plus ancien des suffragants de présider le concile.

[283] Cf. CIC/1917, can. 282 §§1-3 en donne une liste non exhaustive. Voir aussi can. 286 §4.

[284] Cf. CIC/1917, can. 356 §1; les participants au synode diocésain, can. 358 §§1-2.

[285] Cf. CIC/1917, can. 362.

[286] Avec voix délibérative s'il s'agissait d'un évêque, coadjuteur ou auxiliaire; cf. CIC/1917, cann. 282 §1.286 §1. Si un prêtre était constitué comme procurateur, il avait alors voix consultative et non délibérative; cf. can. 287 §2 CIC/1917.

[287] Cf. CIC/1917, cann. 250 §4.291 §4

[288] Cf. CIC/1917, can. 291 §2.

[289] Cf. CIC/1917, can. 284, 1°; *supra*, nt. 273.

vinces dans l'histoire mais ce fait est purement anecdotique et n'avait aucune conséquence juridique. La présidence et la convocation du concile revenaient de droit à l'Archevêque métropolitain, dont la fonction apparaît comme une autorité distincte de celle collégiale des évêques suffragants qui peuvent s'exprimer sans lui dans le concile provincial.

La synodalité épiscopale provinciale existait bien formellement dans le Code de 1917 mais elle était entendue plutôt comme un niveau de surveillance disciplinaire des évêques que comme un vecteur des dynamiques de synodalité entre Églises particulières. Elle présentait ainsi l'accentuation d'un phénomène structurel centralisé, personnaliste et juridique, qui s'était déployé tout au long du deuxième millénaire en Occident autour du ministère épiscopal et de sa juridiction, sans réelle considération ni même collaboration avec le peuple de Dieu.

b) La juridiction personnelle du métropolitain

Le «Métropolitain» ou l'«Archevêque» était une fonction «placée» à la tête d'une province ecclésiastique[290]. Cette «dignité» fonctionnelle dans une province était en lien avec (*coniuncta est cum*) un siège épiscopal stable, l'Église métropolitaine, déterminé par le Pontife Romain et sur lequel le métropolitain exerçait son office épiscopal[291]. Nommé comme l'Archevêque de ce siège il était, par la position graduelle de celui-ci, chargé de veiller à la communion disciplinaire des suffragants au nom du Pontife romain.

L'autorité juridictionnelle du métropolitain était soumise à une reconnaissance qui était moins la manifestation d'une concession que plus exactement la permission de l'autorité suprême, comme supérieur hiérarchique, d'exercer un pouvoir défini dans le droit[292]. Il s'agissait de reconnaître *intuitu personæ*, une participation médiate, *a iure*, au pouvoir du Successeur de Pierre[293]. Ce pouvoir n'était pas vraiment une délégation *ab homine*, mais l'autorisation à titre personnel de déployer tout le pouvoir contenu dans l'office propre appartenant au siège métropolitain. Les facultés obtenues n'étaient pas assimilées à des privilèges *præter*

---

[290] CIC/1917, can. 272: «Provinciæ ecclesiasticæ præest Metropolita seu Archiepiscopus; quæ dignitas coniuncta est cum sede episcopali a Romano Pontifice determinata vel probata».

[291] CIC/1917, can. 213: «Salvo præscripto cann. 275-280, Metropolita in propria diœcesi easdem obligationes eademque iura habet quæ Episcopus in sua».

[292] Cf. R. NAZ, *Traité de droit*, I, 349-350; F.J. URRUTIA, *Les normes générales*, 217.

[293] Cf. A. KAPTIJN, «Origin and Nature of supra-episcopal», 201; J.L. GUTIERREZ, «I raggrupamenti», 437-455.

ius[294] mais conditionnées par l'exercice légitime d'un office d'évêque résidentiel, stable et prédéterminé qui donnait l'habileté à les exercer. Elles n'étaient donc pas une extension de la *sacra potestas* de l'évêque en question sur les autres mais étaient constituées à partir de son office épiscopal comme un pouvoir vicaire, décrit par le droit pour être une juridiction ordinaire dans la province. Ce pouvoir personnel ne pouvait être suppléé que dans certaines conditions mais jamais délégué par son titulaire[295].

Le pallium latin qui devait être postulé personnellement ou par procureur symbolisait ce pouvoir vicaire qui était une participation au pouvoir primatial du pape, une *delegatio potestatis*. Sa juridiction ordinaire dans la province était déterminée et strictement encadrée par le droit, comme nous l'avons trouvé fixé au moment du concile de Trente, et reporté dans le Code de 1917[296]. Tous les offices stables ne sont pas forcément pourvus d'un pouvoir de juridiction, en revanche, une juridiction déléguée peut être communiquée directement à une personne et cela même en considération de son office. Cette juridiction particulière était personnelle mais tirait son origine de celle universelle du pape. C'est dans la permission d'exercer la juridiction métropolitaine que se trouvait formellement l'aspect délégué de la fonction d'Archevêque.

---

[294] Cf. CIC/1917, can. 66 §1.

[295] L'Archevêque ne peut déléguer sa fonction métropolitaine à son coadjuteur. Ce dernier est souvent donné au siège archiépiscopal et non à la personne de l'Archevêque: en ce cas le coadjuteur n'a pas de droit de succession; cf. CIC/1917 cann. 350 §2.355 §3.

[296] CIC/1917, can. 274: «In diœcesibus vero suffraganeis Metropolita potest tantum: 1) A patronis ad beneficia præsentatos instituere, si Suffraganeus intra tempus iure statutum, iusto impedimento non detentus, id facere omiserit. 2) Indulgentias centum dierum, sicuti in propria dioecesi, concedere. 3) Deputare Vicarium Capitularem ad normam can. 432 § 2. 4) Vigilare ut fides ac disciplina ecclesiastica accurate serventur, ac de abusibus Romanum Pontificem certiorem facere. 5) Canonicam visitationem peragere, causa prius ab Apostolica Sede probata, si eam Suffraganeus neglexerit; tempore autem visitationis, potest prædicare, confessiones audire etiam absolvendo a casibus Episcopo reservatis, de vita et honestate clericorum inquirere, clericos infamia notatos Ordinariis ipsorum, ut eos puniant, denuntiare, notoria crimina, manifestas et notorias offensas tum sibi tum suis forte illatas, iustis poenis, censuris non exclusis, punire. 6) In omnibus ecclesiis, etiam exemptis, Ordinario loci præmonito, si ecclesia sit cathedralis, peragere pontificalia, uti Episcopus in proprio territorio, populo benedicere, cruce ante se delata incedere, non autem alia exercere quae iurisdictionem important. 7) Appellationem recipere a sententiis definitivis aut interlocutoriis definitivarum vim habentibus, prolatis in Curiis suffraganeis, ad normam can. 1594 § 1. 8) Controversias, de quibus in can. 1572 §2, in prima instantia dirimere».

Le titulaire de l'office épiscopal du siège métropolitain devait demander le pallium dans les trois mois suivant sa consécration ou son installation[297], conformément à la tradition canonique. On considérait ainsi qu'*avant* l'imposition du pallium en Consistoire l'accomplissement par l'Archevêque des actes de sa juridiction métropolitaine étaient illicites[298], y compris ceux de sa propre juridiction épiscopale qui requérait l'usage liturgique du pallium, sauf indult apostolique spécial. Dans cette configuration, le pallium latin représentait symboliquement cette juridiction[299]: il était attribué personnellement comme l'insigne liturgique épiscopal du «pouvoir de l'Archevêque»[300]. Le métropolitain latin exerçait un *ius delegatum*, concédé par le *primus* de la communion hiérarchique et *lié* à sa personne en considération de l'office de son siège métropolitain. Cette perception rendait ainsi ambiguë son pouvoir juridictionnel: soit délégué comme Archevêque soit ordinaire vicaire comme métropolitain[301].

L'insigne du pallium lui-même semblait équivoque. Il devait être postulé, en effet, car il n'appartient pas en propre à l'office d'un évêque mais au titulaire d'un office en particulier. Seul un évêque résidentiel désigné *a priori* dans la province possédait ce droit personnel de pétition. Si bien que lorsqu'il perdait l'office épiscopal de son Église, par transfert à un autre siège ou tout autre motif, il perdait de même un droit qui lui avait été accordé personnellement en considération de cette charge[302]. Le pal-

---

[297] Cf. D. 100, cc. 1.2; X. 1,6,4; X. 1,8,3; BENOÎT XIV, const. *Inter conspicuos*, 29 août 1744, §1; ID., const. *Rerum Ecclesiasticarum*, 12 août 1748; ID., const. *Ad honorandam*, 27 mars 1752, §6, 17; *Pontificale Romanum*, tit. *De consecratione electi in episcopum*; tit. *De pallio*; *Cæremoniale Episcoporum* (1886), lib. I, cap. 16, nn. 6-7.

[298] CIC/1917, can. 276: «Quare ante pallii impositionem, excluso speciali indulto apostolico, ipse illicite poneret actus sive iurisdictionis metropolitanæ, sive ordinis episcopalis in quibus, ad normam legum liturgicarum, usus pallii requiritur».

[299] Le sens du pallium latin, comme relique *de corpore Beatus Petri*, se fixe vraiment sous Benoît XIV (1740-1758), mais dans les Décretales, son statut est déjà celui d'un signe de la plénitude du pouvoir spirituel (cf. X. 1,8,4). Concédé à l'Archevêque, il devient l'insigne d'une participation, une juridiction ordinaire vicaire, non un *ius proprium* mais un *ius delegatum*, concédé *ad personam*, limité dans l'espace et les matières; cf. can. 271 CIC/1917; B. D'ALTEROCHE, «Le statut du pallium», 577-584; S.A. SCHOENIG, *Bonds of Wool*, 397-480. Sur la juridiction ordinaire vicaire, voir G. MICHIELS, *De potestate ordinaria et delegata*, 133-135.

[300] CIC/1917, can. 275: «Metropolita obligatione tenetur, intra tres menses a consecratione vel, si iam consecratus fuerit, a provisione canonica in Consistorio, per se vel per procuratorem a Romano Pontifice pallium petendi, quod significat potestatem archiepiscopalem».

[301] Cf. CIC/1917, can. 197 §§1-2.

[302] Cf. CIC/1917, can. 278; *infra*, nt. 321.

lium était déposé dans la sépulture de l'évêque[303] avec ceux qu'il aurait pu obtenir par d'autres missions canoniques: le pallium était aussi un signe de considération, une marque d'estime du Pontife Romain.

Dans le Code Pio-bénédictin, la juridiction ordinaire du métropolitain latin est stable en vertu de son office épiscopal mais pas propre: il n'est pas l'Ordinaire de la province ecclésiastique. Sa juridiction vicaire existait formellement pour un territoire déterminé par des diocèses suffragants unis dans une circonscription ecclésiastique. Comme «le pouvoir de juridiction ne peut s'exercer directement que sur les sujets»[304], sa juridiction métropolitaine s'étendait sur les évêques dits «suffragants» de la province mais pas sur leurs sujets comme le droit ancien l'avait déjà spécifié. La province était donc un niveau structurel de collégialité à la tête duquel se trouvait un Archevêque dont la mission, de nature épiscopale, était de surveiller, comme le ferait un supérieur hiérarchique.

L'Archevêque métropolitain avait ainsi un *ius visitandi* qui était comme un droit de regard sur les diocèses de ses suffragants car sa mission était de «veiller», principalement à ce que «la foi et la discipline ecclésiastique soient exactement conservées et avertir le Pontife romain des abus»[305]. Ce droit était formellement un droit de visite, soumis à l'autorisation du Siège Apostolique pour palier à la négligence de l'évêque suffragant en cette matière[306], mais seulement pour un juste motif. Au cours de cette visite il pouvait enquêter sur la vie et les mœurs des clercs et les dénoncer à l'Ordinaire du lieu. Il pouvait lui-même punir d'une «juste peine» les crimes notoires ou les offenses manifestes qui se seraient produits au cours de sa visite, contre lui ou ses coopérateurs[307].

---

[303] Cf. CIC/1917, can. 279. Cf. B. D'ALTEROCHE, «Le statut du pallium», 568: «(…) cet attribut est, pour partie un bénéfice personnel, parce qu'il peut être inhumé avec la personne, et, pour partie, un bénéfice local, parce qu'il n'est pas transféré avec la personne à un autre archiépiscopat mais qu'il reste attaché au siège pour lequel il a été octroyé».

[304] CIC/1917, can. 201 §1: «Potestas iurisdictionis potest in solos subditos directe exerceri» (notre traduction).

[305] CIC/1917, can. 274, 4°, cf. *supra*, nt. 296.

[306] CIC/1917, can. 343 §1: «Ad sanam et orthodoxam doctrinam conservandam, bonos mores tuendos, pravos corrigendos, pacem, innocentiam, pietatem et disciplinam in populo et clero promovendam ceteraque pro ratione adiunctorum ad bonum religionis constituenda tenentur Episcopi obligatione visitandæ quotannis diœcesis vel ex toto vel ex parte, ita ut saltem singulis quinquenniis universam vel ipsi per se vel, si fuerint legitime impediti, per Vicarium Generalem aliumve lustrent». Voir aussi, can. 343 §3.

[307] Cf. CIC/1917, can. 274, 5°; *supra*, nt. 296; R. NAZ, *Traité*, IV, n. 1208, 3.

Comme déjà prévu par le droit des Décrétales, l'appel des sentences définitives et interlocutoires se faisait par degrés[308]. Le tribunal du métropolitain[309] était de droit l'instance d'appel des tribunaux de ses suffragants dans les cas prévus par le droit, conséquence de sa position de veilleur à la tête de la province. Son rôle disciplinaire dans la province mettait plus en relief sa fonction d'Archevêque comme supérieur hiérarchique que celle de Métropolitain comme agent de synodalité. Il avait des droits, des facultés personnelles qui, même en nombre limitées, le constituaient avec un pouvoir de gouvernement permanent dans la juridiction provinciale mais pas directement en lien avec le concile provincial. Son rôle synodal se présentait ainsi de manière secondaire à son rôle disciplinaire et sa juridiction en semblait presque détachée. C'est seulement au titre de la position graduelle de son siège qu'il avait des prérogatives synodales.

L'Archevêque métropolitain devait en effet, selon le droit, convoquer et présider les conférences épiscopales quinquennales et les conciles provinciaux. Comme président du concile provincial il pouvait le transférer, le proroger mais pas le dissoudre[310]. Sa voix délibérative avait le même poids que celle des autres évêques, sans caractère prépondérant. Il lui revenait comme président du concile de transmettre les décisions conciliaires à la Sacrée Congrégation du Concile pour la *recognitio*[311]. La promulgation ne pouvait avoir lieu sans cet examen et c'est à l'ensemble des Ordinaires que revenait le choix des moyens de la publication, pour leur donner force obligatoire[312]. La présence du métropolitain n'était cependant pas foncièrement nécessaire pour l'organisation d'une synodalité épiscopale locale. Ce rôle pouvait être suppléé, selon le droit, par le suffragant le plus ancien de promotion, par ordre chronologique[313]. Dans le Code de 1917, l'expression locale de la collégialité pastorale n'était pas vécue indépendamment de sa réalisation conciliaire mais ne reposait sur aucune primatialité synodale. De ce point de vue, la juridiction provinciale apparaissait comme dédoublée et manquait d'unité. La figure primatiale n'était pas pensée au centre d'une communauté d'évêques mais

---

[308] Cf. X. 2,28,39- 65.

[309] Cf. CIC/1917, cann. 274, 7°.1572 §2.1594 §1. L'appel d'une sentence prise par le métropolitain se faisait devant le tribunal désigné par lui après avoir été approuvé par le Saint-Siège (can. 1594 §2) ce qui était un changement car avant le Code de 1917, l'appel devait se faire directement devant le Saint-Siège. Cf. R. NAZ, *Traité*, IV, n. 127.

[310] Cf. CIC/1983, can. 288.

[311] Cf. CIC/1917, cann. 250 §4.291.

[312] Cf. CIC/1917, can. 291 §1.

[313] Cf. CIC/1917, can. 292 §1, *supra*, nt. 275.

au-dessus. Une synergie épiscopale existait bien, posée normativement dans le droit et contrôlée depuis Rome mais elle ne devait rien à la volonté des pasteurs de coopérer ensemble.

2.2.2 Dans le Code de Droit Canonique de 1983

> Can. 435: *Provinciæ ecclesiasticæ præest Metropolita, qui est Archiepiscopus diœcesis cui præficitur; quod officium cum sede episcopali, a Romano Pontifice determinata aut probata, coniunctum est.*

> Can. 436 §1: *In diœcesibus suffraganeis Metropolitæ competit:*
> 1° *vigilare ut fides et disciplina ecclesiastica accurate serventur, et de abusibus, si qui habeantur, Romanum Pontificem certiorem facere;*
> 2° *canonicam visitationem peragere, causa prius ab Apostolica Sede probata, si eam suffraganeus neglexerit;*
> 3° *deputare administratorem diœcesanum, ad normam cann. 421 §2 et 425§3.*
> §2. *Ubi adiuncta id postulent, Metropolita ab Apostolica Sede instrui potest peculiaribus muneribus et potestate in iure particulari determinandis.*
> §3. *Nulla alia in diœcesibus suffraganeis competit Metropolitis potestas regiminis; potest vero in omnibus ecclesiis, Episcopo diœcesano præmonito, si ecclesia sit cathedralis, sacras exercere functiones, uti Episcopus in propria diœcesi.*

> Can. 437 §1: *Metropolita obligatione tenetur, intra tres menses a recepta consecratione episcopali, aut, si iam consecratus fuerit, a provisione canonica, per se aut per procuratorem a Romano Pontifice petendi pallium, quo quidem significatur potestas qua, in communione cum Ecclesia Romana, Metropolita in Propria provincia iure instruitur.*
> §2. *Metropolita, ad normam legum liturgicarum, pallio uti potest intra quamlibet ecclesiam provinciæ ecclesiasticæ cui præest, minime vero extra eandem, ne accedente quidem Episcopi diœcesani assensu.*
> §3. *Metropolita, si ad aliam sedem metropolitanam transferatur, novo indiget pallio.*

a) Les sources

Le Code de 1983 donne, en un seul chapitre, une description précise de la fonction de métropolitain. De manière plus pratique que dans le Code précédent, la matière est regroupée dans trois canons successifs, disposés dans la deuxième partie *«De Ecclesiæ constitutionne hierarchica»* du Livre II *«De populo Dei»*. Dans le Titre II de cette partie qui concerne «Les regroupements des Églises particulières» que nous avons vu précédemment, un chapitre II *«De Metropolitis»* rassemble ces trois canons faisant immédiatement suite au chapitre I *«De provinciis eccle-*

siasticis et de regionibus ecclesiasticis», comme pour le compléter. Les sources principales du texte actuel sont toutes issues du Code de 1917, ce qui montre que nous sommes dans l'esprit d'une mise à jour de la fonction métropolitaine[314].

Le can. 435 prend sa source unique dans le can. 272 CIC/1917[315]. Les deux titres de Métropolitain et d'Archevêque sont toujours équivalent, mais désignent deux offices différents. L'office de métropolitain est celui placé à la tête d'une province; celui d'Archevêque concerne le siège d'une Église particulière dont la position graduelle est centrale dans la province. Le can. 273[316] qui précisait dans le Code de 1917 que l'Archevêque était tenu aux obligations de tout évêque diocésain dans son diocèse, n'est pas repris directement mais dans son esprit se trouve cependant contenu dans le can. 435 CIC/1983.

Le can. 436 §1, 1°-3° CIC/1983 reprend la norme concernant son rôle disciplinaire du can. 274[317], respectivement celle des points 4°, 5° et 3° du Code de 1917: est ainsi omis tout ce qui concernait son rôle dans les négligences de ses suffragants pour l'attribution de certains bénéfices, ou encore d'accorder certaines indulgences. Le métropolitain conserve un rôle de surveillance active dans la nomination d'un administrateur diocésain en cas de vacance d'un siège dans sa province comme il était prévu dans la norme pio-bénédictine[318].

Le can. 436 §2 est la seule nouveauté du Code de 1983 et se réfère à *CD* 40, 1 qui souhaitait voir les provinces ecclésiastiques révisées et les droits et privilèges des métropolitains encadrés dans une nouvelle normative plus adaptée à leur rôle dans la province. Il prévoit ainsi dans le droit général le recours à une organisation «déterminée dans le droit particulier». Nous commenterons plus en détail ce canon dans le chapitre IV de cette étude.

Le can. 436 §3 prend sa source dans le can. 274, 6° du Code de 1917, sur les fonctions sacrées que l'Archevêque métropolitain peut accomplir dans les diocèses de ses suffragants, toujours après en avoir informé l'Ordinaire du lieu. Contrairement au canon du Code de 1917, le paragraphe 3 du can. 436 ne présente plus une limitation du *jus metropolicum* mais une clausule inhabilitante (*nulla alia*) qui concerne l'exercice personnel des facultés qui lui sont reconnues. En effet l'ancien Code répétait

---

[314] *Codex Iuris Canonici auctoritate Joannis-Pauli pp. II promulgatus, fontium annotatione et indice analytico-alphabetico auctus*, 123-124. Sur les sources des canons et les travaux du concile, voir H. HOHL, *Das Amt des Metropoliten*, 419-434.303- 413.

[315] Cf. CIC/1917, can. 272; *supra*, nt. 290.

[316] CIC/1917, can. 273: «Salvo præscripto cann. 275-280, Metropolita in propria diœcesi easdem obligationes eademque iura habet quæ Episcopus in sua».

[317] Cf. CIC/1917, can. 274; *supra*, nt. 296; H. HOHL, *Das Amt des Metropoliten*, 70 s.

[318] Cf. CIC/1917, can. 432 §2.

qu'il ne pouvait «faire d'autres actes qui comportent l'exercice de la juridiction»[319] que ceux déjà établis. Ce point avait été précisé par un rescrit de la Commission Pontificale pour l'interprétation du Code à propos de *dubia*: l'Archevêque métropolitain n'a pas de préséance en dehors de sa province où se cantonne son autorité[320], il ne peut étendre sa juridiction comme il l'entend. Le can. 436 §3 ne parle plus de juridiction mais d'un «pouvoir de gouvernement» (*potestas regiminis*) dont l'exercice réel est strictement encadré. Ce pouvoir peut être plus étendu, comme le précise le canon 436 §2, par une charge à déterminer dans un droit particulier approuvé par le Saint-Siège.

Le can. 437, concentre dans ses trois paragraphes toute l'ancienne norme des cann. 275, 277, 278[321], redéfinissant le sens et le rôle du pallium porté par les métropolitains dont la conception reste traditionnelle. Les nouvelles normes établies par Paul VI qui abrogent tous les anciens privilèges et coutumes autour du pallium[322] s'intègrent dans le premier paragraphe du canon, sans en modifier complètement le sens.

Les canons du Code de 1983 proposent ainsi une vision restaurée de la fonction du métropolitain qui semble cependant très largement dépendante du modèle ancien. On ne trouve en effet quasiment qu'une seule source, celle du Code de 1917. Le m.p. *Inter eximia* de Paul VI apporte seul un éclairage nouveau sur le pouvoir du métropolitain auquel finalement les cann. 435-437 du Code actuel fournissent un cadre plus juridique pour le configurer comme un office ecclésiastique au sens du can. 145 §§1-2.

b) L'office provincial d'Archevêque métropolitain

Comme dans le Code Pio-bénédictin le métropolitain n'est pas l'Ordinaire de la province mais apparaît mieux cependant dans sa compétence comme un serviteur de la communion ainsi que le souhaitait le concile Vatican II. Pour manifester cette dimension de service, les codificateurs ont voulu rendre plus évidente la fonction métropolitaine comme la charge qui préside à un regroupement ecclésiastique. Le métropolitain est à la tête de la province ecclésiastique comme le souligne le can. 435 en écho au can. 432 §2. Le Code de 1983 conditionne cette charge non

---

[319] CIC/1917, can. 274, 6°; *supra*, nt. 296.

[320] Cf. PCCCI, *resp.* I, 5 août 1941, *AAS* 33 (1941) 378.

[321] CIC/1917, can. 275, cf. *supra*, nt. 300. ID., can. 277: « Metropolita uti potest pallio intra quamlibet ecclesiam etiam exemptam suæ provinciæ in Missarum sollemnibus, diebus in Pontificali Romano designatis aliisque forte sibi concessis; nullatenus vero extra provinciam, etsi Ordinarii loci consensus accedat». Can. 278: «Si Metropolita pallium amittat vel ad aliam sedem archiepiscopalem transferatur, novo indiget pallio».

[322] Cf. PAUL VI, m.p. *Inter eximia*, 11 mai 1978.

plus comme une dignité[323] mais comme un office défini comme tel par le droit[324]. Cet office est joint (*coniunctu est*) à un siège épiscopal désigné par l'autorité suprême, auquel préside un Archevêque qui en reçoit l'office de pasteur pour le diocèse et l'office de métropolitain pour la province. Les deux titres sont ainsi distingués en deux offices et avec eux leurs fonctions mais configurés pour un même siège. L'office du métropolitain ainsi identifié n'est pas un complément de celui d'Archevêque du diocèse même si la province porte le titre de l'Église à laquelle l'office métropolitain a été attaché par l'autorité suprême. L'un et l'autre, dans cette configuration, sont pourtant intrinsèquement liés par un unique sujet du ministère épiscopal.

La charge métropolitaine est attachée de manière stable par l'autorité suprême à un siège. Le titulaire en recevant l'office stable d'Archevêque de ce diocèse est qualifié juridiquement pour demander à exercer l'office de métropolitain dans la province. L'Archevêque est désigné à son siège comme tout autre évêque par le Pontife romain et non par les évêques suffragants[325]. L'Archevêque est donc d'abord un évêque diocésain résidant dans la province[326]. Son pouvoir épiscopal dans son diocèse est identique à celui des autres évêques. Sa compétence comme métropolitain dans la province lui vient de la juridiction déléguée qu'il reçoit du Pontife romain, qui est mieux exprimée désormais par un office.

La charge de métropolitain est un office «constitutionnel» pour la province dont la nature est seulement de droit ecclésiastique. Il n'existe pas de métropolitains en dehors des regroupements provinciaux alors que le titre d'Archevêque peut être porté par des évêques qui ne sont pas ou plus des métropolitains. Il s'agit donc moins d'une dignité que d'un office de subsidiarité, conçu pour le service des Églises particulières et qui est désormais plus formellement relié à la province ecclésiastique puisqu'il est décrit dans le Code immédiatement après les canons sur le regroupement provincial[327].

La question de l'idonéité à la fonction de métropolitain n'est pas évoquée: l'office est «joint» à celui du pasteur propre d'un diocèse, non pas comme une délégation *intuitu personæ* mais comme un *munus* préexistant. Les qualités requises sont donc celles demandées pour n'importe

---

[323] Cf. J.H. PROVOST, «Groupings of Particular Churches», 353, sous le can. 435.

[324] Certains auteurs soutenaient que la juridiction déléguée suffisait pour constituer un office ecclésiastique, cf. G ŒSTERLÉ, «juridiction d'après le code», 229.

[325] Cf. CIC/1983, cann. 376.381- 402.

[326] Cf. J.G. JOHNSON, «Grouping of Particular Churches», 573, sous le can. 435.

[327] Cf. CIC/1983, cann. 431-432.

quel évêque diocésain dont l'appréciation finale est réservée au Siège Apostolique[328]. En cette matière, il semble toutefois qu'il règne une relative prudence: le titre d'«Archevêque» est encore conféré par privilège pontifical pour des raisons historiques ou politiques à des sièges comme un titre ecclésiastique, sans pouvoir juridictionnel différent de celui de n'importe quel évêque; il signifie cependant, dans le cadre des regroupements ecclésiastiques une importance ecclésiale et sociale d'un siège épiscopal[329]. Dans le domaine pastoral, il peut signifier une certaine expérience du ministère épiscopal mais dans l'organisation ecclésiastique, son acception administrative signifie une certaine expertise avec une qualification hiérarchique[330]. Le fait que l'on ait conservé l'appellation d'Archevêque pour dénommer la fonction épiscopale d'un siège métropolitain suppose que celui-ci est positionné de manière différente de celui des diocèses suffragants. Le siège métropolitain est configuré canoniquement pour être un *centre* graduel dans la province.

Comme nous l'avons vu dans le premier chapitre, l'organisation provinciale est constituée par l'autorité suprême en fonction des rapports de proximité et par la consultation écrite de chaque pasteur au nom de son Église particulière en désignant une fois pour toutes un centre métropolitain[331]. C'est l'autorité suprême cependant qui le détermine et établit sa position selon le droit. Par les caractéristiques canoniques de sa désignation, ce centre en acquiert une certaine importance et une autorité dont l'exercice personnel revient à son titulaire. L'office de métropolitain n'est pas une autorité constituée par un collège mais une autorité personnelle désignée par le Pouvoir Suprême et dotée par le droit d'un certain pouvoir de direction (*regere*)[332] dans la province dont il reçoit la présidence.

La présidence comme autorité de direction est un pouvoir de gouvernement qui suppose d'être exercé par une personne habile en droit. La nature épiscopale personnelle de la présidence d'un regroupement d'Églises particulières semble aller de soi et va de pair avec un gouver-

---

[328] Cf. CIC/1983, can. 149 §§1-3; Ph. Toxé, «L'office ecclésiastique», 75-77. Voir can. 378 §§1-2; DPME, nn. 33-48, sur l'idonéité à l'Épiscopat.

[329] Cf. A. Viana, «Arzobispo», 482.

[330] *E.g.*, le titre d'archevêque titulaire, *sine popolo*, est donné aux nonces Apostoliques, ainsi qu'aux secrétaires des Congrégations – pour le Clergé, pour les Évêques, etc. – ou encore à certains présidents de Dicastères, à cause de la compétence de supérieur hiérarchique qui est reconnue à ces organismes; cf. *PB*, art. 3 §1; A. Viana, «Arzobispo», 485; G.P. Montini, «Superior jerárquico», 461.

[331] Cf. CIC/1983, can. 431 §1.

[332] Cf. *LG* 23; W. Onclin, «The power of decision», 212.

nement collégial auquel participent les pasteurs des diocèses suffragants. Pour bien signifier que cette présidence est une charge stable qui doit être exercée comme une autorité de service et une compétence liée, il est apparu plus évident de la formaliser par un office ecclésiastique distinct[333].

Un office est défini comme «toute charge constituée de façon stable par disposition divine ou ecclésiastique pour être exercée en vue d'une fin spirituelle»[334]. La compétence est toujours donnée par l'office ou la délégation. L'attribution d'une charge ou office se fait par l'autorité qui a été établie par le droit avec une compétence pour l'ériger ou la modifier[335]. La provision de l'office se fait par libre délégation, institution, confirmation ou admission, par élection libre ou par acceptation de l'élu[336]. Chaque office, conçu comme un service du peuple de Dieu, est un élément dynamique de l'organisation ecclésiastique. Le Code de 1983 a prévu le cas où il serait nécessaire de pourvoir une seule et même personne de deux ou plusieurs offices pour le bien de la mission. Ces offices ne doivent pas être réputés «incompatibles» dans leur exercice par leur unique dépositaire[337]. La réputation d'incompatibilité intervient à un double niveau: légal, lorsque la loi elle-même établit que deux offices ne peuvent être détenus par une même personne[338]; matérielle, lorsqu'il apparaît impossible d'accomplir en même temps les obligations requises pour ces offices. Dans le cas d'espèce qui nous intéresse, l'office d'Archevêque, pour un diocèse et celui de Métropolitain, pour une province sont compatibles *ad normam*, supposant néanmoins l'aptitude requise par l'idonéité à l'exercice de cette double charge.

Cette fonction d'unité dans la province est signifiée par le pallium auquel est attaché un droit liturgique[339], tel que nous l'avons vu s'élaborer au cours des siècles. Le pallium est un droit personnel, attaché par le Pontife romain à un siège déterminé. Ce signe symbolise un office stable constitué par une autorité compétente et non une concession des autres évêques pour présider à leur regroupement canonique en province ecclésiastique. La finalité spirituelle de l'office de métropolitain est d'être un agent de la communion ecclésiale dans la province et ne s'exerce donc qu'au for externe.

---

[333] Cf. CIC/1983, can. 432 §2. Voir Ph. Toxé, «L'office ecclésiastique», 69-70.

[334] CIC/1983, can. 145; CCEO/1990, can. 936 §§1-2.

[335] Cf. CIC/1983, can. 148; CCEO/1990, can. 936 §3.

[336] Cf. CIC/1983, can. 147; CCEO/1990, can. 939.

[337] Cf. CIC/1983, can. 152; CCEO/1990, can. 942.

[338] Cf. CIC/1983, cann. 423 §2.425 §1.478.492 §3.1436 §1; CPTL, instruction *Dignitas connubii*, 36; CCEO/1990, cann. 225 §2.227 §2.247 §§2-3.263 §3.1100 §1.

[339] Cf. CIC/1983, can. 437 §2.

Le pallium métropolitain ne se porte que dans les limites de la juridiction provinciale et pour certains actes liturgiques où la communion doit être manifestée[340]. L'Archevêque porte le pallium «en communion avec l'Église Romaine»[341] comme insigne de sa fonction de métropolitain dans la province. L'enclise «avec l'Église romaine» dans le premier paragraphe du can. 437 est nouvelle et précise bien le champ d'action qui est celui de la sollicitude universelle que porte d'une manière tout spéciale l'évêque de Rome dans la communion entre les Églises. Le pallium qui est imposé sur les épaules de l'évêque de Rome lors de son intronisation comme Pontife romain signifie la plénitude du pouvoir pontifical et le devoir (*competit*) de sa charge[342]. C'est un réel pouvoir qui lui est donné comme un droit de sa charge de conduire tout le peuple de Dieu[343].

c) La signification canonique du pallium métropolitain

Le pallium est un symbole liturgique de la communion hiérarchique entre les Églises. La concession du pallium aux métropolitains par le Pontife romain constitue donc un acte solennel de l'Église, et se fait habituellement en Consistoire ordinaire ou secret[344] pour signifier le lien avec l'Église de Rome et, par elle, le lien avec le Collège épiscopal et l'ensemble des Églises répandues dans le monde. Le métropolitain est un vecteur de la catholicité et un lien organique dans la communion hiérarchique. Son imposition peut être faite par le Pontife romain ou par son Légat. La tradition est de remettre le pallium, voire de l'imposer le jour de la fête des Saints Pierre et Paul, colonnes de l'Église afin de manifester par ce signe liturgique le sens de cette charge pastorale qui est comme un «office de sollicitude», participant au bon fonctionnement de la communion hiérarchique[345].

L'Archevêque a l'obligation de demander le pallium au Pontife romain, personnellement ou par procureur, dans le délai utile de trois mois suivant sa consécration ou s'il est déjà évêque après la prise de posses-

---

[340] Cf. CIC/1983, can. 437 §2. Voir *Cæremoniale episcoporum*, n. 1154.

[341] CIC/1983, can. 437 §1.

[342] Cf. *Cæremoniale episcoporum*, n. 57.

[343] Cf. PAUL VI, m.p. *Inter eximia*. En cas de démission, il perd l'usage du pallium.

[344] CIC/1983, can. 353 §2.

[345] Cependant, on lit dans le DPME, n. 23: «Le pallium (…) est imposé aux métropolitains présents. Si un métropolitain ne peut venir à Rome, le pallium lui sera imposé par le représentant pontifical». Ce changement, avec par la réforme du pape François en 2015 sur l'imposition du pallium, indique le retour vers le caractère local de la fonction de métropolitain.

sion canonique de son diocèse[346]. Cette demande formelle signifie sa disponibilité à remplir localement la mission dévolue à son siège. La pétition du pallium manifeste un droit personnel du titulaire de l'Église où est déposée la charge métropolitaine[347]. Sa concession tout en étant liée à son siège reste un privilège personnel dont il peut user tout le temps où il demeure sur le siège métropolitain. Quand il se démet de son siège, pour un autre siège ou pour tout autre motif, il perd le droit de porter le pallium qu'il conserve toutefois, à part, comme une marque d'estime de son ministère épiscopal. S'il est transféré à un autre siège métropolitain, il doit à nouveau postuler à l'office de président de la province ecclésiastique en demandant un nouveau pallium[348]. La configuration actuelle du Code ne met donc plus en avant un office archiépiscopal à double effet qui avait le désavantage de ne pas identifier clairement les niveaux juridiques où la fonction métropolitaine s'impliquait. Il s'agit désormais de deux offices, le second, celui de métropolitain s'agrégeant à celui fonctionnel et principal d'évêque diocésain[349]. C'est la demande autorisée par l'office d'Archevêque et acceptée par le Pontife romain et non l'imposition du pallium qui donne droit à l'exercice de l'office de métropolitain. Pour cette raison, l'Archevêque métropolitain peut jouir, avant la réception du pallium, de toutes les «facultés inhérentes à sa fonction» dès la prise de possession canonique de son siège. L'Archevêque ne connaît plus d'empêchements à exercer ses fonctions épiscopales dans son diocèse ou métropolitaine dans la province[350].

---

[346] Le fidèle promu à l'épiscopat doit recevoir l'ordination dans les trois mois de la réception des lettres apostoliques par la chancellerie de son nouveau diocèse; cf. CIC/1983, can. 379; CCEO/1990, can. 188 §1. Il doit émettre le serment de fidélité au Siège Apostolique; cf. CIC/1983, can. 379; CCEO/1990, can. 187 §2.

[347] En sens contraire, voir G. REED, *«Grouping of Particular Churches»*, 243.

[348] CIC/1983, can. 437 §3.

[349] Dans le cadre du droit ecclésiastique, l'office de métropolitain peut être retiré d'un siège sans que son titulaire soit démis de ses fonctions épiscopales, pour être attribué à un autre siège, comme c'est le cas dans le cadre d'une redéfinition de l'organisation provinciale.

[350] Cf. P. ERDÖ, «De Metropolitis», 910-912; DPME, n. 23b. Le can. 276 CIC/1917 qui déclarait illicites, sans un indult spécial, les actes de juridictions de l'Archevêque, provinciaux ou diocésains, avant l'imposition du pallium et le can. 279 CIC/1917 qui interdisait au métropolitain de prêter, de donner ou de léguer le pallium à leur mort, ne sont pas reportés dans la norme actuelle. Dans le schéma de 1977 les cann. 214-216 prévoyaient une législation sur le pallium. Le can. 214 §2 de ce schéma semblait induire que le pallium conférait des pouvoirs, tout comme le can. 276 CIC/1917. Le *cœtus De populo Dei* (10 mars 1980) supprima ce canon, pour éviter toute confusion et ne pas reporter l'exercice réel du pouvoir métropoli-

Le pallium signifie donc une fonction dans la province, il est le signe du «pouvoir (*potestas*) dont le métropolitain (…) est muni par le droit dans sa propre province»[351]. Dans la perspective de réformer la fonction métropolitaine Paul VI rappela, dans le m.p. *Inter eximia,* que le pallium est l'insigne du «pouvoir du métropolitain» (*significatur potestas qua Metropolita*) et non plus le signe du «pouvoir archiépiscopal»[352] (*potestatem archiepiscopalem*), évitant ainsi la confusion de la législation latine précédente entre la charge épiscopale et la charge de métropolitain. Le pouvoir métropolitain concerne comme «un droit personnel» l'Archevêque désigné à la tête d'une organisation provinciale en se référant à son rôle de surveillance d'un réseau synodal de diocèses[353].

d) L'autorité provinciale du métropolitain

La juridiction ordinaire du métropolitain est désormais mieux définie comme une autorité personnelle de communion dans la province, contrairement à la législation pio-bénédictine qui en soulignait fortement le caractère vicaire, comme délégation du Pontife romain, bien que cependant cette dimension demeure[354]. Comme il revient en propre à l'autorité suprême d'organiser le ministère épiscopal sur un territoire qu'elle circonscrit elle-même, elle est donc compétente pour établir cet office selon les normes du droit général ou d'en définir les extensions dans le droit particulier.

Tous les offices ne sont pas pourvus d'un pouvoir de gouvernement (*potestas regiminis*). La charge d'évêque diocésain, comme participation à la *potestas sacra* comporte, de droit, un pouvoir de gouvernement pour l'exercice des trois fonctions (*munera*) du Christ qui sont d'enseigner, gouverner et sanctifier. Dans l'organisation ecclésiastique, ces trois fonctions sont divisées en domaines de compétence distincts et s'ordonnent en un pouvoir exécutif, un pouvoir législatif et un pouvoir judiciaire. Certains offices reçoivent une *potestas regiminis* pour l'application de l'ensemble de ces compétences ou pour une seule seulement.

---

tain à la célébration d'un Consistoire, unissant alors les trois canons du schéma en un seul. Cf. *Comm.* 12 (1980) 274-275.

[351] CIC/1983, can. 437 §1.

[352] Cf. CIC/1917, can. 275, voir *supra*, nt. 300.

[353] Cf. BENOÎT XIV, *De Synodo diocesana*, livre II,6, n. 1.

[354] Cf. CIC/1983, can. 131 §§1-2. Voir D. LE TOURNEAU, *Les mots du christianisme*, «Vicaire», 648; R. NAZ, *Traité*, I, 349; F.J. URRUTIA, *Les normes générales*, 217.

Le métropolitain dans la province a un réel pouvoir de gouvernement attaché par le droit à son office[355] mais seulement déterminé comme une autorité exécutive alors que l'autorité législative appartient au concile provincial donc à l'ensemble des évêques de la province: les deux sont unies dans le premier paragraphe du can. 432 et présentent ainsi une figure complète de l'autorité du gouvernement provincial, personnelle et collégiale, sans l'aspect dédoublée que nous avions relevé dans le Code précédent.

L'office métropolitain est doté d'un territoire, une compétence juridictionnelle, qui est celui constitué par les diocèses suffragants. Cette juridiction ne s'exerce plus comme une surveillance sur des sujets (les évêques) mais comme une vigilance sur des Églises particulières. La province est un regroupement d'Églises où le métropolitain et les pasteurs diocésains coopèrent pastoralement dans l'exercice de l'*episkopé*.

Le pallium ne signifie pas «son» pouvoir archiépiscopal comme pour le Métropolite des Églises métropolitaines *sui iuris* mais bien tout de même une charge juridictionnelle qui comporte une compétence et un pouvoir. Dans cette juridiction provinciale, le métropolitain n'est pas normativement un Ordinaire mais une autorité institutionnelle pour en assurer la présidence. Il ne dispose en temps normal d'aucun pouvoir de gouvernement dans les diocèses suffragants. Il n'est pas formellement un supérieur hiérarchique[356]. Il a sur eux un devoir de vigilance, justifiant qu'il puisse être qualifié selon le droit pour intervenir de manière personnelle si un dysfonctionnement apparaissait: le fait emportant alors l'habileté à agir, même si cette aptitude est soumise à l'autorisation du Siège Apostolique.

L'office métropolitain est donc mieux déterminé aujourd'hui dans sa dimension de mission canonique. À l'office de métropolitain reviennent certaines compétences (*competit*) pour satisfaire les obligations de la charge qui sont décrites de manière exhaustive par le Code[357]. Ces compétences le constituent comme une autorité parmi les évêques suffragants. Il est une autorité de vigilance doctrinale et disciplinaire sur le ministère épiscopal dans la province. Son obligation de veilleur est celle de signaler les abus et dérives constatés au Siège Apostolique. A cette vigilance se rattache également l'appel judiciaire à son tribunal,

---

[355] Cf. CIC/1983, can. 432 §1. Voir aussi le can. 131 §1.

[356] Cf. V. DE PAOLIS – A. D'AURIA, *Le norme generali*, 409-415: sur la relation entre les notions d'«ordinaire» et de «supérieur».

[357] Cf. P. ERDÖ, «De Metropolitis», 908-909.

en seconde instance, pour les tribunaux de ses suffragants quand cette organisation subsiste et qu'elle a été maintenue[358]. Le métropolitain est aussi une autorité de suppléance quand il s'agit de faire une visite canonique dans un diocèse de la province qui aurait été négligée par l'évêque suffragant. Si ce devoir lui appartient en propre, puisqu'il n'est pas précisé que l'évêque le plus ancien puisse lui-même y suppléer, il ne peut l'accomplir sans en avoir reçu l'autorisation du Siège Apostolique[359]. En revanche dans l'urgence, tout comme l'évêque le plus ancien en cas de vacance du siège métropolitain ou d'empêchement de son titulaire, il peut agir de par son autorité pour nommer l'administrateur diocésain d'un siège vacant de la province par voie de dévolution[360], directement et sans avoir à requérir une autorisation du Saint-Siège s'il estime que les conditions de son élection n'ont pas été réunies ou sont entachées d'irrégularités. En cette circonstance, il possède la faculté de mettre en œuvre un réel pouvoir de gouvernement dans les diocèses suffragants.

La charge juridictionnelle du métropolitain comporte donc un pouvoir d'action dans les diocèses suffragants, même si celui-ci reste limité à des cas spécifiques et déterminés par avance dans le droit. Il est donc étonnant de lire dans le Code de 1983 cette traduction francophone approuvée du can. 436 §3: «le métropolitain n'a *aucun* pouvoir de gouvernement dans les diocèses suffragants». La clausule inhabilitante «*nulla alia*» doit être lue selon le sens des termes employés et dans le contexte du canon[361]. Le paragraphe trois vient en effet en contrepoint du deuxième paragraphe du can. 436, en soulignant que l'Archevêque métropolitain «*n'a pas d'autre* pouvoir de gouvernement dans les diocèses suffragants»[362] que ceux précisés pour les charges

---

[358] Cf. CIC/1983, can. 1438, 1°. Voir également cann. 1439 §§1-3.1423. Le «tribunal du métropolitain» est toujours présenté dans les textes du magistère comme un niveau normal d'appel; voir FRANÇOIS, m.p. *Mitis iudex Misericors Iesus*, introduction, n. 5.

[359] Cf. CIC/1983, can. 436 §1, 2°. Voir P. ERDÖ, «De Metropolitis», 908-909.

[360] Cf. CIC/1983, can. 436 §1, 3°; U. RHODE, *Kirchenrecht*, 119: «Der Metropolit besitzt unter normalen Umständen keine Leitungsgewalt über die Suffraganbistümer. Unter besonderen Umständen hat er dort aber einzelne Vollmachten. Wen z. B. das Konsultorenkollegium eines Suffraganbistums nicht innerhalb der vorgeschriebenen Zeit nach Eintritt der Vakanz des Bischöflichen Stuhls einen Diözesanadministrator gewählt hat, kann der Metropolit auf dem Wege der "Devolution" dieses Amt übertragen (can. 421 § 2)».

[361] Cf. CIC/1983, can. 17.

[362] CIC/1983, can. 436 §3 (nos italiques): «*nulla alia* in diœcesibus suffraganeis competit metropolitis *potestas regiminis*» traduit par: «le métropolitain *n'a aucun*

générales qui lui sont confiées par la norme universelle[363]. Comme le propose le can. 436 §2, une charge particulière pourrait lui être confiée qui supposerait alors que la norme universelle soit aménagée dans un droit particulier pour telle province. On pourrait imaginer qu'une charge puisse être déterminée de manière spécifique si une situation pastorale le requérait et rendait utile que soit concentré sur la fonction métropolitaine une ou plusieurs prérogatives appartenant de droit aux évêques suffragants dans le gouvernement de la province. Des normes canoniques seraient alors nécessaires, approuvées par le Saint-Siège qui peut seul organiser les compétences épiscopales à l'intérieur d'un regroupement d'Églises, afin d'assurer une cohérence dans les relations entre les évêques. Le can. 436 §2, en soulignant que ce serait une charge confiée à l'office métropolitain manifeste que l'on se situe ici dans le domaine supra-local et donc de celui de la communion entre les Églises par leurs pasteurs. Il ne s'agit donc pas de répondre à une situation canonique singulière qui regarderait seulement l'un ou l'autre des diocèses de la province mais bien tous les diocèses ensemble. Toute charge suppose que son pouvoir d'action soit déterminé par les fins qui le justifie: c'est au Siège Apostolique d'apprécier l'opportunité d'une telle détermination. En fixant ces normes particulières sur la fonction du métropolitain, les codificateurs ont voulu rappeler que le soin pastoral d'une province appartient collégialement à tous les évêques qui y ont canoniquement leur mission mais que cette collégialité pastorale s'organise autour d'une autorité personnelle, responsable devant le Siège Apostolique. La charge de métropolitain a, en temps normal, des pouvoirs pour assumer la direction provinciale au sein d'une communauté épiscopale qui, en temps exceptionnel, peuvent être plus ou moins accentués ou déterminés différemment dans une charge particulière, ou même être nouveaux selon les besoins pastoraux. Ce canon concerne des situations à organiser de manière permanente et non transitoire: le droit particulier offrant ainsi des possibilités multiples dans le cadre du droit universel pour œuvrer à la communion entre les évêques dans un lieu précis.

---

pouvoir de gouvernement dans les diocèses suffragants». Une traduction plus contextuée s'envisagerait mieux ainsi: «Il revient (*competit*) au Métropolitain *aucun autre* (*nulla alia*) pouvoir de gouvernement dans les diocèses suffragants», sous-entendant les pouvoirs énumérés dans le §1, 3°, lecture que confirme le can. 213 §2 du schéma de 1977.

[363] Cf. *e.g.*, CIC/1983, can. 436 §1, 3°; voir cann. 421 §2.425 §3, sur l'obligation du métropolitain ou l'évêque le plus ancien, de nommer lui-même, dans certaines situations, l'administrateur diocésain.

Le métropolitain est principalement un veilleur de la communion épiscopale dans la province qu'il doit encourager et préserver. Il peut ainsi recevoir l'évêque suffragant nouvellement élu pour lui présenter la province dans laquelle son diocèse possède des relations de voisinage à entretenir et établir avec lui la date de son ordination afin que tous les évêques voisins puissent y participer[364]. Selon l'habitude (*de more*), il peut être le consécrateur principal pour l'ordination d'un évêque suffragant sauf si la bulle de provision n'en dispose autrement[365]; il peut introduire l'évêque déjà ordonné et transféré d'un autre siège dans sa nouvelle cathédrale[366] comme il peut présider les obsèques de l'un de ses évêques suffragants[367]. Il peut toujours donner une indulgence partielle dans les diocèses suffragants comme sur son propre territoire[368]. La fonction de métropolitain apparaît donc rénovée dans son positionnement vis-à-vis des suffragants plutôt comme un agent de communion que comme un agent disciplinaire. Le lien liturgique du pallium signifie la communion avec l'Église de Rome et avec les autres Églises particulières, notamment celles confiées à sa sollicitude.

Dans le schéma de révision de 1980, les canons concernant la province ecclésiastique étaient placés entre ceux sur «L'autorité suprême dans l'Église et son exercice» et ceux sur «Les Églises particulières et l'Autorité établies en elles». Pour éviter de penser qu'elle était une structure intermédiaire hiérarchique, la commission de révision souhaitait les déplacer après les canons sur l'Évêque. Cela ne fut pas retenu lors de la parution du Code[369]. De la position actuelle des canons sur la province ecclésiastique et ceux sur le métropolitain nous sommes pourtant amenés à déduire qu'il est bien question d'une structure intermédiaire, peut-être moins de type hiérarchique que graduelle. Un indice confirme cette impression dans le directoire *Apostolorum successores*. La province ecclésiastique trouve place dans le chapitre II qui porte comme titre «La sollicitude de l'évêque pour l'Église universelle et la collaboration des évêques entre eux», disposé dans la deuxième section «La coopération épiscopale et les organes supradio-

---

[364] Cf. *Cæremoniale Episcoporum*, n. 1130 c.

[365] Cf. *Cæremoniale Episcoporum*, n. 1137.

[366] Cf. *Cæremoniale Episcoporum*, n. 1145.

[367] Cf. *Cæremoniale Episcoporum*, n. 1161.

[368] Cf. Pénitencerie Apostolique, *Enchiridion indulgentiarum* (1999⁴), n. 8, dont la source est le can. 274, 2° CIC/1917; Sacré Pénitencerie Apostolique, décr. 20 juillet 1942; Pie XII, m.p. *CS*, can. 319, 6° et can. 320 §1, 4°.

[369] Cf. J.A. Renken, «Metropolitans in the Latin Church», 249, avec la nt. 4.

césains de collaboration»[370]. Dans cette section, après avoir évoqué l'une des modalités essentielles de la coopération entre évêques qui est l'exercice conjoint du ministère épiscopal, le directoire propose les moyens de sa réalisation dans «Les diverses assemblées épiscopales supradiocésaines»[371]. En un numéro unique qui s'inspire du Code de 1983, on trouve un schéma progressif qui présente les aspects évidents d'une gradualité, énonçant les différents niveaux effectifs de la coopération en commençant par l'«Assemblée des évêques de la province ecclésiastique» et immédiatement suivie par les «tâches du métropolitain». La province ecclésiastique est un niveau initial de cette coopération pastorale épiscopale qui s'envisage alors selon divers développements.

Les missions du métropolitain sont canoniquement des devoirs qui dénotent une certaine responsabilité vis-à-vis des pasteurs des diocèses suffragants. Les tâches du métropolitain sont toujours de veiller et de suppléer dans la province. L'Archevêque métropolitain en droit latin n'est pas un Ordinaire, un *prótos*: il est décrit par le directoire seulement «comme» un *primus inter pares*, incise cependant qui renvoie à toute la tradition conciliaire provinciale depuis le IVe siècle et à sa compréhension latine au cours de l'Histoire. Il ne lui revient pas de coordonner l'action pastorale de la province mais de la favoriser[372] particulièrement en organisant et présidant, avec l'avis de la majorité des évêques qui en déterminent l'opportunité, le concile provincial pour la conduite de l'action pastorale commune. Le concile provincial est l'instrument pastoral adéquat pour régler les mœurs et faire observer, promouvoir et défendre la discipline commune[373], toutes missions que l'office métropolitain peut exercer en propre dans la province.

La position rénovée de l'office métropolitain comme pivot de la synodalité supra-locale permet d'envisager, à nouveau, la province ecclésiastique comme un ressort territorial de collégialité pastorale. Cependant, la fonction du métropolitain ne pouvant s'envisager sans la relation avec les évêques suffragants, c'est le système métropolitain dans la totalité de ses institutions qu'il convenait de rénover afin de rendre plus effective la *via synodalis*, à la fois entre les pasteurs mais également entre les Églises particulières dans la province ecclésiastique.

---

[370] Cf. DPME, nn. 22-32.
[371] DPME, n. 23a-e.
[372] Cf. *Comm.* 14 (1982) 190. Voir DPME, n. 23.
[373] Cf. CIC/1983, cann. 440 §§1-2.442 §§1-2.445.

3. Physionomie latine de l'organisation métropolitaine

3.1 *L'office du métropolitain dans la province ecclésiastique*

3.1.1 Un office pour la communion du ministère épiscopal

a) L'imposition du pallium, signe de communion

Le sens du pallium et son imposition ont été rénovés par le m.p. *Inter eximia* de Paul VI comme des signes de la sollicitude pastorale entre les Églises particulières et l'Église de Rome[374], rappelés constamment par les Pontifes romains depuis lors comme l'une de leur mission[375]. Il manifeste le lien de communion supra-locale entre les pasteurs de divers diocèses rassemblés en province et confié à l'un d'entre eux. Il matérialise une gradualité dans la mission épiscopale et la subordination du ministère de chaque pasteur à la mission universelle que représente localement le métropolitain.

La tradition séculaire veut que les étoles de laines blanches garnies de six croix noires deviennent comme des reliques[376], au contact du tombeau de Pierre, et soient bénies le jour de la fête des Apôtres Pierre et Paul, le 29 juin de chaque année. Leur concession est toujours un acte personnel du Pontife romain qu'il effectue toujours lors d'un Consistoire ordinaire[377] pour manifester l'universalité de l'Église Une. Dans le can. 355 §2, le code de 1983 conserve l'imposition en privé des *pallia*, personnellement ou par procureur, par le cardinal Proto-diacre en précisant qu'il le fait «à la place du Pontife romain» (*vice Romani Pontificis*). Le *Cérémonial des Évêques* de 1984 proposait que le pallium puisse être imposé par un Légat pontifical le jour de l'ordination épiscopale ou de l'installation de l'impétrant dans sa cathédrale[378]. Jean-Paul II cependant avait l'habitude de remettre et imposer lui-même les *pallia* pour en faire un signe fort de la communion et de la mission. Sous le pontificat de Benoît XVI, on chercha à rendre plus évident la symbolique de communion, notamment par la forme même du pallium porté par le pape qui s'avérait différent de celui porté par les métropolitains. Toutefois, la gradualité forcée du signe en faisait perdre sa valeur symbolique de mani-

---

[374] Cf. M. COSTALUNGA, «Valore e senso delle nuove norme», 322.

[375] Cf. *e.g.*, BENOÎT XVI, disc. 24 avril 2005, *Doccath* 102 (2005) 545-549, où le pape présente une connexion intéressante entre le pallium et l'anneau du pêcheur.

[376] Cf. A.S. POPEK, *The right and Obligations*, 298-328; B. SCHIMMELPFENNIG, «Ornements liturgiques», 1233.

[377] Cf. CIC/1983, can. 353.

[378] Cf. *Cæremoniale episcoporum*, n. 1149.

festation de la communion visible. Le signe, par sa lisibilité, dit ce qu'il représente[379].

Le nouveau directoire de 2004 avait déjà pris acte que l'imposition par procureur ne devait plus se faire si on voulait signifier que l'office personnel du métropolitain était d'être comme un *primus inter pares* parmi les évêques de la province[380]. Dans cette ligne de la rénovation de la fonction métropolitaine qui avait été encouragé par le Synode des Évêques de 2001 auquel il avait participé comme secrétaire-adjoint, le pape François décida en 2015 d'une réforme liturgique dans l'imposition du pallium. La *réception* se fait désormais le jour de la solennité des saints Pierre et Paul, à Rome, des mains du Souverain Pontife. L'*imposition* à lieu dans la cathédrale du métropolitain, au cours de l'Eucharistie si cela semble opportun, en présence des évêques suffragants et du peuple de toute la province. L'imposition, souligne la lettre circulaire du Maître des cérémonies pontificales, est faite par un Légat pontifical lequel est constitué par un «mandat apostolique»[381]. Il s'agira d'abord du Nonce apostolique du pays – qui est Archevêque – ou un autre évêque constitué *ad casum*, pour manifester la communion des évêques entre eux et le Successeur de Pierre. La lettre circulaire parle d'une coutume significative (*consuetudine significative*) qui est rénovée afin de promouvoir le chemin synodal entre les Églises particulières réunies en un lieu. L'objet de la réforme, si elle semble donc ne concerner que le seul métropolitain implique dans les faits l'ensemble de la communauté épiscopale de la province et avec elle, le peuple de Dieu.

Cette modification du rituel par une simple communication du Maître des célébrations pontificales aux Nonces Apostoliques indique que le droit dans l'Église n'est pas détaché de son expression liturgique. L'Esprit-Saint agissant dans la construction de l'Église, c'est par la *praxis* que s'identifie la norme même par laquelle il l'organise pour remplir sa mission de communion. Ainsi, comme nous l'avions déjà évoqué dans le premier chapitre, le droit institutionnel (la grâce) et le droit normatif (la

---

[379] Cf. B. D'ALTEROCHE, «Le statut du pallium», 554-555. Le pape François décida dès la deuxième année de son pontificat de garder le même pallium que celui des métropolitains pour bien marquer le lien de communion avec le Successeur de Pierre.

[380] Cf. DPME, n. 23b.

[381] Cf. OFFICE DES CÉLÉBRATIONS LITURGIQUES DU SOUVERAIN PONTIFE, lett. circ., 12 janvier 2015 (original en italien). Le n. 1149 du *Cæremoniale Episcoporum* est corrigé comme suit: «L'imposizione del pallio da parte del vescovo che ne ha ricevuto il mandato dalla Sede Apostolica, ha luogo durante la celebrazione dell'Eucaristia nella chiesa cattedrale del vecovo (…)».

législation) s'unifie dans la mise en œuvre pratique de la communion, la synodalité, dont le pallium devient le symbole[382].

La liturgie eucharistique qui est recommandée dans une telle circonstance prend tout son sens de *synaxe*, regroupant collégialement les évêques de la province autour de leur *axe principal*, reconnu et promu dans la communion hiérarchique par le Primat pontifical. Cela corrobore la place du métropolitain comme celui d'un veilleur local de la communion entre les évêques et comme l'agent de la communion avec Rome, bien souligné au travers du rôle actif des Nonces dans l'imposition du pallium, attribué à chaque fois par un mandat apostolique. Les deux éléments ainsi connectés dans la personne du métropolitain identifient son activité de vigilance comme une fonction centrale dans la coordination de l'*episkopé* commune et le signe d'une collaboration accrue dans l'unité que manifeste liturgiquement le pallium[383]. Le pouvoir du métropolitain que désigne formellement le pallium est donc celui d'agir pour la communion et plus exactement celui de favoriser l'*unio collegialis* au niveau de l'exercice de l'*episkopé*.

b) Comme un «primus inter pares»

Le directoire *Apostolorum successores* développe mieux le rôle métropolitain de veilleur de la communion épiscopale, là où le précédent directoire *Ecclesiæ imago* était demeuré totalement silencieux. Le métropolitain «peut se considérer dans une certaine mesure comme le *frère aîné*, un *primus inter pares*»[384]. Cette dimension, très spirituelle, peut se relayer au rôle de Pierre parmi les Douze[385] et de son Successeur dans le Collège des évêques, tel qu'on le trouve dans l'Évangile de Luc. Cette dimension «fraternelle» de la communion épiscopale[386] dispose le métropolitain comme un agent de la concorde entre les évêques et éclaire d'un jour nouveau la qualification de *primus inter pares*. L'aîné d'une fratrie signifie qu'il est le premier dans un certain ordre. Le terme «*primus*» renvoie ainsi à une classification graduelle, technique. Le premier

---

[382] Cf. P. VALDRINI – É. KOUVEGLO, *Leçons de droit*, 145.

[383] Cf. *SC* 2.26: les aspects pratiques et organiques de la communion se rendent visibles dans la liturgie, en tant qu'elle est une action hiérarchique et communautaire.

[384] DPME, n. 23b (italiques dans le texte).

[385] Lc 22,32 (nos italiques): «Et toi, quand tu seras *revenu*, affermi tes frères». Le terme «revenu» (ἐπιστρέψας), ici dans la traduction de la *TOB*, est traduit dans le Néo-Vulgate par «conversus». Il rappelle le combat spirituel personnel que doit livrer Pierre dont la foi soutien celle de l'Église; cf. note de la *TOB* sur ce verset.

[386] Cf. *CD* 36. A. JOIN-LAMBERT, «Le concile provincial, une chance», 307.

n'est pas différent des autres qui le suivent mais il les devance, il «marche en avant», ainsi qu'un chef: en ce sens, le *primus* latin n'est pas un *prótos* mais un *proestós*. Son rôle synodal est alors mieux mis en évidence en termes de relation: la «famille» épiscopale présente dans un territoire qui prend formellement le nom du siège métropolitain est une communauté de destin pastoral. Dès lors qu'il est un frère aîné, sa position est graduelle dans le corps épiscopal mais non pas hiérarchique. L'incise «dans une certaine mesure»[387] indique bien que c'est la *manière* d'envisager la fonction et non la fonction elle-même. Le métropolitain manifeste par le pallium l'*unio collegialis*, la communion épiscopale en un lieu. La coopération pastorale de proximité est fonctionnellement identifiée par cette charge dans le sens d'une veille active. Nous sommes donc bien dans le champ sémantique d'une activité, celle de la vigilance, qui revient personnellement au métropolitain mais ne lui appartient pas en propre puisqu'elle implique tous les évêques de la province, en lien avec le Successeur de Pierre. La vigilance est d'abord une dimension intrinsèque du ministère épiscopal qui suppose le discernement comme moyen de progression synodal. Comme «aîné», le métropolitain est naturellement le mieux placé pour veiller sur ses frères mais pas sans eux. Dans cette fonction, il n'est pas séparé d'eux mais l'un des leurs.

Comme dans le Code précédent, la législation actuelle souligne souvent le rôle du plus ancien (*antiquior*) des évêques de la province. Cette ancienneté s'entend comme celle de la promotion (*promotio*). Le terme est ambigu mais semble avoir été choisi à dessein et doit être compris à un double niveau: à la fois celui de son ordination mais également celui de sa présence dans la province. C'est à ce double titre qu'un rôle lui est dévolu, faisant droit à l'expérience dans le ministère épiscopal. La gradualité dans la province est fonctionnelle et change au gré des nominations épiscopales.

Ainsi, l'évêque suffragant le plus ancien de promotion assure une réelle vigilance. D'abord sur le siège métropolitain lui-même: il peut désigner un administrateur diocésain, en cas de vacance du siège, dans les mêmes conditions que le métropolitain[388]. Mais il a aussi un rôle de suppléance dans la province quand le siège métropolitain est vacant en même temps que l'est également celui d'un suffragant: en ce cas c'est l'évêque le plus ancien de promotion par ordre décroissant qui doit veiller à la régularité des élections de l'administrateur et y pourvoir si néces-

---

[387] DPME, n. 23b.
[388] Cf. CIC/1983, cann. 421 §2.425 §3. Voir can. 436 §§1-3.

saire[389]. Le métropolitain ne peut pas agir pour des actes graves dans son diocèse sans au préalable consulter l'évêque le plus ancien de promotion, notamment pour la dissolution de son propre Conseil presbytéral[390].

Le métropolitain est donc l'objet lui-même d'une vigilance qui revient à celui qui est le plus expérimenté dans le ministère pastoral. Ce dernier doit veiller que le métropolitain, comme n'importe quel évêque de la province, ne s'absente pas plus de six mois de son diocèse et en cas d'abus informer lui-même le Siège Apostolique[391]. De même, il a l'obligation, si le métropolitain est frappé d'un empêchement par une peine ecclésiastique, de le signaler et c'est au Saint-Siège d'apprécier la manière de sursoir à cette difficulté[392].

Cette note de l'expérience n'est pas soulignée comme une caractéristique de la fonction de métropolitain. Comme rien n'est précisé sur l'idonéité à la fonction, c'est donc à l'expérience dans le ministère que l'on recourt pour discerner les candidats possibles, sans toutefois en faire une règle absolue. Parce qu'il est l'aîné, la position du métropolitain le qualifie pour porter une attention, dit le directoire, «aux nécessités d'ordre humain et spirituel des pasteurs suffragants», ce qui suppose de sa part une certaine connaissance pratique. Bien souvent, l'Archevêque métropolitain n'en est pas à son premier poste épiscopal, même s'il existe toutefois des exceptions. La position qu'offre la fonction dans la coordination pastorale épiscopale appelle à une certaine attention dans l'opportunité qui commande au choix du titulaire d'un siège métropolitain.

Le frère «aîné» dans l'ordre épiscopal est ainsi celui qui rempli un rôle *effectif* pour «favoriser» une meilleure coordination pastorale et rendre «la collégialité plus incisive sur le plan local entre les évêques suffragants» mais jamais de manière solitaire. Par l'importance canonique que le droit donne à son siège dans la province où l'on vient «traiter les affaires», selon le canon 9 d'Antioche (341), l'Archevêque métropolitain est dans une position favorable pour assurer dans le collège des évêques de la province une certaine forme de «*leadership*» personnel[393]. Son rôle de vigilance local est d'abord fonctionnel et le pouvoir qui lui est attribué doit lui permettre d'assurer la discipline organique de la communion ecclésiastique.

---

[389] Cf. CIC/1983, can. 425 §3; on lira aussi en parallèle le can. 501 §3.

[390] Cf. CIC/1983, can. 501 §3.

[391] Cf. CIC/1983, can. 395 §4.

[392] Cf. CIC/1983, can. 415.

[393] Cf. P. MONETA, «La sede metropolitana», 95-96.

3.1.2 Un office pour la communion ecclésiastique

a) Le métropolitain, agent disciplinaire de la communion

Le métropolitain a une aptitude pour développer son activité propre de vigilance sur les diocèses suffragants. Cette aptitude suppose un pouvoir d'action qui est différent de celui de l'évêque dans son propre diocèse[394] et concerne les diocèses suffragants qu'en tant qu'ils sont membres d'une entité juridique, la province ecclésiastique. Le pouvoir du métropolitain qui est signifié par le pallium n'apparaît pas comme un pouvoir contraignant mais comme un support pour favoriser l'unité et la communion. L'office du métropolitain dans la province remplit la fonction d'agent disciplinaire qui n'est pas constituée au-dessus des autres évêques mais en leur sein. Il se situe donc au cœur d'un mécanisme dynamique qui suppose des règles d'entente et d'unanimité pour vivre la concorde. Comme agent disciplinaire il doit faire la promotion de la communion dans ses deux dimensions personnelle et collégiale. En ce sens, son pouvoir ne s'applique pas directement sur des sujets – les évêques – mais sur leurs actions et les conséquences pastorales de celles-ci dans la province afin d'œuvrer à une certaine cohérence dans l'administration ecclésiastique.

Il doit favoriser les relations mutuelles entre les évêques pour les mener à une meilleure concertation d'ensemble des actions pastorales diocésaines dans la province. Si dans sa définition canonique latine ce pouvoir de gouvernement est limité dans son action – par la droit universel et soumis à l'autorisation du Siège Apostolique –, il n'en fait pas moins de lui un agent de *communication* entre les évêques et avec le Représentant pontifical. Il est donc important que sa position graduelle soit signifiante du rôle qu'il pourrait jouer pour aider à la communion synodale des évêques dans la province. Cependant, son pouvoir métropolitain est d'abord de nature disciplinaire et sa position prééminente surtout conçue pour lui assurer un rôle de vigilance active au milieu de ses comprovinciaux.

Le can. 436 ne mentionne pourtant pas formellement dans les tâches principales du métropolitain une quelconque action de coordination[395].

---

[394] Cf. CIC/1983, can. 392.436 §1.528 §2.

[395] Lors des discussions sur la nouvelle codification il avait été suggéré, en se référant au can. 312 §2 du Schéma de 1980, que le canon exprime mieux la première fonction du métropolitain qui serait de promouvoir et coordonner l'action pastorale commune à toute la province avec les évêques provinciaux. Le secrétariat a répondu que cela pouvait se faire au sein d'un concile provincial mais ne devait pas être identifié

La norme souligne davantage sa mission de vigilance qui n'apparaît pas au premier abord comme un rôle actif. Le Code de 1983 comme celui de 1917, ne donnent aucune description de ce qu'est la vigilance. La notion apparaît sous divers termes dans les normes codicielles[396]. On le trouve expressément au can. 436 §1[397] dans sa forme verbale «veiller»: c'est alors un verbe d'action qui suppose que la vigilance comporte une certaine puissance pour agir. Cette action dans l'Église est graduelle et appartient à l'ensemble des *christifideles* par le sacerdoce commun baptismal. C'est une «fonction assignée à chaque fidèle, appelé par le Christ à participer de manière responsable»[398] à l'unification de l'agir ecclésial selon la volonté du Seigneur. En ce sens on peut dire que l'activité de «veiller» peut être assimilée à une catégorie ecclésiologique qui se relie à celle du témoignage et permet de comprendre à chaque niveau les droits-devoirs de chacun, non pas comme des prérogatives mais comme des responsabilités dans l'édification du peuple de Dieu et sa bonne marche synodale.

Dans le Corps du Christ le témoignage ou mieux l'attestation, revient en propre aux évêques dans leur ministère synthétique de confirmation et d'authentification. Ils sont des veilleurs pour agir de manière opportune en vue du bien du peuple de Dieu qui leur est confié. La vigilance suppose alors un pouvoir d'action: elle entre dans l'exercice, par le ministère épiscopal, du *munus regendi*. En mettant en œuvre ses fonctions métropolitaines, l'Archevêque remplit son devoir de vigilance qui est pour lui une sorte d'obligation[399] et par là un droit à être concerné par ce qui se passe localement dans la province[400]. Le métropolitain est muni d'un droit de regard sur le ministère épiscopal qui n'appartient qu'à son

---

comme étant le rôle propre du seul Archevêque métropolitain car cela diminuerait les droits des évêques diocésains dans leurs Églises particulières respectives. En outre, dans des circonstances particulières, des dispositions peuvent être prises par le Siège Apostolique dans des statuts particuliers. Cf. PCCCI, *Relatio complectens synthesim animadversionum*, 87.

[396] Cf. X. OCHOA, *Index verborum*, 464 indique «vigilans», «vigilantia», «vigilare».

[397] Cf. P. VALDRINI, «Doveri (generali) di vigilanza», 133.

[398] Cf. P. VALDRINI, «Doveri (generali) di vigilanza», 136.

[399] Cf. H. MARITZ, «Die Kirchenprovinz», 419.

[400] P. ERDÖ, «De Metropolitis», 908: «Y en efecto, se trata de una obligación, porque de otro modo la disposición sería superflua en el contexto del CIC (cf. can. 17), dado que el derecho de manifestar a los Sagrados Pastores la propia opinión sobre lo que se refiere al bien de la Iglesia compete a todos los fieles (can. 212 §3). Una parte notable de la tradición canónica (cf. can. 6 §2) consideraba imperativo ya el pasaje correspondiente del antiguo Código (can. 274, 4° CIC/17). Se trata aquí de un derecho que constituye también una obligación».

office. Ce pouvoir est limité en ce qu'il ne lui permet pas de porter des actes de juridiction dans les diocèses de ses suffragants, comme pourrait le faire l'autorité suprême[401], sauf si celle-ci le lui demande.

La position du métropolitain latin est graduelle et non hiérarchique car elle concerne le mécanisme de la communion et non pas son essence. C'est la fonction de vigilance qui exprime «au sein de la *Communio Episcoporum* de la province, la relation hiérarchique entre le métropolitain et les autres évêques»[402]. Si la dimension hiérarchique, au sens fort, semble avoir été écartée en reconnaissant une juste autonomie à chaque diocèse, la vigilance, distincte de la sollicitude pour les Églises, demeure cependant comme un lien juridique entre les suffragants[403]. Le pouvoir de gouvernement du métropolitain se limite en ce domaine à quelque cas précis, pour le maintien d'une saine autonomie de communion entre tous.

Le cadre juridique déterminé par le droit pour supporter le regroupement provincial lui donne la présidence de l'entité juridique constituée par l'autorité suprême. Comme supérieur de celle-ci, il ne peut agir sans avoir reçu l'avis ou le consentement de tous les évêques diocésains de la province, là où le droit le prévoit pour le fonctionnement d'une personne juridique publique[404]. En dehors de ces cas, il agit selon ce que prévoit sa fonction de président[405], soit dans la norme universelle, soit dans le règlement ou dans les statuts de l'entité s'ils existent. S'il est un supérieur, ce rôle est-il hiérarchique pour les évêques de la province?

Pour F.G. Morrisey, le métropolitain n'a pas de pouvoir de gouvernance parce qu'il n'a pas la liberté d'intervenir dans les diocèses de ses suffragants, quand bien même un problème y surviendrait. Si nous sommes d'accord avec ce jurisconsulte sur le point que le métropolitain n'a pas de pouvoir de gouvernance au sens pastoral dans les diocèses, il nous semble ressortir cependant d'une lecture trop restrictive, le fait de

---

[401] P. VALDRINI – É. KOUVEGLO, *Leçons de droit*, 145: «[Le métropolitain] n'a toutefois pas le droit d'imposer sa volonté au moyen d'un acte de gouvernement, par exemple un précepte ou un acte administratif singulier de sanction, comme s'il s'agissait de son propre diocèse; il n'est pas l'évêque de la province mais de son seul diocèse».

[402] P. VALDRINI – É. KOUVEGLO, *Leçons de droit*, 145.

[403] Cf. J.I. ALONSO PEREZ, «Sufragánea [diócesis]» 442.

[404] CIC/1983, can. 127: « Lorsque le droit prescrit que le supérieur, pour poser un acte, a besoin du consentement ou de l'avis d'un collège ou d'un groupe de personnes, le collège ou le groupe doit être convoqué selon le can. 166, à moins que, lorsqu'il s'agit seulement de demander un avis, le droit particulier ou propre n'en ait décidé autrement ; et pour que l'acte soit valide, il faut que le supérieur obtienne le consentement de la majorité absolue de ceux qui sont présents, ou qu'il demande l'avis de tous».

[405] Cf. CIC/1983, can. 94 §§1-3 (statuts); can. 95 §§1-2 (règlement).

considérer qu'il n'a pas de pouvoir de gouvernement dans la province au titre de la vigilance, même si sur de nombreux points sa responsabilité est liée à celle des suffragants[406]. Nous l'avons déjà souligné à propos de la nomination de l'administrateur diocésain, dans les cas spécifiés dans les cann. 421 §2 et 425 §3. Son pouvoir de gouvernement dans la province est strictement disciplinaire et s'applique seulement au défaut dans le gouvernement pastoral, non à l'opportunité des actes qui seraient portés par les pasteurs diocésains. F.G. Morrisey, avec raison, rappelle que le concile provincial (can. 445) se propose d'œuvrer à la discipline de la communion ecclésiastique. Le métropolitain, cependant, n'a pas le pouvoir seul de le convoquer car cette décision regarde l'ensemble des évêques. Mais si l'opportunité est avérée et la décision actée, c'est sous sa présidence que ce concile sera constitué et sous la responsabilité de l'ensemble des évêques suffragants (can. 442 §1). Il n'est donc pas responsable de son défaut de célébration, n'étant pas un supérieur hiérarchique qui puisse contraindre les évêques comprovinciaux à agir dans un sens ou dans l'autre.

C'est le droit universel qui détermine les compétences du pouvoir de gouvernement rappelle J.I. Arrieta dans une réponse officielle du CPTL[407]. En ce sens restrictif, l'autorité du métropolitain ne peut pas être recherchée pour la validité d'une ordination épiscopale[408] autorisée par l'autorité suprême ni même pour la prise de possession d'un diocèse suffragant de sa province. Le métropolitain n'en a pas la compétence. Sa présence semble toutefois «logique» et «appropriée», sou-

---

[406] F.G Morrisey, alors expert auprès du CPTL, répond en ce sens à la question de savoir si le métropolitain pouvait avoir une responsabilité civile dans les cas où un diocèse suffragant aurait négligé de traiter correctement un cas d'abus par un clerc. En ce cas, pouvait-il être considéré comme un supérieur hiérarchique de l'évêque négligent au regard de la loi civile américaine? La réponse, au regard de la norme canonique, est négative. Cf. F.G. MORRISEY, «Opinion, n. 8», 120-121.

[407] Dans ce *responsum*, J.I. Arrieta répond comme secrétaire du CPTL, au doute d'un évêque sur l'autorité du métropolitain sur les diocèses suffragants, en particulier si en son absence un évêque suffragant peut être ordonné et installé dans son diocèse. Cf. J.I. ARRIETA, «Responses. Authority of the Metropolitan», 8. Voir, à ce propos, *Cæremoniale Episcoporum*, n. 1145

[408] CIC/1983, cann. 1013.1014; voir aussi can. 382 §§2-4. Le *cœtus «De populo Dei»* (10 mars 1980) avait déjà répondu sur ce point: une conférence Épiscopale avait émis une recommandation sur le can. 213 du Schéma de 1977, suggérant d'introduire dans le Code l'obligation par le métropolitain d'ordonner et d'installer les évêques dans sa province. Il avait été répondu qu'une telle disposition n'ajouterait rien de substantiel au rôle du métropolitain, et qu'en outre diverses coutumes sur l'ordination et l'installation d'un évêque existaient dans diverses régions; cf. *Comm.* 12 (1980) 272-273.

ligne l'auteur, au regard de sa responsabilité pour l'unité de l'Église dans la province.

Le métropolitain latin est une autorité institutionnelle mais pas un supérieur hiérarchique[409] comme il pouvait apparaître sous certains aspects dans le passé ou plus nettement encore dans les Églises orientales. Il n'est pas le *prótos*, la cause efficiente de la communion hiérarchique dans le regroupement provincial. Du fait cependant de sa position graduelle dans l'ordre épiscopal sur le territoire provincial et du service qu'il accomplit pour le maintien de la communion, on peut y voir une analogie fonctionnelle. Son autorité de vigilance n'est pas formellement un pouvoir de supervision, de contrôleur administratif. Il est prédisposé, par son office et le pouvoir de gouvernement qui y est attaché, à faire ce à quoi le droit l'oblige en matière disciplinaire ou à agir *ad casum* quand le Siège Apostolique le lui demande. Son pouvoir ordinaire sur la province n'est que pour favoriser l'unité pastorale dans la diversité de ses réalisations. Ce pouvoir ordinaire n'est donc pas contraignant mais plutôt sollicitant d'une coresponsabilité épiscopale.

b) Les missions du métropolitain dans la province ecclésiastique

Un pouvoir ordinaire est donné au métropolitain en vue d'assurer les missions qui lui sont confiées et que l'on peut classer en deux catégories suggérées par le can. 436 §1: veiller et agir.

Le métropolitain doit d'abord *veiller* «à ce que la foi et la discipline ecclésiastique soient soigneusement observées»[410] dans la province. Cette mission revient en premier à l'Ordinaire de chaque diocèse. Il est donc correcte de lire le sens de ce canon comme étant une action concrète du métropolitain en vue de maintenir les effets de la communion ecclésiastique entre les pasteurs: unité de foi et unité disciplinaire. Comme il n'agit pas directement dans les diocèses suffragants, il se trouve seulement dans la position de connaître ce qui se fait que lorsque survient un problème: c'est donc toujours un contrôle administratif *a posteriori*. Son activité de vigilance est essentiellement disciplinaire, en dépendance de sa position ecclésiale.

La vigilance du métropolitain est un devoir personnel de son office dans la province, étroitement encadré par le droit. Ce devoir crée une obligation, par les liens formels déterminés qui lient les diocèses en une

---

[409] Cf. G. REED, «Grouping of Particular Churches», 243: pour l'A. l'Archevêque métropolitain est un vrai supérieur mais dans un sens juridique plus que hiérarchique.
[410] CIC/1983, can. 436 §1, 1°.

province. Cette obligation est juridique et non simplement morale. Le can. 436 §1 souligne, en effet, qu'en cas d'abus, la vigilance est d'abord un devoir d'«informer» (*certiorem facere*) le Pontife romain et non simplement de «signaler». En soi, cela ne constitue pas un pouvoir mais une aptitude à discerner les difficultés qui suppose alors des facultés, du moment qu'il s'agit d'obtenir une certitude concrète de l'existence des faits et non une certitude morale qui supposerait un pouvoir décisionnel. La vigilance ne donne donc pas de pouvoir d'intervention directe[411] mais puisque le Code établit lui-même que cette veille appartient en propre à un office constitué, c'est le droit qui détermine alors des facultés personnelles pour que le titulaire puisse réaliser *ex officio* les missions qui lui sont confiées. Ces missions sont de nature obligatoire comme le souligne le verbe «*competere*», introduisant le canon 436 §1 et qu'on ne peut pas lire dans le sens d'une simple possibilité.

Les facultés que lui donne le Code en matière de vigilance conditionne le métropolitain dans une position de médiateur. Le directoire *Apostolorum successores*[412] précise ainsi son rôle de «frère aîné» dans les conflits qui pourraient survenir à l'occasion de l'exercice du ministère pastoral des évêques avec leurs fidèles. Son avis doit être entendu si l'un des suffragants souhaite dissoudre son Conseil presbytéral (can. 501 §3). Mais il a également le devoir, en cas de difficultés dans un diocèse, d'aider le pasteur et les fidèles à trouver des solutions pastorales «équitables» avant de recourir à la voie hiérarchique[413]. Comme veilleur, le directoire dit qu'il est «attentif au bien des fidèles et à l'unité de l'Église»[414]. Les difficultés survenant dans l'un des diocèses de la province peuvent avoir des résonnances bien au-delà des frontières territoriales de celui-ci. L'unité de l'Église en un lieu recommande que chaque pasteur soit conscient que c'est tout l'agir du Christ et avec lui, de l'Église, qui est engagé dans leurs actes. Le métropolitain veille ainsi à la qualité des relations entre le pasteur et les fidèles. En ce sens, il est comme le gardien de l'équité canonique et on comprend qu'il soit toujours fait référence à son tribunal comme tribunal d'appel dans les textes du Magistère.

---

[411] J.H. Provost, «Groupings of Particular Churches», 354, sous le can. 436: «The Metropolitan's vigilance, however, does not give any governing power over the Suffragan Dioceses. He is rather to report any difficulties to the Apostolic See, so that his role is more an information gathering one than one active intervention».

[412] Cf. DPME, n. 23b.

[413] Cf. CIC/1983, can. 1400 §2. 1733 § 1.1737 §1.

[414] DPME, n. 23b: «Le métropolitain, s'il le juge opportun, pourra discuter avec l'évêque diocésain des problèmes apparus dans le diocèse suffragant».

Le métropolitain est un veilleur qui a le devoir de «signaler» les cas d'abus du pouvoir épiscopal dont il aurait connaissance directement auprès du Représentant pontifical, mais également à l'Ordinaire lui-même. Le signalement suppose que le métropolitain puisse remplir correctement son obligation d'informer afin de permettre à l'autorité de discerner les modes d'actions pour remédier au dysfonctionnement[415]. Le Code ne dit pas de quels moyens dispose le métropolitain pour donner une information correcte lors du signalement. Néanmoins, considérant qu'il lui en donne l'obligation, il est en position de le faire. C'est en effet au métropolitain ou au suffragant le plus ancien qu'il revient de signaler au Saint-Siège, l'évêque qui serait frappé d'une peine ecclésiastique. Cette peine l'empêche ce dernier d'exercer sa charge[416] mais affecte également tous ceux qui utilisent son pouvoir vicaire[417] et donc paralyse l'administration diocésaine.

On peut regretter que les canons sur le métropolitain ne fassent pas une mention plus explicite de ses autres facultés, en particulier comme instance intermédiaire processuelle notamment pour l'appel dans les causes ordinaires et les controverses administratives. On en trouve une mention seulement dans le canon 1438 du Code de 1983. C'est pourtant bien à son rôle provincial de veilleur dans la communion ecclésiastique que se rapportent la plupart des réflexions sur de nouvelles normes canoniques comme celles qui concernent les abus dans le ministère épiscopal.

En matière d'abus, le Code a été complété par certains textes normatifs qui en précisent le traitement, notamment le m.p. *Sacramentorum sanctitatis tutela* de Jean-Paul II[418], réservant les cas les plus graves (*delicta graviora*) au Tribunal de la Congrégation pour la Doctrine de la Foi. Un autre texte du pape François, le m.p. *Come una madre amorevole*[419] est venu préciser encore la procédure à suivre pour le renvoi d'un évêque ou d'un supérieur religieux dans les cas d'abus sexuels avérés, portés ou non dénoncés par eux, même par négligence.

Ces deux textes ont chacun formulés un niveau supplémentaire dans le signalement des cas d'abus sexuels: la dénonciation, qui suppose que

---

[415] Le devoir de «signaler» incombe formellement à celui sur qui pèse l'obligation: il ne peut dénoncer que ce dont il a une connaissance certaine, surtout par l'exercice de sa charge. La non dénonciation en ce cas pourrait alors être qualifiée de négligence.

[416] Cf. CIC/1983, can. 415.

[417] Cf. CIC/1983, can. 481 §1; sauf s'ils sont évêques, can. 481 §2.

[418] Cf. JEAN-PAUL II, m.p. *Sacramentorum sanctitatis tutela*, 30 avril 2001.

[419] Cf. FRANÇOIS, m.p. *Come una madre amorevole*,

les faits soient portés à la connaissance d'une autorité supérieure de quelques manières que ce soit, sans qu'il y ait préjudice pour la personne qui dénonce. La dénonciation impose une information plus nette à cause des conséquences pénales, civiles et canoniques, qui pourraient en ressortir. C'est cette matière que le m.p. *Vos estis lux mundi* du pape François vient réglementer[420]. Dans ce dernier texte, un rôle de premier rang est manifestement attribué au métropolitain[421] dans le cas où un signalement porterait sur l'un des évêques ou équiparés, présents dans la province[422].

Le signalement doit être transmis au Saint-Siège par le représentant pontifical et au métropolitain du lieu. Si ce signalement concerne directement le métropolitain ou si son siège est vacant, c'est à l'évêque le plus ancien que ce signalement est transmis[423]. Les nouvelles normes impliquent ainsi que le premier niveau de traitement de l'information, est celui de la province ecclésiastique, celle où l'évêque mis en cause a son domicile[424]. Le *motu proprio* envisage les moyens donnés au métropolitain pour réaliser l'information nécessaire. Ces moyens supposent une coopération avec les autorités civiles dans le respect des lois en vigueur[425].

Le métropolitain, «sans délais», doit demander au Dicastère compétent la charge d'ouvrir une enquête[426]. S'il n'a pas de compétence propre pour ouvrir lui-même l'enquête, son avis, non moins que sa responsabilité, sont requis pour fonder le doute: si l'accusation est manifestement «infondée», il doit en informer le Représentant pontifical[427]. C'est donc

---

[420] Cf. FRANÇOIS, m.p. *Vos estis lux mundi* [*VELM*], art. 3 §§1.3. Le *motu proprio* a été approuvé *ad experimentum* pour une période de trois ans.

[421] Cf. *VELM*, Titre II. Ce qui est dit du métropolitain est également valable pour l'évêque suffragant le plus ancien, mais également pour le Patriarche, l'Archevêque majeur et le Métropolite d'une Église métropolitaine *sui iuris*.

[422] Cf. *VELM*, art. 6.

[423] Cf. *VELM*, art. 8, §§1-2; art. 9: même procédure dans les Églises orientales. Voir R. RODRÍGUEZ-OCAÑA, «El motu proprio *Vos estis lux mundi* [*VELM*]», 860-863.

[424] Comme son pouvoir exécutif est lié à son office territorial, les dispositions des cann. 135 §4.136, ne peuvent s'appliquer. Le métropolitain compétent en pareil cas est donc celui où demeure le mis en cause. Ainsi pour un évêque émérite, le métropolitain compétent est celui du lieu où il a son domicile et non celui dont son diocèse dépendait au moment où les faits auraient été commis. Le for de compétence est ordinairement celui du domicile (can. 1408), mais cependant dans les causes pénales, ce peut être celui où les faits ont été commis (can. 1412), où se récoltent les preuves et les témoignages.

[425] Cf. *VELM*, art. 19.

[426] Cf. *VELM*, art. 7.10 §1.

[427] Cf. *VELM*, art. 10 §1; R. RODRÍGUEZ-OCAÑA, «El motu proprio *VELM* », 857-859.

lui qui est chargé de l'enquête préliminaire (*investigatio prævia*), par une délégation personnelle sous la direction du Dicastère compétent[428], au titre de son obligation d'informer: il agit alors à l'instar d'un juge-auditeur[429].

Si cela semble opportun pour le Dicastère compétent, une autre personne pourrait être commise pour conduire l'enquête[430] et le métropolitain en serait alors déchargée. Le métropolitain peut dénoncer lui-même sa participation s'il estime qu'il ne peut maintenir une certaine impartialité ou qu'il serait en conflits d'intérêts: il ne doit pas mener une instruction à charge[431].

Tout comme il ne peut déléguer son office personnel de métropolitain, il ne peut non plus dans ce cas précis faire de sous-délégation[432]. Le métropolitain est l'unique responsable de la mise en œuvre de la procédure[433]. Il doit suivre les instructions personnelles qui lui ont été données pour conduire l'enquête[434]. Il peut la conduire lui-même ou par «une ou plusieurs personnes idoines»[435]. Cette responsabilité s'étend sur toutes les dispositions[436] prisent pour le recueil et la conservation des données fournies au cours de l'enquête mais aussi sur les dispositions procédurales misent en œuvre pour l'audition d'une personne vulnérable ou d'un mineur[437].

Le métropolitain agissant en ce type de procédure dispose de facultés élargies pour accéder à toutes informations nécessaires qu'il reçoit

---

[428] Cf. CIC/1983, cann. 1717-1719; CCEO/1990, can. 1468 §§1-3.

[429] Cf. CIC/1983, can. 1717 §3.

[430] Cf. *VELM*, art. 11 §1.

[431] Cf. CIC/1983, can. 1717 §2; *VELM*, art. 12 §6; R. RODRÍGUEZ-OCAÑA, «El motu proprio *VELM*», 867-869.

[432] Cf. l'application de la norme du can. 137 §2: en cas de délégation d'un pouvoir exécutif par le Siège Apostolique, la subdélégation peut être expressément interdite.

[433] Cf. *VELM*, art. 12 §§1.4. Comme la compétence du métropolitain pour conduire l'enquête est liée à sa charge territoriale, qui est d'interprétation stricte, il ne peut déléguer les facultés qui lui ont été concédées: même en confiant à des personnes idoines la charge de réaliser l'information, il demeure le seul responsable de la conduite de l'enquête.

[434] Cf. *VELM*, art. 10 §2

[435] Cf. *VELM*, art. 13. Le §1 parle de «personnes qualifiées», qui peuvent être laïques. Cf. R. RODRÍGUEZ-OCAÑA, «El motu proprio *VELM*», 827; 858; 873.

[436] Cf. R. RODRÍGUEZ-OCAÑA, «El motu proprio *VELM*», 864-866.

[437] *VELM*, art. 12 §2: «S'il s'avère nécessaire d'entendre un mineur ou une personne vulnérable, le Métropolitain adopte les modalités adéquates qui tiennent compte de leur état».

ad casum et qui cessent dès qu'il a transmis son *votum*[438]. Par sa compétence territoriale et sa position graduelle il peut recueillir toutes informations utiles dans les diocèses de sa province mais le *motu proprio* ne dit rien sur sa compétence en dehors de son territoire: il nous semble correcte de lire qu'il reçoit avec les facultés une compétence *ex officio* qui s'étend là où les besoins de l'enquête le conduisent[439]. Une fois l'enquête terminée, son rôle s'arrête, à moins qu'un supplément d'information soit requis et qu'il lui soit demandé d'y pourvoir. Les informations sont transmises au Dicastère compétent qui décidera de la suite: il revient à la seule autorité suprême la faculté d'être le juge des évêques en matière pénale[440]. Le m.p. *Vos estis lux mundi* n'institue donc pas une charge nouvelle, puisque l'information au titre de l'empêchement du canon 415 fait déjà parti du devoir de vigilance du métropolitain. Il ne lui attribue pas non plus un nouveau pouvoir. Il développe plutôt dans le champ processuel une charge déjà existante dans la norme universelle, un droit de regard qui s'exerce sur la bonne administration épiscopale dans la province.

Le *motu proprio* induit ainsi que le métropolitain est la personne institutionnelle *ad hoc* pour conduire l'enquête préliminaire par sa position graduelle et sa proximité avec les évêques de sa province. Le métropolitain est canoniquement un agent de la communion hiérarchique dans la province et un agent de la discipline ecclésiastique dans l'ordre épiscopal provincial. Ces deux qualités en font également un interlocuteur pour les «personnes qui affirment avoir été offensées»[441] mais toujours selon les instructions reçues. Le *motu proprio* rappelle ainsi qu'il doit veiller aux effets administratifs et ecclésiastiques qui surviendraient suite à un empêchement canonique dont un pasteur de sa province ferait l'objet. Les conséquences nécessitent pour le bien du diocèse concerné que des mesures puissent être prévues en accord avec le Siège Apostolique et prises si nécessaire. Le métropolitain a une apti-

---

[438] Cf. *VELM*, art. 17 §§1-2.

[439] *VELM*, art. 12 §1: «a) recueille les informations pertinentes concernant les faits; b) accède aux informations et aux documents nécessaires aux fins de l'enquête détenus dans les archives des bureaux ecclésiastiques; c) obtient la collaboration des autres Ordinaires ou Hiérarques, lorsque cela est nécessaire; d) demande des informations aux personnes et aux institutions, également civiles, qui sont en mesure de fournir des éléments utiles pour l'enquête».

[440] Cf. CIC/1983, can. 1405 §1, 3°; CCEO/1990, can. 1060 §1, 2°.

[441] Cf. *VELM*, art. 17 §3.

tude, par droit de l'office, à être concerné dans sa province par tout dysfonctionnement ecclésiastique.

Dans cette ligne, le métropolitain doit veiller, avec une sollicitude particulière sur le gouvernement du siège vacant de ses suffragants[442]. Il doit désigner l'administrateur diocésain, quand le Collège des Consulteurs ne l'aurait pas élu dans les huit jours à compter de la déclaration de la vacance du siège[443]. Lorsqu'un évêque est empêché[444] et que ceux à qui, *ex officio*, le gouvernement devrait échoir ne peuvent remplir convenablement les fonctions de gouvernement, les mêmes dispositions sont applicables: en ce cas c'est le Collège des Consulteurs qui doit élire un prêtre pour gouverner, dans les mêmes conditions que pour le siège vacant[445]. Si l'élu n'est pas apte à remplir les fonctions[446], l'invalidité de son élection est constatée par le métropolitain (*agnita rei veritate*) ou par l'évêque suffragant le plus ancien si c'est le siège métropolitain qui est vacant et les actes de l'administrateur illicite sont déclarés nuls[447]. Le métropolitain obtient ce pouvoir de contrôle et de désignation par dévolution, qui s'entend ici comme un réel pouvoir de gouvernement pour le maintien de l'unité du ministère épiscopal dans la province. Pour désigner l'administrateur, le métropolitain peut se reporter à la liste établie par chaque évêque de la province lors de la prise de possession canonique de leur diocèse, remise à jour tous les trois ans, et dont il doit conserver un double[448].

Le métropolitain doit encore veiller à ce que les absences d'un évêque de son diocèse ne soient pas trop prolongées au-delà de ce qui est nécessaire, afin de ne pas obérer son gouvernement[449]. En cas de maladie grave de l'évêque, par exemple, qui nécessite une absence de plus de six mois, il semble logique que le gouvernement du diocèse soit organisé et que le métropolitain en soit informé. Ce dernier doit informer le Représentant pontifical si cette absence prolongée n'est pas mo-

---

[442] Cf. DPME, nn. 235-239.

[443] Cf. CIC/1983, can. 421 §1-2; CCEO/1990, can. 221, 4°. Il peut toutefois être apte, mais exercer des fonctions qui sont incompatibles avec la charge d'administrateur, cf. CIC/1983, can. 423 §2; CCEO/1990, can. 225 §2.

[444] Cf. CIC/1983, can. 412; CCEO/1990, can. 233 §1; DPME, nn. 232-233.

[445] Cf. CIC/1983, can. 413 §2; CCEO/1990, can. 233 §2.

[446] Cf. CIC/1983, can. 425 §§1-2; CCEO/1990, can. 227 §1.

[447] Cf. CIC/1983, can. 425 §3; CCEO/1990, can. 227 § 2.

[448] Cf. CIC/1983, can. 413 §1; *Comm.* 5 (1973) 233-234; CCEO/1990, can. 233 §1.

[449] Cf. CIC/1983, can. 395 §§1-3; voir CPTL, note explicative N. 89/99, 12 sept. 1996, *Comm.* 28 (1996) 182-186.

tivée car elle constitue un dysfonctionnement réel du gouvernement épiscopal dans la province[450].

Le métropolitain veille et certaine fois il doit également *agir*. C'est l'autre mission de sa fonction et pour laquelle des facultés lui sont accordées par son office. Le droit lui impose ainsi dans certaines situations d'accomplir (*peragere*)[451] ce que l'évêque suffragant a négligé, notamment en matière de visite canonique[452]: il est alors un suppléant dans l'ordre épiscopal provincial. La suppléance est comme un prolongement de sa fonction de vigilance sur l'unité du pouvoir épiscopal dans la communion hiérarchique. Cependant, il accomplit ce qui est un droit de l'évêque diocésain, en lieu et place de celui-ci, et non pas en son nom personnel. Pour effectuer ces visites en dehors de son diocèse, le métropolitain latin doit d'abord en référer les motifs au Représentant pontifical et obtenir les facultés du Siège Apostolique, qui sont toujours données *ad casum* et sous le mode d'un mandat, le plus souvent pour des cas exceptionnels[453]. Dans les Églises orientales, les Statuts synodaux déterminent ce droit[454].

En dehors de l'accomplissement de ces missions, le métropolitain latin n'a pas d'autres pouvoirs de gouvernement que ceux qui lui sont attribués pour exercer sa charge. Un nouvelle charge pourrait nécessiter pour des raisons pastorales un pouvoir exceptionnel ou la réorganisation d'un pouvoir déjà attribué: le droit particulier viendrait alors compléter le droit commun sur l'office du métropolitain pour telle province, comme le prévoit formellement le canon 436 §2. Pour ce qui regarde l'usage de son pouvoir normatif, rien n'est dit quant à la négligence du métropolitain. Mais dès lors que les devoirs de sa charge sont envisagés comme des obligations et non pas comme des possibilités, leurs défauts pourraient être qualifiés de négligence.

Les différents aspects des missions du métropolitain que nous venons d'évoquer le mettent régulièrement en contact avec le Représentant pontifical à qui est dévolu un rôle dans l'imposition du pallium dans le rituel actuel. Le rôle du métropolitain dans la cohésion locale du ministère épiscopal et la communion ecclésiale en fait un interlocuteur privilégié du Nonce Apostolique. L'Archevêque métropolitain est un agent de synodalité dans la communion ecclésiastique.

---

[450] Cf. CIC/1983, can. 395 §4; DPME, n. 161.

[451] Cf. CIC/1983, can. 436 §1, 2°; CCEO/1990, can. 133 §1-5°.

[452] Cf. CIC/1983, can. 396 §§1-2; CCEO/1990, can. 205 §1; DPME, nn. 220-224.

[453] Cf. Cf. G. REED, «Grouping of Particular Churches», 244, sous le can. 436.

[454] Cf. CCEO/1990, can. 137. Voir *e.g.*, can. 1013 §1, CCEO/1990.

3.2 *La synodalité épiscopale dans la province ecclésiastique*

3.2.1 Une synergie métropolitaine

a) Une communion territoriale d'Églises particulières

Si les missions du métropolitain sont clairement identifiées dans la province comme celles d'un *frère aîné* qui s'occupe de sa fratrie, son rôle synodal, qui n'en est pas moins signifiant, le décrit comme un *primus inter pares*, un pasteur parmi les pasteurs.

La coutume rénovée de l'imposition du pallium par le pape François place résolument l'Église du métropolitain au centre d'une communion d'Églises particulières. Le pallium, dit le Cérémonial des Évêques[455], doit être pour le métropolitain un «symbole d'unité et un signe de communion avec le Siège Apostolique». Ce signe ne se comprend qu'en rapport avec l'honneur du siège qu'il occupe (*ad decorem Sedis N. tibi commissæ*) mais lui est confié comme une responsabilité personnelle. Comme dans le canon 9 d'Antioche (341), la mission est attribuée à un pasteur diocésain dont l'Église est un vecteur d'unité et de catholicité par le lien qu'elle établit avec l'Église de Rome. Cette position de l'Église du métropolitain, la constitue comme un centre névralgique, un centre d'impulsion de la charité, qui doit unir les Églises entre elles sur le territoire de la province. Le pallium, comme une marque de considération du Pasteur Suprême, est une stimulation de force (*fortudinis incitamentum*) pour que le métropolitain agisse dans ce sens.

En proposant que le pallium soit désormais imposé dans l'église cathédrale du métropolitain, en présence de ses suffragants et avec les fidèles de toute la province, si possible au cours de la célébration de l'Eucharistie qu'il préside, le rituel rénové entend manifester de manière visible la place qu'il doit occuper et son rôle de communion. Le lien avec l'Église de Rome est signifié par le Nonce Apostolique du pays, qui reçoit une délégation en tant que Représentant pontifical: le pallium est toujours imposé au nom du Pontife romain qui le concède comme le

---

[455] *Cæremoniale Episcoporum*, n. 1154: «Ad omnipotentis Dei gloriam atque ad laudem beatæ Mariæ semper Virginis et beatorum Apostolorum Petri et Pauli, nomine Romani Pontificis, Papæ Francisci, et sanctæ Romanæ Ecclesiæ, ad decorem Sedis N. tibi commissæ, in signum potestatis metropolitanæ tradimus tibi pallium de confessione beati Petri sumptum, ut eo utaris intra fines provinciæ ecclesiasticæ tuæ. Sit tibi hoc pallium symbolum unitatis, et cum Apostolica Sede communionis tessera, sit vinculum caritatis et fortitudinis incitamentum, ut die adventus et revelationis magni Dei, pastorumque principis Iesu Christi, cum ovibus tibi creditis stola potaris immortalitatis et gloriæ. In nomine Patris, et Filii, et Spiritus Sancti. Amen».

signe d'un office personnel appartenant à un siège désigné et pour un usage territorialement déterminé.

Le rituel intègre ainsi deux dimensions personnelles de l'Archevêque métropolitain, particulièrement dans le sens latin que nous lui voyons attribué depuis le IXe siècle. Il est un *missus Beati Petri*, l'Archevêque, délégué par l'autorité du Pontife romain et en ce sens il est plutôt un agent disciplinaire de la communion ecclésiastique. Il est aussi un agent de promotion de l'unité du ministère épiscopal, le métropolitain, en étant comme un *primus* au milieu des évêques de la province. Le pallium manifeste l'*unio collegialis* des évêques en un lieu. Formellement, les caractéristiques que nous avons soulignées au cours de l'étude du système métropolitain sont toujours présentes et conditionnent la province ecclésiastique comme un réseau synodal d'Églises particulières avec leurs pasteurs. Différemment du Code Pio-bénédictin, le fait que le pallium ne signifie plus le pouvoir archiépiscopal mais le pouvoir du métropolitain, connecte juridiquement mieux la dimension disciplinaire de l'office à son actualisation dans la communion synodale.

Les critères de territorialité et de représentativité ont ainsi encore leur pertinence. Les pasteurs représentent leur diocèse dans cette communion autour de leur métropolitain et chacune de leurs juridictions matérialisent un repérage concret du *sensus fidei* à écouter et à authentifier. La localité d'un tel regroupement signifie que des intérêts communs dans la mission peuvent être portés ensemble par les pasteurs pour le bien d'une Église réunie en un lieu. La centralité du pôle d'impulsion, qui n'est pas toujours géographique, implique des ressorts, sociologique et culturel, sur lesquels reposent les dynamiques de la synodalité. Ce centre ecclésiastique est donc appelé à bouger, en fonction des évolutions historiques, pour toujours rester davantage signifiant. Néanmoins, il indique que l'existence d'un réseau d'Églises ne peut fonctionner sans la mise en évidence de ce pôle d'impulsion. En somme, si ce pôle est dévalorisé, c'est la mécanique synodale, dont le système métropolitain est porteur, qui est comme paralysée. Par le jeu de la perméabilité pastorale des Églises particulières entre elles et celui, sur un plan ecclésiologique, de l'immanence inclusive des réalités ecclésiales, tout autant que le manque de pertinence d'un axe central épiscopal, entraîne alors une perte d'énergie, voire ne permet pas d'impulser une synergie entre les évêques. Les effets des dysfonctionnements locaux conduisent souvent, par contrecoups, à une accentuation de la centralisation dans l'Église universelle. La synodalité supra-locale, au sens large, encouragée et significativement posée dans la structure hiérarchique de l'Église, ne devrait pas être qu'une simple opportunité à discerner par les pasteurs mais au contraire s'inscrire dans une périodicité normative manifestant la vitalité d'une communion organique et la veille active des pasteurs[456].

La synodalité indique la bonne marche de la pratique organisative de l'Église: «si les conciles n'appartiennent pas à "l'*esse*" de l'Église, ils appartiennent bien à son "*bene esse*"»[457]. Elle indique par sa régularité, un cycle de croissance de la communion ecclésiale, des seuils qui ne soient pas seulement des constats des apories de fonctionnement mais des compréhensions plus ecclésiologiques du besoin d'unité qui se fonde sur la collégialité épiscopale locale, une synodalité au sens strict. La revalorisation de la charge des évêques au cours du dernier Concile est un encouragement, non à l'individualisme pastoral mais à la coopération personnelle responsable. Dans le processus rédactionnel du nouveau Code, la responsabilité personnelle de chaque évêque fût rappelée jusqu'au dernier moment[458]. La province est ecclésiastique, elle est un niveau technique de communion des pasteurs et des fidèles qu'ils sont appelés à conduire et c'est en ce sens qu'elle est une communion synodale d'Églises particulières.

b) Une communion synodale de pasteurs

En envisageant pour la première fois dans un texte normatif latin que le métropolitain est comme *primus inter pares*, le directoire *Apostolorum successores* rappelle, en peu de mots, toute la tradition synodale d'une organisation de type épiscopale dont la vocation est la communion et la communication. Plus encore, il redimensionne la fonction métropolitaine pour être un élément fonctionnel de la mécanique synodale.

Comme nous l'avons déjà évoqué dans le commentaire des canons 435-437, le rôle du métropolitain n'est pas de coordonner l'action pastorale mais de favoriser les échanges entre évêques. Il est commis à organiser une coopération entre eux par des rencontres régulières, véritables lieux de fraternité sacramentel où s'exerce la charité dans une commune bienveillance. Sa fonction synodale territoriale est de connecter des pas-

---

[456] CIC/1983, can. 445: «Concilium particulare pro suo territorio curat ut necessitatibus pastoralibus populi Dei provideatur atque potestate gaudet regiminis, præsertim legislativa, ita ut, salvo semper iure universali Ecclesiæ, decernere valeat quæ ad fidei incrementum, ad actionem pastoralem communem ordinandam et ad moderandos mores et disciplinam ecclesiasticam communem servandam, inducendam aut tuendam opportuna videantur».

[457] J.C. GROOT, «Aspects horizontaux de la collégialité», 827.

[458] Voir les *Relationis* de la Commission de révision en 1981, *Comm.* 14 (1982) 124.

teurs diocésains, appelés à se concilier et agir conjointement ou ensemble dans des causes communes. Pour autant, si le métropolitain n'est pas un supérieur hiérarchique, il doit être le signe plus large de l'existence d'une communion pastorale d'évêques dont la mise en œuvre suit une certaine rationabilité consciente de leur engagement local dans la mission.

Dans les échanges en *cœtus*, lors de la révision du Code, on soulignait que les évêques, pour se lier entre eux localement, notamment dans l'exercice d'un pouvoir législatif supra-diocésain, devaient recevoir une approbation du Siège Apostolique, qui était comme une manière de pré-server le ministère épiscopal[459]. À l'évidence, il y avait de fortes réserves à vouloir constituer des instances hiérarchiques intermédiaires locales, même conciliaires[460]. Cette précaution, qui était prévue pour l'organisa-tion des conciles particuliers lorsqu'ils étaient souhaités par une Confé-rence Épiscopale, ne l'était pas toutefois pour le concile provincial. Le problème se posait surtout pour les Conférences Épiscopales qui étaient identiques à une province ecclésiastique. Cette motion ne fut retenue pré-cisément que pour ces cas d'espèces. Elle ne fut cependant pas étendue de manière générale, car le concile provincial n'est pas une instance hié-rarchique intermédiaire mais un exercice en commun par les évêques suffragants de leur ministère de gouvernement. Ils s'engagent dans cette démarche pastorale pour leur territoire diocésain, unis dans un même mi-nistère autour de leur métropolitain qui manifeste, de manière perma-nente, la communion.

La fonction métropolitaine est ainsi aujourd'hui nécessaire pour l'or-ganisation du concile provincial et même pour sa validité: il ne peut avoir lieu sans qu'il ne soit convoqué formellement par le métropoli-tain[461]. Il ne peut le faire cependant qu'avec le «consentement de la ma-jorité des évêques suffragants»[462]. À la lecture du canon 442 §1, on re-tient une compétence propre du métropolitain mais liée pour l'organisation du concile provincial à la part de décision qui revient aux évêques suffragants. Le canon parle des «évêques suffragants»: il s'agit

---

[459] Cf. *Comm.* 14 (1982) 197.

[460] Cf. CPTL, *Congregatio plenaria*, 27 octobre 1981, *sess.* 7, 520: intervention du card. C. Bafile à la Vème Congrégation plénière de la Commission de révision du Code.

[461] Cf. CIC/1983, can. 440 §2: «Sede metroplitana vacante, concilium provinciale ne convocetur»; DPME, nn. 24-25

[462] CIC/1983, can. 442 §1: «Metropolitæ, de consensu maioris partis Episcoporum suffraganeorum, est: 1° convocare concilium provinciale; 2° locum ad celebrandum concilium provinciale intra provinciæ territorium eligere; 3° ordinem agendi et quæstiones tractandas determinare, concilii provincialis initium et periodum indicere, illud transferre, prorogare et absolvere».

ici des seuls évêques diocésains canoniquement en charge d'un diocèse dans la province et ceux qui leur seraient équiparés en droit, qui décident juridiquement de cette convocation. Sur un plan juridique, ils sont les seuls dans leur diocèse à posséder la capacité d'émettre des normes de niveaux législatif. Les évêques auxiliaires et coadjuteurs n'étant pas des décideurs législatifs, au sens technique, ils ne prennent pas part à la décision. Il y a donc dans la province une gradualité fonctionnelle dans l'ordre épiscopal, même si celle-ci n'induit pas de hiérarchie. Dans le processus synodal interne, au niveau délibératif, il y a une stricte égalité ou parité entre les évêques: c'est un collège d'égaux qui se fonde non sur la mission canonique mais sur le ministère épiscopal. Dans cette configuration, le métropolitain n'a pas de voix prépondérante, même comme président.

Pour la convocation, le canon énonce que le consensus est celui de la majorité des évêques des diocèses suffragants et non de tous les évêques. Il semble sous-entendu que dans la majorité se trouve également la voix du métropolitain, incarnant alors la *maior pars*. De droit, il est le président-né du rassemblement conciliaire, puisqu'il est graduellement le premier dans l'ordre épiscopal provincial et non à cause de sa fonction de veilleur disciplinaire. De manière surprenante, en cas d'empêchement du métropolitain, ce n'est pas à l'évêque suffragant le plus ancien de promotion qu'échoit la présidence. Ce sera un évêque suffragant qui devra être élu par les autres évêques suffragants[463]. Cette disposition souligne que la démarche synodale épiscopale se situe au niveau de leur *munus regendi* comme un acte de communion. Il n'est pas évoqué par le canon que le métropolitain doive demander auprès du Siège Apostolique une confirmation ou une approbation pour remplir cet office, comme c'est le cas pour le concile plénier[464]. Cela se comprend par le fait que la présidence du concile provincial est constitutive: c'est au métropolitain de le convoquer et de le présider, mais en exécution d'une décision de la majorité des évêques. Son empêchement, au moment ou au cours de la célébration, ne doit pas suspendre l'activité conciliaire. Il s'agit donc d'une suppléance qui ne peut être assumée que par l'un des évêques diocésains de la province, et seulement eux, tous étant à égalité pour remplir cette charge.

Le métropolitain constitue lui-même les membres du concile selon les normes édictées pour les conciles particuliers. Il y a ceux qui sont con-

---

[463] CIC/1983, can. 442 §2: «Metropolitæ, eoque legitime impedito, Episcopi suffraganei ab aliis Episcopis suffraganeis electi est concilio provinciali præesse».
[464] Cf. CIC/1983, can. 441, 3°. Voir également le can. 179.

voqués, au titre de leur droit au suffrage délibératif. Le Code en donne une liste précise et restrictive[465]. Il s'agit uniquement des évêques, diocésains, coadjuteurs et auxiliaires, ainsi que les évêques titulaires assumant une charge particulière confiée sur le territoire par le Siège Apostolique ou la Conférence des Évêques. Le droit au suffrage délibératif leur est accordé, non pas au titre de leur charge ecclésiastique mais en tant qu'ils sont membres du Collège épiscopal. C'est une correcte interprétation du ministère épiscopal qui est d'authentifier et de confirmer de manière synthétique l'expression du *sensus fidei*. Les évêques de la province sont donc tous formellement *convoqués* par le métropolitain, y compris les suffragants, pour agir ensemble dans le discernement. Les autres évêques titulaires et émérites présents sur le territoire provincial peuvent (*possunt*) aussi être appelés avec voix délibératives[466]. Le directoire *Apostolorum successores* apporte une nuance pour les évêques émérites en signalant qu'ils peuvent être «invités»[467].

Le métropolitain *appelle* ensuite (*vocandi sunt*), et non convoque, ceux qui ont le suffrage seulement consultatif: les vicaires généraux et épiscopaux des Églises particulières de la province; les Supérieurs majeurs élus par les Supérieurs majeurs des Instituts Religieux et des Sociétés de Vies Apostoliques présents sur le territoire, dont «le nombre aussi bien d'hommes que de femmes (...) doit être fixé par les évêques de la province»; les recteurs des universités ecclésiastiques et catholiques, les doyens des facultés de théologie et de droit canonique; des recteurs de grands séminaires[468].

---

[465] CIC/1983, can. 443 §1: «Ad concilia particularia convocandi sunt atque in eisdem ius habent suffragii deliberativi: 1° Episcopi diœcesani; 2° Episcopi coadiutores et auxiliares; 3° alii Episcopi titulares qui peculiari munere sibi ab Apostolica Sede aut ab Episcoporum conferentia demandato in territorio funguntur».

[466] CIC/1983, can. 443 §2: «Ad concilia particularia vocari possunt alii Episcopi titulares etiam emeriti in territorio degentes; qui quidem ius habent suffragii deliberativi».

[467] Cf. DPME, n. 230 a.

[468] CIC/1983, can. 443 §3: «Ad concilia particularia vocandi sunt cum suffragio tantum consultivo: 1° Vicarii generales et Vicarii episcopales omnium in territorio Ecclesiarum particularium; 2° Superiores maiores institutorum religiosorum et societatum vitae apostolicæ numero tum pro viris tum pro mulieribus ab Episcoporum conferentia aut a provinciæ Episcopis determinando, respective electi ab omnibus Superioribus maioribus institutorum et societatum, quæ in territorio sedem habent; 3° Rectores universitatum ecclesiasticarum et catholicarum atque decani facultatum theologiæ et iuris canonici, quæ in territorio sedem habent; 4° Rectores aliqui seminariorum maiorum, numero ut in n. 2 determinando, electi a rectoribus seminariorum quæ in territorio sita sunt».

Le métropolitain pourrait aussi appeler des prêtres et des fidèles, avec voix consultatives, dont la proportion ne doit pas dépasser la moitié de ceux déjà convoqués (majoritairement des clercs), ce qui laisse une place relativement restreinte aux laïcs. Au concile provincial seront plus particulièrement invités des délégués des chapitres cathédraux quand ils existent, des conseils presbytéraux de chaque diocèse[469], des conseils pastoraux diocésains quand ils existent, chaque institution désignant deux de ses membres[470]. Le concile provincial est finalement, aujourd'hui encore, surtout un concentré de représentations institutionnelles qui souffre de son manque réel de représentativité du peuple de Dieu qui est pourtant prioritairement concerné.

D'autres personnes issues de confessions chrétiennes dont la présence est signifiante dans le territoire provincial peuvent être invitées comme observateurs, sans droit de suffrage, si cela paraît judicieux de l'avis du «métropolitain en union avec les évêques suffragants»[471]. Le canon 443 se termine donc sur cette note indicative caractéristique de l'acte conciliaire: la concorde (*una cum*) du *primus* avec ses suffragants qui signifie l'unité du ministère épiscopal provincial dans la démarche du concile provincial et le pouvoir de gouvernement, surtout législatif.

C'est un lieu évident de coresponsabilité synodale entre les Églises, où chaque évêque est invité à apporter sa contribution personnelle pour la préparation et la célébration du concile, en vue de réglementer la vie ecclésiale de la province[472]. Le rôle personnel du métropolitain est clairement défini: en accord (*consensu*) avec tous les pasteurs diocésains, il choisit le lieu de célébration dans le territoire de la province, détermine l'ordre du jour et celui des questions à traiter, le début et la durée du concile provincial, décide de le transférer, le prolonger et enfin de l'achever[473]. Il ne peut cependant le dissoudre. Il lui revient encore, comme

---

[469] Cf. CIC/1983, can. 495 §1.

[470] CIC/1983, can. 443 §4: «Ad concilia particularia vocari etiam possunt, cum suffragio tantum consultivo, presbyteri aliique christifideles, ita tamen ut eorum numerus non excedat dimidiam partem eorum de quibus in §§1-3». Can. 443 §5: «Ad concilia provincialia præterea invitentur capitula cathedralia, itemque consilium presbyterale et consilium pastorale uniuscuiusque Ecclesiæ particularis, ita quidem ut eorum singula duos ex suis membris mittant, collegialiter ab iisdem designatos; qui tamen votum habent tantum consultivum».

[471] CIC/1983, can. 443 §6: «Ad concilia particularia, si id iudicio Episcoporum conferentiæ pro concilio plenario aut Metropolitæ *una cum Episcopis suffraganeis* pro concilio provinciali expediat, etiam alii ut hospites invitari poterunt» (nos italiques). Par analogie avec le synode diocésain, voir le can. 463 §3 CIC/1983.

[472] Cf. DPME, nn. 26-27.

[473] Cf. CIC/1983, can. 442, §1.

président, de prendre soin (*curet*) de la transmission des actes du conciles provincial au Siège Apostolique, afin que les décrets soient révisés pour obtenir la force juridique d'une loi particulière[474]. Cette loi n'aura d'existence qu'après la *recognitio*[475] et il appartient alors au concile, donc à tous les évêques présents, de décider du mode de promulgation des décrets afin que la loi synodale puisse entrer dans la législation des diocèses comme loi provinciale. Cela peut se faire de manière commune: soit par un acte conjoint des évêques suffragants et du métropolitain qui seuls disposent, comme évêque diocésain, du pouvoir d'obliger en matière législative, auquel peuvent s'associer les autres évêques; soit par des actes singuliers de chaque Ordinaire diocésain promulguant les décrets dans leur diocèse. L'autorité de ces décrets sera toujours celle du concile provincial dont l'évêque diocésain ou l'Ordinaire du lieu pourra dispenser pour un motif pastoral. Il n'est pas fait mention d'une quelconque information de la Conférence Épiscopale pour l'organisation ou le déroulement comme pour l'achèvement du concile provincial. Cela ne signifie pas qu'elle ne le soit pas concernée, mais indique plutôt que la localité implique un niveau de coresponsabilité particulière dans la coopération des évêques suffragants, manifestant une saine autonomie de la province qui doit profiter à tous.

Ce rôle synodal du métropolitain en fait, d'une certaine manière, le garant de la synodalité diocésaine dans la province: il est le pivot central d'une unité auquel se relient les évêques diocésains, en tant qu'ils sont eux mêmes principe d'unité et centre au sein du peuple qui leur est confié[476]. Dans cette arborescence structurelle, le ministère épiscopal local développe son charisme qui est d'écouter et de discerner le *sensus fidei* (*ekklesiastike syneidesis*) sans le détacher de son environnement proche. Ce qui se discerne et se décide en un lieu concerne, dans une mesure bien réelle, les diocèses limitrophes. Le Code de 1983 le souligne à propos des synodes diocésains. Chaque évêque peut le mettre en œuvre, en accord avec le conseil presbytéral[477], et c'est sous sa responsabilité, comme législateur unique dans le diocèse, que les décisions synodales sont promulguées[478]. La norme actuelle impose cependant que les textes et déclarations du synode diocésain, ainsi que les décrets, soient transmis au

---

[474] Cf. CIC/1983, can. 446; *PB*, art. 82.157; DPME, n. 27.

[475] Cf. *e.g.*, *infra*, chap. III, nt. 318.

[476] Cf. DPME, n. 63

[477] Cf. CIC/1983, cann. 460-462; voir également, à propos du synode diocésain: *Cæremoniale Episcoporum*, n. 1169; DPME, n. 67.

[478] Cf. CIC/1983, cann. 135 §2.466.

métropolitain et à la Conférence Épiscopale, mais pas que ces derniers aient leur avis à donner[479]. Cette précaution s'avère néanmoins nécessaire dans le but d'une harmonisation législative sur les territoires concernés. Le Code détermine ainsi un rôle supplémentaire et réel du métropolitain qui complète ses missions telles que nous les avons déjà évoquées. Il doit, en effet, être «attentif aux biens des fidèles et à l'unité de l'Église»[480] en signalant les abus du ministère épiscopal, notamment dans le non respect des normes particulières diocésaines comme une loi synodale légitimement promulguée et appartenant statutairement à la tradition ecclésiale d'un diocèse. Celle-ci reste en vigueur tant qu'elle n'a pas été dénoncée par l'évêque qui l'a promulguée ou légitimement remplacée par une autre loi, prise par un nouvel évêque[481]. Comme élément du corpus juridique qui forme le droit particulier du diocèse, elle s'impose même à l'évêque qui succède.

Le *Cæremoniale Episcoporum* souligne également que le métropolitain est le gardien des traditions de relations ecclésiales dans la province, lorsqu'il suggère que l'évêque nouvellement nommé le visite – ou l'évêque le plus ancien, selon le cas – pour prendre connaissance de l'état de son diocèse[482]. Il y a une coresponsabilité dans la vigilance sur le ministère épiscopal qui est significative de la communion synodale. La fonction métropolitaine, par les charges qui lui sont attribuées et celles qu'elle pourrait recevoir encore selon le canon 436 §2, manifeste sa sollicitude pastorale et son attention vigilante à la concorde et à l'harmonie entre pasteurs et fidèles par une saine gouvernance de chaque diocèse dans la province ecclésiastique.

3.2.2 Une communion organique

a) La mise en œuvre du principe de l'équité canonique

L'équilibre et la modération de l'usage du pouvoir des évêques, non moins que leur coordination, furent au fondement du système métropolitain. L'effet principal de la communion synodale dans une province ecclésiastique est de tempérer le gouvernement pastoral singulier des évêques dans une organisation supra-locale pour laquelle le Code re-

---

[479] Cf. CIC/1983, can. 467: «Episcopus diœcesanus textus declarationum ac decretorum synodalium communicet cum Metropolita necnon cum Episcoporum conferentia». Voir DPME, n. 174. Cette norme est absente du Code de 1917.

[480] DPME, n. 23b.

[481] Cf. CIC/1983, cann. 20-21.

[482] Cf. *Cæremoniale Episcoporum*, n. 1130 c.

commande, de manière implicite, l'application du principe de l'équité canonique[483].

On se souvient que les rencontres d'évêques du IIe et IIIe siècle qui fondèrent la marche typique de la communion synodale étaient de communiquer sur l'une des dimensions importantes du *munus regendi* des évêques: le pouvoir judiciaire. La gestion des peines expiatoires et des excommunications réclamait une information entre les pasteurs, afin de ne pas blesser la communion et surtout de la maintenir. L'organisation de ce pouvoir ministériel recommande un soin particulier et personnel de l'évêque dans son diocèse, mais également une concertation avec les autres évêques voisins. Le directoire *Apostolorum successores* rappelle ainsi que l'évêque est invité à exercer «sa part de responsabilité à l'égard des tribunaux constitués pour plusieurs diocèses»[484].

Le Code de 1983, tout en impliquant l'évêque dans l'exercice ministériel de la justice[485], recommande que la fonction judiciaire soit exercée de manière vicaire par un prêtre qualifié[486], assisté de personnes idoines, clercs ou laïcs[487]. Il incite également à une organisation territoriale des instances et des fors de compétences[488], ainsi qu'à une certaine coopération (*possunt concordes*) entre les évêques à l'échelon d'une province ecclésiastique, soit différemment, selon la nécessité[489]. Cette organisation doit cependant toujours recevoir l'approbation (*probare*) du Siège Apostolique[490], qui sera mentionnée dans le procès verbal d'érection signé par les évêques pour la constitution d'instances judiciaires communes. Dans cette matière, la Conférence Épiscopale peut s'impliquer pour organiser des instances graduelles[491].

La longue tradition de l'Église en matière d'organisation judiciaire est toujours formellement présente dans le Code actuel. Les normes codi-

---

[483] L'équité canonique est une règle non écrite, un principe ecclésial sur lequel reposent les institutions dans l'Église et les normes qui les régissent, en vue du bien des fidèles et du salut des âmes. Une définition pourrait être celle donnée par F.J. URRUTIA, *Les normes générales*, 36: «[l'équité canonique consiste en] l'équilibre et la modération, inspirés des exigences évangéliques, pour le gouvernement de la vie ecclésiale».

[484] Le Directoire ne consacre qu'un seul numéro à la question, cf. DPME, n. 68.

[485] Cf. CIC/1983, can. 1419 §1.

[486] Cf. CIC/1983, cann. 1420-1421.

[487] Cf. CIC/1983, cann. 1421 §§1-3.1428 §§1-2.

[488] Cf. *e.g.* CIC/1983, can. 1419 §2, lorsqu'une personne juridique représentée par l'évêque est concernée. Voir également can. 1423 §2.

[489] Cf. CIC/1983, can. 1423 §1.

[490] Cf. *PB*, 124, 4°: l'organisation des tribunaux interdiocésains est une compétence générale de la Signature Apostolique.

[491] Cf. CIC/1983, can. 1439 §§1-3; *DigC*, 23 §1.25, 3°.

cielles font toujours état d'une structuration graduelle de la justice en première et seconde instance dont la province ecclésiastique constitue, de manière paradigmatique, le territoire d'application. Dans ce cas de figure normatif, le tribunal du métropolitain est toujours le tribunal d'appel des suffragants. Les premières instances devant le tribunal du métropolitain sont ainsi confiées par ce dernier à un tribunal qu'il désigne lui-même de manière stable, avec l'approbation du Saint-Siège[492]. Ce type d'organisation graduelle est en totale syntonie avec l'organisation provinciale et correspond en tout point à une visibilité d'une communion locale ascendante entre les évêques.

La fonction de vigilance judiciaire du métropolitain garde normativement sa signification de promoteur du bien commun entre les Églises du territoire provincial. Cependant, les réformes des cartes judiciaires dans de nombreux pays, intervenues après 1983 et encouragées par le Code[493] montrent que le rôle de la province est souvent mis de côté au profit d'une organisation différente, parfois conduite par la Conférence Épiscopale ce qui, d'une certaine manière, détache l'efficacité de la justice du ministère épiscopal local. Il s'agit néanmoins, par ailleurs, de pallier aux manques chroniques de personnels formés dans les officialités et donc de rendre plus efficace l'administration judiciaire[494].

Le métropolitain a toujours rempli le rôle naturel de juge d'appel du pouvoir judiciaire des évêques de sa province, un office qui est comme «une caractéristique de la collégialité [synodalité] dans l'Église»[495]. Cette caractéristique est soulignée par le pape François dans le m.p. *Mitis iudex* comme l'un des «critères fondamentaux» sur lesquels repose la réforme de certains procès matrimoniaux en nullité.

---

[492] Cf. CIC/1983, can. 1438, 1°-2°; voir également, CPTL, instr. *Dignitas connubii* [*DigC*], 25, 1°-2°.

[493] Cf. CIC/1983, cann. 1423 §§1-2.1439.

[494] Cf. SUPRÊME TRIBUNAL DE LA SIGNATURE APOSTOLIQUE, «Responses, can. 1438, 1°-2°», 12-13: pour le rédacteur de la réponse, F. Daneels, la création d'une instance d'appel commune à la province en restaurant le tribunal du métropolitain peut être motivé par une meilleure gestion du personnel qualifié.

[495] FRANÇOIS, m.p. *Mitis iudex Dominus Iesus*, introduction, n. 5, tr. fr. LEV. L'édition typique dit: «Appellatio ad Sedem Metropolitæ restituatur oportet, quippe quod munus per sæcula stabile, tamquam provinciæ ecclesiasticæ capitis, *insigne perstat synodalitatis in Ecclesia*» (nos italiques). La traduction italienne répète plus fidèlement: «*è un signo distintivo della sinodalità nella Chiesa*». Le même aspect est souligné pour les Églises orientales, au niveau de l'introduction, dans ID., m.p. *Mitis et misericors Iesus*: «Appellatio ad Sedem Metropolitanam, utpote ad munus provinciæ ecclesiasticæ capitale, per sæcula stabile, insigne est primigeniæ synodalitatis in Ecclesiis orientalibus speciei, ideoque sustinenda fovendaque est».

L'un de ces critères fondamentaux est l'équité canonique qui, par excellence, s'avère être une vertu pour la correcte administration de la justice non moins que pour celle d'un bon gouvernement ecclésial. Une volonté manifeste des réformes processuelles actuelles, notamment en matière de nullité matrimoniale, est de mieux connecter la fonction judiciaire, qui suppose expériences et qualifications, avec le ministère de gouvernement des évêques qui est le fondement de la communion locale, pour en traduire l'effet pastoral principal: la miséricorde[496]. On pourrait voir ainsi, dans ces réformes, un désir de retrouver le sens d'une justice graduelle, qui corresponde davantage à la fonction d'*episkopé*, telle que nous l'avons vue se développer dans ses effets de proximité aux premiers siècles de l'organisation ecclésiastique. Dans cette logique, le tribunal du siège métropolitain apparaît graduellement comme le garant d'une administration ordonnée de la justice canonique[497]. Le rôle du métropolitain apparaît ainsi comme celui d'un veilleur de l'équité canonique dans la bonne administration du ministère épiscopal. Les projets de réformes pénales du Livre VI du Code abondent, semble-t-il, dans ce sens.

Une proposition a été faite ainsi pour réécrire le premier paragraphe du canon 1720, afin de souligner que la procédure extrajudiciaire, si elle est choisie par l'Ordinaire pour traiter d'un cas pénal[498], requiert le caractère administratif du décret exécutif pénal[499]. Les points 2° et 3° seraient également modifiés pour améliorer le droit de la défense, notamment le délai dans la production des preuves que l'Ordinaire doit apprécier pour rejoindre la certitude morale des faits. Dans cette nouvelle configuration, un rôle particulier serait confié au métropolitain:

Can. 1720 §2 [réservé]: (…) Si l'Ordinaire décide d'infliger une peine perpétuelle, pour la *validité* du décret imposant la peine, l'ordinaire doit obtenir le consentement préalable du métropolitain, ou s'il s'agit du métropolitain, du suffragant le plus ancien, ou dans certains cas, de l'Ordinaire désigné par le Saint-Siège à cette fin; tous doivent prendre connaissance du cas avec l'aide de deux consulteurs[500].

---

[496] Cf. *DigC* 22 §§1-3.

[497] Cf. Suprême Tribunal de la Signature Apostolique, décr. 12 fév. 2016, 14.

[498] Cf. CIC/1983, can. 1342.

[499] CPTL, *Schema recognitionis Libri VI Codicis Iuris Canonici*, [Reservatum], 40: «Si Ordinarius censuerit per viam extra iudicium seu administrativam esse procedendum: 1° accusato imputationes atque probationes notas faciat; 2° det accusato facultatem sese defendendi, statuto etiam tempore utili decem dierum ad probationes exhibendas; 3° probationes et argumenta omnia cum duobus assessoribus accurate perpendat».

[500] CPTL, *Schema recognitionis Libri VI Codicis Iuris Canonici*, [Reservatum], 40: «Peracta quæ in §1 recensentur, si de delicto certo constet neque actio criminalis sit

Cette proposition, si elle se confirme, ne crée pas de charge nouvelle. Elle confie seulement une compétence supplémentaire au métropolitain pour une plus grande garantie au for externe de l'équité canonique, notamment en matière de droit de là défense[501], point qui dans le procès administratif est souvent le plus faible. D'autre part, il renforcerait et même pourrait élargir l'interprétation de la norme du Code actuel qui prévoit qu'«avant de porter un décret particulier, l'évêque doit rechercher les informations et les preuves nécessaires et, autant que possible, entendre ceux dont les droits pourraient être lésés»[502]. Que le consentement (*consensus*) puisse être requis pour la validité d'un acte de gouvernement d'un évêque suffragant supposerait que son devoir de vigilance est bien plus qu'un «droit de regard» implicatif. Ce rôle qui pourrait être attribué au métropolitain va dans le sens d'un renforcement d'un pouvoir de contrôle administratif *a priori* qui n'est pas prévu[503], avec des effets directs sur le gouvernement d'un diocèse suffragant[504].

Cette proposition va plus loin, en matière d'implication du métropolitain, où de l'évêque le plus ancien énoncé par le Code, en ce qui concerne l'obligation de l'évêque diocésain de le consulter comme une autorité provinciale (*facta consultatione cum metropolita*), avant qu'il ne dissolve (*dissolvere*) son Conseil presbytéral[505]. Les normes générales maintiennent que le pouvoir de gouvernement de chaque évêque doit être préservé pour une juste autonomie des Églises particulières[506] mais pas

---

extincta, Ordinarius decretum ferat ad normam cann. 1342-1350, expositis, breviter saltem, rationibus in iure et in facto. Si tamen censeat pœnam perpetuam infligendam esse, *ad validitatem* decreti requiritur *ut obtineat consensum prævium Metropolitæ* aut, si agatur de Metropolita, antiquioris suffraganei, aut, in ceteris casibus, Ordinarii a Sancta Sede ad hoc deputati; ii omnes causam cognoscere debent cum auxilio duorum consultorum» (nos italiques et notre traduction).

[501] Cf. CPTL, *Schema recognitionis Libri VI Codicis Iuris Canonici, Prænotanda*, 1. *Rationes quædam recognitionem suadentes*, 318-320.

[502] CIC/1983, can. 50.

[503] Ce pouvoir d'action administrative dans les diocèses de la province n'est pas prévu par le Code et manque d'une certaine manière, sauf à le développer pour certaines situations pastorales dans le droit particulier; J.I. ARRIETA, «Governance structure», 267.

[504] Selon la proposition de ce can. 1720 §2, les diocèses exempts, qui dépendent du Saint-Siège, devront se tourner vers l'Ordinaire désigné par le Siège Apostolique pour recevoir le consentement. Il n'est donc pas formellement exclu que cela soit le métropolitain de la province à laquelle le diocèse exempt aurait été rattaché, à moins que cette compétence ne soit donnée directement à la Congrégation pour les Évêques.

[505] Cf. CIC/1983, can. 501 §3; *supra*, chap I, nt. 456.

[506] Cf. P. MONETA, «La sede episcopale metropolitana», 91.

en dépit de la communion du ministère épiscopal. La mention de l'évêque le plus ancien dans le texte réservé du can. 1720 §2, comme c'est souvent le cas, souligne bien le champ de la collégialité épiscopale.

La dimension synodale de cette proposition est également soulignée, puisque communiquer au métropolitain et recueillir son consentement, signifie donner une certaine publicité à la sentence pénale pour en établir des effets juridiques, au moins au niveau des pasteurs diocésains. La fonction significative de la province ecclésiastique, comme réseau de pasteurs et communion d'Églises, s'en trouverait renforcée au niveau de son territoire, dont le caractère organique se manifeste dans l'Assemblée des évêques de la province.

b) Communion affective et efficacité des décisions de l'Assemblée des évêques

La province ecclésiastique est constituée, en application du droit, comme une entité canonique, perpétuelle par nature[507], et seule l'autorité suprême peut la modifier ou l'éteindre. La province est organisée comme une personne juridique publique «afin de remplir au nom de l'Église, dans les limites qu'elle [s'est fixée] et selon les dispositions du droit, la charge propre qui [lui] a été confiée en vue du bien public»[508]. Les membres de la province sont chacune des communautés hiérarchiques diocésaines qui, par la volonté du Pontife romain, unissent leurs moyens matériels et leurs facultés d'action, pour les mettre au service d'une entité commune. Le premier de ces moyens instrumentaux mis à disposition est le ministère épiscopal sur lequel chaque diocèse se structure comme une communauté hiérarchique. Chaque diocèse est revêtu de la personnalité juridique et les évêques diocésains en sont les représentants légaux[509]. La personnalité juridique est requise par le droit pour encadrer juridiquement «des ensembles de personnes ou de choses ordonnés à une fin qui s'accorde avec la mission de l'Église et dépasse les intérêts des individus»[510]. Dans le cadre de la province, ce ne sont pas des fidèles qui sont mis en commun mais les moyens d'action des pasteurs pour conduire efficacement le peuple de Dieu.

---

[507] Cf. CIC/1983, cann. 432 §2.120 §1.

[508] Cf. CIC/1983, can. 116 §2. voir G. MARCHETTI, «Origine e significato nell'ordinamento», 142-143: dans les travaux de rédaction du Code de 1983, il avait été décidé d'attribuer, *ipso iure*, la personnalité juridique à la province parce que sa configuration juridique était parfaitement définie autour de l'office uni-personnel d'Archevêque métropolitain.

[509] Cf. CIC/1983, cann. 118.373.

[510] Cf. CIC/1983, cann. 114 §§1-3.115 §1.

La fin de l'entité canonique provinciale n'est pas librement déterminée par ses membres mais par le droit: il s'agit de promouvoir l'unité dans l'action pastorale et pour cela, de favoriser des rencontres mutuelles entre évêques dans la province afin qu'ils œuvrent dans la communion à la mission universelle de l'Église qui est d'unir le peuple de Dieu. C'est donc l'Église elle-même qui agit au travers des évêques dans l'entité canonique provinciale et c'est pourquoi elle s'intègre dans la structure hiérarchique, faisant office d'un niveau intermédiaire de collégialité. Ce niveau intermédiaire, pour fonctionner, a besoin d'une structure interne où la collégialité, comme communion organique, se développe selon une forme partielle dans ses deux dimensions, affective et effective. Le *conventus*, l'Assemblée des évêques de la province constitue l'organe collégial de cette entité canonique provinciale, un *cœtus episcoporum*, où tous les évêques de la province et ceux qui leurs sont équiparés sont membres actifs. Ce *conventus* n'est cependant pas l'organe collégial qui dirige la personne juridique «Province Ecclésiastique».

Sur le plan de l'*affectus collegialis*, le *conventus* regroupe tous les évêques de la province, au titre de leur *munus pastorale* épiscopal. Le Code de 1983, parle de l'Assemblée des évêques de la province parfois à côté du concile provincial[511]: elle n'est pas formellement qu'une instance collégiale mais d'abord une institution synodale de collégialité pastorale. D'ailleurs, l'exhortation apostolique *Pastores Gregis*, à la suite du Synode des Évêques de 2001, va dans ce sens. Jean-Paul II associe, mieux que ne le fait le Code, le *conventus* au concile provincial pour en faire un lieu du «travail pastoral commun»[512], selon le principe synodal: «*quod autem omnes uti singulos tangit, ab omnibus approbari debet*»[513]. Par ce lien, nous pouvons établir une analogie entre les deux institutions: tous les évêques, qu'ils soient diocésains, coadjuteurs, auxiliaires, émérites ou équiparés, présents sur le territoire provincial, ont voix délibérative au concile provincial, quand tous les autres membres du concile particulier n'ont qu'une voix consultative[514].

Ce que cette Assemblée des évêques de la province vit dans son action législative au niveau d'un concile ne peut être différent dans son action administrative au sein de l'entité canonique de la province ecclésiastique. C'est ce que dit également le directoire pastoral *Apostolorum succes-*

---

[511] Cf. CIC/1983, can. 1264, 1°-2°, pour ce qui concerne les taxes financières; can. 952, pour ce qui concerne les offrandes de messes.

[512] Cf. JEAN-PAUL II, exhort. ap. *Pastores gregis*, n. 62.

[513] CIC/1983, can. 119, 3°; cf. *supra*, chap. I, nt. 299.

[514] Cf. CIC/1983, can. 443 §§1-6.

sores: l'Assemblée des évêques de la province est un lieu de discernement pastoral qui s'appuie sur le sacrement reçu en plénitude par chaque évêque. La notion de parité à l'intérieur de cette Assemblée des évêques de la province ne repose pas sur la seule charge diocésaine, avec sa capacité de décision, mais sur le ministère pastoral épiscopal. En conséquence, il s'organise comme une expression locale de la collégialité que préside l'Archevêque métropolitain, par son office de *proestós*, à la fois dans sa réalisation occasionnelle comme organe législatif dans le concile provincial[515] et dans sa concrétisation ordinaire comme un organe consultatif dans l'entité juridique «Province Ecclésiastique».

Toute entité juridique publique, en principe, est gouvernée par le droit universel et par ses propres statuts, quand elle en possède. C'est donc le can. 119, 2° qui s'applique[516]. Rien n'est dit sur la manière dont doit s'organiser l'Assemblée des évêques de la province. Si on applique le droit, les décisions se prennent selon la règle de la majorité. Le métropolitain qui préside l'entité canonique provinciale et la représente[517], a alors formellement un pouvoir de supérieur pour dirimer l'égalité entre les membres dans les scrutins qui concernent les actes collectifs que pourrait poser l'entité juridique, et ce rôle ne peut être remis en cause. Comme le Code ne dit rien, il est convenable de penser que le droit universel s'en remet au droit particulier des statuts ou d'un règlement intérieur pour préciser l'organisation des votes.

Cependant, le pouvoir administratif de la province ecclésiastique ne peut contrevenir à la liberté individuelle des pasteurs de gouverner la portion du peuple de Dieu qui leur est confié. Sur un plan administratif, que ce soit le montant des offrandes de messes ou les taxes administratives ou d'autres questions[518] qui nécessitent de s'organiser au niveau provincial, sinon pour une plus grande efficacité au moins pour un équilibre, c'est d'abord pour leurs conséquences pastorales qu'elles supposent de recevoir l'avis de tous les évêques avant de pouvoir devenir des directives communes. Les directives prises dans le *conventus*, compris comme instance de confrontation et de consultation, ne relèvent pour leurs effets juridiques que des seuls évêques diocésains qui forment alors

---

[515] Cf. CIC/1983, can. 442 §1.

[516] CIC/1983, can. 119, 2°: «si agatur de aliis negotiis, id vim habet iuris, quod, præsente quidem maiore parte eorum qui convocari debent, placuerit parti absolute maiori eorum qui sunt præsentes; quod si post duo scrutinia suffragia æqualia fuerint, præses suo voto paritatem *dirimere potest*» (nos italiques).

[517] Cf. CIC/1983, can. 118.

[518] Cf. M. MOSCONI, «Favorire la comunione», 201-202.

un niveau exécutif concret pour la direction de la province, autour du métropolitain qui est la figure paradigmatique du ministère épiscopal diocésain[519]. Il y a donc dans l'Assemblée des évêques de la province un double niveau: l'un délibératif et l'autre exécutif, les deux étant nécessaires sur un plan opérationnel. L'Assemblée des évêques de la province est une instance de l'*affectus collegialis*, mais le niveau efficient de cette communion organique ne s'exerce que dans la communion hiérarchique, c'est-à-dire en fonction de la mission canonique.

La province implique fonctionnellement les évêques diocésains comme des décideurs, puisqu'ils peuvent seuls engager financièrement et juridiquement leur diocèse. Ce niveau exécutif se trouve bien identifié au moment de la constitution de l'entité provinciale. Le procès-verbal qui ratifie l'érection de la province ecclésiastique, comme une circonscription de diocèses, n'est signé seulement que par les évêques diocésains[520]. Dans toutes les affaires juridiques, l'évêque diocésain est seul compétent pour représenter son Église particulière[521]. Par l'effet de cette gradation interne qui organise la subsidiarité pastorale entre les Églises sur un fond de collégialité pastorale, l'Assemblée des évêques de la province garantit l'autonomie des pasteurs diocésains, tout en favorisant les orientations communes, voire facilitant l'action pastorale elle-même, quand cela est possible. Les décisions au niveau provincial, ne valent que pour les institutions qui en dépendent et n'engagent que les personnes qui s'y rattachent juridiquement.

Le directoire *Apostolorum successores* présente l'Assemblée des évêques de la province comme un premier niveau de concertation pastorale entre les évêques, avant d'envisager le rôle particulier du métropo-

---

[519] Ainsi, les directives provinciales communes n'entrent en vigueur que lorsqu'elles sont promulguées, soit sous forme de décrets généraux législatifs, si chaque pasteur retient qu'il doit lui-même les édicter sous forme de normes (cf. CIC/1983, can. 29); soit encore par des décrets généraux exécutifs, s'il est retenu que ces normes sont provinciales et doivent entrer en application sur le territoire diocésain. Les autres évêques, coadjuteurs et auxiliaires, qui ont un pouvoir délibératif mais pas la capacité d'être des législateurs, n'ont pas de pouvoir exécutif dans leur diocèse autre que celui dont le droit ou l'évêque diocésain les auraient munis; cf. CIC/1983, can. 31 §1.

[520] Il est mentionné à la fin de chaque bulle d'érection d'une province ecclésiastique que les évêques suffragants et l'Archevêque métropolitain doivent signer un procès-verbal qui est remis au Nonce Apostolique du pays et dont une copie originale se trouve dans les archives de la Congrégation pour les Évêques, qui est compétente pour l'érection des circonscriptions territoriales ecclésiastiques.

[521] Cf. CIC/1983, can. 393, plus précis que le can. 1653 §1 CIC/1917 qui accordait cette faculté, de manière générale, à l'Ordinaire du lieu.

litain dans la province. Il souligne par là qu'elle est une institution de synodalité ecclésiale où se matérialise la collégialité pastorale qui structure la communion et dont le métropolitain est le pivot. La participation de l'Épiscopat local au *conventus* provincial redit la communion sacramentelle qui les unis et leur compétence dans le discernement pastoral, mais toujours dans la communion hiérarchique. La vertu principale de la province ecclésiastique c'est d'être une communion graduelle entre les Églises mais également entre les évêques, qui valorise la diversité dans la pluralité mais toujours autour d'un principe d'unité[522].

La province est une communion organique sur le plan d'une collégialité juridique *efficiente* de pasteurs diocésains voisins, représentants leurs Églises pour la promotion graduelle de l'action commune missionnaire; sur le plan d'une collégialité pastorale des évêques, favorisant les relations pour un meilleur discernement du *sensus fidei*[523], elle peut être un lieu d'expression de l'*affectus collegialis*. Le *conventus* épiscopal, sous la présidence de l'Archevêque métropolitain, est un lieu institutionnel qui dispose efficacement la communion organique des pasteurs pour un effet d'entraînement ecclésial, même s'il manque de détermination juridique. La province ecclésiastique, comme entité canonique, est une personne juridique publique: elle n'a pas la nécessité d'édicter des statuts en vue d'acquérir cette personnalité[524] mais peut très bien en avoir dans le but de mieux s'organiser. Les moyens juridiques existent afin de permettre aux pasteurs de resserrer eux-mêmes les liens de leur communion visible[525] autour de leur métropolitain, lequel fait un avec les évêques suffragants, pour œuvrer avec eux dans une véritable synergie missionnaire.

4. **Conclusion**

Ce parcours de l'Orient jusqu'en Occident nous a permis d'identifier un mécanisme primordial pour la bonne marche de la synodalité, situé au niveau du ministère pastoral des évêques diocésains et qui s'organise autour d'une collégialité juridique entre égaux, duquel émerge une fonction de présidence confiée *ad sedem*. Ce mécanisme «synodalité – primauté» qui remonte à la première organisation ecclésiastique a trouvé

---

[522] Cf. M. MOSCONI, «Favorire la comunione», 197.
[523] Cf. CTI, «*De synodalitate*», n. 38; D. VITALI, «Sensus fidei, dono», 146-150.
[524] Cf. CIC/1983, cann. 117.314.
[525] Cf. *LG* 23; *PG* 55.

dans le système métropolitain les moyens juridiques d'organiser la communion des évêques diocésains dans un réseau d'Églises proches.

Les éléments constitutifs d'un réseau synodal d'Églises particulières, représentativité et localité, coresponsabilité et saine autonomie de subsidiarité, qui ont évolués au cours des siècles et selon les situations, sont toujours formellement inscrits dans les gènes des regroupements provinciaux, tels que les promeut le Code de 1983. Si le sens ecclésiologique de la province ecclésiastique a été renouvelé pour développer juridiquement et structurellement son caractère structurel dans l'Église universelle[526], comme nous l'avons vu dans le premier chapitre, son système traditionnel de gouvernement ecclésiastique avait cependant besoin d'être rénové.

C'est au niveau de la responsabilité épiscopale que devait se situer l'*aggiornamento*, ce qui n'était pas sans poser des difficultés quand au maintien en un équilibre harmonieux de l'ensemble des notions ainsi misent en jeu et dont le contenu avait été restauré par le concile Vatican II. La nouvelle codification de 1983 avait pour but de développer la cohérence fonctionnelle sur un plan institutionnel, pour mieux servir la Mission.

L'action pastorale est toujours en relation avec l'œuvre missionnaire pour laquelle l'Église a été instituée. Si la «direction suprême et la coordination des initiatives et des activités qui touchent à l'œuvre et à la coopération missionnaire sont de la compétence du Pontife romain et du Collège des Évêques»[527], elle concerne à un titre particulier la sollicitude que doit en avoir chaque évêque localement[528]. Dans cette coopération pastorale, s'envisagent les relations épiscopales de proximités. Si c'est un effet de la collégialité au niveau universel, il faut donc voir dans son niveau de réalisation locale supra-diocésain, une expression partielle de cette même collégialité, de type pastoral, dont le mode d'organisation ne peut différer de son modèle typique, tel que la tradition ecclésiale l'a reçue. Une union missionnaire d'Églises particulières ne peut faire l'économie d'un premier niveau graduel de collégialité organisée, qui s'élève en une communion organique des évêques, qui est toujours de type hiérarchique, développant juridiquement le caractère d'Église universelle.

La solution retenue est celle qui, s'appuyant sur les ressources du binôme «primauté-synodalité», a permis de maintenir dans l'Église latine une saine conception de la communion. Celle-ci se réalise dans le même temps de manière descendante (universelle) et ascendante (supra-locale). La communion entre les pasteurs diocésains, à un niveau local, ne devait

---

[526] Cf. J.I. ARRIETA, «Instrumentos supradiocesanos», 611.
[527] CIC/1983, can. 782 §1.
[528] Cf. CIC/1983, can. 782 §2.

pas être un phénomène communautaire appelé à s'individualiser ou se replier sur lui-même, mais toujours ouvert sur l'esprit collégial[529] propre à la communion catholique. L'unique Primauté, celle théologique du Christ et celle de service de son Vicaire, transcende l'ensemble du fait organisationnel ecclésial pour articuler la collégialité des Évêques dans des structures institutionnelles, dont le potentiel de participation synodale, au sens large, est en dépendance d'une synodalité, au sens strict, impliquant ensemble les évêques dans la mission.

La primatialité synodale, servie par la fonction supradiocésaine métropolitaine d'un évêque désigné par son siège diocésain, est le ressort institutionnel nécessaire pour impulser une synergie épiscopale aux dynamiques de synodalité. Cette primatialité synodale ne participe à la Primauté pontificale que de manière juridique, pour organiser sur un plan disciplinaire la communion supra-locale. La synergie métropolitaine caractéristique de la vie de la province ecclésiastique est donc en nette dépendance du rôle instrumental du métropolitain lui-même.

L'ensemble des travaux de la Commission de révision a montré que la solution pour favoriser l'action pastorale commune dans les diocèses proches et favoriser les relations mutuelles entre les pasteurs, passe par l'individuation d'une fonction personnelle déterminée canoniquement, dont le pouvoir est de veiller sur les relations épiscopales et leur unité sur un territoire. Il n'a donc jamais été question de supprimer l'institution des métropolitains et des provinces ecclésiastiques, mais bien plutôt de les rénover.

En soi, la norme telle qu'elle est disposée suffit pour que le métropolitain puisse remplir son rôle auprès des suffragants. La norme codicielle ne fait que délimiter le cadre juridique instrumental dans lequel cette fonction de communion agit. Le Code renvoie, par le can. 436 §2, dans le champ du droit particulier, la possibilité pour les évêques d'une province de solliciter du Siège Apostolique une organisation mieux définie sous la responsabilité de leur métropolitain. Ce dernier pourrait alors recevoir une charge spécifique avec un pouvoir en rapport avec la nécessité pastorale qui aurait été discernée et approuvée par le Saint-Siège.

---

[529] *CEC*, n. 887: «Les Églises particulières voisines et de cultures homogènes forment des provinces ecclésiastiques ou des ensembles plus vastes appelés patriarcats ou régions. Les évêques de ces ensembles peuvent se réunir en synodes ou en conciles provinciaux. "De même, les Conférences épiscopales peuvent, aujourd'hui, contribuer de façon multiple et féconde à ce que l'esprit collégial se réalise concrètement"»; les sources indiquées pour ce numéro du Catéchisme de l'Église Catholique sont le canon 34 des Apôtres et le décret *Lumen gentium*, n. 23.

Les relations entre les provinces et leurs métropolitains sont appelés à s'intégrer dans l'organisation ecclésiastique, notamment à l'échelle d'une Conférence Épiscopale. La forme canonique des régions ecclésiastiques a été stabilisée dans le droit pour les rassembler et permettre des connections graduelles plus facile sur un plan institutionnel (cf. can. 434). Les régions ecclésiastiques ne sont cependant pas des degrés hiérarchiques: il ne s'agit «à ce palier, que de structures de service apostolique, de cadres destinés à coordonner les activités pastorales et missionnaires»[530].

Le modèle métropolitain, comme système typique de la communion entre les Églises, a été rénové pour retrouver son sens de communion organique pastorale. Le rôle fonctionnel du métropolitain, dont la nature disciplinaire ne s'est jamais perdue dans sa compréhension latine, est désormais mieux relayé à sa fonction synodale: il est au centre de la mécanique synodale qui ne peut se mouvoir sans lui. On peut regretter toutefois que cette fonction synodale n'ait pas plus de pertinence en dehors de l'organisation du concile provincial, notamment pour une coordination plus régulière du ministère épiscopal supra-local. Le directoire *Apostolorum successores* a lancé des pistes de réflexion et d'action qui demandent encore à être approfondies par une audace pastorale missionnaire.

---

[530] C. MUNIER, «La coopération des évêques», 352.

DEUXIÈME PARTIE

LES FONCTIONNEMENTS DE LA SYNODALITÉ ÉPISCOPALE PROVINCIALE EN FRANCE

CHAPITRE III

Les fonctions des provinces ecclésiastiques en France

Le territoire ecclésial en France, comme partout ailleurs, regroupe les diocèses en provinces ecclésiastiques. Lieux naturels de la collaboration synodale entre les évêques, leurs fonctions au cours du XXe siècle sont un peu passées au second plan alors que se développaient des structures nationales, les Conférences Épiscopales. Les provinces trouvent encore une utilité pastorale dans de nombreux pays. En France, cependant, elles n'ont peut-être pas été vraiment revalorisées après le concile Vatican II, jusqu'à ces dernières années. L'expérience française démontre pourtant une attention soutenue à l'unité territoriale de l'action pastorale. C'est dans cette logique, de conception jacobine, que sont nées les Régions apostoliques françaises, véritables échelons territoriaux pour l'organisation pastorale et éléments structurels de la collaboration épiscopale dans les Statuts de la CEF. Elles disparaissent en 2006, pour laisser toute leur place aux provinces ecclésiastiques.

Dans ce chapitre, en nous intéressant à la réflexion et aux pratiques des évêques français sur leur collaboration, nous cherchons à comprendre comment les provinces ont été redéfinies dans leur géographie en 2002 sur l'ensemble du territoire et comment elles sont appelées à coopérer avec la Conférence Épiscopale dans ses nouveaux Statuts (2006). Après les modifications territoriales en 2002, une province du nord de la France a célébré un concile provincial entre 2013 et 2015: ce sera l'occasion de voir en pratique comment les relations épiscopales, dans un réseau ecclésial défini, entrent en collaboration pastorale. Au terme de ce chapitre, nous tenterons une évaluation de la place des provinces ecclésiastiques dans les nouveaux Statuts de la CEF, au travers d'un comparatif avec ceux de la Conférence Épiscopale 2019, intègrent également les provinces dans leur schéma organique.

1. **La fonction structurelle de la province dans les relations épiscopales**

L'organisation ecclésiastique française fut, tout au long du XXe siècle, de rechercher un équilibre fonctionnel entre territoire et structures de concertation, dans une conception centralisée de l'action pastorale.

1.1 *Action pastorale en France et concertation épiscopale*

1.1.1 La circonscription de l'action pastorale

a) L'organisation provinciale en France, 1801-1961

Les limites des circonscriptions ecclésiastiques françaises avaient été le fruit d'une longue histoire, accompagnant la croissance du territoire national et lui assurant également une unité. L'Épiscopat français, proche du pouvoir politique, sans avoir de réelle velléité d'indépendance revendiquait une certaine autonomie dont le gallicanisme fut l'expression la plus évidente jusque vers la fin du XVIIIe siècle[1]. Après la Révolution française, qui avait modifié en profondeur la carte administrative du territoire national, le Concordat napoléonien de 1801 voulut restaurer ce gallicanisme et à cette fin créa une nouvelle organisation des circonscriptions ecclésiastiques. Le but était de contrôler les clercs et de faire de la religion un ciment d'unité nationale. La position dominante de l'administration d'État dans le Concordat encouragea dans l'Église de France une forte réaction ultramontaine qui se révéla pleinement à la Chute du Premier Empire et culmina dans le clergé français au moment du Second Empire[2].

Les évêques concordataires, nommés par le Saint-Siège, devaient recevoir l'institution du gouvernement et prêter un serment au Premier Consul, comme tout membre de l'Administration civile[3]. Ce texte juridique, quelque peu remanié selon les gouvernements, resta en fonction tout au long du XIXe siècle. Il avait en partie restauré et surtout fixé les diocèses dans les limites des circonscriptions administratives des départements[4]. L'évêque était parfois considéré, au plan administratif, comme un «préfet» pour les affaires ecclésiastiques du département.

---

[1] Cf. Y. CONGAR, «Gallicanisme», 1736-1739; M. DUBRUEL, «Gallicanisme», 1120-1137. Voir également M. PRECLIN, «Le Gallicanisme au XVIIIe siècle», 220-233.

[2] Cf. J. LEFLON, «L'application du concordat français», 207-217; R. AUBERT, «L'Église de France sous le Second Empire», 116-117.

[3] Cf. CONCORDAT/1801, art. XVIII; cf. B. ARDURA, *Le Concordat entre Pie VII*, 80.

[4] Cf. CONCORDAT/1801, Titre IV «De la circonscription des archevêchés, des évêchés et des paroisses, des édifices destinés au culte et au traitement des ministres»; cf. B. ARDURA, *Le Concordat entre Pie VII*, 84-86. La Section Première de ce titre

Au-dessus des évêques, les Archevêques métropolitains étaient à la tête d'un «arrondissement métropolitain», regroupant des «arrondissements diocésains», qui correspondait au plan canonique à la province ecclésiastique. Les «Archevêques» ou «Métropolitains» retrouvaient, dans la normative concordataire, un rôle important en matière de vigilance sur la foi et la discipline ecclésiastique dans les diocèses suffragants. Ils étaient des vecteurs d'unité et c'est eux qui devaient consacrer et installer les suffragants sur leur siège épiscopal. Ils étaient des supérieurs hiérarchiques dans leur province: toutes réclamations et plaintes sur le gouvernement épiscopal de leur suffragants pouvaient être évoquées devant eux[5]. Un nouveau découpage des provinces ecclésiastiques, qui ne prenait pas en compte les anciennes métropoles, avait suscité quelques difficultés que des modifications à partir des années 1820 sembla régler. Le Concordat, contre les préceptes du Concile de Trente, interdisait la tenue d'assemblées épiscopales sans l'autorisation du gouvernement. De ce fait, jusqu'au Second Empire, l'exercice collégial de l'autorité épiscopale avait fortement diminué. Comme un peu partout en Europe, la seconde moitié du XIXe siècle fut propice à une reprise des activités synodales, encouragées par Pie IX qui y voyait un moyen d'imposer partout la doctrine romaine[6]. Cette pratique tomba, en France, rapidement en désuétude après 1870[7].

La séparation de l'Église et de l'État français, commencée dès les années 1880 pour les Congrégations religieuses, annonçait la fin du Concordat en 1905. Pour faire face aux situations nouvelles, les évêques français se réunirent trois fois entre mai 1906 et janvier 1907, notamment

---

(art. LVIII-LIX) précise qu'il y aura sur le territoire national dix «archevêchés ou métropoles» et cinquante évêchés. Un nouveau Concordat avait été élaboré en 1817, après la chute du Premier Empire, redessinant en partie la carte des circonscriptions ecclésiastiques, qui ne fut jamais appliqué. De nombreux aménagements ont tout de même lieu, après les remembrements du territoire national (*e.g.*, l'archevêché de Malines fut intégré au nouveau Royaume de Belgique) et à partir du Second Empire, une nouvelle carte des provinces comptait jusqu'à onze archevêchés.

[5] CONCORDAT/1801, section II, «Des Archevêques ou Métropolitains»: «art. XIII: Les archevêques consacreront et installeront leurs suffragants. En cas d'empêchement ou de refus de leur part, ils seront suppléés par le plus ancien évêque de l'arrondissement métropolitain. Art. XIV: Ils veilleront au maintien de la foi et de la discipline dans les diocèses dépendant de leur métropole. Art. XV: Ils connaîtront des réclamations et des plaintes portées contre la conduite et les décisions des évêques suffragants»; cf. B. ARDURA, *Le Concordat entre Pie VII*, 79.

[6] Sur le XIXe siècle, on recense en France 25 conciles provinciaux et 429 synodes diocésains, cf. L. TRICHET, *Les synodes en France au XIXe et XXe siècles*.

[7] Cf. J.J. WEBER, «L'organisation de l'Église en France», 3-14.

pour décider des directives concernant l'entretien du clergé ou l'exercice du culte[8]. Dans la tourmente, l'Épiscopat connaissait enfin une période d'unité[9] dans le refus des Associations Cultuelles que l'État Français proposait de mettre en place pour restreindre les religions reconnues au seul cadre associatif. Ces Associations cultuelles, dans leur définition juridique, ne tenaient pas compte de l'organisation hiérarchique ecclésiastique. C'est dans cet esprit, pour démontrer à la fois le bien-fondé de la discipline ecclésiastique promue par le nouveau Code de 1917 et aussi pour encourager l'unité de l'Église en France, que fut créée en 1919 l'Assemblée des Cardinaux et Archevêques (ACA) approuvée par le Saint-Siège[10].

L'enjeu de l'ACA était d'unifier l'Épiscopat français au sortir du premier conflit mondial, divisé sur les questions politiques, pour faire un front commun qui soit comme un vis-à-vis aux gouvernements de la République Française. Cette Assemblée, dont le pouvoir institutionnel était plutôt d'ordre moral, était surtout marquée par l'autorité hiérarchique de ceux qui la composaient[11]. Comme institution ayant reçu l'aval de Rome, elle permit ainsi à l'Église de France de sortir de la situation conflictuelle qui l'opposait aux gouvernements successifs pour trouver enfin un *modus vivendi* en 1926 avec l'État Français. Un cadre juridique fût défini, celui des Associations Diocésaines, qui préservait le caractère hiérarchique de l'évêque dans son diocèse. Au moment de la Séparation de l'Église et de l'État Français, une sorte de *statu quo* figea l'organisation ecclésiastique territoriale, si bien que la carte des circonscriptions provinciales fut peu affectée, même si on note la création de diocèses nouveaux, comme celui de Lille en 1913, qui rejoignait la province existante de l'Archidiocèse de Cambrai, dont il est une subdivision[12]. Les premières modifications d'importances dans les circonscriptions ecclésias-

---

[8] Cf. H. YANNOU, «Les Assemblées Plénières de l'Épiscopat français», 787-829.

[9] Cf. L. DE VAUCELLES, «Structure générale de l'Église de France», 425: «Durant le XIXe siècle (…), il y avait en France des évêques, non un épiscopat».

[10] Cf. *DocCath*, 7 (1922) 709-711. Voir É. GUERRY, «L'Assemblée des Cardinaux et Archevêques de France», 861-863.

[11] Cf. J. DENIS, «1951. Chronique des Actes de l'Épiscopat», 227-228. Dans le Règlement de l'ACA, l'Archevêque de Paris est investi d'une délégation permanente pour traiter les affaires courantes entre les deux sessions de janvier et de juin.

[12] Il existait 17 provinces ecclésiastiques regroupant 87 diocèses: Aix-en-Provence, Albi, Auch, Avignon, Besançon, Bordeaux, Bourges, Cambrai, Chambéry, Lyon, Paris, Reims, Rennes, Rouen, Sens, Toulouse, Tours. Marseille (archevêché en 1948). Strasbourg et Metz relevant directement du Saint-Siège par concordat ne sont pas comptabilisés dans les 87 diocèses. Les 3 diocèses d'Afrique du nord formaient la province d'Alger, tandis que l'archevêché de Carthage n'avait pas de suffragants.

tiques françaises ne sont intervenues que dans le contexte politique de la décolonisation, à la fin des années cinquante, et de la réorganisation des territoires administratifs[13].

L'Assemblée des Cardinaux et Archevêques, comme instance de concertation, ne concernait pas l'ensemble de l'Épiscopat français[14]. Elle était une strate de la représentation visible de l'Église en France dans son niveau hiérarchique le plus élevé. L'ACA n'était pas une structure de collégialité épiscopale mais d'abord un lieu global d'harmonisation nationale de certaines questions pastorales, notamment celle de l'Action Catholique ou encore le soin du clergé, les taxes financières, etc. En partie héritière de l'esprit géo-administratif qui avait prévalu tout au long de l'application du Concordat, elle était une institution ecclésiastique sans réel pouvoir canonique. Sa base structurelle était les provinces ecclésiastiques, comprises comme des regroupements d'évêques diocésains, dont chaque Archevêque métropolitain était le représentant et le porte-parole[15].

L'ACA s'organise dès le début dans un schéma institutionnel graduel classique qui part des diocèses en passant par les provinces ecclésiastiques vers une instance nationale. Elle agit comme une autorité de tutelle de l'Épiscopat français, ce qui ne manque pas d'identifier les provinces comme des niveaux de contrôle hiérarchique.

L'ACA organise son travail autour de commissions permanentes[16], avec un Secrétariat, qui sont composés des seuls Cardinaux et Archevêques. La composition des commissions se veut plus ou moins représentative des différentes réalités ecclésiales du pays. Mais l'Épiscopat ne se réunit jamais tout entier. Seules les rencontres provinciales tiennent lieu d'instances de collégialité. Au sortir de la Seconde guerre mondiale, devant l'urgence missionnaire et la prise de conscience d'un effort à fournir pour aller vers une plus grande manifestation de l'unité, l'ACA réforme ses structures[17]. Son organisation pyramidale s'appuie

---

[13] Cf. J. SUTTER, «Analyse ornigrammatique», 102-105.

[14] H. CHAPPOULIE, «Assemblée des Cardinaux», 915: «Le rôle de l'ACA est d'étudier les problèmes d'ordre très divers qui se posent à l'Église en France, en recueillant sur eux en temps utile le sentiment commun de l'Épiscopat afin de leur apporter un règlement d'ensemble».

[15] Cf. l'organigramme de l'ACA 1919-1945; Annexe 1, 445, tabl. 1.

[16] La Commission permanente est un organe exécutif pour le suivi des actions pastorales, en particulier des autres instances comme la Commission d'étude pour l'Évangélisation des étrangers, la Commission du Catéchisme, la Commission des Religieuses, etc.; cf. J. SUTTER, «Analyse ornigrammatique», 108-111.

[17] Cf. l'organigramme de l'ACA 1945-1951; Annexe 1, 445, tabl. 2.

encore fortement sur les Assemblées provinciales d'évêques[18] où se réunissent les métropolitains et leurs suffragants qui «préparent (…) les travaux de l'ACA, formulent des vœux et étudient les suggestions proposées par l'Assemblée, dont le procès verbal est envoyé à chaque évêque»[19].

Les provinces étaient des relais territoriaux sur lesquels l'ACA s'appuyait pour promouvoir son travail pastoral, mais dès les années cinquante ce maillage apparaît plutôt formel. L'ACA, en effet, commence à réunir plus souvent l'Épiscopat français tout entier, avec l'assentiment de Rome. Le but de ces Assemblées Plénières était d'avoir un regard d'ensemble sur l'action à mener. Dans cette perspective, les commissions déjà mises en place s'avéraient être des moyens techniques pratiques pour associer les évêques, en dehors du seul repérage provincial, autour d'un unique critère pastoral. On entendait ainsi procéder à une forme de décentralisation de l'ACA et des provinces vers de nouveaux lieux de concertation, tout en décloisonnant la question pastorale de son repérage territorial[20].

Une première Assemblée Plénière a lieu en 1951[21], où fut décidé la création de quinze «Commissions épiscopales», qui avaient pour fonction de suivre les mouvements d'Action Catholique et ainsi permettre une surveillance épiscopale générale sur les mandats confiés pour le soin de l'apostolat. Elles avaient un rôle d'orientation doctrinale et d'information vis-à-vis de l'ACA mais également un rôle de vigilance sur les mouvements, œuvres et services auxquels elles se référaient[22]. Ces Commissions étaient toutes présidées par un Archevêque membre de

---

[18] Cf. CIC/1917, can. 292 §1; *supra*, chap. II, nt. 275. Le Code de 1917 prévoyait des rencontres au niveau provincial tous les cinq ans mais le Règlement de l'ACA, approuvé par Rome, organisa ces rencontres de manière annuelles.

[19] Cf. J. DENIS, «1951, Chronique des Actes de l'Épiscopat», 231 «[Ces Assemblées provinciales] permettent ainsi de maintenir une unité de vues et d'action entre tous les membres de l'épiscopat. Un procès verbal de leur réunion, dont la fréquence n'est pas partout la même, est adressé au Secrétaire de l'Assemblée des Cardinaux et Archevêques»; cf. J.J. WEBER, «Où en est l'organisation», 5-6.

[20] Cf. J. SUTTER, «Analyse ornigrammatique», 118: «le recours à ce critère pastoral devrait permettre de réagir contre la fixation de normes bureaucratiques et une administration trop juridique de l'Église Et cette attitude correspond en fait à tout un mouvement de décentralisation».

[21] Elles se tiendront tous les trois ans. Il y aura quatre Assemblées Plénières de l'Épiscopat: 1951, 1954, 1957 et 1960. Cf. J. SUTTER, «Les mutations de l'Église de France», 36-74. À partir de 1962, l'Assemblée Épiscopale se réunit chaque année et même plusieurs fois par an pendant les sessions du concile Vatican II.

[22] Cf. P. VALDRINI, «La synodalité dans l'Église. L'expérience», 8.

l'ACA, assisté d'évêques choisis par lui[23], sans porter une attention particulière à un repérage territorial. En 1958, l'Assemblée Plénière, qui se réunissait en parallèle de celle des Cardinaux et Archevêques, mais toujours à sa demande, voulait structurer les quinze Commissions épiscopales de manière plus géographique comme des organes permanents d'études communes et de coordination. Dans le même temps, un Comité épiscopal d'études doctrinales était créé, dont l'objet était l'étude théologique des problèmes qui se posaient aux évêques dans leurs actions pastorales[24]. On perçoit déjà, à l'époque, une volonté de responsabilisation des évêques entre eux, ainsi que la volonté de s'affranchir, pour la définition des orientations pastorales, d'une certaine forme de contrôle hiérarchique que l'ACA représentait[25]. Aussi, un Secrétariat de l'Épiscopat fut créé pour assurer les liaisons administratives entre l'Assemblée Plénière, l'Assemblée des Cardinaux et Archevêques et les Commissions épiscopales[26].

Dès leur création, les Commissions épiscopales se veulent des organismes spécialisés, sans assise territoriale fixe. On est appelé à y participer à cause de ses compétences et de son expertise. Les provinces ecclésiastiques restent alors l'échelon naturel et réglementaire des travaux entre évêques, notamment pour la concertation pastorale sur les orientations proposées par l'ACA, tout autant que pour l'organisation judiciaire, en particulier pour le fonctionnement des officialités[27]. Un autre découpage existe en parallèle, et répartit les provinces ecclésiastiques en «région universitaire» autour des Instituts catholiques, qui semble lui être privilégié pour le fonctionnement des Commissions épiscopales[28].

En 1961, lors de l'assemblée de l'ACA, qui prépare la réforme de l'Assemblée de l'Épiscopat en une future Conférence Épiscopale Française, un rapport proposa la création de nouvelles zones de concertations pastorales, auxquelles seraient directement reliées les Commissions épisco-

---

[23] Cf. J. DENIS, «1951. Chronique des Actes de l'Épiscopat», 230.

[24] Cf. Assemblée de l'ACA, *DocCath* 55 (1958) 408.

[25] Cf. AHAP, «1960. C.r. de l'Assemblée Plénière de l'Épiscopat», 58. Au cours de cette session de l'Assemblée Plénière de l'Épiscopat on donna lecture d'un rapport portant sur la «responsabilité collective des évêques».

[26] Il existait déjà un Secrétariat de l'ACA qui était est présidé par un Archevêque; cf. J. DENIS, «1951. Chronique des Actes de l'Épiscopat», 229-231. 232, nt. 12 et 14.

[27] Cf. P. VALDRINI, «La réforme des provinces», 268, nt. 13.

[28] La France compte alors cinq Instituts Catholiques universitaires: Angers, Lille, Lyon, Paris, Toulouse, cf. J. DENIS, «1951. Chronique des Actes l'Épiscopat», 232, nt. 11. Cf. A. BRIDE, «Assemblée des évêques», 918.

pales[29]. On imagine que chaque Commission nationale puisse trouver un homologue local en divers points du territoire français, identifiés géographiquement comme des pôles sociologiques et qui auraient une influence sur l'action pastorale des diocèses. L'idée est de promouvoir une nouvelle organisation pastorale de la France au travers de «Régions apostoliques», où seraient rassemblées les diocèses, sans nécessairement tenir compte des provinces ecclésiastiques. Le but de ces Régions apostoliques serait de «favoriser les rencontres épiscopales sur un plan plus vaste que celui des provinces ecclésiastiques»[30], afin de faciliter les échanges sur «les problèmes apostoliques communs» et mieux orienter l'action pastorale à partir de propositions nationales. Ce découpage zonal viendrait en contrepoint du travail des Assemblées provinciales d'évêques qui fonctionneraient toujours comme des circonscriptions ecclésiastiques, selon le souhait du Saint-Siège.

Une double structuration pastorale se met alors en place, l'une ecclésiastique «diocésaine-provinciale» et l'autre pastorale, «diocésaine-régionale». Ce schéma géo-pastoral de répartition en Commissions prend rapidement le pas sur les rencontres provinciales, pour lesquelles on n'avait pas prévu une place particulière dans l'organisation nouvelle. Les évêques s'impliquaient dans les Commissions épiscopales et devenaient des spécialistes locaux de certaines questions pastorales. Dans cette perspective les Commissions épiscopales étaient appelées «Commissions pastorales» et prenaient place dans les nouvelles Régions apostoliques. La présidence de ces Régions, volontairement, n'était pas attachée à un siège en particulier: l'ACA exerçait toujours son contrôle et désignait cependant les présidences, tant des Commissions que des Régions, parmi les Archevêques métropolitains[31].

La Conférence Épiscopale Française se met en place à partir 1964 avec des Statuts provisoires, dans un schéma à deux pôles[32], comme ils s'étaient formés au cours des années cinquante: d'un côté, l'Assemblée de l'Épiscopat français et de l'autre l'ACA, laquelle se positionne

---

[29] Rapport de Mgr. J.M. Martin, Archevêque de Rouen, cf. AHAP, «Assemblée de l'Épiscopat», «Procès-verbaux de l'ACA, automne 1961».

[30] Cf. J. PÉLISSIER, «Nouvelle organisation pastoral», 1543. L'A. poursuit: «2° Dans l'ordre de la pensée, ces régions permettront l'examen des problèmes apostoliques communs; 3° Dans l'ordre de l'action, elles rendront plus aisées des réalisations communes; 4° Elles aideront à fournir à l'Assemblée des Cardinaux et Archevêques une information plus étendue».

[31] Cf. J. PÉLISSIER, «Nouvelle organisation pastoral», 1544.

[32] Cf. J. SUTTER, «Analyse ornigrammatique», 119-121: l'A. dresse un schéma de cette période 1951-1964, reporté à l'Annexe 1, 446, tabl. 3.

comme un organe de vigilance hiérarchique à côté d'une Assemblée que l'on voulait collégiale[33]. En novembre 1966, les Statuts définitifs sont adoptés et approuvés par Rome pour une durée de cinq ans[34]. Dans cette nouvelle organisation nationale, les Régions apostoliques étaient désormais «le palier ordinaire de collaboration entre évêques dans le domaine pastoral»[35].

b) L'organisation en Régions apostoliques, à partir de 1961

Les «Régions apostoliques» ont été pensées dès leur création en 1961 comme des structures à base territoriale et des relais organiques pour la nouvelle Conférence Épiscopale Française. Elles ne sont pas des circonscriptions ecclésiastiques mais plutôt des divisions pastorales. Cette régionalisation répondait d'abord à l'objectif de rendre «participants» tous les évêques qui siégeaient à la Conférence, dans le travail des Commissions pastorales qui désormais apparaissaient comme essentielles pour la définition des orientations communes de l'action pastorale. De ce point de vue, elles étaient des instruments nécessaires pour le renouvellement missionnaire et son unité.

Ce principe d'un découpage régional, mis en place progressivement, ne fut opérationnel qu'à partir de 1964. Ce système peine à fonctionner dans ses débuts car il faut changer les habitudes «provinciales» et tout organiser désormais dans la perspective pastorale des Commissions[36]. En outre, les évêques, d'un côté, sont pris individuellement par les travaux des sessions du concile Vatican II, dont on attend beaucoup, et de l'autre, se posent de nombreuses questions. Deux tendances naissent ainsi dans

---

[33] L'Assemblée Épiscopale, dans ses Statuts provisoires de 1964 est présidé par un Conseil des Cardinaux de France, mais la direction est assurée par un Archevêque nommé par lui dans l'Assemblée. Cf. P. HAUBTMANN, «La VIe Assemblée Plénière de l'Épiscopat français», *DocCath* 61 (1964) 1127-1129. La Conférence Épiscopale Française deviendra la Conférence des Évêques de France à partir de 1976. Le sigle «CEF» désigne l'un comme l'autre réalité canonique. Voir l'organigramme d'après les Statuts provisoires de 1964, Annexe 1, 446, tabl. 3. Cf. Ch. LEFEBVRE, «Chronique des Actes de l'Épiscopat», 199-201.

[34] Cf. *DocCath* 64 (1967) 625-632. Ces Statuts ne semblent pas très différents de ceux proposés en 1964. Rome avait seulement demandé que tout ce qui concernait la composition des Commissions passe dans un règlement annexé aux Statuts, afin de laisser plus d'autonomie et de souplesse à la Conférence. Pour modifier ses Statuts, elle doit obtenir la *recognitio* romaine, alors que la Conférence a la liberté de modifier elle-même son règlement.

[35] Statuts CEF/1966, art. 28; cf. J. DENIS, «Les Statuts de la Conférence Épiscopale de France», 411.

[36] Cf. J. SUTTER, «Analyse ornigrammatique», 121-141.

l'Épiscopat français: l'une voit dans les nouvelles Régions apostoliques, une instance de concertation locale entre les différents pasteurs sur les problèmes liés à leur charge d'une Église particulière. Elle a l'avantage de sortir d'un cadre provincial jugé trop restreint sinon contraignant. L'autre tendance voit plutôt un moyen d'associer chacun à un travail collectif de l'ensemble de l'Épiscopat français, par le lien entre les Commissions pastorales nationales et leurs unités décentralisées en région[37]. Dès lors, ce qui apparaît entre 1961 et 1964 comme un critère essentiel pour la constitution de ces Régions, ce n'est pas la circonscription ecclésiastique mais un certain repérage sociologique religieux ou on tente de mettre en place une nouvelle géographie pastorale des collaborations épiscopales[38].

Dans un premier projet, non abouti, ont formait des regroupements régionaux de diocèses sur la base des territoires des provinces[39], respectant ainsi un découpage ecclésiastique traditionnel qui gardait en évidence le rôle du métropolitain. Si, sur un plan géographique, la plupart de ces Régions semblaient homogènes, elles ne prenaient pas en compte les facteurs démographiques et sociologiques. Un second projet fut donc proposé qui s'appuyait sur les régions administratives civiles[40]: on craignait alors que le caractère trop «accommodant» ne favorise pas suffisamment la mission de l'Église en France qui devait d'abord être comme un «signe» pour le monde sans y souscrire pour autant. Après de longues discussions, repoussant la tendance à se modeler sur les découpages ecclésiastiques et civils existants, une carte de neuf régions fut établie[41],

---

[37] Cf. F. MATHOREL, «Les Régions apostoliques françaises», 284.

[38] Cf. H. HOLSTEIN, «L'actualité religieuse. Les nouvelles régions», 107-109.

[39] Dans ce premier projet, neuf régions étaient prévues: (1) Aix, Avignon, Marseille; (2) Bordeaux, Tours; (3) Cambrai, Reims; (4) Toulouse, Albi, Auch; (5) Bourges, Sens; (6) Besançon, Alsace, Lorraine; (7) Lyon, Chambéry; (8) Rennes, Rouen; (9) Paris.

[40] Dans ce deuxième projet, dix régions étaient prévues: (1) Provence, Côte d'Azur; (2) Bretagne, Pays de Loire; (3) Aquitaine; (4) Paris, Région Centre; (5) Alsace-Lorraine, Champagne; (6) Haute et Basse Normandie; (7) Poitou, Limousin; (8) Midi-Pyrénées, Languedoc; (9) Rhône-Alpes, Auvergne; (10) Bourgogne, Franche-Comté.

[41] Les régions en 1961: (1) Région parisienne, avec 3 diocèses est présidée par l'Archevêque de Paris, le card. M. Feltin; (2) Région Nord, avec 12 diocèses, présidée par l'Archevêque de Rouen, mgr. J.M. Martin; (3) Région Ouest, avec 12 diocèses, présidée par le card. C. Roques, Archevêque de Rennes; (4) région Centre, avec 8 diocèses, présidée par le card. J.C. Lefebvre, Archevêque de Bourges; (5) Région Sud-Ouest, avec 10 diocèses, présidée par le cardinal Richaud, Archevêque de Bordeaux; (6) Région Midi, avec 12 diocèses, présidée par Mgr. G.M. Garrone, Archevêque de Toulouse; (7) Région Provence-Méditerranée, avec 12 diocèses, présidée par Mgr. Ch. de Provenchères, Archevêque d'Aix-en-Provence; (8) Région Centre-Est, avec 10

prenant en compte les facilités de communications comme base de la communion. Chacune des Régions apostoliques étaient présidée par un Archevêque métropolitain, désigné par l'Assemblée des Cardinaux et Archevêques.

Dans les Statuts provisoires de la Conférence Épiscopale de 1964 apparaît nettement une organisation en deux pôles: l'un structurel et hiérarchique constitué de l'ACA et des provinces ecclésiastiques, l'autre organique et collégial, constitué de l'Assemblée Plénière et des Régions apostoliques[42]. Les diocèses étaient donc regroupés sous deux institutions parallèles, l'une répondant à leur rassemblement en circonscription ecclésiastique selon le droit, dont la vocation était plutôt jugée comme administrative et l'autre répondant à leur regroupement pastoral, dont la fonction était d'abord pratique.

Plusieurs difficultés avaient été soulevées dans les Statuts provisoires de 1964. L'une était le manque de coordination collégiale entre tous les éléments institutionnels. On créa alors un Conseil permanent dans les Statuts définitifs de 1966 qui était à la fois l'organe exécutif des décisions de l'Assemblée Plénière et l'organe du suivi de l'action pastorale dans les Régions et où celles-ci seraient représentées par un délégué[43].

Une autre difficulté était le manque de visibilité collégiale à cause de cette bipolarité entre l'Assemblée Plénière d'un côté et l'ACA de l'autre. L'ACA en effet présidait officiellement la Conférence et l'impression générale était qu'elle exerçait encore une tutelle sur les évêques. Cet organisme, en s'intégrant dans la nouvelle structure, subsista formellement sous la forme d'un Conseil des Cardinaux dans les nouveaux Statuts de 1966. Ce Conseil désignait le Président de l'Assemblée Plénière et cette dernière élisait un Vice-président pour l'assister dans le Conseil permanent. La présidence manquait d'unité, plutôt représentative de bloc d'intérêts que vraiment dédiée à la conduite des travaux de la Conférence. Dans ces Statuts de 1966, les cardinaux, qui n'étaient pas tous évêques, pouvaient, à leur gré, participer aux travaux du Conseil permanent. Seule la participation de l'Archevêque de Paris était prévue institutionnellement: il ne s'agissait pas d'un primat d'honneur, ni même proprement d'une représentation spécifique de la Province ecclésiastique de Paris,

---

diocèses, présidée par le cardinal P. Gerlier, Archevêque de Lyon; (9) Région Est, avec 8 diocèses, présidée par Mgr. M.M. Dubois, Archevêque de Besançon; cf. F. MATHOREL, «Les Régions apostoliques françaises», 284-285; la carte des Régions apostoliques, Annexe 1, 448, tabl. 7.

[42] Cf. l'organigramme de l'ACA, 1951-1964, Annexe 1, 446, tabl. 3.

[43] Cf. l'organigramme d'après les Statuts de 1966, Annexe 1, 446, tabl. 4.

mais la prise en compte qu'il était l'évêque de la capitale nationale et donc plus facilement en contact avec les institutions politiques du pays.

Enfin, pour confirmer la vocation collégiale de la nouvelle Conférence de 1966 et le statut organique des Régions apostoliques, les présidences des Régions apostoliques n'étaient plus désignées par l'ACA ou le Conseil des Cardinaux mais élues par les évêques de la Région[44]. Les structures ecclésiastiques provinciales, qui subsistaient comme telles, ne furent pas intégrées dans le schéma organique de 1966, mais continuaient de fonctionner. Toutefois, cette même année 1966, au mois d'octobre, une nouvelle province ecclésiastique avait vu le jour à partir du démembrement des diocèses de Paris et Versailles[45], qui, intégrant le nouveau schéma organique, allait former à elle seule la Région apostolique de Paris, présidée par l'Archevêque métropolitain du lieu. Cependant, le nouveau schéma organique de 1966, en se voulant plus pastoral, perdait en qualité ecclésiologique.

1.1.2 La Conférence Épiscopale et ses niveaux de collaboration

a) La fonction des Régions dans les Statuts de 1966 et 1975

Dans les Statuts de 1966, qui furent approuvés pour une durée de cinq ans, l'organigramme très concentrique, se fondait sur la collégialité et offrait une certaine circularité dont le socle central était le Conseil permanent. Dans ce schéma, les Régions apostoliques jouaient le rôle de correspondants locaux de la Conférence. Elles étaient un niveau structurel, regroupant les diocèses, et un échelon organique entre la Conférence et les diocèses[46]. Elles formaient également la base constitutionnelle des Commissions épiscopales qui devenaient, dans les Statuts de 1966, des «Commissions pastorales».

L'Assemblée Plénière comme organe législatif, comprenant tous les évêques et ceux équiparés, était «l'expression de l'activité collective de l'Épiscopat de France» et le pivot institutionnel de la Conférence[47]. Son organe exécutif était le Conseil permanent dont la masse représentative très importante était gage d'efficacité. Il était composé de vingt-six membres, comprenant le président de la Conférence[48] et les deux vice-

---

[44] Statuts CEF/1966, art. 28-29.

[45] PAUL VI, const. ap. *Qui volente Deo*, 9 oct. 1966.

[46] Cf. J.J. WEBER, «Où en est l'organisation de l'Église», 13.

[47] Cf. L. DE VAUCELLES, «Structure générale de l'Église», 426, qui cite comme ici reporté, l'art. 1 des Statuts CEF/1966.

[48] Le Conseil des Cardinaux préside officiellement la Conférence mais n'en assure pas la direction, à laquelle il délègue le président qu'il désigne. Le Conseil des Cardinaux assure un arbitrage des débats en Assemblée. Les Cardinaux, comme évêques,

présidents, le Secrétaire général de l'Épiscopat[49], les présidents des neuf Régions apostoliques et ceux des treize Commissions pastorales[50]. Dans cette organisation, les Régions apostoliques étaient comme un premier échelon de la collaboration épiscopale vers une participation collective. Elles étaient représentées autour du Conseil permanent dont la mission principale était le suivi de l'action pastorale. Dans les Régions se regroupaient divers services locaux, utiles à l'action pastorale commune locale[51], qui étaient structurellement en cheville avec les Commissions nationales. Celles-ci étaient de véritables lieux de réflexion de l'action pastorale et de son élaboration. L'efficacité recherchée venait ainsi de la centralisation des actions pastorales opérée par les Commissions, dont la composition était territoriale, avec les Comités qui leur étaient associés et dont la composition des membres évêques était plutôt spécialisée[52]. C'est dans ces deux types d'organismes que se vivaient l'exercice des responsabilités et le contrôle de l'ensemble des secteurs pastoraux par les évêques, aussi bien au plan national que dans les ensembles régionaux.

Une volonté manifeste de vouloir intégrer une représentativité épiscopale territoriale donnait tout de même aux Statuts de 1966 un caractère plus ou moins synodal-collégial, prenant en compte la fonction pastorale des évêques, sans les éloigner d'un repérage local. Cependant, une caractéristique de ces Statuts 1966 était leur extrême lourdeur[53], notamment dans la composition des différents organismes qui les soumettait aux luttes d'influence. Les Régions, en élisant leurs représentants, formaient des blocs d'intérêts régionaux qui amoindrissaient l'efficacité des organismes centraux. Au bout de cinq années d'expérimentation, on en-

---

peuvent participer aux Commissions et peuvent également prendre part au Conseil permanent sans avoir de délégation précise; cf. art. 2 §1 et 3, Statuts CEF/1966. Voir J.J. WEBER, «Où en est l'organisation de l'Église», 8.

[49] Le vice-président et le secrétaire général sont élus par l'Assemblée Plénière. Il y aura un vice-président dans les Statuts CEF/1966, fonction qui est doublée en 1973.

[50] Le Conseil permanent est doté d'un bureau avec cinq membres, qui expédie les affaires courantes et, en pratique sera l'organe le plus souvent consulté.

[51] Comme les séminaires, la formation permanente du clergé, l'Enseignement Catholique, les aumônerie de lycées; cf. L. DE VAUCELLES, «Structure générale de l'Église», 427.

[52] Les présidents des Commissions sont élus par l'Assemblée Plénière (Statuts CEF/1966, art. 22-27) et siègent au Conseil permanent, mais pas les présidents des Comités, élus par les membres de ceux-ci (Règlement CEF/1966, art. 31-35).

[53] Cf. L. DE VAUCELLES, «Structure générale de l'Église», 428-429: l'A. présente dans ces pages un schéma de l'organisation de 1966 qui a inspiré le tabl. 4 de l'Annexe 1, 446.

visagea des réaménagements institutionnels, en 1973 puis en 1974, afin de trouver une nouvelle organisation statutaire[54]. On cherchait à mieux définir l'efficacité des Régions apostoliques pour en faire des échelons en rapport avec les intérêts généraux de la Conférence plutôt que des niveaux intermédiaires développant leur propres intérêts particuliers[55].

Pour développer cet aspect collectif du niveau épiscopal, les Statuts de 1975 ont voulu d'abord valoriser les compétences des membres évêques avant leurs représentations territoriales et même leur mission canonique. Pour acter cette nouvelle définition dans les collaborations, où la dimension personnelle du ministère épiscopale se mettait au service de la dimension collégiale, la Conférence Épiscopale Française est devenue la Conférence des Évêques de France, conservant ainsi son sigle (CEF). La Conférence nationale est un niveau technique épiscopal, qui qualifie son travail au niveau des aptitudes personnelles de ses membres, pour les mettre au service des organes pastoraux communs[56]. Les évêques forment un «tout» ministériel, à qui revient le soin pastoral de l'Église en France. En conséquence, sous l'effet d'une centralisation, la Conférence a renforcé son niveau exécutif.

L'organigramme de 1975 était désormais unipolaire, plus pyramidal et très stratifié[57]. L'Assemblée Plénière est encore le pivot central et le Conseil permanent, qui est le socle de l'organisation s'appuie désormais sur elle. Le Conseil permanent, comme agent exécutif, anime l'ensemble de la structure au niveau national, tandis que le bureau de l'assemblée régionale des évêques le fait dans les niveaux intermédiaires. Les Régions sont comme des éléments décentralisés nécessaires, mais toujours en dépendance de l'Assemblée Plénière. L'élément organique entre les

---

[54] Cf. L. DE VAUCELLES, «La réforme constitutionnelle de la Conférence», 594-595, présente le schéma provisoire voté en 1973, amélioré en 1974 et qui formera l'organigramme des Statuts de 1975. Les Régions disparaissent formellement du repérage structurel et semblent survivre dans les seules Commissions épiscopales.

[55] Les Statuts, votés en Assemblée Plénière le 20 octobre 1975, sont approuvés par la Sacrée Congrégation pour les Évêques le 29 novembre 1975. Le règlement intérieur est voté par l'Assemblée Plénière de l'Épiscopat le 29 octobre 1975, cf. «Statuts et règlement de la Conférence des Évêques de France» [Statuts CEF/1975]. Le cardinal J.M. Lustiger, Archevêque de Paris et à ce titre membre de droit du conseil permanent de la CEF, évoque lors de la consultation avant l'assemblée Plénière d'automne 2001, la conception jacobine (centralisatrice) des Statuts de 1975; cf. CNAEF «Les nouvelles provinces», 7.

[56] Dans les Statuts CEF/1975, la présidence de l'Assemblée n'est plus désignée mais élue par elle. Le Conseil des Cardinaux, ceux résidants en France, n'est plus qu'un organe d'arbitrage et de surveillance de l'application des Statuts et du Règlement.

[57] Cf. l'organigramme d'après les Statuts de 1975; Annexe 1, 447, tabl. 5.

deux instances d'animation, le cœur qui impulse les dynamiques pastorales, ce sont les Commissions épiscopales.

Les Régions apostoliques étaient des échelons structurels et organiques de la Conférence auprès des diocèses[58]. Comme instances intermédiaires, elles n'avaient pas d'autre autorité que celle d'être des démembrements de la Conférence[59]. Elles jouaient un rôle surtout de concertation locale pour la promotion de l'action pastorale collective. La régionalisation restait une base pour les rencontres d'évêques et pour animer pastoralement les territoires. Leur assise locale correspondait au désir de «discerner et prendre en charge les problèmes d'ensemble», dans une approche où ressortait le caractère collégial «d'assumer en région les responsabilités pastorales communes»[60].

En soi, les Régions étaient plutôt définies de manière assez large par les Statuts de 1975. On voulait en faire un «lieu» ecclésiologique de communion, qui intégrait divers aspects retrouvés de la collégialité. C'était «un lieu d'exercice de la coresponsabilité entre évêques, prêtres, diacres, religieux»[61]. Si l'assemblée régionale restait, comme démembrement de la Conférence, «le lieu habituel» fondamental de la collaboration épiscopale[62], elle était surtout un espace pastoral de communion qui s'élargissait régulièrement, mais différemment selon les Régions, en assemblées

---

[58] Statuts CEF/1975, art. 36 §2: «[La région apostolique] constitue une structure intermédiaire entre le diocèse et la conférence épiscopale et permet la concertation nécessaire: 1) pour assumer en région les responsabilité pastorales communes; 2) pour discerner et prendre en charge les problèmes d'ensemble d'une région; 3) pour prévoir l'application dans la région des décisions de la conférence épiscopale; 4) pour dégager les questions qui devraient faire l'objet d'une concertation nationale»; cf. P. VALDRINI, «La réforme des provinces», 267-269.

[59] Les régions sont organisées de manière collégiale. Leur gouvernement est assuré par une «Assemblée générale des évêques» qui établit son propre règlement intérieur dans le cadre des Statuts de la Conférence Épiscopale; cf. Règlement CEF/1975, art. 31, voir *infra*, chap. IV, nt. 172. La présidence est élue pour 3 ans et «tourne» entre les évêques de la Région apostolique; cf. Statuts CEF/1975, art. 37 §1. Outre les imprécisions dans le vocabulaire juridique, il faut noter le manque de stabilité de la présidence, cf. P. VALDRINI, «La réforme des provinces ecclésiastiques», 269-271.

[60] Statuts CEF/1966, art. 36 §2, voir *supra*, nt. 58.

[61] Cf. Statuts CEF/1975, art. 36 §1: «la région apostolique est le lieu habituel de la collaboration entre évêques. Elle est aussi un lieu d'exercice de la coresponsabilité entre évêques, prêtres, diacres et religieux. Il est donc normal que les vicaires généraux ou épiscopaux, des prêtres délégués de conseils presbytéraux, des diacres, des responsables de questions pastorales précises, le ou les délégués des supérieurs religieux participent à certains travaux des assemblées épiscopales régionales. Des religieuses et des laïcs peuvent également y être invités».

[62] Cf. M. VIDAL, «La réception des documents conciliaires», 158-159.

Évêques-Prêtres[63]. Cette approche synodale incluait aussi la possibilité d'une participation aux travaux en assemblée régionale, de membres invités en raison de leur office ou d'un statut particulier ès-qualité[64]. L'assemblée régionale semblait n'être qu'un lieu partiel d'une collégialité globale, un concept juridique de résonnance institutionnelle, sans pouvoir local, étant dépourvu de réelle capacité canonique[65]. Les assemblées régionales d'évêques n'avaient qu'une autonomie relative et vivaient dans une dépendance structurelle. Chacune devait établir son propre règlement intérieur, qui étaient différents d'une Région à l'autre, mais toujours en conformité avec les Statuts de la Conférence[66]. Il n'existait donc pas un modèle unique de Région apostolique et cette diversité ne devait pas être une gêne, puisque le Conseil permanent et les Commissions assuraient la centralité des moyens pour une efficacité institutionnelle.

Ainsi, parmi les modifications mises en place par les Statuts de 1975, la plus significative était celle d'une nouvelle représentation au sein du Conseil permanent, qui manifestait un changement dans le suivi de l'action pastorale. Les évêques n'étaient plus élus par les Régions pour venir siéger au Conseil permanent, mais élus et donc appelés personnellement par l'Assemblée Plénière elle-même. Ils en étaient cependant encore issus, chaque Région ayant la possibilité de proposer une liste de noms, parmi lesquels l'Assemblée devait choisir. Les évêques siégeant au Conseil permanent ne sont plus alors des délégués de leur assemblée régionale, mais sont choisis (presque cooptés) pour leur compétence. Le suivi de l'action pastorale semblait devoir obéir à une certaine règle d'objectivité, mais toutefois, et c'était presque une concession, les Statuts de 1975 précisaient que les évêques élus au Conseil permanent «n'en assurent pas moins le lien entre leur Régions et le Conseil permanent»[67].

---

[63] Cf. Statuts CEF/1975, art. 4: il existait au sein de la CEF une Équipe nationale Évêques-Prêtres, dont les membres peuvent être invités à l'Assemblée Plénière selon les sujets abordés. De manière similaire, dans de nombreuses régions, des équipes régionales existent qui participent aussi aux Assemblées régionales. Voir. F. MATHOREL, «La Région apostolique», 289.

[64] Cf. P. VALDRINI, «La réforme des provinces», 266, avec la nt. 4.

[65] Cf. F. MATHOREL, «Les Régions apostoliques», 288.

[66] Cf. Règlement CEF/1975, art. 31; voir, *infra*, chap. IV, nt. 172.

[67] Statuts CEF/1975, art. 23 §1: «Le conseil permanent comprend: Le Président et le Vice-président de la Conférence épiscopale; neuf évêques élus par l'Assemblée Plénière: un par Région sur présentation de trois candidats par chacune des Régions; ces évêques sont élus en raison de leur compétence et non au titre des délégués de Régions: ils n'en assurent pas moins un lien entre leur Région et le Conseil permanent; L'Archevêque de Paris; un cardinal élu par ses pairs, si leur Conseil n'est pas déjà représenté. Le mandat des membres du Conseil permanent étant prioritaire, il exclut toute autre

Pour mieux s'assurer que cet effet collectif puisse pénétrer tout le tissu ecclésial français jusqu'aux diocèses, les Commissions, qui étaient des instruments de réflexion et de concertations dans les précédents Statuts, sont devenues des instruments de l'action pastorale commune. Elles étaient ainsi pourvues de toute l'autorité de la Conférence Épiscopale pour agir dans les territoires, dans le respect, en principe, des juridictions épiscopales.

Avec les nouveaux Statuts de 1975, les Commissions pastorales redeviennent à nouveau des «Commissions épiscopales», comme elles existaient entre 1961 et 1966, afin de mieux marquer le niveau décisionnel et l'autorité des orientations. Elles voulaient être réellement des instances de communion organique[68]. Les présidents des Commissions sont élus par l'Assemblée Plénière et disposent de toute l'autorité de la Conférence pour la mise en œuvre des orientations décidées[69]. Les Commissions étaient statutairement des «organismes» qui conditionnaient aussi les échanges en Régions apostoliques. Ces organismes n'émanaient pas de la Région elle-même mais venaient en quelque sorte la structurer à l'intérieur. Les assemblées régionales devaient élire un évêque, délégué par la Région dans chaque Commission[70]. Localement, chaque Commission disposait d'unités décentralisées, auxquelles s'ajoutaient les commissions locales que les régions mettaient elles-mêmes en place[71]. Les Com-

---

fonction confiée par la Conférence Épiscopale». L'art. 23 §2 y ajoute la présence du Secrétaire du Conseil permanent et le secrétaire général de l'Épiscopat. L'art. 24 §2 précise que tous les présidents des Commissions sont convoqués une fois par trimestre avec le Conseil permanent, ainsi que ceux des Comités concernés quand l'ordre du Jour le nécessite.

[68] Statuts CEF/1975, art. 29 §1: «Une Commission épiscopale est un organisme qui permet à la Conférence épiscopale d'exercer collectivement sa responsabilité pastorale dans un domaine déterminé».

[69] Statuts CEF/1975, art. 28 §2: «La Commission par l'intermédiaire de son président est responsable devant l'Assemblée et doit lui rendre compte de son travail et des orientations majeures qu'elle a l'intention de prendre. Il lui revient d'orienter et d'aider l'action pastorale commune dans les domaines qui relèvent de sa compétence». Art. 30 §2: «Dans le respect de la juridiction de chaque évêque et dans les limites tracées par les orientations et directives de l'Assemblée Plénière, le président de la Commission est investi d'une autorité qu'il exerce en accord avec les membres de la Commission». Cf. également Statuts CEF/1975, art. 5.

[70] Statuts CEF/1975, art. 31: «Chaque Région apostolique doit être représentée dans chacune des Commissions par un évêque ou, en cas de nécessité, par un vicaire général ou épiscopal qui, normalement, participera à l'Assemblée des évêques de la Région». Sur l'élection des évêques en Commission par les Région, voir Statuts CEF/1975, art. 37 §1.

[71] Cf. F. MATHOREL, «Les Régions apostoliques françaises», 290.

missions épiscopales animaient ainsi le territoire national avec des compétences assez larges en matière d'application des orientations, et avec un seul objectif, manifester l'effet collectif pour favoriser l'action pastorale[72].

Les Régions apostoliques étaient ainsi principalement des niveaux techniques de discussion dans l'application des orientations définies en Commissions, des lieux de concertation pour leur mise en œuvre locale, mais n'étaient nullement des organes de gouvernement qui auraient pu avoir la capacité de produire un droit particulier pour un regroupement de diocèses[73]. Ce qui ne leur enlevait pas la possibilité de prendre des décisions locales communes, qui s'inspiraient souvent des directives ou des orientations, et que les évêques étaient libres de mettre en place[74], en théorie, mais que les Commissions contrôlaient dans les faits.

Les Églises particulières s'effaçaient ainsi derrière cette mécanique organique de l'action pastorale qui forçait la synodalité au niveau épiscopal sans avoir un effet d'entraînement ecclésial local. Le Saint-Siège avait pris acte de cette organisation nationale, sans toutefois jamais la confirmer dans un sens canonique institutionnel. De son point de vue, seuls subsistaient les regroupements provinciaux comme circonscriptions ecclésiastiques de diocèses[75]. Dès lors, une double structuration existait en France qui rassemblait les diocèses dans deux institutions sans lien réel: la province ecclésiastique au profil canonique défini, érigée canoniquement par l'autorité Suprême et la Région apostolique, reconnue comme une organisation pastorale par le Saint-Siège mais non proprement érigée[76], présentées seulement comme un démembrement de la Conférence Épiscopale et organiquement structurée en dépendance de celle-ci. Dans cette logique, le but était de développer une sorte de «conscience» collégiale de l'Épiscopat.

Un espoir de voir consacrer le modèle d'organisation «à la française», c'était fait jour au moment de la parution du nouveau Code, en 1983. Le can. 434 proposait en effet une nouvelle figure canonique pastorale sous la dénomination de «Région ecclésiastique», prévue comme un «regroupement de provinces ecclésiastiques». Il apparaissait alors clairement dans la pensée des codificateurs que la province faisait partie des élé-

---

[72] Règlement CEF/1975, art. 27.

[73] Cf. P. VALDRINI, «La synodalité dans l'Église. L'expérience», 11-12.

[74] Cf. F. MATHOREL, «Les Régions apostoliques françaises», 288.

[75] Cf. P. VALDRINI, «La réforme des provinces», 267, nt. 11.

[76] Dans l'*Annuario pontificio*, de 1961 à 2004, les Régions apostoliques n'ont jamais été mentionnées, même comme circonscription ecclésiastique.

ments graduels constitutifs obligatoires de l'organisation hiérarchique de l'Église, comme les diocèses et les Conférences Épiscopales. La Région ecclésiastique ne formait qu'un degré supplémentaire ou intermédiaire qui, selon une finalité d'«opportunité» pastorale pouvait organiser une meilleure concertation épiscopale dans des zones plus vastes[77]. Elle n'était pas prévue pour être un élément organique de la structure d'une Conférence Épiscopale, comme on le voulait pour les Régions apostoliques, qui n'étaient finalement que des régions pastorales[78].

b) Les Régions apostoliques et les provinces ecclésiastiques

Jusqu'à leur disparition en 2004, les Régions apostoliques ont coexisté avec les provinces ecclésiastiques[79]. En pratique, les provinces ne fonctionnaient plus réellement comme le prévoyait le droit, tant dans la norme de 1917, que dans celle promulguée à partir de 1983[80]. Les Régions apostoliques s'organisaient chacune par des règlements intérieurs différents, mais toujours en rapport avec les Statuts de la Conférence[81], pour former des niveaux de concertation entre les évêques avant les Assemblées Plénières, affirmant parfois leur originalité règlementaire quant à leur façon de travailler et d'intégrer la participation des fidèles[82].

---

[77] Cf. J.I. ARRIETA, «Instrumentos supradiocesanos», 642: «[La Región] es una figura de índole pastoral, en la que – salvo que otra cosa se establezca de modo expreso –, la unificación de los criterios entre los Obispos no procederá de especiales exigencias del derecho positivo, ni de la fuerza jurídica del ordenamiento canónico, sino de la concordia y la armonía de los Obispos diocesanos que a la Región pertenecen».

[78] Cf. C.R. REDAELLI, «Le regioni ecclesiastiche», 403-433. Voir *Comm.* 14 (1982) 54.

[79] Les Régions apostoliques ont été créées pour des raisons pastorales, mais n'ont jamais affecté, au plan canonique, les circonscriptions ecclésiastiques; cf. J. PÉLISSIER «Nouvelle organisation pastoral de la France», 1542.

[80] Elles se réunissaient certaines fois, notamment pour fournir les listes des candidats possibles à l'épiscopat, comme le prévoit le can. 377 §2, CIC/1983.

[81] Cf. Règlement CEF/1975, art. 31; voir *infra*, chap. IV, nt. 172.

[82] Cf. F. MATHOREL, «La Région apostolique», 297-302. L'A. fait un point sur le travail en Région à partir des compte-rendus auxquels il a eu accès, qui montrent des spécificités autour de trois critères: les «réalités régionales» qui commandent une plus ou moins grande coordination au niveau du ministère épiscopal; les «tâches régionales», qui peuvent commander la création d'institutions communes, des propositions de formation ou encore la mise en place de commissions d'intérêts communs; enfin, les «modalités du travail régional», où les Régions présentent des caractères communs pour les décisions et nominations qui concernent certain service à leur niveau intermédiaire entre les diocèses et la Conférence, mais se différencient déjà quand aux priorités pastorales qui ne sont pas toujours en lien avec celles de la Conférence Épiscopale.

Ces Régions apostoliques, qui étaient le signe d'une certaine autonomie de l'Épiscopat français vis-à-vis de Rome, étaient trop impliquées au niveau national comme un mécanisme organique de la Conférence pour être de réelles instances de communion supra-locales. Elles avaient surtout pour objectif de renforcer un pouvoir collectif et centralisé des évêques[83]. Elles avaient été imaginées pour éviter un effet de centralisation que les Commissions ont, en fait, accentué. Les Régions, en s'intégrant comme un échelon statutaire de collaboration épiscopale, n'étaient pas finalement les organismes de coresponsabilités qu'on avait souhaités pour vivre la collégialité localement, au contraire des provinces[84]. Les Commissions, par leur verticalité de spécialisation pastorale, n'offraient pas toujours les possibilités d'une concertation horizontale entre tous les évêques. D'autre part, ces Régions étaient très grandes, et impliquaient en fait des zones pastorales parfois animées de questions très diverses.

De nombreuses Régions avaient ainsi pris l'habitude de se scinder en différentes «sous-régions» pour faciliter la proximité des relations et la concertation entre les évêques, ce qui avait eu pour effet de disloquer l'influence des Commissions épiscopales sur certains territoires. Les sous-régions étaient des *cœtus* épiscopaux, parfois identiques à des provinces ecclésiastiques, et se caractérisaient surtout par des habitudes de coopération entre évêques voisins. Comme le souligne F. Mathorel, la sous-région n'était «sans doute pas une structure» mais pouvait bien être considérée comme un «cadre»[85]. Au final, les Régions apostoliques continuaient d'exister statutairement comme des formes décentralisées de la Conférence, mais seules les Commissions en Région maintenaient la fiction de leur fonctionnement. C'était donc l'ensemble des réseaux de concertations de proximité qu'il fallait réévaluer pour «coller» à la réalité et

---

[83] Cf. J. SUTTER, «Analyse ornigrammatique», 144-148

[84] J.I. ARRIETA, «Le conferenze episcopali regionali»: «Non pare invece che una tale sostituzione avvenuta nella prassi (quella delle province ecclesiastiche con le regioni apostoliche) possa essere valutata come manifestazioni di decentramento. Volendo rimpiazzare le province ecclesiastiche, istituti di per sé autonomi e dipendenti soltanto dalle istanze centrali della Chiesa, con questo modello di "regione apostolica" – che non sono altro che organizzazioni della stessa Conferenza Episcopale nazionale –, anziché un decentramento, viene raggiunto un maggiore accentramento del potere nell'ambito della conferenza episcopale nazionale: le province, infatti, sono quanto meno istituti autonomi rispetto alle conferenze episcopali nazionale. Comunque sia, vale anche per il modello francese quanto si è detto prima sul mantenimento delle funzioni dell'arcivescovo metropolitano e, in linea di principio, vanno anche mantenute le competenze che per l'ambito provinciale l'ordinamento canonico affida al *cœtus* episcoporum provinciale».

[85] Cf. F. MATHOREL, «La Région apostolique», 291.

rendre cohérent le lien entre Collégialité et action pastorale commune. Elles ne pouvaient remplacer les provinces ecclésiastiques mieux configurées juridiquement, qui continuaient d'exister comme des circonscriptions dans l'organisation ecclésiastique de l'Église[86].

Des rééquilibrages semblaient donc nécessaires. Les Statuts de la CEF ne se référaient qu'aux textes conciliaires[87] et n'avaient fait l'objet que d'adaptations, mais pas d'une mise à jour depuis la parution du nouveau Code de 1983. Aussi en 1994, on décida de réformer le fonctionnement des Commissions de la Conférence en les détachant complètement d'un repérage régional[88]. L'organigramme fut modifié afin d'arriver à une «moindre dispersion pour les évêques, les tâches étant mieux définies et mieux réparties»[89].

Dès lors, les évêques qui travaillaient en Commissions n'étaient plus choisis par les Régions mais par l'Assemblée plénière, en fonction de leur compétence, non de leur assise locale[90]. Il paraissait alors difficile de maintenir un lien Commission-Région, car il était trop artificiel et ne correspondait qu'à un découpage technique, et non vraiment à un repérage ecclésial: les responsabilités étaient ainsi rendues plus floues et les niveaux se superposaient sans jamais s'interpénétrer à cause d'une manière trop catégorielle de traiter les problèmes pastoraux[91].

La réforme structurelle de 1994 avait pour but de recentrer localement les concertations et les forces d'impulsion sur le ministère épiscopal en réduisant l'influence des Commissions et leur nombre[92]. Les Régions vont alors réellement prendre dans l'organigramme la place que les Statuts de 1975 leur avait dédiée comme échelon local de la Conférence auprès des diocèses. Les Régions n'étaient plus formellement représentées dans les structures de la CEF qu'au seul niveau exécutif du Conseil permanent où était assuré le suivi de l'action pastorale entre deux As-

---

[86] Cf. J.I. ARRIETA, «Conferenze episcopali regionali», 111.

[87] Cf. notamment *CD* 38, 4

[88] Mgr. J. Duval, (président de la CEF, 1990-1996), proposa avec le Conseil permanent un document de travail de sept propositions pratiques afin d'améliorer la composition des commissions et comités, approuvé par l'Assemblée Plénière: il visait à aider les évêques à «mieux exercer leur mission de gouvernement (discernement, orientations, impulsions, éventuellement propositions de simplification, de suppression ou de création de structures)», cf. CNAEF, «Réformes des structures», dossier E. 2, «La Plenaria», n. 6.

[89] Disc. de clôture, Assemblée Plénière CEF, 1994, *DocCath* 91 (1994) 1064.

[90] L'art 37 §1 des Statuts CEF/1975 est modifié et supprime le dernier point «et détermine la répartition de ses membres dans les Commissions ou Comités».

[91] Cf. l'organigramme de 1994; Annexe 1, 447, tabl. 6.

[92] Il reste dix Commissions, mais encore une vingtaine de Comités.

semblées Plénières. Cependant, c'était toujours l'Assemblée Plénière qui élisait les évêques, issus des Régions, les renouvelant par tiers tous les trois ans. Le Conseil ne comportait plus alors que douze membres sur les vingt-six prévus par les Statuts de 1975[93]. Les présidents des Commissions étaient invités au Conseil permanent, selon l'ordre du jour. La volonté était d'améliorer le fonctionnement, pour rendre plus évidents les niveaux de l'exercice collégial de l'autorité épiscopale, et ramener les Commissions au plus près de l'Assemblée Plénière pour en faire à nouveau des instruments de réflexion et non plus simplement des moyens de l'action pastorale.

Malgré ces changements fonctionnels, l'Épiscopat français ne semblait pas satisfait, car les niveaux régionaux manquaient encore et toujours d'autonomie. Les Régions apostoliques étaient des démembrements de la Conférence, des niveaux décentralisés mais pas indépendants. Réformer les Statuts de la CEF était aussi l'occasion de s'interroger sur la pratique institutionnelle de la Collégialité et la mettre en conformité avec un schéma organisationnel plus en accord avec l'ecclésiologie de communion. Le droit suit la vie. On s'interrogeait maintenant pour savoir si, entre les diocèses et l'Assemblée Plénière, les regroupements régionaux étaient vraiment les instances intermédiaires qui convenaient, dans l'esprit du concile Vatican II. Il fallait penser à les refonder institutionnellement et géographiquement.

Les Régions apostoliques apparaissaient en effet trop vastes pour vraiment disposer d'une efficacité collaborative, et elles manquaient de légitimité canonique pour être vraiment représentatives. On envisageait alors, pour les remplacer, de constituer des régions ecclésiastiques, selon le modèle présenté par le Code. La région ecclésiastique serait organisée par la Conférence Épiscopale et constituée à sa demande par le Siège Apostolique. Cette région ecclésiastique pouvait, au besoin, recevoir la personnalité juridique[94]. Cependant, les régions ecclésiastiques ne résolvaient pas le problème en soi, qui était de savoir si les territoires ecclésiastiques de coopération ecclésiale, tels qu'ils existaient alors, étaient encore suffisamment pertinents pour faciliter sinon favoriser les relations mutuelles entre évêques.

Selon le droit, les régions ecclésiastiques sont conçues à partir d'un regroupement de provinces ecclésiastiques, assemblant ainsi différents réseaux d'Églises proches. La province est un échelon obligatoire, constitué par le Siège Apostolique comme une personne juridique publique

---

[93] Statuts/1975, modifiés en 1994, *DocCath* 91 (1994) 1062.
[94] Cf. CIC/1983, can. 433 §§1-2.

dans l'Église, rassemblant les diocèses dans une forme locale de la communion hiérarchique autour d'un siège métropolitain[95]. Pour le canoniste français B. Franck, qui commente en 1983 la parution du nouveau Code, «il ne fait aucun doute que provinces, régions et nations sont les relais normaux et habituels d'insertion graduée et progressive dans la communion ecclésiale»[96]. Pour constituer des régions ecclésiastiques et en faire un lieu pertinent pour la Conférence, il fallait donc commencer par évaluer leur base, les provinces ecclésiastiques. Celles-ci sont des circonscriptions ecclésiastiques non moins que des lieux ecclésiologiques incontournables qu'il fallait prendre en compte avec leur signification dans l'organisation pastorale. D'un point de vue méthodologique, il était donc nécessaire, avant de réformer les Statuts de la CEF, de se pencher sur l'organisation de ces provinces[97]. L'esprit dans lequel, cependant, on envisageait de progresser pour cette refonte territoriale structurelle n'était pas différent de celui qui avait fondé les Statuts de 1975. On imaginait toujours un système collégial centralisé, collectif, où des provinces, peut-être associées en régions ecclésiastiques, remplaceraient les Régions apostoliques comme lieux de concertation et d'application des orientations, mais toujours en dépendance de la Conférence.

1.2 *La réflexion sur le territoire des collaborations épiscopales*

1.2.1 Rénover les bases structurelles de la Conférence Épiscopale

Sous la présidence de Mgr L.M. Billé (1996-2001), la CEF engagea un nouveau processus afin d'«éviter les rigidités et les dysfonctionnements» qui étaient apparus lors de la mise place des réformes des Commissions en 1994. On pensait déjà à supprimer les Régions apostoliques et à revenir à un fonctionnement en province ecclésiastique. Un rapport du Conseil permanent du 21 août 1998[98], revint sur ce thème avec des

---

[95] J.I. ARRIETA, «Governance Structures», 264: «Number 40 of the Decree Christus Dominus, adopted by the can. 431 CIC, has again sanctioned this [provincial] union of neighboring dioceses to promote a common pastoral activity and facilitate the relationships between the diocesan bishops, through which the hierarchical communion of the members of the College is strengthened. In this way the ecclesiastical province is also an instrument of the collegiality existing among the bishops».

[96] B. FRANCK, «La Conférence épiscopale et les autres institutions», 98.

[97] Cf. Ph. TOXE, «Les nouveaux Statuts», 262.

[98] Cf. CNAEF, «Réforme des structures», en annexe du dossier E 2. Dans ce rapport, Mgr. J. David, vice-président de la CEF, évoque un travail produit par E. Abbal à partir de son mémoire de licence canonique (déposé à l'ICP, bibliothèque de droit canonique, 4 MF 97, 58) et repousse l'idée d'une réforme de la circonscription des diocèses fran-

propositions concrètes pour un meilleur repérage territorial. Avec ce rapport fut rédigé une note à l'attention des évêques, qui évoquait le rôle qui pourrait être confié aux provinces ecclésiastiques comme pôles structurels de la Conférence Épiscopale[99]. Cependant, pour la plupart des évêques, la Conférence devait d'abord sortir d'une logique de fonctionnement afin que la collégialité soit vécue plus en Assemblée qu'en Commission et mieux assurer le travail épiscopal de vigilance sur les grands secteurs de la vie ecclésiale.

Finalement, à la suite des directives de l'exhortation apostolique *Apostolos suos*[100], on profita des nécessaires mises à jour des Statuts de la Conférence Épiscopale pour demander aux assemblées régionales si elles souhaitaient modifier également leur repérage territorial. La plupart des réponses furent positives et voulaient que cela puisse aller dans le sens d'une meilleure collaboration avec les institutions administratives civiles[101]. Une proposition fut ainsi jointe aux révisions statutaires, qui ne se voulait pas être une refonte mais une adaptation du schéma régional des statuts de la CEF[102]. Elle fut soumise au Saint-Siège pour la *recognitio*[103], avec le principe d'une Région apostolique pour une région administrative. La réponse de la Congrégation pour les Évêques fut «*negative*»[104], car ce schéma faisait trop de place à une géographie administrative et ne tenait pas suffisamment compte des traditions ecclésiales de collaboration pastorale. À cette occasion toutefois, Rome souligna l'intérêt des propositions de réaménagement, notamment sur une redéfinition territoriale du travail épiscopal, et incita la Conférence à renouveler vraiment son organisation, ce qui signifiait qu'il fallait progresser vers l'élabora-

---

çais, même si «dans beaucoup de lieux, l'évêque n'est plus en mesure d'assurer le *munus regendi*». Il propose dans la perspective de la restructuration de la CEF que chaque province ait un secrétaire-évêque qui soit élu, et que le Conseil permanent de la CEF soit composé du métropolitain et d'un évêque élu de la même province, si les provinces correspondent aux actuelles Régions apostoliques, ou bien si on se décide pour des régions ecclésiastiques, du président de celle-ci et d'un évêque élu qui ne soit pas de la même province.

[99] CNAEF, «Nouvelles provinces ecclésiastiques», *Note du Conseil permanent*, 16 septembre 1998: «Tout l'enjeu est de faire apparaître que le choix de travailler effectivement en province serait un moyen adapté pour collaborer régulièrement et dans la proximité, en tenant compte des conditions que va créer la diminution du nombre de prêtres dans les prochaines années».

[100] JEAN-PAUL II, exhort. ap. *Apostolos suos*, 21 mai 1998.

[101] Cf. CNAEF, «Réforme des structures», dossier E. 1.

[102] Les articles 6 et 17 des Statuts CEF/1975 sont modifiés.

[103] Cf. CIC/1983, can. 451.

[104] Cf. NONCIATURE DE PARIS, protocole N. 1. 355/2000 du 11 mai 2000.

tion de nouveaux Statuts. C'est donc formellement comme un premier temps de la restructuration organique de la Conférence des Évêques qu'il faut considérer la redéfinition des cadres provinciaux en France, projetant le travail futur de la Conférence dans une approche plus ecclésiologique des collaborations entre les évêques.

Après la réponse négative de Rome sur le premier projet de réaménagement pastoral, un compte-rendu du Conseil permanent rapporta la volonté d'une partie de l'épiscopat de rechercher quand même à adapter les structures intermédiaires au plus près du cadre régional administratif[105]. Les provinces pourraient remplacer les Régions apostoliques pour s'adapter à ce cadre régional et passer de dix-sept à vingt-deux. La question cependant était celle de leur présence représentative au sein du Conseil permanent, qui devait garder une taille raisonnable pour un travail effectif.

Aussi, en préparation de l'Assemblée Plénière de novembre 2000, une «note canonique» sur les provinces ecclésiastiques et les Régions apostoliques est élaborée par le Comité canonique de la Conférence à l'appui du document de travail[106]. Elle aborde les cann. 431 et 434 ainsi que les missions de l'Archevêque métropolitain dans les cann. 435 et 436 du Code de 1983. Cette note plaide favorablement pour une transformation des Régions apostoliques en régions ecclésiastiques. Tout en soulignant que si on décide de choisir la Province, comme lieu effectif des collaborations épiscopales, cela irait dans le sens d'une disparition des Régions apostoliques, mais pas forcément des raisons pastorales qui pouvaient unir des diocèses entre eux[107].

---

[105] Cf. CNAEF, «Nouvelles provinces ecclésiastiques», c.r. du Conseil permanent des 13-15 juin 2000, point 4: «La division actuelle datant de Napoléon, a créé des unités administratives, dont Pie VII a accepté le découpage pour les diocèses. Aujourd'hui, peut-on reprendre le même critère: aller vers des provinces coïncidant avec les régions administratives soit en les reprenant telles quelles, soit en les regroupant?».

[106] Cf. CNAEF, «Réforme des structures», dossier E. 1. Le Comité canonique approuve ce document dans sa session des 18-20 juin 2001 à Reims. Ce document sera intégré ensuite dans le dossier préparatoire «Nouvelles provinces ecclésiastiques», sous les points 11-1 à 11-3.

[107] Cf. CNAEF, «Réforme des structures», dossier E. 1, 10, «Note canonique», n. 6. Dans la note, au point n. 3, le Comité évoque le critère d'utilité pour fonder des régions ecclésiastiques, mais les place en dépendance de la Conférence Épiscopale, configurées comme des structures intermédiaires, ce qui n'est pas prévu normativement dans leur objet. Il souligne cependant que les régions ecclésiastiques ne sont pas des équivalents en plus vaste des regroupements de diocèses en province, mais des figures canoniques pastorales. Il s'agit, en fait, d'éviter de revenir à un principe d'organisation hiérarchique comme l'ACA, et de maintenir absolument, ce qui semble être la clef de l'indépendance

Dans cette logique, le Comité canonique conclut: «c'est le principe même de la restauration concrète des Provinces qui entraîne la nécessité d'aménager nos institutions»[108].

Le but des nouvelles structures supra-locales serait de favoriser la complémentarité entre les diocèses et de mieux coordonner le ministère épiscopal par une collaboration effective de proximité. Pour le Conseil permanent, «la mission a beaucoup à gagner au développement de la communication et de la communion entre les diocèses»[109], qui profiterait également au travail en Conférence Épiscopale. Mais, selon le même Conseil permanent, la plupart des provinces, héritées d'un schéma concordataire, ne semblent plus correspondre à la réalité des échanges tant économiques qu'ecclésiaux. La délimitation territoriale des futures provinces a forcément une incidence sur la qualité du travail espéré.

Pour certains évêques, faire correspondre les Régions apostoliques aux provinces permettrait aux Archevêques métropolitains d'entretenir de meilleures relations avec les autorités civiles régionales (Préfet de Région, etc.) et pour cela, il fallait se baser sur les régions administratives[110]. D'autres proposaient plutôt que les futures provinces puissent être constituées de plusieurs régions administratives ou, pourquoi pas, se calquer sur la carte des régions académiques[111]. Quoiqu'il en soit, c'étaient les réseaux épiscopaux qu'il fallait reconfigurer sur l'ensemble des territoires ecclésiastiques.

Au cours de cette même Assemblée Plénière de novembre 2000, où les évêques entendent différents rapporteurs issus de la société civile, notamment sur la réforme régionale administrative, les échanges portent sur la visibilité institutionnelle de l'Église et son efficacité[112]. On cherche les avantages à développer des organisations de proximité

---

pour de nombreux évêques, le principe électif dans les régions, comme dans la Conférence Épiscopale.

[108] Cf. CNAEF, «Réforme des structures», dossier E. 1, 11, «note canonique»: la remarque se trouve à la fin de la note.

[109] Cf. CNAEF, «Réforme des structures», dossier E. 2, 3.

[110] Cf. CNAEF, «Réforme des structures», c.r. du Conseil permanent, 13-15 juin 2000, «avis des évêques».

[111] Les régions Académiques sont au nombre de treize sur le territoire métropolitain, la Corse constituant à elle seule une de ces régions. Les territoires et départements d'outre-Mer sont chacun des régions académiques, mais appartenant déjà par leur situation géographique à d'autres Conférences Épiscopales, ils ne sont pas directement concernés. Cf. CNAEF, «Réforme des structures», dossier E 2, 10; 14.

[112] Au cours de cette session, le Conseil permanent propose que les rencontres en Assemblée soient bisannuelles (deux fois quatre jours, plutôt que huit jours d'affilés). Voté lors de l'Assemblée plénière des 4-10 novembre 2003 et mis en œuvre en 2004.

comme les provinces ecclésiastiques et comment elles pourraient s'intégrer structurellement dans la Conférence. C'est surtout le rôle du métropolitain dans la collégialité provinciale qui fait débat. On verrait bien de lui confier le rôle d'impulser la continuité dans les collaborations et d'encourager à la coresponsabilité, en permettant à chaque évêque de jouer un rôle supra-local, ce qui semble plus difficile à réaliser dans les grandes Régions apostoliques, telles qu'elles sont organisées. C'est donc toujours la dimension du territoire pastoral ainsi que la forme canonique des collaborations qui posent difficulté. Au cours de cette Assemblée Plénière, deux questions sont alors passées aux votes[113]:

1. Voulez-vous la création de nouvelles provinces ecclésiastiques dont le territoire correspondrait à une ou deux régions administratives?

placet 74, non placet 12.

2. Dans cette hypothèse, êtes-vous d'accord pour que, si un évêque le souhaite, il puisse solliciter de notre conférence la possibilité de rattacher son diocèse à la province ecclésiastique de son choix?

placet 73, non placet 18.

Par ce vote, l'Assemblée Plénière acte les grandes lignes de son travail pour la redéfinition territoriale des provinces. Sa réflexion tourne autour d'un certain accommodement au découpage civil, aménagé cependant pour répondre au travail pastoral à la fois local et aussi national, avec les Commissions épiscopales. Dans un premier temps, on imagine des territoires provinciaux extrêmement grands, toujours dans l'idée qu'il faudra les représenter au Conseil permanent qui doit garder un nombre de participants raisonnable. Pour formuler une proposition concrète d'un nouveau découpage ecclésiastique, un Groupe de travail est alors mis en place auprès du Conseil permanent en décembre 2000[114]. Ce Groupe élabore un questionnaire, envoyé le 9 janvier 2001 à chaque évêque diocésain, pour lui demander à quelle province ecclésiastique il souhaiterait appartenir et de quel siège métropolitain il voudrait relever[115]. Les réponses s'orientent vers la définition de provinces semblables aux régions administratives[116].

---

[113] CNAEF, «Réforme des structures», dossier E. 2, 6.

[114] Composé de NN. SS. B.N. Aubertin, J.P. Ricard, F. Garnier et l'abbé B. Lagoutte, secrétaire général de la CEF.

[115] Cf. CNAEF, «Réforme des structures», dossier E. 2, 6: un évêque de Bretagne propose et soutien même son propre siège pour être la future métropole.

[116] Les régions administratives sont à l'époque encore au nombre de vingt-deux.

De nouveaux centres métropolitains apparaissent aussi, comme le diocèse exempté de Marseille.

1.2.2 Repenser la forme locale de la concertation épiscopale

a) Sacramentalité et territorialité

La recherche d'un critère objectif pour déterminer le territoire d'un échelon concret de collaboration local entre évêques et son profil technique émergea difficilement. Dans le souci de développer un esprit vraiment collégial, un évêque souligne la nécessité d'une égalité de traitement et que chaque région soit vraiment représentée dans chaque organisme, supposant une compétence interdisciplinaire des évêques dans les repérages territoriaux, ce qui n'est pas toujours évident à réaliser[117]. Autant que possible, on souhaitait préserver le principe électif pour composer une représentation territoriale au niveau des instances nationales[118]. Pour sauvegarder la finalité des Commissions, on parla aussi de mettre en place de vraies régions ecclésiastiques au sens du can. 434 du Code de 1983 avec des sous-ensembles, qui pourraient être les nouvelles provinces[119]. Il pourrait être concevable que le niveau structurel provincial soit une base technique des rencontres entre évêques au cours des sessions de l'Assemblée Plénière. Pour certains évêques, les sous-régions s'étaient avérées efficaces selon les endroits, afin d'éviter notamment tout «centralisme» régional ou national[120].

Au sein de l'Épiscopat, des voix se font entendre pour aller vers une vraie clarification structurelle, qui serait en fait de dissocier les Commissions des circonscriptions ecclésiastiques, régionales ou provinciales, où

---

[117] Voir la réponse de l'évêque de Poitiers au questionnaire du Conseil permanent de la CEF du 9 janvier 2001; cf. CNAEF, «Réforme des structures», dossier E 2, 7-8.

[118] Cf. CNAEF, «Réforme des structures», dossier E. 2, 8: l'évêque de Poitiers exprime que «dans la situation actuelle (…) le problème est que nous avons des habitudes d'archevêchés respectables et que nous avons l'habitude de voter. Or à un moment où les conseils régionaux rentrent dans les mœurs avec des difficultés quant à la participation électorale, nous Église, donnerions l'exemple d'une cessation de vote, puisqu'on élirait plus nos présidents et que l'Archevêque est désigné. On serait en porte-à-faux, au moins quant à l'image de marque avec la société civile. Et cela me paraît dommageable».

[119] Cf. CNAEF, «Réforme des structures», dossier E. 2, 15, proposition d'un évêque.

[120] Cf. CNAEF, «Réforme des structures», dossier E. 2: des évêques évoquent pour les diocèses la possibilité de centraliser certains aspects de leur vie, par soucis d'économie et pour faire face aux évènements futurs, comme la diminution du nombre de prêtres.

doivent se vivre naturellement les collaborations pastorales[121]. Entre mai et novembre 2000, les échanges épistolaires des évêques mettaient en relief surtout cet aspect. En particulier, on évoquait ce qui avait présidé à la création des Régions apostoliques dans les années soixante: permettre une concertation et un travail commun entre évêques de diocèses proches qui soit représenté dans le Conseil permanent. Il importerait de retrouver ce niveau intermédiaire de coopération entre les évêques qui favorise également la communion entre les Églises qu'ils président[122]. Mais on évoquait également ce qui motivait la réforme de la CEF: permettre à tous les évêques d'être en responsabilité effective au niveau national et assurer territorialement l'*episkopé* sur les services nationaux au niveau régional, sans laisser toute la place aux Commissions[123].

Le territoire des circonscriptions ecclésiastiques, dès lors, doit se présenter d'abord comme un élément fédératif, mais pour certains évêques il doit également être significatif, notamment d'un aspect sacramentel en lien avec la mission des évêques et sa dimension collégiale. Sur ce point la province présente des éléments ecclésiologiques qu'il serait intéressant de développer parce qu'ils manifestent déjà la communion et sont mieux configurés juridiquement[124]. L'un des avantages de la province

---

[121] Cf. CNAEF, «Réforme des structures», dossier E 2, en annexe, l'évêque de Coutances et Avranches écrit au Secrétaire général de la CEF: «(…) une remarque plus théologique: il faut distinguer la réforme de nos circonscriptions, qui est une chose et qu'il faudrait réaliser en tenant compte des régions économiques et non de la correspondance Régions-Commissions». L'Archevêque de Tours, préconise également de dissocier les Régions apostoliques et la représentation dans les Commissions et Comités; voir également CNAEF, «Réforme des structures», dossier E 2, 9.

[122] Cf. CNAEF, «Réforme des structures», dossier E. 2, 16. Au cours des échanges, l'évêque de Saint-Dié écrit que «la création des régions apostoliques avait un petit sous-entendu: les provinces ecclésiastiques, telles qu'elles étaient canoniquement et historiquement déterminées en France, étaient obsolètes et qu'il fallait plutôt en recréer l'esprit et la nature, et parfois les droits et les devoirs à un niveau plus large. C'est en partie un des éléments d'intuition de la création des régions apostoliques. La vie a prouvé que sur ce point, l'intuition n'était pas tout à fait objective, lorsque l'on a assisté à des concertations croissantes de diocèses de proximité, à l'intérieur de la région apostolique (…)»; cf. CNAEF, «Les nouvelles provinces ecclésiastiques», 15-16.

[123] Cf. CNAEF, «Réforme des structures», dossier E. 2, 10.

[124] Cf. CNAEF, «Réforme des structures», dossier E. 2, 14. Dans le même dossier, en annexe, l'évêque de Coutances et Avranches écrit au Secrétaire de la CEF: «(…) si l'on restaure les archevêchés, ce que je crois souhaitable, cela prend un sens non pas d'organisation pratique mais d'abord de restauration d'un signe qui entre dans la sacramentalité de l'Église. Être Archevêque, avec le pallium, signifie d'abord une responsabilité dans l'ordre de la communion sacramentelle des évêques et non dans l'ordre de l'efficacité pratique».

est celui d'une stabilité pour une certaine efficacité institutionnelle que ne permet pas l'organisation des Régions apostoliques. La présidence régionale est élue et change tous les trois ans[125]. Ce manque de permanence est préjudiciable à la continuité dans le suivi de la concertation pastorale. Pour certains évêques, la fonction d'un Archevêque métropolitain apparaît plus objective, car moins soumise au *diktat* d'un vote, et ne semble pas en contradiction avec l'idée qu'on peut se faire d'une concertation locale entre les évêques qui soit vraiment une expression de la collégialité pastorale au sens d'une synodalité épiscopale[126].

Les évêques expriment toutefois leur désir que cette nouvelle organisation métropolitaine en province ecclésiastique, ne soit pas l'occasion pour revenir à l'organisation hiérarchique de l'ACA. Les métropolitains n'étant pas élus par leurs pairs mais désignés par le Saint-Siège en un lieu déterminé, il importe de leur trouver une place dans la nouvelle structure qui ne soit pas un niveau de responsabilité entre les évêques et l'Assemblée Plénière. Dans cette perspective, Mgr. David avait déjà proposé dans un rapport de 1998, qu'un secrétaire de province puisse être élu et trouver place dans le Conseil permanent[127]. Quoiqu'il en soit, il semble important aux yeux de tous, de préserver un caractère «collégial» à la collégialité, compris comme la sauvegarde du principe électif[128], afin que l'Assemblée Plénière soit toujours le lieu où «se réalise une participation aussi large que possible des membres de la Conférence aux responsabilités communes de l'Épiscopat en France»[129]. L'institution, souligne un évêque, doit manifester la synodalité épiscopale et non une forme d'«épiscocratie»[130].

Cette question institutionnelle d'une spatialisation de la représentation nationale devait forcément se confronter à celle, immédiatement plus pratique, des divisions géo-administratives du territoire français, notamment avec celles des collectivités territoriales régionales qui recevaient de plus en plus de compétences décentralisées. Le motif de l'ecclésialité commandait une réponse nuancée dans l'application du principe d'accommodement aux territoires civils[131] mais il était impossible de ne pas

---

[125] Cf. F. MATHOREL, «les Régions apostoliques françaises», 294-295.

[126] Cf. CNAEF, «Réforme des structures», dossier E. 2, 20.

[127] Cf. Rapport de Mgr. J. David, déjà cité, *supra*, nt. 98.

[128] Cf. CNAEF, «Réforme des structures», dossier E 2, 8. L'évêque de Poitiers souligne l'«habitude» de voter pour élire les représentants et délégués. Celle-ci présente un caractère plus objectif que la désignation d'un Archevêque métropolitain par Rome.

[129] Statuts CEF/1975, art. 4.

[130] Cf. CNAEF, «Réforme des structures», dossier E. 2, 15.

[131] Cf. Ph. GREINER, «Rapport d'accommodement», 186-191.

s'intéresser aux méthodes dont l'État usait pour concevoir son nouveau schéma régional en France.

b) Raisons pratiques et principe d'accommodement

En effet, de manière concomitante à la réflexion de la CEF, un mouvement similaire existait également pour une refonte des régions administratives civiles, à laquelle les évêques ont été sensibles[132]. La France compte alors vingt-deux régions et cinq départements d'Outre-Mer (DOM). Les deux démarches, civile et ecclésiastique, se rejoignaient dans une même logique «d'aménagement du territoire», avec pour objectif d'intégrer les données sociologiques qui avaient modifié sensiblement les bassins de population et rendaient obsolètes les découpages, hérités tout au moins pour l'Église, des délimitations concordataires du XIXe siècle[133]. Elles se séparaient toutefois dans leur conception organique institutionnelle.

Sur un plan politique, l'État français entendait, dans cette réforme structurelle, acter un nouveau seuil de décentralisation institutionnelle en faveur des régions. Pour les évêques, la recomposition du territoire ecclésiastique supposait une évaluation des institutions centrales de la CEF et de leurs réelles capacités de représentativité[134]. À bien y regarder, les instances pastorales régionales, qui avaient été voulues pour une plus grande participation de l'Épiscopat, n'offraient pas vraiment les ressources associatives canoniques nécessaires pour être des institutions dé-

---

[132] Les régions françaises ont été érigées en collectivités territoriales par les lois de décentralisation de 1982-1983, art. 72 de la Constitution de la République Française, administrées par des Conseils régionaux élus. A côté des collectivités, sur le même territoire, existe une administration régionale dirigée par un préfet de région, héritier du préfet coordonnateur créé en 1964 sur des «circonscriptions d'action régionale», regroupant plusieurs départements, eux-mêmes administrés par des préfets départementaux; leurs attributions seront revalorisées par le décret du 29 avril 2004, peu avant la modification des régions administratives par la loi du 13 août 2004. Leur compétence est étendue par le décret du 16 février 2010. Le préfet de région est le préfet du département dans lequel se situe le chef-lieu de la région.

[133] Cf. F. MATHOREL, «Provinces et autonomie», 101-102.

[134] Cf. J. PALARD, «Les recompositions territoriales», 56-60. L'A. précise (59), que «les nouveaux territoires, ou les usages dont ils sont l'objet, n'ont pas seulement vocation à s'inscrire dans un organigramme des dispositifs d'action; ils tirent leur validité de leur capacité à créer de la mobilisation interne, ou à produire de l'identité, et à contribuer de la sorte à la gestion des effets du changements. Mobilisation et identité ne sont toutefois pas – ou pas seulement – des construits de l'action politico-administrative; elles s'inscrivent aussi en amont des nouveaux formats institutionnels, qu'elles rendent ainsi par avance plus ou moins plausibles et plus ou moins fonctionnels».

centralisées: les Commissions, organismes nationaux centralisés, étaient les seuls vecteurs d'impulsion dans le schéma organique de la Conférence, et les évêques, dans les Régions apostoliques, étaient trop impliqués à travailler pour elles, plus qu'à mettre en œuvre une réelle concertation locale dynamique. D'autre part, la province organise normativement la collégialité supra-locale autour de l'Archevêque métropolitain. On ne pouvait repartir sur un schéma de collégialité qui soit totalement indépendant d'une base ecclésiologique, les diocèses et de leur regroupement selon le droit: il était nécessaire d'intégrer institutionnellement ces repérages territoriaux comme des niveaux graduels incontournables de la Conférence Épiscopale.

Pour approfondir cette question et prendre en compte également la réflexions des pouvoirs publics, les évêques se sont, en particulier, intéressés au rapport de J.L. Guigou, directeur de la DATAR[135], qui présentait quatre «scénarios» ou modèles et proposait la création de six régions administratives, en correspondance avec les six grands Corps d'État[136]. Deux scénarios intéressent principalement les évêques et font discussion avec le rapporteur auprès de la Conférence, L. Loeiz[137]: le premier présentait un «système» qui se caractériserait par un «espace de souveraineté» (un centre unique bien défini et des périphéries); l'autre, présentait plutôt un «réseau» caractérisé par un «espace de coopération» (un «être commun», un lieu d'entraide et de proximité). Le second scénario semblait plus en consonance avec le modèle pastoral des circonscriptions ecclésiastiques sous leurs caractéristiques de réseaux d'Églises particulières, autonomes mais unies synodalement sur un territoire géographique et sociologique défini. La province, comme lieu où se vit une forme de subsidiarité entre les diocèses, pourrait très bien se concevoir comme un «être commun».

---

[135] DATAR: Délégation administrative interministérielle à l'Aménagement du Territoire et à l'Attractivité Régionale. Service de l'État qui, de 1963 à 2014, fut chargé de préparer les orientations et la mise en œuvre des politiques d'aménagement et de développement du territoire national. Remplacée depuis 2018 par l'Agence Nationale de la Cohésion des Territoires (ANCT).

[136] Cf. J.L. GUIGOU – D. PARTHENAY – AL., Rapport «Aménagement du territoire», 237-239; sur ce rapport, voir le journal *La Croix*, 19 octobre 2000. Parmi ces grands Corps de l'État, il y a les Ponts-et-Chaussées, l'Inspection générale de l'Administration, les Mines, le Conseil d'État, la Cour des Comptes et l'inspection générale des Finances.

[137] Cf. CNAEF, «Réforme des structures», dossier E. 2, 7. L. Loeiz, directeur régional de l'INSEE, est à l'époque rapporteur auprès du préfet régional de Bretagne pour l'aménagement du territoire. Il a animé une mission nationale d'étude des solidarités territoriales dont il publie le résultat dans un livre en 2011, cf. notre bibliographie.

Le double problème que cherchaient à résoudre les évêques, c'était, d'une part, le manque de visibilité de l'Église en France et, de l'autre, un déficit des relations institutionnelles entre le monde ecclésiastique et le monde civil. Ils s'interrogeaient sur la manière de trouver un équilibre institutionnel dans le maintien des collaborations entre pasteurs proches et pour savoir si l'Archevêque métropolitain pourrait assurer ce rôle[138]. La problématique du territoire se confrontait aussi avec deux autres difficultés, selon le Conseil permanent: la première était celle de la représentation dans les instances nationales ou régionales de collaboration; la seconde était celle de l'efficacité de cette représentation dans un système électif, compris comme une garantie «démocratique», mais par soi instable[139], où ne se développait pas vraiment la responsabilité personnelle d'origine sacramentelle des évêques[140].

Un nouveau document de réflexion du Conseil d'analyse économique, publié par la DATAR[141] et présenté par J.L. Guigou, est alors travaillé par les évêques en préparation de l'Assemblée Plénière d'automne 2001. Ce document recherchait une répartition équitable et réaliste des institutions administratives, proposant à partir des quatre «scénarios» déjà retenus par le Conseil d'analyse économique de la DATAR, un cinquième scénario, d'aspect plutôt polycentrique. Ce nouveau scénario voulait valoriser une organisation territoriale en «pays», «agglomération» et «inter-région», afin d'améliorer l'efficacité institutionnelle des politiques publiques et une meilleure cohésion sociale.

En préparation à l'Assemblée plénière de la Conférence d'automne 2001, le Groupe de travail fournit un nouveau rapport[142] à partir des réponses au questionnaire qui avait été donné aux évêques en janvier 2001. Ce rapport proposa un premier tracé pour de nouvelles circonscriptions provinciales. Une difficulté surgit notamment sur leur dimension géographique. La taille des propositions correspond, selon le Groupe de travail

---

[138] Cf. CNAEF, «Réforme des structures», dossier E. 2, 6: «Le métropolitain serait amené à impulser la continuité dans les collaborations, à veiller à la communication et à la communion dans la proximité, à permettre à chaque évêque de jouer son rôle. Cela s'avère plus difficile dans les régions apostoliques qui sont grandes».

[139] Cf. CNAEF, «Réforme des structures», dossier E. 2, 20-21.

[140] Cf. CNAEF, «Réforme des structures», dossier E. 2, 16-17.

[141] J.L. GUIGOU, Rapport «Aménager la France de 2020. Mettre les territoires en mouvement». Il s'agit d'une réflexion sur les nouveaux enjeux pour des formes d'actions publiques insérées dans un processus de développement durable, afin d'accompagner des dynamiques territoriales, associant à la fois compétitivité et solidarité.

[142] Rapport du 24 septembre 2001, in CNAEF «Nouvelles provinces ecclésiastiques».

à ce que suggérait la réponse romaine de la Congrégation pour les Évêques, qui proposait d'ériger les Régions apostoliques en régions ecclésiastiques, donnant ainsi une indication sur le type et l'étendue des regroupements, tels que le Saint-Siège les concevait[143]. Ce tracé prenait en compte cet aspect et intégrait également les données sociologiques et géographiques du découpage administratif dans un schéma de collaborations pastorales. Au cours de la session, la dimension des provinces sera finalement jugée secondaire[144]. La note canonique, déjà citée, avait souligné dans son point n. 8 que «des ensembles géographiques trop restreints pourraient conduire à une sorte de tutelle excessive des métropolitains»[145]. Ce point pourtant n'était pas si anodin, si l'on considère les provinces comme des réseaux d'Églises proches dont la vocation synodale est d'abord d'être une structure organique dans la communion hiérarchique avant d'être un échelon pour la Conférence épiscopale.

Lors de cette session de novembre 2001[146], le rapporteur du document de la DATAR, le préfet Duport, indiqua les lignes directrices du cinquième scénario dans lequel s'engageait la réforme régionale voulue par l'État, avec une carte possible des futures régions administratives répondant à une plus juste appréciation des répartitions de population[147]. Les propositions du Groupe de travail pour le réaménagement du territoire des circonscriptions ecclésiastiques, notamment sa nouvelle carte des divisions provinciales, se sont en partie inspirées du schéma de ce cinquième scénario. Malgré certaines oppositions au sein de la Conférence, la volonté des évêques est de ne pas s'éloigner des réseaux administratifs et de maintenir structurellement des contacts institutionnels de bases avec les pouvoirs publics. Les provinces sont alors fixées au nombre de quinze et cherchent à concilier territoires et concertations épiscopales dans un équilibre fonctionnel et apparaissent finalement légèrement plus petites que ne l'étaient les Régions apostoliques.

---

[143] Cf. CNAEF, «Réforme des structures».

[144] Cf. CNAEF, «Nouvelles provinces ecclésiastiques», dossier E 1, 3: un évêque note que ce sont «les capacités objectives et pratiques de faire, dans l'avenir, des alliances entre voisins proches pour promouvoir l'action pastorale sur un territoire plus large que celui du diocèse qui doit primer. Il n'y a pas à craindre "d'être trop petit"».

[145] Cf. CNAEF, «Réforme des structures», dossier E. 1, 11; voir *supra*, nt. 107 et 108.

[146] Cf. CNAEF, «Réforme des structures», dossier E. 2.

[147] Le cinquième scénario connaîtra plusieurs versions dans divers projets étatiques, au gré des changements politiques, pendant de nombreuses années. Le projet de loi constitutionnelle, enfin achevé, sera adopté en première lecture par les deux Chambres, le 23 juillet 2014, quadrillant depuis le territoire national en treize régions administratives.

1.3 *La recomposition des réseaux épiscopaux en France*

1.3.1 La rénovation des provinces ecclésiastiques

a) Le décret de constitution de 2002

Dès mars 2002, une nouvelle consultation reprend sur la réorganisation des circonscriptions provinciales[148]. Des résistances épiscopales à calquer les futures provinces sur les structures civiles demeurent et se manifestent[149]. Certaines questions demeurent cependant. Le Nonce apostolique, dans son rôle institutionnel d'interface, rapporte lui-même les réponses romaines: tous les évêques resteront en place et les anciens archevêchés garderont leur titre mais sans le pallium qui suit l'office de métropolitain. Dans sa réponse, le Nonce précise que les administrations diocésaines peuvent être consultées sur le projet des nouvelles provinces[150]: la définition d'une circonscription provinciale entend lier et faire collaborer des communautés ecclésiales.

Un consensus se fait jour pendant l'Assemblée Plénière du 3-9 novembre 2002 et la nouvelle carte des provinces ecclésiastiques est approuvée, prenant en compte les réponses au questionnaire de 2001 ainsi que le tracé des futures régions administratives. La refondation des provinces est adoptée par la Conférence, et reçoit une première approbation de la Congrégation pour les Évêques, qui est une forme de *recognitio* de la part du Saint-Siège, puisque seul le Pontife romain a le pouvoir d'ériger des unions de diocèses en circonscriptions ecclésiastiques provinciales, après avoir entendu les évêques concernés[151].

Dans ce but chaque évêque rédige alors, cette fois officiellement, son *votum* pour l'appartenance de son diocèse à telle province et désigne également le siège métropolitain qui lui semble le plus convenant pour présider à celle-ci, selon le tracé proposé. La province doit favoriser les échanges mutuels entre évêques, dit le can. 431 §1, mais plus profondément, doit unir des Églises particulières autour de certains aspects communs dans l'action pastorale. Ces aspects ne devront pas être remis en cause lorsque l'évêque quittera son siège. La stabilité de la province provient donc de l'équilibre ecclésial que l'on recherche dans une complémentarité entre diocèses. Ce sont donc les évêques diocésains qui sont les seuls concernés, même s'il semble que toute la Conférence soit im-

---

[148] Cf. CNAEF, «années 2002-2003», rapport O. LEBEL, 3 mai 2002.
[149] Cf. CNAEF, «Dossier de travail du secrétariat».
[150] Cf. CNAEF, «Dossier de travail du secrétariat»: Nonciature Apostolique à Paris, lett. N. 4598/2002, 27 février 2002.
[151] Cf. CIC/1983, can. 431 §3.

pliquée. Les *vota* des évêques diocésains sont réunis et transmis par la CEF elle-même. L'Assemblée Plénière a, en effet, confié par mandat à son président, Mgr. J.P. Ricard, le soin d'introduire la demande officielle d'une restructuration des provinces ecclésiastiques en France auprès de la Congrégation des Évêques[152]. Ce processus, en adéquation parfaite avec le décret conciliaire *Christus Dominus* 41 et le can. 431 §§1-2, est proprement un «acte collégial» de l'Église en France. La proposition est soumise par la Congrégation des Évêques qui l'accepte comme une réorganisation ecclésiastique du territoire des provinces.

Le décret de la Congrégation pour les Évêques du 8 décembre 2002, signé par le cardinal-préfet G.B. Re[153], reconnaît alors une nouvelle répartition des diocèses français en quinze provinces, qui prennent le nom de l'Église dont l'Archevêque métropolitain est titulaire[154]. Le décret est «valable comme s'il avait été donné par Lettre apostolique "sub plumbo"», signifiant qu'il s'agit bien d'un acte constitutionnel du gouvernement pastoral du Souverain Pontife[155]. La CEF accueille cette nou-

---

[152] Une note de la CEF, du 16 déc. 2002, précise que se sont «les évêques de France, dans le cadre d'une réflexion sur l'exercice de leur charge commune au service de l'Église catholique en France, [qui] ont proposé à l'approbation du Saint-Siège la restructuration», le président de la Conférence Épiscopale agissant sous leur mandat; cf. CEF, «Textes et déclarations», in «L'Église catholique en France simplifie son organigramme»; voir *supra*, chap. I, nt. 413.

[153] Cf. CONGRÉGATION POUR LES ÉVÊQUES, décret 619/02, 8 décembre 2002, 15-16; Lettre de la Conférence Épiscopale, LC/2002/10.

[154] Les archevêchés sont: Besançon, Bordeaux, Clermont*, Dijon*, Cambrai, Lyon, Marseille*, Montpellier*, Paris, Poitiers*, Reims, Rennes, Rouen, Toulouse, Tours (* = nouveaux archevêchés). Cf. *SNOP* 1129 (2002). Voir la carte des provinces françaises, Annexe 1, 448, tabl. 8. La Province Antilles-Guyane, fondée en 1967, appartient par sa situation géographique à la fois à la CEF et aussi à la Conférence Épiscopale des Antilles, et n'a pas subie de modification.

[155] Un extrait du décret paraît en italien dans l'*Osservatore Romano*, 16-17 décembre 2002, 1, «Riordinamento di province ecclesiastiche». Comme ce décret de la Congrégation pour les Évêques n'est qu'un acte particulier de réorganisation de provinces déjà existantes, il ne sera pas jamais publié dans les *Acta Apostolicæ Sedis*. Il paraît en français en janvier 2003, *DocCath* 100 (2003) 15-16. Un phénomène de réorganisation des circonscriptions provinciales d'une telle ampleur est plutôt rare. On pressent qu'on n'a pas voulu donner une importance trop grande au décret, pour qu'il n'apparaisse pas comme un désaveu public de l'organisation française en Région apostolique, et lui garder l'effet premier recherché par le Code dans de telles circonstances: unir pastoralement et adéquatement des Églises particulières entre elles au niveau pastoral. En ce sens, le décret n'est qu'une mise à jour de l'espace pastoral au travers de l'organisation provinciale en France. Ce qui laisse ainsi la liberté à la Conférence Épiscopale de réformer ses structures de collaboration et d'y intégrer, si elle le

velle organisation comme une première étape vers sa restructuration, afin d'«adapter les fonctionnements aux besoins de l'Église».

La bulle reconduit ainsi dix sièges archiépiscopaux dans leur fonction d'Église métropolitaine et accorde également cette dignité à cinq nouveaux sièges, «avec les droits et privilèges des autres Églises métropolitaines, selon les normes du droit commun». Les évêques titulaires de ces sièges reçoivent la charge de métropolitain[156]. Dans ce processus assez important, le décret accorde au Nonce Apostolique la faculté de subdéléguer.

Les mesures prescrites s'apparentent à des lois particulières pour les diocèses concernés, mais instituent également des entités canoniques de plein droit, les provinces. Pour qu'elles puissent commencer d'exister, les évêques doivent se réunir autour de leur métropolitain, dans les mois qui suivent la promulgation du décret[157], afin de ratifier dans un procès-verbal l'exécution des mesures prescrites, établissant par le fait même le territoire des circonscriptions provinciales sur celui des diocèses qui les constitue. Le décret précise que le Nonce apostolique doit recevoir un exemplaire authentique de ces procès-verbaux et les transmettre à la Congrégation pour les Évêques. Cette nouvelle répartition est faite pour une durée de cinq ans, au terme de laquelle, après évaluation, les limites des circonscriptions ecclésiastiques provinciales seront définitives. Seule la Province Ecclésiastique de Paris[158], comme telle, n'est pas mentionnée dans le décret: sa structuration organique entre les diocèses de la région parisienne est spécifique en raison des liens intimes qui les unissent, comme nous le verrons dans le chapitre suivant. Les diocèses de Strasbourg et Metz sont quant à eux bien mentionnés dans le décret, mais comme ils font l'objet d'un concordat avec l'État Français, il est spécifié qu'ils demeurent directement soumis au Saint-Siège.

Les provinces sont de tailles assez inégales quant au nombre de diocèses suffragants qui les constituent[159]. Des provinces comme Paris, Lyon, Toulouse, Rennes, ou Reims comptent entre sept et neuf diocèses. La plupart en compte quatre ou cinq. Au plan géographique, certaines,

---

souhaite, les circonscriptions provinciales comme un niveau intermédiaire territorial de concertation épiscopale.

[156] Les cinq nouveaux sièges gardent leur titulaire mais sont érigés canoniquement en archevêchés métropolitains par le décret du 8 décembre 2002. Seuls les nouveaux sièges archiépiscopaux feront l'objet d'une publication dans les *Acta*; cf. *AAS* 95 (2003) 155.

[157] Cf. CIC/1983, can. 8 §2.

[158] Érigée par la const. ap. *Qui volente Deo*, 9 oct. 1966.

[159] Cf. carte des provinces ecclésiastiques en 2002; Annexe 1, 448, tabl. 8.

comme la Province Ecclésiastique de Dijon ou de Clermont recouvrent entièrement une région civile[160]. Des provinces restent sans changements, comme celle de Cambrai, qui ne compte pourtant que trois diocèses.

Ces nouvelles provinces ont une finalité précise dans le schéma structurel de l'Église en France: il s'agit à la fois de «favoriser un travail commun et l'entraide entre les diocèses (…) et permettre un exercice plus effectif de la collégialité entre les évêques, c'est-à-dire de leur responsabilité commune au service de la mission de l'Église»[161]. La confirmation des sièges métropolitains par le décret entraîne *ex integro* la création des nouvelles provinces et la disparition des anciennes répartitions[162]. Un temps d'adaptation est prévu jusqu'au 30 juin 2004, durant lequel les Régions apostoliques subsisteront. L'organisation de la Conférence Épiscopale fonctionne encore statutairement avec les Régions et les nouvelles institutions à prévoir dans de nouveaux Statuts ne sont pas encore définies[163].

b) L'aménagement territorial des nouvelles provinces

L'organisation en province se manifeste pour la première fois lors des visites *Ad limina* entre novembre 2003 et février 2004[164]. Les provinces sont cependant encore réparties en neuf groupes géographiques régionaux. Au cours de ces visites où les évêques présentent un nouveau visage de l'Église en France, la province semble redevenue l'organe institutionnel d'une communion pastorale de proximité, qui déjà favorise les efforts communs[165]. Les difficultés ne sont pas dissimulées devant le saint Père, notamment celles qui ressortent des aspects sociologiques des nouvelles circonscriptions[166]. Le pape évoque également lui-même cette refonte des provinces ecclésiastiques pour en souligner d'abord les en-

---

[160] La province de Clermont se dénomme elle-même «Province d'Auvergne» depuis la création en 2014 des nouvelles régions administratives.

[161] Cf. CEF, «Textes et déclarations», «L'Église catholique en France simplifie».

[162] Cf. D. LE TOURNEAU, «Note canonique à propos du décret», 869.

[163] Au cours de la session d'automne 2003, l'Assemblée Plénière renouvelle encore des évêques au Conseil permanent, selon les anciens Statuts en vigueur, notamment ceux présentés par les Régions Centre et Sud-Ouest; cf. *DocCath* 100 (2003) 1146.

[164] La précédente avait eu lieu en janvier-avril 1997, par tiers, selon une répartition des diocèses dans les neuf Régions apostoliques.

[165] Cf. disc. au Saint Père, Mgr. T. Jordan, arch. de Reims, in *DocCath* 101 (2004) 25.

[166] *E.g.*, cf. disc. au Saint Père, Card. B. Panafieu, arch. de Marseille, *DocCath* 101 (2004) 66; Mgr. Saint-Macary, arch. de Rennes, *DocCath* 101 (2004) 30; A. Lacrampe, arch. de Besançon, in *DocCath* 101 (2004) 277.

jeux pastoraux, surtout pour unir courageusement les forces missionnaires dans différents aspects de la vie ecclésiale, comme la formation
du Clergé ou sa répartition dans le territoire provincial[167]. Il ouvre également des perspectives, dans la ligne de l'exhortation post-synodale
Pastores gregis, pour comprendre toute la valeur ecclésiologique qu'il
attache à l'organisation en province ecclésiastique: il y a des potentialités
qui demandent à être explorées pour traduire un véritable dynamisme de
communion entre les pasteurs au service de leur Église[168]. Ces dynamismes sont au service de l'annonce de l'Évangile, qui est la première
mission des évêques. Une réforme structurelle de la Conférence Épiscopale doit d'abord s'envisager dans cette perspective[169].

---

[167] Cf. JEAN-PAUL II, disc. aux évêques des provinces de Rouen et Rennes; ID., disc.
aux évêques des provinces de Lyon et de Clermont, *DocCath* 101 (2004) 32 et 215.

[168] JEAN-PAUL II, disc. aux évêques des provinces de Cambrai et Reims, *DocCath* 101
(2004) 27-28: «3. Dans la vie et la mission des évêques, la collaboration fraternelle et le
souci de la communion sont essentiels pour manifester l'unité du Corps ecclésial tout
entier (…). 4. En vue de manifester davantage et de manière plus étroite la collégialité
épiscopale, de réaliser un travail pastoral toujours plus efficace et d'augmenter les collaborations nécessaires, vous avez accepté courageusement, après réflexion, d'opérer un
certain nombre de changements, dont la refonte des provinces ecclésiastiques, reprenant
ainsi l'antique forme des relations entre les diocèses, qui a favorisé au cours des siècles
une intense vie de collaboration entre les évêques, en particulier sur les plans doctrinal et
pastoral, comme en témoignent des conciles et des synodes provinciaux. (…) Pour votre
part, la diminution du nombre de prêtres et des forces vives supposera sans doute que,
sans nuire à la responsabilité propre de chaque évêque, des diocèses d'une même province
puissent s'unir et mettre en place des services communs, notamment dans la catéchèse, la
formation permanente du clergé et des laïcs, ainsi que pour tout ce qui concerne les vocations, évitant ainsi la dispersion et suscitant des dynamismes nouveaux. La taille plus
réduite des nouvelles provinces ecclésiastiques par rapport aux anciennes Régions apostoliques sera désormais pour vous une occasion particulièrement opportune pour un travail collégial plus intense sur un ensemble pastoral relativement unifié. (…) Les évêques
sont sans cesse appelés à donner un témoignage fort de la communion apostolique, entre
eux et avec l'ensemble du collège épiscopal autour du Successeur de Pierre, travaillant
dans une grande confiance mutuelle et prenant soin de ne rien faire qui puisse briser cette
communion ni donner une éventuelle image négative aux fidèles, et plus largement au
monde, restant sauf le respect des pouvoirs propres de chaque évêque sur le territoire
diocésain et le pouvoir suprême du Pontife romain (cf. *PG*, 56). (…) Cependant, il convient de souligner que la communion n'est pas en contradiction avec la légitime diversité,
qui permet à chaque Église diocésaine d'avoir un visage propre, en fonction des pasteurs
et des communautés qui la composent. Il serait dommageable que l'exercice de la communion devienne une entrave au dynamisme des différentes communautés locales, et
d'une certaine manière en contradiction avec le sens même de la communion (cf. exhort.
ap. post-synodale *Ecclesia in Europa*, 18)».

[169] JEAN-PAUL II, disc. aux évêques des provinces de Cambrai et Reims, *DocCath*
101 (2004) 29: «Pour bien se centrer sur cette mission et mettre toutes les forces vives

Les nouvelles provinces sont des lieux de collégialité qu'il faut apprendre à apprivoiser. Elles font appel aux coutumes de collaboration qui existaient entre les diocèses dans les anciennes Régions apostoliques, et on pense déjà à les regrouper pour travailler[170]. Même si leur configuration canonique est clairement établie par le droit universel, elles apparaissent moins structurées que ne l'étaient les Régions apostoliques dans l'ancienne organisation.

Les premières aspérités concernant la mise en place des provinces, sans omettre le facteur humain, sont surtout d'ordre structurel. Certains sont personnellement mécontents d'appartenir à telle province, quand d'autres jugent que le nombre d'évêques dans leur province n'est pas suffisant pour un travail de concertation et organiser une vraie collaboration[171]. La province de Clermont, par exemple, ne compte que quatre diocèses, et il semble impossible d'emporter une majorité lors des votes[172], mais celle de Cambrai semble à l'aise avec seulement trois diocèses.

Dès 2003, au retour des visites *Ad limina*, le Conseil permanent de la CEF met en place des rencontres avec tous les Archevêques métropolitains, pour faciliter une première évaluation de ces nouvelles circonscriptions. Ces rencontres, prévues dans un premier temps pour accompagner la mise en œuvre du décret durant les cinq années de son expérimentation, semblent également répondre à un certain besoin des instances nationales de consulter et d'avoir des avis synthétiques.

En préparation de l'évaluation romaine prévue en 2008, des étapes d'évaluation sont mises en place. La rencontre du 11-13 septembre 2006 entre le Conseil permanent et les Archevêques[173] liste un certain nombre de points à développer: la création dans chaque province d'un bureau de

---

dans la mission, votre Conférence réfléchit actuellement à une refonte des organismes qui la composent. Je salue cette décision unanime, qui montre que les évêques ont conscience que les changements au sein de la société et dans l'Église requièrent des formes nouvelles de collaborations et de fonctionnement, pour que les structures soient vraiment à leur service et au service de la mission sous toutes ses formes. Le renouvellement des structures, même s'il est parfois douloureux pour certaines personnes, est une entreprise nécessaire de manière périodique afin d'éviter des formes de sclérose et d'éventuels blocages dans le dynamisme pastoral et la recherche ecclésiale».

[170] Cf. *e.g.*, disc. au Saint Père, Mgr. É. Marcus, arch. de Toulouse, pour les provinces de Toulouse et Montpellier, in *DocCath* 101 (2004) 166-167.

[171] Cf. CNAEF, «Dossier de travail du Secrétariat», réunion ponctuelle des nouveaux Archevêques métropolitains avec le Conseil permanent, le 8 septembre 2003.

[172] La province de Clermont avait fait remonter les difficultés lors des visites *Ad limina*, cf. Card. Ph. Barbarin, disc. au Saint Père, *DocCath* 101 (2004) 210.

[173] Cf. c.r. de la rencontre du Conseil permanent avec les Archevêques métropolitains, 11-13 septembre 2006, CNAEF, «Dossier de travail du Secrétariat».

l'Archevêque afin de préparer les assemblées épiscopales provinciales; un inventaire des lieux de collaborations réalisées ou souhaitées (officialité, catéchuménat, formation des prêtres, pastorale des divorcés-remariés). On insiste encore pour que le métropolitain n'occupe pas une «position hiérarchique» et ne soit pas assimilé à un «préfet de région» avec un rôle de «médiateur»[174].

Des aménagements sont encore souhaités et une nouvelle consultation est lancée après l'Assemblée Plénière de novembre 2006: la province de Clermont (4 évêques) est jugée «trop petite» et on espère une «homogénéité» dans les futures nominations épiscopales[175], alors que celle de Cambrai (3 évêques), bénéficiant d'une longue tradition de collaboration, souhaiterait que l'archevêché métropolitain soit transféré au siège de Lille, ville plus importante où se trouvent également les facultés catholiques[176]. D'autres estiment que la géographie de certaines provinces tend inévitablement vers un développement de sous-province dans les faits[177]. Un évêque note cependant que se développe maintenant un «esprit provincial» sur lequel la Conférence Épiscopale doit se reposer[178]. Après une évaluation des trois premières années de mise en œuvre pratique des regroupements provinciaux[179], la CEF approuve enfin ses nouveaux Statuts, votés en Assemblée Plénière le 6 avril 2006 avec un nouveau règlement intérieur, la *recognitio* étant obtenue la même année[180].

Au terme des cinq ans, une nouvelle consultation est proposée le 13 décembre 2007[181]. L'évaluation prend du retard suite au changement

---

[174] Cf. c.r. de la rencontre du Conseil permanent avec les Archevêques métropolitains, 13-15 mars 2006, CNAEF, «Dossier de travail du Secrétariat».

[175] Cf. CNAEF, «Dossier de travail du Secrétariat», lettres des évêques de Saint-Flour et Moulins.

[176] Cf. CNAEF, «Dossier de travail du Secrétariat», lettre de l'évêque d'Arras.

[177] Cf. CNAEF, «Dossier de travail du Secrétariat», lettre de l'évêque de Nancy-Toul. La province de Nancy est très étendue, plutôt en longueur, et part des plaines du Nord jusqu'aux montagnes qui bordent la Suisse. Une géographie qui n'encourage pas les rencontres générales et développe les sous-rencontre. D'autres part, la province de Nancy associe à ses travaux les diocèses exempts de Strasbourg et Metz, dans lesquels le statut légal de l'Église Catholique n'est pas le même que dans les autres diocèses français. Cette situation laisse supposer que ces deux diocèses forment comme un sous-groupe.

[178] Sur les différents points, voir CNAEF, «Dossier de travail du Secrétariat».

[179] Le résumé des évaluations, cf. CNAEF, «Années 2004-2005».

[180] Cf. Statuts et Règlement intérieur CEF/2006 in *BO-CEF* 53-54, septembre 2006. CONGRÉGATION POUR LES ÉVÊQUES, décret de *recognitio* N. 422/60, 6 mai 2006, publié par le président de la CEF, Mgr. J.P. Ricard, le 12 juin 2006

[181] Cf. CNAEF, «Dossier de travail du Secrétariat», «Consultation du 13 décembre».

de présidence de la CEF. Le nouveau président, le cardinal Vingt-Trois[182], demande que le décret de 2002, qui arrive au terme des cinq années d'expérimentation, soit prolongé d'un an. Benoît XVI accorde la prorogation le 2 février 2008, transmise par la Congrégation pour les Évêques le 11 février 2008. Finalement, tous les évêques s'étant mis d'accord sur les limites territoriales des nouvelles provinces, le Nonce apostolique informa par courrier officiel qu'il n'était pas nécessaire de proroger le décret. La demande de la province de Cambrai de changer son siège métropolitain est acceptée par Rome, et la constitution apostolique *In Gallia*, qui se réfère directement au protocole du précédent décret constitutionnel de 2002, érige le siège archiépiscopal de Lille en métropole[183]. C'est dans le nouveau cadre provincial que désormais les évêques sont invités à travailler lors des Assemblées Plénières de la CEF formant ainsi «des réseaux de concertation et de sollicitude»[184] dans un nouveau schéma organisationnel de répartition des compétences.

La pertinence du critère territorial permet de favoriser une réelle coopération ecclésiale locale. Les diocèses soumis au Saint-Siège et les Églises rituelles, présents sur le territoire national, peuvent ainsi mieux s'associer à la mission. Le diocèse aux Armées françaises, par exemple, qui a son siège à Paris, participe aux travaux de cette province[185], bien que toujours juridiquement rattaché au Saint-Siège; la prélature territoriale de la Mission de France, équiparée à un diocèse et rattachée autrefois à la province de Sens, relève désormais de la province de Dijon[186]. Les exarques des Églises arménienne, maronite[187] et ukrainienne[188] sont invités à participer aux travaux de la Province de Paris où ils ont leur

---

[182] L'Archevêque de Paris, membre de droit du Conseil permanent, devient pour la première fois le président de la Conférence Épiscopale. Le souhait avait été émis par certains évêques au cours des travaux, de donner un poids plus fort à la réforme en impliquant davantage l'évêque de la capitale nationale comme «président-né» de la Conférence, comme une sorte de «primat»; cf. CNAEF, «Dossier de travail du Secrétariat», «Consultation du 13 décembre».

[183] CONGRÉGATION POUR LES ÉVÊQUES, décret 118/2008; cf. la bulle d'érection, const. ap. *In Gallia*, 30 mars 2008, *AAS* 100 (2008) 213-214.

[184] BENOÎT XVI, rencontre des évêques à Lourdes, 14 septembre 2008, 858.

[185] Il participe à la visite *ad Limina* de la province de Paris le 16 novembre 2012.

[186] Cf. *Annuario pontificio* 2019, «Distribuzione geografica», 1115.

[187] L'éparchie Notre-Dame du Liban de Paris des Maronites est créée le 21 juillet 2012 pour les catholiques maronites de France. Elle dépend directement du Saint-Siège.

[188] L'exarchat apostolique de France des Ukrainiens est créé le 22 juillet 1960. Le 19 janvier 2013, il est élevé au rang d'éparchie pour les ukrainiens de France, Suisse, Belgique et le Luxembourg.

siège[189], tandis que l'Archevêque de Paris est l'Ordinaire pour les chrétiens de rite oriental qui n'ont pas d'évêques propres[190]. Enfin, comme par le passé, le diocèse de Monaco, qui n'est pas un diocèse français et constitue à lui seul un État souverain, reste soumis au Saint-Siège[191], tout en s'associant aux travaux de la Province de Marseille avec laquelle il entretient des liens privilégiés, notamment pour la formation du clergé, sans participer pour autant à la Conférence Épiscopale[192].

1.3.2 Les provinces ecclésiastiques dans les nouveaux Statuts de la CEF

Les Statuts de 2006 comportent deux articles sur les provinces ecclésiastiques, à l'emplacement qu'occupaient les régions apostoliques:

Art. 38 §1: Les diocèses sont regroupés en provinces ecclésiastiques selon le droit, pour promouvoir l'action pastorale commune et mieux favoriser les relations mutuelles entre évêques diocésains (cf. can. 431 s.).
§2: L'Assemblée des évêques de la province est un lieu privilégié pour préparer les Assemblées Plénières de la Conférence et favoriser la mise en œuvre de leurs conclusions.
§3: Elle peut aussi dégager des questions qui devraient faire l'objet d'un examen à l'échelon de la Conférence.

Art. 39: Le Président de la Conférence invitera régulièrement les Archevêques métropolitains à des réunions de concertation[193].

a) La province comme cadre de travail et de concertation

Ces deux nouveaux articles 38 et 39 constituent le Titre V: «Provinces ecclésiastiques et Conférence des Évêques»[194], situé immédiate-

---

[189] Les exarques des Églises arménienne, maronite et ukrainienne participent à la visite *Ad limina* avec la Province de Paris le 16 novembre 2012.

[190] Les Églises Melkite, syriaque, copte, chaldéenne, grecque, russe et roumaine. Voir D. LE TOURNEAU, «Le soin pastoral des catholiques orientaux», 410-419.

[191] Principauté souveraine, liée à la France par un traité en 1930, modifié en 2004.

[192] Il participe à la visite *Ad limina* de la province de Marseille en 2012.

[193] Statuts CEF/2006, *BO-CEF*, 13.

[194] Les Statuts CEF/2006 comportent huit Titres et une disposition finale: Titre I, «La Conférence des Évêques»; Titre II, «L'Assemblée Plénière»; Titre III, «Le Conseil permanent»; Titre IV, «Les organismes de la Conférence»; Titre V, «Provinces ecclésiastiques et Conférence des Évêques»; Titre VI, «Le Secrétariat général de la Conférence»; Titre VII, «Administration des biens»; Titre VIII, «Relations extérieures». Les dispositions finales concernent les modifications des Statuts qui ne peuvent être faites que par les évêques diocésains, les coadjuteurs et ceux équiparés, comme le prévoit le droit après le m.p. *Apostolos suos*.

ment après le Titre IV qui porte sur les Commissions et les Comités[195]. Les Régions apostoliques étaient également traitées sous deux articles dans les précédents Statuts de 1975[196]. Les régions disparaissant structurellement de l'organisation de la CEF, les provinces ecclésiastiques semblent leur être substituées dans un emplacement statutaire similaire, les identifiant comme des niveaux intermédiaires entre les diocèses et la Conférence.

Là où les Régions apostoliques, dans les précédents Statuts, devaient d'abord être décrites puis caractérisées comme des échelons de collaboration épiscopale[197], les provinces sont seulement mentionnées dans les mêmes termes normatifs que ceux du Code de 1983, renvoyant au can. 431 et suivants. Elles apparaissent donc d'abord comme un niveau structurel normal de l'Église universelle et, ensuite, comme un échelon fonctionnel particulier dans les nouveaux Statuts de la Conférence. Cependant, contrairement aux Régions apostoliques, les provinces ne sont pas des démembrements de la Conférence, puisque leur existence n'est pas en dépendance des Statuts canoniques de celle-ci, mais de la seule autorité suprême.

Dès le premier abord, en effet, à ne considérer que le niveau structurel, les provinces ecclésiastiques apparaissent situées comme dans un vis-à-vis de la Conférence. Le paragraphe 1 de l'article 38 commence par «les diocèses», de la même manière que l'article 35 des Statuts de 1975, et remonte vers leur regroupement en «provinces» jusqu'à la finalité de ce regroupement. Les diocèses ne sont plus regroupés, comme précédemment, en Régions apostoliques, étant déjà rassemblés en circonscriptions ecclésiastiques. Les précédents Statuts suivaient une logique de gradualité: l'Assemblée Plénière trouvait sa correspondance organique dans l'assemblée régionale où chaque évêque et donc chaque diocèse trouvait place. Aujourd'hui, si les diocèses sont bien présents dans la province puisqu'ils en sont les éléments constitutifs, on ne voit pas le lien organique qui les unit foncièrement à la Conférence, sinon leur participation dans l'une et l'autre assemblée. Il y a donc une double structuration nationale et supra-locale, totalement indépendante l'une de l'autre sur un plan constitutionnel.

La province est une institution de communion ecclésiale qui vise à «promouvoir l'action pastorale et mieux favoriser les relations mutuelles

---

[195] Cf. Statuts CEF/2006, Titre IV «Les organismes de la Conférence», art. 25-37.
[196] Cf. Statuts CEF/1975, art. 35-36.
[197] Cf. Statuts CEF/1975, art. 36 §2, voir *supra*, nt. 58.

entre évêques diocésains»[198]. C'était également ce que se proposait de faire la Région apostolique. En intégrant ainsi la normative sur la province ecclésiastique, la CEF souhaite retrouver statutairement un premier fondement ecclésiologique, les diocèses et un premier niveau où les évêques se regroupent localement. Les limites régionales et le nombre des Régions étaient fixées par la Conférence, puisqu'elles étaient des instances qui émanaient de ses propres structures[199]. Le nombre des provinces n'est pas fixé par la Conférence, même si dans le cas français, elle a participé activement à leur réorganisation géographique. Avec l'intégration des provinces dans les Statuts, il y a donc la prise en compte désormais d'un état de fait canonique avec lequel la Conférence doit composer et qu'elle ne peut modifier. Cependant, elle n'est pas constituée par le rassemblement des provinces, mais par l'ensemble des évêques travaillant en France. La Conférence n'est pas une institution en vue directement des diocèses, mais d'abord pour aider le ministère épiscopal. S'en ressent alors cet effet de bipartition des nouveaux Statuts, maintenant d'un côté les institutions structurelles de l'Église et de l'autre les instances et organismes qui doivent être au service des évêques qui sont dans ces institutions[200]. C'est peut-être de cet effet, toutefois, que se dessine le mieux une complémentarité institutionnelle en matière de collégialité.

Au niveau provincial, la collégialité pastorale se manifeste comme une synodalité épiscopale et ecclésiale. Aucun des deux termes n'est présents dans le Titre V. Dans le paragraphe 2 de l'article 38, les Statuts 2006 désignent cependant le «lieu» de cette collégialité intermédiaire: l'Assemblée des évêques de la province. L'Assemblée provinciale n'est pas un collège de personnes juridiques publiques diocésaines, mais un espace de collégialité qui se fonde sur la sacramentalité du sacrement reçu. Cette Assemblée est le lieu d'expression d'un collège de personnes, les évêques, qui sont, par leurs missions, présents et actifs sur un territoire pastoral canoniquement défini.

Le Code de 1983, nous l'avons vu dans les chapitres précédents, ne signale pas directement l'Assemblée des évêques dans les canons qui concernent la province. Cette mention reprend donc plutôt le directoire *Apostolorum successores* qui la qualifie comme le premier organe de coopération épiscopale supra-diocésain[201]. C'est «un lieu», disent les

---

[198] Citation du can. 431 §1, CIC/1983, reprise dans l'art. 38 §1, Statuts CEF/2006.
[199] Cf. Statuts CEF/1975, art. 35.
[200] Cf. le schéma des Statuts CEF/2006; Annexe 1, 449, tabl. 9.
[201] Cf. DPME, n. 23 a.

Statuts de 2006, pour la concertation entre les évêques, mais il n'est pas le seul: les Commissions, les Conseils et les autres organismes de la Conférence sont aussi des lieux où se vit la collégialité. L'Assemblée provinciale est surtout «un lieu privilégié» où doit se manifester concrètement la recherche commune pour la mise en œuvre de l'action pastorale. Elle est comme le pendant local de l'Assemblée Plénière[202]. Les deux assemblées sont constitutives des institutions qu'elles représentent. C'est ce que suggère l'intitulé du Titre V: «Provinces ecclésiastiques *et* Conférence des Évêques». Ces deux assemblées sont donc envisagées dans un rapport mutuel au sein de la Conférence qui «réunit tous les évêques de France afin qu'ils exercent conjointement certaines charges pastorales et qu'ils promeuvent davantage le bien de l'Église»[203].

Comparativement à la nature de l'assemblée régionale, qui était plutôt vue comme un espace pour l'«exercice de la coresponsabilité évêques, prêtres, diacres et religieux», quand bien même elle était d'abord «le lieu habituel de la collaboration entre évêques»[204], l'Assemblée provinciale marque sa différence en étant seulement un lieu épiscopal. Ce qui n'empêche pas les évêques d'une province de réunir leurs collaborateurs directs pour travailler ensemble localement, mais pas d'abord en direction de la Conférence.

Les Statuts 2006 assignent un rôle fonctionnel bien défini à cette Assemblée provinciale: celui de préparer les Assemblées Plénières et de «favoriser la mise en œuvre de leurs conclusions». L'Assemblée provinciale a ainsi une double fonction pastorale locale, à la fois dans la concertation et aussi dans l'action. Le texte détaille moins les attentes que ne le faisaient les précédents Statuts pour les Régions apostoliques. À bien lire finalement les nouveaux Statuts, il apparaît évident que les provinces ecclésiastiques ne remplacent pas les Régions apostoliques: elles ne sont pas des organismes décentralisés de la Conférence. Les provinces, contrairement à ces dernières, jouissent d'une autonomie propre comme entités canoniques. Leurs compétences, notamment en matière législative, sont plus étendues avec la possibilité d'organiser un concile provincial, qui pourrait être une forme de réception, par exemple, pour la mise en œuvre des conclusions de l'Assemblée Plénière. Quoiqu'il en soit, la province a, canoniquement, une latitude plus grande que ne l'avait

---

[202] Cf. Statuts CEF/2006, art. 6: «L'Assemblée Plénière est l'organe ordinaire d'expression de la Conférence et de son action collective».

[203] Cf. Statuts CEF/2006, art. 2 §1.

[204] Statuts CEF/1975, art. 36 §1; cf. *supra*, nt. 61.

les Régions apostoliques, pour se saisir des orientations nationales proposées par la Conférence et les adapter aux situations locales.

Les provinces ecclésiastiques retrouvent ainsi toutes leurs fonctionnalités synodales, étant d'abord des regroupements de *cœtus fidelium* diocésains sous la conduite de leurs pasteurs. L'Assemblée provinciale des évêques regroupe, quant à elle, l'ensemble des évêques, diocésains et titulaires, qui sont au service des communautés de fidèles sur le territoire provincial, et présente les caractéristiques d'un organisme de collégialité. Le manque de détermination juridique dans la définition de cette assemblée, comme nous l'avons souligné dans la première partie de notre étude[205], pourrait faire l'objet d'une réglementation particulière, qu'il apparaît cependant difficile d'établir au niveau de la Conférence sans toucher à l'autonomie des pasteurs déjà engagée dans l'institution provinciale. Les Assemblées provinciales ne sont pas, non plus, des organes de la Conférence française.

Ainsi, les Statuts ne précisent plus que l'«assemblée générale des évêques», comme échelon intermédiaire entre les diocèses et la Conférence, doit s'organiser par un règlement intérieur en conformité avec les institutions de la Conférence: cela était expressément prévu pour les Régions apostoliques[206]. Comme instances de la Conférence, ces dernières trouvaient dans les Statuts de 1975 les éléments de leur organisation et ressortaient ainsi du droit particulier[207]. Rien de tel pour les provinces, qui sont prévues par le doit universel, et qui fonctionnent même en dehors des institutions de la Conférence Épiscopale. Les provinces possèdent des assemblées épiscopales à part entière et elles peuvent s'organiser librement, indépendamment des structures de la Conférence. À notre connaissance, il n'existe qu'une seule province française disposant d'un règlement intérieur, la Province Ecclésiastique de Paris, pour des motifs tenant surtout à son organisation géo-administrative, dont il a fallu tenir compte dans l'organisation pastorale des relations épiscopales.

Enfin, le paragraphe 3 de l'article 38, affirme que l'Assemblée provinciale est un lieu d'initiative en direction de la Conférence. Elle peut «dégager» des questions, sans préciser quelle est l'instance qui doit les recevoir, soit le Conseil permanent, soit la présidence, soit directement l'Assemblée Plénière. Contrairement à l'assemblée des régions apostoliques qui avait la même capacité[208], les présents Statuts soulignent que

---

[205] Voir ce que nous avons dit, *supra*, chap. II, 218-223.
[206] Cf. Règlement CEF/1975, art. 31; voir, *infra*, chap. IV, nt. 172.
[207] Cf. Ph. TOXÉ, «Les nouveaux statuts de la Conférence», 270-271.
[208] Cf. Statuts CEF/1975, art. 36 §2; voir, *supra*, nt. 58.

ce n'est qu'une possibilité qui est offerte à l'Assemblée provinciale, mais qui fait tout de même l'objet d'un paragraphe à lui seul, ce qui en traduit l'importance.

Puisque la province est organisée structurellement dans un système métropolitain, l'article 37 des Statuts de 1975, qui concernait l'élection du Président et du Secrétaire de Région n'est pas reporté. Le Président est tout naturellement l'Archevêque métropolitain et le Secrétaire de l'Assemblée, l'un des évêques de la province. La désignation de ce Secrétaire n'est pas mentionnée et renvoie à l'organisation interne de chacune des provinces.

b) Le métropolitain et la notion de présidence

Comme les provinces ecclésiastiques sont un niveau intermédiaire prévu canoniquement, les Statuts de la Conférence n'ont donc pas besoin d'en préciser le fonctionnement. Elles s'intègrent dans le schéma fonctionnel de la Conférence avec leur sens de regroupement de diocèses et de communion locale d'évêques autour d'un siège métropolitain. Elles sont donc déjà un cadre institutionnel où l'Archevêque métropolitain occupe, de par son office, une place de direction en tant que président de l'entité canonique «province ecclésiastique», dont il assure la représentation juridique.

C'est par ailleurs l'une des nouveautés des normes actuelles de la Conférence des Évêques que de donner un rôle statutaire plus important à la notion de présidence en général[209]. Toutes les présidences structurelles sont reçues sous la forme d'un mandat confié par la Conférence elle-même[210] et sont élus par l'Assemblée Plénière[211]. Parmi ces présidences, celle de la Conférence est particulièrement revalorisée par rapport aux anciens Statuts. Elle est renforcée et comporte le Président et deux Vice-Présidents, tout trois élus[212], qui forment alors un véritable niveau organique, dont relève directement désormais le Secrétariat général[213]. Dans

---

[209] Ph. Toxé, «Les nouveaux statuts de la Conférence», 266: «Parfois les Statuts parlent de la "présidence" (art. 40), terme qui solennise la fonction de présider, en la personnalisant en quelque sorte, mais semble équivalent au terme de président».

[210] Statuts CEF/2006, art. 4: «Toute mission ou autorité confiée à une personne ou à un organisme, au nom de la Conférence, lui est toujours confiée par délégation de celle-ci et en dépendance d'elle».

[211] Cf. Règlement CEF/2006, art. 16; également, id., art. 30: les présidents des Commissions et des Conseils sont élus par l'Assemblée Plénière.

[212] Cf. Statuts CEF/2006, art. 11.

[213] Cf. Statuts CEF/2006, art. 40.

les précédents Statuts, cet organe relevait du Conseil permanent[214], ce qui ne permettait pas d'identifier suffisamment le niveau du «donneur d'ordre»[215].

Dans la présidence de l'Assemblée Plénière, un rôle spécifique et personnel est plus particulièrement attribué à la fonction de Président de la Conférence, qui incarne de ce fait l'institution. Il est de droit celui qui convoque l'Assemblée Plénière et la préside[216]. S'il est dans l'impossibilité d'accomplir cette fonction, un rôle de suppléant est accordé «à titre provisoire» au Vice-Président «le plus ancien»[217]. Cette mention de l'ancienneté, dans une formule plus ramassée que dans les anciens Statuts de 1975[218], renvoie à une pratique ecclésiastique en matière de suppléance qui cherche d'abord à l'objectivité fonctionnelle. Il n'y a pas de hiérarchie à l'intérieur de la présidence de la Conférence: seul le Président assume un rôle personnel dont il doit rendre compte à l'Assemblée Plénière.

Le Président, dans sa fonction, reçoit un mandat général personnel pour «inviter éventuellement d'autres personnes [que les évêques] à une partie des travaux»[219] de la Conférence. Son rôle fonctionnel semble toutefois plus en rapport avec celui de «médiateur» institutionnel: il est en effet en contact avec les présidents des diverses Commissions et des autres organismes de la Conférence, qu'il peut convoquer personnellement[220]. Il est également en contact avec les Archevêques métropolitains, qu'il peut de la même manière rencontrer personnellement au nom de la Conférence[221]. Les rencontres de concertation avec les présidents des Commissions et les métropolitains doivent être «régulières» mais rien, ni les Statuts ni le Règlement de la Conférence, n'en précisent le rythme,

---

[214] Cf. Statuts CEF/1975, art. 38.

[215] Dans les Statuts de la CEF actuel, l'attention à l'identification des participants est aussi un moyen de manifester la responsabilité individuelle de chaque évêque, même dans le travail des Commissions épiscopales; cf. Règlement CEF/2006, art. 27 §1: «les textes publiés sous la responsabilité d'une Commission épiscopale ou d'un conseil doivent faire apparaître nettement l'identité de leurs signataires associée à la mention "Conférence des Évêques de France"».

[216] Cf. Statuts CEF/2006, art. 12 §1.

[217] Statuts CEF/2006, art. 12 §2: «Si [le président] est légitimement empêché d'accomplir cette fonction, il est suppléé à titre provisoire par le vice-président le plus ancien, successivement par l'élection, par l'ordination épiscopale et par l'âge. À défaut de celui-ci, par l'autre vice-président».

[218] Cf. Statuts CEF/1975, art. 14 §§1-2.

[219] Statuts CEF/2006, art. 10.

[220] Cf. Statuts CEF/2006, art. 35.

[221] Cf. Statuts CEF/2006, art. 39.

qui de ce fait, est laissé à l'appréciation personnelle du Président. Elles ont cependant un caractère obligatoire, que souligne l'emploi du futur dans les deux articles 35 et 39 des Statuts, et ne sont donc pas une simple possibilité. Ces rencontres à un niveau institutionnel déterminé, bien que formellement prévues et parfois souhaitables, dénotent une volonté d'évacuer les sources de conflits dans la zone des contacts personnels, pour garder à l'Assemblée Plénière sa vocation d'instance de collégialité et d'unité visible entre égaux. Les Archevêques métropolitains, munis de leur office personnel, ont ainsi un rôle fonctionnel en tant que présidents des assemblées provinciales, alors qu'ils ne sont pas élus.

L'article 39 des Statuts reprend l'initiative des rencontres de concertation auprès du Président, qui avait été mise en place en 2003, après la rénovation des provinces. Il s'agissait alors de trouver des interlocuteurs autorisés qui, par leur office provincial constitutionnel, étaient déjà établis en autorité pour la mise en œuvre des circonscriptions ecclésiastiques. Les métropolitains n'intervenaient qu'en qualité de représentant de la province mais non pas comme représentant ou porte-parole des évêques suffragants. C'est donc cette ambiguïté que les Statuts de 2006 ont cherché à dépasser.

En effet, le positionnement des Assemblées provinciales d'évêques, dont il est question à l'article 38 §2 du Titre V, placées tout de suite après le Titre IV sur «Les organismes de la Conférence», les caractérise comme de réelles Commissions territoriales à compétence générale. Les métropolitains qui les président de droit, ne sont pas toutefois traités comme des présidents de Commissions, ayant reçu un office attaché à leur siège et non une mission de la Conférence. Les provinces ecclésiastiques occupent ainsi une position ambivalente dans les Statuts, à la fois comme un vis-à-vis institutionnel de la Conférence qui devrait respecter l'autonomie fonctionnelle de chacune, mais également comme des échelons de la Conférence, bien qu'elles ne remplacent pas formellement les Régions apostoliques, mais occupent leur place dans les Statuts. Les deux institutions sont toutefois des vrais niveaux décisionnels qui sont appelés à se compléter comme des pôles de réception et des lieux de résonnances de la collégialité dans leur fonction synodale de repérage du *sensus fidei*. Il y a un jeu d'échange entre les deux assemblées, dont les diocèses sont les premiers bénéficiaires, mais qui n'est pas clairement identifié.

Cette complémentarité formelle entre une instance générale, la Conférence, et une instance particulière, la province, se matérialise par les fonctions unipersonnelles représentatives du Président et du métropolitain. Leurs rencontres sont donc essentiellement des concertations institutionnelles[222]. Pour ne pas donner une place trop importante à la charge de métropolitain, surtout comme représentant de la province, la composition du Conseil permanent qui entoure la présidence s'en trouve elle-même changée. Dans les précédents Statuts de 1975, les organismes de la Conférence étaient tous formellement représentés autour de la présidence. Après les modifications de 1994, dans le Conseil permanent, seules subsistent les Régions apostoliques, mais les délégués maintiennent seulement un lien avec elles sans être vraiment leurs représentants. Comme le président de la province est le métropolitain, si on avait gardé cette manière de faire, il aurait fallu que ceux-ci siègent au Conseil permanent, ce à quoi s'opposaient certains évêques. C'est pourquoi la représentation dans le Conseil permanent, en cherchant à éviter ce positionnement, est d'abord une représentation catégorielle à la fois des différents types de diocèses et aussi des évêques[223], matérialisant les deux unités de bases pour le discernement épiscopal en Conférence, mais pas les institutions locales de regroupements des évêques ni les organismes de leur collaboration.

Les Archevêques métropolitains, par la définition canonique de leurs charges, sont institutionnellement des intermédiaires et des médiateurs dans les provinces où ils exercent leur office, même s'ils ne sont pas les coordinateurs de l'activité pastorale de la province[224]. Le sens synodal de la province comme réseau d'Églises proches et unies par des causes communes au plan pastoral, est bien présent dans les nouveaux Statuts et

---

[222] Les Statuts de 2006 ont beaucoup développé le rôle personnel du Président de la CEF, mais ne lui ont dédié aucun Titre. C'est donc parsemé dans les différents articles que sont rôle institutionnel se formalise ce qui, en terme juridique, fragilise sa position face aux Archevêques métropolitains, dont le rôle et les fonctions sont clairement établi pas le droit universel. Il serait peut-être souhaitable que la fonction de Président de la CEF soit mieux établie peut-être dans le Règlement de la CEF.

[223] Cf. Statut CEF/2006, art. 22 §1; Règlement intérieur CEF/2006, art. 23 §1: «Les membres du Conseil permanent à élire par l'Assemblée sont choisis selon la procédure suivante: 1) trois évêques selon la population des diocèses: un pour les diocèses de moins de 500 000 habitants, un pour les diocèses entre 500 000 et 1 000 000 habitants, un pour les diocèses de plus d'un million d'habitants; 2) Trois évêques selon l'ancienneté dans l'épiscopat. Le Conseil permanent révisera la composition des collèges démographiques tous les six ans en fonction des recensements, et la composition des collèges selon l'ancienneté au moment du renouvellement ou du remplacement des membres». On aurait pu imaginer un autre type de représentation rural/urbain. Mais ce qui est recherché, c'est la compétence dans le ministère épiscopal, pas vraiment la représentation des circonscriptions territoriales.

[224] Cf. G. MARCHETTI, «Origine e significato», 149.

les métropolitains y conservent leur rôle de repère dans la communion hiérarchique, sans laquelle il ne peut y avoir de collégialité locale. En intégrant ainsi cette dimension synodale de leur fonction provinciale au niveau des contacts de la présidence, leur légitimité est reconnue tout autant que la pertinence de l'Assemblée provinciale des évêques qu'ils président. Mais elle ne s'intègre pas comme la réalisation locale de la collégialité dans la communion hiérarchique, ni vraiment comme une instance de collaboration épiscopale autonome. Les Archevêques métropolitains ne reçoivent pas un nouveau rôle, mais ils exercent pleinement celui qui est le leur en tant que vecteur de synodalité et signe de la communion locale entre les évêques. Il reste cependant un déficit dans la représentation de ces Assemblées provinciales dont on ne veut pas qu'elle soit assumée organiquement par les métropolitains. Leur caractère hiérarchique semble trop affirmé. En ne développant pas les aspects normatifs déjà stabilisés par le Code pour les provinces, les Statuts de la CEF montrent la difficulté d'intégrer des niveaux institutionnels obligatoires comme des vis-à-vis organiques ou même comme des niveaux intermédiaires progressifs qui ne soient pas structurellement en dépendance de la Conférence. Ils laissent cependant ouvertes les initiatives locales afin que les provinces prennent une place réelle dans la vie ecclésiale supradiocésaine.

1.4 *Conclusion*

La réorganisation française des circonscriptions ecclésiastiques s'inscrit dans un double mouvement: celui de la réception canonique des effets du concile Vatican II, qui nécessitait de repenser le schéma géo-pastoral à l'échelle d'une nation et celui d'une meilleure coopération épiscopale locale qui ne soit pas détachée d'une action pastorale commune efficiente dans les Églises particulières. Si les Régions apostoliques avait été souhaitées pour être un lien avec la Conférence Épiscopale, la vocation première des provinces est d'être un lieu de collaboration directe entre les évêques.

Dans son fond, l'organigramme de la Conférence des Évêques de 2006 reprend en substance celui de l'ACA entre 1945 et 1951[225]. Une différence cependant les éloigne: les provinces ecclésiastiques dans l'organigramme de l'ACA étaient des niveaux décentralisés opératifs où la collégialité pastorale supra-locale était configurée dans la communion

---

[225] Cf. les organigrammes de l'ACA/1951 et de la CEF/2006; Annexe 1, 445 et 449, tabl. 2 et 9.

hiérarchique. Dans l'organigramme de 2006, les deux entités canoniques, provinces et Conférence, doivent encore approfondir leurs liens organiques, non pas simplement pour un effet de complémentarité mais encore pour intégrer graduellement dans une saine autonomie ces entités canoniques supra-locales. L'institution des Conférences Épiscopales ne peut remplacer celle des conciles particuliers où les évêques, sur un même territoire, sont en communion entre eux et avec le peuple de Dieu qui leur est confié[226]. C'est donc la dimension de réseau synodal d'Églises proches et le rôle de son pivot synodal métropolitain qui sont appelés à se développer comme des éléments structurels de la Conférence et pas simplement fonctionnels[227]. Un dernier point reste à prendre en compte: le manque de participation des fidèles, présents dans les processus synodaux mais qui n'ont aucune visibilité dans les instances de la Conférence et donc ne trouvent aucun lieu d'expression en dehors des seuls diocèses[228].

La Conférence Épiscopale, qui est d'abord considérée comme une assemblée d'évêques n'est pas un organe synodal, mais collégial. Reliée directement à la responsabilité gouvernementale des évêques[229], elle n'est l'expression de la communion des Églises particulières que de manière seconde. Pour que la Conférence devienne un support institutionnel de la *Communio Ecclesiarum ac Episcoporum*, elle doit faire une place

---

[226] JEAN-PAUL II, exhort. ap. *Pastores gregis*, n. 62: «Dans ces institutions [les conciles particuliers], les évêques pourront agir en exprimant non seulement la communion entre eux, mais aussi la communion avec toutes les composantes de la portion du peuple de Dieu qui leur est confiée; ces composantes sont représentées aux Conciles selon les normes du droit. Dans les Conciles particuliers, en effet, précisément parce qu'y participent aussi, bien qu'avec voix consultative seulement, des prêtres, des diacres, des religieux, des religieuses et des laïcs, est exprimée de manière immédiate non seulement la communion entre les Évêques, mais aussi la communion entre les Églises. En outre, les Conciles particuliers, en tant que moments ecclésiaux solennels, requièrent dans leur préparation une réflexion sérieuse, qui engage toutes les catégories de fidèles, de façon à faire de ces Conciles un lieu adapté pour les décisions les plus importantes, spécialement celles qui concernent la foi. C'est pourquoi la place des Conciles particuliers ne peut être prise par les Conférences épiscopales, comme le précise le Concile Vatican II lui-même quand il souhaite que les Conciles particuliers retrouvent une nouvelle vigueur. Par contre, les Conférences épiscopales peuvent être un bon instrument pour la préparation des Conciles pléniers».

[227] Cf. F. MATHOREL, «La Région apostolique français», 295-297: l'A. évoque déjà des difficultés pour les Régions apostoliques et la Conférence dans l'articulation entre «structures» et «fonctions», dont les problématiques rejoignent pour une part celles du lien entre province et Conférence dans les Statuts de 2006.

[228] Cf. P. VALDRINI, «La synodalité dans l'Église. L'expérience», 13.

[229] Cf. JEAN-PAUL II, exhort. ap. *Pastores gregis*, n. 63.

plus importante à «la dimension synodale de la *sacra potestas* de chaque évêque»[230]. Elle devrait donc encourager de manière institutionnelle des niveaux d'assemblées d'évêques qui soient des lieux ecclésiologiques ordinaires de la conciliarité et pas seulement des lieux techniques de coordination[231].

Dix années après l'approbation définitive du décret de réorganisation des provinces ecclésiastiques en 2008, la Conférence des Évêques a éprouvé le besoin de reprendre le dossier de sa réforme structurelle lors de l'Assemblée Plénière de novembre 2018[232]. Les Statuts de 2006 visaient à simplifier les niveaux de concertations entre les Commissions et les Comités et mieux intégrer les évêques dans leurs travaux[233]. Mais cette organisation reste chronophage et ne donne pas les résultats escomptés. Un nouveau Groupe de travail près du Conseil permanent[234] est donc mis en place dont «l'objectif est de restaurer l'échelon de la province, qui a été négligé lors de la précédente réforme et dont on sent qu'il est pertinent pour organiser plus simplement la concertation»[235]. Il s'agit d'entreprendre une réflexion sur le travail réel au niveau des provinces et sur la charge et la mission de l'Archevêque métropolitain auprès de ses suffragants. Ce deuxième volet ouvre donc une nouvelle étape de la réforme des structures de la CEF vers, peut-être, une vraie décentralisation. C'est vers une troisième voie qu'il faut donc progresser, où la collégialité serait plus étroitement liée à la synodalité, entre affectif et effectif, celle d'une «collégialité synodale» selon le mot du pape François[236].

Pour entrevoir justement les possibilités que la réorganisation pastorale des circonscriptions ecclésiastiques a permise en matière de synodalité épiscopale supra-locale et d'action pastorale commune, nous allons

---

[230] Cf. E. CORECCO – L. GEROSA, *Il diritto de la Chiesa*, 248 (notre traduction).

[231] Cf. G. MARCHETTI, «Origine e significato nell'ordinamento», 147.

[232] Une série de neuf questions est envoyée en décembre 2018 à tous les évêques pour être travaillée en province. Nous n'avons pas eu accès à ce questionnaire.

[233] Cf. *SNOP* 1159 (2004) 4-5.

[234] Statuts CEF/2006, art. 32: «L'Assemblée ou le Conseil permanent peuvent, en fonction des besoins, créer des Groupes de travail composés en majorité d'évêques. Ces groupes sont temporaires et leurs présidents sont choisis par l'organisme qui a décidé de leur création».

[235] Cf. journal *La Croix*, 8 novembre 2018, 21.

[236] «On doit chercher des formes toujours plus profondes et authentiques de l'exercice de la collégialité synodale pour mieux réaliser la communion ecclésiale et promouvoir son inépuisable mission», cité par P. VALDRINI, «La synodalité comme dimension», 39.

maintenant nous intéresser à l'organisation d'un concile ou d'un synode provincial dans l'une des provinces françaises rénovées.

2. La fonction synodale de la province: le concile provincial de Lille

Rares sont les exemples de provinces mettant en œuvre leurs ressources conciliaires qui pourraient servir d'illustration pour une mise en lumière de la corrélation canonique actuelle entre territorialité et synodalité. La nouvelle Province Ecclésiastique de Lille a profité cependant de la dynamique de sa rénovation pour célébrer un concile provincial entre 2013 et 2015, qui s'est intitulé «Synode de Lille-Arras-Cambrai: inventons les paroisses de demain!»[237]. Cette expérience, dont l'intérêt nous semble entrer avec pertinence dans cette étude, met en évidence la relation entre la coopération des évêques pour un exercice conjoint de leur *munus regendi*, et la participation des fidèles à exercer leur capacité juridique par le vote consultatif. Les effets de cette collaboration permettent la circonscription du *sensus fidei* et son discernement graduel en commun.

2.1 *Le cadre territorial synodal, cann. 431-432*

2.1.1 Un territoire pastoral homogène

Contrairement aux autres provinces françaises, celle de Lille n'a pas changé sa circonscription territoriale après le décret de 2002. Située à l'intérieur des limites géographiques de la région civile des Hauts-de-France[238], elle est constituée de deux circonscriptions civiles, les départements du Pas-de-Calais et celui du Nord. Ces territoires sont marqués par une histoire commune que traverse les luttes européennes du début du XVIIIe siècle. De cette histoire est ressortie une certaine forme de cohésion socio-culturelle et ecclésiale, dont le catholicisme fut certainement un des éléments de solidité du repérage en circonscription, tant civile qu'ecclésiastique[239].

---

[237] Cf. Mgr. L. ULRICH, «Convocation au synode provincial», 12 juin 2013. Tous les documents consultés sont déposés à l'Institut Catholique de Paris (ICP), bibliothèque de droit canonique, dossier «Concile provincial de Lille-Arras-Cambrai», cote 8 AM 45.

[238] Cette région fut créée le 1er janvier 2016 en fusionnant les régions du «Nord-Pas-de-Calais» et la région «Picardie». Elle est plus large que l'ancienne région administrative «Nord-Pas-de-Calais» qui était semblable au territoire de l'actuelle province de Lille.

[239] La région «Nord-Pas-de-Calais», appelée région «Nord» jusqu'à la réforme régionale de 1973, était composée d'anciennes provinces issues de la Flandres, de l'Artois, du Cambrésis, du Hainaut et d'une partie de la Picardie (le Boulonnais et le Calaisis). Sauf la partie picarde, ces provinces formaient, jusqu'au début du XVIIIe siècle, la

Trois diocèses forment actuellement le regroupement provincial: celui d'Arras, dans le Pas-de-Calais, celui de Lille et celui de Cambrai, ces deux derniers étant des regroupements d'arrondissements du seul département du Nord, qui comporte ainsi deux évêchés distincts. Une densité de population importante déjà au début du XXe siècle[240] avait amené le diocèse de Cambrai à se diviser en zones pastorales[241]. C'est à partir de celles-ci que le Saint-Siège décida finalement d'ériger un nouvel évêché, le diocèse de Lille[242], qui comportait déjà un séminaire formé près de l'Institut Catholique et dont le rayonnement universitaire était déjà reconnu. Une nouvelle province ecclésiastique se forma dès lors, composée des diocèses de Lille, Arras et Cambrai comme archevêché métropolitain. Les réalités pastorales se sont ainsi accommodées de la réalité administrative pour en faire un terreau ecclésial.

Sur un plan économique, cette province de Cambrai est certainement marquée par sa forte industrialisation et surtout d'importantes exploitations minières, qui forgeront son caractère et lui donneront également une certaine indépendance économique. Sociologiquement, l'emprise économique se retrouve dans une population ouvrière assez dense et donc un développement des questions sociales dans lesquelles le clergé local s'est toujours impliqué ainsi que les évêques successifs.

Sur un plan ecclésial, c'est dans ces départements que prend forme un catholicisme social très engagé qui, sur un plan pastoral, eût pour effet de maintenir une forte unité territoriale provinciale. Cette unité ne s'est jamais démentie tout au long du XXe siècle, où les trois diocèses travaillent ensemble sur de nombreux projets pastoraux. Entre les évêques, il y a une tradition de collaboration non moins que de coopération, qui s'explique par une certaine attention à l'homogénéité dans la formation du clergé et la récurrence des questions pastorales similaires qui appelaient leur travail conjoint pour promouvoir une action pastorale, parfois de manière commune[243].

---

partie inférieure des Pays-Bas méridionaux et des Pays-Bas espagnols, marqués par l'influence belge et hollandaise. Ils deviennent les Pays-Bas français à partir de 1713.

[240] La région compte parmi les zones les plus peuplées d'Europe. Au début du XXIe siècle, la population est encore très imprégnée par le catholicisme et une présence ecclésiale importante, cf. A. JOIN-LAMBERT, «Le concile provincial, une chance», 312.

[241] Un décret de la Consistoriale institut sur la demande de l'Archevêque de Cambrai des Vicaires épiscopaux sur les arrondissements civils de Lille, Hazebrouch et Dunkerque, le 5 février 1913, in *AAS* 5 (1913) 94.

[242] Cf. BENOÎT XV, *Erectio novæ diœcesis Insulensis*, in *AAS* 5 (1913) 482-485.

[243] Ce sont les causes communes qui enjoignent un certain effet de centralisation territoriale dans leur traitement; cf. F. MATHOREL, «Province et autonomie», 109.

Au niveau de l'organisation pastorale de l'Église en France, la province de Cambrai appartenait à la Région apostolique Nord qui était assez vaste[244]. Elle en formait, comme province, l'une trois des sous-régions et avait une certaine autonomie à l'intérieur de l'institution régionale, notamment dans la prise de décisions locales. Elle apparaissait comme «une entité de droit»[245], homogène quant à son histoire commune et à sa sociologie[246]. Elle possédait déjà son propre sigle en tant que province ecclésiastique, le «LAC», acronyme formé à partir des premières lettres des noms de chacun des diocèses de Lille, Arras, Cambrai. Cette communion entre les diocèses prend en compte une certaine forme de gradualité, dont l'acronyme porte le sens: c'est déjà sous le *leadership* de l'évêché de Lille que se lit le nom qui désigne cette province. Refondée à l'identique de l'ancienne province par le décret de 2002, elle devient en 2008 la Province Ecclésiastique de Lille.

La dimension de cette circonscription, modeste avec trois diocèses, ne semble pas un handicap, voire pourrait apparaître comme une chance pour la synodalité[247]. Il semble plus concevable d'unir les forces vives de trois Églises particulières dans un effort de conciliarité que de le faire à sept ou neuf, comme dans d'autres provinces françaises. Toutefois, la coopération entre un si petit nombre d'évêques sur un même territoire sociologique suppose de développer un esprit commun. Cela est possible que dans l'adaptation à la réalité ecclésiale, telle qu'elle se présente: les évêques de la province, avec une conscience affinée de la synergie métropolitaine dans une perspective missionnaire, ont su remettre en question le fondement primatial local de leur communion synodale et ainsi mieux situer le centre d'impulsion provincial.

2.1.2 Un centre métropolitain redéfini

Lors de l'érection des nouvelles provinces ecclésiastiques en France, en 2002, le siège métropolitain de la Province Ecclésiastique de Lille était toujours celui de Cambrai. La province fut reconduite en l'état par

---

[244] Cf. la carte des Régions apostoliques; Annexe 1, 448, tabl. 7.

[245] Cf. F. MATHOREL, «La Région apostolique française», 291.

[246] Cf. A. JOIN-LAMBERT, «Le concile provincial, une chance», 311-312. ID., «Synodes et concile en France. Bilan», 25.

[247] Cf. *supra*, nt. 107 et 145: la «note canonique», fournie aux évêques en novembre 2000 avec le document de travail, soulignait qu'une dimension trop petite des provinces pouvait donner une importance au rôle du métropolitain, ce qui semble se vérifier ici, dans le cas de la Province de Lille, mais dans le sens d'une meilleure efficacité synodale.

le décret et conserva ses limites. Compte-tenu de son histoire et des liens qui unissaient les trois diocèses, il n'avait pas paru nécessaire de l'agrandir. Ce n'est qu'à partir de 2006 que se manifesta une volonté des évêques de cette province de mieux configurer la fonction métropolitaine en rapport avec la réalité ecclésiale mais également civile.

Historiquement, le siège épiscopal de Cambrai est ancien. On en trouve des traces dès le VIe siècle. Il fut longtemps attaché à la Province ecclésiastique de Reims, jusqu'à la réorganisation des structures ecclésiales souhaitée par Charles Quint pour endiguer les progrès de la Réforme et qui ne sera effective qu'après sa mort. En 1559, une nouvelle carte des diocèses des Pays-Bas espagnols instaura une Province ecclésiastique dont le siège métropolitain était à Cambrai[248]. Lors de la Révolution française, la Constitution civile du Clergé fait disparaître cette province. Le Concordat de 1801 qui rétablit les diocèses de Cambrai et Arras, les rattache alors à la Province Ecclésiastique de Paris.

Un nouveau Concordat en 1817 prévoyait le rétablissement de la province de Cambrai, mais il ne fut jamais appliqué. En 1822, finalement, dans le cadre d'un réaménagement administratif du Concordat de 1801, les diocèses d'Arras et de Cambrai intègrent de nouveau la Province Ecclésiastique de Reims. De nouvelles modifications des circonscriptions concordataires ont encore lieu sous la Monarchie de Juillet et c'est en 1841 que la Province Ecclésiastique de Cambrai est à nouveau érigée par Grégoire XVI. Elle ne comporte que deux diocèses, Cambrai et Arras. Cette situation durera jusqu'en 1913, où un troisième diocèse, celui de Lille tout juste créé, viendra enrichir la communion ecclésiale provinciale.

Les villes de Douai, Lille et Cambrai faisaient parties du même département du Nord, créé à la Révolution française en 1790[249]. Douai était le siège de la préfecture. Ce chef-lieu est déplacé en 1803 à Lille, qui n'est sur le plan ecclésiastique qu'un simple doyenné, le siège épiscopal étant toujours à Cambrai. Le centre ecclésial du diocèse n'est donc pas dans la cité administrative mais dans une cité qui tire sa position de son histoire et qui n'a jamais été le centre névralgique de la région. Alors que la po-

---

[248] Cf. PAUL IV, bulle *Super universas*, 12 mai 1559. La province de Cambrai comporte alors comme suffragants les diocèses de Arras, Boulogne, Saint-Omer, Namur, Tournai et Ypres. Quelques conciles provinciaux sont restés dans les mémoires pour leur effort dans la mise en place des décisions du Concile de Trente, cf. A. LOTTIN, «La mise en œuvre de la réforme catholique, à travers les conciles provinciaux de Cambrai (1565, 1586,1631)».

[249] La loi du 22 décembre 1789 divisa le territoire national en départements.

pulation se presse massivement autour du bassin lillois, celui de Cambrai fait parti des arrondissements les moins peuplés du département. Quand Lille se situe au cœur géographique du département, Cambrai est loin dans le sud-ouest, mal exposé par rapport aux réseaux de communication, dans un environnement plus rural alors que le cœur vivant économique se situe autour du bassin citadin lillois.

Foyer industriel et donc puissance économique, Lille ne tarde pas à devenir également un centre universitaire, tant civil qu'ecclésiastique, alors que Cambrai n'est qu'une sage capitale de province, peu animée par les milieux intellectuels et économiques. Lille est une agglomération en expansion, un centre administratif, économique, universitaire, judiciaire, ce qui explique son érection en évêché en 1913.

Lorsqu'en 2002 on rénove les provinces ecclésiastiques françaises, le Saint-Siège, fort de la consultation des évêques locaux, conserva le siège métropolitain à Cambrai. Cette situation ecclésiale ne correspondait pas vraiment à la situation administrative du département: Cambrai n'était que la sous-préfecture quand la plupart des services de l'État se concentraient à Lille, siège de la préfecture départementale et régionale. C'est l'évêque d'Arras qui demanda que le siège métropolitain soit transféré à Lille[250]. Après la nouvelle consultation faite par la CEF en 2007, alors que le décret de 2002 arrivait au terme de son expérimentation, les trois évêques de la province de Cambrai demandèrent unanimement que le Siège Apostolique consente à élever le diocèse de Lille à la dignité d'Église métropolitaine. La province de Cambrai devient la province de Lille le 30 mars 2008 par la constitution *In Gallia*[251]. Le diocèse de Cambrai conserve son titre d'archevêché, comme l'avait signalé le Nonce apostolique de Paris avant le décret 2002.

Le système métropolitain répond depuis toujours à une certaine logique: le centre provincial est le lieu «où l'on vient traiter les affaires», comme le soulignait le canon 9 du concile d'Antioche (341) que nous avons vu au chapitre précédent. C'est dans une perspective réaliste d'accommodement, en se rapprochant des institutions départementales et régionales, que ce choix apparaît judicieux. Dans un réseau d'Églises constitué, la direction doit être signifiante et naturelle pour donner une certaine forme de visibilité à la communion. Par sa position ecclésiastique et son rôle synodal, notamment dans l'organisation d'une conciliarité provinciale qui ne peut se vivre sans lui[252], le métropolitain occupe

---

[250] Cf. *supra*, nt. 176. Voir la carte des provinces; Annexe 1, 448, tabl. 8.
[251] Cf. *supra*, nt. 183. Voir can. 431 §3, CIC/1983.
[252] Cf. CIC/1983, can. 442 §1.

un rôle décisif, qui pourrait être également celui d'un *leadership* ecclésial. Comme *primus inter pares*, il est le premier des évêques de sa province et il est habilité par sa fonction à les représenter en tant qu'institution provinciale auprès des institutions civiles régionales. Ce changement, qui ne pourrait être finalement conçu que comme un acte de bonne administration, dénote en fait sur le plan canonique tout l'intérêt de l'organisation métropolitaine dans l'Église. Aucune dynamique ne saurait être impulsée d'un centre en perte de vitesse. Les circonscriptions ecclésiastiques sont des moyens juridiques pour organiser les territoires dans une collégialité efficiente. Elles ont un sens de structures communautaires (*communio Ecclesiarum ac Episcoporum*) et en ce sens le gouvernement collégial doit présenter les caractères organiques nécessaires à son efficacité. Comme leur organisation est de droit ecclésiastique, il est possible de faire du neuf avec de l'ancien. La nouvelle Province Ecclésiastique de Lille est donc la rénovation de la province de Cambrai qui a redéfini à l'intérieur de son territoire une nouvelle stratégie missionnaire en identifiant mieux les pôles d'impulsion et d'incidence. Cela se traduit, en terme de synodalité, comme un nouveau «seuil» de compréhension dans la communion, que le «Synode provincial de Lille, Arras, Cambrai» est venu, en quelque sorte, entériner.

2.2 *Le cadre canonique de la démarche synodale, can. 432, 440 et 442*

2.2.1 De la concertation épiscopale à la représentation synodale

Les habitudes de travail entre les trois diocèses, fortement conservées même dans l'organisation en Régions apostoliques, n'ont eu aucune difficulté à mettre en œuvre les dynamiques collégiales propres au ministère épiscopal autour de leur nouveau métropolitain. C'est en 2011, dans le cadre ordinaire de l'Assemblée des évêques de la province de Lille que commença le discernement sur l'opportunité de convoquer un concile provincial[253]. Le domaine de compétence d'un concile particulier est assez large puisqu'il correspond à celui de chaque évêque dans son diocèse. Le choix des matières à traiter est donc fonction d'une certaine opportunité à le faire et des circonstances qui en déterminent la pertinence.

Cette décision était d'abord l'appréciation de circonstances communes et d'une certaine nécessité d'unifier plus largement l'action pastorale

---

[253] L'Assemblée des évêques de la province de Lille se composait de Mgr. L. Ulrich Archevêque métropolitain de Lille, Mgr. J.P. Jaeger, évêque d'Arras, Mgr. F. Garnier, Archevêque de Cambrai, ancien métropolitain, et Mgr. G. Coliche, évêque auxiliaire de Lille.

pour faciliter la mission dans les diocèses de la province. La thématique générale tournait autour de l'avenir des paroisses qui concernait chacun des trois diocèses sur les deux départements civils de la province ecclésiastique. Les problématiques d'une organisation ecclésiastique pastorale s'envisagent ici sur un fond commun: des réalités géographiques similaires et une baisse de la pratique religieuse, surtout en milieu rural. Cette thématique avait déjà été travaillée dans chaque diocèse de la province, comme aussi un peu partout en France, et également au niveau de la Conférence des Évêques. Il s'agit donc de se saisir de la question à un niveau intermédiaire, la province ecclésiastique, afin de mener, sur ce territoire qui unit différents diocèses, un type plus unifié d'action pastorale, plus efficace que plusieures, même conjointes. Le concile semblait l'instrument canonique le plus adéquat et la majorité des évêques suffragants, c'est-à-dire les évêques diocésains, devaient y consentir, à commencer par l'Archevêque métropolitain lui-même[254].

La nécessité d'un travail commun acquis «pour envisager ensemble l'avenir des communautés chrétiennes»[255], il restait encore à discerner l'«opportunité» pour organiser un tel événement ecclésial. Cette opportunité fut rendue favorable par le réaménagement institutionnel de la province, comme nous l'avons évoqué. La forme conciliaire permet d'associer les fidèles au discernement épiscopal et à la promotion des options pastorales. Célébrer un concile particulier suppose de recevoir l'assentiment des futurs participants, la volonté des pasteurs n'est pas seule suffisante.

Aussi, les évêques ont pris l'avis d'une assemblée préparatoire avant de décider la convocation du concile provincial. Profitant d'un pèlerinage à Lourdes avec les trois diocèses pour les cinquante ans de l'ouverture du concile Vatican II, des groupes de travail sont constitués et leur consultation porte sur le bien-fondé d'organiser un «concile provincial». Les cent-trente participants furent favorables, avec le désir que cette mécanique ne soit pas trop complexe. Le choix d'un concile fut accepté et porta l'appellation «Synode Lille-Arras-Cambrai», mais le cadre canonique dans lequel il va évoluer est bien celui d'un concile provincial.

---

[254] Cf. CIC/1983, can. 442 §1. Selon le DPME, n. 23a, l'évêque auxiliaire possède dans l'Assemblée provinciale une voix délibérative, à parité avec les évêques diocésains. On peut donc imaginer que dans le cas d'espèce la majorité fut de trois pour un, ou bien que la proposition de célébrer un concile fut emportée à l'unanimité des voix.

[255] Lettre des évêques au peuple de Dieu dans la Province de Lille, «Pour 4 million d'hommes à aimer et à servir au nom de Jésus», 1er juin 2012, 1.

Le projet est ambitieux et les évêques en expriment la teneur missionnaire dans une lettre commune au peuple de Dieu en juin 2012. Ils souhaitent aborder tout autant le territoire des communautés paroissiales, leur mode de vie et de subsistance, mais également, comme c'est souvent le cas pour les conciles particuliers, aborder des domaines plus disciplinaires comme «les responsabilités réelles exercées par les laïcs, la place des diacres et la redécouverte ensemble de la signification particulière du service pastoral des prêtres»[256].

En préparation des futures rencontres synodales, les évêques constituèrent, en novembre 2012, un «groupe de pilotage», comprenant deux représentants, homme et femme, de chacun des trois diocèses, chargé de préparer notamment l'*instrumentum laboris* et d'assurer les relais entre les diverses assemblées pendant la tenue du synode provincial. Mais il restait d'autres difficultés à surmonter, en particulier celle de la participation des fidèles. Le théologien A. Join-Lambert, théologien et expert lors de ce concile provincial, la résume sous deux questions: «qui est membre et qui vote?»[257]. Le can. 443 §4 du Code de 1983 permet en effet d'appeler des membres invités avec voix consultative, mais en nombre inférieur à celui des membres de droit. L'assemblée ainsi constituée ne semblait pas assez signifiante de l'engagement que l'on attendait des fidèles, notamment laïcs. Comme nous sommes dans un cadre supra-diocésain, un évêque ou même l'ensemble des évêques de la province ne sont pas compétents pour donner une telle dispense[258]. Cette faculté n'appartient pas également au métropolitain, même lorsqu'il agit comme président et autorité de convocation de l'Assemblée conciliaire provinciale. Aussi, avant de convoquer le concile, l'Archevêque métropolitain sollicita une dispense auprès du Siège Apostolique, adressée le 5 octobre 2013 à la Congrégation pour les Évêques, en proposant que le nombre de laïcs, avec voix consultative, choisis par les évêques diocésains soit «fixé de la même façon que celui des supérieurs majeurs ou des recteurs de grands séminaires (can. 443 §2, 2°

---

[256] Lettre des évêques au peuple de Dieu dans la Province de Lille, «Pour 4 million d'hommes à aimer et à servir au nom de Jésus», 1er juin 2012, 1-2.

[257] A. Join-Lambert, «Le concile provincial, une chance», 312-313: «En appliquant le droit canon strictement, il n'y aurait eu que 64 membres de droit et membres invités de droit, et au maximum 63 membres invités (c'est-à-dire 64 moins 1, comme l'indique le can. 443 §4). Or les évêques souhaitaient appeler en plus 120 membres (40 par diocèses). Si seulement 63 auraient eu droit de vote, qu'en était-il alors des 57 membres restants». L'A. expose les différentes solutions retenues avant de demander la dérogation romaine.

[258] Cf. CIC/1983, can. 87 §§1-2.

et 4°)»[259]. La réponse romaine en date du 12 novembre 2013 fut celle, non d'une dispense, mais d'une autorisation à déroger[260] au can. 443 §4, rapportée par le Nonce Apostolique à Paris, signifiant l'accord du pape François à la demande de Mgr. L. Ulrich d'élargir le nombre de fidèles, notamment laïcs, à être des membres actifs de l'Assemblée synodale. Comme c'était une dérogation spécifique, liée à la célébration provinciale de ce synode, la lettre du Nonce stipulait qu'elle devait figurer parmi les actes du concile[261]. L'Assemblée synodale comporta alors une majorité de laïcs[262], mais seulement cinq membres avec voix délibérative, les évêques, dont Mgr. J. Noyer, évêque émérite d'Amiens en résidence sur le territoire provincial qui avait été invité à participer comme tous les autres évêques émérites[263]. Quand bien même la composition proposée par le Code de 1983 reste très «cléricale» et fondée sur le ministère ordonné, les possibilités accordées par le droit permettent, en fait, d'en améliorer la représentation quand elle est justifiée.

Selon la norme universelle le métropolitain doit choisir, en accord avec les autres évêques suffragants, le lieu de célébration du concile provincial[264] qui lui revient de présider[265]. Les rencontres furent programmées entre décembre 2013 et février 2015. Six mois avant l'ouverture des travaux, le métropolitain fit la convocation des membres, toujours

---

[259] Cf. Esquisse de la demande, dossier «Concile provincial de Lille-Arras-Cambrai», qui a été partiellement reproduite par A. JOIN-LAMBERT, «Le concile provincial, une chance», 313.

[260] Cf. CIC/1983, cann. 20.85; la dispense est «un relâchement de la loi purement ecclésiastique dans un cas particulier». Elle n'est qu'un assouplissement de l'application de la loi, alors que la dérogation est une révocation partielle de la loi. Selon le can. 86: «Lorsqu'elle détermine des éléments essentiels et constitutifs des institutions ou des actes juridiques, les lois ne sont pas objet de dispense»; cf. V. DE PAOLIS – A. D'AURIA, *Le norme generali*, 260-261. Dans le cadre du concile provincial, la constitution des membres participants avec vote consultatif est un élément constitutif de l'Assemblée synodale: on ne peut en dispenser. C'est pourquoi la réponse romaine n'est pas une dispense mais une dérogation dans l'application de la loi. Les possibilités ainsi proposées sont plus étendues.

[261] Cf. NONCIATURE DE PARIS, lettre du 13 novembre 2013 à Mgr. L. Ulrich, in dossier «Concile de la province de Lille».

[262] A. JOIN-LAMBERT, «Synodes et concile en France. Bilan», 25: l'A. note qu'il y avait 124 laïcs pour 184 membres convoqués. Après la clôture des débats, une recension du 25 février 2015 fait état de 190 membres au total, dont 109 laïcs, cf. « Membres du synode, au 25 février 2015», in dossier «Concile provincial de Lille-Arras-Cambrai».

[263] Cf. CIC/1983, can. 443 §2.

[264] Cf. CIC/1983, can. 442 §1, 2°. Les assemblées se sont déroulées à la Maison diocésaine de Merville, sur le territoire de l'archidiocèse de Lille.

[265] Cf. CIC/1983, can. 442 §2.

avec le consentement de tous les évêques suffragants[266], comme cela fut spécifié à la fin de la lettre de convocation. Les membres du synode provincial furent choisis par chaque évêque dans leur diocèse respectif, dans les différents niveaux institutionnels existants: pour la plupart, ils étaient déjà membres des Conseils pastoraux diocésains, avec des représentants laïcs des doyennés et des diverses réalités pastorales des Églises, ainsi que plusieurs ministres ordonnés. Comme il fallait plus de temps pour choisir et convoquer les membres supplémentaires obtenus grâce à la dérogation romaine, les listes des membres de droit et celles des membres appelés et invités ne furent publiées qu'au cours du mois de novembre 2013.

2.2.2 L'Assemblée synodale provinciale

Pour que la démarche synodale puisse se dérouler avec méthode, le groupe de pilotage, aidé de canonistes, proposa un Règlement intérieur[267] approuvé par l'Assemblée provinciale des évêques et promulgué par l'Archevêque métropolitain. Deux points retiennent notre attention: l'organisation des votes et le rôle du métropolitain.

a) L'instance législative du concile provincial de Lille

Avec la dérogation obtenue de Rome, tous les participants de l'Assemblée synodale, appelés ou invités selon le droit, sont des membres à part entière. Tous les membres ont reçu une convocation personnelle du métropolitain et devaient assister à l'intégralité des sessions. Les absences étaient strictement contrôlées par le groupe de pilotage[268]. Seuls

---

[266] Cf. Mgr. L. ULRICH, «Convocation au synode provincial, 12 juin 2013», in dossier «Concile provincial de Lille-Arras-Cambrai», 2: «Ainsi, en vertu de ma charge d'Archevêque métropolitain de Lille (can. 442), ayant recueilli l'*avis* des évêques d'Arras et de Cambrai, ayant *consulté* aussi l'évêque auxiliaire de Lille, *je convoque* le synode, ou concile, provincial qui tiendra ses assemblés à la Maison diocésaine de Merville, et sera ouvert le samedi 14 décembre 2013» (nos italiques).

[267] Cf. Mgr. L. ULRICH, «Règlement du Synode de Lille-Arras-Cambrai» [Règlement LAC], 1er décembre 2013, n. 1, in dossier «Concile provincial de Lille-Arras-Cambrai». Le Règlement comprend neuf articles: art. 1: la convocation; art. 2: La composition du synode; art. 3: L'entrée en synode; art. 4: La direction du synode; art. 5: Le fonctionnement du synode; art. 6: Les lois synodales; art. 7: Les intersessions; art. 8: La discipline générale; art. 9: La conclusion. En annexe du Règlement, on trouve des «extraits du Code de droit canonique», cités dans cet ordre: can. 439 §§1-2; can. 440 §§1-2; can. 441; can. 442 §§1-2; can. 443 §§1-6; can. 444 §§1-2; can. 445; can. 446; can. 127 §§1-3; can. 212 §§1-3; can. 833.

[268] Cf. Règlement LAC, art. 8, a.

les évêques pouvaient se faire remplacer comme le prévoit la norme universelle[269]. Pour manifester leur engagement, les membres de l'Assemblée synodale ont prononcé ensemble la profession de foi devant l'Archevêque métropolitain en tant que président du concile provincial[270]. Ils se distinguaient en trois groupes A, B et C, signifiant le niveau de leur implication dans le processus décisionnel.

Les votes délibératifs formaient le groupe A, composé des cinq évêques convoqués et appelés[271]: les évêques diocésains, en tant qu'ils sont les législateurs dans leur propre diocèse, mais également l'évêque auxiliaire de Lille, convoqué, et l'évêque émérite, appelé, en tant qu'ils appartiennent au Collège épiscopal et donc participent par leur ministère à l'*episkopé*. Le théologien A. Join-Lambert souligne qu'il y a là une sorte d'aporie du droit qui ne valorise pas suffisamment la *communion fidelium,* ne donnant aux fidèles qu'une participation limitée dans la validation des lois synodales, par rapport au ministère épiscopal[272]. Le concile particulier est un niveau de collégialité partielle dans la communion entre les Églises dont le ministère épiscopal en forme la structure hiérarchique, la tête et le lien visible. Les fidèles ne s'assemblent que parce que les évêques eux-mêmes se rassemblent, pour unir conjointement les effets de leur ministère propre. Pour que les décisions prisent en concile puissent être opérationnelles comme actions pastorales, il importe qu'il y ait cette gradualité entre la tête qui décide et le corps qui conditionne, l'un et l'autre étant liés pour agir.

Dans la lettre de convocation des membres du synode provincial, le métropolitain soulignait que la liste des membres ayant voix délibérative

---

[269] Cf. CIC/1983, can. 444 §§1-2; Règlement LAC, art. 8, a.

[270] Cf. CIC/1983, can. 833, 1°; Règlement LAC, art. 3, a. Le texte de la profession de foi est présenté en annexe du Règlement LAC.

[271] Cf. CIC/1983, can. 443 §§1, 1°-2°.2. Voir Règlement LAC, art. 2/A.

[272] Cf. A. JOIN-LAMBERT, «Le concile provincial, une chance», 319, nt. 33. L'A. s'appuie sur les thèses de O. M. HERIVONJILALAINA, *La synodalité du et dans le peuple de Dieu,* 150 (voir, *supra*, chap. I, nt. 132). Ce dernier reprend à son compte une critique concernant les positions de E. Corecco et W. Aymans qui placent le principe opérationnel de la synodalité entre les Églises au niveau du ministère épiscopal. Cette critique qui vaut surtout sur un plan ecclésiologique plus que canonique, où se situent les deux auteurs visés, ne prend pas en compte la définition d'un diocèse qui est d'abord une communauté de fidèles à qui est donnée une «tête» sacramentelle, l'évêque. En ce sens, les diocèses sont des communautés hiérarchiques et l'évêque est le représentant-né de sa communauté ecclésiale. Il paraît donc difficile, en relevant le niveau de synodalité à la communion entre les Églises, que les évêques aient moins de pouvoir opératif dans un concile particulier qu'ils n'en ont normativement dans leur synode diocésain. Voir L. VILLEMIN, «Les provinces ecclésiastiques»,198-202.

était en cours de constitution[273]. La question était de savoir à quel titre l'évêque auxiliaire et l'évêque émérite participeraient aux votes délibératifs. L'auxiliaire, qui n'a dans son diocèse que le pouvoir que l'évêque diocésain lui donne, n'est qu'une figure vicaire, comme nous l'avons déjà signalée dans le chapitre premier de notre étude[274]. Selon le droit, il ne peut aller, dans la concertation, contre la volonté et le sentiment de ce dernier. Dans le synode diocésain, l'auxiliaire n'a pas de fonction de législateur, car seul l'évêque l'est dans son diocèse: aucun rôle spécifique ne lui est donc attribué dans la démarche synodale diocésaine[275]. Au niveau provincial, l'auxiliaire intervient comme membre du Collège épiscopal et à ce titre, il a un vote délibératif à égalité avec celui de son évêque: la règle synodale diocésaine semble ne pas subsister. Pour A. Join-Lambert, ce point de droit est discutable et devrait s'harmoniser avec la norme sur les synodes diocésains. Quoiqu'il en soit, dans le concile particulier, le droit de l'évêque auxiliaire est celui d'un vote plein, ce qui identifiait l'organe délibératif du synode provincial de Lille aux quatre membres du *conventus* provincial. Cette configuration semblait trop restreinte pour signifier une «belle» majorité.

Comme le prévoit alors la norme universelle, les évêques émérites peuvent aussi participer à la démarche synodale provinciale[276]: parmi les trois présents sur le territoire, un seul a été sollicité pour prendre part au concile. Dans le can. 443 §2, les évêques émérites ne sont pas des membres de droit convoqués, mais des membres de droit appelés (*vocari possunt*)[277]. L'Archevêque métropolitain était donc libre d'inviter les trois, un seul ou aucun. Dans ce cas d'espèces, les évêques diocésains ne pouvaient pas être en nombre inférieurs vis-à-vis des autres évêques: inviter un seul des évêques émérites était un moyen de préserver le rôle fonctionnel des évêques diocésains qui gardait ainsi la main sur le niveau délibératif.

L'évêque émérite, en effet, a une voix délibérative dans les conciles particuliers, au double titre de son ministère épiscopal et de sa présence dans le territoire provincial: ce choix dans le cadre du concile de Lille portait ainsi à cinq le nombre des évêques du Groupe A[278]. Ce vote déli-

---

[273] Cf. Mgr. L. ULRICH, «Convocation au synode provincial, 12 juin 2013», 2, à la fin, in dossier «Concile provincial de Lille-Arras-Cambrai».

[274] Cf. *supra*, chap. I, nt. 491.

[275] Cf. CIC/1983, cann. 460-468.

[276] Cf. CIC/1983, can. 443 §2; *supra*, chap. II, nt. 466.

[277] Cf. DPME, n. 230a: le directoire recommande qu'il soit «invités» et non appelés.

[278] Cf. A. JOIN-LAMBERT, «Le concile provincial, une chance», 318-319: «Au concile de Lille trois évêques résidaient sur le territoire, c'est-à-dire autant que les évêques diocésains auquel s'ajoutait un évêque auxiliaire. Le vote des émérites auraient pu alors

bératif se justifie dans le concile particulier puisque, différemment du synode diocésain, ce qui importe, c'est la participation juridique des évêques à un même droit institutionnel, la *sacra potestas*, qui ne dépend pas de leur charge canonique, mais du caractère sacramentel de leur ordination. Les évêques émérites continuent de participer à la *sacra potestas* quand bien même ils n'exerceraient plus de charge réelle: nous sommes dans l'ordre du discernement efficace du *sensus fidei* que réalise de manière synthétique le ministère épiscopal.

Après la constitution du niveau délibératif, qui était donc uniquement un collège épiscopal dans le Groupe A, un second collège, le groupe B fut constitué, composé de membres appelés ou invités, avec voix consultative[279]. Ce collège, où se retrouvaient les fidèles, prêtres, religieux, religieuses et laïcs, comportait lui même différentes catégories de membres, selon le titre de participation accordé à chacun. Dans une première catégorie, il y avait ceux dont la présence était requise de manière obligatoire, selon ce que dispose le droit universel pour les conciles particuliers. Ces membres se distinguaient, entre ceux qui étaient appelés[280] et ceux qui devaient être invités tout spécialement lors de la célébration d'un concile provincial[281]. Une deuxième catégorie était constituée par les membres prêtres et les autres fidèles qui, selon le droit «peuvent aussi être appelés»[282]. La représentation synodale, telle que la prévoyait la norme commune, restait fondamentalement cléricale et institutionnelle. C'est pourquoi le métropolitain avait demandé une dispense, canoniquement dans ce cas d'espèce une dérogation, pour appeler d'autres membres, notamment laïcs, afin d'élargir la représentation. Vingt membres supplémentaires par diocèses furent ainsi appelés à participer avec voix consultative en intégrant ce groupe B[283].

---

théoriquement faire échouer le concile. Et même avec l'option retenue d'en inviter un seul, ce dernier plus l'évêque auxiliaire auraient pu théoriquement ne pas approuver les décrets, 2 contre 3 font plus qu'un tiers. Cette supposition absurde montre en tout cas qu'une révision du can. 443 §2 est nécessaire, en lien avec un approfondissement de la réflexion sur la *communio Ecclesiarum* dans le cadre conciliaire».

[279] Cf. CIC/1983, can. 443 §§3-4. Règlement LAC, art. 2/B.

[280] Cf. CIC/1983, can. 443 §3, 1°-4°; Règlement LAC, art. 2/B, a: les vicaires généraux et épiscopaux, neuf supérieurs majeurs désignés par leur pairs pour les trois diocèses, le recteur de l'Université catholique de Lille et le doyen de la faculté de théologie de celle-ci, le supérieur du séminaire de Lille.

[281] Cf. CIC/1983, can. 443 §5; Règlement LAC, art. 2/B, c: deux délégués de chaque chapitre cathédral, conseil presbytéral et conseil diocésain de pastoral.

[282] Cf. CIC/1983, can. 443 §4; Règlement LAC, art. 2/B, b: numériquement, les membres appelés représentent la moitié du nombre de ceux du point B, a.

[283] Cf. Règlement LAC, art. 2/B, d.

Un dernier ensemble de personne, le groupe C, était constitué de membres appelés en qualité d'observateurs et en nombre égal dans chaque diocèse. Ce groupe n'avait pas de voix consultative, mais son avis était requis avant le vote final de chacune des propositions synodales[284]. Ce groupe C différait, dans l'organisation lilloise, des simples observateurs qui n'avaient pas, quant à eux, la qualité de membres du synode provincial, mais seulement d'invités par le métropolitain, «*una cum episcopis suffraganeis*»: il s'agissait de personnes venant de l'extérieur de la province ou bien d'autres confessions chrétiennes présentes sur le territoire[285].

Les membres des groupe A et B étaient tenus de donner leur avis[286] lorsqu'ils étaient consultés sur les textes travaillés, lesquels devaient être adoptés à la majorité des deux tiers[287]. Les textes étaient finalisés en propositions synodales une fois qu'ils étaient entérinés par le vote du seul groupe B, celui ayant un vote consultatif, après avoir pris l'avis du groupe C[288]. Les propositions synodales ne devenaient enfin des lois synodales qu'après avoir été votées par le groupe A, celui qui a voix délibérative[289]. Ce sont ces derniers textes adoptés par les évêques qui formèrent les décrets synodaux, qui devaient être soumis à la *recognitio* de la Congrégation pour les Évêques comme le rappelait le Règlement[290].

Dans son organisation, le concile provincial de Lille a donc parfaitement gradué et explicité la participation des fidèles au *munus regendi* des évêques. Les compétences de chacun des acteurs synodaux étant respectées dans une collaboration pour la formation des textes et jusque dans la prise de conscience d'une coresponsabilité fonctionnelle qui formalise le concile provincial comme l'instance législative de la province ecclésiastique.

b) Le rôle du métropolitain dans le concile provincial de Lille

La fonction de l'Archevêque métropolitain, telle que le Règlement intérieur du synode provincial de Lille l'a décrite, est en stricte conformité avec le can. 442 §1, 1° à 3°. Il convoque, choisit le lieu de célébration et

---

[284] Cf. Règlement LAC, art. 2/C; art. 5/E, b.
[285] Cf. CIC/1983, can. 443 §6; Règlement LAC, art. 4, e.
[286] Règlement LAC, art. 5/E, a; cf. A. JOIN-LAMBERT, «Le concile provincial», 317.
[287] Cf. Règlement LAC, art. 5/E, a.
[288] Cf. Règlement LAC, art. 5/E, b.
[289] Cf. Règlement LAC, art. 5/E, c.
[290] Cf. Règlement LAC, art. 6, a.

préside les assemblées générales[291]. Puisqu'il convoque, c'est aussi au métropolitain de veiller à la discipline générale de la démarche synodale. Il doit valider les membres présentés par chaque diocèse et recevoir d'eux la profession de foi. Il est formellement le gardien du Règlement intérieur[292] et son rôle dans la discipline général du synode provincial est de s'assurer de sa stricte application. C'est lui qui est prioritairement informé en cas d'absence prévisible d'un des membres de l'Assemblée synodale[293]. Si les absences sont répétées ou si le comportement de l'un des membres nuit gravement au fonctionnement des organes synodaux ou à la conduite des travaux, il a le pouvoir de l'exclure, après avoir pris l'avis de l'équipe de pilotage[294].

S'il préside, ce n'est pas le métropolitain qui conduit les travaux. La direction du synode est en effet confiée à une équipe de pilotage que le métropolitain a désigné lui-même au sein des membres du groupe B, ceux qui ont voix consultative[295]. Les six personnes qui constituaient cette équipe, trois prêtres et trois femmes laïques, furent désignées bien en amont de l'ouverture des travaux, afin de préparer les instruments de travail, assurant également le suivi entre les sessions[296]. Ils continuèrent d'ailleurs leur activité bien après la clôture du synode provincial[297]. Au sein de cette équipe, c'est le métropolitain encore qui désigna un Secrétaire général du synode provincial, dont la tâche était de coordonner l'ensemble des travaux et d'assurer le lien avec les animateurs et les secrétaires désignés par l'équipe de pilotage dans les différentes assemblées partielles.

Chacun des membres du synode pouvait faire remonter auprès du président, par l'équipe de pilotage, des propositions à discuter dont le métropolitain restait le seul juge[298]. Ici le Règlement cite le can. 212 §§2 et 3, concernant la liberté et les droits-devoirs des fidèles à demander ce qui leur est nécessaire, mais également à faire connaître leur opinion. La démarche synodale ne serait pas cohérente si les fidèles, membres qualifiés du concile provincial ne pouvait librement signifier leur point de vue

---

[291] Cf. Règlement LAC, art. 4, a.

[292] Règlement LAC, art. 9, b: «toute interprétation ou modification de ce règlement ne prend effet qu'à sa publication par l'Archevêque métropolitain».

[293] Cf. CIC/1983, can. 444 § 1; Cf. Règlement LAC, art. 8, a.

[294] Cf. Règlement LAC, art. 8, b-c.

[295] Cf. Règlement LAC, art. 4, b. cette équipe prend la suite du groupe de pilotage nommé en novembre 2012.

[296] Cf. Règlement LAC, art. 7, a.

[297] Cf. Règlement LAC, art. 4, c.

[298] Cf. Règlement LAC, art. 5/B, b.

auprès des pasteurs comme auprès de l'Assemblée[299]. Le Règlement cependant ne prévoyait ce rôle de «pasteur» que pour le seul Archevêque métropolitain, en tant qu'il était celui qui préside à la conciliarité entre les Églises. Comme président, il revenait au métropolitain de déterminer l'ordre du jour, les questions à traiter et les interventions des personnes extérieures à l'assemblée générale[300]. Le métropolitain, en effet, en union avec les évêques suffragants, pouvait convoquer des observateurs qui n'étaient pas membres de l'Assemblée synodale, comme des experts «en communication, en gestion, en théologie, en droit canonique, ou tout autre matière»[301]. L'équipe de pilotage, quant à elle, recevait un mandat pour «constituer des commissions ou des groupes de travail chargés d'une étude particulière entre les sessions»[302], dont elle devait préciser la composition et les sujets abordés.

Le rôle conciliaire de l'Archevêque métropolitain est donc à un double niveau. Comme figure épiscopale, il n'a pas de voix prépondérante dans le niveau délibératif où il est foncièrement à égalité avec les quatre autres évêques présents, même s'il préside le groupe A. Comme président de l'Assemblée conciliaire, sa fonction telle que prévue par le Code de 1983 et déployée par le Règlement intérieur semble essentielle. Il occupe, en effet, un rôle hiérarchique de supérieur pour assurer la mécanique exécutive de la démarche synodale. Il est un lien avec le Saint-Siège à qui, comme président, il transmet les actes conciliaires pour recevoir la *recognitio*. Le concile lui-même, à qui revient la compétence de choisir le mode de promulgation des décrets conciliaires, aurait pu lui en confier le soin[303]. En tant que président et donc autorité exécutive du concile provincial, il aurait pu ainsi prendre un décret général exécutoire pour promulguer les actes synodaux dans toute la province qui aurait été ensuite réceptionné par chaque évêque dans son diocèse[304]. Le concile de Lille a préféré cependant que la promulgation soit effectuée par tous les évêques ensemble avec le métropolitain. Ainsi le décret de promulgation des actes, qui reçoit son autorité du concile provincial lui-même après récep-

---

[299] Cf. Règlement LAC, art. 5/C.

[300] Cf. CIC/1983, can. 442 §1, 3°; Règlement LAC, art. 5/B, a.

[301] Cf. Règlement LAC, art. 4, d.

[302] Règlement LAC, art. 7, b.

[303] Cf. CIC/1983, can. 446: «Absoluto concilio particulari, præses curet ut omnia acta concilii ad Apostolicam Sedem transmittantur; decreta a concilio edicta ne promulgentur, nisi postquam ab Apostolica Sede recognita fuerint ipsius concilii est definire modum promulgationis decretorum et tempus quo decreta promulgata obligare incipiant».

[304] Cf. CIC/1983, can. 31 §§1-2. Voir également le can. 8 §2.

tion de la *recognitio* romaine, est signé des trois pasteurs diocésains, qui se désignent par un «nous» général, co-signé par les des deux autres évêques, désignés comme «nos frères» par les pasteurs diocésains[305]. Le concile provincial est un acte de la collégialité partielle qui favorise le support mutuel entre les évêques et promeut l'action pastorale dans les diocèses sur un même territoire.

2.3. *La synergie métropolitaine dans la Province de Lille*

2.3.1 Une collégialité juridique des évêques

Le concile provincial de Lille est une démonstration de ce que la collégialité pastorale peut faire dans les niveaux concrets où s'assemblent les évêques. Comme le synode diocésain, le concile provincial est une structure consultative de direction et sa convocation par l'Archevêque métropolitain est un acte de gouvernement en accord avec les suffragants. La démarche conciliaire provinciale, prévue par le droit universel, n'a besoin que de l'approbation des pasteurs pour s'organiser, et non du Saint-Siège ou de la Conférence Épiscopale. Une simple information suffit, rappelant la juste autonomie accordée à l'entité provinciale dans l'organisation hiérarchique de l'Église. La démarche ne peut se réaliser cependant en cas de vacance du siège métropolitain[306]. Le Règlement intérieur lui-même n'a pas eu besoin d'être approuvé par une autre autorité que celle des évêques de la province. C'est encore dans le Règlement intérieur que nous trouvons les conséquences juridiques de cette collégialité pastorale.

Afin que tous les membres soient informés justement du processus, le Règlement rappelait que les propositions ne devenaient des lois synodales qu'après avoir été délibérées et approuvées par les évêques dans le groupe A. Le Règlement, approuvé par les évêques, avait pris cependant la précaution d'indiquer que «l'autorité qui a pris l'avis d'une assemblée à vote consultatif ne s'en écartera, dans sa décision, que pour une raison majeure»[307]. En appui de cette précision, le Règlement mentionnait le can. 127 §2, 2° reproduit dans son annexe et consultable par tous les membres, comme s'il était une norme processuelle en la matière. L'utilisation de ce canon pour l'organisation des conciles provinciaux n'est pas prévue par le Code, ni non plus pour les synodes diocésains, quand

---

[305] Cf. «Décret de publication des actes synodaux», 27 septembre 2015, in dossier «Concile provincial de Lille-Arras-Cambrai».

[306] Cf. CIC/1983, can. 440 §2.

[307] Cf. Règlement LAC, art. 5/E, c.

bien même une consultation préalable pourrait se justifier avant de les convoquer[308] qui rendrait alors cohérente, par analogie, le recours au can. 127. Pour A. Join-Lambert, toutefois, ce rappel normatif dans le cas spécifique du processus conciliaire de Lille était tout à fait conforme à l'esprit du canon, ce que pourrait confirmer une certaine lecture[309].

Dans le cadre juridique du can. 127[310], un supérieur ne peut agir en certaine matière sans le consentement ou au moins l'avis de certaines personnes ou d'un collège autorisé. Il reste libre cependant, une fois procédé aux consultations prévues, de suivre ou non l'avis ou le consentement reçus, que ceux-ci soient conformes ou non à sa volonté. De manière plus précise, le can. 127 §2, 2° règle les conditions canoniques pour rendre valide un acte nécessitant le consentement ou l'avis de certaines personnes prises individuellement ou également en groupe, bien que le canon ne le souligne pas, dans une forme de contrôle administratif *a priori*[311]. Ces consultations sont prévues seulement pour des affaires précises, prévues par le droit. Quand un avis est sollicité auprès d'un collège consultatif de personne, celui-ci doit être dûment convoqué[312], ce qui est le cas de l'Assemblée conciliaire. Si on suit la logique d'interprétation, une lecture analogique semble donc possible. L'interprétation du can. 127 §2, 2° souligne en effet que «quand il est établi par le droit que le supérieur a besoin, pour poser des actes, du consentement d'un collège ou d'un groupe de personnes», il «n'a pas le droit de voter avec les autres», même pour dirimer un vote[313]. Dans l'organisation du concile

---

[308] Cf. E. DE VALICOURT, «Le canon 127 et l'exercice du pouvoir», 230-232.

[309] Cf. A. JOIN-LAMBERT, «Le concile provincial, une chance», 314.

[310] CIC/1983, can. 127 §§1-2: «§1 Cum iure statuatur ad actus ponendos Superiorem indigere consensu aut consilio alicuius collegii vel personarum cœtus, convocari debet collegium vel cœtus ad normam can. 166, nisi, cum agatur de consilio tantum exquirendo, aliter iure particulari aut proprio cautum sit; ut autem actus valeant requiritur ut obtineatur consensus partis absolute maioris eorum qui sunt præsentes aut omnium exquiratur consilium. §2 Cum iure statuatur ad actus ponendos Superiorem indigere consensu aut consilio aliquarum personarum, uti singularum: 1° si consensus exigatur, invalidus est actus Superioris consensum earum personarum non exquirentis aut contra earum vel alicuius votum agentis; 2° si consilium exigatur, invalidus est actus Superioris easdem personas non audientis; Superior, licet nulla obligatione teneatur accedendi ad earundem votum, etsi concors, tamen sine prævalenti ratione, suo iudicio æstimanda, ab earundem voto, præsertim concordi, ne discedat.»

[311] Cf. U. RHODE, «Consentimiento para actos de la autoridad», 653-654.

[312] Cf. CIC/1983, cann. 127 §1.166: pour l'avis, le droit particulier ou le droit propre pourrait en disposer autrement.

[313] Cf. PCCCI, «réponse authentique à propos d'un doute sur le can. 127 §2», 5 août 1985. Voir U. RHODE, «Consentimiento para actos de la autoridad», 654-655.

de Lille que nous avons évoquée plus haut, seul le groupe B votait les propositions synodale et les évêques, constituant le groupe A, ne votait pas avec eux, mais à part: il y avait donc deux niveaux complémentaires, l'un consultatif et l'autre délibératif. Mais le Règlement précisait également que l'autorité délibérative, le groupe A, ne devait pas s'écarter dans sa décision, sauf «raison majeure», de ce que le groupe B aurait lui même voté. Cette recommandation suivait la logique du can. 127 §2, 2° qui prononce que «le supérieur ne s'écartera pas [des avis reçus] sans une raison prévalente dont l'appréciation lui appartient, surtout si les avis sont concordants». Néanmoins cette cautèle préventive du can. 127 §2, 2° ne s'applique qu'aux cas prévus par la loi universelle et non par un règlement.

Nous ne sommes plus, dès lors, dans le cadre analogique interprétatif du can. 127 mais dans une autre interprétation d'un lien existant entre un niveau consultatif et un niveau délibératif. On comprend que les évêques, qui ont eux-mêmes décidés de la célébration d'un concile particulier et ont choisi les membres participants, devaient tenir compte des propositions qui leur étaient soumises. Toutefois ce groupe A, agissant comme un niveau supérieur et décisionnel ne pouvait être absolument lié par un niveau inférieur consultatif. L'attitude du groupe A vis-à-vis du groupe B, requise par le Règlement, semblait donc être conforme à l'esprit du can. 127 §2, 2°, dans le sens juridique où il est interprété normalement, mais ne semblait pourtant pas conforme à l'esprit des relations entre fidèles et pasteurs dans le sens qu'elles reçoivent habituellement dans la communion hiérarchique, notamment dans le cadre du can. 212 §§2-3, lui-même cité dans l'annexe du Règlement. L'Épiscopat, dont le charisme propre est de discerner le *sensus fidei* et de le synthétiser dans une réponse ecclésiale, ne peut être lié par une décision, même autorisée, de la part des fidèles: le corps ne peut commander à la tête, même si celle-ci doit percevoir ce dont il a besoin et non seulement ce qu'il voudrait qu'on lui donne.

Dans un concile particulier, les niveaux consultatif et délibératif sont graduels, interdépendants mais autonomes. Si l'utilisation du can. 127 §2, 2° ne se justifiait pas dans le cadre du concile provincial de Lille, on entrevoit toutefois l'effet juridique recherché: il s'agissait d'exprimer une coresponsabilité des fidèles avec leurs pasteurs dans l'élaboration des lois synodales[314]. Cependant, cela ne signifiait pas que les pas-

---

[314] U. RHODE, «Consentimiento para actos de la autoridad», 655: «corresponsabilidad no significa aquí que quienes dan el consentimiento sean por elle co-sujetos del acto en cuestión. externamente es tan solo la autoridad actuante quien responde del

teurs soient dans l'obligation de lier leur responsabilité personnelle et sacramentelle, même de manière induite, pour en manifester le sens.

Ces lois synodales, une fois approuvées, sont donc déterminées comme des lois particulières qui sont toujours présumées territoriales et dont seuls les Ordinaires du lieu peuvent dispenser quand le bien des fidèles l'exige[315]. Elles sont des lois de la province[316] et non de chacun des évêques au sein de l'Assemblée synodale[317]. Elles doivent, pour obtenir toute leur efficacité juridique, être contrôlées par l'autorité compétente pour en apprécier la légalité non moins que leur opportunité ou rationabilité.

Les lois provinciales, pour leur validité et ne pas blesser l'unité de l'Église, doivent recevoir une reconnaissance en légalité, la *recognitio*, de la part de la Congrégation pour les Évêques[318]. Pour éviter l'emploi du mot «révision» qui traduit le terme canonique latin, mais n'aurait pas été compris ou reçu correctement dans son sens juridique, le Règlement emploi le vocable «visa», qui consonne bien mieux avec celui d'une marche synodale[319]. Les lois synodales du concile provincial de Lille sont entrées en vigueur dès le moment où, ayant reçu la *recognitio* romaine, elles furent promulguées en province par tous les évêques ensemble, le 27 septembre 2015 dans la cathédrale métropolitaine[320]. Les

---

acto y quien puede tener responsabilidad legal en el caso de que el acto perjudique a alguien».

[315] Cf. CIC/1983, can. 88.

[316] Cf. G. MARCHETTI, «Origine e significato», 150; CIC/1983, cann. 13 §1.29.

[317] Les propositions du concile provincial de Lille commence par ces mots: «le concile provincial demande», manière de dire qui présente les textes conciliaires plutôt comme des directives.

[318] Cf. CIC/1983, can. 446; *PB*, art. 82.157; DMPE, n. 27. Ph. TOXÉ, «La hiérarchie des normes canoniques», 117: «La validité des normes émanant de ces assemblées [épiscopales intermédiaires] dépend donc de leur conformité aux règles supérieures tant *in procedendo* qu'*in decernendo*. Et la procédure de *recognitio* par la congrégation romaine compétente qui soumet les décrets tant législatifs qu'exécutoires à l'examen du Conseil Pontifical pour l'interprétation des Textes Législatifs, assure un contrôle préalable de rationabilité des lois émises et de leur respect de la hiérarchie des normes».

[319] Cf. Règlement LAC, art. 6, a. Voir également, F. DIATEZULWA-MBUNGU, *Les conciles particuliers dans l'Église*, 137-150: l'A. fait remarquer que dans le cadre des conciles particuliers, la *recognitio* pourrait s'apparenter à une forme de censure plus qu'à un acte de communion, les décrets pouvant toujours être modifiés par le Saint-Siège et en transformer la nature conciliaire. Pour mieux manifester le caractère d'acte de communion que signifie la *recognitio*, l'A. préfère employer le terme de «informatio-notificatio».

[320] Cf. Mgr. L. Ulrich, «Lettre de convocation pour la promulgation des actes du concile de Lille, le 29 avril 2015», in dossier «Concile provincial de Lille-Arras-Cambrai». Cf. CIC/1983, can. 8 §2.

évêques agissaient ainsi, selon ce qui avait été décidé par l'Assemblée générale lors de sa dernière session, à la fois comme pasteurs et comme membres du synode provincial.

L'Assemblée provinciale des évêques est donc l'unique législateur mais pas le seul rédacteur. Le Règlement précise ainsi que pour la *recognitio*, si «le Siège Apostolique demandait une précision ou rectification sur l'un ou l'autre des textes»[321], l'Assemblée des évêques devait recevoir, pour les modifications, l'avis d'un groupe de travail qui aurait été constitué à cet effet. Cela ne fut pas nécessaire dans le cadre de ce concile provincial, puisque le Préfet de la Congrégation des Évêques, après avoir entendu les évêques qui s'étaient rendus auprès de lui pour commenter les lois synodales, les a toutes acceptées, tant sur la forme que sur le fond.

Une dernière précaution qui donne du sens à cette collégialité pastorale provinciale est encore soulignée dans le Règlement intérieur. Il s'agit de l'interprétation authentique du droit particulier que produisent ces nouvelles lois[322]. Selon le can. 16 du Code de 1983, l'interprète authentique est le législateur, «ainsi que celui à qui il a confié le pouvoir de les interpréter authentiquement». Sur ce point, une certaine rationabilité appelle une forme d'objectivité qui préserve l'équilibre dans les relations entre les diocèses.

Il n'a donc pas été décidé que ce serait l'Archevêque métropolitain, bien qu'il fût de droit le président du Concile provincial et également du groupe A. Cela lui aurait donné un rôle permanent de supérieur hiérarchique dans la province. Il n'a pas été décidé non plus que ce soit chacun des évêques dans son diocèse. La raison juridique tenait en deux points: la stabilité et la communion. Les évêques ayant participé à la démarche provinciale peuvent changer de siège ou bien être amenés à renoncer à leur charge; un nouvel évêque pourrait avoir un regard interprétatif différent de celui qui avait présidé à la rédaction des lois synodales. Aussi, pour donner un niveau collégial à cette législation particulière qui avait fait l'objet d'une promulgation commune, les évêques ont fait le choix qu'«en cas de doute, un appel [puisse] être formé devant le Conseil Pontifical pour les Textes Législatifs suivant la procédure prévue par ledit Conseil»[323]. Cette solution de confier la fonction d'interprète authentique à un tiers présentait plusieurs avantages. Le premier, était qu'on se situait dans une forme partielle de collégialité avec la réalisation d'un acte com-

---

[321] Cf. Règlement LAC, art. 6, b.

[322] Cf. Règlement LAC, art. 6, d: cet article mentionne les cann. 16-22 CIC/1983, qui ne sont pas reportés dans l'annexe du Règlement.

[323] Cf. Règlement LAC, art. 6, d.

mun qui ne pouvait être laissé à la libre interprétation individuelle. Il obligeait chacun des pasteurs à demeurer dans la logique commune d'un type unifié d'action pastorale, dont l'effet devait être la manifestation de la communion entre les Églises de la province. Comme l'autorité suprême est la seule qui peut garantir l'autorité des lois particulières des regroupements ecclésiaux, il était donc naturel de confier cette tâche à un organisme romain. Le deuxième avantage, qui découle du premier, était celui de préserver l'objectivité dans l'interprétation, en recourant à un organisme romain dont la compétence est l'interprétation des lois de l'Église[324]. Un dernier avantage, enfin, était celui de rappeler que la législation particulière issue du concile provincial avait reçu la *recognitio* de son dicastère de tutelle, la Congrégation pour les Évêques, qui fait appel au Conseil Pontifical pour les Textes Législatifs pour la reconnaissance des décrets généraux des Assemblées d'évêques, en lui soumettant (*subicienda sunt*) ces textes «pour qu'ils soient examinés sous l'aspect juridique»[325]. En plus d'une fonction législative, l'article 158 de la constitution apostolique *Pastor bonus* permet une saisine de ce Conseil par tous ceux qui y ont intérêts, la Congrégation ou les évêques, mais le terme employé est celui «d'intéressés», qui semble plus large, afin d'exercer un contrôle de conformité des lois particulières aux lois universelles de l'Église[326]. L'Assemblée des évêques de la province avait donc déterminé *a priori* dans son Règlement que le CPTL serait l'interprète authentique des normes conciliaires. En choisissant un organe indépendant et que nul ne peut contester pour sa compétence en la matière, l'objectif était d'obtenir un arbitrage impartial et juridiquement cohérent puisque le concile provincial est un organe de communion de l'Église.

2.3.2 Une communion organique d'Églises proches

La communion entre les Églises passe également par une législation commune. Chaque évêque diocésain qui a participé à la démarche synodale a reçu les actes du concile provincial comme le droit particulier de la Province de Lille. La *recognitio*[327] donne aux textes conciliaires une

---

[324] Cf. *PB*, art. 154.

[325] *PB*, art. 157. Voir également l'art. 156.

[326] Const. ap. *Pastor bonus*, art. 158: «À la demande des intéressés, il décide si les lois particulières et les décrets généraux, émanant des législateurs au-dessous de l'autorité suprême, sont conformes aux lois universelles de l'Église».

[327] Cf. Ph. Toxé, «La hiérarchie des normes canoniques», 118: à propos des décrets des Conférences des Évêques comme Assemblées intermédiaires d'évêques, ce qui s'appliquerait aussi dans le cadre d'un concile provincial.

valeur juridique et une autorité qui s'impose dans l'ordonnancement législatif de chaque diocèse. Mais les textes du concile de Lille restent très larges et se présentent plutôt comme des orientations pour la conduite de l'action pastorale dans chaque diocèse de la province. Pour donner une suite concrète à ces textes normatifs, il appartenait aux pasteurs de les recevoir juridiquement. C'est ce que rappela également le Règlement intérieur, qui demandait à chaque évêque diocésain de veiller «à introduire les lois synodales dans le droit de son diocèse»[328].

Pour qu'une loi particulière territoriale[329] puisse avoir un effet juridique pour les fidèles, il est nécessaire de la faire entrer dans le corpus juridique diocésain. L'évêque comme unique législateur doit la publier de par sa propre autorité sur son territoire juridictionnel. Les évêques de la Province de Lille ayant promulgué ensemble les actes du concile, chacun devait donc en assurer la diffusion dans son diocèse et les réceptionner par un acte juridique. C'est sous le mode de la promulgation locale d'un décret général exécutoire[330] que les dispositions conciliaires sont entrées dans les législations diocésaines afin d'en préciser les modalités d'application et en urger l'observation[331]. Les évêques diocésains, en tant qu'autorités munies du pouvoir exécutif et ayant le même champ de compétence législatif que le concile provincial, ont ainsi décrété la validité des propositions conciliaires pour les sujets qui sont sur le territoire de leur juridiction[332]. Ces points de correspondances juridiques entre les différentes législations diocésaines sont les moyens d'une vraie communion effective, qui peut se manifester au-delà des institutions par des organismes communs ou mis en commun.

Le Règlement intérieur prévoyait la possibilité de créer dans chaque diocèse une commission post-synodale pour aider les évêques à mettre en œuvre les décisions conciliaires[333]. En soi, les dispositions prises par le concile sont dans l'ensemble plutôt des objectifs indicatifs, des directives et font du document final une sorte de grille de lecture ou mieux d'évaluation de l'action pastorale diocésaine et également paroissiale. Ces indications n'en sont pas moins contraignantes, car elles concernent principalement l'efficacité des politiques pastorales du gouvernement

---

[328] Cf. Règlement LAC, art. 6, c.

[329] Cf. CIC/1983, can. 12 §3, sur l'application de la loi particulière territoriale.

[330] Cf. CIC/1983, cann. 8.31 §2; voir également F.J. URRUTIA, *Les normes générales*, 112-113.

[331] Cf. CIC/1983, can. 31 §1.

[332] Cf. CIC/1983, can. 32.

[333] Cf. Règlement LAC, art. 6, c.

des évêques et la place de plus en plus restreinte du ministère ordonné au cœur des communautés paroissiales[334].

Le but des commissions post-synodales était donc d'envisager concrètement l'application des indications conciliaires en réfléchissant aux territoires paroissiaux et à leur organisation. Les lois conciliaires provinciales sont des instruments pastoraux afin de configurer dans chaque diocèse les futurs réaménagements nécessaires pour une organisation ecclésiastique plus missionnaire, dans une cohérence d'ensemble plus large qui est comme un point de référence et d'appui pour les pasteurs[335].

2.4 *Conclusion*

L'expérience conciliaire dans la Province de Lille a été un vrai moment ecclésial de communion entre Églises qui se reconnaissaient dans une communauté de destin et d'intérêts. Certainement, la démarche synodale a permis une valorisation de chaque *portio populi Dei*, comme communauté hiérarchique de fidèles réunie autour de leur évêque, constitutif d'un regroupement ecclésial. Rares sont les occasions où les diocèses entrent ainsi en communion réelle et collaborative, au travers des différentes catégories de fidèles, pour exercer un type de coresponsabilité qui «apparaît comme le corolaire et la manifestation de l'essence de l'Église»[336]. C'est d'ailleurs par ce niveau implicatif que le théologien A. Join-Lambert décrit la participation à l'assemblée synodale de Lille-Arras-Cambrai comme plus «experte» dans la sollicitation du *sensus fidei* de la part des évêques, assis côte à côte dans un discernement commun, qui fut à la base de la qualité des travaux[337]. Le concile provincial formalise et manifeste une réalité ecclésiologique de synodalité qui est le pendant complémentaire de la synodalité locale:

---

[334] *E.g.*, *Actes du concile provincial de Lille-Arras-Cambrai*, résolution n. 49: «Le Concile provincial demande que le nombre des paroisses ne soit pas tributaire du nombre des prêtres, mais que leur taille permette d'y vivre une mission de mise en lien des diverses réalités de proximité.»

[335] Cf. *Actes du concile provincial de Lille-Arras-Cambrai*. Après la présentation des résolutions des lois synodales, on trouve en annexe des souhaits complémentaires mais qui ne sont pas entrés dans le texte normatif. Nous en retenons ici deux, à titre d'exemples, le complément n. 2: «Qu'une équipe provinciale fasse un travail d'harmonisation entre nos diocèses quant à la mission et au fonctionnement des Équipes d'Animation Paroissiale (EAP)»; ou encore le complément n. 8: «Qu'une équipe provinciale fasse un travail d'harmonisation entre nos diocèses quant à la structure et la mission du doyenné».

[336] A. REMOSSI, *Il concetto di rappresentatività*, 175, nt. 15, citant le card. Suenens.

[337] Cf. A. JOIN-LAMBERT, «Le concile provincial, une chance», 317.

Même peu nombreux, ces conciles provinciaux rappellent par leur simple existence une dimension essentielle: la synodalité d'une Église locale ne peut pas exister pleinement sans tenir compte du lien intrinsèque que la communion ecclésiale institue nécessairement entre cette Église et les autres Églises locales, surtout voisines géographiques. La synodalité est alors étroitement liée avec la collégialité[338].

Les liens territoriaux et pastoraux existent juridiquement et semblent pertinents ecclésiologiquement entre une synodalité locale diocésaine et une Conférence Épiscopale: les conciles particuliers ont un double fondement à la fois dans la dimension collégiale du ministère épiscopal et dans la nature même de l'Église comme communion entre les Églises particulières[339] et sont donc, par leur caractère synodal, des organes de la communion hiérarchique et l'expression de la collégialité épiscopale. Une synodalité supra-locale moins occasionnelle au niveau d'une province serait un lieu ecclésiologique de communion intermédiaire plus visible pour un exercice conjoint du ministère épiscopal[340]. Le lien institutionnel entre les provinces avec la Conférence Épiscopale met en évidence leur potentialité en matière de coopération entre les évêques et leur relative indépendance, surtout législative. Il n'est pas mentionné dans le Code de 1983 que les actes d'un concile provincial soient transmis à la Conférence des Évêques. Il n'est toutefois pas impossible d'imaginer de retrouver une conciliarité provinciale de réception, en lien avec les différents niveaux de concertations épiscopales. Il manque, à l'évidence, un contrôle et une vérification de la vie synodale qui était autrefois effectué par la Congrégation pour le Concile. Sans revenir à une centralisation excessive, les métropolitains pourraient avoir un rôle plus accentué dans les relations, tant avec le Saint-Siège qu'avec la Conférence des Évêques, afin d'affiner toujours plus la synthèse du *sensus fidei fidelium*[341].

À l'évidence, le texte des décisions conciliaires ne concerne que le niveau local pour lequel il a été émis. Mais, dans le cas d'espèce, les orientations complémentaires, données en annexe des lois synodales, ouvrent des perspectives sur lesquelles la Conférence a déjà lancé des travaux de réflexions, comme celle des ministères qui peuvent être confiés à des laïcs (proposition n. 6). Le droit particulier, circonscrit à son terri-

---

[338] A. Join-Lambert, «Le concile provincial, une chance», 320.

[339] Cf. G. Ghirlanda, «Concili particolari e conferenze dei vescovi», 117-120..

[340] Cf. *a contrario*, R. Metz, «Les conciles nationaux, pléniers», 147-148.

[341] Voir *e.g.*, les propositions de G. Incitti, «L'esercizio della sinodalità», 394.

toire, est un droit propre qui pour autant n'est pas en opposition avec celui qui pourrait être voulu par la Conférence Épiscopale. Ce sont donc les moyens de leur coopération qu'il faut évaluer et peut-être mieux stabiliser dans une gradualité institutionnelle.

3. Les relations Provinces-Conférence Épiscopale: une évaluation

La Conférence des Évêques de France n'est pas la seule à avoir décidé d'intégrer les provinces dans son organigramme[342], renonçant aux Régions apostoliques quand d'autres Conférences poursuivent sur cette voie[343]. Pour évaluer si le positionnement choisi répond vraiment à une prise en compte réelle de la signification canonique des provinces et du potentiel juridique qu'elles offrent, il nous faut pouvoir comparer avec d'autres Statuts de Conférences. Pour opérer de manière pertinente ce comparatif, il faut nous situer dans l'aire européenne, avec une Conférence Épiscopale dont le relief pastoral se rapproche de celui de la CEF. L'Espagne, comme nation voisine a longtemps utilisé les provinces ecclésiastiques comme un niveau structurel dans son organigramme, à la manière dont la France travaillait avec les Régions apostoliques[344]. La Conférence Épiscopale d'Espagne (CEE) compte un nombre similaire de provinces à celui de la CEF[345]. Après avoir entrepris en 2008 une première réforme de ses Statuts, notamment pour y intégrer les régions ecclésiastiques créées par le Siège Apostolique à sa demande en 2004, elle vient de publier de nouveaux Statuts[346], approuvés le 19 novembre 2019.

---

[342] Cf., *e.g.*, Conferencia Episcopal de Chile (CECH) Estatutos/1977, art. 31-32; Conferencia Episcopal de Colombia (CEC), Estatutos/2007, art. 27, a. En Europe, c'est également le cas de la Conférence des Évêques d'Irlande.

[343] Cf. Conferencia Episcopal Argentina (CEA), «Las regiones Pastorales», Estatutos CEA/2002, art. 54-55. Voir également les «Régions épiscopales» dans les précédents Statuts de la CEA, M. COSTALUNGA, «L'organizzazione in province ecclesiastiche», 759.

[344] Cf. J. RUIZ ORTA, «La organización de la Conferencia Episcopal», 159-160.

[345] La Conferencia Episcopal Española (CEE) comporte 14 provinces et 55 diocèses; la CEF, 15 provinces et 93 diocèses.

[346] Tous les documents relatifs à la Conferencia Episcopal Española sont consultables sur le site https://www.conferenciaepiscopal.nom.es/archivodoc/jsp/ (consulté le 1er mars 2020). Les Statuts actuels de la CEE comportent onze chapitres; cf. Estatutos CEE/2019: «Cap. I: Naturaleza y finalidad de la Conferencia; Cap. II: Miembros y órganos de la Conferencia; Cap. III: La Asamblea Plenaria; Cap. IV: La Comisión Permanente; Cap. V: La Comisión Ejecutiva; Cap. VI: El Consejo de Cardenales; Cap. VII: Las Comisiones Episcopales; Cap. VIII: El Presidente; Cap. IX. La Secretaría General; Cap. X. Relaciones de las Provincias y Regiones Eclesiásticas con la Conferencia Episcopal; Cap. XI: Relaciones con las autoridades civiles».

C'est à partir de ce nouvel organigramme mis en parallèle avec celui de la CEF que nous voulons procéder dans un premier temps à une évaluation comparative[347]. Un second temps abordera une évaluation critique de la position des provinces françaises dans l'organigramme de la CEF à partir des critères de synodalité que nous avons identifiés dans le chapitre premier.

3.1 *Les organigrammes des Conférences en France et en Espagne*

Le potentiel des provinces ecclésiastiques reste un domaine encore peu exploité en France. Les choix de la CEF impliquent d'investir davantage les niveaux intermédiaires de collégialité supra-locaux et de développer la gradualité organique entre les différentes institutions. Cependant, ce type d'organisation est en dépendance de la manière institutionnelle dont s'envisage la collégialité dans les Statuts eux-mêmes.

Dans les deux Statuts, la Conférence rassemble les évêques de chaque territoire national, afin qu'ils exercent conjointement certaines fonctions pastorales de leur charge. Dans les Statuts espagnols, la Conférence est une institution de communion, au service des évêques dans leurs diocèses: ils se réfèrent à la communion avec le Pontife romain et à son autorité. La collégialité se fonde sur le ministère épiscopal reçu dans la communion individuelle et hiérarchique[348]. Dans les Statuts français, la Conférence est une institution commune, au service des projets communs de l'Épiscopat, «demeurant sauve l'entière compétence de chaque évêque dans son diocèse (can. 455 §4)»[349]. La communion avec le Pontife romain n'est pas mentionnée, ni même son autorité. La collégialité se fonde d'abord sur la *sacra potestas* détenue en commun dans une communion collective et égalitaire. Les dynamiques institutionnelles ainsi disposées orientent différemment les relations internes entre les divers organes dans les deux Conférences.

3.1.1 Les organes collégiaux et personnels

a) Les organes collégiaux

Dans les deux Statuts, l'Assemblée Plénière est l'échelon paradigmatique de la collégialité, dans lequel se rassemble l'ensemble des évêques

---

[347] Voir les organigrammes des Statuts CEF/2006 et CEE/2019; Annexe 1, 449, tabl. 9-10.

[348] Cf. Estatutos CEE/2019, art. 1 §1.

[349] Statuts CEF/2006, art. 2 §1.

et équiparés du territoire de chacune des Conférences[350]. Les deux Statuts donnent une liste semblable de leurs membres de droits, mais celle espagnole les détaille selon une titulature entre Archevêques métropolitains et évêques diocésains, là où dans la liste française les Archevêques sont compris dans le groupe des évêques diocésains, ce qu'ils sont formellement[351]. Tous les évêques et équiparés ont le même droit de vote délibératif. Il y a cependant une attention graduelle aux formes institutionnelles de la collaboration épiscopale, que l'on retrouve tout au long des Statuts espagnols et qui semble absente des Statuts français. Si les finalités des deux Conférences sont identiques, l'esprit des statuts est légèrement différent. Dans les Statuts espagnols, le but de la Conférence est d'aider surtout les évêques dans leur ministère et de renforcer la coordination de l'action pastorale locale qui oriente les directives communes nationales. Dans les Statuts français, il s'agit de responsabiliser et de faire participer les évêques, à partir de leurs expériences, à l'orientation collective de l'action pastorale qu'ils sont appelés à mettre en œuvre localement[352].

Dans les Statuts français, l'Assemblée Plénière est un organe ordinaire de l'action collective de l'Épiscopat, une institution centrale de laquelle émanent des directives. Dans les Statuts espagnols, l'Assemblée Plénière est un organe suprême (*órgano supremo*) dans lequel les divers champs de l'action pastorale, locale, supra-locale et transversale, sont appelés à s'harmoniser au niveau national pour former des orientations communes[353].

Les Statuts français ne détaillent pas les organes collégiaux de la Conférence, même s'ils apparaissent tout au long du texte. Ils sont similaires aux Statuts espagnols qui prennent soin de les décrire dans l'article 4 §1: ce sont l'Assemblée Plénière, la Commission permanente, la Commission exécutive, le Conseil des cardinaux, les Commissions épiscopales. La Commission exécutive[354] est une instance originale des Statuts espagnols, qui constitue l'élément central de la Commission permanente, correspondant à l'ancien bureau du Conseil permanent de la CEF qui a dis-

---

[350] Cf. Estatutos CEE/2019, art. 5 §1; Statuts CEF/2006, art. 6.

[351] Cf. Estatutos CEE/2019, art. 2 §1; Statuts CEF/2006, art. 3 §1.

[352] Cf. Estatutos CEE/2019, art. 1 §2; Statuts CEF/2006, art. 2 §2.

[353] Estatutos CEE/2008, art. 15 §2: «Las decisiones sobre materias no vinculantes tienen valor directivo en función del bien común y de la necesaria unidad en las actividades de la Jerarquía». Il n'a pas été jugé utile de faire ce rappel dans les Statuts CEE/2019.

[354] Cf. Estatutos CEE/2019, art. 22-24: le Président, le vice-président, le Secrétaire général de la CEE, l'Archevêque de Madrid et 5 évêques élus par l'Assemblée Plénière.

paru des Statuts et du Règlement, mais dont le rôle est mieux identifié comme un organe collégial exécutif issu de l'Assemblée Plénière et au service de la Commission permanente. Le rôle du bureau du Conseil permanent français est aujourd'hui en parti tenu par le Secrétariat général qui est en lien avec la Présidence.

La Commission permanente de la CEE[355] est l'organe collégial le plus significatif: il comprend les membres de la Commission exécutive, ainsi que les présidents des provinces ecclésiastiques et les présidents des Commissions épiscopales[356]. Dans les précédents Statuts de la CEE de 2008, les régions ecclésiastiques, dont nous parlerons plus loin, étaient également membres participants au travers de leurs présidents[357]. Ces derniers, dans les Statuts CEE de 2019, ne sont plus qu'invités par la Commission exécutive, si elle l'estime nécessaire, pour favoriser la coordination des activités de leur territoire[358]. La Commission permanente est le lieu institutionnel où la collaboration des évêques espagnoles est représentée selon deux types de coopérations pastorales: l'un est national, transversal et spécialisé, c'est celui des Commissions épiscopales; l'autre est supra-local, territorial et général, ce sont les provinces ecclésiastiques. Ce sont des organes de collégialité qui s'intègrent dans la Commission permanente comme des niveaux intermédiaires entre les diocèses et l'Assemblée Plénière et qui participent au bon fonctionnement de la Conférence. Ils signifient une gradualité de l'action pastorale sur divers espaces qui sont appelés organiquement à la complémentarité. La collégialité, prise en compte dans ses différentes formes collégiales, offre ainsi un repérage complet et représentatif du *sensus fidei*.

Dans le schéma organique des Statuts de la CEF de 2006, la représentation dans le Conseil permanent n'est pas institutionnelle mais personnelle. En France, ce n'est pas la collaboration qui est représentée mais les évêques eux-mêmes, tenus en coresponsabilité. Dans le Conseil permanent, ce qui est favorisé ce sont les représentations des catégories du

---

[355] Cf. Estatutos CEE/2019, art. 16-21.

[356] Cf. Estatutos CEE/2019, art. 36; les sous-commissions et les conseils ne siègent pas à la Commission permanente.

[357] Cf. Estatutos CEE/2008, art. 19, 4°.

[358] Estatutos CEE/2019, art. 50 §4: «La Comisión Ejecutiva, cuando lo estime conveniente, podrá invitar a su reunión a los presidentes de las Regiones Eclesiásticas para favorecer la coordinación de las actividades de las Regiones, con respeto a las competencias reconocidas en sus respectivos Estatutos, y consultarles los asuntos pastorales, especialmente los que se hallen en conexión con el territorio y con las autoridades civiles del lugar». Cf. aussi Estatutos CEE/2008, art. 49 §5.

ministère épiscopal[359]. Les choix faits pour la nouvelle structuration statutaire marquent un changement important. Comme le note Ph. Toxé, il n'y a plus de lien organique entre le Conseil permanent et les différentes instances, quelles soient territoriales, notamment provinciales[360], ou collaboratives comme les Commissions épiscopales. Le système électif, que les évêques français ont souhaité préserver, ne vise à promouvoir qu'un seul type de collégialité dans une représentation collective de l'Assemblée Plénière, laquelle est transposée dans les différents organes de la Conférence. Le choix de la représentation épiscopale dans le Conseil permanent se fait alors, comme pour un Conseil presbytéral diocésain, en fonction d'une base sociologique au travers de catégories épiscopales qui mettent en valeur les compétences. La première catégorie comprend trois collèges déterminés par la taille des diocèses; la seconde comprend trois collèges en fonction de l'ancienneté dans l'Épiscopat. Chaque catégorie est révisée régulièrement pour tenir compte des changements de statuts[361]. Ce qui est pris en compte, c'est moins le *sensus fidei* lui-même que l'expertise collégiale de celui-ci par les évêques.

Ce qui ressort de ce comparatif entre les deux instances, c'est que la Commission permanente espagnole est d'abord un lieu de synthèse pour le travail des instances collégiales intermédiaires: elle doit formuler à partir des remontées de celles-ci, des propositions en vue de l'Assemblée Plénière[362]. Dans les Statuts français de 2006, le Conseil permanent est un organe de suivi de l'action pastorale collective de l'Épiscopat[363] et n'a donc pas vocation à être un organe représentatif,

---

[359] Cf. Statuts CEF/2006, art. 22 §§1-2.

[360] Cf. Ph. Toxé, «Les nouveaux statuts de la Conférence», 267.

[361] Cf. Statut CEF/2006, art. 22 §1; Règlement intérieur CEF/2006, art. 23 §1: «Les membres du Conseil permanent à élire par l'Assemblée sont choisis selon la procédure suivante: 1) trois évêques selon la population des diocèses: un pour les diocèses de moins de 500 000 habitants, un pour les diocèses entre 500 000 et 1 000 000 habitants, un pour les diocèses de plus d'un million d'habitants; 2) Trois évêques selon l'ancienneté dans l'épiscopat. Le Conseil permanent révisera la composition des collèges démographiques tous les six ans en fonction des recensements, et la composition des collèges selon l'ancienneté au moment du renouvellement ou du remplacement des membres»; Cf. Ph. Toxé, «Les nouveaux statuts de la Conférence», 267.

[362] Estatutos CEE/2019, art. 21, 1°: «Preparar el Orden del día de las Asambleas Plenarias, en el que deberá incluir obligatoriamente los temas que sean presentados por la Santa Sede, por la Comisión Ejecutiva, por el Consejo de Cardenales, por una Comisión Episcopal, por los Obispos de una Región Eclesiástica reunidos con su presidente, por los Obispos de una Provincia eclesiástica reunidos con su Metropolitano o por cinco Obispos, al menos, conjuntamente».

[363] Cf. Statuts CEF/2006, art. 21.

ni même un lieu de résonnance du travail des évêques mais seulement un conseil d'experts.

Ces quelques éléments soulignés permettent de comprendre comment est perçue la synodalité épiscopale dans les instances des deux Conférences. Dans les Statuts espagnols, l'Assemblée Plénière, comme organe suprême de la Conférence, est un sommet qui coiffe une pyramide ascendante qui part des diocèses et remonte organiquement, par les différentes institutions de regroupements ecclésiastiques, jusqu'à un niveau ultime de communion. Dans les Statuts français, c'est l'inverse. Cependant, si les Régions apostoliques jouaient bien le rôle de rouages structurels prévus dans l'organigramme de la CEF, les provinces ecclésiastiques actuelles semblent n'être que des niveaux constitutionnels à part, pris en compte par défaut, sur lesquels butte l'action de la Conférence. Le déficit de représentation organique des échelons collégiaux intermédiaires dans les instances statutaires de la CEF, ne donne pas ainsi la même fluidité dynamique qui ressort de la prise en compte d'un polycentrisme institutionnelle par les Statuts de la CEE.

Un autre élément caractéristique des divergences dans la conception de la collégialité est la place accordée aux cardinaux. Le Conseil des Cardinaux[364] est aussi un organe collégial de la Conférence espagnole. Dans les Statuts de la CEE de 2008, il était un «Conseil de présidence»[365]. Alors qu'il a totalement disparu des Statuts de la CEF[366], il joue encore un rôle d'arbitrage et de conseil auprès du président de la CEE, comme un collège de sages. Le Nonce Apostolique à Madrid y trouve naturellement sa place, puisque ce Conseil manifeste au sein de la Conférence l'attention à l'Église universelle[367]. En comparaison, les Statuts français semblent plutôt concentrer leur attention sur le maintient d'une unité collective nationale, où la diversité trouve plus difficilement sa place, malgré les efforts déployés pour prendre en compte des niveaux intermédiaires de collaborations.

Les rassemblements collaboratifs d'évêques comme les Commissions épiscopales sont également désignées plus directement comme des organes collégiaux dans les Statuts espagnols. Elles sont des organismes

---

[364] Cf. Estatutos CEE/2019, cap. VI, art. 25-27.

[365] Cf. Estatutos CEE/2008, cap. III, art. 5-7.

[366] Cf. Statuts CEF/ 1975, art. 21. Le Conseil des cardinaux avait, alors, les mêmes fonctionnalités que celui des Statuts espagnols de 2019.

[367] Estatutos CEE/2019, art. 27: «El representante pontificio, cuando asista a las reuniones de la Conferencia, será miembro de honor del Consejo de Cardenales». Cf. id., art. 5 §2.

de l'Assemblée Plénière, alors que dans les Statuts français, les Commissions sont des organismes de la Conférence et sont des lieux d'exercice de la coresponsabilité. Les Assemblées provinciales d'évêques, quant à elles, ne sont pas des organismes de la Conférence dans aucun des deux Statuts. Elles fonctionnent donc comme des entités autonomes, prévues par le droit, à qui on attribue une place fonctionnelle dans l'organigramme statutaire.

b) Les organes personnels

Les organes personnels, présidents de la Conférence et secrétaire général de l'Épiscopat sont également des organes institutionnels au service des instances collégiales. Les Statuts espagnols les mentionnent plus précisément que les Statuts français[368]. Le Président de la Conférence est élu dans chacun des deux Statuts par l'Assemblée Plénière. Il convoque et préside cette même Assemblée dont il est un élément essentiel à la modération des débats et incarne formellement l'institution qu'il représente auprès des institutions ecclésiastiques et civiles.

Le rôle du Président de la CEE est l'objet d'un chapitre des Statuts[369]. Sa compétence s'envisage dans la complémentarité et se situe à l'échelon national sans interférer avec les compétences des présidents des autres niveaux intermédiaires[370]. Ceci s'explique aussi par le rôle des institutions ecclésiastiques qui ont un statut juridique reconnu par les pouvoirs publics espagnols dans le cadre du concordat signé avec l'Église Catholique. S'il prépare l'ordre du jour de l'Assemblée Plénière avec le Secrétaire général, c'est au sein de la Commission permanente comme institution collégiale qu'il entend les demandes des organes collégiaux: Commissions épiscopales, Conseil des Cardinaux et Assemblées provinciales des évêques et doit en tenir compte. Les relations internes entre les organes de la Conférence espagnole se font dans les institutions collégiales.

Dans les Statuts français, le rôle interne du Président est plus diffus et plus institutionnel. Il représente d'une certaine manière la Conférence et agit au nom de l'Assemblée Plénière qu'il préside. Son caractère d'élu lui donne paradoxalement une force représentative plus importante que

---

[368] Cf. Estatutos CEE/2019, art. 4 §2.

[369] Cf. Estatutos CEE/2019, cap. VIII, art. 37-38.

[370] Estatutos CEE/2019, art. 37 §1, 3°: «Atender a las relaciones de la Conferencia Episcopal con las autoridades civiles de la nación, sin menoscabo de las prerrogativas de la Santa Sede y de las competencias del Obispo diocesano y de las Provincias y Regiones Eclesiásticas».

dans les Statuts espagnols. Si bien que c'est lui qui est en relation formelle avec les Commissions et les Provinces, dans un contact personnel avec leurs présidents. En fait, la CEF privilégie la notion institutionnelle de «présidence» à qui elle attribue la fonction de servir les intérêts de la collectivité épiscopale face à ceux, nécessaires et particuliers, des Commissions épiscopales et des Assemblées d'évêques des provinces. Dans cette conception, on comprend que la Conférence n'intègre plus les instances collaboratives dans ses organes centraux, pour se préserver de toutes formes d'influence. Le Président doit préparer l'ordre du jour avec le Conseil permanent en fonction des rencontres personnelles qu'il aura eu soin de réaliser, soit avec les présidents de Commissions épiscopales ou ceux des divers organismes de la Conférence, soit avec les Archevêques métropolitains ou simplement avec un membre de l'Assemblée Plénière[371]. Ces rencontres de concertation n'ont donc pas de caractère organique, même si elles sont prévues formellement de manière régulière. Elles sont entendues comme des rencontres personnelles mais pas collégiale, comme nous les trouvons disposées dans les Statuts espagnols au sein de la Commission permanente. Ceci amène à distinguer différemment les niveaux de collaboration épiscopales dans les deux Conférences.

3.1.2 Les lieux organiques de collaboration épiscopale

a) Les Commissions épiscopales

Nous avons déjà noté dans la première section de ce chapitre le rôle majeur des Commissions épiscopales et des Conseils dans la Conférence des Évêques de France et la difficulté qu'ils présentaient. Ils sont fonctionnellement des organismes de la Conférence, des moyens administratifs, externes à l'Assemblée Plénière[372]. Les Commissions ne sont constituées que des seuls évêques, alors que les Conseils peuvent s'adjoindre d'autres personnes, toujours selon le critère de la compétence. Les Commissions sont donc d'abord des instruments de l'action et de son élaboration en directives, des moyens pour «l'exercice de la mission»[373] mais ne sont pas des outils de réflexion, comme elles l'étaient dans les Statuts

---

[371] Cf. Statuts CEF/2006, art. 35 et 39; Règlement CEF/2006, art. 2: «Le programme [de l'Assemblée] est établi par le Conseil permanent (Stat., art. 22) en tenant compte des suggestions et demandes qui peuvent être faites par les présidents des organismes de la Conférence, par les Archevêques métropolitains ou même par un membre de l'Assemblée».

[372] Cf. Statuts CEF/2006, art. 26 §§1-2.

[373] Cf. Statuts CEF/2006, art. 25.

de 1966, et ainsi que cela avait été souhaité par une partie de l'Épiscopat au moment de la refonte statutaire de 2006. Dans leur conception actuelle, les Statuts les décrivent comme «des organismes qui permettent aux membres de la Conférence d'exercer conjointement leur responsabilité pastorale dans un domaine déterminé»[374]. Pourvues de toute l'autorité de la Conférence, elles sont des instruments puissants, qui sont moins au service du ministère épiscopal diocésain qu'au service de l'expression d'une volonté collective et unitaire des évêques au niveau national. Elles ont donc une compétence propre pour agir d'après leurs propres projets, mais sous les directives et orientations de l'Assemblée Plénière, comme des instruments qui pénètrent le tissu ecclésial jusqu'au plus près des diocèses. Il n'y a pas d'échelons intermédiaires pour réceptionner leur travail[375], au point que les Statuts sont obligés de préciser qu'elles doivent agir «dans le respect de la juridiction de chaque évêque»[376].

Leurs présidents sont élus par l'Assemblée Plénière et les candidatures peuvent être proposées par les Commissions épiscopales: elles sont ainsi des groupements d'évêques, répartis par centres d'intérêts et selon leur compétence. Les membres sont nommés par le Conseil permanent en fonction des vœux que les évêques expriment[377]. Les Commissions doivent informer régulièrement l'Assemblée Plénière de leurs activités, mais les moyens de cette information ne sont pas décrits[378]. Il y a donc un contrôle, qui n'est cependant pas réalisé par l'Assemblée Plénière mais par le Président de la Conférence qui rencontre régulièrement les présidents des Commissions pour une concertation: ce qui est souligné, c'est encore une fois la responsabilité personnelle des évêques dans les Commissions et la responsabilité collective des organismes qu'ils constituent. Il n'y a pas de repérage territorial à l'intérieur des Commissions et elles n'ont plus désormais de correspondants locaux, même si elles peuvent entrer en contact avec les provinces ou les diocèses, sans que cela soit prévu par les Statuts[379].

---

[374] Statuts CEF/2006, art. 26 §1.

[375] Les Commissions et les Conseils peuvent publier directement sous leur autorité des textes mais si le document doit être public, le Président de la CEF doit être consulté et lui seul sera «juge de l'opportunité de saisir le Conseil permanent ou toute autre instance de la Conférence», cf. Statuts CEF/2006, art. 34; cf. Règlement CEF/2006, art. 27 §2.

[376] Cf. Statuts CEF/2006, art. 29.

[377] Cf. Règlement CEF/2006, art. 25.

[378] Cf. Règlement CEF/2006, art. 26.

[379] Cf. Règlement CEF/2006, art. 27 §3: chaque organisme doit avoir le souci de la présentation et de la diffusion de son travail, en lien avec le Secrétariat général.

Les Commissions épiscopales espagnoles sont d'une autre nature collégiale. Elles sont des organes (*órganos*) internes à l'Assemblée Plénière, constituées par elle pour «l'étude et le traitement de certaines questions dans un domaine donné de l'action pastorale commune de l'Église en Espagne»[380]. Ce sont des organes de réflexion pour l'action pastorale. Les Commissions principales sont désignées par les Statuts, qui en compte actuellement dix[381]. L'Assemblée peut constituer une Commission *ad casum* et doit décider si son président intègrera la Commission permanente[382]. Elles sont donc fonctionnellement des instruments techniques collégiaux, des niveaux intermédiaires de collaboration, pour favoriser l'émergence de directives particulières, selon les orientations générales de l'Assemblée. La compétence de chaque Commission est déterminée par l'Assemblée Plénière[383] et doit rendre compte devant la Commission permanente. Les membres et les présidents sont élus par l'Assemblée Plénière sur proposition de la Commission permanente[384], puisque les présidents en sont des membres.

Comme dans les Statuts de la CEF de 1975, chaque Commission épiscopale espagnole trouve son pendant, ou en tout cas une correspondance, dans les régions ecclésiastiques que la CEE a créées en 2004. Jusque là, la Conférence fonctionnait avec des provinces ecclésiastiques, sous le même mode que les Régions apostoliques en France. Mais il était difficile de mettre en place une dizaine de Commissions épiscopales dans les Assemblées provinciales qui n'étaient pas suffisamment larges en nombre de participants ni vraiment adaptées. La création des régions ecclésiastiques dans lesquelles elles se sont rassemblées, avait pour but de déterminer un niveau de collaboration pastorale[385] où les évêques se retrouveraient et où les Commissions pourraient entrer en contact collaboratifs avec eux[386]. Les régions ecclésiastiques sont donc un échelon entre les provinces et l'Assemblée Plénière, via les Commissions épiscopales qui sont ainsi indirectement au service du ministère diocésain des évêques. Régions et Commissions épiscopales forment un niveau de collaboration pour affiner les propositions faites à partir des orientations de l'Assemblée Plénière; régions et pro-

---

[380] Estatutos CEE/2019, art. 28.

[381] Dans les Statuts CEF/2006, seule la Commission doctrinale est désignée.

[382] Cf. Estatutos CEE/2019, art. 15, 7°.

[383] Cf. Estatutos CEE/2019, art. 29.

[384] Cf. Estatutos CEE/2019, art. 15, 8°.30.

[385] Cf. CIC/1983, can. 433 §1.

[386] Cf. Estatutos CEE/2019, art. 50 §3; art. 28. Voir CIC/1983, can. 434.

vinces ecclésiastiques sont des niveaux de coopération pour entrer dans l'action pastorale locale.

Les difficultés des Statuts français tiennent principalement dans le fait qu'il n'y a qu'un seul rouage externe, les provinces, qui ne sont pas en contact organique avec les Commissions épiscopales comme l'étaient les Régions apostoliques. Les dynamiques mis en œuvre tournent ainsi dans le vide, sans effet d'entraînement. Il manque un engrenage institutionnel où les Commissions épiscopales et les provinces pourraient se retrouver pour une collaboration locale. Dans les Statuts espagnols, les régions ecclésiastiques, qui reçoivent la personnalité juridique et sont donc autonomes par rapport aux provinces qui les constituent[387], répondent à une volonté de rapprocher l'organisation collégiale de l'Assemblée Plénière au plus près des structures ecclésiales locales. Elles sont donc comme des «sas de décompression» pour adapter les propositions générales, permettant un fonctionnement dynamique et interactif entre les différents niveaux, qui sont ainsi graduellement reliés.

b) Les niveaux supra-locaux d'assemblées d'évêques

Les Assemblées d'évêques sont des composantes structurelles des provinces ecclésiastiques. Elles fonctionnent selon leur propre mode d'organisation, autour d'un Archevêque métropolitain désigné par le Siège Apostolique, fonction qui est stable et objectivement déterminée pour favoriser les rencontres mutuelles entre les évêques. C'est un niveau synodal de communion entre les diocèses, où les évêques exercent conjointement certaines de leurs charges de manière plus efficiente qu'au niveau de la Conférence. Les provinces sont donc des lieux ecclésiaux où se manifestent des relations intersubjectives, une communion[388]. La responsabilité des évêques s'y engage plus immédiatement, puisque qu'elle est plus proche du terrain de leur action pastorale. C'est un niveau où le *munus regendi* est mieux identifié et semble être un degré d'action plus pertinent en termes d'efficacité collégiale et coresponsable. Comme c'est un regroupement constitutionnel dans la structure organique de l'Église, ses ressources principales sont donc à rechercher dans les dynamiques de synodalité que la communion hiérarchique met en œuvre. Les évêques forment un corps épiscopal qui rend visible le niveau de communion où

---

[387] Estatutos CEE/2019, art. 50 §1: «Las Regiones Eclesiásticas que sean erigidas en persona jurídica por la Santa Sede mantendrán su cooperación orgánica con la Conferencia Episcopal dentro del marco establecido en los presentes Estatutos». Cf. CIC/1983, can. 433 §2.

[388] Cf. L. NAVARRO, «Manifestazioni giuridiche della comunione», 582-583.

le *sensus fidei* est exprimé et discerné. Les Assemblées provinciales d'évêques ont donc une utilité et un potentiel juridique que leur accorde la norme universelle et qu'il convient d'exploiter dans une collaboration graduelle entre les institutions constituées pour une unique finalité: promouvoir l'action pastorale commune pour le bien de l'Église et des fidèles à tous les niveaux de la vie ecclésiale.

Les Statuts espagnols, contrairement au Statuts français, ne parlent pas des Assemblées provinciales des évêques mais seulement des «provinces ecclésiastiques». De la même manière, ils ne parlent pas des Assemblées régionales d'évêques mais des «régions ecclésiastiques». Provinces et régions ne sont pas désignées comme des organes collégiaux de la Conférence mais comme des entités canoniques qui existent extérieurement à la Conférence et sont dirigées par des assemblées épiscopales[389]. De cette façon, la Conférence espagnole identifie les instances dans lesquelles travaillent les évêques qui sont les membres de l'Assemblée Plénière. Les Statuts de la CEE différencient les organes collégiaux internes, qui dépendent de l'Assemblée Plénière pour leur constitution, des entités canoniques qui sont constituées par le Saint-Siège et qui forment des circonscriptions ecclésiastiques de type pastoral. Sans avoir à préciser la norme universelle qui est suffisamment claire, les Statuts espagnols parlent des provinces comme des regroupements de diocèses et des régions comme des groupements de provinces[390], qui sont autant de niveaux où s'assemblent obligatoirement les évêques. Les niveaux étant normativement reliés par le droit universel, les Statuts de la Conférence n'ont plus qu'à déterminer les liens qui les unissent à elle. Les trois niveaux représentent trois échelons d'Assemblées d'évêques qui se concentrent vers le niveau diocésain.

Pour constituer cette gradualité, il revient à la Conférence des Évêques de demander l'érection des régions ecclésiastiques. Dans les Statuts espagnols, les régions sont érigées en personnes juridiques publiques par le Siège Apostolique, à la demande de la CEE. En utilisant les ressources normatives à disposition dans le Code de 1983, provinces et régions sont reliées, mais autonomes sur un plan juridique. Chaque niveau possède ses propres Statuts qui en garantissent l'efficacité juridique[391]. Les Assemblées provinciales sont insérées graduellement dans

---

[389] Cf. G. MARCHETTI, «Origine e significato nell'ordinamento», 152-153.

[390] CIC/1983 can. 433 §1: «(…) les provinces ecclésiastiques voisines peuvent, sur proposition de la Conférence des Évêques, être unies en régions ecclésiastiques par le Saint- Siège».

[391] Cf. G. MARCHETTI, «Origine e significato nell'ordinamento», 154.

un niveau régional, complémentaire et subsidiaire. Le président de chaque région est élu par tous les évêques de l'Assemblée régionale, selon les statuts propres à cette assemblée, et représente un niveau d'action commune auprès des instances ecclésiastiques et civiles. Les présidents des régions ne sont pas membres de la Commission permanente. Ils peuvent, au besoin, être en contact avec la Commission exécutive, l'élément central de la Commission permanente, ce qui identifie dès lors les régions ecclésiastiques comme des institutions externes pour la promotion effective de l'action pastorale de la Conférence. Les secteurs pastoraux régionaux doivent, en effet, correspondre le plus possible (*en la medida de lo posible*) aux Commissions épiscopales de la Conférence[392], ce qui assure le lien structurel entre les deux institutions et la raison d'être des régions ecclésiastiques. Provinces et régions sont des supports territoriaux institutionnels qui entretiennent, de manière complémentaire et différente, des relations avec la Conférence sans être pour autant des organes internes de celle-ci. Sous cet aspect, la Conférence des Évêques d'Espagne est une véritable instance collégiale, car les évêques qui participent en Assemblée Plénière sont tous membres d'au moins deux collèges territoriaux et ce sont ces niveaux collégiaux qui rendent efficace la coopération des évêques.

Les Statuts français reconnaissent l'entité canonique provinciale comme un moyen d'unir localement les diocèses pour favoriser leur relation. Ils parlent plus volontiers de l'Assemblée des évêques de la province comme d'«un lieu privilégié»[393] de rencontres épiscopales, mais toujours dans l'orbite de la seule Conférence, soit pour préparer les thèmes des prochaines sessions soit pour la mise en œuvre des conclusions de l'Assemblée Plénière. Ce n'est pas le seul lieu de collaboration dans la Conférence, puisque les Commissions épiscopales sont elles aussi des lieux de coresponsabilité. Le terme «lieu» était déjà employé pour les Régions apostoliques et il qualifiait un organe interne de la Conférence. Mais, en soi, la province ecclésiastique est une entité canonique autonome, qui n'est pas un «lieu» mais une instance au sens juridique, où les évêques forment une communauté de destin et sont responsables de l'unité pastorale qu'ils forment[394]. Ils ne sont pas, pour leur regroupe-

---

[392] Estatutos CEE/2019, art. 50 §3: «Los sectores de actividad pastoral de las Regiones Eclesiásticas se corresponderán en la medida de lo posible con las distintas Comisiones Episcopales de la Conferencia Episcopal, cuyas orientaciones han de tener presentes, para poder así favorecer la mutua cooperación».

[393] Cf. Statuts CEF/2006, art. 38 §2.

[394] Cf. G. GRIGORIȚĂ, *L'autonomie ecclésiastique*, 408-413.

ment, en dépendance de la Conférence. Il manque donc un rouage pour intégrer organiquement la dimension d'autonomie de l'entité provinciale et sa signification d'institution de collégialité pastorale intermédiaire sur l'espace juridique de la Conférence. Le problème français réside dans la conception moniste d'un unique niveau de coresponsabilité qui serait le seul niveau réel de collégialité, celui de la Conférence, qui ne comprend les autres réalités canoniques de collaboration, comme les provinces, que comme une expression locale d'un «tout épiscopal». Les Statuts français ne savent pas comment intégrer l'autonomie et la diversité des provinces sur lesquelles la Conférence n'a pas de prise réelle, mais dont elle perçoit qu'elles sont des niveaux pertinents pour la coopération épiscopale. Il serait donc nécessaire de former des niveaux intermédiaires supplémentaires, qui seraient des «lieux» organiques de collaboration externe pour les provinces et la Conférence. Cette disposition permettrait de conserver, comme dans les Statuts espagnols, les lieux de coresponsabilité opérative au niveau des Assemblées provinciales et de l'Assemblée Plénière. Une formulation différente pourrait mettre en évidence cette gradualité entre les deux institutions. Le rôle des Statuts est de présenter clairement les relations de coopération entre les lieux institutionnels[395].

3.2 *Les provinces et les métropolitains dans les Statuts*

3.2.1 Les fonctions statutaires des provinces

Dans la conception française, le niveau à atteindre absolument est celui du diocèse, en évitant les intermédiaires. Les Statuts espagnols ne précisent pas, comme les Statuts français, que les diocèses sont regroupés en provinces[396]. Dans la conception espagnole, les niveaux pour atteindre les diocèses sont respectés comme des instances de réception synodale. Les Statuts espagnols proposent des paliers de sédimentation pour formaliser l'action pastorale, afin qu'elle trouve ses propres fondements locaux.

Dans les Statuts espagnols, les provinces ecclésiastiques sont des échelons locaux de la vie ecclésiale des membres de l'Assemblée Plénière. Entre les deux échelons, dans un support mutuel et institutionnel,

---

[395] *E.g.*, la formulation telle qu'elle apparaît dans les Estatutos CEE/2019, art. 49 §1: «Las Provincias Eclesiásticas, (…), *mantienen la siguiente cooperación orgánica* con la Conferencia Episcopal»; art. 50 §1: «Las Regiones Eclesiásticas (…) *mantendrán su cooperación orgánica* con la Conferencia Episcopal *dentro del marco establecido en los presentes Estatutos*» (nos italiques).

[396] Cf. Estatutos CEE/2019, art. 50 §1; Statuts CEF/2006, art. 38 §1.

il y a une interactivité fondée sur une communication et des échanges réguliers[397]. Les deux instances sont complémentaires et sont dans un vis-à-vis dynamique où elles se reconnaissent dans leur utilité propre: elles sont des échelons de l'action pastorale commune qui ne s'opposent pas, puisque leurs finalités propres, à des niveaux différents, les mettent en relation. Le titre même du chapitre X des Statuts de la CEE est explicite: «*Relaciones de las provincias y regiones Eclesiásticas con la Conferencia episcopal*». Les provinces constituent le premier degré institutionnel de regroupement des diocèses, un niveau de vie ecclésiale, et de ce fait, elles participent comme entités canoniques à la Commission permanente en qualité de membre, au travers de leurs métropolitains[398]. Elles ont une fonction organique dans les Statuts qui leur reconnaissent un pouvoir pour demander que soit inscrit dans l'ordre du jour certains points à discuter[399]. Comme membres statutaire de la Conférence, elles peuvent également être entendues directement à l'Assemblée Plénière comme des entités canoniques, par la voix de leurs métropolitains, pour des questions d'importance majeure[400].

Les liens qui maintiennent ensemble les deux échelons sont donc bien de nature institutionnelle. Mais, dans le respect de leur juste autonomie, les Statuts de la CEE ne font que «recommander» aux provinces de bien vouloir consacrer «régulièrement du temps à la préparation et au suivi des sujets discutés en Assemblée Plénière et en Commission permanente, en particulier ceux qui les concernent le plus»[401]. Cette recommandation

---

[397] Estatutos CEE/2019, art. 50 §1, 4°: «Podrán informar periódicamente a la Asamblea Plenaria, según determinaciones del Reglamento, sobre la vida pastoral de la Provincia, de forma que pueda establecerse la deseable coordinación y apoyo entre las actividades de las Provincias Eclesiásticas y de la Conferencia Episcopal».

[398] Estatutos CEE/2019, art. 49 §1, 1°: «Todas las Provincias Eclesiásticas participan en la Comisión Permanente, a través de sus respectivos Metropolitanos»; ID., art. 17 §2: «Todos los Metropolitanos, cualquiera que sea el título por el que pertenecen a la Comisión Permanente, representan en ella a su Provincia Eclesiástica, y deben hacer llegar las peticiones, deseos e inquietudes de sus sufragáneos, exponiendo las conclusiones a que haya llegado previamente su Provincia en los distintos temas».

[399] Estatutos CEE/2019, art. 49 §1, 2°: «Pueden pedir la inclusión de determinados temas en el Orden del día de las Asambleas Plenarias, conforme a lo dispuesto en el art. 21, 1°».

[400] Estatutos CEE/2019, art. 49 §1, 3°: «En los asuntos de mayor importancia, las Provincias Eclesiásticas tendrán un turno de intervención especial en la Asamblea Plenaria para manifestar su opinión».

[401] Estatutos CEE/2019, art. 49 §2: «Se recomienda a las Provincias Eclesiásticas que, en sus reuniones, dediquen habitualmente un tiempo para la preparación y seguimiento de los temas tratados o propuestos para su tratamiento en la Asamblea Plenaria

se comprend dans le cadre de l'organisation espagnole qui constitue un échelon de collaboration et de réflexion au travers des régions ecclésiastiques, où les provinces sont également présentes comme membres constitutifs et actifs.

Les régions ecclésiastiques travaillent dans une collaboration avec les provinces et la Conférence. Elles sont dirigées par des Assemblées d'évêques et non par un office personnel[402]. Elles sont mieux définies que les Conférences Épiscopales sur le plan matériel de leur circonscription, mais ne doivent pas avoir les mêmes prérogatives que celles-ci. Dans les Statuts espagnols, différemment des provinces, elles sont en lien avec la présidence de la CEE de manière plus organique qu'institutionnelle: elles sont des échelons de l'organigramme de la Conférence. Elles doivent transmettre leur ordre du jour, les actes de leurs réunions, leurs déclarations pour informations et éventuellement pour des suggestions directement à la présidence[403]. Il ne s'agit pas d'un contrôle mais d'une collaboration qui participe à la mise en œuvre des dynamiques de la Conférence. Comme entité canonique, les régions peuvent également introduire auprès de la Commission permanente des demandes ou suggérer des thèmes dans l'ordre du jour de l'Assemblée Plénière[404]. Elles sont des rouages externes de la Conférence qui permettent, dans un niveau supra-local, d'entrevoir certaines problématiques qui n'apparaitraient pas dans les niveaux particuliers des provinces et des diocèses ou dans celui général de la Conférence. Comme c'est un échelon formé pour l'action, les régions ont donc des liens plus actifs avec la Commission exécutive[405], laquelle est chargée de suivre le travail des organismes techniques de la Conférence[406]. La gradualité fonctionnelle qui ressort de ce schéma[407] entraîne une vraie fluidité dans les rapports institutionnels et la mise en œuvre d'une synodalité épiscopale centrifuge qui descend

---

y en la Comisión Permanente, especialmente de aquellos que más les conciernan» (notre traduction).

[402] Cf. J.I. ARRIETA, «Le conferenze episcopali regionali», 108-111.

[403] Estatutos CEE/2019, art. 50 §5: «El orden del día, las actas de las reuniones, las declaraciones y demás documentos aprobados por las Regiones Eclesiásticas se remitirán a la Presidencia de la Conferencia Episcopal para su oportuno conocimiento y eventuales sugerencias».

[404] Estatutos CEE/2019, art. 50 §2: «Las Regiones Eclesiásticas pueden pedir la inclusión de determinados temas en el Orden del día de las Asambleas Plenarias, conforme a lo dispuesto en el art. 21, 1°».

[405] Cf. Estatutos CEE/2019, art. 45, 7°.50 §1

[406] Cf. Estatutos CEE/2019, art. 45, 5°.

[407] Cf. Organigramme des Statuts CEE/2019; Annexe 1, 449, tabl. 10.

ainsi pour se mettre au service des Églises particulières. Les provinces sont des communautés d'évêques distinctes de l'Assemblée Plénière et les régions ecclésiastiques apparaissent comme des éléments décentralisés à la fois de la Conférence et des provinces.

Dans les Statuts français, les provinces sont des entités canoniques qui ne sont pas des membres de la Conférence. Les articles 38 et 39 distinguent d'un côté l'entité canonique «province ecclésiastique» avec l'Assemblée des évêques de la province et de l'autre le métropolitain, sans raisons apparentes. Les Assemblées d'évêques de la province apparaissent plutôt comme des formations territoriales déconcentrés de l'Assemblée Plénière et sont presque détachées de l'entité canonique locale qu'elles forment. Le titre V des Statuts, «Provinces ecclésiastiques et Conférence des Évêques», ne parlent pas de leurs relations: il spécifie pourtant deux niveaux institutionnels qui cherchent à entrer en dialogue. Les liens organiques prévus avec la Conférence ne mettent pas en valeur le potentiel propre des provinces, mais d'abord leur service envers l'Assemblée Plénière, dont elles doivent préparer les thèmes en amont et favoriser les conclusions locales en aval[408]. Elles peuvent «dégager» et non suggérer des questions qui «devraient faire l'objet d'un examen à l'échelon de la Conférence»[409]. Le terme d'échelon, ici retenu dans cet article 38 §2, souligne bien la problématique: on voudrait considérer organiquement les provinces comme les anciennes Régions apostoliques, ce qu'elles ne sont pas canoniquement. Les provinces sont des niveaux interdiocésains, des moyens pour la vie ecclésiale, des réseaux d'Églises.

Ce comparatif permet ainsi d'identifier les difficultés et leurs solutions. La Conférence Épiscopale Espagnole ayant déjà eu l'expérience de travailler avec le seul niveau des provinces ecclésiastiques, elle a su en retrouver la valeur ecclésiologique et la préserver institutionnellement, sans chercher à l'évacuer ou l'éviter, en créant un échelon supplémentaire pour la collaboration institutionnelle. Il reste à la Conférence Épiscopale française à trouver, de même, des dispositions statutaires pour intégrer de réels niveaux intermédiaires dans une gradualité des coopérations institutionnelles. Cela suppose que les provinces ecclésiastiques se prennent en charge elles-mêmes et démontrent leur autonomie fonctionnelle, notamment en établissant leur propre règlement interne, pour en faire de réelles structures pastorales au service des diocèses et non l'inverse. Seule la Province Ecclésiastique de Paris en possède. Quand bien même il répond à une situation particulière, comme nous le

---

[408] Cf. Statuts CEF/2006, art. 38 §2.
[409] Statuts CEF/2006, art. 38 §3.

verrons dans le dernier chapitre de notre étude, cela pourrait, dans le principe, inspirer les autres provinces à l'avenir.

3.2.2 Le rôle statutaire des métropolitains

L'office d'Archevêque métropolitain n'est pas, en soi, un obstacle au travail d'une Conférence Épiscopale. Il s'agit en effet de prendre en compte sa dimension représentative souligné par le Code de 1983: c'est un office supra-diocésain au service de la communion et non pas une dignité.

Dans les Statuts français, le rôle statutaire du métropolitain est circonscrit au niveau de la présidence. Il intervient comme «président» de sa province, dans une concertation avec la Conférence, à l'identique des présidents des Commissions épiscopales[410] afin de préparer le programme des Assemblées Plénières[411]. La dialectique qui oppose intérêt particulier et intérêt général est encore trop prégnante dans les Statuts de la CEF pour envisager autre chose qu'une concertation quand on attendrait une collaboration. À aucun moment, dans les Statuts, on ne parle des relations des métropolitains avec leurs suffragants, ni même formellement avec leur province. À défaut de voir formuler explicitement leur rôle fonctionnel, on se borne à l'imaginer. Il semble toutefois moins attesté dans un rôle de représentation que dans celui de supérieur hiérarchique, ce que voulaient justement éviter les Statuts. Il y a ici une pierre d'attente pour une vraie représentation territoriale, qui a besoin de s'insérer dans l'édifice structurel de manière plus pratique.

Dans les Statuts espagnols, les choses semblent plus sereines. Ce sont les provinces, comme communauté d'évêques, qui sont membres de la Commission permanente et les métropolitains les représentent naturellement. Une fois identifiés les niveaux de coresponsabilité, répartis entre la Conférence et les provinces ecclésiastiques, et établis les échelons organiques de collaborations et de concertations entre les régions et la Commission permanente, le rôle du métropolitain apparaît clairement comme celui d'être le représentant de la province qui est une assemblée épiscopale supra-locale. Dans les Statuts espagnols, le rôle des métropolitains est établi par l'article 17 §2, dans le chapitre concernant la Commission permanente: ils doivent faire connaître «les demandes, les souhaits et les préoccupations de leurs suffragants»[412]. Nous ne sommes plus

---

410 Cf. Statuts CEF/2006, art. 35.39.
411 Cf. Règlement CEF/2006, art 2, *supra*, nt. 371.
412 Estatutos CEE/2019, art. 17 §2: «(…) y deben hacer llegar las peticiones, deseos e inquietudes de sus sufragáneos (…)»; cf. *supra*, nt. 398, le texte en entier.

simplement dans la collaboration entre deux niveaux structurels mais également dans une réelle sollicitude synodale pour les Églises, ce qui est également la fonction de la Conférence Épiscopale sur son territoire et le rôle principal de l'Archevêque métropolitain sur le sien.

3.3 *La synodalité épiscopale dans la CEF, évaluation critique*

Nous terminons cette évaluation sur les fonctions des provinces en France en reprenant les critères de synodalité, tels que nous les avons établis au chapitre premier – localité, représentativité, subsidiarité, co-responsabilité –. Sous chacun de ces critères, nous voulons focaliser notre attention sur deux aspects pratique de la concertation: la collaboration et la coopération, selon qu'il s'agit d'élaborer une réflexion sur l'action pastorale ou d'entrer dans sa mise en œuvre.

3.3.1 Localité et représentativité

a) La localité pastorale

La localité est un facteur engageant de la communion pastorale tant pour les Églises particulières elles-mêmes que pour leurs pasteurs. Au niveau de la collaboration épiscopale, les niveaux de la Conférence et des provinces forment des lieux typiques de la réflexion sur l'action pastorale et de sa promotion.

Du point de vue des Statuts de la CEF, il est indéniable que la réorganisation des provinces a été une volonté de prendre en compte des aspects pratiques pour une meilleure collaboration épiscopale de proximité. Cependant, les niveaux de concertation peinent à vivre graduellement la collégialité comme une expression de la communion hiérarchique. La localité permet d'associer tous les évêques dans l'un et l'autre niveau, de manière stable, mais pas vraiment comme une coopération intermédiaire, à cause d'un déficit de la représentation territoriale à l'intérieur des instances de la CEF.

L'indicateur critique de localité, sous lequel s'identifient mieux les causes pastorales qui impliquent directement les évêques, fait d'abord appel à la synodalité comme ressource de la communion. Les provinces sont des réseaux d'Églises dans lesquels l'action synodale est visible, pour peu que l'opportunité en donne la possibilité. C'est ce que nous avons vu avec le concile provincial de Lille. Peut-être la dimension de cette province, et le petit nombre d'évêques qu'elle rassemble, aura favorisé la démarche conciliaire provinciale, mais elle aurait tout aussi bien pu l'obérer. Le renouveau des territoires des circonscriptions ecclésiastiques provinciales semble n'avoir pas été pris réellement en compte dans les nouveaux Statuts de la CEF avec toutes ses potentialités juridiques locales. Certainement, une meilleure définition des lieux de collaboration et des lieux de coopération pourrait permettre de tirer parti des nouvelles recompositions territoriales et redéfinir chacun des niveaux comme des échelons complémentaires.

Ce point apparaît de manière pragmatique dans la refonte des circonscriptions judiciaires ecclésiastiques françaises qui devait naturellement suivre la recomposition des circonscriptions provinciales[413]. Les tribunaux qui jusque-là suivaient plus ou moins la configuration des Régions apostoliques, devaient profiter de la stabilité ecclésiologique des nouvelles provinces[414].

L'occasion pouvait être aussi celle d'une réforme en profondeur de l'organisation du système judiciaire ecclésiastique en France. L'initiative en revient à Mgr. Aubertin, qui présidait en 2009 le Comité canonique de la CEF, suivant les recommandations de la Signature Apostolique: qu'il n'y ait plus qu'une seule officialité de première instance par province ou groupe de provinces; que celle-ci serve de deuxième instance pour une autre officialité, sans réciprocité d'appel entre deux provinces. Le principe est accepté au cours de l'Assemblée Plénière d'automne 2009. Le siège de l'archidiocèse de Dijon ayant été désigné pour devenir une première instance, son Archevêque métropolitain demanda à la Signature Apostolique l'érection du tribunal interdiocésain. Cette demande fut refusée au motif qu'il fallait penser cette demande dans une réforme d'ensemble[415].

Cette réaction romaine confirme l'existence fonctionnelle de deux échelons graduels de compétences: d'un côté, celui de la Conférence qui favorise un espace de collaboration pour tous les évêques, où s'établit une vision organique et harmonieuse de l'Église en France; de l'autre, des *cœtus* provinciaux d'évêques, favorisant une coopération locale des évêques qui agissent en conformité avec les orientations et directives données par l'Assemblée Plénière, notamment ici dans l'organisation des tribunaux de première et seconde instances[416]. La territorialité fonctionne

---

[413] Cf. D. Le Tourneau, «Note canonique à propos du décret», 869.

[414] Cf. H. Queinnec, «Réforme des officialités françaises», 365-366

[415] Cf. H. Queinnec, «Réforme des officialités françaises», 372-373.

[416] Cf. H. Queinnec, «Réforme des officialités françaises», 370-371: dans l'ancienne organisation judiciaire, l'une des difficultés était le manque d'identification juridique du *cœtus* épiscopal responsable sur lequel reposait l'autorité des tribunaux. En prenant appui sur les circonscriptions provinciales et donc sur la définition canonique

comme la mise en œuvre du critère synodal de localité pour une gestion pastorale commune.

Après un échange institutionnel entre les provinces et la Conférence, une nouvelle répartition des tribunaux fut proposée aux évêques, avec la possibilité de constituer des sections d'enquêtes diocésaines[417]. Cette proposition est approuvée par l'Assemblée plénière en novembre 2010 avec une nouvelle carte des officialités qui situe les tribunaux de premières instances au niveau des sièges métropolitains et les tribunaux de secondes instances au niveau des premières instances voisines, en suivant le tracé des provinces ecclésiastiques rénovées en 2002[418]. Cette réforme, tout en répondant à la pertinence d'une meilleure qualité du réseau judiciaire ecclésiastique, voulait gagner en visibilité et en proximité. C'est l'un de ces aspects que le m.p. *Mitis iudex* a voulu rappeler en réaffirmant l'implication personnelle de l'évêque dans la recherche de la vérité de la chose jugée, tout en réaffirmant le rôle séculaire du tribunal du métropolitain comme lieu de l'appel dans le territoire de la province ecclésiastique[419]. Cette configuration idéale n'est pas celle retenue en France, puisque le tribunal d'appel est celui de la province voisine et qu'il n'est pas identifié comme le tribunal du métropolitain. Cependant, c'est tout de même sur le principe des circonscriptions provinciales que se fondent les circonscriptions judiciaires ecclésiastiques, identifiant ainsi une communauté organique d'évêques qui mettent en commun leur ressources pour un meilleur exercice de la justice. Cette communion qui agit localement doit pouvoir être représenter et s'exprimer au-delà de son territoire.

b) La représentativité institutionnelle

Dans les Statuts de la CEF, la participation n'est pas fondée sur la représentation. Les évêques coopèrent tous comme membres de la Conférence Épiscopale, au titre de leur ministère plus que de leur charge cano-

---

des provinces ecclésiastiques comme personne morale publique, ce point est désormais plus clair.

[417] Cf. CPTL, instruction *Dignitas connubii*, art. 23, §§ 1-2.

[418] Première instance (seconde instance): Besançon (Lille-Reims); Bordeaux-Poitiers (Toulouse); Dijon (Tours); Lille-Reims (Rouen); Lyon (Dijon); Marseille (Lyon-Clermont); Montpellier (Marseille); Rennes (Bordeaux-Poitiers); Rouen (Besançon); Toulouse (Montpellier); Tours (Rennes). Seules les provinces de Bordeaux-Poitiers et Lille-Reims possèdent une officialité commune.

[419] Cf. FRANÇOIS, m.p. *Mitis iudex Dominus Iesus*, intro., n. 5; voir également *supra*, chap. II, nt. 495.

nique, avec le même droit de vote délibératif. Dans les Commissions épiscopales, certains d'entre eux collaborent sur des questions spécifiques de l'action pastorale, au bénéfice de tous. Cependant, même élus, ils ne sont pas une représentation de tous les évêques. Les Commissions épiscopales françaises sont à la fois des lieux de réflexion et des lieux d'action.

Dans le comparatif entre les Statuts des Conférences Épiscopales que nous avons réalisé ci-avant, nous avons noté le déficit de la participation des provinces françaises, comme telles, dans les instances nationales. Pourtant, les évêques dans les structures provinciales coopèrent ensemble pour la mise en œuvre d'une action pastorale de terrain: la compétence de leur assemblée est générale et comprend l'ensemble des champs pastoraux travaillés par les Commissions. Ensemble, ces évêques forment un niveau représentatif des Églises particulières, unis sur le territoire provincial autour de leur métropolitain. Si ce niveau collégial fonctionne comme un niveau graduel en progrès vers l'Assemblée Plénière, alors il doit être nécessairement représenté comme un collège territorial en son sein et non comme une Commission épiscopale. Les provinces et la Conférence sont des entités morales distinctes qui doivent coopérer selon différents degrés.

Le premier degré est celui d'une collaboration entre les évêques dans les deux niveaux structurels où ils sont impliqués. Les Commissions devraient être le lien collaboratif entre la Conférence et les provinces, mais elles ne comportent aucun repérage local. La représentation territoriale, comme telle, n'est pas nécessaire dans les Commissions, car elles sont des instances de collaboration interne de la Conférence. Mais comme instrument de médiation, il leur manque un élément d'efficacité, principalement parce qu'elles sont mises au même niveau que les provinces, qui sont considérées comme des Commissions territoriales à vocation générale. Le défaut des Statuts de la CEF est de ne pas prendre en compte la réelle signification ecclésiologique et canonique des provinces.

Le deuxième degré à mieux considérer est donc celui de la coopération entre les deux niveaux collégiaux que constituent les provinces et la Conférence. Les évêques doivent pouvoir participer à titre individuel à l'Assemblée Plénière mais être représentés également en tant que collège territorial à l'intérieur de la Conférence. Pour régler ce déficit de représentation des provinces, il serait nécessaire de reconnaître l'autorité fonctionnelle des Archevêques métropolitains.

Dans les Statuts, les Archevêques métropolitains sont les seuls à intervenir au niveau de la Présidence de la Conférence au titre de leur office canonique particulier, étant des évêques comme les autres dans l'Assemblée Plénière. Les Statuts cependant ne leur accordent pas une place organique en tant que représentants légaux de leur province, mais plutôt comme des présidents d'assemblées épiscopales locales. Ils ne sont pas membres du Conseil permanent, qui est l'institution exécutive de l'Assemblée Plénière et le lieu du suivi de l'action pastorale où ils pourraient représenter les provinces comme de vraies instances collégiales de coopération locale. Dans le Conseil permanent, la représentation collégiale ne concerne que la compétence des évêques. Il y a un donc un déficit fonctionnel dans la manière d'envisager la coopération entre organes institutionnels, dû principalement au refus de voir assumer par les métropolitains un certain rôle de direction.

Ce *leadership* existe pourtant et peut en certain cas être un vecteur de synodalité et même de conciliarité, comme nous l'avons vu dans la Province Ecclésiastique de Lille. Dans l'évaluation comparative, nous avions noté précédemment que les Statuts français n'évoquent jamais la fonction canonique des Archevêques métropolitains, alors que les Statuts espagnols soulignent leur rôle auprès des évêques suffragants et leur donnent mission d'être des témoins auprès de la Conférence de ce qui se vit dans les provinces. L'office de l'Archevêque métropolitain est justement d'être un lien représentatif entre collaboration et coopération. Sans donc envisager spécifiquement un *leadership* des métropolitains, même s'il a du sens dans la communion hiérarchique, il serait nécessaire de voir déployer dans les Statuts de la Conférence française toute la dimension fonctionnelle de leur office de représentation, pas simplement avec les instances personnelles de concertation, mais surtout dans les organes prévus pour l'exécution et le suivi de l'action pastorale afin que les provinces soient prises en compte graduellement comme de réels niveaux collégiaux de subsidiarité et de coresponsabilité.

3.3.2 Subsidiarité et coresponsabilité

a) Une subsidiarité fonctionnelle

La subsidiarité implique une différenciation et une gradualité. Au niveau des provinces, la subsidiarité est la reconnaissance, dans la diversité, du potentiel de chacune des entités canoniques diocésaines qui les constituent. La subsidiarité se matérialise par une entraide active et une solidarité, qui sont autant de signes de communion. Au niveau de la Conférence, la subsidiarité est la reconnaissance de la juste autonomie des pasteurs diocésains et devrait être également la reconnaissance de la saine autonomie qu'ils mettent en place eux-mêmes en commun dans les provinces. Ces reconnaissances se manifestent dans la prise en compte graduelle des niveaux de collaboration et de coopération qu'elles constituent.

Les provinces sont en effet des centres névralgiques entre les diocèses et la Conférence, où se concentrent des dynamiques centrifuges et centripètes. À ce niveau de communion ecclésiale, les diocèses, comme communautés hiérarchiques réunies en circonscription, peuvent se mettre à l'écoute des propositions de la Conférence et les prendre en compte dans leurs propres projets d'actions à réaliser de manière commune avec les Églises voisines.

La vocation des provinces est d'organiser une réelle communion pastorale. En ce sens, elles sont des lieux de subsidiarité centrifuge qui doivent favoriser les relations mutuelles entre les évêques et promouvoir une collaboration dans l'exercice conjoint de certaines charges. Elles peuvent également, en l'absence de régions ecclésiastiques, favoriser la coopération, quand cela paraît opportun, pour rendre plus efficace l'action singulière de chaque pasteur dans son diocèse. Elles sont des lieux de collaboration dans la réflexion et de coopération dans l'action.

Comme espace territorial de collaboration, elles sont des lieux de subsidiarité solidaire entre les Églises. Comme structure de coopération, elles doivent renforcer l'autorité de chaque évêque dans son diocèse et soutenir devant la Conférence la voix de chaque communauté ecclésiale diocésaine. Dans ces deux sens, les provinces remplissent leur fonction de niveau intermédiaire pour une mise en œuvre pastorale de la collégialité.

Dans leurs relations institutionnelles, les provinces ecclésiastiques ne peuvent être considérées comme des échelons déconcentrés de la Conférence, mais d'abord comme des niveaux autonomes dans lesquels les évêques s'organisent selon leur nécessité, et où ils peuvent se saisir localement des thématiques proposées dans la réflexion nationale. Sur un plan de subsidiarité, chacun des niveaux est complémentaire et irremplaçable. Les provinces sont des niveaux où le droit particulier peut être développé en commun, notamment par les conciles provinciaux, et être en cohérence avec celui voulu ou inspiré par la Conférence. Les provinces forment des réseaux synodaux d'Églises dont les législations particulières se rapprochent et où les intérêts sont en convergence, favorisant la coopération et la collaboration. Dans cette coopération juridique, la diversité est au service de la communion qui n'est pas uniformisation. La Conférence Épiscopale joue alors un rôle centrifuge dans l'harmonisation, en étant un centre névralgique de collaboration, et les provinces un rôle centripète en étant des centres de coopération qui convergent vers la Conférence.

L'identité pastorale des provinces parle surtout du *sensus fidei* qu'elles perçoivent et dont elles doivent rendre témoignage dans les instances avec lesquelles elles coopèrent. La Conférence ne peut être une instance supérieure aux provinces mais un vis-à-vis institutionnel, dans une gradualité structurelle et complémentaire. Dans les Statuts français, il serait nécessaire de trouver un lieu organique, interne ou externe, où les deux entités peuvent collaborer, en total respect de leur autonomie et pour promouvoir de manière subsidiaire, dans une entraide solidaire et graduelle, «le bien que l'Église offre aux hommes»[420].

b) Une coresponsabilité graduelle

La coresponsabilité est une force pour l'action pastorale. Elle se fonde sur une même capacité ministérielle à agir, à la fois sacramentelle et pastorale. Sur le plan de la synodalité strictement épiscopale, elle est le fruit de la communion des évêques réunis en assemblées constituées. Contrairement à ce que le décret *Christus Dominus* avait laissé entendre (cf. *CD* 38), les évêques réunis en Conférence ne sont pas appelés à exercer conjointement leur fonction pastorale mais seulement à exercer «ensemble certaines charges pastorales pour les fidèles»[421]. Les Conférences ont donc pour fonction d'aider au discernement pastoral et de proposer une action commune qui devra toujours être réceptionnée au niveau local par les pasteurs diocésains et sera toujours de leur responsabilité dans une mise en œuvre concertée.

Dans les statuts de la CEF tous les évêques, présents et en responsabilité sur le territoire national, font partis de l'Assemblée Plénière de la Conférence: leur coresponsabilité est ministérielle et pastorale à ce niveau et concerne d'abord l'aspect d'*episkopé* de la *sacra potestas*. De la même manière, mais selon le droit, tous les évêques d'un même territoire provincial font partis de l'Assemblée des évêques de la province: leur coresponsabilité est ministérielle et pastorale à ce niveau et concerne d'abord la mise en œuvre du *munus regendi* reçu dans la charge canonique. Les mêmes évêques sont donc présents dans les deux niveaux et leur responsabilité collégiale s'envisage de la même manière: seule leur capacité d'action diffère. Lorsque les évêques se réunissent dans des or-

---

[420] Statuts CEF/2006, art. 2 §1; *CD* 38, 1.
[421] CIC/1983, can. 447. Cf. dans le même esprit, DPME, n. 27-28.

ganisations canoniques, revêtues de la personnalité juridique, ils forment des collèges à qui ont ne peut refuser d'exercer le pouvoir qui leur est attribué par le droit universel, ni le faire dépendre de celui d'une autre structure institutionnelle de collégialité partielle. Ces niveaux doivent pouvoir cependant se relier graduellement dans une coopération, mais non hiérarchiquement. Les Assemblées d'évêques des provinces ne sont pas des échelons décentralisés de l'Assemblée Plénière ni une représentation du Collège épiscopal: elles représentent leur communautés ecclésiales dans un réseau de communion que la Conférence Épiscopale peut organiser. La responsabilité collégiale, qui appartient à la nature même de la charge épiscopale, ne doit pas nécessairement s'exercer de manière collective pour pouvoir exister concrètement. La collégialité, en tant qu'elle est au service de la communion, «a pour rôle de susciter toutes les responsabilités qui font que chacun contribue au bien indivisible de la communauté ecclésiale en marche vers sa définitive perfection dans le Christ»[422]. Comme forme de la communion, la collégialité s'exerce à différents niveaux qui doivent être identifiés dans l'Église comme des structures graduelles d'implication mutuelles. Les Commissions épiscopales apparaissent alors à leur place comme des lieux de collaboration, où seule la responsabilité pastorale des évêques s'engage de manière individuelle et non collective.

Dans les précédents Statuts de 1975, les Commissions étaient des organismes permettant à la Conférence d'«exercer collectivement sa responsabilité pastorale»[423]: ces organismes étaient prévus pour organiser structurellement une coopération collective par niveau. Entre l'Assemblée Plénière et ses formes décentralisées qu'étaient les Assemblées régionales, il n'existait qu'une seule forme collective de responsabilité. Dans les Statuts actuels, les Commissions n'ont pas de liens structurels avec les provinces ecclésiastiques: ce sont des organismes où certains évêques élus sont mandatés par la Conférence pour «exercer conjointement leur responsabilité pastorale dans un domaine déterminé»[424]. Il ne s'agit plus de coresponsabilité collégiale mais bien de responsabilité personnelle exercée sous la responsabilité de la collectivité. Le Règlement de la CEF précise que chaque évêque doit nommément signer les déclarations et les propositions de sa Commission et la mention «Conférence des Évêques de France» doit être associée au groupe des signataires[425].

---

[422] J. HAMER, «La responsabilité collégiale de chaque évêque», 651-654: ici, 654.
[423] Cf. Statuts CEF/1975, art. 29 §1. Voir Ph. TOXÉ, «Les nouveaux Statuts», 268.
[424] Statuts CEF/2006, art. 26 §§1-2.
[425] Cf. Règlement CEF/2006, art. 27 §1.

Créées pour orienter et aider l'action pastorale dans leur domaine de compétence[426], les Commissions s'adressent directement et individuellement à chaque évêque. Par les moyens collectifs dont elles disposent, elles mettent souvent les évêques au service de leurs vues, au mépris de leurs juridictions et des spécificités locales. Dans leur conception, ces Commissions épiscopales continuent d'être des instruments de l'action collective et devraient donc s'adresser à des lieux collégiaux et non à chaque évêque personnellement. Il manque donc, soit d'identifier une instance de coresponsabilité où les évêques en provinces ecclésiastiques et les évêques en Commissions épiscopales pourraient collaborer et coopérer pour formaliser l'action pastorale; soit que ces Commissions deviennent elles-mêmes ces lieux de coresponsabilité, ce qui signifie de revoir la base représentative de leur composition. Quelque soit l'option choisie, ce sont des couches sédimentaires du repérage synodale qui doivent s'affiner pour favoriser l'écoute du *sensus fidei* et la réponse ne peut venir que d'une meilleure organisation ecclésiastique dans la coopération des évêques et la collaboration des Églises particulières.

4. Conclusion

Au travers de l'expérience française, nous avons cherché quelle pouvait être la fonction des provinces ecclésiastiques dans l'organisation pastorale d'une Conférence Épiscopale. C'est d'abord dans cette dimension pastorale, qui est le cœur de la mission, que les évêques français ont voulu trouver un échelon de collaboration efficace qui soit aussi organiquement relié à leur Conférence Épiscopale. Les Régions apostoliques sont nées ainsi, mais par un manque de configuration canonique, elles ne pouvaient remplacer les provinces ecclésiastiques qui sont des niveaux canoniques de communion entre évêques, appartenant à la structure hiérarchique de l'Église. Les provinces sont des institutions autonomes, mais qui selon les dispositions de la deuxième partie du Livre II du Code de 1983 peuvent se relier graduellement avec la Conférence des Évêques. Elles sont également un lien formel de communion structurelle, par leur constitution et l'office de l'Archevêque métropolitain, entre les Églises particulières, l'Église de Rome et le Souverain pontife. Leur territoire n'a pas qu'une valeur fonctionnelle mais également ecclésiologique et

---

[426] Dans les Statuts CEF/2006, il a été décidé de ne plus nommer les Commissions ou Conseils (sauf la Commission doctrinale) pour ne pas avoir à modifier les normes de la Conférence chaque fois qu'une Commission serait créée ou supprimée. Cela n'identifie plus toutefois les lieux de collaboration et leur niveau de pertinence pour la vie de l'Église en France.

doit favoriser la synodalité des Églises, comme les échanges interpersonnels. Le principe d'accommodement des circonscriptions ecclésiastiques aux découpages civils, souhaitable autant que possible, n'est qu'une aide pour développer la visibilité des médiations pastorales de tous ordres. La vocation première des provinces est de manifester localement la communion Catholique que la Conférence Épiscopale peut favoriser en développant les relations entre les différentes institutions ecclésiastiques comme autant de paliers synodaux où la communion se réalise.

Les difficultés que nous avons abordées pour trouver un positionnement statutaire aux provinces dans l'organigramme de la CEF montrent, s'il en était, que les différents niveaux d'autonomie, diocésains, provinciaux et nationaux sont appelés à trouver des formes de coopérations et de collaborations respectueuses de leurs vocations propres. La complémentarité, notamment sur un plan juridique entre les ressources normatives et législatives des synodes diocésains, des conciles provinciaux et particuliers avec les possibilités offertes aux Conférences, est souvent négligée.

L'expérience du concile provincial de Lille nous a, toutefois, prouvé le bien-fondé de la norme actuelle, particulièrement en ce qui concerne une certaine forme de subsidiarité dans la répartition des tâches pastorales. Ce que des Églises particulières peuvent faire dans la circonscription où elles sont unies, les regarde en tout premier lieu, notamment pour favoriser une certaine efficacité de l'action pastorale qui leur est propre. La configuration d'un territoire ecclésial (géographique, sociologique, culturel) conditionne des réponses spécifiques pour des situations qui seraient, parfois, de même nature ou similaire sur l'ensemble d'un pays. Il ne peut y avoir de solution uniforme: il y a ici une part de discernement qui, tout en appartenant au ministère épiscopal, réclame une participation plus large et plus locale des fidèles. La complémentarité entre diocèses passe par une certaine solidarité, notamment parce que la juste autonomie (surtout financière) n'est jamais acquise de manière définitive.

Le développement d'une normative interne à la Conférence française qui encouragerait l'élaboration de statuts et de règlements cohérents entre les différents niveaux, non moins que la création d'organismes institutionnels formés pour soutenir leur collaboration, pourraient être un facteur de régulation d'une gradualité qui fait défaut à la communion visible. Cette communion n'a pas à craindre la diversité, puisqu'elle est fondée sur l'identité d'un même *munus* épiscopal et la mission canonique. Que cette communion soit unitaire ne signifie pas qu'elle ne puisse pas être polycentrique, si les engrenages sont adaptés pour une telle circularité. Le statut des provinces est donc en dépendance de leur fonctionnalité comme niveau intermédiaire dans une organisation ecclésiastique d'ensemble et non comme un échelon.

Le comparatif que nous avons fait avec les Statuts de la Conférence Épiscopale d'Espagne nous aura aidé à comprendre que les difficultés résident moins dans les structures, qui sont de droit ecclésiastique et peuvent être améliorées, que dans une juste compréhension théologique des différents niveaux de la collégialité pastorale dans la communion hiérarchique. De cette notion découle une vraie coresponsabilité collégiale tandis que se renforce la responsabilité et l'autorité personnelle de chaque évêque. C'est donc en intégrant une dimension de subsidiarité dans les relations institutionnelles entre les provinces et la Conférence que chacune peut trouver sa place en rapport avec l'autre. Dans ce type d'organisation, les Archevêques métropolitains sont encore appelés à être des vecteurs de synodalité, si on ne leur refuse pas le droit que leur office, attaché à un siège, pose en termes d'efficacité dans la réalisation graduelle des synergies épiscopales locales.

CHAPITRE IV

Le canon 436 §2 et la Province Ecclésiastique de Paris

Au cours du XXe siècle, l'exode rural vers les villes et l'expansion démographique ont favorisé l'émergence de centres urbains où la densité et la diversité des populations supposaient un traitement pastoral spécifique. Au moment du concile Vatican II, on cherchait des solutions canoniques permettant une organisation ecclésiastique cohérente qui réponde à l'unité collégiale de l'agir épiscopal en des lieux polycentriques. Le modèle du regroupement provincial, avec son système d'organisation synodale de la collégialité autour du métropolitain, une fois rénové, semblait pouvoir offrir de multiples possibilités qu'on imaginait pouvoir s'adapter facilement à ces différents types de contraintes, notamment pour les grandes agglomérations. La Province Ecclésiastique de Paris fut en quelque sorte un laboratoire pour l'expertise d'une telle problématique. On retrouve souvent cette expérience citée[1] en référence au can. 436 §2 qui permet de déterminer une charge nouvelle et un pouvoir spécifique au métropolitain dans le droit particulier d'une province. Mais ce canon est-il vraiment utilisé dans ce cas d'espèce?

Notre étude, dans ce chapitre commencera par revenir sur l'élaboration de la norme du can. 436 §2, puis sur la constitution de la Province Ecclésiastique de Paris (PEP) et les Normes qui l'ont régie depuis 1966, pour nous conduire jusqu'au moment où ces dernières ont été rénovées, en 1984, afin de les adapter au nouveau Code de 1983 qui venait de paraître. Nous verrons aussi, au cours de ce chapitre, comment le modèle provincial parisien a dû s'adapter aux contraintes structurelles

---

[1] Cf. G. REED, «Grouping of Particular Churches», 244; J.G. JOHNSON, «Grouping of Particular Churches», 574; P. ERDÖ, «De Metropolitis», 909; J.I. ARRIETA, *Diritto dell'organizzazione ecclesiastica*, 477, avec la nt. 9.

pour fonctionner comme un échelon organique de la Conférence des Évêques de France.

1. Le modèle organique de communion ecclésiastique du can. 436 §2

1.1 *L'élaboration d'une nouvelle norme*

1.1.1 La problématique de la circonscription territoriale

Au cours de la réflexion conciliaire sur les Églises particulières et leurs regroupements, le problème des grandes zones urbaines avait été abordé. Il s'agissait le plus souvent de diocèses qui, par leur situation sociologique et géographique, avaient toujours réclamé un soin particulier en raison de la gestion pastorale d'une population nombreuse, parfois diverse, mais homogène quant à sa culture citadine. Sur un plan ecclésial, ces diocèses étaient souvent exempts[2] et ressortaient d'une compétence directe du Saint-Siège. Les Pères conciliaires avaient posé deux principes: qu'il n'y ait plus désormais de diocèses exempts; d'autre part, que soit réalisé un *aggiornamento* des repérages géographiques et pastoraux des diocèses, dans l'esprit de mieux servir le ministère pastoral des évêques. À cette fin, des critères de révision avaient été proposés par le décret *Christus Dominus*, pour une réflexion sur la restructuration des diocèses[3].

Parmi ces critères, il y avait la délimitation des diocèses, qui devait mettre en évidence l'Église locale comme une portion du peuple de Dieu. D'une part, ces communautés hiérarchiques, communautés de salut, devaient pouvoir compter convenablement sur leur pasteur diocésain. D'autre part, il était nécessaire de s'assurer, pour une *curia animarum* adaptée, de leur homogénéité en matière de territoire, en étant attentif aux circonstances de personnes et de lieux, par le recours, si nécessaire, aux limites des circonscriptions civiles et donc au principe d'accommodement[4]. On recherchait d'abord une cohérence juridictionnelle territo-

---

[2] Cf. *Comm.* 4 (1972), 43.

[3] Cf. *CD* 39 et 40; *supra*, chap. I, nt. 370.

[4] *CD* 22: «Ad proprium diœcesis finem consequendum, oportet ut Ecclesiæ natura in populo Dei ad ipsam diœcesim pertinente perspicue manifestetur; ut Episcopi munera sua pastoralia in iisdem efficaciter explere valeant; ut denique populi Dei saluti quam perfectissime fieri potest ministretur. Id autem postulat sive congruentem finium territorialium diœcesium circumscriptionem, sive clericorum opumque distributionem rationi consentaneam atque apostolatus exigentiis accommodatam. Quæ omnia non solum clericorum et christifidelium, quorum directe interest, verum etiam et totius catholicæ Ecclesiæ in bonum cedunt. Itaque, ad diœcesium circumscriptiones quod attinet, decernit Sacrosancta Synodus ut, quatenus animarum bonum id exigat, quamprimum ad congruam

riale pour l'exercice de la charge pastorale, dans la perspective du Code de 1917, ainsi que des principes d'unité – sociologique, géographique, économique –, qui pourraient en assurer la pérennité ecclésiologique.

Parmi d'autres critères, non moins importants pour la délimitation des diocèses, il y avait celui d'une attention particulière aux répartitions des populations de fidèles entre différentes zones pastorales. Ces répartitions devaient être équilibrées, mais également permettre un soin réel et adapté auquel l'évêque diocésain devait pourvoir, de manière égale, entre tous les fidèles, y compris ceux qui étaient de rites différents quand ils étaient présents sur son territoire. Un dernier critère, enfin, consistait à fournir les moyens nécessaires à la subsistance, tant financiers qu'humains, pour assurer correctement la mission dans ces zones pastorales redéfinies en communautés ecclésiales où les populations devaient se répartir. Il s'agissait de savoir comment leur donner accès à une certaine autonomie[5]. Dans leurs perspectives ecclésiologiques, ces critères ne

---

recognitionem prudenter deveniatur, eas dividendo vel dismembrando vel uniendo, aut ipsarum fines mutando vel episcopalium sedium aptiorem locum determinando, aut denique, præsertim si de diœcesibus agatur quæ ex maioribus urbibus constant, eas nova interna ordinatione disponendo».

[5] *CD* 23: «In diœcesium circumscriptionibus recognoscendis in tuto ponatur præprimis uniuscuiusque diœcesis unitas organica, quoad personas, officia, instituta, ad instar corporis apte viventis. Singulis vero in casibus, omnibus adiunctis accurate perpensis, præ oculis habeantur criteria generaliora quae sequuntur. 1) In circumscriptione diœcesana definienda ratio, quantum fieri poterit, habeatur varietatis compositionis populi Dei, quæ multum conferre potest ad pastoralem curam aptius exercendam; simulque curetur ut huius populi conglobationes demographicæ, cum civilibus officiis institutisque socialibus quæ structuram ipsius organicam efficiunt, in unum, quantum fieri poterit, serventur. Qua de causa uniuscuiusque diœcesis territorium nonnisi continuum pateat. Attendatur etiam, si casus ferat, ad fines circumscriptionum civilium, atque ad peculiaria personarum locorumve adiuncta, *v.g.* psychologica, œconomica, geographica, historica. 2) Amplitudo territorii diœcesani eiusve incolarum numerus talis sit generatim ut, ex una parte, ipse Episcopus, licet ab aliis adiutus, pontificalia exercere visitationesque pastorales congrue peragere valeat, omnia apostolatus opera in diœcesi rite moderari atque coordinare, sacerdotes suos præsertim cognoscere, necnon et religiosos et laicos rationem aliquam in diœcesanis inceptis habentes; ex altera vero parte, sufficiens ac idoneus præbeatur campus in quo sive Episcopus sive clerici, omnes suas vires in ministerium, præ oculis habitis universalis Ecclesiæ necessitatibus, utiliter impendere possint. 3) Quo denique aptius salutis ministerium in diœcesi exerceri possit, pro regula habeatur ut unicuique diœcesi clerici, numero et idoneitate saltem sufficientes, præsto sint pro rite pascendo populo Dei; officia, instituta et opera ne desint quæ Ecclesiæ particularis propria sunt, quæque pro eius apto regimine et apostolatu necessaria usu comprobantur; opes denique ad personas et instituta sustentanda aut iam adsint aut saltem prudenter prævideantur aliunde non defuturæ. Hunc quoque in finem, ubi sint fideles diversi Ritus, eorum spiritualibus necessitatibus Episcopus diœcesanus

considéraient qu'un seul fait, celui de l'Église particulière constituée canoniquement comme un diocèse, à la tête duquel se trouvait un évêque qui la présentait comme une communauté hiérarchique.

Les grandes villes cependant, réclamaient un traitement à part, car elles représentaient des situations particulières. Au cours du Concile, ces questions étaient déjà à l'ordre du jour, notamment pour l'archidiocèse de Paris. L'expérience et les solutions proposées que nous étudierons dans la section suivante de ce chapitre, montra que l'application des critères conciliaires retenus n'était pas aisée. D'autres cas de figures demandaient également une attention significative: on citait New-York, Buenos Aires, Rio de Janeiro, São Paolo. Pour chacun de ces grands diocèses, on aurait souhaité apporter une solution unique. Chaque cas, cependant, était singulier par sa situation: il ne pouvait y avoir une seule solution canonique, mais plusieurs. De là, s'en est suivie une réflexion sur les moyens techniques mis à disposition par la norme universelle pour régler des problématiques particulières et localisées.

On examina ainsi diverses possibilités. La première était de diviser ces grandes zones en différents districts, pouvant être desservis par des vicaires épiscopaux ou des évêques. C'était déjà la solution étudiée par les Pères conciliaires et retenue dans de nombreux cas où les figures épiscopales étaient démultipliées entre coadjuteurs et auxiliaires. Elle s'adaptait mal, toutefois, à l'unité pastorale recherchée, dans la grande tradition du concile de Nicée[6], qui soulignait l'importance d'un seul évêque par ville. Les Pères conciliaires souhaitaient que les territoires des diocèses que constituaient ces mégapoles, puissent être dotés d'un ordre interne unitaire qui s'adapterait à leur situation pastorale. Il s'agissait de pouvoir appliquer les critères qui avaient été déterminés pour la réflexion sur la restructuration des territoires diocésains à de tels réaménagements[7]. Ces critères, une fois codifiés, devaient pouvoir s'adapter de manière souple aux réalités sociales et ecclésiales qui ne pouvaient pas être toutes traitées de manière uniforme. D'autre part, il apparaissait déjà que les struc-

---

provideat sive per sacerdotes aut parœcias eiusdem Ritus, sive per Vicarium Episcopalem aptis facultatibus instructum et, si casus ferat, etiam charactere episcopali ornatum, sive per seipsum diversorum Rituum Ordinarii munere fungentem. Quod si hæc omnia, ob rationes peculiares, iudicio Apostolicæ Sedis, fieri non possint, Hierarchia propria pro diversitate Rituum constituatur. Item, in similibus circumstantiis, diversi sermonis fidelibus provideatur sive per sacerdotes aut parœcias eiusdem sermonis, sive per Vicarium Episcopalem sermonem bene callentem et etiam, si casus ferat, charactere episcopali ornatum, sive denique alia opportuniore ratione».

[6] Cf. CONC. NICAEUM (325), can. 8, in *COD*, 9-10.

[7] Cf. *Comm.* 18 (1986) 73-74.

tures mises en place, comme celles de Paris, devaient pouvoir être constamment revues pour s'adapter en permanence à une réalité mouvante et répondre aux besoins de la mission.

Une autre possibilité envisagée était de démembrer ces diocèses, souvent déjà divisés en zones pastorales, pour créer de nouveaux diocèses. Cette solution, qui avait l'avantage de mieux correspondre à la réflexion conciliaire sur le ministère épiscopal, que l'on voulait notamment plus proche du peuple de Dieu qui lui était confié, se confrontait avec celle sur l'Église particulière, pour laquelle l'unité d'action pastorale supposait d'éviter les divisions.

C'est dans ces perspectives que la question des grands centres urbains fut abordée par la commission de révision du Code, dans le *cœtus De Clericis-De Sacra Hierarchica*, à partir de décembre 1967, en commençant par poser l'analyse sous la thématique des diocèses directement soumis au Saint-Siège. La plupart de ces grandes villes, par leur situation, étaient souvent des diocèses exempts, où l'on avait eu recours à la multiplication des figures épiscopales, coadjuteurs et auxiliaires, pour assurer le soin pastoral des fidèles. Les démembrer en zones pastorales revenait à considérer non plus seulement leur unité mais principalement leur homogénéité sous un angle organique.

1.1.2 Le modèle ecclésiastique provincial

Comme l'attention se portait sur des diocèses déjà existants, on suivit dans un premier temps la réflexion conciliaire en se situant dans le champ des Églises particulières et de leur organisation. C'est ainsi qu'apparurent dans le schéma *De circumscriptiones Ecclesiasticis* les premiers éléments des travaux du *cœtus De Clericis*[8].

On chercha des solutions qui prennent en compte la tradition de l'Église dans les délimitations des diocèses: éviter les divisions de ce qui avait pris tant de temps à être constitué comme une unité pastorale équilibrée[9]. C'est ainsi que l'idée apparut de démembrer plutôt que de diviser, afin de maintenir l'unité sociale d'un «corps vivant»[10]. On opérait alors une juste mise à disposition des moyens tant financiers qu'humains, en répartissant les œuvres et les clercs entre les différentes zones, avec des institutions adaptées à une organisation de type diocésain. On s'orienta donc vers la création d'ensembles ecclésiaux pour lesquels il

---

[8] Cf. H. HOHL, *Das Amt des Metropoliten*, 422-424.
[9] Cf. H.M. LEGRAND, «la délimitation des diocèses», 177-179.
[10] Cf. *CD* 23, *prooemium*, voir *supra*, nt. 5

fallait trouver une figure juridique qui les dispose dans une certaine unité d'action pastorale.

La province ecclésiastique, dont on avait souhaité la rénovation, présentait déjà les caractères d'un réseau ecclésial de proximité et avait l'avantage d'être un modèle éprouvé par la longue tradition de l'Église en matière d'organisation. Elle manifestait également l'idée d'un territoire juridictionnel unifié dans la communion hiérarchique, déjà présente dans le Code de 1917. On considérait que ses différents éléments techniques, après rénovation, permettraient une structuration en souplesse pour organiser de tels ensembles sous le mode de la communion ecclésiale. Cependant, il était prévu que la province ecclésiastique soit soumise à une double figure d'autorité. L'exécutif serait confié à une autorité personnelle, le métropolitain, dont la fonction était également en cours de rénovation; le gouvernement législatif serait soumis à une forme collégiale, le concile provincial, dans lequel tous les pasteurs diocésains exerceraient en commun leur *munus regendi*. Il apparaissait donc que, sous ce modèle, les zones pastorales considérées seraient assimilées à de vrais diocèses.

La question était de savoir comment maintenir une unité d'action pastorale contraignante entre les divers pasteurs rassemblés sous une même entité sociologique et géographique. Le modèle des Églises Métropolitaine *sui iuris* était évidemment dans tous les esprits: la responsabilité de l'impulsion synodale de communion pastorale, qu'on situait au niveau du ministère épiscopal, devait être porté par une autorité personnelle. Comme la plupart des diocèses considérés lors de la réflexion étaient des diocèses exempts, à la tête desquels se trouvait un archevêque (pas toujours métropolitain), il fut imaginé que celui-ci pourrait également avoir une fonction plus synodale sur le modèle provincial, celle d'un vrai Archevêque métropolitain, à qui pourrait être confié des pouvoirs particuliers[11]. Par ailleurs, le même *cœtus* codifiait également la matière sur l'office du métropolitain au cours des deux sessions de l'année 1972. Comme on avait commencé de traiter la problématique des grands centres urbains sous le titre des regroupements d'Églises particulières, la norme proposée pour des pouvoirs particuliers du métropolitain fût disposée dans les canons sur la province ecclésiastique à la session d'avril 1973[12].

---

[11] Cf. *Comm.* 18 (1986) 74, *cœtus De Clericis*, sess. 13, *Schema De circumscriptiones Ecclesiasticis*, can. 10: «Metropolitæ in provinciis ecclesiasticis quæ sint magnæ urbes instrui possunt peculiaribus muneribus et potestate, in iure particulari determinandis».

[12] Cf. *Comm.* 24 (1992) 333, le can. 10 du précédent schéma apparaît au can. 47 §4.

La problématique des grandes agglomérations, à la vue de la solution retenue, ne se situait pas directement dans le thème des regroupements ecclésiaux mais bien dans celui de l'organisation interne d'une Église particulière, pour laquelle les ressources du modèle ecclésiastique provincial et celles de son système métropolitain d'organisation se justifiait dans un sens seulement analogique[13]. La province ecclésiastique est un modèle de collaboration ecclésiale qui s'appuie sur les relations entre évêques reposant sur l'*affectus collegialis*. Un tel regroupement fait partie de la constitution de l'Église dans un ensemble structuré. La communion entre les pasteurs diocésains repose donc sur la collégialité, telle que redéfinie par le concile Vatican II. Même dans son acception simplement *affective*, cette collégialité ne pouvait pas être considérée localement comme la somme des pouvoirs particuliers de chacun des évêques, mais une catégorie sacramentelle qui les sollicite à un certain degré de coopération pastorale. Ensemble avec leur métropolitain, ils ne forment pas une nouvelle Église particulière, mais devaient chacun représenter institutionnellement leur diocèse et développer synodalement une action pastorale. Par analogie, la province correspondait bien à la réalité recherchée pour organiser une communion pastorale structurée dans les grands centres urbains. On entrevoyait maintenant que les dynamiques de synodalité provinciale n'avaient pas simplement pour but une communion entre les évêques mais surtout un lien entre collégialité et communion des Églises. C'est donc sur le système métropolitain, et particulièrement la figure du métropolitain qui en est le pivot, que devait se concentrer le reste des travaux.

1.2 *La problématique du gouvernement*

1.2.1 Le caractère pastoral du gouvernement

La solution retenue au niveau de la fonction du métropolitain, par sa technicité, risquait de dévoyer le sens même de communion de pasteurs diocésains que la nouvelle norme codicielle entendait donner aux regroupements d'Églises particulières, notamment celui de la province ecclésiastique. Le modèle des Églises métropolitaines *sui iuris* avait l'inconvénient de proposer une organisation en communauté hiérarchique, ce que la province ecclésiastique latine n'était pas formellement.

Finalement, au fur et à mesure de l'avancée des travaux, c'est le caractère pastoral qui ressortait comme le motif principal pour justifier de l'implication des Églises particulières dans un niveau technique d'inter-

---

[13] Cf. J.I. ARRIETA, «Instrumentos supradiocesanos», 636.

relation et de communion. Ce caractère pastoral, lié au ministère épiscopal, s'intègrerait dans la structure hiérarchique comme un principe d'organisation *ad intra* et *ad extra*. La province ecclésiastique est un niveau
technique où la sollicitude entre les Églises suppose une stricte égalité
entre leurs pasteurs. Seule la nécessité pastorale pourrait commander leur
union et le renforcement d'une gradualité dans l'organisation de leur
gouvernement en commun. Si la solution se positionnait au niveau d'un
exercice renforcé de l'office du métropolitain, la question était alors de
savoir comment il fallait envisager le modèle général d'union provinciale, en dehors de ces applications spécifiques.

La difficulté provenait du point de départ de la réflexion. Le modèle
de regroupement ecclésiastique provincial retenait un sens précis
d'union dans des choses communes auxquelles diverses Églises particulières pouvaient avoir des intérêts, principalement en vue de faciliter la
mission. Appliquer ce modèle au grands diocèses urbains, signifiait, tout
bien considéré, qu'une grande ville était une province ecclésiastique,
dont chaque zone n'aurait pas satisfait complètement à l'idée que l'on se
faisait d'un diocèse suffragant. D'autre part, si l'on considérait ces territoires sous leur aspect d'autonomie ecclésiale, cela entrait en contradiction avec la notion d'Église particulière développée par le concile Vatican II[14]. En effet, la plupart de ces grandes zones urbaines existaient déjà
comme des entités diocésaines constituées, dont l'unité organique devait
être maintenue. Les diviser en d'autres diocèses supposait de répartir et
attribuer tout ce qui était nécessaire, notamment le clergé et les moyens
financiers, afin que s'applique le principe d'une juste autonomie dans
chaque nouveau diocèse. Le risque était alors, sur le plan des moyens, de
nuire à l'efficacité recherchée plutôt que de la faciliter. Cela contreve-
nait, en outre, à l'idée qu'il fallait maintenir une unité de gouvernement
pastoral fort et éviter les divisions en différents modes d'exercices d'un
unique pouvoir dynamique, sinon de direction, au moins d'orientation. Il
y avait bien l'exemple de l'archidiocèse de Paris, qui s'était divisé en
vrais diocèses pour former une vraie province, dont le soin avait été confié aux évêques réunis en *conventus*[15]. Un pouvoir personnel mieux défini pourrait cependant être plus efficace qu'une solution collégiale.

---

[14] Cf. *CD* 11, *supra*, chap. 1, nt. 393; *CD* 23, *supra*, nt. 5.

[15] *Comm.* 18 (1986) 74: «In diœcesis Parisiensi, ex. gr., divisio in districtus adhibita
non est, sed eius loco creatæ fuerunt diœceses separatæ, quarum Episcopi diœcesani
frequentes conventus habere curant; nescio tamen – ait Rev.mus Secretarius Ad. –
an hæc solutio sufficiens censenda sit ut in tuto ponantur omnes necessitates coordi-
nationis».

À partir du moment où finalement, pour la Commission de révision, la solution pour les grands centres urbains se concevait au niveau du pouvoir de direction du métropolitain, deux pistes de travail se dessinaient pour traiter de la gouvernance de l'action pastorale dans le modèle «province ecclésiastique». D'une part, la solution était de déconcentrer le pouvoir de l'Archevêque métropolitain sur la province, en le répartissant géographiquement sur les suffragants en de multiple pôles pastoraux. Le pouvoir se déconcentrerait pour descendre en des aptitudes épiscopales locales semi-autonome, mais qui relèveraient toujours de la compétence de l'Archevêque. En ce cas la province serait considérée comme ressortant d'une juridiction quasi-diocésaine de l'Archevêque. D'autre part, on pouvait décentraliser, en transférant tout ou partie des compétences de l'Archevêque aux nouvelles entités canoniques qui seraient des diocèses autonomes. L'Archevêque serait alors vraiment un métropolitain à la tête d'une province ecclésiastique, à qui serait confié un rôle central, peut-être plus contraignant dans la conduite harmonieuse des actions pastorales provinciales, dont les effets impliqueraient juridiquement les diocèses suffragants plus fortement que dans une province ordinaire. Dans les deux cas, on touchait au *munus regendi* des évêques dont il fallait pouvoir organiser normativement la convivance et les compétences.

1.2.2 Le caractère unitaire du gouvernement

a) Décentraliser ou déconcentrer

C'est d'abord vers une solution de décentralisation que progressèrent les travaux. L'objectif était de rendre plus évident des pôles diocésains qui seraient des portions du peuple de Dieu à l'intérieur d'un regroupement provincial. Il s'agissait de démembrer une circonscription pour en créer de nouvelles, autonomes, mais liées entre elles par un caractère pastoral dont le pôle central serait l'Église du métropolitain comme entité canonique[16]. C'est dans cette première direction que les codificateurs progressèrent jusqu'au schéma de 1977. Les échanges en commission montrent que leur volonté était de trouver un cadre juridique pour permettre de coordonner les différents aspects ecclésiaux de ces grandes

---

[16] J.I. ARRIETA, *Diritto dell'organizzazione*, 93: «la formula della decentralizzazione delinea anzitutto un sistema unidimensionale di organizzazione amministrativa, in cui esercizio delle funzioni pubbliche viene svolto da enti collegati tra di loro. La nozione implica, in primo luogo, una organizzazione unitaria, titolare delle funzioni pubbliche; e, secondariamente, richiede anche l'esistenza di un punto di riferimento centrale che assuma ab origine la globalità di tali funzioni».

zones urbaines[17]. On cherchait surtout à déterminer des normes générales pour le modèle d'organisation «province ecclésiastique», afin de maintenir une unité de gouvernement dans un repérage métropolitain, c'est-à-dire centralisé, qui soit adapté à de telles unités appelées à développer leur autonomie. Une décentralisation permettait d'identifier le centre de convergence autour duquel gravitaient, de manière centrifuge, les questions pastorales. Dans ce cas de figure, on transférait des pouvoirs ordinaires qui appartenait à l'Archevêque métropolitain, ce qui signifiait l'existence de liens de subordination entre lui et ses suffragants. Toutefois, dans le cadre de la province, les évêques diocésains ne tiennent pas leur pouvoir du métropolitain, mais du sacrement reçu dans l'ordination épiscopale et sa détermination reçue dans la mission canonique qui leur attribue pleinement la conduite d'une portion du peuple de Dieu. Tout ce qui était commun, devait être géré à un niveau central, celui de l'entité canonique provinciale qui était présidée par le métropolitain avec les autres évêques. On était donc plus dans une configuration d'autonomie organisative que dans la formulation proprement dite d'une décentralisation. Or, la solution proposée par la Commission de codification n'envisageait pas la possibilité d'une conduite commune de l'action pastorale, mais uniquement une direction unipersonnelle du métropolitain, sur lequel aurait été concentré de réels pouvoirs. C'est dans ce sens qu'une première proposition de rédaction est faite en 1973 sous le can. 186 §4[18].

Lorsque le schéma du Titre II sur «les Églises particulières et leurs regroupements» de 1977 fut enfin soumis aux évêques et à leurs experts, les préliminaires du chapitre premier sur «les provinces et les régions ecclésiastiques» contenait ce can. 186 §4 du schéma de 1973. Dans son texte, la solution retenue n'évoquait en fin de compte que des attributions du métropolitain vis-à-vis de ses suffragants. Les grandes agglomérations urbaines étaient considérées du point de vue d'une certaine unité sociologique et géo-administrative, dont les démembrements pastoraux auraient été des diocèses regroupés en province. Toutefois le pouvoir épiscopal en chacun d'eux apparaissait alors trop fortement comme une déconcentration du pouvoir de l'Archevêque métropolitain. Cette solution canonique semblait plus disciplinaire qu'ecclésiologique.

Il était envisagé de lui confier des pouvoirs élargis afin de répondre à des missions spécifiques qui auraient été ainsi de coordonner l'action

---

[17] Cf. *Comm.* 18 (1986) 72-74.

[18] PCCICR, *Schema canonum novi Codicis Iuris Canonici*, «De populo Dei» (1977), 83, can. 186 §4: «Metropolitæ in provinciis ecclesiasticis quæ sint magnæ urbes instrui possunt peculiaribus muneribus et potestate, in iure particulari determinandis».

pastorale provinciale et d'en déterminer les modalités par la consultation des évêques suffragants mais en gardant une certaine direction. Le métropolitain aurait conservé une mainmise sur la répartition du clergé, les institutions religieuses éducatives et l'organisation des pastorales spécialisées. Dans cette optique, le contrôle et l'impulsion venaient du centre et rejoignaient, de manière centripète, des zones pastorales. Ce mouvement ne tenait compte que d'une autonomie relative des unités en gravitation autour du centre.

Le choix d'un positionnement au niveau des canons sur la province ecclésiastique semblait problématique. Le système métropolitain dans la province ecclésiastique est une organisation paritaire, qui prend en compte tant la dimension collégiale que celle personnelle du gouvernement épiscopal dans la communion hiérarchique. Le caractère unitaire du gouvernement, qui se manifeste pleinement dans le concile provincial, se situe au niveau du *munus regendi* des évêques, appelé à s'exercer conjointement. L'emplacement choisi pour déposer la norme, telle qu'elle était présentée, ne mettait pas vraiment en valeur la province comme communion de diocèses mais plutôt une solution canonique par le recours à la qualification d'une charge particulière dans l'exercice de l'office de métropolitain.

En effet, trop concentrer la solution du seul point de vue de la juridiction du métropolitain risquait de déstabiliser le modèle général du regroupement provincial. Soit la province était un regroupement d'Églises particulières, des diocèses, clairement définis et autonomes, réunis et organisés autour d'un centre ecclésial. Soit elle était seulement une communion d'évêques, comme dans le Code de 1917, et dans le cas particulier des grandes agglomérations, il fallait considérer le risque que la province puisse devenir une unique communauté hiérarchique placée sous la présidence du métropolitain. Il paraissait donc plus utile de dissocier l'aspect territorial provincial de l'effet juridictionnel qu'on attendait d'une telle norme. En séparant l'effet – la communion épiscopale – de la cause – la communion territoriale –, on mettait ainsi en évidence le seul caractère pastoral de la collégialité, dont la localité imposait une synodalité plus forte et réglementée entre les évêques.

Si la solution dans ce cas de figure était de valoriser l'office du métropolitain, il semblait plus approprié de déposer cette nouvelle norme dans un chapitre qui ne se consacrerait qu'à l'exercice de sa juridiction. Cette norme qui semblait devoir être nécessaire, tout bien considéré, ne concernait pas la province en tant que regroupement de diocèses, mais seulement le métropolitain, dans une configuration pastorale particulière.

C'est pourquoi, en 1978, il fut proposé par le Secrétaire de la commission[19] de déplacer le can. 186 §4 du schéma vers une autre partie de ce Livre II du Titre II qui était plus directement dédié à l'office du métropolitain, pour devenir un deuxième paragraphe du can. 213 du schéma de 1977[20]. Cette proposition sauvegardait l'esprit de la solution pour les grands centres urbains et, parallèlement, complétait le dispositif de rénovation de l'office métropolitain par un renvoi au droit particulier pour des précisions normatives spécifiques à chaque province[21]. Le texte fut légèrement remanié dans le schéma de 1980 et simplifié[22], pour apparaître tel que nous le connaissons dans le schéma de 1982[23], puis dans le Code de 1983 sous le can. 436 §2.

b) Rechercher un équilibre canonique

L'élaboration de cette nouvelle norme rend bien compte des difficultés à maintenir dans le Code un ordre systématique et graduel des institutions ecclésiales entre elles. On voulait, d'un côté, maintenir des institutions de communion ancienne, comme des ressources pertinentes de l'organisation ecclésiastique et, de l'autre, les modifier pour les adapter à une ecclésiologie renouvelée, sans prendre garde que, institutionnellement, toute communion dans l'Église est structurellement hiérarchique.

S'agissant spécifiquement du degré provincial, qui fait partie des structures constitutives de l'Église, on prenait conscience déjà dans les travaux de codification qu'il «n'obéit pas seulement à des motifs d'organisation, mais (…) touche au déploiement du mystère de l'Église en son cœur»[24]. La problématique des grands centres urbains renvoyait vers la définition du lien organique entre les évêques, dans une collégialité pastorale de proximité.

Dans ces situations circonstancielles, le rôle du pasteur diocésain comme représentant d'une portion du peuple de Dieu est renforcé. En ce sens, le motif pastoral particulier qui invite à une plus grande collabo-

---

[19] Cf. *Comm.* 12 (1980) 253.

[20] PCCICR, *Schema canonum novi Codicis Iuris Canonici, cœtus De populo Dei*, (1977) 92, can. 213 §2: «Firmis præscriptis § 1, nulla alia in diœcesibus suffraganeis competit Metropolitæ potestas regiminis; potest vero in omnibus ecclesiis, etiam exemptis, Episcopo diœcesano præmonito, si ecclesia sit cathedralis, sacras exercere functiones, uti Episcopus in propria diœcesi».

[21] Cf. H. HOHL, *Das Amt des Metropoliten*, 424, nt. 291, pense que cette norme est d'une «insignifiance pratique» («praktische Bedeutungslosigkeit») parce que peu utilisée.

[22] Cf. PCCICR, *Schema Codicis Iuris Canonici, iuxta Animadversiones* (1980) 74, can. 312 §2. Voir *Comm.* 12 (1980) 273-274.

[23] PCCICR, *Codex Iuris Canonici Schema Novissimum* (1982) 80, can. 436 §2.

[24] L. VILLEMIN, «Les provinces ecclésiastiques», 193.

ration entre les Églises diocésaines proches, connecte de manière plus évidente le ministère pastoral épiscopal aux réalités ecclésiales afin de favoriser une convivance qui soit un réel signe de communion[25]. Le can. 436 §2 est donc une chance pour ce que L. Villemin appelle une «collégialité optimisée» car, sans changer le sens ecclésiologique du modèle «province ecclésiastique», il permet au plan juridique de rendre plus réelle cette configuration canonique et d'œuvrer ainsi pour une véritable efficacité locale de la *Communio Episcoporum*. C'est donc dans une attention synodale aux «circonstances» que peut se déterminer la mise en œuvre de l'office métropolitain selon le can. 436 §2.

Le champ d'action ainsi concerné suppose cependant, pour être plus en accord avec l'ecclésiologie conciliaire, d'obtenir une qualification en matière de compétence épiscopale, tant du métropolitain que des suffragants. Comme cela ne se rapporte qu'à des cas particuliers, il avait déjà semblé préférable aux codificateurs de ne pas alourdir la norme sur les regroupements provinciaux qui devait conserver un aspect général. Dans le même temps, il fallait pouvoir être suffisamment précis pour indiquer comment gérer de tels ensembles. C'est donc sous le mode d'un droit particulier attaché à la fonction du métropolitain dans la province qu'on avait proposé de régler ces pouvoirs élargis, en vue d'atteindre l'objectif pour lequel ils étaient requis. Le recours au droit particulier avait l'avantage de souligner le caractère pastoral d'un territoire, sur le plan sociologique. Il s'avérait pratique aussi au plan technique pour préserver l'unité d'impulsion qui ne pouvait être multipolaire, mais concentrée en une figure épiscopale représentative et refluer à partir de ce centre dans une synergie qui implique tous les suffragants. Si le Code renvoyait dans le champ de la norme particulière le soin de régler ces questions, il ne désignait pas qui en serait l'auteur et qui la contrôlerait.

La nouvelle formulation canonique, qui est celle que nous lisons actuellement est plus large, et passe parfois pour être trop «vague»[26], mais elle répond cependant au souhait des codificateurs de forger un outil normatif, un instrument, qui puisse correspondre à la fois aux problèmes des grandes zones urbaines, mais également aux problématiques pastorales qui pourraient surgir et pour lesquelles un rôle spécifique du métropoli-

---

[25] L. VILLEMIN, «Les provinces ecclésiastiques», 199: «Une véritable synodalité épiscopale n'a de sens que sur le fond et en lien avec une véritable communion d'Églises qui s'accompagne inévitablement de décisions visibles et concrètes».

[26] Cf. H. HOHL, *Das Amt des Metropoliten*, 424: «Insgesamt erscheint die Bestimmung inhaltlich und formal so unbestimmt, dass sie kaum komplikationslos zur Anwendung kommen kann».

tain serait envisagé, nécessitant des pouvoirs particuliers. L'aspect plus technique d'une solution de «concentration» au niveau du pouvoir unipersonnel du métropolitain ou celle plus ecclésiologique de «centralisation» au niveau de l'exercice du pouvoir de gouvernement des évêques, suppose ainsi une organisation plus synodale de leur coopération pastorale qui ne peut être détachée de la collégialité. La solution, entrevue dès la codification de 1983, revient comme une évidence au cours de la Xe Assemblée ordinaire du Synode des Évêques de 2001. Le cardinal G.B. Re, alors préfet de la Congrégation pour les Évêques, s'en fait à nouveau l'écho:

> On a parlé ces jours-ci des divers aspects de la collégialité. Je voudrais en souligner un au niveau local: il pourrait être utile, du point de vue de la pastorale, que le Métropolite joue un rôle plus incisif, en promouvant la collégialité au niveau local entre les évêques suffragants, et en renforçant la coordination pastorale. Trop souvent, les dispositions du Code relatives aux Métropolites ne sont pas respectées, et leur rôle est devenu insignifiant. La proximité et la plus grande affinité entre les communautés ecclésiales d'une même métropole peuvent faciliter les initiatives pastorales communes[27].

L'accentuation des pouvoirs du métropolitain n'est finalement qu'une approche plus sensible du ministère structurel des évêques dans la communion locale. Il permet d'envisager une centralité du gouvernement à partir de la charge épiscopale et non simplement de la juridiction. La fonction du métropolitain est de maintenir l'unité dans la diversité, non pas en concentrant les pouvoirs, mais en obtenant certain pouvoir au service de l'action pastorale commune, quand cela peut s'avérer utile. Il n'est pas un intervenant unique, mais parce qu'il préside le siège métropolitain, il est le pivot synodal qui rapproche de manière significative des communautés ecclésiales traversées par des problématiques communes. Par sa fonction, il garantit que chacun des évêques dans la province est bien un acteur responsable de la communion. Seul le droit particulier peut donc venir organiser ainsi la communion hiérarchique sur laquelle doit veiller le métropolitain.

Les codificateurs se sont interrogés sur le point de savoir qui devait être à l'origine de ce droit particulier. Ce pouvait être les évêques d'une province, ou encore le concile provincial, à moins que cette compétence ne soit attribuée à la Conférence Épiscopale concernée[28]. Rien ne fut dé-

---

[27] SYNODE DES ÉVÊQUES, X^e assemblée ordinaire, card. G.B. RE, *Bulletin* n. 13, *Oss. Rom.*, 6 oct. 2001, cité par L. VILLEMIN, «Les provinces ecclésiastiques», 190.

[28] Cf. *Comm.* 18 (1986) 74.

cidé, sinon que le Siège Apostolique devait toujours donner son accord, puisqu'il est l'autorité compétente en matière de regroupement ecclésiastique[29].

1.3 *Le canon 436 §2 du Code de 1983*

La nouvelle norme est réceptionnée dans le paragraphe 2 du can. 436:

Can. 436 §2: *Ubi adiuncta id postulent, Metropolita ab Apostolica Sede instrui potest peculiaribus muneribus et potestate in iure particulari determinandis.*

1.3.1 Les parallèles

Ce canon est entièrement nouveau par rapport à la norme du Code de 1917. Il n'existe donc pas, à proprement parler, de sources, même si la réflexion s'est fortement appuyée sur les expériences réalisées. En revanche, nous pouvons établir des parallèles[30], notamment avec le droit canonique des Églises orientales. Ces parallèles ne peuvent être retenus comme pertinent qu'en raison de leur rationabilité dans une démarche de codification qui se veut complémentaire et non opposée. Les lieux parallèles sont ici considérés qu'en ce qu'ils organisent, *mutatis mutandis*, au sein de la structure hiérarchique de l'Église, des modèles de droit particulier du système métropolitain qui pourraient nous éclairer. Ce regard par analogie devrait ainsi nous aider à prendre en compte les silences de la norme du can. 436 §2.

Un premier parallèle peut être proposé avec le droit particulier de l'Église patriarcale. Le Code des Églises Orientales développe dans un chapitre VI du Titre IV, intitulé *«De Metropolis Ecclesiæ patriarchalis»*, les normes communes concernant les Métropolites et souligne que le droit particulier doit venir «préciser» leurs droits et leurs obligations ainsi que ceux de leur synode métropolitain[31]. Ce canon établi ainsi, comme dans le can. 436 §2, la possibilité de confier d'autres pouvoirs que ceux énoncés par le droit commun pour le Métropolite et son synode

---

[29] Cf. CIC/1983, can. 148,: «Auctoritari, cuius est officia erigere, innovare et supprimere, eorundem provisio quoque competit, nisi aliud iure statuatur».

[30] Cf. CIC/1983, can. 17: «Leges ecclesiasticæ intellegendæ sunt secundum propriam verborum significationem in textu et contextu consideratam; quæ si dubia et obscura manserit, ad locos parallelos, si qui sint, ad legis finem ac circumstantias et ad mentem legislatoris est recurrendum».

[31] CCEO/1990, can. 137: «Synodus Episcoporum Ecclesiæ patriarchalis pressius determinet iura et obligationes Metropolitarum et Synodorum metropolitanarum secundum legitimas consuetudines propriæ Ecclesiæ patriarchalis necnon temporum et locorum adiuncta».

métropolitain. Ce ne sont pas les Métropolites eux-mêmes, ni leur synode, qui peuvent les énoncer, mais le Synode des Évêques de l'Église patriarcale. Cette première analyse de lecture confirme que le regroupement provincial, constitué dans une structure hiérarchique et constitutive de l'Église de droit propre reçoit ses statuts et ses pouvoirs que d'un niveau institutionnel général dans l'entité patriarcale[32]. La norme du can. 137 du Code Oriental ne dit pas que ces statuts et ces pouvoirs doivent recevoir une confirmation du Siège Apostolique mais doivent se conformer aux coutumes légitimes qui ont été approuvées par lui. C'est ce que confirme le can. 138 du Code Oriental qui renvoie, pour les droits et obligations des Métropolites en dehors du territoire de l'Église patriarcale, à des «normes spéciales» définies par le Synode des Évêques et approuvées par le Siège Apostolique ou même établies par lui[33]. L'organisation ecclésiastique du Patriarcat est un droit propre de cette Église qui suppose une aptitude du Synode des Évêques à gérer la collégialité épiscopale dans les regroupements territoriaux de son ressort juridictionnel, selon les coutumes[34]. Le Métropolite provincial est au cœur de ce système, comme principe de communion et vecteur de la Catholicité, sous l'autorité du Patriarche et du Pontife romain.

Un second parallèle, plus proche de la situation latine, se trouve dans le chapitre I du Titre VI, qui concerne les Églises Métropolitaines *sui iuris*. Le can. 159 qui précise la liste des compétences spécifiques du Métropolite de droit propre, souligne dans son introduction[35] qu'il peut s'en voir attribuer d'autres, en plus de celles que le droit commun lui reconnaît, par «le droit particulier établi par le Pontife romain». C'est au Conseil des Hiérarques, selon le droit commun et particulier, qu'il revient d'établir de nouvelles normes. Elles ne peuvent être validement promulguées cependant, tant que le Métropolite de droit propre n'aura pas reçu la notification écrite du Siège Apostolique re-

---

[32] Cf. H. HOHL, *Das Amt des Metropoliten*, 468-469.

[33] CCEO/1990, can. 138: «Iura et obligationes Metropolitæ extra fines territorii Ecclesiæ patriarchalis constituti eadem sunt ac in can. 133 §1, 2°-6° et §2 necnon in cann. 135. 136. 60 et 1084 §3 præscribuntur; circa cetera iura et obligationes Metropolita servat normas speciales a Synodo Episcoporum Ecclesiæ patriarchalis propositas et a Sede Apostolica approbatas vel ab ipsa hac Sede statutas».

[34] Dans les sources de ce can. 137 CCEO/1990, on trouve le renvoi à des traditions ecclésiales et des coutumes plutôt antiochiennes: le Synodus Sciarfensis Syrorum (1888), cap. VII, art. IV; Synodus Alexandrina Coptorum (1898), sect. III, cap. I, art. IV.

[35] CCEO/1990, can. 159: «In Ecclesia metropolitana sui iuris, cui præest, Metropolitæ præter ea, quæ iure communi vel iure particulari a Romano Pontifice statuto ei tribuuntur, competit (…)».

lative à celles-ci[36]. Le droit particulier encadre les compétences du Métropolite qui, de ce fait, ne peut agir sans le Conseil des Hiérarques pour des cas spécifiques. Le Siège Apostolique exerce un contrôle *a priori* sur les effets juridiques de telles normes de compétences élargies, qui pourraient contrevenir au pouvoir légitime de chaque évêque dans son éparchie. Cette seconde analyse de lecture souligne qu'un droit particulier qui concerne les pouvoirs d'un agent principal de la communion catholique dans un rassemblement ecclésial, peut émaner des évêques eux-mêmes, si les circonstances l'exigent, mais doit être confirmé par l'autorité suprême.

Revenant à la norme du can. 436 §2, rien n'est précisé concernant l'auteur du droit particulier dans lequel le métropolitain pourrait recevoir des charges particulières et des pouvoirs. La norme se veut générale et prévoit ainsi différents cas de figure que peuvent seules déterminer les circonstances. À la vue d'une situation particulière, le Pontife romain pourrait imposer lui-même un rôle précis au métropolitain, puisqu'il a une compétence générale en matière d'organisation ecclésiastique. Mais également, pour faciliter leur travail pastoral en commun, les évêques d'une même province pourraient solliciter eux-mêmes, auprès du Siège Apostolique, que des pouvoirs spécifiques soient confiés à leur métropolitain en vue de remplir une charge définie. Dans ces deux cas, une norme doit être établie comme un droit particulier dans le droit universel. Ce droit doit préciser l'occasion, les limites et la portée de ces pouvoirs et de cette nouvelle charge, non moins que le ressort territorial d'application et sa durée, le cas échéant.

Dans l'esprit des codificateurs, le droit particulier répond à une exigence ou à une situation singulière qui demande une réponse adaptée, circonspecte et souvent circonscrite à un lieu donné. Chaque droit particulier est donc pensé au regard ultime qui est le bien commun des fidèles et de l'Église. Dans le cas d'une province ecclésiastique, il n'est donc pas hors de propos d'imaginer qu'un concile provincial puisse formuler une telle sollicitation au Siège Apostolique, puisque sa fonction première est de discerner les réponses pastorales à apporter sur son territoire. En aucun cas, cependant, il ne peut établir par lui-même de tels pouvoirs: sa fonction est d'évaluer l'opportunité circonstanciée d'une telle possibilité dans le cadre de la mission des pasteurs. La rationabilité des pouvoirs spécifiques confiés à un métropolitain n'est pas obtenue du consentement de ses pairs, ou par la volonté des fidèles, mais de l'autorité su-

---

[36] Cf. CCEO/1990, can. 167 §§1-2.

prême, car il s'agit d'aménager de manière efficiente dans la communion hiérarchique des effets de l'*affectus collegialis*. Les silences du can. 436 §2, qui ressortent par contraste des parallèles que nous venons d'aborder, rappellent ainsi que le droit particulier d'une province ecclésiastique ne la constitue pas comme une nouvelle communauté hiérarchique qui se superposerait à celle des diocèses. Il s'agit d'un moyen instrumental qui dit la pertinence pour des Églises particulières d'associer plus intimement les évêques dans un travail pastoral commun.

1.3.2 Commentaire

a) Le cadre organique provincial

Le can. 436 §2 ne propose pas une nouvelle définition de la province ecclésiastique mais une possibilité d'aménager en interne son système métropolitain d'organisation. Cela signifie que ce sont les ressorts même de cette organisation, prévus dans le droit universel, qui doivent être précisés dans le fonctionnement technique d'une communion ecclésiale provinciale, en un lieu donné et peut-être aussi parfois pour un temps.

La norme souligne que c'est au métropolitain, qui est une autorité de gouvernement dans la province, que peut être confié selon les circonstances, «une charge particulière et un pouvoir qui doivent être déterminés dans le droit particulier». Nous avons déjà vu que le métropolitain peut recevoir occasionnellement une délégation, comme dans le cadre de l'enquête préliminaire pour les cas d'abus impliquant un évêque et prévu par le m.p. *Vos estis lux mundi*. Cette délégation est générale, valable pour tous les métropolitains, mais s'applique localement *ad casum*. Ce type de délégation donnée par le Siège Apostolique ne s'inscrit pas dans le cadre de notre canon, mais dans celui du can. 137 §§1-2 du Code de 1983. Le can. 436 §2 est d'une certaine manière un outil technique à la disposition du Siège Apostolique pour dirimer des difficultés précises ou apporter une solution pastorale *ad hoc*, en concentrant sur une figure épiscopale des moyens juridiques qui doivent être déterminés par le droit particulier.

Comme dans les Églises orientales de droit propre, la solution du droit particulier approuvé par le Siège Apostolique prévu par le can. 436 §2 s'inscrit localement comme une loi-cadre. La force obligatoire d'une organisation ecclésiastique revient d'abord à l'autorité qui a compétence en la matière. L'origine des pouvoirs confiés à un office métropolitain, oriental ou latin, ressort de la compétence d'un primat de juridiction reconnu. Le métropolitain ne se donne pas d'autres pouvoirs, ni par lui-même ni par décision des suffragants de sa province. Une loi-cadre s'impose à l'évidence quand il s'agit d'organisation institutionnelle. Plus encore dans celui de la province ecclésiastique qui n'existe pas sans son système métropolitain. La loi-cadre répond à une certaine rationabilité matérielle: elle est une loi technique, qui doit être assumée par l'Église «dans la mesure où elle contribue à la réalisation de ses fins»[37]. En ce sens une loi-cadre répond à une exigence d'équité canonique, en consonance avec les principes évangéliques, et ne peut être recherchée que pour le bon «gouvernement de la vie ecclésiale»[38]. Une loi-cadre organise les compétences juridictionnelles et donc la mise en œuvre des pouvoirs épiscopaux dans la province ecclésiastique.

b) Une charge déterminée dans le droit particulier

Le texte n'envisage pas de donner un pouvoir sans le relier à une charge particulière. Comme nous l'avons souligné dans le chapitre II, le Code de 1983 ne s'intéresse qu'à la fonction de métropolitain, non à celle d'Archevêque, qui reste une charge épiscopale diocésaine classique. Cette fonction concerne la province et non le diocèse de l'Archevêque. C'est donc un office de métropolitain qui sera le support de cette charge nouvelle, et les pouvoirs seront ceux qui normativement lui appartiennent. On n'imagine pas qu'ils puissent être différents, sinon de prendre une part sur ceux qui appartiennent en propre aux évêques suffragants ou bien que le Pontife romain se départisse lui-même, explicitement et localement, d'un pouvoir qui serait le sien.

Les charges du métropolitain que nous avons rencontrées au cours de cette étude sont de deux ordres: veiller et suppléer. Elles manifestent une compétence propre en matière disciplinaire. Même l'organisation du concile provincial s'intègre dans cette matière: le métropolitain, par sa fonction de vigilance préside l'unité provinciale et ne convoque le concile, avec le consentement de la majorité des suffragants, que pour le motif de mieux organiser la vigilance disciplinaire et doctrinal dans la province. Les charges normatives du métropolitain ont donc pour objectif d'assurer la coordination administrative du ministère épiscopal de gouvernement et de favoriser la coopération entre les évêques et les diocèses suffragants. La question est de savoir si le droit particulier peut confier une charge au métropolitain qui soit exorbitante du droit commun?

---

[37] F.J. URRUTIA, *Les normes générales*, 33.
[38] F.J. URRUTIA, *Les normes générales*, 36.

On pourrait répondre que c'est la fin qui justifie les moyens. Or la finalité de l'office du métropolitain est d'abord orientée, de manière significative, vers la communion épiscopale, qu'il ne peut cependant réaliser seul. Il est donc correct de penser qu'une charge particulière confiée au métropolitain dans la province à un impact sur la charge de tous les évêques suffragants. Toute charge suppose toutefois un pouvoir déterminé pour agir. Un pouvoir de nature épiscopale nouvellement déterminé ne peut se concevoir que dans l'optique d'une fonction qui impose dès lors l'aménagement du ministère des évêques présents sur le territoire de la province. Le Pontife romain a toute autorité pour réglementer ou même limiter le ministère épiscopal. L'autorité suprême est compétente, à la fois, pour apprécier les circonstances pastorales pour lesquels ce pouvoir pourrait être requis et pour déterminer l'organisation pastorale dans laquelle ce pouvoir pourrait s'inscrire.

Ici, nous devons noter un défaut dans la traduction française du can. 436 §2 qui pourrait en altérer l'interprétation. Le texte latin dit *«ubi adiuncta id postulent»*, que traduit le français: «quand les circonstances le demandent». Le canon indique plutôt un lieu (*ubi*) qu'un temps (quand), qui exige (*postulere*) un aménagement de l'organisation. La localité conditionne pour une grande part les circonstances dans un cadre juridique, afin de leur trouver des moyens adaptés qui ne peuvent être recherchés en dehors des ressources présentes sur le territoire. Le lieu où peuvent se déterminer de telles circonstances est celui où le métropolitain est compétent, c'est-à-dire le territoire provincial, et non chacun des diocèses où il ne dispose pas de pouvoir de gouvernement. L'organisation qui doit donc être aménagée est celle requise pour la province, le système métropolitain, lequel est une communion organique d'évêques strictement encadré par le Code. Les circonstances sont donc à apprécier selon un critère «de personnes et de lieux», qui nous renvoie à la définition de la province ecclésiastique dans le can. 431 §1.

Une norme particulière ne s'envisage pas en dehors d'un lieu et des sujets juridiques pour lesquels elle est faite et vise ainsi à organiser la rationabilité d'une réponse canonique. Ce sont les circonstances locales qui amènent à l'opportunité d'établir une charge particulière et un pouvoir confié au métropolitain et non l'inverse. Les circonstances étant différentes d'un lieu à un autre, le caractère pastoral discerné pour cette charge n'aura pas les mêmes conséquences juridiques, même si c'est pour obtenir un effet semblable.

Cette charge définie peut nécessiter des moyens d'action. Si la norme universelle établit qu'un pouvoir y est associé, c'est qu'elle entend lui donner une certaine efficacité, qui doit être précisée. Le pouvoir du métropolitain, qui est un vrai pouvoir de gouvernement, ne se situe qu'à un niveau exécutif lorsqu'il l'exerce de manière propre. Le droit universel établit exactement la mission du métropolitain dans la province, qui est de favoriser la communion ecclésiale. Dans l'agencement du can. 436, le paragraphe 2 vient après la liste des charges que doit remplir le métropolitain, qui sont signalées au paragraphe 1, et pour lesquelles il reçoit déjà des pouvoirs. Les circonstances qui en permettent la mise en œuvre sont définies. Une circonstance nouvelle peut donc avoir pour conséquence de définir une charge particulière (*peculia*), en accentuant des pouvoirs existants ou en déterminer de nouveaux.

Dans le premier cas, le pouvoir particulier qui serait requis pour accompagner une charge particulière du métropolitain ne peut excéder ce qui est déjà concédé, mais seulement le renforcer. Ce peut être, par exemple, une mise en œuvre du can. 436 §1, 1°, qui donnerait une compétence processuelle locale plus contraignante au métropolitain sur les suffragants dans l'information et le suivi des abus ecclésiastiques, en ce qu'ils ne concerneraient plus seulement les évêques mais également tous les clercs et ceux qui travaillent dans les services pastoraux des Églises de la province. Il s'agirait alors d'organiser une gestion des compétences entre les évêques au plan judiciaire. Cet aménagement n'entraîne pas forcément des changements essentiels sur l'aptitude des évêques à gouverner leur diocèse, mais instaurerait seulement des rapports différents qui auraient alors des conséquences dans l'organisation des responsabilités pour ce type de problèmes.

Dans le second cas, une charge nouvelle pourrait être déterminée, en dehors de celles déjà attribuées à l'office du métropolitain, qui pourrait avoir alors pour conséquence de diminuer l'autonomie des évêques, soit à l'intérieur soit à l'extérieur de leur diocèse. Des circonstances pastorales, par exemple, pourraient contraindre les évêques d'une province à unir plus directement leurs ressources financières pour le traitement du clergé, dont le soin pourrait être confié au métropolitain. Un droit particulier s'avère alors nécessaire pour déterminer les compétences juridiques utiles à un tel pouvoir, afin de circonscrire la façon dont se fera l'engagement et la distribution des fonds, puisque cela touche un moyen de gouvernement de chaque évêque dans son diocèse. Ce pourrait être encore pour faciliter les relations interpersonnelles entre les évêques: le métropolitain pourrait, par exemple, recevoir un pouvoir plus important dans le choix des candidats à un poste épiscopal suffragant dans la province, dans l'optique de favoriser l'esprit de la communion épiscopale et préserver les équilibres[39].

En somme, le can. 436 §2 est prévu comme une ressource canonique, en vue de dirimer des situations exceptionnelles, parfois transitoires, dont la localité entraîne les pasteurs diocésains à devoir déployer des moyens juridiques qui leur permettent de concentrer sur une seule figure épiscopale la réponse d'autorité la plus efficace, mais toujours dans la communion hiérarchique. Finalement, il reviendra à la Congrégation pour les Évêques, comme autorité compétente pour organiser juridiquement les relations épiscopales sur le territoire provincial, d'apprécier les circonstances et de donner ces moyens juridiques pour qu'ils ne soient pas en contradiction avec la juste autonomie reconnue aux pasteurs pour la conduite de leur Église.

Le droit particulier provincial se forme à partir du moment où des diocèses sont regroupés en une circonscription territoriale pour constituer un réseau synodal. La province ecclésiastique est un élément constitutionnel de la structure hiérarchique de l'Église. Pour la créer, il faut une volonté manifeste du Pontife romain sous la forme d'une constitution apostolique. Pour la modifier, un décret d'érection suffit, donné par la Congrégation pour les Évêques. Cette constitution apostolique ou ce décret doivent toujours être réceptionnés collégialement par le métropolitain et les suffragants sous la forme d'un procès-verbal d'érection, lequel entre, par définition, dans le droit particulier de la province mais également dans celui de chacun des diocèses. L'entité canonique ainsi établie est alors en capacité de produire les normes qui sont utiles à sa survie. Les décisions collégiales d'un concile particulier sont des éléments normatifs de la vie provinciale qui ont une incidence sur le droit de chaque diocèse. Ils mettent en évidence des formes de la subsidiarité, par l'entraide et la solidarité entre les Églises mais toujours dans le respect de leur autonomie. L'entité peut régler librement la gestion ordinaire de ses institutions mais doit obtenir le consentement de l'autorité suprême quand cela contraint le pouvoir propre des évêques de gouverner.

Le can. 436 §2 permet de structurer différemment, pour un motif pastoral, la dimension collégiale de la charge épiscopale dans une province ec-

---

[39] C'est à l'évidence un rôle de *leadership*, qui peut apparaître nécessaire, comme dans le cadre de la constitution de nouveaux diocèses. Ainsi, *e.g.*, selon R. Rouquette, pour la nouvelle Province Ecclésiastique de Paris en 1966, «on a délibérément choisi pour les nouveaux diocèses des pasteurs, évêques auxiliaires ou vicaires généraux des anciens évêchés, qui se connaissent bien et ont déjà l'habitude d'une collaboration confiante»; cf. R. ROUQUETTE, «Actualités religieuses», 569.

clésiastique, parce qu'elle est déjà normativement une communion organique de pasteurs. L'autorité du métropolitain qui est alors renforcée, ne se fait pas au détriment des suffragants mais doit, au contraire, toujours garantir leur propre autorité dans leur diocèse. C'est en effet ce rôle de régulateur que recevait le métropolitain du canon 9 du concile d'Antioche (341) que nous avons étudié dans notre chapitre II et qui avait nécessité d'en faire une charge spécifique, un office ecclésiastique. Si dans le droit oriental, cet office s'est conservé comme l'office unique d'un siège épiscopal provincial, dans la norme latine actuelle il en est détaché mais joint ou conjoint de même à un siège épiscopal: dans les deux cas, l'effet est celui de maintenir et contrôler localement la communion hiérarchique.

La norme actuelle prévoit donc la possibilité de développer la seule charge personnelle du métropolitain mais pour accentuer l'effet collégial de la communion des évêques entre eux. Ce can. 436 §2 est un signe que la fonction métropolitaine est un pivot de la synodalité épiscopale locale, qui dans son acception juridique est considéré comme un moyen suffisant, mais qui pourrait être mis plus en valeur si l'utilité s'en faisait sentir. Cette ressource canonique étant de nature éminemment pastorale, elle engage la capacité et la volonté de tous les pasteurs à s'associer de manière plus étroite pour manifester l'unité sacramentelle de leur ministère. On comprend mieux pourquoi cette norme se situe dans la description fonctionnelle de l'office du métropolitain et non dans la description territoriale de la communion des Églises. Tout charge nouvelle sera d'abord à considérer du point de vue d'un service plus actif de la communion des évêques pour rendre plus effectif la communion hiérarchique des Églises particulières que la province rassemble.

Ce que le codificateur avait ainsi prévu pour répondre à une situation précise, se montre en fait plus large dans ses possibilités d'application locale. Le droit particulier, qui trouve ici les moyens de développer le droit universel, est très concrètement l'instrument qui permettrait à des évêques de vivre une communion organique qui serait une Collégialité d'ordre pastoral.

c) Son application

Pour que des pouvoirs spéciaux puissent être confiés à un métropolitain par le Siège Apostolique, il est nécessaire de définir à quelle fonction ils sont destinés. Cette appréciation peut venir des évêques de la province. En ce cas, la demande, comme telle, ne peut être faite que le métropolitain lui-même puisqu'elle concerne son pouvoir propre. C'est en effet sous le mode de la pétition que l'Archevêque demande à exercer les pouvoirs du métropolitain signifiés par le pallium. Mais l'appréciation et la décision finale ne viennent que du Saint-Siège, qui cherche d'abord à préserver l'autonomie responsable de chaque évêque. En soi, si la demande vient des évêques eux-mêmes, c'est dans l'hypothèse où la collaboration entre eux nécessite une coopération plus étroite et donc technique. Ces pouvoirs du métropolitain sont d'abord sollicités pour assurer la charge d'une meilleure coordination pastorale mais peut, de manière transitoire, venir également régler un problème existant entre évêques. Finalement, l'attribution de pouvoirs spéciaux au métropolitain, même prévue normativement, reste délicate dans sa pratique[40].

Les applications de ce can. 436 §2 sont donc assez limitées depuis sa création. Comme prévu par les codificateurs, il est un instrument qui permet d'utiliser les ressources du modèle du regroupement en province ecclésiastique pour résoudre les difficultés d'organisation de très grands centres urbains, mais cette solution n'est pas toujours retenue. Le plus souvent, la solution appliquée est de créer de nouvelles circonscriptions diocésaines à l'intérieur d'un nouvel ensemble ecclésiastique provincial, mais sans confier une charge spéciale au métropolitain[41]. La finalité est de rapprocher la figure épiscopale au plus près du peuple de Dieu qu'il est appelé à diriger[42]. D'autre part, il existe de nombreux cas de diocèses dans le monde, non métropolitains, qui ont fait le choix de recourir aux évêques auxiliaires résidants dans le ressort de zones pastorales définies[43].

---

[40] Voir H. HOHL, *Das Amt des Metropoliten*, 513: «Für die besonderen Befugnisse ist zu vermuten, daß ihre Verleihung an einen Metropoliten praktisch kaum zustande kommen wird. Denn die besonderen Befugnisse sind v.a. zur pastoralen Koordination vorgesehen, die die Provinzialbischöfe, wenn sie mit gebührendem *affectus collegialis* zusammenarbeiten, in Teamwork leisten können oder irgendeinem der ihren (das muß nicht der Metropolit sein!) informell und wirksam übertragen können. Gibt es aber Schwierigkeiten bei der pastoralen Zusammenarbeit, wird ein Einvernehmen der Bischöfe zur Verleihung besonderer Vollmachten an den Metropoliten nicht herzustellen sein. Unabhängig davon entscheiden nicht die Bischöfe der Provinz über den Bedarf besonderer Befugnisse, sondern der Apostolische Stuhl. Wie soll aber unter diesen Bedingungen eine Bitte um besondere Befugnisse für den Metropoliten überhaupt den Apostolischen Stuhl erreichen?».

[41] *E.g.*, en 2004, la restructuration de l'Archidiocèse de Barcelone, divisé en zones pastorales où furent érigées des diocèses suffragants (S. Feliu de Llobregat, Terrasa) dans une nouvelle Province Ecclésiastique de Barcelone créée pour l'occasion. Cette organisation ne semble pas avoir fait appel aux ressources du can. 436 §2 pour son organisation; cf. JEAN-PAUL II, const. ap. *Ad totius dominici*, 15 juin 2004.

[42] Cf. *CD* 22; *supra*, nt. 4.

[43] *E.g.*, voir le diocèse de Münster dans la province ecclésiastique de Cologne, à cause notamment de la géographie compliquée de son territoire.

Le repérage territorial veut traduire par un découpage en circonscription ecclésiastique la compétence juridictionnelle d'un évêque dans la communion avec les autres évêques. La territorialité met en évidence la localité pastorale qui est un fait circonstancié. Pour organiser un bassin de population, aux influx sociologiques et culturels communs, l'Église s'est toujours portée vers un système d'organisation en réseau. La province ecclésiastique est d'abord un réseau d'Églises qui recherche une certaine unité pastorale. D'ailleurs, la norme ayant imposé que tous les diocèses fassent partis d'une province ecclésiastique, l'établissant ainsi comme un niveau initial de regroupement ecclésial synodal, en vu du concile provincial, il eût été incohérent de produire un autre modèle qui lui soit parallèle.

Le problème d'un traitement particulier des questions pastorales des grandes agglomérations urbaines sous l'aspect provincial peut cependant créer un risque d'enfermement sur ces seules questions d'organisation et les isoler d'autres réalités ecclésiales voisines. Quand cela peut paraître «opportun» et pour palier à un tel inconvénient, le Code de 1983 prévoit la possibilité de réunir plusieurs provinces entre elles dans une région ecclésiastique[44], ouvrant ainsi, à des regards extérieurs, des champs pastoraux qui pourraient être trop confinés.

Peut-on imaginer d'autres usages du can. 436 §2, en dehors de la circonstance précise et pratique qui décide de la structuration d'un grand centre urbain en un réseau de diocèses constitutionnellement reliés entre eux? La lettre du canon qui prévoit l'élaboration d'un droit particulier provincial est plus large que la seule application à l'office du métropolitain. À juste propos, le can. 436 §2 va plus loin dans la mise en œuvre d'une subsidiarité de service entre les diocèses et dans la coopération entre les pasteurs, sous la vigilance concrète de l'Archevêque métropolitain.

Une province ecclésiastique pourrait ainsi discerner une «circonstance» pastorale qui l'inviterait à demander un renforcement de son organisation métropolitaine. Le terrain favorable est toujours celui de la mission, pour laquelle les possibilités techniques et juridiques à disposition sont moins

---

[44] Cf. CIC/1983, can. 434. Voir J.I. ARRIETA, «Instrumentos supradiocesanos», 637-638: «La evolución doctrinal y técnica del concepto de región puso de relieve que su función no es tanto la de reunir a las diócesis o provincias del mismo estado, como la de agrupar a las provincias eclesiásticas que se enfrentan a situaciones pastorales y actitudes culturales y religiosas análogas. Pues bien, si como hemos visto cabría recurrir analógicamente al concepto de provincia eclesiástica para estructurar la atención pastoral de una gran ciudad, en ese caso, más que en otro alguno, quizá se hará preciso acudir a la vez al instrumento jurídico de la región eclesiástica para poner en relación esa ciudad con las vecinas, pues los problemas pastorales de la gran urbe están sin duda mucho más relacionados con los de su entorno, que si se tratase de una ciudad pequeña».

limités qu'on ne le pense. Le directoire *Apostolorum successores* va d'ailleurs dans le sens d'un renforcement de la vie provinciale par une collégialité pastorale «plus incisive»[45], pour laquelle un *leadership* du métropolitain mieux défini permettrait une mise en œuvre conjointe d'un esprit missionnaire dans la province et non simplement dans chaque diocèse.

À titre d'exemple qui impliqueraient une certaine centralité dans le pouvoir de décision, on pourrait envisager une réponse juridictionnelle à la raréfaction des vocations qui justifierait l'utilité de mieux coordonner la répartition des prêtres, ou encore la mise en commun de certains moyens humains et financiers pour accueillir un clergé étranger en mission *fidei donum* dans la province, former des diacres permanents, etc.

Ce droit particulier provincial pourrait être également encouragé par la Conférence Épiscopale, dont les structures feraient une place plus grande à la province comme instance intermédiaire de collaboration entre les évêques, et où le rôle de coordination du métropolitain pourrait être un vecteur d'unité non moins que d'efficacité.

Les exemples manquent pour illustrer un usage significatif de ce can. 436 §2. Celui de la Province Ecclésiastique de Paris (PEP) est souvent cité comme une application de ce canon[46]. Le cas mérite notre attention pour au moins deux raisons. La première est que sa restructuration en 1966 est concomitante de la réflexion postconciliaire sur la province ecclésiastique et donne l'exemple de la recherche d'une solution canonique dans le droit particulier pour la structuration d'un grand centre urbain multipolaire. La seconde est que son organisation a fait l'objet d'un *aggiornamento* en 1984, dans l'optique de tenir compte du nouveau Code de 1983. Un règlement provincial est alors approuvé, qui nous intéresse en tant qu'il complète institutionnellement un dispositif constitutionnel, en cherchant à organiser une véritable synodalité épiscopale locale. Nous verrons alors si ce can. 436 §2 a été réellement ou non mis en application.

2. L'organisation de la Province Ecclésiastique de Paris, 1966-1977

2.1 *Les nécessités d'une restructuration*

2.1.1 De nouvelles circonscriptions diocésaines

a) Situation géo-administrative

Le diocèse de Paris est né d'une circonscription territoriale romaine, la *civitas Parisonum*. Dès le VIe siècle, ce diocèse appartient à la Pro-

---

[45] Cf. DPME, n. 23b, à la fin; voir H. HOHL, *Das Amt des Metropoliten*, 512-513.
[46] Voir quelques exemples, *supra*, nt. 1.

vince Ecclésiastique de Sens. Il reste sous la juridiction de ce siège métropolitain jusqu'en 1622, où il est érigé en archevêché métropolitain[47] avec les diocèses de Chartres, Meaux et Orléans comme suffragants. Le diocèse de Blois sera adjoint lors de sa création en 1697 à la Province Ecclésiastique de Paris. Après le Concordat de 1801, celle-ci s'agrandit et sera modifiée en 1822, restant sans changement jusqu'en 1966[48].

La situation juridique et canonique, ainsi que les conséquences sociales de l'expansion de l'agglomération parisienne ne sont pas totalement inconnues à Rome. Le pape Jean XXIII (1958-1963), Nonce Apostolique en France (1944-1953), avait déjà reçu des consignes du Saint-Siège avant la nomination du cardinal Feltin au siège de Paris, pour que soit trouvée une solution au démembrement de ce grand diocèse[49].

En 1961, peu avant que se constitue une première Conférence Épiscopale Française, le territoire national connaît un découpage pastoral en neuf Régions apostoliques[50]. Celle de Paris correspondait en tout point au district civil, la région parisienne, qui par l'ordonnance du 4 février 1959, puis par la loi du 2 août 1961, regroupait les départements de la Seine (diocèse de Paris), de la Seine-et-Oise (diocèse de Versailles) et de la Seine-et-Marne (diocèse de Meaux). La Province Ecclésiastique de Paris, à cette même époque comprend sept diocèses: ceux déjà mentionnés mais également trois autres diocèses suffragants, ceux de Chartres, Blois et Orléans réunis autour d'un centre métropolitain, l'Archidiocèse de Paris.

La région administrative de Paris, densément peuplée, doit modifier son schéma institutionnel pour mieux rapprocher les services des habitants. Dans cette perspective, dont l'impact électoral n'est pas la moindre des conséquences recherchées, l'État Français choisit de créer de nouveaux départements, sur lesquels reposerait cette nouvelle région parisienne. Une loi est finalement adoptée le 10 juillet 1964[51] qui divise les départements de la Seine et de la Seine-et-Oise en sept départements[52] à l'intérieur de la région parisienne. Le département de la Seine-et-Marne,

---

[47] Cf. GRÉGOIRE XV, const. ap. *Universi Orbi*, 20 octobre 1622.

[48] Au moment du Concordat, Paris a pour diocèses suffragants Amiens, Arras, Cambrai, Meaux, Orléans, Soissons, Troyes, Versailles. En 1822, cette province ne comprend plus comme suffragants que les diocèses de Blois, Chartres, Meaux, Orléans et Versailles.

[49] Cf. M. FELTIN, «Lettre de S. Em. Le Cardinal», 1857.

[50] Cf. *supra*, chap. III, nt. 41.

[51] Loi n. 64-707 du 10 juillet 1964, JO-RF n. 162 (1964) 6204–6209.

[52] Le département de la Seine est divisé en quatre départements (Paris, Hauts-de-Seine, Seine-Saint-Denis, Val-de-Marne), et le département de Seine-et-Oise est divisé en trois départements (Essonne, Yvelines, Val-d'Oise).

quant à lui, n'est pas restructuré. L'entrée en vigueur de ce découpage administratif est prévu par un décret d'application pour 1968, mettant en place un cœur urbain, Paris-ville, entouré de deux de la «petite couronne» et la «grande couronne»[53].

Dans le même temps, une réflexion au sein de la Province Ecclésiastique de Paris existe sur l'aménagement de districts pastoraux, afin de mieux couvrir une zone urbaine qui représente une forte densité de population. Trois directions sont envisagées: soit créer de nouveaux diocèses en suivant les nouveaux départements issus du découpage civil; soit maintenir les trois diocèses principaux, Paris et Versailles – concernés par les nouvelles circonscriptions civiles – et Meaux, moins touché par les restructurations administratives, en créant dans les nouveaux départements des évêques auxiliaires; soit encore, renforcer la province ecclésiastique elle-même, telle qu'elle existe, au risque de ne pas suivre le schéma civil mais en respectant plutôt une certaine cohérence sociologique.

Afin de ne pas être en première ligne, l'Archevêque de Paris, le cardinal M. Feltin, chargea son coadjuteur mgr. P.M. Veuillot du suivi du dossier[54]. La difficulté réside dans un premier temps dans la notion de «fonction épiscopale diocésaine»[55]. À trop multiplier les figures épiscopales, sans fondement diocésain, on risque de diluer le ministère épiscopal et de ne plus le rendre visible. Par ailleurs, le fondement d'un diocèse n'est

---

[53] Décret n. 67-792 du 19 septembre 1967, relatif à l'entrée en vigueur des dispositions de la loi du 10 juillet 1964 portant réorganisation de la Région parisienne, *JO-RF* n. 221 (1967) 9380–9381. La petite couronne est constituée des départements de Seine-Saint-Denis, Val-de-Marne, Hauts-de-Seine. Elle sera dénommée par la suite zone centrale. La grande couronne est constituée des départements du Val-d'Oise, Yvelines, Essonne et Seine-et-Marne. Elle sera dénommée par la suite zone périphérique.

[54] Le card. M. Feltin fut Archevêque de Paris de 1949 à 1966, est connu pour son attachement à l'apostolat missionnaire. Mgr. P.M. Veuillot, évêque coadjuteur de Paris (1961-1966), avec droit de succession, fut un membre actif durant le Concile Vatican II, où on retrouve ses nombreuses interventions en commissions, participant notamment à la rédaction du schéma *De Episcopis*.

[55] Le chanoine F. Boulard (Versailles), professeur à l'Institut Catholique de Paris, qui participe au Secrétariat de l'Épiscopat français, écrit le 23 juillet 1962 à Mgr. P.M. Veuillot: «En définitive tout dépend (découle) du modèle de la fonction épiscopale aujourd'hui. Je vous ai dit que c'est ce point que nous voulions étudier à notre session de décembre du Secrétariat (…). L'Église diocésaine est une réalité d'un tout autre ordre que la "cité" et, de soi, la coïncidence de limites civiles et ecclésiastiques ne s'impose pas. C'est des raisons propres à l'Église diocésaine qui en commandent les limites. D'une part, tous fidèles et prêtres [ont] un sentiment réel d'appartenance qui exige des unités pas trop grosses. D'autre part, une réponse efficace aux problèmes actuels de la foi (et de son engagement) qui exige un équipement suffisant et une juridiction qui permette de saisir les ensembles», in AHAP, «Réorganisation du diocèse de Paris».

pas directement lié à celui plus administratif d'un découpage civil. Il suit une logique pastorale. Les problématiques atteignant quasiment la totalité de la région parisienne (seul le diocèse de Meaux est à peu près épargné), la solution vers laquelle on se dirigeait apparemment étaient de créer non plus des zones pastorales, mais de réels diocèses. En conséquence, il était également nécessaire de restructurer la Province Ecclésiastique de Paris, dont feraient partis ces nouveaux diocèses. L'organisation juridictionnelle de la province, issue du Code de 1917, pourrait être renforcée au moyen de normes canoniques locales spécifiques. Le découpage de ces nouveaux diocèses seraient proposés pour approbation au Saint-Siège, et verraient le jour en même temps qu'une nouvelle organisation provinciale pour la région parisienne. La réflexion qui précéda la mise ne route du processus fut donc assez long et un peu hésitant.

b) Les propositions pastorales pour une restructuration

Un Commission «pour la réorganisation du diocèse de Paris»[56] est constituée dans le premier semestre 1962, composée de canonistes et d'experts théologiens, dont nous n'avons pas trouvé les noms. Son but est, dans un premier temps d'établir clairement les données du problème et formuler des propositions[57]. Le district civil de Paris comprend une population d'environ huit millions d'habitants, dans une zone d'urbanisation continue qui constitue l'agglomération de Paris et de ses environs proches[58]. Quotidiennement, les populations sont en mouvement à l'intérieur de cette zone qui se caractérise par une unité des facteurs humains (économiques, sociaux, politiques, universitaires) qui lui donne une certaine homogénéité. Le phénomène civil de décentralisation institutionnel, loin d'affaiblir cette tendance, ne fait que la renforcer.

À l'évidence, les circonscriptions ecclésiastiques dans l'archidiocèse de Paris ne sont plus adaptées pour répondre convenablement aux soins pastoraux que requièrent sa population. Deux exigences semblent alors s'imposer. La première est celle d'une décentralisation. Un seul évêque diocésain, même aidé par des auxiliaires, ne facilite pas un bon gouvernement pastoral. Il serait nécessaire de créer des structures ecclésiastiques plus restreintes où un évêque aidé de son presbyterium, pourrait exercer une réelle fonction de gouvernement. L'archidiocèse de Paris a

---

[56] Appelée «Commission» dans les notes de cette section.

[57] Cf. COMMISSION, «Donnés du problème», juillet 1962, in AHAP, «Réorganisation du diocèse de Paris».

[58] Le diocèse de Paris comprend environ 5 700 000 d'habitants; le diocèse de Versailles environ 2 100 000 et le diocèse de Meaux, plus rural, autour de 600 000.

déjà mis en place des zones pastorales[59], confiées à des évêques, sous la responsabilité de l'Archevêque. Ces zones cependant ne sont pas autonomes. La seconde exigence, en considération des flux de population qui se déplacent d'un diocèse à un autre de manière quotidienne, est celle d'une unité de direction pastorale valable pour l'ensemble de l'agglomération. La simple collaboration entre évêques, telle que le droit la prévoit déjà, ne semble pas suffisante. On note, par exemple, que le diocèse de Versailles, dont l'épicentre pastoral a toujours été Paris, s'en est peu à peu éloigné sur le plan ecclésial en trouvant un équilibre et une autonomie.

La Commission pour la réorganisation propose alors, plutôt que des zones résidentielles épiscopales, d'opter pour la création de diocèses de plein exercice autour de Paris-ville. Dans ce cas de figure, la Commission envisage deux hypothèses pour lesquelles le schéma provincial servirait de cadre canonique à la définition des relations juridiques entre les évêques.

La première serait de créer des quasi-diocèses à l'intérieur de la zone centrale de Paris, c'est-à-dire Paris-ville, qui permettraient d'établir des évêques résidentiels. Prenant en compte la nature même de ces «nouveaux» diocèses, l'autonomie de la charge pastorale serait limitée, car cette création impose une contrepartie. Il faudrait envisager «une structure canonique d'ensemble, qui règle de façon nouvelle les rapports précis entre le métropolitain et ses suffragants»[60]. On envisage ici principalement une déconcentration du pouvoir de l'Archevêque qui resterait l'unique impulsion de l'action pastorale. Dans cette hypothèse, le nouveau schéma d'organisation ne suit pas celui des nouveaux départements, mais tient compte raisonnablement du fait pastoral en lui-même. La possibilité est cependant ouverte à ce que ces quasi-diocèses puissent devenir de vrais diocèses, mais selon quelle échelle d'autonomie?

Dans une deuxième hypothèse, toujours dans la zone centrale, on créerait de nouveaux diocèses avec une vraie charge pastorale. Dans cette

---

[59] L'archidiocèse de Paris, depuis le Concordat de 1801, avait déjà divisé son territoire en archiprêtrés et archidiaconés. Après la nomination en 1956 de Mgr. J. Le Cordier, alors archidiacre de Saint-Denis, comme évêque auxiliaire de Paris, le cardinal M. Feltin décide qu'«en conformité avec les vues du Saint-Siège, cet auxiliaire devra résider sur le territoire de Saint-Denis, comme un évêque en son diocèse (...). Mais il restera administrativement relié à l'Archevêché de Paris pour les règlements financiers, pour les séminaires, pour la mutation des prêtres et pour l'Enseignement libre»; cf. *DocCath* 53 (1956), 871-874, cité par E. ABBAL, *Le territoire des diocèses en France*.

[60] Cf. COMMISSION, «Donnés du problème», juillet 1962, in AHAP, «Réorganisation du diocèse de Paris».

hypothèse, le métropolitain garderait, selon la Commission, une «autorité canonique réelle» pour la direction de la pastorale dans l'agglomération. Dans ce schéma, on progresserait par étapes, en installant des évêques résidants dans les zones pastorales jouissant d'une certaine autonomie et en développant déjà des organismes nouveaux pour un gouvernement central de l'agglomération. On s'acheminerait vers une situation de décentralisation en cinq nouveaux diocèses autour de l'Archidiocèse de Paris, en prenant le temps nécessaire pour expérimenter les solutions. Dans la deuxième hypothèse, on retient qu'il faut maintenir «le caractère urbain» de ces nouveaux diocèses, en leur donnant une taille raisonnable, afin de préserver l'homogénéité pastorale, notamment dans ce qui constitue actuellement le diocèse de Paris.

La question est celle encore de savoir comment seraient définies les frontières des nouveaux diocèses. Le repérage des portions du peuple de Dieu dans cette nouvelle province, dont la population semble former un tout homogène, présente des difficultés sur le plan ecclésial. À partir de quel motif instrumental peut-on mettre en œuvre un découpage ecclésiastique fondé? Faudrait-il consulter les paroisses et les paroissiens eux-mêmes? La solution, la plus simple et la plus objective, serait de suivre le nouveau tracé des circonscriptions départementales, mais ce n'est pas celle qui a la faveur de la Commission: ce tracé ne prend pas en compte la masse des populations, mais veut satisfaire à un découpage électoral, dont on craint qu'il ne soit pas adapté pour délimiter une portion du peuple de Dieu. Pour sauvegarder l'unité des futurs diocèses et rendre efficace leur profil institutionnel d'instances représentatives, la Commission préconise de répartir quantitativement les populations de manière équitable entre les diocèses. Elle ne tient pas compte, dans son schéma territorial, d'un facteur pourtant prévisible de croissance en nombre d'habitants, qui sur le long terme pourrait amener certains de ces diocèses à devoir eux-mêmes envisager la solution de se diviser.

La Commission évoque également la taille et les membres suffragants de la nouvelle province[61]. Le diocèse de Versailles, dont une partie du territoire se retrouverait dans le futur diocèse de Pontoise, devra-t-il intégrer ce nouveau dispositif provincial contraignant? Les membres de la Commission pensent que non, car cela pourrait être considéré comme une «*diminutio capitis*» du siège Versaillais, qui a déjà une autonomie pastorale et des structures propres. Si toutefois il demeurait dans la structure provinciale parisienne, avec le diocèse de Meaux, la nouvelle pro-

---

[61] Cf. COMMISSION, «Donnés du problème», juillet 1962, in AHAP, «Réorganisation du diocèse de Paris».

vince compterait ainsi huit diocèses, ce qui constitue un nombre acceptable, mais ne favoriserait pas une majorité lors de votes en assemblée[62].

Le dernier volet, enfin, concerne une réflexion sur les conséquences financières et humaines. Sur quelle base faire la répartition des biens, quelles sont les institutions qui devront être communes et de quels moyens disposeront-elles? La répartition du clergé pose encore d'autres difficultés: il est proposé de figer chacun dans son poste d'action au moment de la répartition et de l'incardiner dans la nouvelle entité diocésaine dans laquelle il se trouvera. Il faudra néanmoins prévoir des cas particuliers et la possibilité de passer d'un diocèse à un autre. L'idée est de garder une certaine unité du presbyterium parisien, en décloisonnant la conception de la mission du seul repérage juridictionnel, par une transversalité de certains services mis en commun.

Pour la Commission, la restructuration de l'archidiocèse de Paris doit passer par une nouvelle organisation provinciale et donc une redéfinition d'un réseau canonique d'Églises particulières, dont elle entrevoyait la teneur ecclésiologique synodale d'abord dans une communauté collégiale d'évêques. Pour conduire cette réflexion et les étapes de cette nouvelle création provinciale, l'autorité de l'Archevêque de Paris doit pouvoir s'exercer avant, dans les débats, puis pendant, dans la mise en place des structures, et enfin après, pour la prise en charge de l'ensemble de celles-ci, afin de donner «l'impulsion décisive et l'animation pastorale» qu'on en attend.

Dans ces propositions, une forme accentuée de l'autorité de l'Archevêque métropolitain n'est souhaitable, dans un premier temps, que pour organiser la transition, mais ne semble pas prévue sur le long terme. Seul le fait constitutionnel est acquis. En revanche, la place fonctionnelle envisagée à long terme pour le métropolitain est incertaine. Sera-t-elle de conduire de manière unitaire l'action pastorale dans la province ou bien d'unifier les diverses actions pastorales des suffragants dans une dynamique d'ensemble?

2.1.2 Une communion organique d'évêques

a) Les avis de la Commission pour la réorganisation

Dans les propositions de la Commission pour la réorganisation, la structure provinciale est purement instrumentale. Il s'agit de constituer

---

[62] Les diocèses de Chartres, Blois et Orléans, jusque-là suffragants de l'Archevêché de Paris avec Versailles et Meaux, rejoindraient dans la nouvelle configuration provinciale, la province ecclésiastique de Bourges. On prenait ainsi en considération le moindre intérêt pastoral que pouvait offrir la Province de Paris, plutôt urbaine et traversée par des problématiques spécifiques, à ces diocèses dont l'assise sociologique restait très rurale.

canoniquement le fait d'un regroupement de diocèses et de leurs pasteurs. Ce qui est recherché, c'est le modèle mis en œuvre par la Conférence Épiscopale Française, pour relayer son travail sur tout le territoire. La Province Ecclésiastique de Paris est ainsi présentée comme une Région apostolique dont l'élément institutionnel de gouvernement serait le «Conseil provincial», une conférence locale des évêques.

La réflexion est parallèle à celle des travaux du Concile Vatican II et questionne l'existence d'instances intermédiaires où se vivraient une réelle collégialité supradiocésaine. Si cette réflexion fait une large part au niveau «national» des Conférences Épiscopales, ce qui ressort des débats sur la formalisation de niveaux intermédiaires, c'est le nécessaire repérage territorial de l'exercice conjoint de «la charge pastorale en vue de promouvoir davantage le bien que l'Église offre aux hommes»[63]. Ainsi, à un niveau infranational, mais plus important que celui des seules provinces ecclésiastiques, une forme de «régionalisation» pourrait servir de lien de coordination entre les évêques et développer une coresponsabilité supradiocésaine: ces conférences «régionales» pourraient se connecter de manière organique tant aux provinces qu'aux Conférences Épiscopales. Dans les textes conciliaires et dans les travaux de la révision du Code, on pense à une «région ecclésiastique», qui ne serait pas une instance de gouvernement ni un démembrement des Conférences Épiscopales, mais bien une instance pastorale, n'ayant pas *ipso iure* de personnalité juridique. On recherche ainsi une gradation institutionnelle qui permettrait une certaine efficacité plus pastorale que juridique.

Dans le projet d'une structuration nationale de la Conférence Épiscopale Française, il n'était pas prévu que les Régions apostoliques aient une personnalité juridique. Cependant, pour le modèle parisien qui se met en place, l'apparition de nouveaux diocèses, qui suppose la réorganisation de l'échelon provincial, la personnalité juridique s'avérait nécessaire pour la gestion des institutions communes. L'idée était donc de développer un modèle original unique, qui donnerait toute leur place aux nouvelles entités ecclésiales dans la province ecclésiastique, qui puisse également s'intégrer dans l'organigramme de la future Conférence Épiscopale Française. C'est dans cette optique que la Commission pour la réorganisation proposa une «Loi propre» de l'entité juridique «Province

---

[63] *CD* 38, 1: «Est Episcoporum Conferentia veluti cœtus in quo sacrorum Antistites cuiusdam nationis vel territorii munus suum pastorale coniunctim exercent ad maius bonum, quod hominibus præbet Ecclesia, provehendum, præsertim per apostolatus formas et rationes occurrentibus ætatis adiunctis apte compositas».

Ecclésiastique de Paris» et un «Statut canonique»[64] qui permettrait d'identifier une communauté régionale d'évêques animée d'une même intention pastorale. Cela répondrait en même temps à l'objectif d'en faire un niveau structurel dans le cadre de la nouvelle Conférence Épiscopale. Cette structure régionale devait s'appuyer sur une assemblée épiscopale collégiale, semblable à celle d'une conférence d'évêques de province prévue par le CIC 1917. Ces deux propositions ne furent jamais mises en application, mais leur influence pratique apparaît nettement.

Le Statut canonique de cette conférence épiscopale de la Région apostolique de Paris proposait ainsi, en se conformant à l'esprit du décret *Christus Dominus*[65], de définir le rôle de l'évêque dans son diocèse au sein de la PEP: il serait responsable du clergé incardiné dans son diocèse, de l'action pastorale sur le territoire de sa juridiction diocésaine, de la gestion administrative diocésaine. Il serait aidé par un Conseil épiscopal dont la composition semble large et laissée à l'appréciation de chaque pasteur. Le Statut définissait la fonction locale de l'évêque en rapport étroit avec la Conférence épiscopale régionale, instrument d'unité organique plus que de coordination:

> La conférence est l'organe qui permet à chaque évêque d'exercer pleinement sa mission en intégrant sa fonction locale dans le travail commun d'évangélisation et de pastorale requis par l'unité de la Région apostolique de Paris[66].

Dans la province, chaque évêque recevrait une mission en plus de sa charge diocésaine, qui serait comme une part du travail commun à accomplir. Cette conférence serait présidée «normalement» par l'Archevêque de Paris:

> [L'Archevêque de Paris] exerce la présidence de la Conférence par un mandat spécial du Saint-Siège, qui peut toujours pour des motifs graves, se réserver le droit de désigner un autre président[67].

---

[64] Cf. COMMISSION, «Conférence épiscopale de la Région apostolique de Paris, annexe n° 4 du projet: "Statut canonique" et "Loi propre"»; cf. Annexes 2 et 3, 450 et 454.

[65] *CD* 42: «Cum necessitates pastorales magis magisque requirant ut quædam pastoralia munia concorditer regantur et promoveantur, expedit ut in servitium omnium vel plurium diœcesium alicuius determinatæ regionis aut nationis nonnulla constituantur officia, quæ etiam Episcopis committi possunt. Commendat autem Sancta Synodus ut inter Prælatos seu Episcopos, his muneribus perfungentes, et Episcopos diœcesanos atque Conferentias Episcopales fraterna semper vigeat communio et animorum in sollicitudine pastorali conspiratio, cuius rationes etiam iure communi definiantur oportet».

[66] COMMISSION, «Statut canonique», art. 9; cf. Annexe 2, 451.

[67] COMMISSION, «Loi propre», art. 3; Annexe 3, 454. Voir également «Statut canonique», art. 10, qui est moins précis; Annexe 2, 451.

À quoi se réfère le terme «normalement»? Au Code de 1917 alors en vigueur ou bien à la «Loi propre» proposée? En fait, le modèle envisagé par la Commission pour la réorganisation ne repose pas sur le modèle des assemblées des évêques de la province du Code de 1917 qui, par ailleurs, continuent de subsister formellement. C'est une conférence épiscopale sur le modèle déployé dans les Régions apostoliques que l'on veut voir appliqué. Les assemblées provinciales s'organisaient y compris lorsque le siège métropolitain était vacant. Le métropolitain devait les convoquer au moins tous les cinq ans, mais l'initiative pouvait en être laissée à l'un des évêques suffragants. Dans ces assemblées, la place de l'Archevêque métropolitain était moins définie par l'importance de son siège que par sa fonction disciplinaire. Le terme «normalement» renvoi donc à une bonne marche des institutions provinciales, qui se veulent être seules garantes de la communion hiérarchique. Il demeure cependant une certaine ambiguïté quant à la légitimité de cette présidence puisqu'elle supposerait, selon le Statut canonique, un «mandat spécial» du Saint-Siège. Apparemment, le can. 272 du Code de 1917, qui indiquait que métropolitain «est à la tête» d'une province ecclésiastique, ne semble pas suffisant et l'autorité de ce dernier devait être confirmée par une délégation, dont le mandat encadrerait alors la fonction de présidence qui se cumulerait avec celle d'Archevêque. La présidence de cette conférence n'apparaît pas comme un pouvoir hiérarchique, mais semble bien une autorité de contrôle responsable qui doit rendre des comptes aux autres évêques réunis en assemblée générale. Ce n'est pas la fonction disciplinaire du métropolitain qui est recherchée, mais sa fonction graduelle de «*primus inter pares*».

Ce point rejoint la réflexion des codificateurs avant la formulation du can. 436 §2: comment faut-il situer le pouvoir de coordination, qui par nécessité s'avère être disciplinaire, mais ne doit pas être hiérarchique pour respecter la parité du fait collégial. La solution apparaîtra, nous l'avons souligné, dans l'identification unipersonnelle d'un double office: celui d'archevêque et celui de métropolitain, qui joint ensemble sur un siège épiscopal, gardent le sens plein de la gradualité ecclésiale dans une province ecclésiastique. Dans le Code de 1983, le fait que ce soit seulement l'office du métropolitain qui puisse être valorisé et non celui d'archevêque, montre qu'un pouvoir de coordination, qui pourrait être une charge particulière et nouvelle, ne peut être reçu que comme un déploiement des fonctionnalités déjà présentes. Cela n'était pas possible dans l'ancien Code, où l'Archevêque métropolitain n'avait pas de pouvoir de coordination mais seulement de supervision au nom du Pontife romain.

C'est dans cette conception que le Statut canonique envisage un mandat spécial du Saint-Siège, qui semble n'être pas réservé au métropolitain mais à la présidence même de cette conférence régionale qui correspond pourtant aux limites d'une province ecclésiastique.

La définition de cette Conférence diffère toutefois des assemblées provinciales de l'ancien Code, qui étaient d'abord consultatives. Le Statut canonique et la Loi propre proposés mettent l'accent sur une collégialité et une coordination pastorale plus efficiente par l'effet d'une réglementation, qui semble moins une incitation à collaborer qu'une obligation à coopérer. À cet effet «collégial» répond la possibilité que la présidence puisse être donnée à un autre que l'Archevêque métropolitain de Paris. Dans cette situation, ce sont des «motifs graves» qui motiveraient le choix du Saint-Siège. Ces motifs seraient-il à apprécier dans la surqualification fonctionnelle du métropolitain sur ses suffragants? Ou pour garantir un réel fonctionnement collégial?

Dans ses propositions statutaires, la Commission suppose, dans le fait exceptionnel de la création de ces nouveaux diocèses qui doivent s'intégrer, selon le droit universel de 1917, dans un regroupement ecclésiastique provincial, que la collégialité doit s'organiser selon le modèle d'un collège juridique et non d'abord dans celui de la communion hiérarchique. Il y a ainsi d'une part, une conception territoriale, qui normativement ressort de la constitution d'une province ecclésiastique, et d'autre part, une conception institutionnelle, totalement novatrice en ce qui concerne les rapports entre évêques, dont on pressent qu'elle met en jeu des aspects théologiques, pour lesquels on demande au Saint-Siège d'être l'arbitre. En effet, le président est «personnellement responsable», tant du bon fonctionnement de cette conférence que des «relations avec le Saint-Siège pour ce qui concerne la Région apostolique»[68]. La présidence représentative prévue normativement comme une charge personnelle de l'Archevêque métropolitain dans la province s'efface derrière un «tout» épiscopal collégial institutionnalisé dont la mécanique juridique semble être le seul vecteur de communion. Le président doit «assurer entre les évêques une communauté de pensée et d'action»[69], mais en dehors de toute recherche d'effet hiérarchique. Le fonctionnement repose sur une unité organique du *munus episcopale* et des intérêts communs qui justifient la communion régionale.

La conférence régionale, dont la présidence est «normalement» assurée par l'Archevêque de Paris, assisté de deux Vice-présidents élus parmi

---

[68] Voir COMMISSION, «Statut canonique», art. 19; Annexe 2, 453.
[69] Voir COMMISSION, «Loi propre», art. 4; Annexe 3, 454.

les «évêques résidentiels»[70] de la province, se composerait d'un Comité de direction qui prépare l'ordre du jour des assemblées générales[71], d'un Secrétariat général, et de différentes commissions[72]. Dans le Comité de direction, les deux vice-présidents sont des représentants, l'un des évêques «de la proche banlieue», l'autre des évêques de «la grande banlieue»[73]. On en déduit que l'Archevêque métropolitain, qui convoque le Comité et les réunions de l'assemblée, représente lui-même les évêques de Paris-centre, et se retrouve en vis-à-vis d'une représentation épiscopale, divisée en deux cercles différents, chacun pour ses propres intérêts. À bien y regarder, ce ne sont plus deux zones mais trois niveaux qui se mettent en place, la province formant l'ultime degré. Les services communs à tous les diocèses sont placés cependant sous l'autorité du président[74]. Il peut, de sa propre initiative, inviter un responsable de ces services communs ou un secrétaire de commission à participer à la conférence régionale avec voix consultative[75]. Les évêques doivent participer à l'assemblée générale, mais en cas d'empêchement, ils peuvent se faire représenter par leur vicaire général, avec voix délibérative[76].

Selon la Loi propre, les compétences de la conférence régionale seraient à considérer de manière large afin de définir les orientations communes et prendre des décisions communes. Les domaines d'application sont ceux qui intéressent chacun, notamment: la formation du clergé, la promotion d'une pastorale d'ensemble. Pour cela, la conférence régionale doit créer et diriger des services communs et établir une législation commune. Dans le Statut canonique, le fondement organique est celui d'une coresponsabilité épiscopale paritaire, qui veut également intégrer plus largement, selon des niveaux et des modalités différentes, tous les fidèles dans une réelle prise en charge de l'Apostolat. On imagine ainsi mettre en œuvre l'intuition du Concile Vatican II, en réalisant une véritable synodalité graduelle qui entraine le peuple de Dieu dans une communion à partir de ses pasteurs[77].

---

[70] Voir COMMISSION, «Statut canonique», art. 10; Annexe 2, 451. Voir le can. 334 CIC/1917: l'évêque résidentiel est le pasteur ordinaire et immédiat de son diocèse.

[71] Voir COMMISSION, «Loi propre», art. 7; Annexe 3, 455. Ce Comité comporte le président et les vice-présidents. Voir aussi, ID., «Statut canonique», art. 12, Annexe 2, 451.

[72] Voir COMMISSION, «Loi propre», art. 11-16; Annexe 3, 455.

[73] Voir COMMISSION, «Loi propre», art. 5; Annexe 3, 454.

[74] Voir COMMISSION, «Loi propre», art. 17; Annexe 3, 455.

[75] Voir COMMISSION, «Loi propre», art. 18; Annexe 3, 456.

[76] Voir COMMISSION, «Loi propre», art. 10; Annexe 3, 455.

[77] Cf. M. DORTEL-CLAUDOT, *Églises particulières, Église universelle*, 84.

L'intention de la Commission de réorganisation de voir s'animer des dynamiques de synodalité à partir d'une collégialité organisée localement, ne fait pas de doute. Un point intéressant dans la Loi propre, est celui de l'attention à une certaine synodalité organique régionale:

> Les statuts synodaux sont régionaux. L'assemblée synodale se tient par palier. Les questions inscrites à l'ordre du jour par la Conférence sont étudiées dans chaque diocèse avant d'être reprises au synode régional[78].

La synodalité est une «loi» pour le fonctionnement institutionnel de cette nouvelle province. Elle prévoit une stratification du travail synodal en «palier», intégrant chaque communauté hiérarchique diocésaine comme un niveau ecclésial du repérage épiscopal du *sensus fidei*. Dans les prévisions, l'Assemblée synodale serait «convoquée et présidée par la conférence» régionale, à la manière d'un concile particulier régional mais non provincial. Dans le concile provincial, la convocation et la présidence sont attribuée *ad normam* au métropolitain, ou à défaut au suffragant le plus ancien[79]. La conférence régionale doit établir une législation commune[80] dont la promotion synodale a les faveurs de la Commission. Cette synodalité, a priori au sens large, tient cependant moins compte des Églises particulières comme telles, avec ce que cela signifie de chrétiens engagés et impliqués, que d'une représentation cléricale des zones pastorales de la Région apostolique. Si ce point met en relief une certaine gradualité synodale propre à un regroupement provincial, elle souligne comme une évidence que l'autonomie de chaque diocèse n'est qu'un fait purement abstrait. Les statuts synodaux étant «régionaux», cela signifie que la synodalité locale, diocésaine, n'existe pas pour elle-même mais seulement en rapport avec une synodalité supra-locale. Cette synodalité organique à la mécanique ascendante, avec certainement de bonnes intentions, n'aide pas à favoriser l'éclosion et la diversité des communautés pour vivre la communion sur un même territoire: elle gomme au contraire les aspérités et nivelle les initiatives dans une unité d'action finalement plus juridique que pastorale. La subsidiarité n'est pas prévue pour être un moyen de reconnaissance des Églises particulières, qui chacune apporterait son concours pour plus d'efficacité dans le soin des œuvres communes, mais est recherchée surtout pour projeter les effets d'une coresponsabilité épiscopale collégiale très invasive, pas suffisamment respectueuse de la responsabilité personnelle des évêques vis-à-vis de leur peuple.

---

[78] COMMISSION, «Loi propre», art. 20; voir aussi l'art. 19; Annexe 3, 456.
[79] Cf. CIC/1917, can. 284, 2°.
[80] Voir COMMISSION, «Statut canonique», art. 16; Annexe 2, 452.

Les propositions de la Commission, qui ne manquent pas d'intérêts, forcent toutefois la note représentative au niveau clérical et la note collégiale au niveau d'une conception collective, prenant finalement en défaut le principe synodal recherché d'une unité épiscopale de l'action pastorale. Dans la synodalité provinciale, ce qui devrait être développé personnellement par les pasteurs, en union avec leur métropolitain, c'est leur capacité d'agir. Ici, elle semble enfermée dans des considérations qui les submergent. Le Statut canonique et la Loi propre ne sont que des propositions de travail, dans «l'air du temps» selon le cardinal M. Feltin. À cinquante ans de distance, leur lecture nous apprend que les concepts ecclésiologiques du concile Vatican II, si riche de potentialité, auront besoin de temps pour mûrir institutionnellement dans le champ canonique. La Commission pour la réorganisation proposa son rapport définitif aux évêques de la Province Ecclésiastique de Paris sur la base de ces deux textes, désignés comme l'«Annexe n°4», et accompagnant les notes de 1962 intitulées «Données du problème»[81]. Des échanges auront lieu tout au long de l'année 1963 avec la Consistoriale et des experts, français et romains avant d'aboutir à un texte final.

b) Les avis des évêques de Paris

Une réponse commune, qui nous est conservée, de l'Archevêque de Paris, le cardinal M. Feltin et de son coadjuteur chargé du dossier de la réorganisation, mgr. P.M. Veuillot, datée du 10 septembre 1964[82], reprend les propositions du rapport de la Commission et de son Annexe n°4. Une année aura été nécessaire pour répondre, alors que Rome presse l'Archevêque de Paris de trouver une solution viable. Cette réponse, assez critique note, en préalable, que si le travail de la Commission est de bonne qualité, «en même temps, sous plusieurs aspects, l'analyse et les propositions (…) trahissent (…) un manque manifeste d'expérience administrative et pastorale».

---

[81] Nous n'avons pas trouvé les Annexes 1 à 3 du projet de 1962, auxquelles, par ailleurs ni le «statut canonique» ni la «loi propre» ne font référence. Nous ne savons pas ce qu'elles contenaient. Il aurait été également intéressant de trouver les échanges avec Rome sur ces propositions, mais elles ne sont pas non plus dans les archives consultées.

[82] Cf. «Observations communes de son Em.ce le Cardinal M. Feltin et de son Exc. Mgr. P.M. Veuillot sur le rapport de la Commission pour la réorganisation de la Région parisienne», 10 juillet 1964, in AHAP, «Réorganisation du diocèse de Paris». Dans la suite de cette étude, elles sont désignées sous l'appellation «Observations». Ces «Observations» furent adressées également, dans le même temps, au Saint-Siège.

Si les principes de la décentralisation et de l'unité semblent incontournables, pour le cardinal M. Feltin, la conséquence territoriale ne signifie pas nécessairement la création de nouveaux diocèses «autonomes» dans la ville de Paris. Les deux hypothèses envisagées pour Paris-Ville semblent «utopiques et irrecevables». Le critère retenu par la Commission pour un nouveau découpage territorial est celui du nombre d'habitants, qui n'est pas un motif suffisant. Le cardinal en préconise le «rejet catégorique»: selon lui, il existe une trop grande homogénéité sociale, et même déjà civique, dans les découpages administratifs de la zone centrale dans laquelle il faut préserver un cœur, une centralité, basée sur un siège épiscopal repérable.

La solution de nouveaux diocèses qui suivraient le tracé des nouveaux départements, semble plus cohérent. Pour le cardinal M. Feltin, il y a, par expérience, de «graves inconvénients» à s'affranchir du tracé administratif civil. Il est de coutume de le suivre dans tout l'espace français et il s'adapte à un type de pastorale qui répond au désir de «christianiser la cité». En outre, l'unité des nouveaux diocèses bénéficierait des décisions civiles, notamment en termes d'infrastructures de communications. L'homogénéité territoriale est un facteur de l'unité sociale et humaine. Les circonscriptions civiles forment déjà des territoires institutionnels et s'en accommoder ne peut que faciliter par la suite l'autonomie de chaque futur diocèse et leur donner une meilleure définition communautaire sur le plan sociologique.

Mgr. P.M. Veuillot retient lui, dans sa réponse tout en nuance, que «si le Saint-Siège croyait pouvoir néanmoins passer outre à l'inconvénient de ne pas toujours faire coïncider diocèses et départements», une solution en neuf diocèses (dont un pour la seule ville de Paris) serait alors envisageable. Dans une zone d'urbanisation continue qui est «toute polarisée sur Paris», cela pose moins de difficultés de s'affranchir du découpage civil. La division en diocèse se fait selon des critères proprement ecclésiastiques et pastoraux, mais il est toutefois déraisonnable de pas prendre en compte les facteurs démographiques. Les zones dites de «banlieue» ont une forte croissance démographique qu'il convient déjà de prendre en compte. Ainsi, pour mgr. P.M. Veuillot, un seul évêque diocésain dans la zone centrale avec des évêques résidants dans des zones pastorales permettrait de maintenir l'unité d'action nécessaire. Si cela s'avère insuffisant, alors on pourrait penser dans un second temps à ériger ces zones pastorales comme de vrais diocèses[83].

---

[83] Cette solution fut celle retenue en 1962 par la Secrétairerie d'État qui, par une coutume de Curie avait encore à l'époque une compétence pour les affaires françaises.

De réelles difficultés, sur lesquelles se concentrent les critiques épiscopales, se portent d'abord sur l'exercice du gouvernement. La première
est celle du personnel ecclésiastique, dont on envisage la répartition et
de faciliter la mobilité, au moins dans la zone centrale, entre les futurs
diocèses. Son recrutement, non moins que sa formation, doivent être étu-
diés avec soin. La problématique de la répartition du personnel ecclésiastique pose également celle des ressources qui doivent l'accompagner[84].
Chaque évêque doit être responsable de son clergé dans son diocèse:
l'idée d'un clergé ordonné au titre de la région parisienne, si séduisant
qu'il paraît, s'il est canoniquement réalisable, n'a aucune valeur ecclésiologique. Enfin, il manquerait à l'analyse de la Commission d'avoir
bien vu que le problème se situe à deux niveaux concentriques autour de
Paris-ville (urbain et péri-urbain ou périphérique) lesquels conditionnent
les solutions retenues pour le gouvernement de la province, et qui ne nécessitent pas la même forme de coordination. Il paraît, selon eux, nécessaire de bien identifier les deux couronnes autour de la ville de Paris
comme deux niveaux où l'influence de l'Archevêque de Paris n'a pas la
même résonnance. La zone centrale constituée autour de Paris-ville suppose une seule action pastorale d'ensemble, alors que la zone périphérique peut maintenir des relations plus «souples» avec l'Archidiocèse de
Paris dans des structures de coordinations provinciales.

Une solution progressive pour l'érection des nouveaux diocèses de la
zone centrale ne semble pas avoir été suffisamment étudiée, d'après les
évêques, dans les propositions de la Commission. Il sera nécessaire, selon eux, de passer par des phases transitoires dans la zone centrale, et
même au niveau provincial, pour harmoniser les institutions avec les diocèses périphériques. Dans la zone centrale, l'autonomie de la charge pastorale devra passer par des pouvoirs ordinaires confiés à un évêque résidant, sous l'autorité directe de l'Archevêque de Paris[85]. Ce qui est
directement critiqué dans le rapport de la Commission, c'est la direction

---

Elle fut néanmoins repoussée en 1963, aux vues des travaux conciliaires sur l'Église
particulière, qui mettaient en avant le caractère «autonome» des moyens requis pour
qu'elle réalise les fins pour lesquelles elle était érigée. Les zones pastorales pressenties
auraient tous les aspects d'une Église particulière, avec un évêque résidant, sans avoir
vraiment les moyens signifiants de leur action. Cf. *CD* 22.23.

[84] Cf. COMMISSION, «Statut canonique», art. 4: les prêtres de la province seraient
ordonnés «*ad titulum regionis parisiensis*»; Annexe 2, 450.

[85] Les «Observations», 6, mentionnent l'expérience réalisée dans la Province de Lyon,
avec la création d'une nouvelle circonscription ecclésiastique autour de la ville de Saint-
Étienne, par une division de l'Archidiocèse de Lyon. Cette circonscription deviendra, en
1970, un diocèse de plein droit; cf. PAUL VI, const. ap. *Signa temporum perpendes*.

de cet ensemble. Pour les évêques, envisager seulement un «système de gouvernement collégial», ne laisse pas suffisamment de place à la responsabilité personnelle des évêques.

Le rapport de la Commission, en effet, préconise de se rapprocher de la solution *ad experimentum* des Régions apostoliques qui, sans être des circonscriptions ecclésiastiques, forment un maillage territorial sur lequel repose en grande partie le travail des Commissions pastorales de la Conférence Épiscopale Française, créées par avant, en 1951. Parmi ces Régions apostoliques, apparues en 1961, celle de Paris existait déjà et comprenait les diocèses de Paris, de Versailles et de Meaux. Cette Région correspondait au district civil qui venait d'être créé, mais ne recouvrait pas l'entière Province Ecclésiastique de Paris de l'époque[86]. Le projet de la Commission était de faire correspondre les limites de la nouvelle province parisienne avec celle de la Région apostolique.

Une «conférence épiscopale régionale» verrait ainsi le jour, chargée du gouvernement pastoral de l'ensemble des diocèses de la région parisienne, formée de commissions, d'un Secrétariat, de divers services, etc. C'est «une utopie inutile et pratiquement irréalisable». Pour les deux évêques, appliquer le principe de collégialité dans un ensemble aussi restreint que la Province Ecclésiastique de Paris, revient à confier une autorité à un «régime d'assemblée», ce qui serait facteur de désordre et de désunion.

Il semblerait donc plus profitable, pour les évêques, de poser la solution seulement dans «des organes de coordination des vues et des activités épiscopales dans la région», sur les deux niveaux, centre et périphérie. Un «simple Conseil régional ou provincial» présidé par l'Archevêque de Paris assurerait l'unité de l'ensemble. Sa fonction serait d'harmoniser les pratiques administratives et juridiques des différents diocèses et de coordonner les orientations pastorales majeures. Il serait responsable des institutions communes, comme le séminaire, l'officialité, etc. Mais, notent les évêques, «encore faut-il que soit reconnue l'autorité personnelle de l'Archevêque de Paris (...) car il n'est de coordination véritable que par l'autorité d'un homme qui préside et clôt les débats»[87]. C'est la position d'autorité du métropolitain dans la nouvelle province, dans sa relation avec les évêques suffragants, qu'il convient de bien définir. Dans ces réflexions épiscopales, l'idée du can. 436 §2 se profile déjà: la synodalité épiscopale locale ne peut fonctionner sans un pivot ecclésiologique parfaitement défini et objectivement dépositaire d'une autorité plus ou

---

[86] La province de Paris en 1961 comprend comme siège métropolitain le diocèse de Paris et comme suffragants, les diocèses de Blois, Chartres, Meaux, Orléans et Versailles.
[87] Cf. «Observations», 7.

moins contraignante, qui devrait être encadrée dans des normes canoniques approuvées.

La zone centrale continuerait d'être de la responsabilité propre de l'Archevêque de Paris, «sous l'impulsion et le contrôle du Saint-Siège» moyennant des structures «canoniquement nouvelles», de coopération stricte dans les divers secteurs pastoraux. Les évêques résidants prendraient alors progressivement le gouvernement ordinaire, sous la tutelle de l'Archevêque de Paris, avant de pouvoir l'exercer sur une réelle circonscription autonome de type «diocésaine».

Un dernier point, celui de l'administration et des finances, demande à être clarifié. C'est un problème «capital car il concerne la vie du clergé et l'action pastorale», selon les évêques. Ce volet suppose de prendre un temps de recul pour ne pas créer des déséquilibres, d'envisager les moyens d'une péréquation, d'harmoniser les méthodes de comptabilité, qui dans les diocèses existants sont déjà différents, de créer un régime d'entraide mais non pas de dépendance, qui mène vers une autonomie complète.

Il appert donc que, dans un premier temps, il faut régler la question de la transition entre les anciens diocèses et les nouveaux, et que la question de la coordination doit être traitée comme un corollaire de la première. On s'achemine alors vers la rédaction de normes exceptionnelles pour répondre aux besoins précis de cette organisation. Des propositions nouvelles sont faites à Rome, prenant en compte les ressources canoniques en vigueur dans le Code de 1917 sur les diocèses et les provinces ecclésiastiques, dans une volonté de mettre en œuvre le Concile Vatican II, au moins dans sa première réception, et dans le désir de trouver une forme structurelle d'organisation qui soit compatible avec les nouveaux Statuts de la Conférence Épiscopale Française. Elles sont plus restreintes, reprenant seulement les intuitions structurelles que le Statut canonique et la Loi propre avaient proposées. Elles sont manifestement dans un schéma inversé, plus axées d'abord sur la création de nouvelles entités diocésaines puis, ensuite, sur celle d'un regroupement d'Églises particulières. Ce sont ces propositions qui deviendront les Normes de 1966, régissant le Province Ecclésiastique de Paris.

2.2 *La nouvelle Province Ecclésiastique de Paris (PEP), 1966*

2.2.1 Les Normes régissant la province

a) Présentation

Par la bulle *Qui volente Deo* datée du 9 octobre 1966, Paul VI érigea sept nouveaux diocèses de plein exercice en région parisienne en se référant expressément aux limites territoriales des départements qui venaient d'être récemment constitués par les autorités civiles[88]. Ce découpage suivait volontairement le tracé des anciens départements de la Seine, Seine-et-Oise et Seine-et-Marne, qui avaient été divisés au plan administratif et dont la mise en place prenait effet au 1er janvier 1968[89]. Les nouveaux diocèses ne furent érigés canoniquement qu'au moment de la promulgation officielle de cette bulle, dans chacune des nouvelles cathédrales, en même temps que la provision canonique attribuée à chacun des nouveaux évêques.

Cette même constitution, mettant fin à l'ancienne circonscription provinciale, érigea également la nouvelle Province Ecclésiastique de Paris avec pour siège métropolitain l'Archidiocèse de Paris et dont les suffragants étaient les nouveaux diocèses de Corbeil[90], Créteil[91], Nanterre, Pontoise, et Saint-Denis et les deux anciens diocèses de Meaux et de Versailles, qui en faisaient déjà partie. La nouvelle province ecclésiastique n'entra en fonction qu'après l'érection officielle des nouveaux diocèses, par la rédaction du procès-verbal de la fondation provinciale, signé par les suffragants et leur métropolitain. La création des nouveaux diocèses comme celle de la nouvelle province furent donc simultanées et ne firent l'objet que d'un seul texte constitutionnel pour en marquer le caractère unitaire. Un autre texte réglementaire est venu compléter ce dispositif constitutionnel en 1968, qui concerne la constitution d'un espace judiciaire homogène, avec l'érection d'un tribunal ecclésiastique de première instance à Paris pour tous les diocèses parisiens et un tribunal d'appel à Versailles pour la province[92].

---

[88] PAUL VI, const. ap. *Qui volente Deo. Ecclesiis Parisiensi atque Versaliensi divisis, novae quinque dioeceses constituuntur: «Nemptodurensis», «S. Dionysii in Francia», «Christoliensis», «Corbiliensis» atque «Pontisarensis»*, 9 oct. 1966. Cf. J. DENIS, «1966-1967. Chronique des Actes de l'Épiscopat», 415-418. L'enthousiasme à l'époque est assez perceptible, notamment dans les perspectives qui se laissent entrevoir. R. Rouquette note ainsi: «on pourrait presque dire qu'une sorte de patriarcat de Paris sans le nom est créée, avec un synode patriarcal»; cf. R. ROUQUETTE, « Actualités religieuses», 569.

[89] Cf. Lettre de Mgr. P.M. VEUILLOT, «L'esprit d'une décision», *DocCath* 63 (1966) 1860. En pratique, l'organisation ecclésiastique parisienne est donc entrée en vigueur avant la mise en place des découpages administratifs.

[90] Ce diocèse sera dénommé ensuite «Évry-Corbeil-Essonne», le 1er janvier 1989.

[91] Dont le siège épiscopal à Choisy-Le-Roi sera transféré à Créteil, en 1987.

[92] CONGRÉGATION POUR LA DISCIPLINE DES SACREMENTS, décr. 22 février 1968; cf. *LegEcc,* III/3631. Voir également H. QUEINNEC, «Réformes des officialités françaises» 366-367. Cette organisation judiciaire intra-provinciale n'a pas été changée après la refonte de la carte des tribunaux ecclésiastiques français en 2011.

Le pape Paul VI, dans la lettre qu'il adresse au cardinal M. Feltin au moment de la publication de la constitution apostolique *Qui volente Deo*, rappelle son souci de rester fidèle aux résolutions récentes des textes conciliaires[93], que le m.p. *Ecclesiæ sanctæ*[94], pris seulement deux mois avant, commençait seulement à mettre en place. La décision d'augmenter le nombre de diocèses en région parisienne est d'abord une volonté de rapprocher la figure épiscopale du peuple qui lui est confié expressément, ainsi que de favoriser les relations avec le clergé pour une collaboration plus fructueuse sur le plan pastoral. Paul VI rappelle également le principe de l'autonomie ecclésiale d'abord pour chaque diocèse, puis ensuite pour le regroupement en lui-même. C'est une expérience nouvelle dont Paul VI souligne qu'on en attend «une plus grande efficacité dans l'action pastorale»[95]. Pour rendre cette organisation efficace, des Normes spécifiques[96], accompagnent le texte d'érection des nouveaux diocèses et de leur province d'appartenance qui auront ainsi pour but de «concilier la légitime autonomie de chaque diocèse»[97] dans cette situation canonique particulière. Si elles sont le produit des débats que nous avons relatés plus haut et forment un droit particulier pour l'entité canonique nouvelle que constitue la Province Ecclésiastique de Paris, ce n'est pas cette dernière qui se les attribue, même si les pasteurs ont participé activement à leur élaboration. Ces Normes émanent officiellement de la Consistoriale, compétente en matière de regroupements ecclésiastiques, qui les a approuvées comme un règlement interne à

---

[93] Cf. *CD* 22-24.

[94] Cf. PAUL VI, m.p. *Ecclesiæ sanctæ*, 6 août 1966.

[95] Cf. PAUL VI, Lettre au cardinal Feltin, *DocCath* 63 (1966) 1854-1855.

[96] Cf. SACRÉE CONGRÉGATION CONSISTORIALE, *Normes concernant la Province Ecclésiastique de Paris*, 7 octobre 1966 [Normes 1966]; Annexe 4, 457-460.

[97] Communiqué de presse de l'Archevêché de Paris du 9 octobre 1966 à l'Agence France Presse (AFP), qui précise encore: «La province sera animée par un Conseil provincial. Il comprend les évêques diocésains, coadjuteurs et auxiliaires de la région. Il est présidé par l'Archevêque de Paris qui gouverne les institutions provinciales, dirige les services communs et décide des orientations pastorales majeures de la province (…). D'autre part, les quatre diocèses de la zone centrale qui forme un tout difficilement dissociable, seront dotés d'institutions propres, comprenant un conseil interdiocésain, où les évêques de la zone centrale exercent collectivement leur autorité, sous la présidence de l'Archevêque de Paris, prend les décisions pastorales communes à la zone et peut mettre les prêtres d'un diocèse au service de l'autre. Les directions de l'ancien diocèse de Paris deviennent des services interdiocésains pour le monde scolaire et universitaire, la mission ouvrière, etc…De même, la mission ouvrière, la maison de retraite du clergé, deviennent communes aux diocèses de la zone centrale».

l'organisation provinciale parisienne, une loi-cadre, deux jours avant la publication de la bulle *Qui volente Deo*, pour entrer en vigueur avec elle. De manière volontaire, ces Normes sont «souples, mais fermes», puisqu'il n'était pas dans l'intention de leurs auteurs de «tout prévoir à l'avance»[98].

Le texte des Normes de 1966 se présente en trois Titres: un premier concerne l'ensemble des diocèses de la province ecclésiastique; un second concerne les seuls diocèses de la zone centrale. Un dernier Titre, enfin, règle les modalités transitoires de la répartition du clergé entre les diocèses des deux zones. À la place d'une gradualité des Églises particulières, selon le modèle provincial, qui suppose un centre ecclésial renforcé au niveau des sièges épiscopaux et une responsabilité propre des pasteurs, il sera préféré une stratification pastorale par niveau et une organisation collective des responsabilités. Le niveau directif général de cette nouvelle entité est le «Conseil provincial» qui s'organise «selon les règles contenues dans les Statuts de la Conférence Épiscopale Française»[99]. Un second niveau est celui du «Conseil interdiocésain» [100] qui ne concerne que la zone centrale. Quant à la zone périphérique, elle semble ne pas bénéficier d'un conseil dédié[101].

Les Normes doivent donc organiser dans ce dispositif constitutionnel de multiples objectifs. Elles tentent de concilier à la fois une coresponsabilité collective des évêques dans les futures institutions provinciales et la juste autonomie de chaque diocèse ainsi que l'autorité de leurs nouveaux pasteurs dont le système métropolitain doit faire la promotion en garantissant une saine collaboration entre pairs, sous la vigilance de l'Archevêque de Paris.

b) Les objectifs des Normes 1966 et leurs perspectives

Deux tendances organiques s'interpénètrent, l'une locale et l'autre supra-locale mais chacune ayant ses propres perspectives qui ne convergent pas toujours vers un même but.

Sur un plan local, l'objectif est de constituer des communautés hiérarchiques à partir de diocèses qui ont été divisés ou démembrés. La re-

---

[98] Cf. Mgr. P.M. VEUILLOT, «L'esprit d'une décision», *DocCath* 63 (1966) 1861.
[99] Normes 1966, art. 3; Annexe 4, 457.
[100] Ce sont les diocèses de Paris, Créteil, Nanterre et Saint-Denis. Sous le terme «interdiocésain», les Normes de 1966 désignent les relations canoniques spécifiques à la zone centrale, qui exigent une organisation juridique plus précise.
[101] La zone périphérique: diocèses de Corbeil, Meaux, Pontoise et Versailles. Cf. Normes 1966, art. 2; Annexe 4, 457.

cherche d'une unité interne pour ces nouveaux diocèses se confronte à la réalité conjoncturelle, qui les maintient d'abord dans une dépendance avant de trouver leur autonomie, et à la réalité structurelle, qui les maintient dans une interdépendance fonctionnelle.

Sur un plan supra-local, il y a deux objectifs à réaliser. Le premier est d'organiser la collaboration entre les différentes réalités ecclésiales par une coopération resserrée des pasteurs diocésains et du clergé parisien qui, d'unitaire qu'il était dans l'ancien Archidiocèse de Paris et le diocèse de Versailles, se retrouve maintenant réparti en différents diocèses, mais dont l'esprit demeure unifié. Le second est ensuite celui d'organiser la mission dans une unité territoriale de l'action pastorale. Il est nécessaire de mettre en place des institutions qui puissent faire fonctionner les collaborations épiscopales selon des paliers progressifs et structurellement interdépendants, mais dont l'horizon est différent: le conseil de la zone centrale n'a pas la même vocation que le conseil de la province, aussi, comment les faire fonctionner dans une même logique?

Enfin, en demi-teinte, se profile un autre objectif à poursuivre dans un cadre national. Les Normes parisiennes se réfèrent en effet aux Statuts de la Conférence Épiscopale pour le fonctionnement de chacun des conseils, provincial et interdiocésain[102]. Les Statuts de la CEF n'entrèrent en fonction qu'au mois de novembre 1966, liant alors deux institutions qui n'avaient pas encore trouvées leur stabilité et dont les problématiques étaient différentes[103]. Les Normes devaient rejoindre donc un objectif national qui est lui-même, à l'époque, en plein germination: constituer un échelon organique pour la nouvelle Conférence, une Région apostolique. En effet, les Statuts de la CEF, préparés dans l'élan du Concile et publiés en 1966, se fondent sur une «régionalisation» pastorale de l'organisation ecclésiastique française commencée depuis 1961. La création de la Province Ecclésiastique de Paris n'était en fait que l'avènement d'une Région apostolique: dans la plupart des cas d'espèces, ces dernières rassemblaient plusieurs provinces entre elles dans une conférence régionale, mais dans ce cas de figure-ci, la Région apostolique de Paris n'équivalait qu'à une seule entité provinciale, dont les objectifs normatifs étaient d'abord locaux.

Il résulte de ces Normes un équilibre mal assuré entre les deux tendances. Les différents objectifs induisent, en effet, des priorités qui au-

---

[102] Cf. Normes 1966, art. 3 et 9; Annexe 4, 457 et 459.

[103] Les Statuts de la Conférence Épiscopale Française furent votés par l'Assemblée Plénière, à Lourdes, les 17-22 octobre 1966. Approuvés par le Saint-Siège le 27 novembre 1966; cf. *DocCath* 54 (1967) 625-632.

ront besoin d'être hiérarchisées pour fonctionner de manière concomitante. On va ainsi chercher à mettre en œuvre une forme d'articulation institutionnelle entre la responsabilité des évêques d'un côté et la réalité émergente de nouvelles Églises particulières de l'autre, réparties en deux zones pastorales, sur lesquelles repose techniquement la nouvelle province. Dans cette perspective, les responsabilités des évêques, personnelle et collégiale, qui sont un fait sacramentel, forment un complexe unitaire où elles se complètent théologiquement dans le système métropolitain, mais qui se trouvent ici distinguées institutionnellement de manière pragmatique dans des logiques différentes.

Il apparaît clairement au long de la lecture des Normes de 1966 que tout est pensé pour répondre à des problématiques de niveaux différents. Au niveau local, c'est en fonction du clergé et de son unité, qu'il faut préserver malgré la répartition, et non d'abord en fonction de la charge épiscopale qui disparaît derrière les conseils collégiaux. Au niveau provincial, c'est en fonction de son existence comme un futur échelon structurel de la Conférence Épiscopale, qui dans la pratique, va faire disparaître la communion autour du métropolitain derrière une collectivité épiscopale. Seuls les services interdiocésains de la zone centrale semblent répondre de manière pratique au désir d'unité pastorale locale.

Dans les faits, il semble y avoir deux niveaux mais quatre logiques: chacun des diocèses, la zone centrale, la zone périphérique et enfin la province. Les questions pastorales qui pourraient être abordées dans l'un ou l'autre niveau ne sont pas clairement définies par les Normes et il semble finalement régner un certain flou sur les domaines de compétences qui ressortiraient de l'un ou l'autre degré, ou de plusieurs en même temps. Il manque une hiérarchisation concrète des niveaux transversaux qu'on souhaite pourtant organiser par ces Normes: les lignes horizontales de communion entre les diocèses des deux zones n'aboutissent pas à rendre un effet d'unité pastorale, alors que les lignes verticales qui, dans une certaine logique, devraient converger vers le métropolitain, sont comme mises en parallèle par l'effet d'une multiplication des lieux décisionnels où interviennent les évêques.

Ces Normes de 1966 sont certainement un compromis entre les vues des évêques de Paris et celles de la Commission pour la réorganisation. D'un côté, si le modèle d'organisation qui prévaut est celui de la province ecclésiastique, avec son système métropolitain classique en droit latin, l'aspect synodal-épiscopal y est plus développé qu'à l'ordinaire, à la manière d'un synode métropolitain dans les provinces ecclésiastiques des Églises patriarcales. Dans cette forme, le métropolitain parisien cherche sa place. De l'autre, transparaît déjà le modèle régional apostolique où la coresponsabilité épiscopale ne s'envisage pas sur un fond de juridiction mais au travers de missions, locales et nationales. Les deux tendances devaient dès lors trouver à se concilier dans un réel objectif de communion pratique.

2.2.2 L'organisation provinciale dans les Normes de 1966

a) La stratification des conseils décisionnels

Les Normes disposent deux strates institutionnelles, matérialisées par des lieux de décisions: le Conseil interdiocésain et le Conseil provincial.

Dans la zone centrale, qui correspond *mutatis mutandis*, à l'ancien diocèse de Paris, l'Archevêque de Paris préside un Conseil interdiocésain, qui se réunit mensuellement[104]. Ce Conseil n'est pas un niveau strictement épiscopal. En effet, sont présents dans ce Conseil, les coadjuteurs et les auxiliaires, mais également, précisent les normes, «deux collaborateurs immédiats», sans préciser les fonctions ecclésiastiques de ces derniers. Ce Conseil est un niveau commun pour le gouvernement pastoral de chaque unité diocésaine qui le constitue. Ses réunions sont mensuelles et donc assez contraignantes. Les repérages territoriaux y sont moins accentués que dans la zone périphérique où ils sont mieux identifiés. Les choses communes sont donc plus sensibles et engagent plus strictement les diocèses. C'est au Conseil interdiocésain de diriger les institutions communes de la zone centrale[105] mais dans une compétence liée aux niveau supérieur, celui de la province[106]. Il y a une autonomie relative de la zone centrale, dans laquelle les diocèses sont interdépendants, sur un plan matériel et pastoral.

Ce Conseil est un niveau collégial et les décisions sont prises selon les règles de la nouvelle Conférence Épiscopale Française[107]. Les collaborateurs immédiats n'ont qu'un vote consultatif. La règle de la majorité paraît difficile à maintenir à quatre diocèses où l'Archevêque de Paris n'a pas de

---

[104] Cf. Normes 1966, art. 8; Annexe 4, 459.

[105] Cf. Normes 1966, art. 11; Annexe 4, 459.

[106] Cf. Normes 1966, l'art. 11, renvoie en matière de prise de décision à l'art. 4 §2.

[107] Cf. Normes 1966, art. 9; Annexe 4, 459. Statuts CEF/1966, art. 5: tous les évêques, diocésains, coadjuteurs et auxiliaires, ont voix délibérative. Id., art. 10: «Les décisions de l'Assemblée sont prises au vote secret: *À la majorité des deux tiers des membres de la Conférence épiscopale ayant voix délibérative, pour les décisions ayant valeur juridique obligatoire. De telles décisions requièrent en outre qu'elles aient été reconnues par le Saint-Siège. *À la majorité des deux tiers des présents ayant voix délibérative, pour les autres décisions et orientations».

voix prépondérante[108], même si on imagine qu'il peut compter sur celles de son coadjuteur ou de ses auxiliaires. Son autorité lui permet cependant de demander «exceptionnellement et pour des raisons graves»[109] qu'une décision soit à nouveau examinée. L'Archevêque n'a donc pas de pouvoir de direction: son autorité d'impulsion existe dans la zone centrale mais n'a pas le caractère incisif que lui souhaitait le cardinal M. Feltin.

Le Conseil Provincial, quant à lui, réunit seulement les évêques, diocésains et coadjuteurs ou auxiliaires de la province: c'est un conseil d'évêques. On y retrouve quelques traits communs avec les conférences épiscopales provinciales du Code de 1917[110]. Ses compétences s'étendent sur les deux zones[111] et en font l'instance décisionnelle par excellence pour la conduite commune de l'action pastorale dans la province. Le Conseil provincial doit créer des institutions communes pour la province et les services qui les accompagnent, recevant l'agrément du Saint-Siège si nécessaire, lorsque cela empiète sur la juridiction personnelle des évêques diocésains de la province[112]. Il doit également se prononcer sur le passage d'un prêtre à un autre diocèse, mais dans les faits, il n'eût pratiquement jamais à le faire. Les cas, isolés, étaient réglés directement entre les diocèses concernés. Les décisions de ce Conseil, comme dans le Conseil interdiocésain, sont prises selon les règles de la Conférence Épiscopale, dans le respect de ses directives[113].

Ces Normes de 1966, dans leur esprit, sont un instrument juridique pour permettre la création et la mise en route des nouveaux diocèses dans la nouvelle province. L'objectif à atteindre était une collaboration pasto-

---

[108] Cf. Statuts CEF/1966, art. 5 §1: on note que les évêques, le coadjuteur, mais aussi les auxiliaires, ont également voix délibératives.

[109] Cf. Normes 1966, art. 9; Annexe 4, 459.

[110] Cf. CIC/1917, can. 292 §1; *supra*, chap. I, nt. 423.

[111] Cf. Normes 1966, art. 4; Annexe 4, 457-458. Concrètement, des compétences sont reconnues au Conseil provincial pour: créer les institutions nécessaires et utiles pour organiser une réponse pastorale uniforme dans la province; mettre en rapport la vie de la province avec les décisions de la Conférence épiscopale française; favoriser la collaboration avec les Instituts religieux et la Mission de France, selon le droit en vigueur; déterminer les contributions de chaque diocèse, humains et financiers, pour le bon fonctionnement de la province; être le porte-parole de l'épiscopat dans la province, notamment vis-à-vis des médias. Dans le détail, le Conseil provincial s'occupe: des séminaires, des vocations, de la formation permanente, de l'enseignement religieux et des aumôneries dans l'Enseignement public, de l'Enseignement Catholique, du Vicariat aux armées, des relations avec les Religieux, de l'œcuménisme, de l'Apostolat des Laïcs, de la pastorale des migrants, des Missions.

[112] Cf. Normes 1966, art. 4 §1; Annexe 4, 457.

[113] Cf. Normes 1966, art. 3 et 4 §2; Annexe 4, 457-458.

rale en «paliers», selon l'expression que l'on retrouve fréquemment dans les textes de cette époque[114]. Cette stratification organise une gradation fonctionnelle des lieux décisionnels plutôt qu'une gradualité des Églises particulières dans la province. Tous les diocèses n'ont pas encore le même statut d'autonomie, ni les moyens de vivre en dehors d'une certaine interdépendance, notamment en ce qui concerne la zone centrale, mais cela sera vrai aussi, dans une certaine mesure, pour les nouveaux diocèses de la zone périphérique.

Même si le terme «Région» n'apparaît pas dans le texte, la figure technique qui ressort du modèle général de collégialité, mis en place par ces Normes, est plutôt celui que l'on trouvera dans les Régions apostoliques, avec une forme collective de la responsabilité, plutôt que celui de la province ecclésiastique classique qui privilégie une forme personnelle. Chaque Région devait se doter d'un Règlement intérieur en conformité avec les Statuts de la Conférence Épiscopale et accepté par le Conseil permanent[115]. Les Normes de 1966 vont servir de Règlement intérieur pour cette nouvelle Région apostolique, mais n'étaient pas, à l'évidence, taillées pour cet objet.

Ces Normes de 1966 présentent quelques défauts. On voit mal, en effet, comment se distinguent les «nécessités» pastorales des «orientations» pastorales et de quels niveaux décisionnels elles ressortent. Le fait original caractéristique de ce regroupement provincial, qui organisait une collaboration territoriale de diocèses, qui tienne compte d'une localité spécifique, va s'effacer dans sa transformation progressive en Région apostolique et donc en un échelon structurel de la CEF, ce qui n'était pas sa vocation première. Ce phénomène sera à l'origine de bien des difficultés dans la durée.

b) La fonction de l'Archevêque métropolitain de Paris

L'Archevêque de Paris est de droit le président du Conseil provincial et du Conseil interdiocésain de la zone centrale[116] et, en son absence, ce rôle est tenu par l'évêque diocésain le plus ancien. Cette approche semble

---

[114] Le «Rapport du Conseil provincial pour la visite *Ad limina*» (1971) fait un premier bilan quinquennal du fonctionnement de la PEP. Le Rapport montre que les services provinciaux sont en place (cf. Rapport, 7); les relations avec les Instituts Religieux et la Mission de France fonctionnent mais demandent des précisions (cf. Rapport, 13); la collaboration financière mise en place devrait être affinée, notamment pour la répartition des biens des anciens diocèses (cf. Rapport, 13.16-18).

[115] Cf. J. DENIS, «Les Statuts de la Conférence Épiscopale de France», 411.

[116] Cf. Normes 1966, art. 2 et 8; Annexe 4, 457 et 459.

conforme à l'idée que l'on se faisait canoniquement d'un conseil des évêques dans une province. Le rôle fonctionnel du métropolitain est d'être une autorité exécutive au sein des différents conseils.

L'Archevêque métropolitain de Paris préside naturellement les deux niveaux de conseil mais n'est pas l'Ordinaire de la province. Sa compétence est liée à chacun des conseils, dans la province en tant que métropolitain et dans la zone centrale, en tant qu'Archevêque de Paris. Il n'a pas de rôle spécifique dans la zone périphérique. L'Archevêque de Paris préside, mais il n'a pas la maîtrise de l'ordre du jour. En effet, les Normes ne précisent rien sur la manière dont il est déterminé et fixé. Certainement, sur ce point, la pratique devait être similaire à celle des conférences des évêques de la province du Code de 1917, où se sont les évêques eux-mêmes qui déterminaient l'ordre du jour de leur rencontres, sous la présidence du métropolitain[117].

Si dans la réflexion romaine qui va mener à la rédaction du can. 436 §2, le rôle «pivot» du métropolitain semble être le soutien naturel pour développer une meilleure coordination pastorale provinciale, dans les Normes de 1966, ce moyen n'est pas mis en œuvre. Ce rôle de «pivot» est attribué à un organe collégial, le Conseil provincial qui, selon l'«esprit» prédominant des Statuts de la Conférence Épiscopale Française, est un lieu pour favoriser «une participation aussi large et directe que possible des évêques, par voie d'élection, aux responsabilités communes»[118]. Le rôle métropolitain de l'Archevêque de Paris est plutôt celui d'une fonction nécessaire pour la transition vers la pleine autonomie des nouveaux diocèses et c'est pourquoi il n'agit pas avec la même force au niveau provincial et au niveau interne des deux zones pastorales ou couronnes.

Dans l'optique qui était celle du cardinal M. Feltin, l'Archevêque de Paris devait «incarner» la communion ecclésiale et l'action commune pastorale, à la manière d'un Métropolite d'une Église patriarcale. En considération de sa position, un rôle plus pratique et surtout plus évident d'Ordinaire aurait pu lui être attribué dans la zone centrale, même de manière transitoire. Au niveau provincial, l'article 6 des Normes de 1966 semble vouloir plutôt souligner l'unité d'action de la hiérarchie épiscopale, réservant la communication au Conseil Provincial, dont ce

---

[117] Dans les provinces ecclésiastiques françaises, il était de tradition que l'Archevêque métropolitain préside l'Assemblée provinciale mais que l'un des évêques suffragants dirige les débats. Celui-ci pouvait être désigné à tour de rôle ou élu pour un temps.

[118] Statuts CEF/1966, art. 1 §2; voir aussi, id., art. 28.

serait la compétence propre dans la province. La fin de cet article 6 stipule, toutefois, qu'«en cas d'urgence» – mais qui en donne l'appréciation?–, il existe un droit du métropolitain à se faire «l'interprète de l'opinion présumée des évêques suffragants». Son rôle matériel de «tête» de la communion provinciale est donc bien souligné, mais pas celui de chef de l'action pastorale: il n'est qu'un interprète de l'opinion «présumée» de ses suffragants, ce qui souligne seulement sa capacité à en être le représentant. Son rôle finalement, dans la province parisienne, n'est donc guère plus étendu que celui qui lui est dévolu *ad normam* dans le Code de 1917. Il n'est pas un «*moderator*»[119], au sens latin du terme, celui qui conduit, pilotant l'action pastorale en la réglant sur tout les paramètres en présence. Sa présence au Conseil provincial est souhaitée mais en cas d'absence c'est l'évêque suffragant le plus ancien qui le remplace[120]. Rien n'est précisé pour son absence dans le Conseil interdiocésain.

Sa fonction est donc plus honorifique que pratique. C'est d'ailleurs ce que souligne l'attitude du cardinal M. Feltin, au lendemain de la publication de la constitution apostolique *Qui Volente Deo*, qui se retire personnellement du fonctionnement de ces nouvelles structures, et en confie le soin, avec l'accord du Saint-Siège, à son coadjuteur, mgr. P.M. Veuillot[121]. Cela peut apparaître contradictoire avec le rôle d'Archevêque métropolitain, qui ne peut être délégué selon les normes du droit universel.

Un élément pourrait peut-être expliquer la déficience de ce rôle: la transformation de la PEP en une Région apostolique. Dans la première organisation des Régions apostoliques en 1961, les présidents étaient nommés par l'ACA et étaient toujours des Archevêques métropolitains[122]. Dans les Statuts de 1966 de la Conférence Épiscopale Française, les présidents des Régions sont élus par leurs pairs régionaux, ce qui ne peut se concevoir dans une province ecclésiastique. L'Archevêque de

---

[119] Cf. F. GAFFIOT, «moderator»: celui qui modère, qui règle; qui pilote un navire.

[120] Cf. Normes 1966, art. 2; Annexe 4, 457.

[121] Card. M. Feltin, «Lettre», *DocCath* 63 (1966) 1858-1859: «Ces nouvelles structures ont pour but de fournir des conditions plus favorables à l'action pastorale et à l'effort missionnaire dans l'esprit du Concile (…). Comme l'Archevêque de Paris a, dans leur mise en place et leur fonctionnement, des responsabilités particulières que je ne me sens plus en état d'assumer, je confie, avec l'autorisation du Saint-Siège, à Mgr Veuillot, Archevêque coadjuteur, les pouvoirs qui me sont attribués par les normes concernant la réorganisation de la Province Ecclésiastique de Paris». Mgr P.M. Veuillot, succèdant au card. M. Feltin sur le siège métropolitain de Paris, du 1er décembre 1966 à sa mort, le 14 février 1968, est nommé cardinal-prêtre au Consistoire de 1967.

[122] Cf. *supra*, chap. III, 241-242.

Paris est donc un président-né à la fois pour l'entité canonique provinciale et pour l'entité pastorale régionale, mais sa fonction de représentation ne le qualifie pas de la même manière.

En effet, l'Archevêque de Paris, de par sa position d'évêque de la capitale nationale, est déjà un membre du Conseil permanent de la Conférence Épiscopale Française[123], où doivent siéger également les représentants élus des Régions apostoliques[124]. Il apparaissait, dès lors, difficile d'envisager une collégialité coresponsable si tous les moyens de directions et de représentation se concentraient à tous les niveaux sur la seule fonction métropolitaine. On comprend ainsi la volonté des évêques parisiens de trouver un modèle de coopération où la collégialité, dans son organisation synodale-épiscopale autour du métropolitain, puisse être un vecteur de l'unité ecclésiale, sans pour autant être un repère hiérarchique. L'assemblée épiscopale régionale est «un palier ordinaire de collaboration entre évêques dans le domaine pastoral»[125] signifiant une stricte égalité entre eux, en dehors de toute gradualité fonctionnelle, pour une vraie liberté d'initiative.

Ces Normes, après une première expérience de cinq ans, furent renouvelées à l'identique. Lors de la visite *Ad limina* des évêques de la Province en 1971, un rapport sur la vie de la PEP est présenté à Rome où l'on ne cache pas les dysfonctionnements[126]. Les Normes organisent un fait constitutionnel, mais ne donnent pas les règles qui permettent d'envisager des niveaux de responsabilité épiscopale. En liant les destinées de la Province Ecclésiastique avec celles des Statuts de la CEF, le danger était d'établir des niveaux interdépendants, quand ils auraient dû être autonomes. Pour résoudre les problématiques de coresponsabilité épiscopale qui s'envisagent collectivement à l'échelon de la Conférence Épiscopale et personnellement dans le niveau provincial, les Normes de 1966 ont joué sur l'ambiguïté. À défaut de règlement intérieur concret, on applique ce qui avait été plus ou moins envisagé dans

---

[123] Cf. Statuts CEF/1966, art. 13.

[124] Cf. *DocCath* 54 (1967) 628, nt. 2: le premier représentant de la Région apostolique de Paris fut Mgr. J. Ménager, évêque de Meaux.

[125] Statuts CEF/1966, art. 28.

[126] Dans le bulletin d'information de la PEP, *Présence et Dialogue. Bulletin de l'Église en région parisienne* (17 septembre 1977), 10, on résume la situation pour le ministère épiscopal dans la Province Ecclésiastique de Paris en citant le Rapport de la visite *Ad limina*: «Les tâches des évêques sont complexes, les diocèses sont lourds (presque tous dépassent le million d'habitants). Les évêques, "très conditionnés par leur juridiction locale", ont du mal à assumer les responsabilités des mondes ou des milieux dans les commissions épiscopales où ils ont aussi à œuvrer».

le Statut canonique et la Loi propre pour la Région apostolique de Paris et que nous avons vus précédemment. Il manque un vrai règlement intérieur, autonome, qui permettrait d'identifier les compétences de chacun et leur complémentarité dans une action, sinon commune, au moins unifiée sur les questions qui traversent les deux zones.

Dans le sillage des modifications statutaires de la CEF, qui commencent à partir de 1973[127], la PEP va également restructurer ses propres institutions en 1974, après plus de cinq ans d'expérience[128]. Le Conseil provincial, que l'on nomme désormais «Conseil des évêques de la Région», se dote d'une double instance. La première instance est constituée par un Conseil élargi, qui est un Conseil de réflexion, regroupant les évêques et huit prêtres (un par diocèse) appelés en raison de leur compétence dans les principaux domaines où s'exerce la responsabilité du collège épiscopal dans la Région. Un second niveau est constitué d'un Conseil restreint, qui est un Conseil de gouvernement, regroupant les seuls évêques. Les rencontres sont mensuelles[129], alternant entre Conseil élargi et Conseil restreint. En 1976, pour rendre plus efficace le Conseil élargi et faire un suivi des propositions, un bureau «animateur» est créé[130], composé de deux évêques, l'Archevêque de Paris – appelé «président de la province» – et un évêque désigné par ses pairs, le secrétaire du Conseil élargi, et enfin deux prêtres, dont l'un est le Secrétaire régional de la pastorale, l'autre est désigné par ses pairs.

Ces difficultés pour organiser des niveaux dans la coresponsabilité témoignent peut-être d'une attention trop grande à vouloir correspondre au modèle des Régions apostoliques. Celles-ci sont vues comme des structures intermédiaires entre les diocèses et la Conférence des Évêques[131]. Ces Régions étaient surtout le support d'une organisation de la respon-

---

[127] En 1973, des modifications partielles apportées aux Statuts CEF/1966 formeront les nouveaux Statuts provisoires de 1974, adoptés définitivement en 1975 [Statuts CEF/1975]. Ils entrent en fonction en 1976, après avoir obtenu la *recognitio*; cf. L. DE VAUCELLES, «Structures générales de l'Église», 425-439; J. DENIS, «Les Statuts provisoires de la Conférence», 259-270; ID., «Les Statuts de la Conférence Épiscopale française», 259-263. Après leur publication en 1976, la Conférence Épiscopale Française devient la Conférence des Évêques de France et se dote d'un nouveau règlement intérieur. Les Normes de 1966 renvoyant à la Conférence Épiscopale Française, elles étaient donc directement concernées, comme toutes les Régions apostoliques.

[128] Cf. Rapport du Conseil provincial pour la visite *Ad limina* de 1977, publié dans *Présence et Dialogue* 215 (1977) 4-10.

[129] Les rencontres provinciales étaient trimestrielles dans les Normes de 1966.

[130] Cf. *Présence et Dialogue. Bulletin de l'Église en Île-de-France*, 215 (1977) 7.

[131] Cf. Statuts CEF/1975, art 36 §2; *supra*, chap. III, nt. 58.

sabilité collective des évêques au travers des treize Commissions nationales qui chacune avait leur «antenne» régionale[132]. Le nombre d'évêques dans la PEP n'était pas suffisant pour répondre à cette organisation comme les Statuts de la CEF le prévoyaient[133]. Pour remédier aux problèmes, on attribua des évêques auxiliaires à certains sièges, augmentant du même coup la masse épiscopale dans la province.

Le modèle parisien, sans aucune autonomie propre, était en complète dépendance des instances nationales et peinait à remplir sa mission originale. Les objectifs multiples que les Normes devaient réaliser réclamaient une attention particulière des pasteurs à leur organisation interne en province. Cette attention était distraite par la nécessité de devoir correspondre à un modèle de collaboration qui dépassait celui qui avait été spécifiquement pensé pour de la Province de Paris et auquel il fallait adapter les institutions.

À la demande de la Sacrée Congrégation pour les Évêques lors de la visite *Ad limina* de 1977[134], les Normes de 1966 sont reconduites avec les adaptations déjà mise en place, pour une nouvelle période de cinq ans. La mise en œuvre de ce type particulier de regroupement provincial à Paris correspondait également à un premier temps de réception de la doctrine sur la collégialité épiscopale du concile Vatican II[135]. L'évaluation des Normes de 1966 semblait incontournable pour faire droit à une collégialité locale de pasteurs qui soit une réelle communion d'Églises particulières[136]. Au moment où commence cette évaluation, il n'est pas question d'une refondation. Le Code de 1983 est alors toujours en préparation et le droit en vigueur est encore celui du Code de 1917.

---

[132] F. MATHOREL, «Provinces et autonomie», 108: «C'est la volonté de travailler en Commissions, pour traiter de manière transversale de questions pastorales, qui a commandé d'une certaine façon le découpage territorial national en Régions apostoliques, pour être «des instruments au service d'une centralisation nécessaire».

[133] Cf. Statuts CEF/1975, art. 37 §1.

[134] Lors de la visite *Ad limina* de 1977, l'accueil se fait pour la première fois par groupe régionaux. Suite à la visite, la Congrégation pour les Évêques, satisfaite du rapport quinquennal d'activité de la PEP, adresse un courrier au cardinal F. Marty, alors Archevêque de Paris, notant en particulier les difficultés des relations entre la zone centrale et la zone périphérique, qui supposeraient encore des améliorations et encourage les évêques à poursuivre l'expérience institutionnelle, dont on attend beaucoup à Rome; cf. SACRÉE CONGRÉGATION POUR LES ÉVÊQUES, prot. N. 810/77, in AHAP, «Réorganisation de la Province de Paris».

[135] Cf. J. PASSICOS, «La réception des documents conciliaires», 105-111;

[136] Cf. H.M. LEGRAND, «Collégialité des évêques et communion», 555-560.

3. **La mise à jour de l'institution provinciale, de 1977 à nos jours**

3.1 *Un équilibre institutionnel dans la communion organique des évêques*

3.1.1 Repenser la coopération épiscopale

a) Dans une unité graduelle d'Églises particulières

L'une des principales difficultés dans l'application des Normes de 1966, c'était d'avoir voulu les adapter au modèle organique des Régions apostolique, afin de correspondre à la charte institutionnelle de la CEF. Les Régions apostoliques avaient d'abord été pensées comme des regroupements assez large de diocèses, en dehors des repères classiques des circonscriptions provinciales. Si les provinces ecclésiastiques se trouvaient, de fait, intégrées dans ces Régions apostoliques, un rôle spécifique des métropolitains n'était pas prévu, comme lors de leur création en 1961[137]. Les régions n'avaient pas pour vocation d'organiser une communion graduelle d'Églises mais de faciliter un travail stratifié des évêques sur un territoire déterminé par la Conférence Épiscopale. En fait, l'aspect dominant de l'action régionale, s'il existait, était surtout le facteur collectif plus que collégial. Ces Régions apostoliques n'avaient pas pour fonction de «gouverner», mais de permettre aux décisions de la CEF de se rapprocher du terrain. Les Commissions, diverses et nombreuses, où les évêques étaient appelés à siéger, isolés les uns des autres, étaient alors des unités décentralisées d'une institution collective, la Conférence des Évêques de France. Dans cette perspective, le travail pastoral était réparti de manière transversale entre les évêques de la PEP, chacun étant responsable des divers mouvements d'apostolat, services interdiocésains, associations caritatives ou spirituelles, en fonction des Commissions épiscopales dans lesquelles il siégeait, soit au niveau national, soit au niveau régional.

Les Normes de 1966, qui proposait un modèle amélioré de province ecclésiastique, ne pouvaient concilier à la fois la vision locale d'une organisation particulière de diocèses qui travaillaient de manière plus ou moins interdépendante avec la vision supra-locale d'un échelon organique d'une autre institution englobante de collaboration épiscopale. Dans ces deux modèles, la direction et les orientations ne s'envisageaient pas de la même manière, quand bien même on leur donnait une note collégiale. La province fonctionne de manière traditionnelle sur une synodalité épiscopale qui se fixe sur le rôle personnel des pasteurs *ad intra* et non sur le seul ministère épiscopal dans son déploiement collectif. En

---

[137] Voir *supra*, chap. III, 253-257.

voulant unir les deux fonctionnements, qui n'ont pas la même finalité, on voulait faire droit à une synodalité plus large, associant plus positivement le ministère presbytéral et les laïcs: on renforçait le corps et pour ce faire, on diminuait la tête. Les problèmes sont venus d'une trop grande attention au ministère épiscopal en tant que tel, ce qui provoqua un manque de réalisme ecclésiologique dans la mise en œuvre des Normes. Il fallait au contraire trouver les moyens canoniques, et pas simplement techniques, pour organiser une réelle coresponsabilité épiscopale fondée sur une gradualité des Églises entre elles et une meilleure détermination des fonctions du métropolitain.

b) Dans une unité ministérielle autour du métropolitain

Le cardinal J.M. Lustiger, succédant en 1981 au Cardinal F. Marty comme Archevêque métropolitain de Paris repris le travail d'évaluation des Normes de 1966 et en souhaitait un *aggiornamento*. Le nouvel Archevêque entreprit diverses consultations canoniques, dont trois nous sont parvenues.

La première est un avis d'expert, sans nom, consulté en septembre 1983 par le Cardinal, qui souligne le manque de liberté des évêques de la province dans les décisions à l'intérieur de leur propre diocèse, comme dans l'opportunité de «conjoindre» leurs actions pastorales au niveau de la région parisienne. Dans cet avis, l'expert conseille, «*salvo meliore indicio*», de diminuer les pouvoirs des institutions régionales, d'augmenter «la consistance des concertations et des actions communes dans la zone centrale»[138] et de mieux fonder l'unité de la province comme de la zone centrale, non sur l'ordre presbytéral mais sur le collège épiscopal, en assurant mieux les pouvoirs de l'Archevêque métropolitain.

Un deuxième avis est sollicité par le Cardinal, dans le deuxième semestre de 1983, auprès d'un expert romain, L. Diez[139]. Le canoniste propose plusieurs pistes de travail. Comme ces Normes de 1966 semblent fonctionner avec difficulté pour rejoindre le but qu'elles s'étaient fixées, et quelles sont toujours *ad experimentum*, peut-être faudrait-il commencer par réexaminer le fondement sur lesquelles elles ont été données. Les possibilités qu'offre le nouveau Code pourrait y aider. Cependant, il semble difficile de revenir sur l'érection des nouveaux diocèses qui existent déjà depuis dix-huit ans.

---

[138] «Remarques d'un expert sollicité par le Cardinal Lustiger, septembre 1983», 4, in AHAP, «Réorganisation du diocèse de Paris».

[139] L. Diez, «Nota a Sua Em. il Cardinal Lustiger» (27 octobre 1983), in AHAP, «Réorganisation du diocèse de Paris». Il était professeur à l'Institutum Iuridicum Claretianum.

Si on souhaite reprendre les Normes pour les améliorer, alors il conviendrait de mieux mettre en valeur le caractère personnel de la responsabilité des évêques diocésains au travers des divers Conseils. S'il y a un seul pasteur à la tête de chaque diocèse, cela signifie que les évêques auxiliaires ne participent pas au même niveau décisionnel que les évêques diocésains. Le fait de relayer la direction des institutions communes à une collégialité épiscopale d'ensemble ne fait pas droit à la notion de «conseil», qui est celui *ad normam* de tous collaborateurs qualifiés, qu'ils soient évêques auxiliaires ou prêtres. Les aspects de «représentation» et de «direction» n'ont pas la même valeur: les évêques diocésains, dit l'expert romain, ne sont pas des «porte-voix» (*portavoci*) de leur clergé. Ce manque de définition dans les rôles de chacun est peut-être un facteur paralysant de l'action des différents Conseils, dont la fonction devrait être d'aider au discernement de l'action pastorale plutôt que de la diriger, ce qui revient d'abord aux pasteurs.

Parmi les solutions qu'entrevoyaient L. Diez, une réforme de la composition des Conseils, réservant une place plus importante aux évêques diocésains, semblait incontournable. D'autre part, le rôle de l'Archevêque métropolitain pourrait être mis plus en valeur en lui réservant un avis prépondérant dans le choix des questions concernant l'action pastorale qui pourraient être discutées dans les Conseils[140].

Il pourrait être envisageable, selon le canoniste, en suivant le nouveau can. 436 §2 de concéder, sur cette base, des pouvoirs spéciaux à l'Archevêque métropolitain de Paris, pouvant être disposés dans un droit particulier qui organiserait les relations entre évêques dans la province, prévoyant «si nécessaire un droit de veto du Conseil interdiocésain, afin que l'avis contraire des évêques soit unanime»[141].

Comme le suggérait lui-même L. Diez, l'avis d'un canoniste plus proche de la situation parisienne s'avérait nécessaire. Le Cardinal sollicita alors une consultation auprès de J. Passicos, doyen de la faculté canonique de l'ICP. Dans les remarques qu'il lui adresse[142], qui ne sont que des réflexions et non des propositions, celui-ci note comme une

---

[140] L. Diez, «Nota», 4: «Questa mi pare un'esigenza derivata dalla sua condizione di metropolitano, il quale esiste proprio allo scopo di garantire l'unità dell'azione pastorale nella provincia ("ut communis actio pastoralis promoveatur"; can. 431 § 1). Il metropolitano infatti deve essere non soltanto il segno dell'unità nella rispettiva provincia, ma anche il promotore e il tutore di questa stessa unità».

[141] L. Diez, «Nota», 4: «(...) se ritenuto necessario, da un diritto di veto da parte del "Conseil interdiocésain", purchè il parere contrario dei vescovi sia unanime».

[142] J. Passicos, «Note à Monsieur le Cardinal Lustiger» (2 décembre 1983), in AHAP, «Réorganisation du diocèse de Paris».

faiblesse générale des Normes de 1966, le manque de place réelle faite au métropolitain. Dans la province elle-même, son rôle de «régulateur» devrait être plus accentué, comme dans la zone centrale où sa fonction semble plus proche de ce que la tradition lui reconnaît comme vecteur d'unité, «*una cum episcopis suffraganeis*». Dès lors, la présence de «collaborateurs immédiats» dans le Conseil interdiocésain, qui pourrait être une manière d'équilibrer la représentation des Églises diocésaines, ne rend pas suffisamment compte de sa nature épiscopale. J. Passicos verrait plutôt un secrétariat unique constitué autour du métropolitain, commun à la province et à la zone centrale afin de faciliter les communications et manifester la communion.

Ainsi dans les trois consultations qui nous sont parvenues, ce qui chaque fois est systématiquement relevé, c'est un déficit du positionnement, et par suite, du rôle de l'Archevêque métropolitain de Paris dans un environnement ecclésial qui s'était totalement modifié. Deux éléments ont en effet notablement évolué au cours des dix-huit années de pratiques.

Le premier élément était celui d'une nécessaire reconfiguration des collaborations entre les diocèses de Paris et de Versailles pour une meilleure prise en charge pastorale. Ces deux diocèses, qui avaient supporté techniquement le poids de la restructuration provinciale, étaient également ceux sur lesquels reposaient les dynamiques de la communion ecclésiale. Des équilibres nouveaux devaient être trouvés pour maintenir la cohérence graduelle entre ces deux pôles diocésains, autour desquels gravitaient finalement chacune des deux zones, sous peine de voir la province ecclésiastique de Paris être privé d'un réel centre métropolitain.

Le deuxième élément était celui d'acter définitivement la création des nouveaux diocèses qui répondait à la volonté de qualifier juridiquement une zone pastorale en une communauté hiérarchique. Le schéma retenu par le Saint-Siège en 1966, qui suivait le principe de l'accommodement aux limites territoriales administratives civiles, entendait prendre en compte un fait juridique qui concernait la vie du peuple de Dieu en un lieu. Le soin pastoral des populations ainsi repérées, était également un fait ecclésial. Dans la tradition de l'Église, là où une communauté se constitue à part entière, elle doit trouver l'autonomie corporelle juridique nécessaire à son épanouissement. Un évêque résidentiel, plutôt que résidant, était donc une reconnaissance qu'une communauté s'était constituée et que sa structure fondamentale de communion, basée sur le ministère ordonné, devait être corporellement organisé autour d'une «tête», de laquelle procède l'ensemble des institutions constitutionnelles de ce re-

groupement de fidèles. Sur un plan ecclésiologique, il fallait faire adve-
nir ces nouvelles entités diocésaines à la catégorie institutionnelle de «sujet», avec tous les droits et devoirs que cela comportait dans le ministère
sacramentel des évêques[143].

Ces deux éléments pris en considération éclairaient alors les difficultés
actuelles. À bien y regarder, les Normes de 1966 avaient alors surtout
comme dessein de favoriser l'éclosion de nouvelles communautés hiérarchiques, en instituant un régime de transition, tout en voulant dans le
même temps préserver une unité pastorale transversale, typique de la perméabilité des réseaux d'Églises particulières. D'une part, elles devaient
constituer de nouveaux diocèses et leur donner les moyens de leur existence. Cela supposait une avancée progressive vers l'autonomie pour ne
pas mettre en danger tous les équilibres ecclésiaux et nuire à la survie
des anciens diocèses démantelés. D'autre part, les Normes devaient
mettre en place une nouvelle province ecclésiastique avec une coopération étroite entre les évêques dans une organisation originale. Cela supposait que les niveaux de concertation, qui était plutôt envisagés comme
des structures de collaborations entre le clergé et l'Épiscopat, ne soient
pas trop invasifs et surtout ne deviennent pas plus importants que les niveaux décisionnels.

Il apparaissait toutefois difficile de réaliser les deux éléments en même
temps sans provoquer des dysfonctionnements qui nuisent à l'un ou
l'autre aspect. Il semblait donc nécessaire d'agir, dans un premier moment, en faveur du développement des communautés hiérarchiques nouvellement érigées, puis dans un second moment, de renforcer la coopération synodale de ces Églises particulières au niveau de leurs pasteurs.
C'est d'ailleurs dans cette perspective que l'action du cardinal F. Marty
s'était inscrite. Les difficultés venaient moins des évêques que du clergé,
à l'égard duquel l'attention dans les Normes de 1966 était particulièrement soignée. Les évêques devaient donc s'interroger sur les moyens de
leur organisation autour du métropolitain pour une vraie prise en charge
coresponsable au niveau décisionnel[144]. Ainsi, positionner la probléma-

---

[143] Cf. H.M. LEGRAND, «Le développement d'Églises-sujets», 177-182; ID., «Enjeux théologiques de la revalorisation», 49-59.

[144] Cf. Rapport du Conseil provincial pour la visite *Ad limina* de 1977, publié dans
le bulletin *Présence et Dialogue* 215 (1977) 10. Le Conseil provincial note que la difficulté dans le gouvernement collégial de la province, c'est de ne le situer qu'«au niveau
de la prise en charge commune d'une réflexion sur les problèmes qui se posent à la
responsabilité pastorale de l'évêque dans la région», et non jamais au niveau de leur
diocèse. L'évêque, dans son droit, peut ainsi prendre des décisions, sans en avoir au
préalable échangé avec les autres, et comme tout porte à conséquence dans un espace

tique autour du métropolitain, comme l'ont fait les experts consultés par le cardinal J.M. Lustiger, était en fait une vraie manière de démontrer que le ministère épiscopal devait être revalorisé dans la province, notamment celui des évêques diocésains.

3.1.2 Repenser les institutions de la province

a) L'objectif du Groupe de travail

Pour travailler à une reformulation des Normes de 1966 on créa, au niveau provincial, un nouveau Groupe de travail épiscopal, constitué d'évêques des deux zones[145]. Ce Groupe de travail s'était fixé comme objectif de trouver une solution aux problèmes soulevés lors de la visite *Ad limina* de 1977 et de clarifier les responsabilités épiscopales au niveau «régional». C'est en effet, pour lui, ce cadre canonique qu'il faudrait mieux définir. Dans une note personnelle du cardinal J.M. Lustiger à mgr. M. Coloni[146], évêque auxiliaire chargé du suivi de la rénovation des Normes pour l'Archidiocèse de Paris, il évoque les difficultés que le président de ce Groupe de travail rencontre avec un certain diocèse de la zone périphérique, soulignant être «bien conscient de l'aspect "technostructures" des instances régionales qui prennent l'autorité sur les évêques»[147].

Le Groupe de travail note ainsi dans ses travaux[148] que «l'Île-de-France constitue simultanément une province et une région», qui répond aux cann. 431-438 du nouveau Code de 1983. Il envisagerait la création d'un «Conseil des évêques» de cette province, qui serait d'abord appelé à favoriser «la coopération et l'action pastorale dans la région», citant en note le can. 434 qui concerne les régions ecclésiastiques. Il y a, dès les premiers moments, une confusion dans les prérequis. La région ecclé-

---

aussi restreint, cela signifie qu'il faut rééquilibrer en permanence les choses avec les autres diocèses limitrophes. Les éléments sur lesquels les évêques peuvent décider seuls ou en groupe manquent d'être clairement identifiés car, par l'effet d'une transversalité des actions pastorales, diocèses et province s'interpénètrent trop.

[145] Mgr. L. Simonneaux (Versailles, 1967-1988); Mgr. G. Herbulot (Corbeil-Essonnes, 1978-2000); Mgr. F. Frétellière (Créteil, 1981-1997); Mgr. M. Coloni (auxiliaire de Paris, 1982-1989).

[146] Vicaire épiscopal dans la zone centrale, l'abbé M. Coloni, est en charge du monde universitaire et devient vicaire général de Paris en 1981. Il deviendra évêque auxiliaire de Paris de 1982 à 1989. Il sera le premier Archevêque métropolitain au siège de Dijon, après la réforme de la carte des provinces ecclésiastiques de France en 2002.

[147] Note «Lustiger», sans date, in AHAP, «Réorganisation du diocèse de Paris».

[148] Cf. «Groupe de travail, Région apostolique d'Île-de-France», 23 déc. 1983, in AHAP, «Réorganisation du diocèse de Paris».

siastique est un regroupement de provinces ecclésiastiques, non une province elle-même. Au fond, le groupe de travail épiscopal cherche à faire entrer le modèle français «Région apostolique» dans la définition du can. 434. La question est cependant plus profonde, car il s'agit, en fait, de définir ce que serait les responsabilité de ce «Conseil des évêques». Le Groupe de travail suggère qu'il soit:

> Un lieu de discernement, de dialogue, de confrontation pastorale, de réflexion, dans le respect de l'autonomie de chaque diocèse afin de dégager, chaque fois qu'il est possible, des options communes. Il permet en outre de saisir d'une manière ponctuelle ou permanente une réalité à prendre en compte effectivement par l'ensemble[149].

Cependant, le cadre mis en avant par les Normes de 1966 est celui d'une province ecclésiastique, dans lequel les échanges entre évêques s'organisent autour du métropolitain. Dans ce cadre, les évêques réfléchissent et discernent ensemble, alors que les moments décisionnels prennent, soit la forme solennelle et collégiale du concile provincial, soit celle d'actes de gouvernement conjoints qui rappellent la responsabilité individuelle des pasteurs vis-à-vis du peuple qui leur est confié. En tout état de cause, les rencontres provinciales sont des niveaux de consultations entre les pasteurs, mais pas directement des niveaux de décisions de l'action pastorale.

Sous cet aspect, F. Mathorel souligne qu'il est souvent «plus facile de mener une réflexion que de prendre des décisions»[150]: l'expérience menée au cours des dix-huit années précédentes avait montré la nécessité de prendre en compte les spécificités nouvellement apparues, non plus d'une seule grande zone urbaine avec un gouvernement unitaire, mais désormais d'une diversité d'Églises particulières qui devaient développer leur action pastorale en commun dans la pluralité des gouvernements. Il ne s'agissait plus d'envisager de gouverner ensemble dans les deux zones pastorales mais de fonctionner comme une vraie province ecclésiastique, c'est-à-dire de simplement coordonner les actions pastorales en favorisant les échanges mutuels entre évêques, réglementant une coopération plus active et collégiale des diocèses pour ce qui concerne les «choses communes».

Le Groupe de travail souhaitait donc un changement dans les paramètres pratiques: dans la mise en œuvre des Normes de 1966, l'une des

---

[149] Cf. «Groupe de travail», 23 déc. 1983, introduction, 1, in AHAP, «Réorganisation du diocèse de Paris».

[150] F. MATHOREL, «La région apostolique française», 297.

difficultés résidait dans la manière dont on travaillait, distinguant deux zones de coopération dont les diocèses de Paris et de Versailles semblaient être les chefs de file respectifs. Il fallait donc recentrer la province autour de Paris, avec la configuration pastorale particulière de la zone centrale et une deuxième zone, régionale, où tous les diocèses collaboreraient à égalité.

Les améliorations dans le fonctionnement, selon le Groupe de travail, ne devaient donc pas se situer sur l'exercice personnel du gouvernement dans les diocèses mais sur l'autorité des instances communes où les évêques auraient une responsabilité à la fois collective mais également individuelle au travers des Commissions, dans le respect des limites juridictionnelles et moyennant une coopération effective graduelle. La nécessité de centraliser certaines questions, qui traversent la vie de chacun de ces diocèses, pour ne les traiter qu'au niveau provincial et interdiocésain, obligeait à prendre en considération une certaine forme de subsidiarité qui n'était pas toujours compatible avec l'organisation en Région apostolique, trop systématique et dont l'objet répondait à d'autres impératifs. L'objectif était donc de clarifier les modalités pratiques des Normes de 1966 pour rendre plus opérant le fonctionnement institutionnel et mieux graduer les niveaux de responsabilité dans la prise de décision entre les évêques. Pour cela, le Groupe de travail ne voulait toutefois pas s'éloigner du modèle retenu, la Région apostolique, afin de conserver un lien organique avec la Conférence des Évêques[151].

b) Les propositions du Groupe de travail

Les Normes de 1966 renvoyaient aux Statuts de la CEF. Lorsque ceux-ci furent modifiés en 1975, la question d'un réaménagement institutionnel de la Région apostolique de Paris qui devenait alors la «Région apostolique d'Île-de-France», était déjà à l'ordre du jour. Le Groupe de travail n'a pas voulu s'éloigner de cette contingence et ses propositions visaient ainsi à «coller», selon l'expression employée, aux nouveaux Statuts de la CEF de 1975. Pour lui, l'esprit qui émerge de ces modifications statutaires, qui est de vouloir associer largement en responsabilité l'Épiscopat français dans le travail pastoral de la CEF[152], doit venir «clarifier» la pratique institutionnelle parisienne. Tous les évêques de la province doivent pouvoir trouver leur place institutionnelle dans les Commissions épiscopales locales et nationales. Les ambiguïtés qui se dégagent de ces clari-

---

[151] Cf. Statuts CEF/1975, art. 35.
[152] Cf. Statuts CEF/1975, art. 4.

fications proviennent surtout de l'usage non déterminé du terme «évêque» par le Groupe de travail, sans qu'il soit précisé s'il s'agit d'un évêque diocésain ou possiblement d'un évêque coadjuteur ou auxiliaire. Cette volonté montre que le fait organique dans la Province de Paris, qui discernerait canoniquement l'implication décisionnelle des évêques, fait bien appel à la localité pour repérer une ressource ecclésiologique, un corps épiscopal, mais considéré comme un tout collectif unifié dans le même sacrement reçu. Dans l'esprit de la CEF, tous les évêques sont à égalité pour délibérer et décider de l'action pastorale commune dans la mission. Un risque existe que les responsabilités individuelles se diluent dans une responsabilité collective et que l'autorité vraiment responsable ne soit plus personnelle mais seulement collégiale.

Pour palier à ce risque, le Groupe de travail proposait que le schéma organisationnel de la province puisse prévoir de respecter l'autorité de chaque évêque dans sa Commission et distinguer les niveaux de compétence entre autorité collégiale et responsabilité personnelle. La coordination entre les évêques, comme dans le modèle national dont on voulait s'inspirer, devait surtout favoriser l'expression collégiale au travers de l'assemblée générale des évêques de la Région apostolique[153]. Il y a ainsi une gradation technique dans les relations des pasteurs entre eux qui s'éloignait cependant de la communion ecclésiale provinciale dont le fondement, selon le concile Vatican II, devait d'abord s'appuyer sur la notion de pasteur propre d'une Église particulière, plutôt que sur la spécialisation pastorale des évêques.

Cette vision de l'époque, bien idéale, était toutefois bien loin de la réalité. En effet, la pratique des Commissions a démontré que les évêques parisiens, trop peu nombreux pour l'ensemble des tâches, tant nationales que régionales, se répartissaient[154] parfois en fonction de leur sensibilité: ils devenaient alors des spécialistes, avec l'autorité que l'on reconnaît à des experts autorisés[155], mais ils n'avaient pas, dans les faits, une réelle maîtrise personnelle de la direction. Dans les Commissions régionales ou nationales, c'était souvent des membres non évêques qui préparaient les orientations et les décisions: le pouvoir en Commission n'était pas situé au

---

[153] Cf. Statuts CEF/1975, art. 2; Règlement CEF/1975, art. 31.

[154] Voir le Supplément «Spécial Région 1977» du bulletin *Présence et Dialogue*, 203 (1977), qui donne une vue d'ensemble des divers suivis pastoraux où les évêques se répartissent.

[155] Cf. Statuts CEF/1966, art. 1: «(…) toute mission ou autorité confiées à une personne ou à un organisme, au nom de l'Épiscopat, ne lui sont jamais confiées que par délégation de la Conférence Épiscopale (dont l'Assemblée Plénière est l'expression) et en dépendance d'elle».

même niveau que l'autorité, ce qui posait un évident problème de responsabilité. Toutefois, c'est dans cette perspective que le Groupe de travail a fait ses propositions, concédant quelques aménagements vis-à-vis des Statuts de la CEF en supprimant par exemple les rencontres «évêques-prêtres» dans la province afin de retrouver un vrai échelon de concertation épiscopale qui soit en même temps un unique degré décisionnel[156].

C'était, dès lors, à l'échelle du Conseil provincial que devait intervenir un travail de clarification. Ce Conseil était entré en fonction avec les Normes de 1966 et avait déjà subi quelques transformations en 1974. Dans une nouvelle projection institutionnelle, qui favoriserait une certaine unité de nature sacramentelle, on prévoyait l'existence complémentaire de deux «Conseils des évêques», une instance pour la zone centrale et une instance pour la zone régionale, organisant une gradualité des co-responsabilités épiscopales, appelées «Procédures». On mettrait ainsi en évidence, dans une vue d'ensemble, la direction collégiale dans le niveau décisionnel et la responsabilité personnelle de chaque évêque dans leur diocèse ou leur Commission, qui seraient des forces de propositions et d'orientations.

Les rencontres du «Conseil des évêques» régional, pour toute la province, se dérouleraient de manière régulière pendant deux jours, chaque trimestre[157]. Ce premier niveau serait appelé «Procédure A». Les rencontres régionales pourraient faire place, le premier jour, à des experts, si nécessaire. Le second jour serait uniquement réservé aux évêques. Les travaux seraient balisés sur l'année: l'ordre du jour serait déterminé de telle sorte que les grandes thématiques communes soient abordées de manière périodique[158]. Celui de septembre devrait faire une place à la préparation de l'Assemblée Plénière de la CEF, qui se tenait encore une seule fois par an, début novembre à Lourdes. La rencontre de décembre serait élargie, sur les deux jours, à un vicaire général par diocèse et un membre du Conseil presbytéral de chaque diocèse, désigné par son évêque.

---

[156] Cf. Statuts CEF/1975, art. 47: ces rencontres Évêques-Prêtres avaient été prévues au niveau national. Elles voulaient donner un lieu institutionnel à un type élargi de coresponsabilité par une forme concrète de collaboration collégiale. Ces rencontres trouvaient leurs homologues dans un bon nombre de Régions apostoliques.

[157] Ces rencontres, sur deux jours, se tiendraient en septembre, décembre, mars et mai.

[158] Parmi les thématiques mises en avant, il y avait la catéchèse, la mission ouvrière, les migrants, la pastorale de la jeunesse scolarisée et étudiante. La vie religieuse serait évoquée une fois tous les deux ans. On prévoit, de manière plus espacée, d'aborder d'autres thématiques comme la mise en responsabilité des laïcs, les conseils pastoraux, le monde indépendant, les médias, la santé, etc.

Dans une «Procédure B», un «Conseil des évêques» de la zone centrale aurait lieu plus régulièrement, une fois par mois. Le groupe de travail ne précise pas dans ses notes ce que serait sa mission, ni le lien avec le Conseil des évêques de la Région. La zone périphérique ne bénéficierait pas d'un «Conseil des évêques», mais pourrait «à une période régulière ou occasionnellement» favoriser des rencontres entre diocèses sur des problématiques pastorales analogues. Ce serait la «Procédure C». Les deux dernières procédures feraient l'objet d'un compte-rendu «quant aux informations d'intérêt régional, qui serait transmis à l'ensemble des évêques de la province».

Ayant ainsi établi trois niveaux d'interventions épiscopales (A, B, C), le Groupe de travail pouvait se concentrer sur les instances régionales, étant entendu que chaque évêque recevait la responsabilité de suivre les Commissions régionales qui le concernait au titre de sa participation personnelle dans les Commissions épiscopales de la CEF[159]. Le point clef des propositions du Groupe de travail se situait dans les précisions terminologiques envisagées pour manifester le mode de désignation et le ressort d'application des fonctions confiées par les évêques ou l'un d'entre eux dans la Région apostolique[160]. L'idée était de rendre plus évidente la responsabilité de chaque niveau et l'implication responsable des évêques dans ces désignations. Chaque désignation était ainsi en relation avec l'une des «Procédures».

Pour les organiser et les définir, le Groupe de travail se fondait sur ce qui était déjà existant dans les faits. Pour le Groupe de travail, ces propositions ne faisaient qu'apporter une clarification pratique du droit particulier de la PEP. Elles devaient l'ajuster, afin de rendre plus facile le fonctionnement régional et plus efficace les efforts épiscopaux pour maintenir l'unité de l'action pastorale dans la province. Pour cela, les propositions identifiaient des niveaux de responsabilités épiscopales dans les deux zones.

C'est donc au travers des modalités de nominations aux responsabilités, en fonction de leur application régionale, centrale ou locale, que devait se déterminer l'autorité de chacune des instances de la PEP. Les

---

[159] Le Règlement CEF/1975, art. 24 §2, prévoyaient que les évêques, présents au Conseil permanent, ne soient plus élus en région, comme s'ils en étaient les délégués, mais par l'Assemblée Plénière de la CEF, en raison de leur compétence, parmi trois candidats présentés par chaque Région apostolique.

[160] «Groupe de travail», 2: «Pour distinguer avec plus de clarté les responsabilités propres des évêques dans le fonctionnement de la province, on précisera la terminologie des instances régionales», in AHAP, «Réorganisation du diocèse de Paris».

«responsables régionaux»[161] seraient ainsi nommés collectivement par le Conseil des évêques de la province (Procédure A). Les «délégués régionaux» seraient nommés personnellement «par un évêque au titre de sa participation à une commission de la Conférence épiscopale, après consultation des autres évêques» (Procédure B)[162]. Puis, des «Secrétaires régionaux»[163] qui seraient présentés, par les équipes régionales des mouvements et services avec lesquels ils assureraient une coordination régionale auprès de l'évêque de la région «de qui relèvent ces équipes et ces mouvements». C'est lui qui les nommerait personnellement et assurerait le suivi responsable, communiquant par la suite «l'information (…) à l'ensemble des évêques».

Les propositions distinguent encore deux autres types de nominations. D'une part, des nominations qui ne seraient pas régionales mais relèveraient du choix de chaque diocèse de s'associer avec d'autres sur des questions pastorales précises, dans l'une ou l'autre zone: ce seraient des «nominations interdiocésaines»[164]. D'autre part, certaines nominations spécifiques ne concerneraient que la zone centrale, dont la procédure restait à déterminer par son Conseil des évêques[165].

Les propositions envisagent également un niveau de rencontres inférieurs où les vicaires généraux des diocèses de la province, les chanceliers, comme les Délégués Diocésains à l'Apostolat des Laïcs (DDAL) pourraient se rencontrer «à leur initiative», sans préciser ce pour quoi ils devraient le faire.

---

[161] La procédure A concerne le diaconat permanent, la Mission ouvrière, la Mission étudiante, l'exorciste, l'Officialité, un média commun, le bulletin «Présence et Dialogue».

[162] La procédure B concerne le diaconat permanent (s'il est décidé qu'il ne fait pas partie de la procédure A), l'accompagnement régional des jeunes prêtres, l'accueil des prêtres étrangers, les Groupes de formation sacerdotal spécialisés (GFO/GFU), le responsable des vocations féminines, l'Action Catholique (JOC, JOF, ACO), la coopération missionnaire, les Gitans, les relations avec le judaïsme, le service Incroyance-Foi.

[163] Les secrétaires régionaux sont appelés dans un premier temps «coordonnateurs». On trouve une liste de trente-neuf services et mouvements parmi lesquels le scoutisme, le CCFD, la liturgie, l'œcuménisme, le monde de la santé, etc., présents dans toute la Région Île-de-France

[164] Le terme «interdiocésain» prend un autre sens que celui utilisé dans les Normes de 1966, où il désignait les relations juridiques entre les évêques de la zone centrales. Il prend ici le sens de relation entre différents diocèses de la région apostolique. Ces nominations concerneraient, par exemple, les rencontres de la jeunesse parisienne, le «Frat», les pèlerinages, les constructions d'églises.

[165] *E.g.*, pour le suivi de la protection sociale du clergé, les maisons de retraites du clergé, l'œuvre des vocations, le bureau des dispenses, etc.

La question des «Procédures», si elle implique une certaine transversalité pastorale qui concerne les diocèses sur divers plans, nécessite surtout une coordination pour déterminer la structure chargée du versement des traitements notamment ceux des responsables et délégués régionaux. Ceux-ci seraient-ils détachés de leur diocèse au titre de leur mission régionale? L'enjeu restait celui des finances, car la communion ecclésiale a un coût.

c) Le choix des évêques de la PEP

Les propositions du Groupe de travail, qui étaient une base de réflexion pour les évêques, furent affinées et on s'achemina en juin 1984 vers la définition d'un *aggiornamento* des Normes de 1966 sous la forme d'un «directoire» pour la province[166], qui devait être soumis à la Congrégation pour les Évêques. Ce projet de directoire, qui figure dans les archives de l'Archevêché de Paris, a certainement fait l'objet d'échanges avec la Congrégation pour les Évêques, mais nous n'en avons pas trouvés de traces.

Dans ce directoire, les évêques adoptent la constitution au niveau de la province d'une double instance: le niveau régional, signifié par le «Conseil provincial» sera une «Assemblée des évêques de la région», le niveau central sera un simple «Conseil des évêques». Le premier niveau devra mettre plus en valeur les Églises particulières, alors que le deuxième niveau fera une part plus grande à l'Épiscopat. On choisit cependant de ne réserver le terme «Procédures» qu'au seul usage des nominations, lesquelles vont être clarifiées et fixées à quatre. Elles sont énoncées dans un Titre II: «Pour distinguer avec plus de clarté les responsabilités propres de chaque évêque dans le fonctionnement de la province (...)».

La «Procédure A» concernera la nomination directe par l'Assemblée des évêques de la province. La «Procédure B», concernera la présentation par un évêque, «au titre de sa participation à une commission de la CEF», d'un candidat qui sera nommé par l'Assemblée des évêques de la province. La «Procédure C», concernera la nomination par l'évêque chargé de tel service ou de tel mouvement dans la Région, sur présentation par ces derniers de leur candidat. L'information sera ensuite adressée à tous les évêques de la province. Une «Procédure D» pour la désignation à certains postes interdiocésains ne concernera, chacun pour leur part, que les diocèses de la zone centrale ou de la zone périphérique.

---

[166] Cf. «Directoire de la Province Ecclésiastique de Paris», in AHAP, dossier «Réorganisation de la Province de Paris».

L'ensemble des propositions de ce directoire situe l'esprit de la Province Ecclésiastique de Paris au niveau d'une communion organique de l'Épiscopat local. À aucun moment, elles n'envisagent directement le rôle du métropolitain. Elles ne concernent que les niveaux de responsabilités des évêques en fonction, non de leur juridiction, mais de leurs missions qu'ils reçoivent soit dans la province, soit dans les zones dans lesquelles ils sont attachés, soit dans leur participation à la Conférence des Évêques, qui le plus souvent sont formalisées par des Commissions, des Comités ou des Groupes de travail. Il faut donc en conclure qu'en dehors de ces aspects techniques, la PEP est une province comme une autre, un regroupement d'Églises particulières, province dans laquelle le métropolitain n'a pas de charge spécifique ni de pouvoir accru. Comme cette province est une entité canonique, elle se dote de son propre règlement interne comme toute personne juridique, afin de répartir les tâches entre les évêques et faciliter leur collaboration pastorale et financière. Ce directoire servira également de règlement pour l'échelon organique Région apostolique d'Île-de-France.

3.2 *Le Règlement de la PEP, 1984*

Ce nouveau règlement, rédigé par le Conseil provincial et approuvé par la Congrégation pour les Évêques[167], est mis en place à partir de l'année 1985. Il est publié dans le bulletin de la province *Présence et dialogue*, qui est l'organe officiel de communication pour la Région apostolique d'Île-de-France[168]. Le Règlement de 1984 reprend les propositions du Groupe de travail avec les modifications apportées par les évêques de la province.

3.2.1 Du droit particulier au droit commun de l'Église

a) Le préambule du Règlement

Le préambule du document commence par dresser le cadre historique de la constitution de la Province Ecclésiastique de Paris et les motivations qui ont conduit à élaborer un nouveau texte dans lequel les évêques de la province «organisent leur collaboration par un règlement intérieur (...)». Dans les propositions du Groupe de travail épiscopal qui avaient été soumises à Rome, il était écrit que les évêques «se proposent d'orga-

---

[167] Cf. F. MATHOREL, «La Région apostolique française», 293.

[168] Cf. RÈGLEMENT DE LA PROVINCE ECCLÉSIASTIQUE DE PARIS, 4 juin 1984 [Règlement PEP/1984], *Présence et Dialogue. Bulletin de l'Église en Île-de-France*, 15 décembre 1984, 6-7; Annexe 5, 461-464.

niser leur collaboration par un directoire dont ils informent [le Saint-Siège]»[169]. Quand bien même une *recognitio* n'est pas nécessaire pour ce type de texte qui organise de manière interne la vie juridique d'une entité canonique, l'avis des instances romaines semblait cependant recherché pour assurer l'autorité de ce nouveau Règlement qui voulait permettre à la province de trouver une stabilité organique après dix-huit années d'existence. Quant au choix de l'intitulé, les termes «directoire» ou «règlement» peuvent paraître sans conséquence mais induisent une compréhension de la fonction que le texte doit porter.

Au premier abord, le document semble n'être qu'un directoire. Le terme «directoire» renvoie à un champ particulier du droit canonique essentiellement pastoral plus que juridique, exprimant l'esprit des normes, leur rationabilité, plus que les normes elles-mêmes. Cependant, le document ne renvoie vers les Normes de 1966 que pour exprimer l'esprit de continuité qu'il veut établir avec elles, tout autant que la nouveauté qu'il apporte dans l'organisation interne de la Province de Paris. Le choix d'un terme plus approprié pour l'intitulé, comme celui de «règlement», semblait se justifier.

Un règlement est constitué «des dispositions ou normes à observer dans les assemblées convoquées par l'autorité ecclésiastique»[170]. Il s'agit donc plus précisément d'un instrument juridique, un moyen procédural, qui détermine de manière disciplinaire l'ensemble des prescriptions qui doivent être observées par les membres. Il est un élément normatif du droit particulier d'une entité juridique publique[171] qui organise ses structures et permet d'établir la validité des actes qu'elle prend. Dans le contexte de la Province de Paris, le terme renvoie également à sa dimension de Région apostolique, laquelle devait sc doter d'un règlement approuvé par la CEF[172].

Le Règlement de 1984 a donc pour effet d'organiser l'exercice coopératif de l'autorité des évêques et leurs responsabilités – collégiale et personnelle – dans la province, selon les délimitations – centrale et périphérique – qui avaient été établies lors de son érection en 1966 et qui sont maintenues par le texte dans leurs formes comme dans leur

---

[169] Cf. «Directoire», 4 juin 1984, préambule, 1, in AHAP, dossier «Réorganisation du diocèse de Paris».

[170] CIC/1983, can. 95.

[171] Cf. CIC/1983, cann. 432 §2.116 §§1-2; voir également cann. 94-95.119 §2.

[172] Règlement CEF/1975, art. 31: «L'Assemblée générale des Évêques établit son propre règlement intérieur dans le cadre des Statuts de la Conférence Épiscopale (cf. Titre VII des Statuts).»

sens[173]. Le règlement renvoie ainsi au Code de 1983, et n'a donc pour objet que de préciser l'organisation des relations institutionnelles dans la Province de Paris[174]. Un règlement ne crée pas du droit mais organise spécifiquement le droit existant.

Ce Règlement marque un seuil de progression important. Il affirme, de manière définitive et concrète, l'existence des nouveaux diocèses dans la Province Ecclésiastique de Paris, confirmant leur découpage territorial et une certaine nécessité de mieux organiser la coopération épiscopale provinciale en fonction de la configuration des collaborations dans chacune des deux zones. Les nouveaux diocèses sont désormais des entités juridiques de plein droit et la PEP n'est pas une province spécifique. Mais, par son histoire et son urbanisation, cette province doit régler une gradation fonctionnelle des responsabilités épiscopales et une gradualité des Églises particulières dans les instances organiques de coopération communes aux deux zones ensemble. La constitution apostolique *Qui volente Deo* reste d'actualité et les Normes de 1966, qui accompagnaient sa mise en œuvre, ne sont pas abrogées mais mises à jour dans un nouveau Règlement. Cet *aggiornamento* organise des formes différentes de subsidiarité en fonction de la configuration des diocèses en zone centrale ou périphérique, maintenant les accords particuliers pris entre eux, dans le respect de leu juste autonomie.

Dès le Préambule, l'objectif est clairement affiché: «ce qui jusque-là dépendait de normes particulières» passe, désormais, dans le droit commun promulgué par le nouveau Code. Le but de ce Règlement n'est donc pas de venir régler une nouvelle situation canonique mais au contraire de normaliser ce qui était l'objet de «mesures particulières». Il s'agit donc d'une mise en conformité avec le nouveau Code de droit canonique de 1983. Cependant le Règlement de 1984, en tant qu'il organise dans le droit universel l'entité juridique «Province Ecclésiastique de Paris», est formellement un droit particulier de celle-ci. Ce qui était difficilement réalisable dans l'ancienne codification au niveau d'une collaboration intime de pasteurs semble désormais rendu possible dans la norme commune[175]. C'est donc pour la reconnaissance «d'un état de fait» qu'un *ag-*

---

[173] Règlement PEP/1984, Préambule: «Demeurent valable l'ensemble des accords qui lient les diocèses entre eux en fonction de leur histoire commune (…)».

[174] Le Préambule du Règlement PEP/1984 mentionne cependant les cann. 431-438 sur les regroupements ecclésiastiques provinciaux et régionaux, sans distinction.

[175] Cf. dossier «Données du problème»: la Commission soulevait dans son introduction les difficultés d'une unité pastorale dans la zone urbaine centrale, qui n'aurait pas été sauvegardée par «la collaboration d'évêques résidentiels, selon le droit actuel [de 1917]».

giornamento est proposé, afin d'organiser le droit commun entre les différents diocèses de la province[176].

Dans cet esprit de nouveauté dans la continuité, le Préambule du Règlement de 1984 reporte en entier les deux articles constitutionnels des Normes de 1966, qui organisaient la collaboration dans les deux niveaux, provincial et central. Ces articles sont donc ainsi confortés juridiquement. Il s'agit, d'abord, de l'article 4, qui prévoit la compétence du Conseil provincial pour la création et l'entretien d'institutions communes, qu'il dirigera, en vue de répondre aux finalités pastorales recherchées, restant sauf «le cas échéant» où ces institutions doivent recevoir «l'agrément au Saint-Siège», quand le gouvernement personnel des évêques devrait être empiété. Enfin, l'article 13 est également reporté lequel donne les principes de la collaboration financière dans la zone centrale. Seul son paragraphe 1 est omis: il concernait la répartition des biens des diocèses de Paris et Versailles vers les nouveaux diocèses. En 1984, ce paragraphe n'a plus lieu d'être.

Comme le Groupe de travail l'avait suggéré, le quatrième paragraphe du Préambule se réfère – entre parenthèses – au can. 434 du nouveau Code concernant la constitution de régions ecclésiastiques. La définition et la vocation de ces niveaux de regroupements pastoraux, ainsi que l'esprit, ne semblent pas avoir encore été intégrés. À la lecture, on comprend que cette référence renvoie, dans l'organisation métropolitaine de la Province de Paris, à la dimension collégiale de sa structure de concertation: on veut faire entendre que le Conseil provincial est une «Assemblée des évêques de la province», définie comme un niveau décisionnaire ordinaire de ce regroupement complexe.

Le Règlement s'accorde ainsi avec la nouvelle description des Régions apostoliques dans les Statuts de la CEF de 1975[177]. L'Assemblée des évêques de la province ou Conseil provincial est un moyen de faire confluer la diversité et la pluralité en un centre ecclésial efficace pour la communion. Toutefois, dans cette compréhension, la mention du can. 434 ne s'avérait pas nécessaire, amenant plus de confusion que de clarifications.

b) Le fonctionnement de la PEP

Le fonctionnement de la PEP est décrit sous deux angles. Le premier organise le travail proprement dit et le second précise les niveaux de res-

---

[176] Le Préambule cite entre parenthèses, dans cet ordre les cann. 431-438.952.1264.
[177] Cf. Règlement CEF/1975, art. 31; *supra*, nt. 172.

ponsabilités[178]. Ils sont brièvement introduits pour signaler que l'autorité dans la province n'est ni le métropolitain, ni le concile provincial, comme on aurait pu s'y attendre, mais l'«Assemblée des évêques». Cette Assemblée épiscopale veut «favoriser la coopération et une action pastorale commune», en se référant, et cette fois en le citant, au can. 434 du CIC/1983. L'entrée en matière semble vouloir insister sur la volonté de «coller» aux fonctionnements statutaires de la CEF et de vouloir appliquer au regroupement provincial, qui est statutairement considérée comme une Région apostolique, ce qui est dit dans le nouveau Code à propos des régions ecclésiastiques.

Le Conseil provincial est une Assemblée, formée à partir du collège épiscopal présent ou en mission sur le territoire et se veut être une unique institution structurée selon une gradation des problématiques envisagées. Elle est, en effet, divisée en trois niveaux: celui proprement dit de la province; celui de la zone centrale; et enfin celui de la zone périphérique. En cela, rien n'est changé. Une meilleure définition est apportée au niveau provincial qui se détermine sous deux formes organiques complémentaires: un *Conventus* et un *Consilium* qui chacun répondent, en principe, à des finalités propres mais convergentes.

Reprenant les mêmes termes que ceux proposés par le Groupe de travail, le Règlement définit l'Assemblée des évêques comme «un lieu de discernement, de dialogue, de confrontation pastorale, de réflexion»[179]. Les Statuts de la CEF en 1975 précisaient que la Région apostolique était «*le* lieu habituel» de la collaboration entre les évêques[180]. Comme lieu d'échange, cette Assemblée veut ainsi permettre une mise en évidence des «choses communes» qui intéressent l'ensemble de la province. C'est ainsi une instance où le charisme épiscopal de discernement est conjointement exercé. Cette Assemblée des évêques se propose alors de «dégager, le plus possible, des décisions ou des options communes». Elle est une instance décisionnelle ou d'orientation de l'action pastorale selon les thèmes abordés et la volonté de chaque pasteur de s'y impliquer. En constituant un niveau organique de communion provinciale, l'obligation d'y participer prend en compte «le res-

---

[178] Cf. Règlement PEP/1984, «Fonctionnement» I.II; Annexe 5, 462. 464.

[179] Règlement PEP/1984, «Fonctionnement», introduction; Annexe 5, 462.

[180] Cf. M. VIDAL, «La réception des documents conciliaires», 158-159. Les Statuts CEF/1975 modifiés en 1999 après les précisions sur le Statut des Conférences Épiscopales apportées par le m.p. *Apostolos suos* de 1998 stipulaient, pour la même instance régionale, qu'elle n'est plus qu'«*un* lieu habituel».

pect de l'autonomie de chaque diocèse»[181], ce qui avait été une demande des nouveaux évêques des deux zones.

À l'échelon de la province, le niveau décisionnel est celui du *Conventus* des évêques[182]. Le terme renvoie bien évidemment ici à toute la tradition ecclésiale telle que nous l'avons déjà rencontrée. Le *conventus*, qui se forme dans un réseau synodal d'Églises, se regroupe autour du métropolitain. S'il n'est plus le lieu où sera ratifiée la nomination d'un suffragant, il désigne techniquement un rassemblement d'évêques qui se réunissent pour exercer une forme pastorale de la collégialité, afin de partager leurs avis et rechercher la concorde et l'unanimité. Ce niveau regroupe ainsi tous les évêques d'un unique ordre épiscopal qui sont inscrits dans l'une des Églises particulières «suffragantes» de la province. C'est un lieu de synodalité épiscopale qui n'est pas refermé sur lui-même mais ouvert, appelé à vivre graduellement la communion hiérarchique.

Ce *Conventus* se réunit pendant deux jours, régulièrement, trois fois par an, selon les modalités précisées par le Règlement. Les sujets abordés portent sur des thématiques pastorales d'ensemble mais qui peuvent nécessiter des décisions d'action communes ou au moins harmonisées[183]. On partage ainsi les pratiques diocésaines, signe que chacun a pris désormais son autonomie tout en restant connectés plus ou moins étroitement les uns aux autres. La session du mois de septembre est consacrée à la préparation de l'Assemblée plénière de la CEF, qui se tient au début de l'automne. L'ordre du jour est fixé pour l'année, sans qu'il soit précisé qui est chargé de l'établir.

Le premier jour, les prêtres représentants la province dans des commissions ou comités nationaux sont invités. C'est également le cas pour les responsables provinciaux – qui ne sont pas forcément des clercs –, de la Mission ouvrière, du monde scolaire et universitaire. Des experts peuvent aussi être amenés à intervenir en fonction des sujets. Il y a donc une attention de la part des évêques à ne pas discerner seuls, mais à appeler auprès d'eux des «spécialistes» qui apporteront leur éclairage.

Le second jour ne réunit que les seuls évêques de la province: les diocésains, les coadjuteurs et les auxiliaires. C'est donc d'abord un moment où se vit l'*affectus collegialis*, reconnaissant à chaque évêque une capa-

---

[181] Règlement PEP/1984, «Fonctionnement», introduction; Annexe 5, 462.

[182] Règlement PEP/1984, «Fonctionnement», I/A; Annexe 5, 462-463.

[183] Ce sont des «priorités» dont seulement certains aspects sont abordés: le ministère ordonné, la pastorale familiale, la liturgie, la catéchèse, la mission ouvrière, les migrants, la pastorale de la jeunesse scolarisée et étudiante, la vie religieuse. D'autres thèmes peuvent être évoqués, mais ne sont pas prioritaires.

cité de discernement, en dehors de sa juridiction ou des missions qui lui auraient été spécifiquement confiées. Les règles qui s'appliquent à l'intérieur de ce *Conventus* ne sont pas précisées. Comme les Normes de 1966 se référaient aux statuts de la CEF, on suppose que ce sont les mêmes que celles qui sont pratiquées pour l'Assemblée Plénière. Il aurait été, peut-être, nécessaire de préciser dans le Règlement de quelle manière on procède aux votes.

Un second niveau provincial[184] est celui du *Consilium* purement consultatif, comme l'indique son nom, qui se réunit, quant à lui, une fois par an, après la session d'automne de la CEF. Le *Consilium* n'est pas formellement détaché du *Conventus* mais en est l'expression «élargie», puisqu'on y retrouve les mêmes acteurs épiscopaux, auxquels viennent s'adjoindre, pour une fois, des représentants des différents Conseils presbytéraux des diocèses de la province. La synodalité épiscopale est un moteur de la communion mais les évêques n'assurent pas la mission seuls. Le *Consilium*, par sa nature, est un organe collégial: la dimension collégiale locale du ministère épiscopal, qui se vit dans le diocèse en lien avec le presbyterium et les offices nécessaires à la curie diocésaine, trouve dans cette institution sa correspondance provinciale. Le clergé qui intervient sur le terrain pastoral est le plus à même d'apporter son expertise pour évaluer comment une «réalité» présente dans la province, dit le texte, est réellement prise en charge dans la mission par chaque diocèse. L'ordre du jour de ce *Consilium* est fixé pour chaque session, mais rien ne précise qui doit l'établir. Il n'y a pas de thématiques particulières, sinon qu'il s'agit de «sujets pastoraux précis » qui intéressent tout le monde dans la province, sans qu'il soit nécessaire de prendre des décisions. Il peut aussi s'inscrire dans le prolongement de la session d'automne de la CEF pour «saisir, d'une manière ponctuelle, (…) une réalité à prendre en compte effectivement par l'ensemble»[185].

Au niveau des deux zones pastorales spécifiques, il existe des «rencontres régulières d'évêques»[186], qui doivent s'entendre d'abord comme des lieux de concertations pastorales. Mais dès lors qu'il s'agit des évêques eux-mêmes, ces lieux peuvent aussi être décisionnels, bien que rien ne soit précisé.

Dans la zone centrale, ces rencontres interviennent en même temps que celles des Assemblées provinciales des évêques, soit chaque trimestre. Le projet prévoyait une rencontre mensuelle, mais cela a été jugé

---

[184] Cf. Règlement PEP/1984, «Fonctionnement», I/B; Annexe 5, 463.
[185] Cf. Règlement PEP/1984, «Fonctionnement», introduction; Annexe 5, 462.
[186] Cf. Règlement PEP/1984, «Fonctionnement», I/C; Annexe 5, 463.

trop prégnant et comme n'offrant pas suffisamment le recul nécessaire pour partager. Ce point semblant indicatif il est possible que, selon les situations qui le requièrent, ces rencontres soient plus nombreuses et rapprochées.

Pour la zone périphérique[187], ces rencontres d'évêques sont laissées à l'opportunité discernée par les pasteurs. Ces rencontres peuvent être régulières ou occasionnelles selon que nécessaire. Aucune précision n'est apportée sur la présidence de ces réunions: si l'Archevêque de Paris est bien présent dans la zone centrale, il n'est pas mentionné pour la zone périphérique. Cependant, les Normes de 1966 avaient signalé son rôle de présidence dans l'une et l'autre couronne et on suppose, puisque rien ne le contredit, qu'il continue à l'exercer.

Ces deux zones pastorales semblent connaître une certaine indépendance, sensation qui est pourtant corrigée par une note infrapaginale qui stipule que «chacune de ces rencontres fera l'objet d'un compte-rendu, quant aux informations d'intérêt régional, qui sera retransmis à l'ensemble des évêques de la province»[188]. Nous sommes donc bien dans une conception de la province comme un réseau d'Églises voisines qui communiquent entre elles. Réglant ainsi une saine autonomie de chaque Église, l'Assemblée des évêques rend possible la convivance sur un même territoire de réalités pastorales qui au fil du temps se sont diversifiées, mais qui dans la mission doivent cependant être considérées comme intéressant tous et chacun.

L'originalité du Règlement de 1984 est de prévoir également l'existence de rencontres intermédiaires, placés entre les diocèses et l'Assemblée des évêques de la province. Leurs rencontres se déroulent en dehors de la présence épiscopale et se distinguent selon des modalités d'organisation diverses. Ces conseils sont constitués de figures canoniques qui, par leur office ou leur délégation, soit «représentent» l'évêque et la personne juridique de chaque diocèse ou les divers presbyteriums de la province, soit sont «délégués» par l'évêque diocésain pour la coordination d'un domaine spécifique de la pastorale caractérisé par sa transversalité.

Au niveau de la représentation, on trouve ainsi des rencontres de Vicaires généraux, qui sont les *alter ego* des pasteurs diocésains et leurs premiers collaborateurs. Ils peuvent se réunir entre eux «à la demande, ou en accord avec leur évêque»[189]. La modalité d'organisation de ces

---

[187] Cf. Règlement PEP/1984, «Fonctionnement», I/D; Annexe 5, 463.

[188] Cf. Règlement PEP/1984, note infrapaginale 1; Annexe 5, 463.

[189] Voir Règlement PEP/1984, «Fonctionnement», I/E; Annexe 5, 464. Voir également CIC/1983, can. 475 §1: le Vicaire général est de constitution obligatoire dans

réunions n'est pas libre et s'exerce sous le contrôle de l'Assemblée des évêques. Bien qu'ils aient des fonctions d'Ordinaires dans leur propre diocèse, leur rencontre provinciale n'a pas de consistance juridique et ne bénéficie donc pas de pouvoir décisionnel: ils ne forment pas un conseil, mais un «lieu» plus technique de collaboration entre les diocèses. Il peut s'avérer utile, en effet, qu'ils puissent se rencontrer pour harmoniser les pratiques administratives des différents diocèses mais également envisager de manière plus pratique les incidences, tant financières que pastorales, des institutions provinciales dans la vie locale des Églises. Leur fonction, avec la compétence générale qui la caractérise, les met en avant, au quotidien, pour la gestion administrative des organismes interdiocésains, qui parfois consistent en des mises à disposition pour les autres diocèses de certaines ressources, mais également des structures propres à la province et gérées en commun. Ces rencontres organisent de manière très pragmatique une réelle subsidiarité pastorale de service qui formellement, par la présence et la qualité *ex officio* de ses membres, peut être un instrument de coordination, sous la vigilance des évêques de la province.

À un second niveau de rencontres intermédiaires[190], on trouve celles de figures «déléguées» qui peuvent se réunir «à leur initiative». Ces rencontres n'ont pas pour objet de diriger des institutions provinciales mais de favoriser l'échanges de vues et permettre des accords au niveau épiscopal. Pour certains, c'est en raison d'un office. Ce sont les Économes diocésains[191] qui forment un réel conseil particulier dans la province. Le Règlement apporte des détails: ce conseil des Économes, non seulement, prépare le budget provincial et celui de la zone centrale, mais en assure également le suivi. Puisque certaines institutions déjà existantes et d'autres qui pourraient exister ressortent de la compétence propre de la personne juridique «Province Ecclésiastique de Paris», elles supposent la mise à disposition d'un fond de biens qui provient, évidemment, des

---

chaque diocèse et possède un pouvoir ordinaire; can. 479 §1: il a le pouvoir exécutif qui appartient à l'évêque diocésain, sauf ce que ce dernier se serait réservé; can. 480: il doit rendre compte à l'évêque diocésain des «principales affaires à traiter» et ne jamais agir «contre la volonté et le sentiment de l'évêque diocésain».

[190] Cf. Règlement PEP/1984, «Fonctionnement», I/F; Annexe 5, 464.

[191] Cf. CIC/1983, can. 494 §1: l'Économe est nommé par l'évêque diocésain après avoir reçu l'avis du Conseil des consulteurs et du Conseil diocésain pour les affaires économiques (CDAE); can. 494 §3: l'Économe administre les biens du diocèse sous l'autorité de l'évêque diocésain et réalise les dépenses qui lui sont ordonnés par celui-ci ou ceux qui sont légitimement habilités à le faire (comme les Vicaires généraux); can. 494 §4: il doit rendre compte annuellement de sa gestion au CDAE.

différents diocèses impliqués ou d'une acquisition par l'institution provinciale elle-même[192]. Ceux qui par leur délégation sont appelés à administrer les biens dans chaque diocèse suffragant sont nécessairement impliqués pour agir en commun selon les règles établies[193], toujours en accord avec les évêques de la province[194]. En matière d'administration des biens, il appartient à l'Assemblée des évêques de la province d'assurer le rôle d'Ordinaire[195] et donc de veiller «avec soin à l'administration de tous les biens appartenant»[196] à la personne juridique provinciale, organisant par «des instructions spéciales dans les limites du droit universel et particulier, (…) l'administration des biens ecclésiastiques»[197]. Une institution diocésaine parisienne ancienne, comme celle des «Chantiers du Cardinal» pour l'Archidiocèse de Paris, qui concernera encore le seul diocèse de Paris dans la période de 1966-1984, verra sa compétence étendue à celle de la zone centrale dans les années 1980, puis à la zone périphérique, pour concerner finalement aujourd'hui toute la province[198].

Sur un plan plus pastoral, les délégués diocésains à l'Apostolats des laïcs (DDAL) et à la Mission ouvrière (DDMO) peuvent également se rencontrer puisque leur mission est plutôt transversale dans le maillage de la zone urbaine parisienne où se vit quotidiennement un brassage important de population, laquelle ne s'occupe guère des «frontières» de chaque diocèse.

Les délégués qui «représentent» les conseils presbytéraux, dont la présence est prévue par le Règlement au *Consilium* annuel, peuvent également se rencontrer «à leur initiative» pour préparer la rencontre avec les

---

[192] Cf. CIC/1983, can. 1255.

[193] Cf. Normes 1966, art. 13 §§1-4, Annexe 4, 460. Ces règles, déterminées en 1966, seront ensuite révisées régulièrement par le Conseil des Économes.

[194] Cf. CIC/1983, can. 1275.

[195] L'Assemblée des Évêques de la province peut fixer les taxes administratives et les offrandes de messes même si elles sont déterminées, pour leur orientation, au niveau national d'une Conférence des Évêques mais dont l'application reste du domaine personnel de chaque évêque dans son diocèse; cf. CIC/1983, can. 1264, 1°-2°.

[196] CIC/1983, can. 1276 §1.

[197] CIC/1983, can. 1276 §2.

[198] Les «Chantiers du Cardinal»: œuvre fondée par le cardinal Verdier en 1931. Cette œuvre missionnaire avait pour vocation de financer la construction d'églises nouvelles dans les zones d'expansion urbaine et l'entretien du patrimoine ecclésiastique diocésain. Sa compétence sera étendue à toute la province le 1er janvier 2012 et son organe de gouvernance, placé sous l'autorité des huit évêques de la Province Ecclésiastique de Paris pour devenir un organe de solidarité interdiocésaine; voir pour plus de détails: www.chantiersducardinal.fr/nous-connaitre/organisation/gouvernance.html (consulté le 29 décembre 2019)

évêques. Ces réunions entérinent l'existence d'un collège presbytéral unifié qui comportait, avant la répartition, une certaine homogénéité et dont l'esprit unitaire s'est maintenu.

Ainsi, sur le plan du fonctionnement systématique interne de la Province Ecclésiastique de Paris se trouve une forme étagée de la communion, moins stratifiée qu'elle ne l'était précédemment. Il y a, en effet, une certaine perméabilité institutionnelle dans laquelle on peut cependant regretter le peu de place faite aux laïcs et à la vie consacrée, même s'ils n'en sont pas formellement absents. Les instances sont toutes de nature consultative et seuls les évêques réunis en Assemblée, une fois opéré le discernement, actent le consensus sous la forme d'une décision provinciale ou d'orientations que chacun prendra en compte dans son action pastorale.

3.2.2 La synodalité épiscopale dans la PEP

a) Une gradation des responsabilités épiscopales

Le second et dernier point du Règlement de 1984[199] reprend les propositions du Groupe de travail pour une meilleure définition des responsabilités de chaque évêque au travers des procédures de nominations ou de désignations. Ces procédures, souligne une note infrapaginale dans le Règlement, concernent des prêtres ou des laïcs – on n'évoque pas les religieux et religieuses, ni les diacres – qui sont chargés de «mission pastorale par l'évêque»[200]. Dans la province, la prise en compte de la réalité dans l'action pastorale ne peut se suffire du seul repérage en communauté hiérarchique. Il faut également un repérage au niveau des communautés associatives sur lesquelles s'applique également la vigilance des évêques. Le système des procédures permet ainsi de balayer l'ensemble du champ pastoral de la province de manière verticale et horizontale. Ce modèle procédural est typiquement synodal, qui n'oppose pas les diocèses aux services et mouvements associatifs supradiocésains, mais valorise au contraire les Églises particulières au niveau de l'Épiscopat provincial. C'est à ce dernier qu'appartient toujours la conduite, par sa sollicitude pastorale, du peuple de Dieu rassemblé sur un même territoire[201].

Le déploiement de ces procédures distingue deux degrés. Le premier degré est celui des nominations, qui interviennent par le haut, au niveau

---

[199] Cf. Règlement PEP/1984, «Fonctionnement», II; Annexe 5, 464.
[200] Cf. Règlement PEP/1984, note infrapaginale 1; Annexe 5, 464.
[201] Voir en ce sens P. VALDRINI, «La synodalité dans l'Église. L'expérience», 16-19.

de l'Assemblée des évêques (procédures A et B). Le second degré est celui des désignations qui interviennent à un niveau inférieur, sur présentation d'un candidat par ceux qui sont spécifiquement concernés, soit par un service soit par un mouvement (procédures B et C). Dans chacune des deux zones, centrale et périphérique, le Conseil des évêques peut également nommer à des postes interdiocésains (procédure D).

Les modalités pratiques des procédures ordonnent ainsi quatre lignes décisionnelles. La première (procédure A) est une décision conjointe des évêques sur le candidat à nommer. La deuxième (procédure B) est la proposition par un évêque au titre de sa participation à une Commission nationale de la CEF d'un candidat à la nomination par l'Assemblée des évêques. La troisième (procédure C) est une présentation, «par leurs pairs», d'un membre d'un service ou d'un mouvement pour être leur délégué provincial, sous la responsabilité personnelle d'un évêque chargé de leur suivi. La dernière modalité (procédure D) regarde spécifiquement chacune des zones et donc ne concerne pas la province dans son ensemble mais seulement un niveau interdiocésain.

Les nominations qui relèvent des Procédures A et B, dont la liste a peu varié de celle proposée par le Groupe de travail, concernent des institutions ou des services qui nécessitent la collaboration financière des diocèses. Des membres de chaque diocèse sont ainsi mis au service de la province et le Règlement précise que «ces nominations n'impliquent pas, par elles-mêmes, un détachement ou un traitement». Chaque diocèse s'occupe de son clergé incardiné et met à disposition ses forces vives au service d'une mission commune. Les nominations n'équivalent pas à un contrat de travail et ne supposent donc aucune rémunération[202]. La physionomie unitaire de la Province Ecclésiastique de Paris se dégage ainsi de ces procédures comme un système missionnaire où l'individualisme ecclésial est en contradiction avec l'esprit collégial de la communion provinciale.

Nominations et désignations dans la Province Ecclésiastique de Paris relèvent donc désormais mieux du ministère épiscopal collégial et non plus seulement des Commissions pastorales. C'est l'autorité des évêques qui opère l'effet de communion synodale des Églises particulières d'Île-de-France qui, pour autant, ne se limite pas à leur seule juridiction. Dans un univers aussi brassé de réalités pastorales que peut l'être Paris et sa banlieue, les organismes, associations, services et autres mouvements sont également des acteurs importants dans une communion active. Ce

---

[202] Cf. Règlement PEP/1984, «Fonctionnement», II; Annexe 5, 464.

fait ne peut échapper à la vigilance épiscopale qui, compte tenu des «circonstances de personnes et de lieux»[203], doit s'exercer de manière conjointe dans le cadre d'une province ecclésiastique classique et suppose parfois, comme dans le cas de Paris, des décisions collectives. Ces décisions de l'Assemblée des évêques de la province s'imposent à tous, dans la mesure où elles concernent le bien des Églises réunies ensemble par une communauté d'intérêts. Elles n'empiètent pas sur le domaine réservé des évêques de mener leur propre action pastorale dans chacun de leur diocèse, en syntonie avec les éléments et principes discernés régulièrement avec les autres évêques au niveau provincial ou interdiocésain.

Cette gradation connaît donc un triple niveau dans la province: diocésaine, interdiocésaine et supradiocésaine ou provinciale. Chacun de ces degrés peut décider à son niveau pour le bien commun et les décisions s'imposent à tous avec la même force juridique, basée sur la sacramentalité de l'Épiscopat. Cette gradation se retrouve aussi dans le mécanisme de coopération entre les diverses ressources pastorales. La décision d'un évêque dans la désignation d'un représentant provincial pour un mouvement ou un service n'a pas la même portée que celle d'une nomination par l'Assemblée des évêques. Dans les deux cas cependant c'est la même réalisation de la dimension personnelle et collégiale du ministère épiscopal. La répartition du suivi des services et mouvements associatifs est fonction de l'intérêt des évêques, non de leur juridiction: un coadjuteur ou un auxiliaire peut être en charge de ce type de mission pour l'ensemble de la province.

Chaque décision ayant une résonnance provinciale, elle doit être communiquée à tous. Les différents niveaux interdiocésains et provinciaux forment des réseaux ecclésiaux qui ne s'opposent pas mais dessinent des causes communes qui n'ont pas la même incidence. Dans la zone centrale, le maillage est plus serré car la configuration urbaine le rend nécessaire pour que les compétences épiscopales s'harmonisent et ne se chevauchent pas. La combinaison opératoire d'une action pastorale concertée est, peut-être, rendue plus difficile par le fait que chaque espace pastoral de la zone centrale est un diocèse de plein exercice et non une déconcentration de la responsabilité de l'Archevêque métropolitain. De ce fait, la réalisation de la communion suppose une implémentation plus centralisée. C'est d'ailleurs pour répondre à cette contrainte que les évêques des nouveaux diocèses en 1966 étaient quasiment tous des prêtres ou des évêques auxiliaires de l'Archidiocèse de Paris. À mesure

---

[203] CIC/1983, can. 431 §1.

que chaque diocèse prend son essor et que les institutions de collaboration se stabilisent, cette précaution n'est plus nécessaire. Chaque zone fonctionne en autonomie mais pas de manière indépendante. Ce qui les maintient ensemble c'est le caractère unique de la fonction métropolitaine dont le rôle est bien celui d'être un vecteur de communion dans la collaboration de chacun avec tous.

La gradation des responsabilités permet ainsi une combinaison fonctionnelle des dynamiques de synodalité que sont la localité, la représentativité, la subsidiarité et la coresponsabilité. Elle offre un cadre où la gouvernance dans la province peut surmonter le handicap que constituerait une multi-polarisation de l'autorité, en favorisant la communion dans la prise de décision. Ces dynamiques de synodalité se déploient selon une même et unique force: le ministère épiscopal dans ses implantations diocésaines et missionnaires, au travers d'un cadre unique de regroupement des Églises particulières, la province ecclésiastique. Cette combinaison s'opère ainsi dans une synergie métropolitaine où un centre ecclésial entraîne deux effets qui peuvent sembler contraires mais qui sont en fait étroitement liés: l'un est centrifuge l'autre est centripète.

Selon le regard adopté, la figure canonique du regroupement ecclésial parisien, telle que la met en œuvre le Règlement de 1984, produit des effets différents. Ainsi, d'un point de vue qui part de l'intérieur et qui considère d'abord le ministère collégial épiscopal, l'effet de la communion provinciale est centrifuge, dirigé vers l'extérieur. En ce sens la Province Ecclésiastique de Paris est une Région apostolique qui s'intègre structurellement à la CEF. Cependant son centre de gravité, qui est également son centre de propulsion reste la fonction primatiale de communion, confiée selon le droit au métropolitain. D'un autre côté, selon un point de vue qui part de l'extérieur et qui considère d'abord la collégialité des Églises particulières, l'effet de la communion provinciale est centripète, décrivant des cercles concentriques – chacune des deux zones – à cause de niveaux différents d'intérêts pastoraux communs, qui sont maintenus ensemble par un centre névralgique, l'Église du métropolitain, d'où sont impulsées les dynamiques de synodalité. Les deux effets sont interdépendants parce qu'ils ont la même origine: la collégialité épiscopale locale qui structure l'Église provinciale dans la communion hiérarchique.

La gradation des responsabilités, qui est la réalisation d'une synodalité épiscopale, permet ainsi de gérer les «frontières» des compétences de chaque évêque dans la province. Cette gradation s'appuie sur la gradualité des sièges épiscopaux entre eux qui identifie la mission d'un seul au profit de tous. La mission de l'office métropolitain est celle que nous avions identifiée dans le canon 9 du concile d'Antioche (341)[204]: veiller à la communion, en garantissant l'autorité épiscopale dans ses attributions, moins dans sa juridiction, qui ressort de la compétence du Pontife romain, que dans son habileté à agir à l'extérieur de celle-ci, qui ressort d'un unique *munus*, à la fois personnel et collégial. La Province Ecclésiastique de Paris satisfait à la définition normative d'une province ecclésiastique pour une communion d'Églises particulières depuis sa création en 1966. Son organisation interne se justifie par la complexité des faits pastoraux qui s'interpénètrent localement. Puisque le droit universel délimite le champ des compétences, le Règlement a pour fonction de venir préciser celui des relations entre elles. Le Règlement est donc recherché d'abord pour une plus grande efficacité administrative dans l'organisation de la communion pastorale.

b) La synergie métropolitaine de la synodalité épiscopale

La Province Ecclésiastique de Paris, qui est née dans un contexte particulier, après une période d'adaptation nécessaire à la maturation des nouveaux diocèses, est rentrée dans le schéma défini par le Code de 1983. Elle nous donne l'exemple d'une organisation métropolitaine de la synodalité épiscopale selon le droit latin. En reprenant les critères de synodalité de l'organisation ecclésiastique avec lesquels nous avons déjà travaillé au cours de cette étude, nous voyons tous les éléments se mettre en place de manière structurée et complémentaire.

Territorialité et représentativité fixent ainsi le cadre de la localité des faits pastoraux. La territorialité provinciale manifeste une ecclésialité des communautés hiérarchiques en tant qu'elles sont repérées par les pasteurs diocésains qui les représentent. Chaque diocèse parisien, comme élément singulier, forme une partie d'un tout et sa capacité d'action singulière, conjuguée à celle de ses voisins, devient la force d'une Église en un lieu. Comme entités canoniques, les diocèses participent à part égale au bon fonctionnement de l'ensemble. La diversité des populations et leur brassage géographique quotidien rendent les territoires des juridictions épiscopales perméables à une dynamique de localité et les réponses communes des pasteurs aux problématiques pastorales deviennent, dès lors, pertinentes. Une localité organisée permet en outre à d'autres communautés hiérarchiques, même exemptes, de se joindre au travail provincial et de participer à la dynamique d'ensemble[205].

---

[204] Cf. *supra*, chap. II, 129-139.

[205] *E.g.*, le vicariat aux Armées françaises qui était, de sa création en 1952 jusqu'en 1967, confié à l'Archevêque de Paris. Ce vicariat devient le diocèse aux Armées fran-

Chaque évêque comme membre d'un unique Épiscopat local est ainsi, à son niveau ministériel, engagé dans l'appréciation du *sensus fidei*: il représente l'Église Une qui se met à l'écoute du peuple de Dieu au travers des différentes catégories de fidèles dont il faut prendre soin[206]. Cette représentativité est prolongée par la répartition d'un clergé qui n'est pas refermé sur son diocèse d'incardination mais forme lui-même une sorte de collège local unifié, avec lequel l'Épiscopat parisien collabore. Les niveaux collégiaux, qui s'imbriquent, sont les éléments nécessaires d'un maillage en réseaux pour garantir une gradualité ascendante dans la communion synodale des Églises particulières. Sans ce repérage, le fait consultatif n'atteindrait jamais le niveau délibératif décisionnel dans la province, comme également dans chaque diocèse.

Les missions épiscopales sont des attributions représentatives, fondées sur le *munus episcopale*, assurant ainsi une verticalité profonde des structures provinciales qui ne sont pas détachées de la réalité mouvante quotidienne repérée par les services, les associations de fidèles et les mouvements. Elles donnent, au contraire, à ces structures communes une stabilité tout en souplesse, dirait J.I. Arrieta, en les adaptant en permanence à la réalité pour maintenir ensemble la zone centrale et la zone périphérique dans un équilibre dynamique qui les dépasse. La synodalité épiscopale provinciale, préservée par l'organisation métropolitaine comme un moyen efficace de la gouvernance en commun, est un facteur de progression vers l'unité par l'action pastorale, une communion de tous les fidèles du Christ au travers de leurs communautés hiérarchiques.

La subsidiarité dans la province combine les deux effets, centrifuge et centripète. La juste autonomie de chaque diocèse est mise en valeur par leur capacité à devenir acteur à part entière de l'action pastorale commune. Chaque diocèse est un pôle de résonnance active qui gravite gra-

---

çaises en 1986, exempt et dépendant du Saint-Siège. Ces nouveaux statuts, du 1er oct. 2012, approuvés par la Congrégation des Évêques (décret N. 536/2011) prévoient, art. 5, que l'évêque aux Armés «se joint à la Province Ecclésiastique de Paris pour tout ce qui concerne la collaboration pastorale au sein de cette province».

[206] *E.g.*, les communautés de fidèles de rites orientaux étaient ainsi confiés à l'Archevêque de Paris, cf. CONGRÉGATION POUR LES ÉGLISES ORIENTALES, décret sur l'ordinaire des catholiques de rite Oriental dépourvus d'ordinaire propre, 27 juillet 1954, *DocCath* (1954), 1175-1177; voir également la déclaration du cardinal Lourdusamy, préfet de cette congrégation, sur l'Ordinariat des catholiques de rite Oriental résidant en France, 30 avril 1986, cf. *DocCath* 83 (1986) 876-877. Peu à peu, chaque catégorie de fidèles trouve une forme épiscopale de représentation dans la province, comme par exemple l'exarchat des Arméniens qui devient l'Éparchie de Sainte-Croix de Paris des Arméniens Catholiques de France, JEAN-PAUL II, décret d'érection de l'Éparchie de Sainte-Croix de Paris, 30 juin 1986, *DocCath* (1986), 830.

duellement autour d'un centre métropolitain, où convergent et reflux des causes communes à chacun selon divers degrés. Les évêques s'organisent localement entre eux, pour vivre une communion synodale qui suppose une saine gestion de leurs compétences qui s'interpénètrent, et sont parfois interdépendantes dans la zone centrale par exemple. La subsidiarité laisse à chacun les moyens locaux de son action. C'est seulement pour se prémunir d'une singularité qui pourrait nuire à l'unité d'action que cette subsidiarité s'organise, au travers d'une solidarité transversale et d'un service mutuel supradiocésains: ce qui doit être mis en commun pour produire un effet meilleur dans la communion est ainsi pensé et même souvent réalisé conjointement selon une gradation des responsabilités.

L'Assemblée épiscopale de la province comme organe directeur du Conseil provincial n'est pas un instrument collectif de gouvernement mais un lieu collégial pour fédérer les énergies autour d'un centre métropolitain. Le choix même du terme «Assemblée» renvoie à la responsabilité personnelle de chacun au nom de son ministère épiscopal. La coresponsabilité ne se comprend qu'au niveau d'une stricte égalité fonctionnelle. Cette responsabilité partagée se fonde sur le *munus episcopale* détenu de manière identique par tout évêque dans la province et que la mission canonique rend actif localement. De manière organique le système métropolitain est un dispositif qui permet aux évêques de développer leurs responsabilités pastorales dans une expression collégiale ou coresponsable. L'Archevêque métropolitain, qui porte le pallium signe de son pouvoir dans la province, n'est pas un chef de la communion ecclésiale mais un vecteur de sa promotion pastorale avec tous les évêques. Sa place n'a pas besoin d'être plus prépondérante au sein du groupe épiscopal des suffragants: il est celui qui permet la conciliarité, laquelle ne peut se réaliser sans lui selon le can. 440 §2[207]. Dans la Province Ecclésiastique de Paris, le modèle du *leadership* est collégial et personnel, les deux dimensions étant toujours requises pour la constitution d'un corps épiscopal qui représente un corps ecclésial. La tête fonctionnelle de cette communion organique est l'unique Primauté pontificale à laquelle participe l'office local du métropolitain. Comme facteur d'équilibre, objectivé par l'office ecclésiastique, le métropolitain donne voix à chacun des membres du corps épiscopal et permet d'affirmer, en pensée et en action, une unité coresponsable de l'autorité au bénéfice de

---

[207] Cf. CIC/1983, can. 440 §2: ce canon prononce que si le siège métropolitain est vacant, on ne peut organiser de concile provincial. Sa présence fonctionnelle comme président du concile provincial en fait un modérateur naturel du débat synodal, un arbitre, mais pas un supérieur hiérarchique.

tous. Sans ce principe fonctionnel et systématique, la diversité deviendrait un chaos qui sublimerait les individualismes épiscopaux et rendrait impossible une coexistence plurielle.

Le renouveau règlementaire des Normes de 1966 ne fait donc pas appel à une mis en œuvre du can. 436 §2. Il n'est mentionné à aucun moment dans le texte, même s'il est bien présent dans le groupe des normes codicielles invoquées dès le préambule du Règlement de 1984. La figure de l'Archevêque métropolitain de Paris semble effacée du niveau règlementaire mais non pas passée sous silence. Il est bien le président de la province et sa fonction en fait un garant du droit particulier commun à tous sur le territoire où il est compétent. Mais en ce sens, il ne reçoit pas une nouvelle charge: il est fonctionnellement le métropolitain dans l'une et l'autre couronne, même si l'influence de son autorité se fait plus facilement ressentir dans la première que dans la seconde. Le Règlement de 1984 voit plutôt le système métropolitain comme un moyen pratique d'organiser une synodalité épiscopale plus régulière dans la communion hiérarchique qui existe normativement dans la province depuis la constitution *Qui volente Deo*. L'opportunité, non moins que la nécessité, commandait un réajustement des Normes de 1966 pour une meilleure collaboration des évêques, mais pas d'en trahir le sens de communion d'Églises proches fondée sur la parité. Les choses communes ne subordonnent pas les diocèses les uns aux autres mais au contraire les unissent au travers d'un ordre graduel typique de l'organisation métropolitaine qui sauvegarde et distingue chaque communauté ecclésiale. En ce sens, le système métropolitain met en relief le support mutuel intercommunautaire sur l'Épiscopat. Le modèle du regroupement ecclésial en province offrait, dans un cadre juridique précis, une localité où pouvaient se conjoindre à la fois la dimension personnelle du ministère épiscopal dans son assise locale et sa dimension collégiale dans son assise provinciale[208]. De ce fait, le rôle supra-local du métropolitain apparaissait toujours suffisant, tel que défini par le Code, même s'il pouvait être jugé canoniquement trop peu incisif dans le domaine de la collégialité. Sur un plan normatif, on peut donc dire que le Règlement de 1984 n'a pas eu recours au can. 436 §2, en tant qu'il ne détermine aucune charge nouvelle, ni aucun pouvoir supplémentaire pour l'Archevêque métropolitain de Paris.

Mais si nous lisons le can. 436 §2 comme étant la possibilité pour le Siège Apostolique de constituer formellement un droit particulier pour un regroupement provincial, placé sous la responsabilité de son prési-

---

[208] Cf. L. VILLEMIN, «Les provinces ecclésiastiques et la théologie», 198-202.

dent, alors il est bien au fondement de ce Règlement de 1984. On ne peut en effet pas imaginer qu'un règlement entre évêques, quel qu'il soit, ne puisse ressortir que de la seule responsabilité commune pour être mis en œuvre. Un office, dont c'est objectivement la compétence, doit pouvoir y suffire de manière plus adéquate. Cet office n'est cependant pas responsable de l'unité qui repose sur l'effort de chaque évêque de vivre dans la proximité ecclésiale l'exercice même de son gouvernement pastoral.

Le Règlement de 1984 est un droit particulier de la Province Ecclésiastique de Paris. Il organise selon «les circonstances de personnes et de lieux» un modèle pastoral de synodalité épiscopale qui ne déroge pas à l'acception latine de la collégialité dans la communion hiérarchique. Les deux éléments du ministère épiscopal, personnel et collégial, que l'on trouvait trop souvent détachés dans le modèle en Régions apostoliques, ont retrouvé leur unité dans l'organisation parisienne de 1984. Sa genèse, pour une communion pastorale plus technique dans un contexte aux caractéristiques singulières, explique peut-être pourquoi la PEP ne fut pas retouchée par les remembrements des circonscriptions ecclésiastiques françaises en 2002, ni depuis.

c) L'avenir du Règlement de 1984

Le Règlement de 1984 fonctionne depuis plus de trente ans, sans avoir été modifié, malgré les différents changements opérés dans les Statuts de la CEF ou même dans ses structures. La dernière de ces modifications en 2006 supprime définitivement les Régions apostoliques du cadre structurel de la Conférence des Évêques de France et voit réapparaître le niveau des provinces ecclésiastiques comme un lieu de concertation et de coordination du travail épiscopal. En soi, la Province Ecclésiastique de Paris répond déjà, par son organisation, à l'effet recherché, peut-être bien mieux que dans le modèle précédent des Régions apostoliques[209]. Le *Conventus* et le *Consilium* organisent une gradation des compétences à l'intérieur de l'entité canonique «Province Ecclésiastique de Paris», offrant une prise organique aux dynamiques de synodalité, non pas occasionnelle mais régulière voire quotidienne dans ses effets.

La Réglementation de 1984, qui dans ce cas d'espèce, règle de manière pratique les responsabilités communes et personnelles mises au service de la communauté ecclésiale parisienne, pourrait servir de modèle à d'autres provinces. Le fond organique du Règlement de 1984 n'est pas autre chose qu'une systématisation de ce que le droit de l'Église recom-

---

[209] Cf. L. VILLEMIN, «Les provinces ecclésiastiques et la théologie», 193-194.

mande aux évêques dans leur organisation canonique et dont l'esprit est exprimé par le directoire *Apostolorum successores*. L'expérience pourrait certainement inspirer d'autres provinces françaises, en s'adaptant aux contextes pastoraux particuliers, ou tout au moins, susciter l'intérêt que peut avoir un règlement pour permettre à plusieurs Églises particulières d'envisager un travail commun efficace, organisant une réelle subsidiarité d'entraide et progresser vers une synodalité épiscopale mieux définie dans sa dimension de localité, toujours plus constitutionnelle, de la communion ecclésiale.

Les domaines d'une compétence commune en province ne manquent pas, qu'il s'agisse du vieillissement du clergé et de la gestion commune de maisons de retraites, de mise en commun des moyens pour la communication, de la formation du clergé, prêtres et diacres, de la présence de la vie consacrée mais également sur un plan plus strictement organisationnel, les difficultés à maintenir une présence cléricale dans les maillages paroissiaux des diocèses, une plus grande diversification des prises en charge pastorales par les laïcs et du coût que cela représente, etc.

Le Code de 1983, dont la finalité instrumentale en matière pastorale n'est plus à démontrer, propose encore d'autres moyens pastoraux, plus audacieux, pour la mise en œuvre d'un réel effort missionnaire des Églises vers une communion provinciale. Parmi ces moyens, le canon 445 CIC/1983 souligne, en effet, que c'est au concile provincial de décider «ce qui paraît opportun de réaliser (...) pour la conduite de l'action pastorale commune». À côté des aspects que nous lui connaissons depuis le concile de Trente, et jusque dans le Code de 1917, de «promouvoir» ou parfois «défendre» la discipline ecclésiastique commune, le concile provincial offre un moyen d'associer également le peuple de Dieu dans ce qui le touche nécessairement et auquel il pourrait participer plus activement pour éclairer ceux qui ont mission de le conduire. Ils sont une réalisation occasionnelle et opportune d'une synodalité épiscopale mais aussi un moment de discernement en commun entre Églises locales, évêques et peuple de Dieu ensemble. Chaque concile provincial est un seuil de progression vers une meilleure compréhension des fruits d'une communion entre diverses communautés hiérarchiques, une reconnaissance et une célébration plus intime de l'«esprit de famille». À travers eux, se reçoit l'héritage commun de la foi en un lieu donné, dans un temps et une histoire qui conjuguent au présent l'attention des fidèles du Christ aux problématiques contemporaines. Ils sont les instruments adéquats pour organiser l'avenir des structures supradiocésaines dans leurs vocations pastorales à promouvoir la synodalité dans chaque Église particulière.

Ce n'est pas une garantie, mais un objectif qu'il faudrait pouvoir mieux développer et qui ne peut se faire qu'avec la volonté des pasteurs. En effet, depuis cinquante années qu'elle existe, la Province Ecclésiastique de Paris n'a pas connu d'autres phénomènes synodaux que diocésains. Selon A. Join-Lambert qui en a fait le relevé[210], la plupart des diocèses de la PEP ont connu des synodes ou ce qu'il appelle des parasynodes[211]. Dans la zone centrale, Paris, Créteil, Nanterre et Saint-Denis ont célébré au moins une fois un synode ou un parasynode[212]. Dans la zone périphérique, seul le diocèse de Meaux n'a connu aucun processus synodal ou parasynodal[213]. Si la synodalité diocésaine est un bon signe de la vitalité des communautés ecclésiales non moins qu'un signe évident de leur autonomie pastorale, que doit-on en conclure au niveau de l'empreinte réglementaire provinciale? Est-elle suffisante, puisque nécessaire, pour manifester la communion inter-ecclésiale dans la province ou bien est-elle en attente d'un signe plus fort? Au premier abord, ce qui apparaît dans ces célébrations synodales diocésaines c'est une forme de réception des grandes questions communes de la province. Ils sont des moments d'appropriation et même d'action dans le champ pastoral, où les évêques diocésains reprennent la conduite de leurs affaires. L'enjeu, ici, c'est de savoir si les synodes diocésains peuvent encore avoir un avenir. Peuvent-ils réellement servir la mission quand chaque pasteur agissant seul comme législateur, dans un univers aussi restreint que celui de la PEP, n'engage sa responsabilité pastorale ministérielle que dans sa propre juridiction et jamais dans une démarche conciliaire avec les autres évêques voisins, en collaboration réelle et pas simplement organique? La synodalité épiscopale est ainsi mise au défi de relever les niveaux de la localité synodale à des échelles plus vastes, progressives, qui lui appartient de structurer, entre subsidiarité et coresponsabilité. Rien n'est plus attendu par le peuple de Dieu que de voir les évêques s'organiser localement pour

---

[210] Cf. A. JOIN-LAMBERT, *Synodes diocésains, «parasynodes»*, 12-22.

[211] Cf. A. JOIN-LAMBERT, *Synodes diocésains, «parasynodes»*, 2, avec la nt. 5: l'A. appelle «parasynodes» des «formes alternatives, forums, assemblées diocésaines (*conventus*) très similaires à un synode diocésain».

[212] Zone centrale: Paris: 1 synode (1993-1994); 2 parasynodes (2001-2002; 2007-2008); Créteil: 1 synode (2014-2016); 1 parasynode (1994-1995); Nanterre: 2 parasynodes (1990-1992; 2004-2007); Saint-Denis: 1 synode (1998-2000).

[213] Zone périphérique: Évry-Corbeil-Essonne: 3 synodes, qui sont le prolongement du premier, Évry 1 (1987-1990), Évry 2 (1996-1997), Évry 3 (2004-2007); Pontoise: 1 synode (2014-2015); 1 parasynode (2005-2006); Versailles: 1 synode (2009-2011); 2 parasynodes (1988-1991; 2003-2004).

œuvrer ensemble de manière plus efficace à la communion synodale de leurs Églises respectives.

4. **Conclusion**

La nouvelle codification de 1983, en suivant les recommandations du concile Vatican II a abouti à la rénovation institutionnelle de la province ecclésiastique et à celle de son système de gouvernement métropolitain. La perspective était l'organisation d'un premier palier de communion pastorale des Églises particulières. La question des grandes agglomérations urbaines et de leur gestion pastorale dans une mécanique ecclésiastique pouvait trouver dans le modèle provincial une solution canonique conforme à l'ecclésiologie du concile Vatican II. Cela signifiait que l'action pastorale dans la province devait recevoir un gouvernement plus collégial. La difficulté d'un pouvoir collégial est d'identifier l'aspect personnel qui s'y engage et quelle est l'autorité de direction et de contrôle. L'idée de poser sur la fonction métropolitaine le ressort personnel qui entraînerait la communion pastorale des évêques suffragants faisait appel aux ressources de la tradition ecclésiastique mais avait pour conséquence, dans son emploi, même déterminé, d'entraîner en ce cas une modification de la nature ecclésiologique du regroupement provincial tel qu'on pensait le rénover. Le regroupement provincial synodal d'Églises particulières n'est pas une communauté hiérarchique placée sous la responsabilité juridictionnelle du métropolitain.

En associant l'office de métropolitain (cann. 435-437) aux canons sur le regroupement provincial (cann. 431-432), mais en le traitant à part, les codificateurs entendaient faire de cet office un pivot central pour la synodalité épiscopale, une fonction paradigmatique de la vigilance ministérielle, comme elle l'était déjà dans le canon 9 d'Antioche (341). La fonction présidentielle provinciale est un service communautaire qui peut, selon les circonstances pastorales, être plus fortement soulignée afin de permettre une coordination plus précise et plus efficace. La norme du canon 436 §2, qui permet au Siège Apostolique d'organiser un droit particulier, au niveau de l'office du métropolitain, met ainsi surtout en évidence la possibilité locale pour des évêques de se structurer mieux ensemble à partir d'une fonction centrale dont la vocation est de favoriser leur coopération. En soi, le canon 436 §2 ne surévalue pas l'importance de l'Archevêque métropolitain mais l'identifie comme le responsable de l'exécution pratique du droit particulier provincial, lequel vient régler les relations canoniques entre les différentes compétences épiscopales à l'intérieur d'un territoire placé sous la vigilance du siège métropolitain.

Le système métropolitain qui met en synergie les deux dimensions, personnelle et collégiale, dans des dynamiques de synodalité, peut parfaitement fonctionner de manière plus incisive sans avoir à accentuer le rôle du métropolitain. C'est, au fond, la volonté et l'opportunité qui offrent la *rationabilitas* pour un fonctionnement provincial plus précis, peut-être en lien avec celui de la Conférence Épiscopale, dans une réelle gradation structurelle de la communion synodale.

Le modèle latin de l'organisation métropolitaine des provinces ecclésiastiques s'appuie sur un double office: celui d'«archevêque», qui est l'évêque du diocèse qui lui est confié et dont la position est graduellement centralisée mais non pas hiérarchique; celui de «métropolitain», qui vient qualifier la fonction d'archevêque dans un ensemble graduel d'Églises particulières pour vivre une forme déployée de la collégialité sous son aspect pastoral. La fonction primatiale locale est donc formellement un ressort pour la communion entre pairs au niveau de la communion hiérarchique et non un principe de la collégialité. Dans la configuration latine du système métropolitain, l'Archevêque est *comme* un *primus inter pares*, un premier de cordée, mais pas un supérieur. Il doit favoriser une voie synodale.

Le droit particulier dans la province doit être envisagé sous de multiples possibilités qui doivent répondre à des besoins institutionnels et donc structurels en matière pastorale. Ce peut être des cas qui nécessiteraient un développement spécial d'une faculté déjà attribué au métropolitain ou la création d'une charge nouvelle à lui confier, et qui serait alors encadré dans un droit particulier, sans changer le sens même de la province ecclésiastique qui n'a d'autre vocation que de favoriser l'unité ecclésiale et la promotion du ministère pastoral des évêques.

La fonction métropolitaine, territorialement spatialisée, est une ressource canonique pour accentuer une emprise plus synodale sur le plan disciplinaire quand cela s'avère nécessaire au jugement du Siège Apostolique. Elle ne peut être accentuée sans raison pastorale grave et légitime. Mais dans le même temps, cette fonction est normativement désignée comme un centre de communion ecclésiale au plan de la collégialité supra-locale qui n'est pas un rôle canonique de supérieur hiérarchique mais un rôle ecclésiologique pour la discipline synodale. La valoriser suppose ainsi de vouloir faciliter les échanges graduels entre Églises liées entre elles à la manière fraternelle d'une famille. Le métropolitain est comme un «frère aîné», dit le directoire *Apostolorum successores*, celui qui veille avec sollicitude sur chacun et facilite la croissance dans la fraternité, exprimant ainsi une forme d'unité de la diversité sur le plan ecclésial.

La Province Ecclésiastique de Paris est un modèle d'organisation provinciale. Elle est née dans le contexte particulier d'une grande agglomération urbaine, qui avait nécessité à la fois la création de nouvelles Églises particulières et la création d'institutions communes pouvant leur permettre de travailler ensemble. L'évolution de cette organisation, en gardant ses caractéristiques génétiques, a progressé vers une stabilisation organique pour une normalisation canonique des rapports entre les évêques, dans une expression locale de la collégialité pastorale efficiente. Au travers des difficultés que nous avons soulevées au cours de ce chapitre, nous avons pu constater que les responsabilités épiscopales n'envisagent pas l'autorité avec la même intensité, selon qu'elles dépendent d'une autorité organique (*conventus*), ou bien d'une autorité matérielle (personnelle). L'autorité des choses décidées est en nette dépendance d'une imputabilité déterminée *a priori*. Dans un ordre de proportionnalité, plus les responsabilités sont resserrées, plus intense sera l'autorité: l'autorité de la chose décidée a donc besoin d'une gradation significative qui relaie chaque niveau de responsabilité entre eux. La collégialité pastorale, ou synodalité épiscopale, ne peut être efficiente et efficace que si elle organise par elle-même les responsabilités, c'est tout au moins l'un des enseignements à retenir de l'expérience parisienne.

La solution canonique retenue à Paris peut donc être une source d'inspiration pour toute province où l'Épiscopat chercherait à mieux se coordonner et s'autoréguler autour de son métropolitain. Comme le souligne le directoire *Apostolorum successores*, pour qu'il y ait une «collégialité plus incisive», il faut un pivot fonctionnel, le métropolitain, lequel ne doit pas être détaché de la mécanique synodale, mais au contraire la signifier et la promouvoir en un sens institutionnel. C'est aux évêques eux-mêmes à resserrer toujours plus convenablement les liens entre eux et, par là, de mieux rapprocher leurs Églises et les communautés de fidèles. Chaque province est particulière: un droit réglementaire, comme pour Paris, pourrait en manifester la consistance juridique de manière plus évidente.

Sur ce dernier point l'expérience parisienne aura démontré la possibilité pour une province ecclésiastique organisée de jouer un rôle structurel d'échelon pour une Conférence Épiscopale. L'autonomie propre à chaque entité, en vue de réaliser l'objet pour lequel elles ont été constituées, loin de s'opposer à la communion, est venue comme confirmer la nécessité d'une coopération institutionnelle graduelle. Un effort dans le sens d'une réglementation accrue pour un développement des connectivités entre les différentes instances pastorales, à l'échelle d'une Conférence Épiscopale par exemple, pourrait ainsi assurer une meilleure articulation des niveaux ecclésiaux et faciliter la participation des fidèles aux côtés de leur pasteurs, pour qu'ils travaillent ensemble au bien commun de leurs Églises.

CONCLUSION GÉNÉRALE

L'objectif que nous avions fixé au moment d'entreprendre cette étude était d'évaluer la synodalité épiscopale dans la province ecclésiastique latine afin d'en déterminer sa physionomie dans l'ordonnancement canonique actuel. Au travers de notre parcours de recherche, plusieurs conclusions nous ont permis d'établir que la synodalité est le mécanisme même de la communion ecclésiale dont les ressorts dynamiques se situent au niveau d'une communion efficiente des évêques.

Nous avons dû d'abord en chercher les raisons. Le première est ontologique: il y a un lien de circularité entre la synodalité et la collégialité qui est l'axe essentiel de la communion dans le Corps mystique du Christ. Cette circularité permet une participation différenciée aux trois fonctions du Christ (*munera*) dans le sacrement du baptême, par laquelle les fidèles – *tous* –, comme sujets personnels, entrent en collaboration au travers d'une structure corporelle. L'articulation de cette organisation corporelle est le sacrement de l'Ordre dont le dernier degré, l'Épiscopat, comme sujet collectif, est une participation de certains fidèles – *quelques-uns* – à la *potestas sacra*, pour l'exercice plénier des trois fonctions du Christ (enseigner, sanctifier, gouverner). L'Épiscopat offre au corps tout entier sa structure vertébrale en connectant les fidèles à tous les niveaux de la vie ecclésiale. La verticalité est assurée par la nature collégiale de l'Épiscopat qui est récapitulée en une fonction primatiale, le Pontife romain – *Un seul* – qui représente la Tête unie à son corps, le Christ. L'influx nerveux, la communion hiérarchique, qui permet au corps tout entier de se mouvoir et de garder son unité, vient de la tête, une Primauté universelle qui est assumée par un office de capitalité lié au siège épiscopal de Rome. La collégialité épiscopale est la structure interne de la communion ecclésiale qui, au travers de liens de subordination déterminés canoniquement peut devenir un mouvement d'action. Pour que la collégialité soit au service d'une circularité entre le peuple de Dieu et le Collège des Évêques uni à sa tête, il faut que cette communion soit utilement organisée dans des niveaux intermédiaires qui sont autant de relais de la mécanique synodale.

La seconde raison est donc organique: la synodalité, en effet, organise la communion comme un mouvement par lequel le Corps mystique du Christ agit effectivement et harmonieusement. Chaque fidèle appartient à une communauté hiérarchique dont l'évêque, par institution divine reconnue dans la Succession apostolique et légitimement établie dans la communion hiérarchique, est le principe synodal d'unité. Comme chef et pasteur, il est la tête de sa communauté ecclésiale, lui apportant à la fois le mouvement et l'être. L'évêque représente canoniquement son Église particulière dans l'Épiscopat et lui permet d'exister en favorisant la circularité synodale *ad intra* et *ad extra*. Au travers de son évêque, l'Église-sujet agit comme un sujet institutionnel, une personne juridique[1]. Ce sujet, personnel et collégial, interagit avec d'autres sujets ecclésiaux dans des relations juridiques stables. La synodalité, dans sa mouvance institutionnelle locale, se déploie dans des mouvements plus larges, eux-mêmes institutionnels, qui sont fondés dans la communion hiérarchique. Cette synodalité qui réalise l'Église-Une, en progrès vers la pleine communion, s'identifie à l'Épiscopat au niveau de son principe d'action: elle est une synodalité épiscopale. Les évêques, vecteurs d'unité par leur *munus regendi*, coopèrent ensemble dans des institutions à caractère synodal qui sont elles-mêmes des moyens ecclésiastiques de l'unité. Ces institutions sont le produit d'actions répétées et typiques et ne sont pas inventées à chaque génération. Elles organisent structurellement la communion dans ses effets juridiques, de la diversité vers l'unité, pour l'orienter vers sa finalité qui est le bien du corps tout entier.

Pour comprendre les mécanismes de la synodalité dans l'ordonnancement canonique actuel et en établir les contours, nous avons choisi d'en percevoir les ressorts dynamiques au niveau de la province ecclésiastique qui fut le premier modèle institutionnel de la collaboration à la fois épiscopale et ecclésiale. Nous avons constaté que la synodalité épiscopale, qui organise les rapports entre les sujets réunis en des communautés hiérarchiques, est au fondement d'une gradualité qui subordonne localement ces communautés les unes aux autres dans des réseaux ecclésiaux, lesquels sont une analogie de l'Église universelle. Cette gradualité est une ordination vers le but – la communion – et repose sur un support mutuel des communautés entre elles, qui conditionnent les relations ins-

---

[1] Cf. Cypr., *Ep.* 66,8, 3 CCL 3C, 443: «Unde scire debes episcopum in ecclesia esse et ecclesiam in episcopo et si qui cum episcopo non sit in ecclesia non esse (…)».

titutionnelles des Églises particulières et par suite de leurs pasteurs. Dès les premiers temps de l'organisation ecclésiastique, la synodalité épiscopale a déployé ses dynamiques de communion autour de quatre éléments: la localité, la représentativité, la juste autonomie et la coresponsabilité

La dynamique de localité se fonde sur la territorialité des rapports entre sujets ecclésiaux. Elle crée des espaces de rencontres qui sont autant d'espaces juridiques. Dans ces espaces, les relations sont ordonnées autour d'un principe communautaire qui détermine un centre ecclésial. Sur un plan canonique, une Église particulière devient le support juridique stable de la synodalité épiscopale en un lieu géographique. Le pasteur de cette Église, l'Archevêque métropolitain, est canoniquement le président de cette communion synodale entre les tous les pasteurs mais n'en est pas à l'origine ni au fondement. Il en assure la garde disciplinaire. Cette organisation ecclésiastique synodale, qui unit des Églises particulières entre elles, s'est fixée dès le IVe siècle dans une institution canonique, la province ecclésiastique, et dans un modèle juridique de relations épiscopales institutionnelles, le système métropolitain.

Dans ce système, qui est une caractéristique propre des provinces ecclésiastiques, le ministère épiscopal est préservé dans ses deux dimensions, collégiale et personnelle, tout comme l'identité de la communauté qu'il représente. Dans cette dynamique de représentativité, ce sont des Églises particulières avec leurs sujets qui entrent en relation par leurs évêques, sous la vigilance du métropolitain. C'est lui qui veille à la bonne gouvernance des communautés ecclésiales de sa juridiction et aux bonnes relations entre elles. Ce système, qui matérialise la communion en un lieu, s'est progressivement centralisé en une organisation collégiale universelle ordonnée autour du Siège de Rome. L'Église s'est souvent accommodée des réseaux de communication tels qu'ils étaient établis par les pouvoirs publics pour développer ses propres réseaux synodaux de communion. L'Église est ainsi devenue une union polycentrique: chaque centre ecclésial est déterminé territorialement par sa relation avec les autres centres ecclésiaux selon un ordre juridique qui les rassemblent en des réseaux d'Églises proches unis au Successeur de Pierre. L'Église se formalise dans ces différents niveaux de réalisation de la communion comme une uni-diversité: *uni* pour universel, unique, unitaire; mais aussi *diversité*, puisqu'il y a une variété dans les situations pastorales et une pluralité dans les sujets actifs participants. La manifestation synodale visible de la communion locale est donc la concorde et l'unanimité des pasteurs voisins dans leur gouvernance.

Toute institution ecclésiale qui favorise l'action pastorale des pasteurs répond ainsi à cet ordonnancement dans la Charité. La juste autonomie des Églises particulières et de leurs évêques est garantie par une organisation ecclésiastique que le système métropolitain ordonne, pour ses effets, en une saine autonomie dans les relations ecclésiales. Dans l'action pastorale, ce qui peut être fait localement doit être valorisé et promu par l'organisation diocésaine (cf. DPME, n. 60). Les liens de subsidiarité qui fondent des rapports de solidarité entre communautés requièrent parfois coordination et coopération supra-locale pour l'efficacité de l'action pastorale. Des lieux institutionnels doivent favoriser l'efficacité de cette communion des évêques et des Églises. Ces lieux se relient graduellement entre eux dans une logique de service et non de substitution. Il y a donc une rationabilité des décentrements qui répondent toujours à une opportunité pastorale à discerner et un progrès à réaliser. Les Églises particulières doivent resserrer elles-mêmes les liens de communion qui les unissent par leurs évêques (cf. DPME, n. 22). Les provinces ecclésiastiques sont les premiers degrés institutionnels (cf. can. 431) pour une concertation, une élaboration et une évaluation en commun de l'action pastorale. Elles sont des lieux où l'*affectus collegialis* propre à la communion entre les évêques prend vie dans une collégialité pastorale *efficiente*.

Les évêques n'agissent jamais de manière solitaire, à cause de la nature collégiale de leur ministère, mais toujours de manière interpersonnelle dans des réseaux pastoraux de communion. Leur action synodale commune est donc une conciliarité. Le ministère épiscopal est un ministère synthétique par lequel se vérifie le discernement et l'authenticité du *sensus fidei fidelium – ekklesiastikè syneidesis –* afin de savoir ce que l'Esprit dit au Églises[2]. La synodalité épiscopale prend acte des seuils de progression, ou des pierres d'attentes, vers la pleine communion, comme en témoignent tout au long de l'histoire de l'Église les nombreux conciles tant œcuméniques que particuliers. L'expertise épiscopale, dans la mission qui lui est confiée dans la province, ne peut néanmoins en rester au niveau du seul constat sans agir.

La synodalité épiscopale est une communion *efficiente* qui a besoin d'organicité pour resserrer les liens pastoraux entre les Églises. Des institutions sont nécessaires, pour que les responsabilités individuelles dans la gouvernance deviennent, par l'exercice du même *munus episcopale*, une autorité ministérielle coresponsable au service de la croissance du corps ecclésial. Ces institutions d'autorité dans la province sont au

---

[2] Cf. Ap 2,7 et 3,22; FRANÇOIS, exh. ap., *Evangelii gaudium*, n. 31.

nombre de deux et se déploient selon une logique ontologique et juridique (cf. can. 432).

L'Archevêque métropolitain en est la figure tutélaire et paradigmatique. Sa fonction désormais, dans le droit actuel, a retrouvé son sens antique d'agent de synodalité entre les pasteurs, de vecteur de la communion entre les Églises. Son rôle unique – *Un* – est un service objectif qui ne lui appartient pas en propre mais dans lequel il s'engage personnellement en demandant à l'exercer au nom de la position graduelle de son Église dans le territoire de la province. De sa fonction synodale ressort mieux désormais son rôle disciplinaire d'agent de la communion, qu'il assure en lien avec le Pontife romain et les évêques suffragants de sa province. Le pallium en est la traduction symbolique et liturgique. Il n'est donc pas un supérieur hiérarchique mais une autorité canonique exécutive, le président-né du regroupement synodal des Églises particulières en un lieu. Cette entité juridique se matérialise au travers d'un *conventus* ou une Assemblée des évêques de la province qui est un organe de concertation et d'élaboration de l'action pastorale. Il est un lieu où les évêques – *quelques-uns* – entrent en relation mutuelle au nom de leur ministère pastoral, pour discerner ensemble les opportunités missionnaires et unir conjointement leur force, afin d'agir dans le sens du bien commun des Églises qui leur sont confiées. C'est un lieu de coresponsabilité sacramentelle qui manifeste l'unité – *una cum* – des évêques, en un lieu, autour de leur métropolitain. Cet organe manque canoniquement d'une définition institutionnelle dans le Code de 1983 mais pourrait trouver matériellement à s'organiser de manière plus efficace en utilisant les ressources juridiques à sa disposition.

Le concile provincial, enfin, est une autorité collégiale. Il est un organe de participation où le *conventus* épiscopal – la synodalité au sens strict – se connecte avec les différentes catégories de fidèles – *tous* – pour exercer ensemble avec eux, dans le respect des charismes, un discernement ecclésial qui oriente l'action pastorale dans les Églises de la province. Il est le lieu ecclésiologique par excellence d'une synodalité au sens large où se déploie selon divers degrés une coresponsabilité différenciée. Le concile provincial ne peut se réunir sans la présence du métropolitain qui manifeste en son sein l'unité locale des évêques et le lien de communion avec le Saint-Siège. Les conciles provinciaux n'ont plus aujourd'hui de périodicité pour leur célébration. Certainement, entre le Concile Œcuménique et les synodes diocésains, ils offraient un seuil de réception théologique qui a été négligé après le concile Vatican II, bien qu'il fût encouragé. Dans une progression ascendante, tous les degrés intermédiaires ont leur importance à condition d'en établir la complémentarité graduelle.

La physionomie de la synodalité épiscopale dans les provinces ecclésiastiques, telle qu'elle apparaît aujourd'hui dans l'ordonnancement canonique latin, prend un relief particulier selon les lieux et les situations. Nous avons voulu en percevoir la réalité fonctionnelle au travers de l'organisation ecclésiastique de l'Église en France.

De manière un peu symptomatique, la prise en compte de la province ecclésiastique est en dépendance d'une saine vision de la collégialité lorsqu'elle se déploie dans des niveaux intermédiaires. La collégialité, dans son sens universel ou partiel, ne signifie pas une collectivité d'évêques mais une union organique d'un corps avec sa tête. Le premier constat que nous pouvons tirer des recherches effectuées est que le manque d'institutionnalité du *conventus* épiscopal provincial ne favorise pas sa compréhension ecclésiologique ni son positionnement canonique dans l'organisation de la Conférence des Évêques de France. La place du métropolitain, qui est pourtant essentielle dans l'organisation du concile provincial qui ne peut se célébrer sans lui, manque de fonctionnalité, tant dans les Assemblées des évêques des provinces que dans les structures de la CEF. Ses caractéristiques d'agent de la synodalité dans la communion hiérarchique sont délibérément mises de côté afin d'éviter tout sentiment de *leadership* dans la communion locale entre les évêques. Les provinces ecclésiastiques ne sont pas considérées comme des instances en soi mais comme des échelons de la Conférence comprise comme un niveau collectif. Dans un comparatif avec les Statuts de la Conférence Épiscopale Espagnole, nous avons constaté que les provinces peuvent devenir des partenaires dans une collaboration institutionnelle, sans avoir à changer le sens canonique qui leur est attribué dans l'organisation administrative de l'Église. Ce sens de communion locale était pourtant bien présent dans le premier temps de réforme des Statuts de la CEF qui avait amené à refonder la carte pastorale des regroupements d'Églises particulières en 2002.

C'est le deuxième constat que nous pouvons faire: les provinces ecclésiastiques françaises se sont restructurées autour des dynamiques de synodalités. En déterminant de nouveaux centres métropolitains ou en confirmant ceux déjà existants, le nouveau schéma pastoral tenait compte à la fois d'un *leadership* régional d'un siège épiscopal en particulier et d'un souhait d'une plus grande visibilité institutionnelle vis-à-vis des pouvoirs publics. Ce *leadership* synodal qui accentue la prise en charge coresponsable de la destinée locale des Églises par les évêques eux-mêmes, était bien le premier sens du système métropolitain, déjà dans le canon 34 des Apôtres puis dans le canon 9 du concile d'Antioche (341) comme nous l'avons vu. L'exemple du concile de Lille que nous avons observé, nous présente le cas d'une province où, sans changer de définition territoriale mais en la réaménageant par la détermination d'un nouveau centre métropolitain, a permis de réaliser matériellement une démarche synodale supra-locale, indépendamment de la Conférence Épiscopale. Fonctionnellement – mais cela dépend des opportunités à discerner – les provinces ont une autonomie juridique qui n'a pas besoin d'être justifiée mais au contraire exercée. Dès lors, on ne comprend pas pourquoi cette autonomie n'est pas reconnue et déployée avec ses potentialités au travers de l'organisation pastorale française. Il y a là des pierres d'attente pour la réalisation d'un décentrement positif qui nécessite aussi une conversion des mentalités.

La province ecclésiastique est une structure pastorale qui a besoin de s'organiser pour répondre convenablement aux situations ecclésiales. L'organisation de la Province Ecclésiastique de Paris nous en a offert une illustration qui confirme qu'elle doit être un niveau autonome par rapport aux structures de la Conférence Épiscopale. Le rôle fonctionnel de l'Archevêque de Paris n'est pas différent de celui défini par le Code de 1983. Le canon 436 §2, qui aurait pu être utilisé dans le sens de lui définir une nouvelle charge et un nouveau pouvoir, n'a été retenu que pour signifier une règlementation structurelle précise entre les évêques, approuvée par le Siège Apostolique et dont le métropolitain est le gardien. L'élaboration d'un règlement interne à la province ecclésiastique, avec les ressources canoniques actuellement disponibles, montre qu'une synodalité épiscopale mieux organisée territorialement peut se relayer graduellement aux autres institutions (diocèses, Conférences Épiscopales, Synode des Évêques).

Au terme de ce parcours de recherche sur la synodalité épiscopale dans la province ecclésiastique, les deux éléments qui en constituaient la proposition nous apparaissent comme fondamentalement reliés entre eux pour engager l'Église dans un renouveau de la voie synodale. La synodalité épiscopale dans son organisation est toujours un moment décisif pour le discernement ecclésial du *sensus fidei*. Cette attention ne peut venir que d'une sollicitude par laquelle «chaque évêque possède simultanément et inséparablement la responsabilité pour l'Église particulière confiée à ses soins pastoraux et pour l'Église universelle»[3]. Cette solli-

---

[3] Cf. FRANÇOIS, const. ap. *Episcopalis communio*, n. 2.

citude prend racine dans le voisinage immédiat: la province ecclésiastique est un réseau synodal d'Églises. Le discernement ecclésial est progressif, des diocèses aux provinces jusque vers les instances communes de la Conférence Épiscopale, s'élevant ultimement jusqu'en son degré le plus élevé au niveau de l'Église universelle, le Synode des Évêques et le Concile Œcuménique. La province constitue l'un des paliers intermédiaires de cette ascension vers le *consensus Ecclesiæ* mais également pour le réceptionner et lui donner concrètement un espace de réalisation. Un chemin synodal de communion entre les Églises passe donc par la restauration de la discipline synodale dans les provinces ecclésiastiques, en rénovant la fonction du métropolitain mais également en restaurant sa position de médiateur dans la communion hiérarchique pour la réalisation d'une collégialité locale efficiente. Chacun des niveaux de la vie ecclésiale, graduellement reliés, devrait ainsi pouvoir concilier organiquement des communautés de pensée et d'action, comme autant de seuils de progression vers l'unité articulée du Corps du Christ. C'est ce qu'évoque déjà l'Apôtre Paul lorsqu'il écrit aux Éphésiens:

> (…) confessant la vérité dans l'amour, nous grandirons à tous égards vers celui qui est la tête, Christ. Et c'est de lui que le corps tout entier, coordonné et bien uni grâce à toutes les articulations qui le desservent, selon une activité répartie à la mesure de chacun, réalise sa propre croissance pour se conduire lui-même dans l'amour[4].

---

4 Éph 4, 15-16, trad. *TOB*.

Annexe 1*

Tableau 1: Organigramme de l'ACA 1919-1945

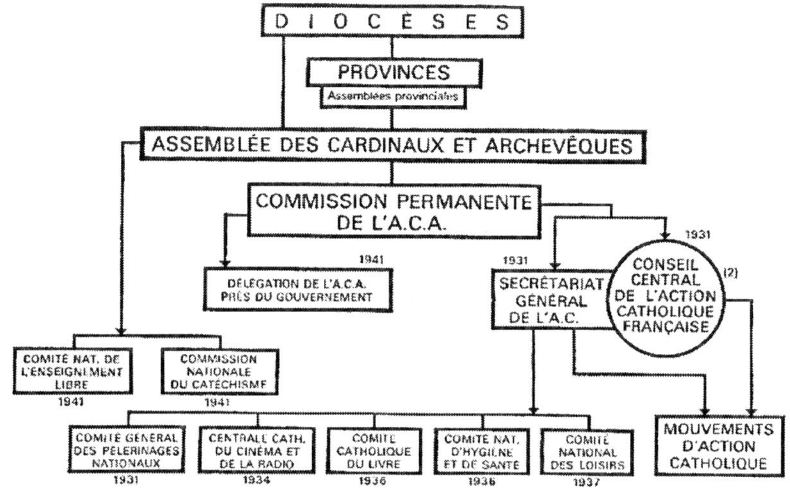

Tableau 2: Organigramme de l'ACA 1945-1951

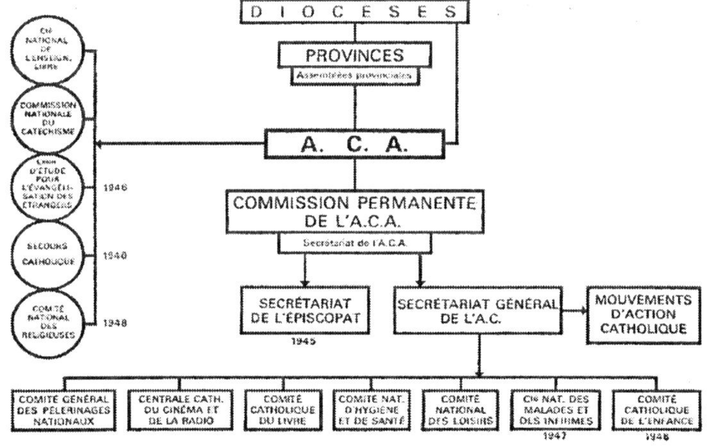

---

* Légendes: traits: tiret = *lien formel*; plein = *lien organique*; dégradé = *fonctionnel ou institutionnel*; flèches: *lien de dépendance*. Les tableaux 1-3, in J. Sutter, «Analyse ornigrammatique», 108; 111; 119. Les tableaux 3-10 sont de notre réalisation.

Tableau 3: Organigramme ACA- Assemblée Épiscopale 1951-1964

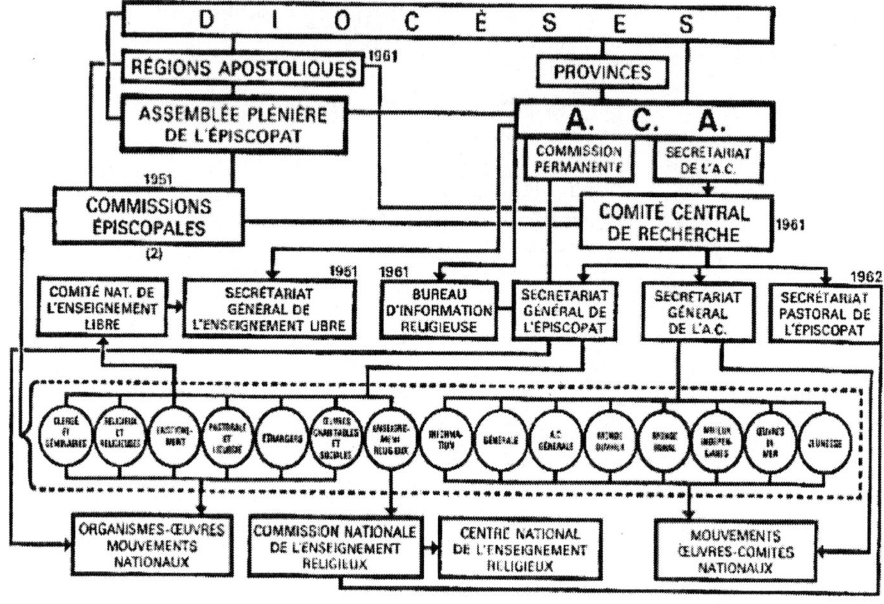

Tableau 4: Organigramme CEF d'après les Statuts de 1966

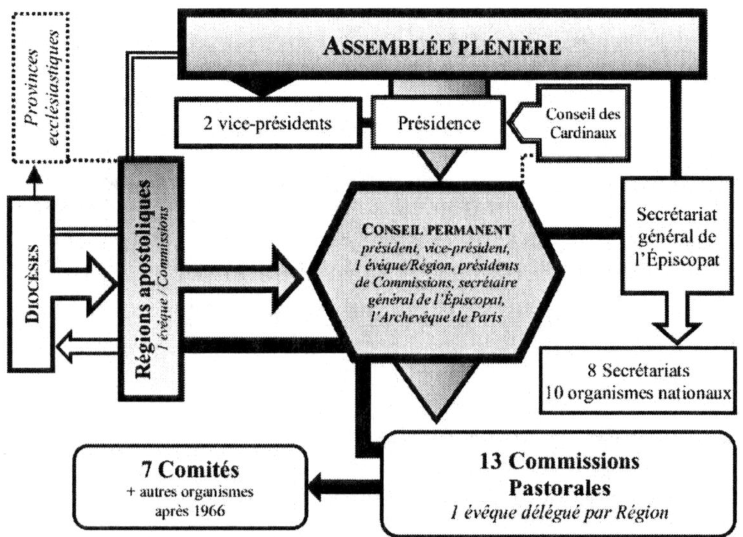

Tableau 5: Organigramme de la CEF d'après les Statuts de 1975

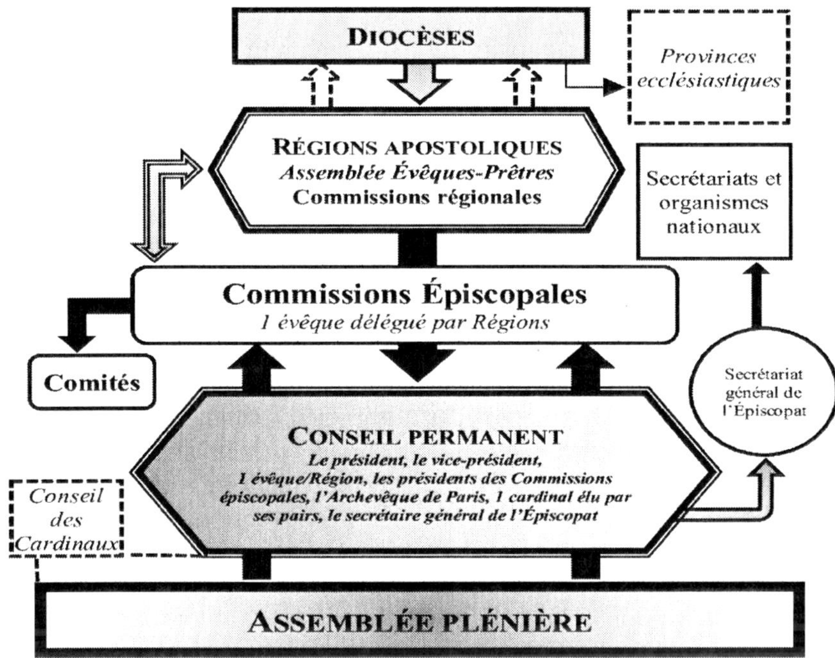

Tableau 6: Organigramme de la CEF, après les modifications de 1994

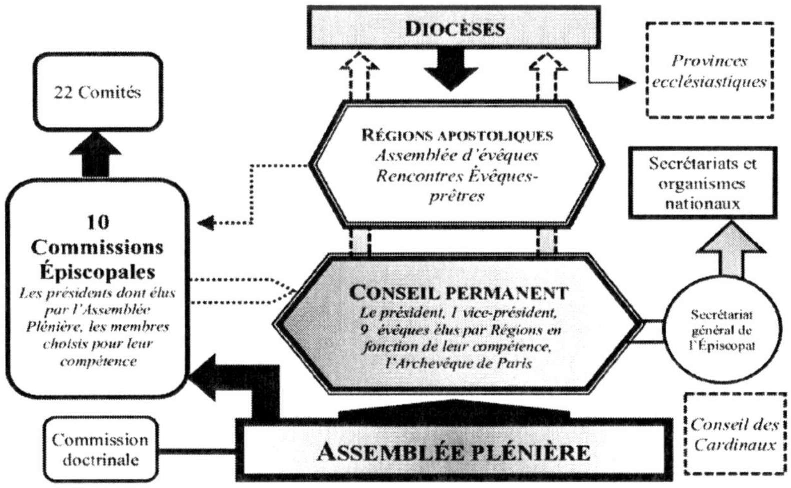

Tableau 7: Les 9 Régions apostolique en 1961, *DocCath* 58 (1961) 1489.

Tableau 8: Les 15 provinces ecclésiastiques, *DocCath* 100 (2003) 49.

Tableau 9: Organigramme de la CEF d'après les Statuts de 2006

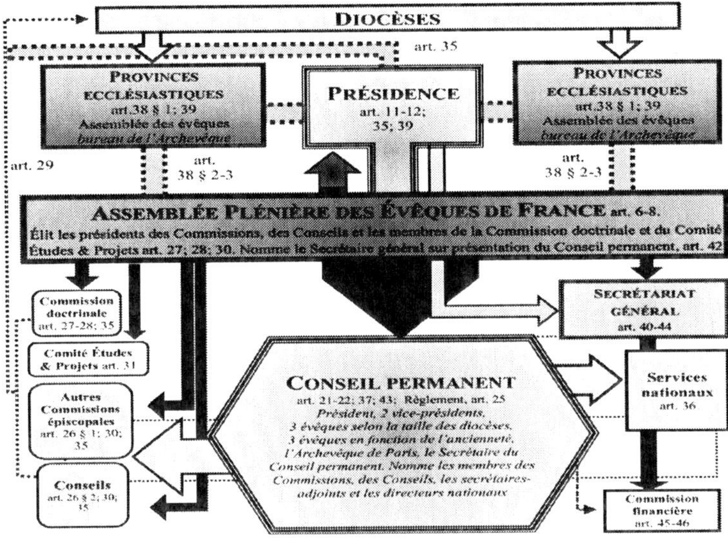

Tableau 10: Estatutos CEE 2019:

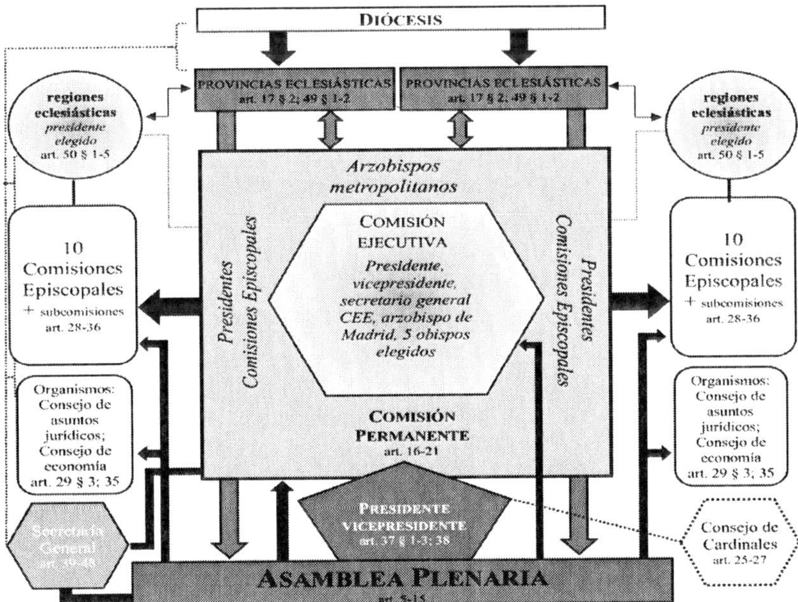

ANNEXE 2[*]

Région apostolique de Paris

29 juin 1964

Conférence épiscopale régionale

Statut canonique

I. L'évêque dans la région apostolique de Paris

1. L'évêque, appelé à évangéliser une portion de la région parisienne, ne pourra assumer sa tâche pastorale que s'il accepte en même temps une fonction locale et une fonction régionale comme les deux faces d'une même responsabilité.

A. *Fonction locale de l'évêque*

2. L'évêque, qui a la juridiction ordinaire et la «*cura animarum*» d'un diocèse de la Région apostolique de Paris, réside sur son territoire. Selon le droit, il désigne pour l'aider dans sa tâche un vicaire général.

3. Responsable de son clergé, l'évêque suit les séminaristes pendant le cours de leurs études, procède à la nomination et aux mutations des prêtres, veille à leur vie spirituelle en leur assurant des retraites et récollections, prend éventuellement à leur égard les sanctions prévues par le droit.

4. Les clercs sont incardinés à leur diocèse, mais ordonnés «*ad titulum servitii regionis parisiensis*». Ils ne peuvent être nommés à une fonction régionale ou mutés dans un autre diocèse qu'avec l'accord de leur évêque qui reste responsable d'eux tant que n'aura pas été faite une excardination.

5. Responsable de l'action pastorale, l'évêque, dans le cadre des orientations et des décisions prises par la Conférence, assure:
- Le gouvernement des paroisses: nomination des curés, des vicaires; visites pastorales; érection de nouvelles paroisses et animation des doyennés, conseil des doyens, etc…
- Le contrôle et l'animation de l'Action catholique ainsi que des mouvements éducatifs, caritatifs, spirituels: il nomme à cet effet un directeur des œuvres et des aumôniers spécialisés;

---

[*] Cf. Archives Historiques de l'Archidocèse de Paris [AHAP], Annexe n°4 du projet de 1962, in dossier «Réorganisation du diocèse de Paris», cotes 1 B 4,6.

- l'enseignement de la doctrine: lettre pastorales, catéchuménat des adultes, catéchisme des enfants et directives concernant la prédication.
- La coordination des forces apostoliques locales: communautés des religieuses et religieux, écoles chrétiennes, etc...

6. Responsable de la gestion administrative, l'évêque:
- veille à la tenue des registres, selon le formulaire commun à la Région apostolique de Paris;
- gère les biens meubles et immeubles de son diocèse;
- assure la vie matérielle de son clergé et organise à cette fin le denier du culte;
- accorde les dispenses prévues par le droit.

Il est assisté dans ces tâches par un Chancelier.

7. L'évêque est entouré d'un Conseil épiscopal qu'il réunit et consulte régulièrement. Ce Conseil comprend le Vicaire général, le Chancelier, le directeur des œuvres et toutes autres personnes (prêtres ou laïcs) que l'évêque jugera bon de désigner.

B. *Fonction régionale de l'évêque*

8. L'évêque fait de droit partie de la Conférence épiscopale de la région apostolique de Paris.

9. La Conférence est l'organe qui permet à chaque évêque d'exercer pleinement sa mission en intégrant sa fonction locale dans le travail commun d'évangélisation et de pastorale requis par l'unité de la région apostolique de Paris.

II. La Conférence épiscopale de la région apostolique de Paris

A. *Structure générale*

10. La Conférence est composée de droit de tous les évêques résidentiels de la région apostolique de Paris.

11. La Conférence est présidée normalement par l'Archevêque de Paris. Elle élit deux Vice-présidents; ces deux vice-présidents sont élus pour trois ans et rééligibles une seule fois à la suite.

12. Le président et les deux vice-présidents constituent le Comité de la Conférence.

13. La Conférence dispose d'un Secrétariat général chargé de l'aider dans la recherche des orientations communes et dans l'application des décisions communes.

B. *La Conférence épiscopale*

14. Afin de réaliser l'unité dans les impulsions pastorales exigée par l'évangélisation de la région apostolique de Paris, la Conférence a pour mission de définir les orientations communes et de prendre les décisions communes. La Conférence est spécialement chargée:

- d'assurer la formation du clergé;
- d'établir une législation commune;
- de promouvoir une pastorale d'ensemble, avec une attention privilégiée accordée à l'action missionnaire;
- de créer et de diriger les services communs.

15. Assurer la formation commune du clergé

La Conférence a la responsabilité des différents séminaires de la région apostolique de Paris: répartition des maisons, nominations des supérieurs et professeurs, contrôle des programmes et règlement.

La Conférence assure l'animation doctrinale et pastorale de tous les prêtres par l'organisation de sessions sacerdotales réalisées (en totalité ou en partie) dans le cadre régional. Ces occasions de travail en commun des prêtres apparaissent comme un élément essentiel de l'unité de la région apostolique; elles seront donc l'objet d'un soin particulier de la Conférence épiscopale.

16. Établir une législation commune.
- la Conférence publie les ordonnances, mandements et directives. Elle promulgue les statuts élaborés par le Synode auquel participent les prêtres qui par désignation et délégation représentent l'ensemble de la région apostolique de paris.
- La conférence dispose d'un bulletin officiel [Présence & Dialogue].

17. Promouvoir une pastorale d'ensemble, avec une attention privilégiée à l'action missionnaire. Pour cela, la Conférence:
- se donne les commissions pastorales qu'elle juge bon de créer au service de la Région apostolique.
- coordonne l'action pastorale dans les grands secteurs sociologiques, par exemple: mission ouvrière; aumônerie des étudiants, des étrangers, etc...

– se réserve le droit des «prises de positions» publiques.

18. Créer et diriger les services communs.
Pour favoriser l'unité administrative de la région apostolique, la Conférence assume la responsabilité des services communs, tels: l'Officialité, l'Œuvre des Chantiers, la Mutuelle Saint-Martin, l'administration temporelle (par exemple: gestion des finances régionales et des divers services techniques mis à la disposition des diocèses). Elle en nomme les responsables et se fait rendre compte de leur gestion.

19. Le président est personnellement responsable:
– du fonctionnement de la Conférence qu'il convoque régulièrement,
– du travail du Comité,
– des relations avec le Saint-Siège pour ce qui concerne l'ensemble de la Région apostolique.

C. *Le Comité*

20. Le Comité est chargé de veiller à la mise en œuvre des orientations et décisions de la Conférence. Il prend, en outre, selon le mandat défini par la Conférence, les initiatives nécessités par certaines circonstances déterminées.

21. Les membres du comité sont en liaisons constante entre eux; ils se rencontrent chaque fois qu'il est nécessaire.

D. *Le Secrétariat général de la Conférence*

22. Pour assurer la recherche et la coordination nécessaire dans les différents domaines, la Conférence crée un secrétariat qui travaille sous la responsabilité directe du Comité. Ce Secrétariat est l'organe communautaire que la Conférence se donne comme rappel permanent du niveau régional des responsabilités et comme moyen efficace de l'exercer.

23. Le secrétariat général est composé de délégués régionaux.

24. Les délégués régionaux sont désignés par la Conférence pour un mandat limité.

ANNEXE 3[*]

Région apostolique de Paris

29 juin 1964

Conférence épiscopale régionale

Loi propre

1. La multiplicité des tâches auxquelles est à faire face les évêques ayant charge d'âmes sur le territoire de la Région apostolique de Paris, rend difficile la participation effective à un gouvernement collégial. En conséquence, il semble nécessaire d'avoir une institution juridique dont les règles mêmes leur rappelleront sans cesse leur responsabilité d'ensemble et leur en faciliteront l'exercice: cette institution est la Conférence épiscopale de la région apostolique de Paris.

2. A ces fins, la Conférence définit les fonctions de Président, des Vice-présidents, du Comité, du Secrétariat général et des Commissions selon les modalités suivantes:

3. Le Président est normalement l'Archevêque de Paris. Il exerce la présidence de la Conférence par un mandat spécial du Saint-Siège qui peut toujours, pour des motifs graves, se réserver le droit de désigner un autre Président.

4. Le président convoque régulièrement la Conférence. Pour assurer entre tous les évêques une communauté de pensée et d'action plus profonde il les réunit, quelque fois dans l'année, en sessions de travail plus prolongées.

5. Les deux Vice-Présidents sont élus par la Conférence. Ils sont choisis obligatoirement l'un parmi les évêques de la proche banlieue, l'autre parmi ceux de la grande banlieue.

6. Le Président et les deux Vice-Présidents sont spécialement responsables de maintenir des relations plus étroites, le président entre les évêques de la ville de Paris, les deux Vice-Présidents entre les évêques de la banlieue dont ils assurent la représentation au Comité. Ils réunis-

---

[*] Cf. Archives Historiques de l'Archidocèse de Paris [AHAP], Annexe n°4 du projet de 1962, in dossier «Réorganisation du diocèse de Paris», cotes 1 B 4,6.

sent, à cet effet, les autres évêques de leur zone chaque fois que les exigences d'unité demandent une harmonisation spéciale entre eux.

7. Le Comité, convoqué régulièrement par le Président, prépare l'ordre du jour des réunions et sessions de la Conférence.

8. La Conférence, au début de chaque réunion, approuve le compte-rendu de la réunion précédente et l'ordre du jour de la réunion qui s'ouvre.

9. Les décisions de la Conférence sont prises à la majorité des deux-tiers des voix. A la demande du président ou de deux membres ayant voix délibérative la Conférence adopte la procédure du vote secret.

10. Un évêque empêché de participer à une réunion de Conférence peut exceptionnellement se faire remplacer par un Vicaire général qui aura voix délibérative.

11. Le Secrétariat général est composé de deux délégués régionaux, l'un pour l'action pastorale et la recherche missionnaire, l'autre pour les affaires administratives et financières.

12. Les délégués régionaux sont désignés par la Conférence pour un mandat de quatre ans.

13. Les délégués régionaux assistent habituellement aux réunions de la Conférence et au Comité.

14. Le secrétariat général soumet, une fois par an, à la Conférence, un rapport sur l'ensemble du travail accompli.

15. Les Commissions de pastorale, créées par la Conférence, sont placées, chacune, sous la responsabilité d'un évêque désigné par ses pairs. Le délégué régional pour l'action pastorale et la recherche missionnaire anime et contrôle leur travail et assure leur coordination.

16. Ces Commissions sont composées de prêtres experts représentant les différents diocèses.

17. Les services communs sont placés sous la responsabilité du Président. Le délégué régional pour les affaires administratives et financières est chargé d'assurer entre eux la liaison et les représente habituellement au Comité.

18. Sur invitation du Président, un responsable de service commun ou un secrétaire de commission pastorale peut être appelé à participer occasionnellement, avec voix consultative, aux travaux de la Conférence.

19. Les statuts synodaux sont régionaux. L'assemblée synodale se tient par paliers. Les questions inscrites à l'ordre du jour par la Conférence sont étudiées dans chaque diocèse avant d'être reprises au synode régional.

20. Le synode est convoqué et présidé par la Conférence.

ANNEXE 4[*]

SACRÉE CONGRÉGATION CONSISTORIALE
Normes concernant la Province Ecclésiastique de Paris

7 octobre 1966

Article Premier. – La Province Ecclésiastique de Paris et chacun de ses diocèses sont régis par les dispositions communes du droit canonique et par les normes suivantes, dont les unes s'appliquent à tous les diocèses de la province, les autres seulement à la zone centrale, constituée par l'Archidiocèse de Paris et les diocèses limitrophes de Créteil, Nanterre et Saint-Denis.

Titre I: Normes communes à tous les diocèses de la Province

Art. 2. – Il est institué un Conseil Provincial, composé des évêques diocésains de la province, avec leurs coadjuteurs et leurs auxiliaires, et présidé par l'Archevêque de Paris, ou, en son absence, par l'évêque diocésain le plus ancien.

Le Conseil a un secrétaire général, nommé par ses membres.

Le Conseil se réunit ordinairement une fois par trimestre.

Les évêques des diocèses des zones périphériques – Corbeil, Meaux, Pontoise, Versailles – peuvent se réunir pour étudier et résoudre les problèmes particuliers de leur territoire.

Art. 3. – Les décisions du Conseil Provincial sont prises selon les règles contenues dans les statuts de la Conférence épiscopale française.

Art. 4. – Il appartient au Conseil Provincial:

§ 1. De créer (le cas échéant, avec l'agrément du Saint-Siège) des institutions et des services provinciaux, et de les diriger, en vue de pourvoir aux nécessités pastorales communes des diocèses de la provinces;

§ 2. De prendre des décisions, en harmonie avec les directives de la Conférence épiscopale française, sur les orientations de l'action pastorale, notamment sur la formation du clergé, l'apostolats des laïcs, l'Action catholique générale et spécialisée, la pastorale scolaire et celle du

---

[*] cf. X. OCHOA, *LegEcc* III/3474

monde étudiant, l'évangélisation du monde ouvrier, l'assistance spirituelle aux émigrés, la construction des églises;

§ 3. D'entretenir avec les Instituts religieux et séculiers qui collaborent à l'apostolat, ainsi qu'avec la prélature de la Mission de France (sous réserve des rapports directs de chaque Ordinaire avec eux) les relations d'ordre général motivées par leur activité dans la province;

§ 4. De déterminer la contribution de chaque diocèse au fonctionnement des institutions et services provinciaux, et d'établir la collaboration financière entre les diocèses de la province, conformément aux principes énoncés à l'art. 12 suivant;

§ 5. D'examiner les demandes de passage des prêtres d'un diocèse à un autre.

Art. 5. – Le passage des prêtres d'un diocèse au service d'un autre diocèse de la province, se fait (avec le consentement des intéressés) en tenant compte du bien propre des prêtres eux-mêmes, et des exigences pastorales des diocèses.

Tout prêtre ainsi attaché au service d'un autre diocèse bénéficie pour son ministère et sa vie sacerdotale des mêmes garanties que s'il restait dans son propre diocèse.

Art. 6. – Tout problème relatif à la presse, à l'opinion publique, aux moyens de communication sociale doit être examiné par le Conseil provincial de telle sorte que soit maintenue l'unité d'action de la hiérarchie au sein de la région parisienne.

Toute déclaration épiscopale publique, dont la portée intéresserait l'ensemble de la région parisienne, est normalement réservée au Conseil Provincial.

En cas d'urgence, l'Archevêque de Paris peut se faire l'interprète de l'opinion présumée de ses suffragants.

Art. 7. – La répartition des biens des anciens diocèses de Paris et Versailles entre les nouveaux diocèses érigés sur leur territoire doit faire l'objet d'une convention spéciale entre les évêques intéressés, en tenant compte des intentions des fondateurs.

Titre II: Normes spéciales aux diocèses de la zone centrale

Art. 8. – Il est institué un Conseil interdiocésain de la zone centrale, qui réunit, sous la présidence de l'Archevêque de Paris, les évêques diocésains de cette zone avec leurs coadjuteurs et auxiliaires, et deux de leurs collaborateurs immédiats.

Le Conseil a un secrétaire général, nommé par ses membres.

Le Conseil se réunit ordinairement une fois par mois.

Art. 9. – Les décisions du Conseil interdiocésain sont prises selon les règles contenues dans les statuts de la conférence épiscopale française.

L'Archevêque de paris peut exceptionnellement et pour des raisons graves, demander au Conseil un nouvel examen d'une décision.

Art. 10. – Les actuelles directions diocésaines de Paris deviennent interdiocésaines; elles sont réorganisées selon les exigences du bien commun et placées sous l'autorité du Conseil interdiocésain.

Les diocèses de la zone possèdent en commun la Maison de retraite du clergé, les Missions diocésaines et la Mission ouvrières, et organisent en commun l'année pastorale et les sessions de formation du Clergé.

Le Conseil interdiocésain peut créer (le cas échéant avec l'agrément du Saint-Siège) d'autres institutions et services interdiocésains, en vue de pourvoir aux nécessités pastorales communes des diocèses de la zone.

Art. 11. – Le Conseil interdiocésain dirige les institutions et les services interdiocésains, et prend les décisions d'ordre pastoral qui doivent être communes aux diocèses de la zone, selon les principes énoncés à l'art. 4 § 2.

Le Conseil établit des normes communes pour la rémunération du clergé et l'administration des biens.

Art. 12. – Tout prêtre de la zone est attaché au service pastoral de l'ensemble de cette zone.

Les prêtres séculiers sont incardinés à un des diocèses de la zone et normalement affectés à son service; le Conseil interdiocésain peut (avec le consentement des intéressés) les mettre au service d'un autre diocèse de cette zone, selon les critères définis à l'art. 5.

Les prêtres religieux exercent le ministère dans les diocèses de la zone selon les règles communes au droit canonique et de leur droit particulier, et conformément aux dispositions du deuxième Concile Œcuménique du Vatican.

Art. 13. – La collaboration financière entre les diocèses de la zone est fondée sur les principes suivants:

§ 1. La répartition des biens des anciens diocèses de Paris et Versailles ayant été faite selon l'art. 7, chaque diocèse de la zone administre ses propres ressources.

§ 2. Chaque diocèse pourvoit à la rémunération des prêtres qui servent sur son territoire. Le régime de retraite du clergé est assuré par l'ensemble des diocèses au prorata des années de services dans chacun d'eux.

§ 3. Le Conseil interdiocésain établit un régime de compensation entre diocèses et détermine la contribution de chacun au fonds commun pour le fonctionnement des institutions et des services interdiocésains.

§ 4. Le budget extraordinaire de la zone pour les constructions d'églises ou d'autres tâches analogues d'intérêts commun, relève de la compétence du Conseil interdiocésain.

Titre III: Dispositions transitoires

Art. 14. – Au moment de l'érection de la nouvelle Province Ecclésiastique de Paris, les prêtres restent normalement sur place et sont ipso facto incardinés au diocèse où ils exercent le ministère, étant sauf le droit (pour une période de cinq ans au maximum) de demander au Conseil Provincial le passage à un autre diocèse, conformément aux principes énoncés à l'art. 5.

La répartition entre les diocèses des séminaristes déjà incardinés se fait en fonction du domicile familial ou de la paroisse qui les a présentés, et tenant compte des situations individuelles.

Il appartient au Conseil Provincial d'étudier et de résoudre le problème de la répartition des prêtres entre les différents diocèses, en vue de remédier à l'inégalité actuelle des moyennes d'âge du clergé.

Art. 15. – Les présentes normes entrent en vigueur *ad experimentum* le 9 octobre 1966, pour une période de cinq ans.

ANNEXE 5[*]

Règlement
de la Province Ecclésiastique de Paris

[4 juin 1984]

Préambule

La province ecclésiastique de Paris, constituée par les diocèses de Corbeil, Créteil, Meaux, Nanterre, Paris, Pontoise, Saint-Denis et Versailles, a été érigée par le Saint-Siège le 9 octobre 1966.

A cette époque, le code de Droit canonique ne fournissait pas les moyens nécessaires pour structurer une collaboration organique entre ces diocèses, et honorer les liens que l'histoire et l'urbanisation récente multipliaient entre eux. Le Saint-Siège remédia à cette insuffisance par la promulgation, *ad experimentum*, de Normes provisoires. Depuis dix-huit ans ces normes ont organisé la collaboration entre les diocèses et assuré la régularité des rencontres entre leurs responsables. Les évènements imposèrent d'ailleurs des aménagements pratiques de plusieurs de ces dispositions.

La promulgation du nouveau Code de Droit canonique (cann. 431 à 438, 952, 1264) fait passer dans le droit commun de l'Église ce qui, jusque là, dépendait d'une mesure particulière. Les évêques de la province ont donc sollicité et obtenu du Saint-Siège de reconnaître ce nouvel état de fait

Ils organisent leur collaboration par un règlement intérieur qui assurera non seulement l'accord concernant les dispositions d'ordre financier et matériel prévues par les canons 952-1264, mais encore l'harmonisation des activités pastorales (cf. can. 434) au sein d'une région brassée par d'incessants mouvements de population. Référée désormais au droit commun, cette clarification des objectifs devrait permettre de progresser dans l'entraide et la cohérence des efforts pastoraux en Ile-de-France.

Demeurent valables l'ensemble des accords qui lient les diocèses entre eux en fonction de leur histoire commune, notamment:

– L'existence de deux zones: la zone centrale (constituée par les diocèses de Créteil, Nanterre, Paris et Saint-Denis) et la zone périphérique (constituée par les diocèses de Corbeil, Meaux, Pontoise et Versailles.

---

[*] Règlement 1984 de la Province Ecclésiastique de Paris, in *Présence et Dialogue. Bulletin de l'Église en Île- de-France*, 15 décembre 1984, 6-7.

– L'ancien article 4 des Normes de 1966:

Il appartient au Conseil provincial de créer — le cas échéant avec l'agrément du Saint-Siège — des institutions et des services provinciaux, et de les diriger en vue de pourvoir aux nécessités pastorales communes des diocèses de la province; de déterminer la contribution de chaque diocèse au fonctionnement des Institutions et Services provinciaux, et d'établir la collaboration financière entre les diocèses de la province conformément à l'article 13 suivant.

– L'ancien article 13 des Normes de 1966:

La collaboration financière entre les diocèses de la zone centrale est fondées sur les principes suivants:

> Chaque diocèse pourvoit à la rémunération des prêtres qui servent sur son territoire. Le régime de retraite du clergé est assuré par l'ensemble des diocèses, au prorata des années de services dans chacun d'eux.
> Le conseil interdiocésain avec les représentants des diocèses de Créteil, Nanterre, Paris et Saint-Denis établit un régime de compensation entre diocèses et détermine la contribution de chacun au fonds commun pour le fonctionnement des Institutions et des services interdiocésains.
> Le budget extraordinaire de la zone pour les constructions d'église ou d'autres tâches analogues, d'intérêt commun, relève de la compétence du Conseil interdiocésain.

Fonctionnement de la province

L'Assemblée des évêques de la province «favorise la coopération et une action pastorale commune» (cf. can. 434 et surtout can. 952 §1 et 1264) en constituant un lieu de discernement, de dialogue, de confrontation pastorale, de réflexion, dans le respect de l'autonomie de chaque diocèse afin de dégager, le plus possible, des décisions ou des options communes. Elle permet en outre de saisir, d'une manière ponctuelle ou permanente, une réalité à prendre en compte effectivement par l'ensemble.

I. La province organise son travail de la manière suivante:

A) Trimestriellement, une Assemblée (*conventus*) des évêques de la province:

- Un lundi et un mardi, en septembre, mars et mai.
- Le premier jour comportera un travail avec des experts. Les prêtres représentant la province à des commissions ou des comités épiscopaux, ainsi que les responsables provinciaux de la Mission ouvrière et du monde scolaire et universitaire seront présents.
- L'ordre du jour de ces rencontres de septembre (avec la préparation de l'Assemblée de la Conférence des évêques de France), de mars et de mai, sera déterminée de sorte que soient envisagés en priorité un aspect de chacune des réalités suivantes: ministère ordonné, pastorale familiale, liturgie, catéchèse, mission ouvrière, migrants, pastorale de la jeunesse scolarisée et étudiante, vie religieuse.

Selon les circonstances, bien d'autres sujets pourront faire l'objet d'une confrontation des pratiques de chaque diocèse: mise des laïcs en responsabilité, conseils pastoraux, milieux indépendants, espace rural, média, santé, chancelleries, etc…

B) Annuellement, une session du Conseil (*Consilium*) provincial.
- En décembre, un lundi toute la journée et un mardi jusqu'à 16h.
- Y participeront, outre les évêques, les vicaires généraux et les prêtres représentant la province à des commissions ou des comités épiscopaux, ainsi que les responsables provinciaux de la Mission ouvrière et du monde scolaire et universitaire: pour chacun des diocèses, un membre du conseil presbytéral.
- Cette session annuelle sera consacrée à travailler un sujet pastoral précis intéressant l'Île-de-France, choisi éventuellement en fonction de l'Assemblée précédente de la Conférence des Évêques de France. Ce sera l'occasion de décider ou de vérifier la prise en compte effective d'une réalité par l'ensemble de l'Île-de-France.

C) Des rencontres régulières des évêques de la zone centrale (constituée par les diocèses de Créteil, Nanterre, Paris et Saint-Denis)[1], notamment à l'occasion des Assemblées des évêques de la province.

D) A une périodicité régulière, ou occasionnelle, des rencontres d'évêques de la zone périphérique, constituée par les diocèses de Corbeil, Meaux, Pontoise et Versailles[2].

---

[1] Chacune de ces rencontres fera l'objet d'un compte-rendu, quant aux informations d'intérêt régional, qui sera retransmis à l'ensemble des évêques de la province.

[2] *Idem,* note précédente.

E) Les Vicaires généraux se réunissent à la demande, ou en accord avec leur évêque.

F) Se réunissent selon les modalités laissées à leur initiative:
– Les économes diocésains (c'est le conseil des économes diocésains qui, notamment, prépare le budget de la province ecclésiastique et celui de la zone centrale, et qui en assure l'exécution).
– Les délégués diocésains à l'apostolat des laïcs (DDAL)
– Les délégués diocésains de la Mission ouvrières (DDMO)
– Les délégués des conseils presbytéraux.

II. Pour distinguer avec plus de clarté les responsabilités propres des évêques dans le fonctionnement de la province, quatre modalités de nomination ou de désignation des responsables[1] des instances provinciales ou interdiocésaines sont prévues:

A) Nomination par l'Assemblée des évêques de la province.

B) Proposition par un évêque, au titre de sa participation à une commission de la Conférence des Évêques de France, à la nomination par l'Assemblée des évêques de la province.

C) Présentation par leurs pairs des équipes provinciales, ou par les mouvements, à l'évêque de la province de qui relèvent ces équipes et ces mouvements: l'information en étant communiquée par la suite à l'ensemble des évêques.

D) Certains postes peuvent faire l'objet d'une nomination interdiocésaine, notamment dans le cadre de la zone centrale ou de la zone périphérique.

Ces nominations n'impliquent pas, par elles-mêmes, un détachement ou un traitement.

---

[1] Il s'agit de prêtres, ou de laïcs chargés de mission pastorale par l'évêque, à qui a été confiée la responsabilité d'un service (par exemple de catéchèse ou de liturgie), ou d'aumôniers de mouvements.

SIGLES ET ABRÉVIATIONS

A.	auteur(s)
AAS	*Acta Apostolicae Sedis*
Ac	Actes des Apôtres
ACA	Assemblée des Cardinaux et Archevêques, 1919-1964
ACan	*Année Canonique*, Paris 1952-
ACO	Action Catholique Ouvrière
Adv. haer.	*Adversus Haereses*
AfkKR	*Archiv für katholisches Kirchenrecht*
AG	décret *Ad gentes*
AHAP	Archives Historiques de l'Archevêché de Paris
AHC	*Annuarium Historiae Conciliorum*, Paderborn 1969-
al./Al.	alii
Ap	Livre de l'Apocalypse
arch.	archevêque
art.	Article(s) / articulus(i)
AS	*Acta Synodalia Sacrocancti Concilii Œcumenici Vaticani Secundi*
ASSR	*Archives de Sciences Sociales des Religions*, Paris 1973-
av.	avant
BO-CEF	*Bulletin Officiel de la Conférence des Évêques de France*
BO-RF	*Bulletin Officiel de la République Française*
Brev. Hipp.	*Breviarum Hipponense*
BZAW	Beihefte zur Zeitschrift für die alttestamentliche Wissenschaft, Berlin – New-York
Can. Ap.	*Canones Apostolorum*
can./cann.	canon/canons
chap.	chapitre(s)
cap.	Capitulus(a)
Cap. ex or. patr. syn	*Capitula ex orientalium patrum synodis a Martinus episcopo ordinata atque collecta*
c.r.	compte-rendu

Catholicisme	*Encyclopédie «Catholicisme»: hier, aujourd'hui, demain,* éd. G. Jacquemet, I-XV, Paris 1949-2000
CBP	Commission Biblique Pontificale
CCEO	*Codex Canonum Ecclesiarum Orientalium,* 1990
CCL	Corpus Christianorum. Series Latina
CD	décret *Christus Dominus*
CDAE	Conseil Diocésain pour les Affaires Économiques
CDF	Congrégation pour la Doctrine de la Foi
CEC	*Catéchisme de l'Église catholique,* Paris 1992
CEE	Conferencia Episcopal Española
CEF	Conférence Épiscopale Française (1966-1976)/ Conférence des Évêques de France (1976)
CHRYS.	JOANNES CHRYSOSTOMUS
CIC/1917	*Codex Iuris Canonici,* 1917
CIC/1983	*Codex Iuris Canonici,* 1983
circ.	circulaire
CivCatt	*Civilta cattolica,* Roma 1850-
CLEM. R.	CLEMENS ROMANUS
CMIECO	Commission Mixte Internationale pour le dialogue théologique entre l'Église Catholique et l'Église Orthodoxe
CN	Lettre de la CDF *Communionis Notio*
CNAEF	Centre National des Archives de l'Église de France
Co	Épîtres aux Corinthiens, 1-2
COD	*Conciliorum Œcumenorum Decreta*
cod. theod.	*Code Théodosien.*
Cod. Iust.	*Code de Justinien*
CogFid	Collection «Cogitatio Fidei», Paris
Col	Épître aux Colossiens
Comm.	*Communicationes,* Roma 1969-
Com. Tit.	HIERONYMUS, *Commentarii in epistulas Pauli apostoli ad Titum et ad Philomenum*
conc.	concile(s)/concilium(a)
cong. gén.	Congrégation générale
const.	Constitution dogmatique.
Const. ap.	*Constitutiones Apostolorum*
CPTL	Conseil Pontifical pour l'interprétation des Textes Législatifs
CPUC	Conseil Pontifical pour l'Unité des Chrétiens
CreOgg	*Credere Oggi,* Padova 1981-
CSEL	Corpus Scriptorum Ecclesiasticorum latinorum
CS	PIE XII, m.p. *Cleri sanctitate*
CSP	P.P. JOANNOU, éd., *Fonti. Fascicolo IX. Discipline genérale antique (IIe-IXe s.)*

CTI	Commission Théologique Internationale
CVHR	*Concilios Visigóticos e hispano-Romanos*
CYP.	CYPRIANUS CARTHAGINENSIS
DDAL	Directeur Diocésain pour l'Apostolat des Laïcs
DDMO	Directeur Diocésain pour la Mission Ouvrière
DACL	*Dictionnaire d'Archéologie Chrétienne et de Liturgie,* éd. F. Cabrol – H. Leclercq, I-XXX, Paris 1907-1953
DATAR	Délégation administrative interministérielle à l'Aménagement du Territoire et à l'Attractivité Régionale
DBs	*Dictionnaire de la Bible, Supplément,* éd. L. Pirot – A. Robert, I-XII, Paris 1926-
DDC	*Dictionnaire de Droit Canonique,* éd. R. Naz, I-VII, 1935-1965
decr./décr.	decretum(a)/décret(s)
déc.	décembre
De unit.	CYPRIANUS CARTHAGINENSIS, *De Catholicæ Ecclesiæ unitate*
DGDC	*Diccionario General de Derecho Canónico,* I-VII, Cizur Menor (Navarra) 2012
Didasc.	*Didascalia*
DigC	CPTL, Instruction *Dignitas connubii,* 25 janvier 2005
Dion. ex.	DIONYSII EXIGUI
disc.	discours
doc.	document(s)
DocCath	*Documentation Catholique,* Paris 1919-
DPME	Congrégation pour les Évêques, Directoire Pour le Ministère des Évêques *Apostolorum successores*
DS	H. DENZIGER – A. SCHÖNMETZER, ed., *Enchiridion Symbolorum definitionum et declarationum de rebus fidei et morum,* Bologna 2001
DTC	*Dictionnaire de Théologie Catholique,* éd. A. Vacant – al., I-XXXIII, Paris 1923-1972
Duval	*Canones synodum Romanorum ad Gallos episcopos,* éd. Y.M. Duval
etc.	et cætera
ed./éd.	edidit/ediderunt; édition(s)/éditeur(s)
e.g.	*exempli gratia/par exemple*
EJCan	*Ephemerides iuris canonici,* Roma 1945-1993
env.	environs
EOMIA	*Ecclesiæ Occidentalis Monumenta iuris Antiquisima*
Ep./ep.	*Epistola(ae)*
Eph	Épître aux Éphésiens
EUS.	EUSEBIUS CAESARIENSIS

EV	*Enchiridion Vaticanum. Documenti ufficiali della Santa Sede*
EthL	*Ephemerides Theologicæ Lovanienses*, Louvain 1924-
ETR	*Études Théologiques et Religieuses,* Montpellier 1926-
exhort. ap.	Exhortation apostolique.
Fcan	*Folia Canonica*, Budapest 1998-2011
févr.	février
Frag.	*Fragmenta*
Fs.	Festschrift, mélanges en l'honneur de
Ga	Épître aux Galates
GFO	Groupe de Formation Ouvrier, en vue du sacerdoce
GFU	Groupe de Formation Universitaire, en vue du sacerdoce
GS	Constitution dogmatique *Gaudium et spes*
H.e	Eusèbe de Césarée, *Historia Ecclesiastica*
Hefele-Leclercq	K.J. VON HEFELE – H. LECLERCQ, *Histoire des conciles d'après les documents originaux*
HIER.	HIERONYMUS
I	*Institutes* de Justinien in *Corpus Iuris Civilis*
ICP	INSTITUT CATHOLIQUE DE PARIS
Id./ibid.	*idem/ibidem, même auteur/même ouvrage*
IGN.	IGNATIUS ANTIOCHENUS
IKZ	*Internationale Kirchliche Zeitschrift*, 1911-
INSEE	Institut National des Statistiques et des Études Économiques
IREN.	IRENAEUS LUGDUNENSIS
IusCan	*Ius Canonicum*, Pamplona 1961-
IusEccl	*Ius Ecclesiae*, Milano 1989-2006; Pisa – Roma, 2007-
IV Sent.	Thomas d'Aquin, *Scriptum super Sententiis*, Livre IV
janv.	janvier
Jc	Épître de Jacques
Jn	Évangile de Jean
JOF	Jeunesse Ouvrière Féminine
JOC	Jeunesse Ouvrière Catholique
JORF	Journal Officiel de la République Française
Kanon	*Kanon. Jahrbuch der Gesselschaft für das Recht der Ostkirchen* (= *Annuaire de la Société du Droit des Églises Orientales*), Wien, 1973-
LACT.	LACTANCIUS
Lc	Évangile de Luc
LegEcc	*Leges Ecclesiæ post Codicem Iuris canonici 1917 editæ*, I-X, éd. X. Ochoa et al.
lett.	lettre
lett. ap.	lettre apostolique

lett. circ.	lettre circulaire
lett. enc.	lettre encyclique
LEV	Librairie Éditrice Vaticane
LG	Constitution dogmatique *Lumen gentium*
lib.	livre/liber
Mansi	J.D. Mansi, ed., *Sacrorum conciliorum nova et amplissima collectio*
MonEccl	*Monitor Ecclesiasticus*
m.p.	*motu proprio*
Mt	Évangile de Matthieu
MHS.C	Monumenta Hispaniæ Sacra. Serie Canónica
n./nn.	Numéro/numéros
NEP	*Nota Explicativa Prævia*
nov.	novembre
Nov.	*Leges Novellæ* de Théodose et Justinien
NRT	*Nouvelle Revue Théologique*, Paris 1869-
Nunt.	*Nuntia,* Roma 1973-1990
occ.	occurence
oct.	octobre
OssRom.	*Osservatore Romano*, Cité du Vatican 1861 s.
P	Epîtres de Pierre, 1-2
PB	Constitution apostolique *Pastor Bonus*
PCCCI	Pontificia Commisio ad Codicis Canones authentice Interpretandos, jusqu'en 1990
PCCIR	Pontificia Commissio Codici Iuris Canonici Recognoscendo
PEP	Province Ecclésiastique de Paris
PG	J.P. MIGNE, éd., *Patrologiæ cursus completus. Series græca*, I-CLXI, Lutetiæ Parisorum, 1857-1866
Periodica	*Periodica de re morali canonica liturgica,* 1920-1990; *Periodica de re canonica*, Roma 1990-
PL	J.P. MIGNE, éd., *Patrologiæ cursus completus. Series Latina,* I-CCXXI, Parisiis 1844-1865
PO	Décret *Presbyterorum ordinis*
proem.	*præmium*
QDE	*Quaderni di Diritto Ecclesiale*, Milano 1988 s.
QDPE	*Quaderni di diritto e politica ecclesiastica*, Padova 1984-1992; Bologna 1993-
RcatT	*Revista Catalane de Teologia*, Barcelona 1976-
RDC	*Revue de Droit Canonique*, Strasbourg 1955-
RHDF	*Revue Historique de Droit Français et étranger*, Paris 1922-

RHPhR	*Revue d'Histoire et de Philosophie Religieuses,* Paris 1921-
Rm	Épître aux Romains
RSPT	*Revue des Sciences Philosophiques et Théologiques,* Paris 1907-
RSR	*Recherches de Science Religieuse,* Paris 1910-
RThom	*Revue thomiste,* Paris-Toulouse 1946-
RTL	*Revue Théologique de Louvain,* Louvain 1970-
SC	Sources Chrétiennes
SC	Concile Vatican II, décret *Sacrosanctum Concilium*
s.	suivant(e)s
sept.	septembre
sess.	Sessio/session(s)
SNOP	*Service National de l'Opinion Publique,* revue de la CEF 1971-2005.
Stat. Eccl. Ant	*Statuta Ecclesiæ antiqua*
StCan.	*Studia Canonica,* Ottawa 1967-
Summ. Theol.	THOMAS AQUINAS, *Summa Theologiæ*
tabl.	tableau
TERT.	TERTULLIANUS CARTHAGINENSIS
Th	Épîtres aux Thessaloniciens, 1-2
ThZ	*Theologische Zeitschrift,* Basel 1945-
tit.	titre(s)/titulus(i)
Tm	Épîtres à Timothée, 1-2
TOB	*Traduction Œcuménique de la Bible,* Paris 1988
TPV	Typis Polyglottis Vaticanis
Trad. Ap.	*Traditio Apostolica*
tr. fr./it.	traduction française/italienne
Tt	Épître à Tite
UnSa	collection «Unam Sanctam», Cerf, Paris
unit. Eccl	Cyprien, *De Catholicæ Ecclesiæ Unitate*
UR	décret *Unitatis redintegratio*
v./vv.	verset(s)
VELM	FRANÇOIS, m.p. *Vos Estis Lux Mundi*
VI°	*Liber Sextus,* Boniface VIII (1298)
X.	*Liber Extra* = Décrétales de Grégoire IX (1234)

BIBLIOGRAPHIE

1. **Sources**

1.1 *Documents conciliaires*

CONCILE DE NICÉE (325), in *COD,* 1-19.
CONCILE DE CONSTANTINOPLE I (381), in *COD*, 20-35.
CONCILE D'ÉPHÈSE (431), in *COD*, 37-74.
CONCILE DE CHALCÉDOINE (451), in *COD*, 75-103.
CONCILE DE NICÉE II (787), in *COD*, 131-156.
CONCILE DE LATRAN IV (1215), in *COD*, 226-271.
CONCILE DE TRENTE (1545-1563), in *COD*, 657-799.
CONCILE VATICAN I (1869-1870), in *COD*, 801-816.
CONCILE VATICAN II (1962-1965), in *COD*, 817-1135.

———, décret *Sacrosanctum concilium*, in *COD*, 820-843.

———, décret *Lumen gentium*, in *COD*, 849-900.

———, décret *Orientalium ecclesiarum*, in *COD*, 900-907

———, décret *Christus Dominus,* in *COD,* 921- 939.

———, décret *Ad gentes*, in *COD*, 1011-1042.

———, décret *Gaudium et spes*, in *COD*, 1069-1135.

Acta et Documenta Concilio Œcumenico Vaticano Secundo apparenda series II, (phase préparatoire), Commission *De Episcopis et de diœceseon regimine*, Schéma «*De diœceseon partitione*», III/1, TPV 1969, 280-281.

Acta Synodalia Sacrosancti Concilii Œcumenici Vaticani Secundi [*AS*], I-VII, TPV 1970-1999.

1.2 *Documents pontificaux*

PIE XII, m.p. *Crebræ allatæ*, 22/02/1949, *AAS* 41 (1949) 89-117.

———, m.p. *Sollicitudinem Nostram*, 6/01/1950, *AAS* 42 (1950) 5-120.

PIE XII, m.p. *Postquam Apostolicis*, 09/02/1952, *AAS* 44 (1952) 65-152.

―――――, m.p. *Cleri Sanctitati,* 2/06/1957, *AAS* 49 (1957) 433-603.

PAUL VI, disc., ouverture de la IIIe session, concile Vatican II, 14/09/1964, *AS, III/1,* TPV, 1974, 140-151 [*DocCath* 51 (1964) 1218-1228].

―――――, m.p. *Apostolica sollicitudo*, 15/07/1965, *AAS* 57 (1965) 775-780.

―――――, m.p. *De episcoporum muneribus*, 15/06/1966, *AAS* 58 (1966) 467-472.

―――――, m.p. *Ecclesiæ sanctæ*, 6/08/1966, *AAS* 58 (1966) 757-787.

―――――, const. ap. *Qui volente Deo*, 09/10/1966, *AAS* 59 (1967) 212-214.

―――――, const. ap. *Regimini Ecclesiæ Universæ*, 15/08/1967, *AAS* 59 (1967) 885-928.

―――――, const. ap. *Signa temporum perpendes*, 26/12/1970, *AAS* 63 (1971) 724-726.

―――――, exh. ap. *Evangelii nuntiandi*, 08/12/1975, *AAS* 68 (1976) 5-76.

―――――, m.p. *Inter eximia episcopalis*, 11/05/1978, *AAS* 70 (1978) 441-442.

JEAN-PAUL II, const. ap. *Sacræ disciplinæ leges*, 25/01/1983, *AAS* 75 (1983) 7-14.

―――――, disc. à la Curie romaine, 21/12/1984, *DocCath* 82 (1985) 167-171.

―――――, const. ap. *Pastor bonus*, 28/06/1988, *AAS* 80 (1988) 841-912.

―――――, m.p. *Apostolos suos*, 21/05/1998, *AAS* 90 (1998) 641-658.

―――――, m.p. *Sacramentorum sanctitatis tutela*, 30/04/2001, *AAS* 93 (2001) 737-739.

―――――, exh. ap. *Pastores gregis*, 16/10/2003, *AAS* 96 (2004) 825-924.

―――――, const. ap. *Ad totius dominici gregis*, 15/06/2004, *AAS* 96 (2004) 622-623.

BENOÎT XVI, disc., Lourdes, le 14/09/2008, *DocCath* 105 (2008) 858-862.

―――――, const. ap. *Anglicanorum cœtibus*, 04/11/2009, *AAS,* 101 (2009) 985-990.

FRANÇOIS, exh. ap. *Evangelii gaudium*, 24/11/2013, *AAS* 105 (2013) 1019-1137.

―――――, m.p. *Mitis Iudex Dominus Iesus*, 15/08/2015, *AAS* 107 (2015) 958-970.

―――――, m.p. *Mitis et Misericors Iesus*, 15/08/2015, *AAS* 107 (2015) 946-957.

―――――, disc. pour le 50ème anniversaire de l'institution du Synode des Évêques, 17/10/ 2015, *AAS* 107 (2015)1138-1144 [*DocCath* 113 (2016) 75-80].

―――――, m.p. *Come una madre amorevole*, 06/06/2016, *Comm.* 48 (2016) 34-36.

―――――, const. ap. *Episcopalis communio*, 15/09/2018, *Comm.* 50 (2018) 375-394.

1.3 *Documents du Saint-Siège*

SACRÉE CONGRÉGATION POUR LES ÉVÊQUES, directoire pour les Évêques en leur ministère pastoral, *Ecclesiæ imago*, 22 fév. 1973, *EV* 4/1945-2328 [éd. fr., Ottawa 1974].

CONGREGATION POUR LES ÉVEQUES, «Le Conferenze Episcopali. Sullo "status" teologico e giuridico delle Conferenze Episcopali», *instrumentum laboris*, 1er juillet 1987, *EV* 10/1844-1913.

————, directoire pour la visite *Ad limina*, 29 juin 1988, *EV* 11/1084-1089.

————, «*In constitutione apostolica*», *instrumentum laboris*, 19 mars 1997, *AAS* 89 (1997) 706-621.

————, lett. circ. aux présidents des Conférences Épiscopales, N. 763/98, 13 mai 1999, *AAS* 91 (1999) 996-999 [*DocCath* 96 (1999) 718-719].

————, décr. N. 619/02, 8 déc. 2002, portant sur la nouvelle organisation des Provinces Ecclésiastiques en France, *DocCath* 100 (2003) 15-16.

————, directoire pour le Ministère Pastoral des Évêques *Apostolorum successores*, 22 févr. 2004, *EV* 22/1047-1275 [éd. fr., Perpignan 2013].

CONGREGATION POUR LA DOCTRINE DE LA FOI, lett. «*Communionis notio*» aux Évêques sur certains aspects de l'Église comprise comme communion, 28 mai 1992, *AAS* 85 (1993) 838-850 [*DocCath.* 89 (1992) 729-734].

————, doc. «La primauté du Successeur de Pierre dans le mystère de l'Église», 31 oct. 1998, tr. fr., *DocCath.* 95 (1998) 1016-1020.

————, *Responsa ad quæstiones de aliquibus sententiis ad doctrinam de Ecclesia pertinentibus*, *AAS* 109 (2007) 604-608 [*DocCath.* 104 (2007) 717-724].

————, Normi complementari alla costituzione Apostolica *Anglicanorum cœtibus*, 9 avril 2019,

COMMISSION BIBLIQUE PONTIFICALE, «Unité et diversité dans l'Église», 11 avril 1988, in *EV* 11/544-643

COMMISSION THEOLOGIQUE INTERNATIONALE, doc. «Thèmes choisis d'ecclésiologie», 10 février 1985, *DocCath.* 83 (1986) 57-73.

————, doc. «*De synodalitate in vita ac munere Ecclesiæ*», 2 mars 2018, *Comm.* 50 (2018) 180-236.

CONSEIL PONTIFICAL POUR LA PROMOTION DE L'UNITE DES CHRETIENS [CPPUC], Communiqué concernant la suppression du titre de «Patriarche d'Occident» dans l'*Annuaire pontifical* 2006, 22 mars 2006, *Istina* 51 (2006) 9-10.

COMMISSION MIXTE INTERNATIONALE POUR LE DIALOGUE THEOLOGIQUE ENTRE L'ÉGLISE CATHOLIQUE ET L'ÉGLISE ORTHODOXE [CMIECO], doc. de «Valamo», 26 juin 1988, «Le sacrement de l'ordre dans la structure sacramentelle de l'Église. En particulier l'importance de la succession apostolique pour la sanctification et l'unité du peuple chrétien», *Irénikon* 61 (1988) 347-359.

COMMISSION MIXTE INTERNATIONALE POUR LE DIALOGUE THÉOLOGIQUE ENTRE L'ÉGLISE CATHOLIQUE ET L'ÉGLISE ORTHODOXE [CMIECO], doc. de «Ravenne», 15 oct. 2007, «Conséquences ecclésiologiques et canoniques de la nature sacramentelle de l'Église. Communion ecclésiale, conciliarité et autorité», *DocCath* 99 (2007) 1117-1125.

——, doc. de «Chieti», 21 sept. 2016, «Synodality and primacy during the first millennium: towards a common understanding in service to the unity of the Church», *Il Regno-Documenti* 61 (2016) 576-579.

COMMISSION PONTIFICALE POUR L'INTERPRÉTATION AUTHENTIQUE DU CODE DE DROIT CANONIQUE. *Pontificia Commissio Codici Iuris Canonici Recognoscendo* [PCCICR] puis, à partir de 1989, *Pontificia Commissio Codici Iuris Canonici authentice interpretando* [PCCCI],

——, *Principia quæ Codicis Iuris Canonici recognitionem dirigant, a Pontificia Commissione proposita primi generalis cœtus "synodi episcoporum" examini subiecta,* Città del Vaticano 1967 [*Comm.* 1 (1969) 77-85].

——, *Schema canonum novi Codicis Iuris Canonici,* Città del Vaticano 1977.

——, *Schema Codicis Iuris Canonici, iuxta animadversiones S.R.E. Cardinalium, Episcoporum Conferentiarum, Dicasteriorum Curiæ Romanæ, Universitatum Facultatumque ecclesiasticarum necnon Superiorum Institutorum vitæ consecratæ recognitum,* Città del Vaticano 1980.

——, *Relatio complectens synthesim animadversionum ab Em.mis atque exc.mis patribus commissionis ad novissimum schema Codicis Iuris Canonici exhibitarum, cum responsionibus a secretaria et consultoribus datis,* Città del Vaticano 1981.

——, *Codex Iuris Canonici: Schema novissimum iuxta placita patrum commissionis emendatum atque summo pontifici præsentatum,* Città del Vaticano 1982.

——, réponse authentique à propos d'un doute sur le can. 127 §2, 5 août 1985, *AAS* 77 (1985) 771 [*DocCath* 82 (1985) 1148, appendice II/A].

CONSEIL PONTIFICAL POUR L'INTERPRÉTATION DES TEXTES LÉGISLATIFS [CPTL], «réponse authentique sur le canon 452», du 19 janv. 1988, *AAS* 81 (1989) 388 [*DocCath* 86 (1989) 414].

——, *Congregatio plenaria,* in CPTL, éd., *Acta et documenta pontificiæ commisionis Codici Iuris Canonici recognoscendo, diebus 20-29 octobris 1981 habita,* Città del Vaticano 1991.

CONSEIL PONTIFICAL POUR L'INTERPRÉTATION DES TEXTES LÉGISLATIFS [CPTL], instruction *Dignitas connubii*, 25 janv. 2005, *Comm.* 37 (2005) 11-105.

————, Note sur la nature juridique et l'extension de la *«recognitio»* par le Saint-Siège, 28 avril 2006, *Comm.* 38 (2006) 10-17.

————, *Schema recognitionis Libri VI Codicis Iuris Canonici, Prænotanda*, *Comm.* 43 (2011) 317-320.

————, *Schema recognitionis Libri VI Codicis Iuris Canonici, [Reservatum]*, Città del Vaticano 2011.

SUPRÊME TRIBUNAL DE LA SIGNATURE APOSTOLIQUE, «Responses, Canon 1438, 1°-2°», F. Daneels, in S.A. ELLART – J.A. ALESANDRO – T.J. GREEN, éd., *Roman Replies and CLSA advisory opinions*, Washington 2016, 12-13.

————, décr. 12 février 2016, in S.A. ELLART – J.A. ALESANDRO – T.J. GREEN, éd., *Roman Replies and CLSA advisory opinions*, Washington 2016, 13-16.

PÉNITENCERIE APOSTOLIQUE, *Enchiridion indulgentiarum. Normæ et concessiones*, Roma 1999[4].

OFFICE DES CÉLÉBRATIONS LITURGIQUES DU SOUVERAIN PONTIFE, Lett. circ., 12 janvier 2015, N. 10/15, «Ad. Exc.mos Nuntios Apostolicos missæ, quibus immutationes in Ritum impositionis palii, introductæ sunt», *Comm.* 47 (2015) 110-111.

1.4 *Conciles particuliers et sources juridiques anciennes*

Canones Apostolorum, in P.P. JOANNOU, éd., *CSP*, I/2, 1-53.

Canones synodum Romanorum ad Gallos episcopos, in Y.M DUVAL, éd., *La décrétale Ad gallos episcopos: son texte et son auteur. Texte critique, traduction française et commentaire*, Supplements to Vigilæ Chistianæ 73, Leiden-Boston 2005.

Codex Iuris Civili, éd. P. Krueger, I-III, Berolini 1914.

Codex Theodosis XVI, in *Les Lois religieuses des empereurs romains de Constantin à Théodose II, 312-438. I. Code Théodosien livre XVI*, éd. R. Delmaire, SC 497, Paris 2005.

Codex Theodosis I-XV, in *Les Lois religieuses des Empereurs romains de Constantin à Théodose II, 312-438. II. Code Théodosien, I-XV, Code Justinien, Constitutions Sirmondiennes*, éd. R. Delmaire, SC 531, Paris 2009.

Constitutiones Apostolorum. Les Constitutions Apostoliques, éd. M. Metzer, SC 320-329 - 336, Paris 1985-1987.

Concilia ævi Merovingici (VIe-VIIe siècle), éd. J. Gaudemet, SC 353-354, Paris 1989.

Concilia Africæ (a.345 – a.a.525), éd. C. Munier, CCL 149, Turnholti 1974.

Concilii africani ad Cælestinum epistula, in *EOMIA,* I, 614-622.

Concilia Galliæ (IVe siècle), éd. J Gaudemet, SC 241, Paris 1977.

Concilios Galos – Concilios Hispanos, éd. G. Martinez Diaz – F. Rodriguez, I-II, MHS.C 4-5, Madrid 1984, 1992.

Concilios Visigóticos e Hispano-Romanos [CVHR], éd. J. Vives, *España Cristiana,* 1, Barcelona – Madrid 1963.

Sententiæ episcoporum numero LXXXVII de Hæretici Baptizandis, éd. G.F. Diercks, CCL 3E, Turnhout 2004.

Ecclesiæ Occidentalis Monumenta Iuris Antiquissima. canonum et conciliorum græcorum interpretationes latinæ [EOMIA], éd. C.H. Turner, I-II, Oxonii 1899-1939.

Statuta Ecclesiæ Antiqua, éd. C. Munier, CCL 148, Turnholti 1963.

1.5 *Documents du Synode des Évêques*

SYNODE DES ÉVÊQUES, IIe Assemblée extraordinaire (28 nov. -14 déc. 1985), *relatio finalis* «Ecclesia sub verbo Dei mysteria Christi celebrans pro salute mundi», *DocCath* 83 (1986) 36-42.

———, Xe Assemblée générale ordinaire, «l'Évêque serviteur de l'Évangile de Jésus Christ pour l'Espérance du monde», 30 sept. – 27 oct. 2001. Secrétairerie générale, «Iesus Christus, spes nostra», *Instrumentum laboris, DocCath* 98 (2001) 608- 656.

———, *bulletin quotidien,* publié par la Commission pour l'information de la Xe Assemblée générale ordinaire du Synode des Évêques, in Synodus Episcoporum, *Bulletin, OssRom.,* éd. fr., septembre-octobre 2001.

———, *Relatio post disceptationem,* card. J. Bergoglio, in Synodus Episcoporum, *Bulletin* 21, *OssRom.,* éd. fr., 17 oct. 2001, 10-14.

1.6 *Documents de la Conférence des Évêques de France* [CEF]

CONFÉRENCE ÉPISCOPALE FRANÇAISE (1966-1976), Statuts CEF/1964 (provisoires), *DocCath* 61 (1964) 1127-1129.

———, Statuts CEF/1966, *DocCath* 64 (1967) 625-632.

———, Statuts provisoires de la CEF, 1973, *ACan* 19 (1975) 259-270.

———, Statuts provisoires CEF,/1974, *DocCath* 72 (1975) 28-30.

CONFÉRENCE DES ÉVÊQUES DE FRANCE (1976), Statuts et Règlement intérieur CEF/1975, *BO-CEF* 10 avril 1976.

———, Statuts CEF/2006, *BO-CEF* 53, sept. 2006.

———, Règlement intérieur CEF/2006, *BO-CEF* 54, sept. 2006.

CONFÉRENCE DES ÉVÊQUES DE FRANCE (1976), «Textes et déclarations», documents officiels consultés en décembre 2019, https://eglise. catholique.fr/conference-des-eveques-de-france/textes-et-declarations/.

CENTRE NATIONAL DES ARCHIVES DE L'ÉGLISE DE FRANCE [CNAEF], cote générale: 67 CE, «Secrétariat général de l'Épiscopat».

———, «Réformes des structures de la Conférence Épiscopale», oct. 2000, dossier préparatoire à l'Assemblée Plénière, nov. 2000, dossiers E. 1, E. 2, E. 3, carton 67 CE 13.

———, «Nouvelles provinces ecclésiastiques», sept. 2001, dossier préparatoire à l'Assemblée Plénière de novembre 2001, carton 67 CE 13.

———, «Années 2002-2003», carton 67 CE 40.

———, «Années 2004-2005», carton 67 CE 15.

———, «Dossier de travail du secrétariat», «Consultation du 13 décembre 2007», carton 117 CE 129.

———, Présence et Dialogue, bulletin de l'Église dans la région parisienne (1968-1977), 97 BUD.

———, Présence et Dialogue. Bulletin de l'Église en Île-de-France (1977-1985), 97 BUD.

1.7 *Documents de la Province Ecclésiastique de Paris*

PAUL VI, lett. ap. «À notre vénérable Frère le Cardinal Maurice Feltin, Archevêque de Paris», 7 oct. 1966, *DocCath* 63 (1966) 1854-1866; *LegEcc* III/3474.

———, const. ap. *Qui volente Deo*, 9 oct. 1966, *AAS* 59 (1967) 212-214; *LegEcc* III/3475.

FELTIN, M. «Lettre de S. Em. le Cardinal Feltin», *DocCath* 63 (1966) 1857-1859.

VEUILLOT, P.M., «L'esprit d'une décision», *DocCath* 63 (1966) 1859-1862.

———, «Lettre aux prêtres», 7 octobre 1966, *DocCath* 63 (1966) 1862-1864.

SACRÉE CONGRÉGATION CONSISTORIALE, Normes concernant la Province Ecclésiastique de Paris [*Normæ servandæ a provincia ecclesiastica parisiensi*], *DocCath* 63 (1966) 1864-1868; *LegEcc*, III/3474.

Règlement 1984 de la Province Ecclésiastique de Paris, *Présence et Dialogue. Bulletin de l'Église en Île- de-France*, 15 décembre 1984, 6-7.

ARCHIVES HISTORIQUES DE L'ARCHEVÊCHÉ DE PARIS [AHAP],

———, dossier «Réorganisation du diocèse de Paris», cotes 1 B 4,6; 1 D 15,6:

* Commission pour la réorganisation, «Données du problème».

* «Statut canonique de la Région apostolique de Paris».

* «Loi propre de la Région apostolique de Paris».

* «Directoire de la Province Ecclésiastique de Paris».

————, «Assemblée de l'Épiscopat», «Procès-verbaux de l'ACA», carton 1 B2/2a.

1.8 *Pères de l'Église, auteurs anciens et médiévaux*

AUGUSTINUS HIPPONENSIS, *Contra Cresconium*, éd. G. Finært, *Traités anti-donatistes*. IV, in *Œuvres de saint Augustin*, 31, Paris 1968.

CLEMENS ROMANUS, *Epistola ad Corinthios*, éd. A. Jaubert, SC 167, Paris 1971.

JOANNES CHRYSOSTOMUS, *Expositio in Psalmum* 149, PG 55, 493.

CYPRIANUS CARTHAGINENSIS, *De Lapsi*, éd. G. Clarke, SC 547, Paris 2012. M. Bévenot, CCL 3, Turnholti 1972, 217-242.

CYPRIANUS CARTHAGINENSIS, *Epistolæ*, éd. G.F. Diercks, I-III, CCL 3/B-D, Turnholti 1994, 1996, 1999.

————, *De Ecclesia Catholicæ unitate*, éd. P. Mattei, SC 500, Paris 2006.

DIDASCALIA. *La Didascalie, c'est-à-dire l'enseignement catholique des douze Apôtres et des saints disciples de notre Sauveur*, éd. F. Nau, Paris 1912².

DIDACHÉ. *La Doctrine des XII Apôtres*, éd. W. Rordorf, SC 248, Paris 1978.

DIONYSIO-HADRIANA, *collectio*, PL 67, 135-137; 315-346.

EUSEBIUS CAESARIENSIS, *Historia Ecclesiastica*, éd. G. Bardy, I-IV, SC 31, 41, 55, 73, Paris 1952, 1955, 1958, 1987 (PG 20, 9-906).

GELASIUS (Pape), *Epistolæ, fragmenta et tratactus*, in *Epistolæ Romanorum Pontificum genuinæ et quæ ad eos scriptæ sunt a S. Hilaro usque ad Pelagium II*, éd. A. Thiel, *A S. Hilaro usque ad S. Hormisdam, ann. 461-523*. I, Brunsbergæ, 1868, 285-612.

GRATIANUS, *Decretum*, [décret de Gratien] in *Corpus Iuris Canonici*, éd. Æ. Friedberg, I, Graz 1955-1959.

GREGORIUS NAZIANZENUS, *Epistolæ*, éd. P. Gallay, I-II, Paris 1964.

HIERONYMUS, *Commentarii in epistulas Pauli apostoli ad Titum et ad Philomenum*, éd. F. Bucchi, CCL 77C, Turnholti 2003.

————, *Epistulæ*, éd., I. Hilberg, I-IV, CSEL 54-56/1-2, Vindobonæ 1996.

HILARIUS PICTAVIENSIS, *Fragmentis*, PL 10, 710-713.

IGNATIUS ANTIOCHENUS, *Epistolæ*, éd. Th. Camelot, SC 10bis (*Lettres et martyre de Polycarpe*), Paris 1998².

IRENEUS LUGDUNENSIS, *Adversus Haereses* (*Contre les hérésies*), éd. A. Rousseau — L. Doutreleau, I-IV, SC 100, Paris 1965-1982.

ISIDORUS HISPALENSIS, *Etymologiarum libri XX*, PL 82, 9-728.

————, *De ecclesiasticis officiis*, PL 83, 737-826.

ISIDORUS MERCATOR (pseudo-Isidore), *collectio decretalium*, PL 130, 1-1178.

IUSTINIUS, *Apologiæ* (*Apologie pour les chrétiens*), éd. C. Munier, SC 507, Paris 2006.

LACTANTIUS, *De mortibus persecutorum*, 36,22, SC 39/1-2, Paris 2006[2].

LEO MAGNUS, *Epistolæ*, PL 54, 551-1218 B.

OPTATUS, *Tractatus contra donatistas*, éd. M. Labrousse, I-II, SC 412-413, Paris 1995-1996.

ORIGENES, *Contra Celsum*, I-II, éd. M. Borret, SC 132. 136, Paris 1967-1968.

SOZOMENIUS SALAMINUS, *Historia ecclesiastica*, éd. J. Bidez – *al.*, I-IV, SC 306, 418, 495, 516, Paris 1983, 1996, 2005, 2008.

TERTULLIANUS CARTHAGINENSIS, *De exhortatione castitatis*, éd. C. Moreschini, SC 319, Paris 1985.

TERTULLIANUS CARTHAGINENSIS, *De ieiunio*, éd. Aem. Kroymann, CCL 2, Turnholti 1954, 1257-1277.

————, *Apologeticum*, éd. Dekkers, CCL 1, Turnholti 1954, 77-171.

————, *De praescriptione haereticorum*, CCL 1, Turnholti 1954, 185-224.

THOMAS AQUINAS, *Scriptum super Sententiis*, in R. Busa, éd., *S. Thomæ Aquinatis Opera omnia*, I, Milano-Stuttgart 1980.

————, *Summa Theologiæ*, I-IV, BAC, Madrid 1969[4].

Traditio Apostolica, éd. B. Botte, SC 11bis, Paris 1984[2].

1.9 *Ressources canoniques et ouvrages de références*

Annuario pontificio per l'anno 2019, Città del Vaticano 2019.

Cæremoniale episcoporum, ex decreto Sacrosanti Œcumenici Concilii Vaticani II instauratum, auctoritate Ioannis-Pauli pp. II promulgatum, Editio typica, Romæ MCMLXXXIV, Typis Polyglottis Vaticanis 1985.

Catechismus Romanus seu Catechismus, ex decreto Concilii Tridentini, Città del Vaticano 1989.

Catéchisme de l'Église Catholique [CEC], Paris 1992.

Code des canons des Églises Orientales, éd. bilingue É. Eid – R. Metz, LEV 1997.

Code de Droit Canonique, édition bilingue et annotée, éd. Université de Navarre – Université Saint-Paul, Montréal 2018[4].

Codex Iuris Canonici Pii X Pontificis Maximi iussu digestus Benedicti Papæ XV auctoritate promulgatus. Præfatione Fontium annotatione et

Indice analytico-alphabetico ab. E.mo Petro card. Gasparri auctus, Romae 1918.

Codex Iuris Canonici. Fontes, éd. P. Gasparri – I. Seredi, I-IX, TPV, 1923-1939.

Codex Iuris Canonici auctoritate Joannis Pauli pp. II promulgatus, fontium annotatione et indice analytico-alphabetico auctus, Città del Vaticano 1989.

Conciliorum Œcumenicorum Decreta [COD], éd. G. ALBERIGO – AL., Strumenti, Bologna 2013[3] [tr. fr., *Les Conciles Œcuméniques, les décrets*, II/1-2, Paris 1994].

Corpus Iuris Canonici, éd. Æ. Friedberg, I-II, Graz 1955-1959.

Sacrorum conciliorum nova et amplissima collectio, éd. J.D. Mansi, I-XXVI, Paris 1901-1915.

2. Études, livres et articles

ABBAL, E., *Le territoire des diocèses en France. Réalités et perspectives. Approches canoniques*, mémoire de Licence en droit canonique, ICP 1997, Bibliothèque de droit canonique, ICP, cote 4 MF 97 (3).

ACERBI, A., *Due ecclesiologie. Ecclesiologia giuridica ed ecclesiologia di comunione nella* Lumen gentium, Bologna 1975.

AFFANASSIEV, N., «Le concile dans la théologie orthodoxe russe», *Irénikon* 35 (1962) 316-339.

AGAMBEN, G., *Opus Dei, l'archéologie de l'office, homo sacer II, 5*, éd. fr. M. Rueff, Paris 2012. Éd. originale, *Opus Dei, Archeologia dell'officio*, Torino 2011.

AIGRAIN, R., «Chorévêques», in *Catholicisme*, 2, 1072-1075.

ALBERIGO, G., «Élection, Consensus, Réception dans l'expérience chrétienne», *Concilium (F)* 77 (1972) 7-17.

ALONSO PEREZ, J.I., «Sufragánea [diócesis]», in *DGDC*, 7, 442-444.

ALTEROCHE (D'), B., «Le statut du pallium dans le droit canonique classique de Gratien à Hostiensis vers 1140-1270», *RHDF* 83 (2005), 553-585.

AMENTA, P., *Partecipazione alla potestà legislativa del vescovo. Indagine teologico-giuridica su Chiesa particolare e sinodo diocesano*, Roma 1996.

ANDRIEU-GUITRANCOURT, P., *L'Archevêque Eudes Rigaud et la vie de l'Église au XIIIe siècle d'après le «Regestrum visitationum»*, Paris 1938.

ANTÓN, A., *Conferencias episcopales, ¿Instancias intermedias? El estado teológico de la cuestión*, Salamanca 1989.

APRÀ, A., *Il Metropolita e la sua potestà giurisdizionale sino al concilio di Trento compreso*, Roma 1966.

ARDURA, B., *Le Concordat entre Pie VII et Bonaparte*, Paris 2001.

ARRIETA, J.I., *Diritto dell'organizzazione ecclesiastica*, Milano 1997.

————, «Instrumentos supradiocesanos para el gobierno de la Iglesia particular», *IusCan* 24 (1984) 607-614.

————, «Provincia y Región eclesiásticas», in M. THÉRIAULT – J. THORN, éd., *«Le nouveau Code de droit canonique»*. Actes du Ve congrès international de droit canonique. II, Ottawa 1986, 607-625.

————, «Chiesa particolare e circoscrizioni ecclesiastiche», *IusEccl* 6 (1994) 3-40.

————, «Organismi episcopali a livello continentale, nazionale, regionale e provinciale», *IusEccl* 10 (1998) 531-557.

————, *Governance Structures within the Catholic Church*, Montréal 2000.

————, «De Ecclesiarum particularium cœtibus, cc. 430-436», in A. MARZOA – AL., éd., *Comentario Exégetico al Código de Derecho Canónico*. II. Pamplona 1996, 881-902.

————, «Le conferenze episcopali regionali e le riunioni internazionali di conferenze episcopali», in *Chiese particolari e chiesa universale*, éd. Gruppo italiano docenti di diritto canonico, Milano 2003, 103-121.

————, «Función consultiva», in *DGDC*, 4, 147-153.

————, «Reponses. Authority of the Metropolitan Bishop within his Suffragan Dioceses», in S.A. ELLART – J.A. ALESANDRO – T.J. GREEN, éd., *Roman Replies and CLSA advisory opinions*, Washington 2016, 8-9.

AUBERT, R. «L'Église en France sous le Second Empire», in A. FLICHE – V. MARTIN, éd, *Histoire de l'Église depuis les origines jusqu'à nos jours*, XXI, Paris 1951, 108-131.

AYMANS, W., *Das synodale Element in der Kirchenverfassung*, München 1970.

————, *Kirchenrechtliche Beiträge zur Ekklesiologie*, Berlin 1995.

————, «Die *Communio Ecclesiarum* als Gestaltgesetz der einen Kirche», *AfkKR* 139 (1970) 69-90.

————, «Communio: Theologische Reflexion über die Grundgestalt der Kirchenverfassung», in H. SANTIAGO-OTERO, éd., *Miscelánea en honor de Juan Becerril y Antón Miralles*. I, Madrid, 1974, 71-86.

————, «La *communio Ecclesiarum* legge costitutiva dell'unica Chiesa», in *Diritto canonico e comunione ecclesiale: saggi di diritto canonico in prospettiva teologica*, Torino 1993, 1-30; titre original, «Die Communio Ecclesiarum als Gestaltgesetz der einen Kirche», *AfkKR* 139 (1970) 69-90.

Aymans, W., «Sinodalità: forma di governo ordinaria o straordinaria della Chiesa?», in *Diritto canonico e comunione ecclesiale: saggi di diritto canonico in prospettiva teologica*, Torino 1993, 33-59; titre original «Synodalität – ordentliche oder außerordentliche Leitungsform in der Kirche?», *ACan*, hors-série (1992) 23-43.

Bailly, A., *Dictionnaire Grec-Français*, Paris 2000[4].

Bamberg., A., «La vigilance de l'autorité ecclésiastique. Visiter, veiller, surveiller», *MonEccl* 130 (2015) 233-255.

Baraúna, G., éd., *La Chiesa del Vaticano II*, Firenze 1965; *L'Église de Vatican II, études autour de la constitution conciliaire sur l'Église*, I-III, éd. fr., Y. Congar, UnSa 51 a,b,c, Paris 1966.

Bardy, G., «Montanisme», in *DTC*, 10, 2355-2370.

Barra, R.C., «Órgano, oficio, competencia y potestad en el ordenamiento canónico», in J. Wroceński – M. Stokłosa, éd., *La funzione amministrativa nell'ordinamento canonico. XIVe Congresso internazionale di diritto canonico, Varsavia, 14-18 settembre 2011. II*, Warszawa 2012, 993-1007.

Bartelink, G., «"Electio" et "Consensu" dans le vocabulaire chrétien», *Concilium (F)* 77 (1972) 149-155.

Basdevant-Gaudemet, B., *Église et autorités: études d'histoire du droit canonique médiéval*, Limoges 2006.

Baslez, M.F., «Des communautés sans territoires? L'inscription dans l'espace civil des premières communautés chrétiennes (Ier-IIIe siècle)», *AnCan* 52 (2010) 221-236.

Batiffol, P., «Le règlement des premiers conciles africains et le règlement du Sénat romain», *Bulletin d'ancienne littérature et d'archéologie chrétiennes* 3 (1913) 1-19.

——, *Origines du règlement des conciles: Études de liturgie et d'archéologie chrétiennes* Paris 1919.

——, «*Principales Cathedræ* au concile de Carthage de 397», *RSR* 14 (1924) 287-292.

——, *Cathedra Petri, étude d'histoire ancienne de l'Église*, UnSa 4, Paris 1938.

Bauer, W. – Arndt, W.F., éd., *A Greek-English lexicon of the New Testament and other early Christian literature: a translation and adaptation of Griechisch-Deutsches Wörterbuch zu den Schriften des Neuen Testament*, Chicago 1979[2].

Benoit, P., «Les origines apostoliques de l'Épiscopat selon le Nouveau Testament», in H. Bouëssé – A. Mandouze, éd., *L'évêque dans l'Église du Christ*, Paris 1963, 13- 57.

BERGER, M., «Pallium romain et omophórion oriental», in *Notitiae* 16 (1980) 405-410.

BERGER, P. – LUCKMANN, T., *The Social Construction of Reality*, New York 1966; tr. fr., *La construction sociale de la réalité*, Paris 1997.

BERTRAMS, W., «De relatione inter officium episcopale et primitiale», *Periodica* 51 (1962), 3-29.

———, *De relatione inter episcopatum et primatum*, Rome 1963.

———, «De quæstione circa originem potestatis iuridictionis episcoporum in concilio Tridentino non resoluta», *Periodica* 53 (1964) 455-481.

———, «De analogia quoad structuram hierarchicam inter ecclesiam universalem et ecclesiam particularem», *Periodica* 56 (1967) 267-308.

———, «La collegialità episcopale», in ID., éd., *Quæstiones fundamentales iuris canonici*, Roma 1969.

BEYER, J., *Du Concile au Code de droit canonique*, Paris 1985.

———, «"Hierarchica communio", una chiave dell'ecclesiologia della "Lumen gentium"», *Civiltà Cattolica* 132 (1981) 464-473.

———, «De natura potestatis regiminis seu iurisdictionis recte in Codice renovato enuntianda», *Periodica* 71 (1982) 93-145.

———, «Principe de subsidiarité ou "juste autonomie"», *NRT* 108 (1986) 801-822.

———, «Teologia e diritto nella "potestas sacra" della Chiesa», in A. DE FELICE, éd., *Teologia e Diritto Canonico*, Città del Vaticano 1987, 67-85.

———, «Le principe de subsidiarité: son application en Église», *Periodica* 69 (1988) 435-459.

BIER, G., «§ 36 Die Kirchenprovinz», in H. SCHMITZ – J. LISTL, éd., *Handbuch des Katholischen Kirchenrechts*, Regensburg 2015³, 577-584.

BILLONES, M., *The ecclesiological principle of synodality in Eugenio Corecco*, Roma 2011.

BIONDI, B., *Il diritto romano cristiano*. I-III, Milano 1952-1954.

BLAISE, A., *Dictionnaire Latin-Français des auteurs chrétiens*, Paris 1954.

BONNET, P.A., «Una questione ancora aperta: l'origine del potere gerarchico della chiesa. Discutendo e predando lo spunto da un libro recente», *EJCan* 38 (1982) 63-121.

BONNET, P.A., «Pluralismo», in *Enciclopedia del Diritto*, XXXIII, Milano 1983, 959-983.

———, «Communion ecclesiale e sinodalità», *EJCan* 47 (1991) 93-137.

BORDIGNON, L. «Che cosà la sinodalità?», *CreOgg* 76 (1993) 75-83.

BORI, P.C., *Koinonia. L'idea della communione nell'ecclesiologia recente e nel Nuovo Testamento*, Brescia 1972.

BORRAS, A., «La synodalité du peuple de Dieu», *Prêtres diocésains* 1378 (1996) 263-280.

———, «Trois expressions de la synodalité depuis Vatican II», *EThL* 90 (2014) 647-666.

———, «Évolutions souhaitables en matière de synodalité», in L. BALDISSERI, éd., *A cinquant'anni dall'Apostolica sollicitudo. Il sinodo dei vescovi al servizio di una Chiesa sinodale,* Città del Vaticano 2016.

BOUËSSE, H. – BENOIT, P. – AL., *L'Évêque dans l'Église du Christ, travaux du symposium de l'Arbresle 1960,* Bruges 1963.

BOUIX, D., *Du concile provincial ou traité des questions de théologie et de droit canon qui concernent les conciles provinciaux,* Paris 1850.

BOUYER, L., *Dictionnaire théologique*, Paris 1963.

BRIDE, A., «Assemblée des évêques», in *Catholicisme*, 1, 918-919.

BUENACASA PEREZ, C. – AL., «Un aspect de la correspondance des empereurs au Bas-Empire: les rescrits impériaux et la façon de légiférer sur des sujets chrétiens», *Collection de la maison de l'Orient et de la Méditerranée*, Paris 2009, 169-181.

CAMPLANI, A., «Un'antica teoria della successione patriarcale in Alessandria», P. BUZI – D. PICCHI – M. ZECCHI, éd., *Aegyptiaca et Coptica,* Fs. Sergio Pernigotti, Oxford 2011, 59-68.

CANCE, A., *Le Code de Droit Canonique, commentaire succinct et pratique*, I, Paris 1950[8].

CAPPELLO, F.M., *De visitatione ss. liminum et diœceseon ac de relatione S. Sedi exhibenda: commentarium in decretum "A remotissima Ecclesiæ ætate" iussu Pii X*, I, Romæ 1912-1913.

CAPPER, B., «Apôtres, maîtres de maison et domestiques», *ETR* 81 (2006) 395-428.

CARDIA, C., «Subsidiariedad [principio de]», in *DGDC*, 7, 429-434.

CARRASCO ROUCO, A., *Le primat de l'évêque de Rome: étude sur la cohérence ecclésiologique et canonique du primat de juridiction*, Fribourg 1990.

CASTILLO LARA, R.I., «La communion ecclésiale dans le nouveau droit canon», *Comm* 16 (1984) 242-266.

CATTANEO, A. – FABRIS, C.M., *Fondamenti ecclesiologici del diritto canonico*, Venezia 2011.

CATTANEO, E., éd., *I ministri nella Chiesa antica. Testi patristici dei primi secoli*, Milano 1997.

CAZEAUX, J., *Les Actes des Apôtres, entre le martyre d'Etienne et la mission de Paul*, Paris, 2008.

CERFAUX, L., *La théologie de l'Église selon saint Paul*, Paris 1965.

CHANTRAINE, G., «Synodalité, expression du sacerdoce ministériel?», *ACan*, hors-série I (1992) 45-67.

CHAPPOULIE, H., «Assemblée des Cardinaux et Archevêques de France (ACA)», in *Catholicisme*, 1, 915-916.

CHIARELLI, B., éd., *La Chiesa particolare nel codice del post-concilio*, Roma 2005.

Chiese particolari e Chiesa universale, éd. Gruppo italiano docenti di diritto canonico, Milano 2003.

CHOUINARD, P. «Les expressions "Église locale" et "Église particulière" dans Vatican II», *StCan* (1972) 115-161.

CHRISTOPHE, P., *L'élection des évêques dans l'Église latine au premier millénaire*, Paris 2009.

CLAEYS-BOUUAERT, F., «Clerc», in *Catholicisme*, 2, 827-872.

COLSON, J., *L'évêque dans les communautés primitives*, Paris 1951.

———, *Les fonctions ecclésiales aux deux premiers siècles*, Paris 1956.

———, «Le ministère apostolique dans la littérature chrétienne primitive», in Y. CONGAR – B.D. DUPUY, éd., *L'Épiscopat et l'Église universelle*, UnSa 39, Paris 1962, 135-169.

———, *L'Épiscopat catholique. Collégialité et primauté dans les trois premiers siècles de l'Église*, UnSa 43, Paris 1963.

La comunione nella vita della Chiesa: le prospettive emergenti dal Vaticano II: XLI incontro di studio, Centro Pio X - Borca di Cadore (BL), 30 giugno - 4 luglio 2014, éd. Associazione Canonistica Italiana, Milano 2015.

CONDORELLI, O., *Ordinare – Iudicare. Ricerche sulla potestà dei vescovi nella Chiesa antica e altomedievale (secoli II-IX)*, I libri di Erice 18, Roma 1997.

———, «Sul principio di sussidiarietà nell'ordimento canonico: alcune considerazioni storiche», in *Autonomia, decentramento e sussidiarietà: i rapporti tra pubblici poteri e gruppi religiosi nella nuova organizzazione statale*, Napoli 203, 41-102.

CONGAR, Y., «Weihesakramentale Grundlegung kirchlicher Rechtsgewalt», *Scholastik* 16 (1941) 496-513.

———, «Gallicanisme», in *Catholicisme*, 4, 1731-1739.

———, «Quod omnes tangit ab omnibus tractari et approbari debet», *RHDF* 81 (1958) 210-259.

CONGAR, Y., «De la communion des Églises et une ecclésiologie de l'Église universelle», in Y. CONGAR – B.D. DUPUY, éd., *L'Épiscopat et l'Église universelle*, UnSa 39, Paris 1962, 227-260.

————, «Conclusion», in B. BOTTE – H. MAROT – AL., *Le concile et les conciles. Contribution à l'histoire de la vie conciliaire de l'Église*, Paris 1960, 285-334.

————, éd., *La collégialité épiscopale. Histoire et théologie*, UnSa 52, Paris 1965.

————, *L'Église de saint Augustin à l'époque moderne*, Paris 1970.

————, «L'*Ecclesia* ou communauté chrétienne, sujet intégral de l'action liturgique», in Y. CONGAR – P.M. GY, éd., *La liturgie après Vatican II*, UnSa 66, Paris 1967, 241-282.

————, «Bulletin d'ecclésiologie», *RSPT* 66 (1982) 87-119.

————, *Église et papauté, regards historiques*, Paris 1994.

————, «Catholicité», in *Catholicisme* 2, 722-725.

CONGAR, Y. – DUPUY, B.D., éd., *L'Épiscopat et l'Église universelle*, UnSa 39, Paris 1962.

CORECCO, E., «L'origine del potere di giurisdizione episcopale. Aspetti storico-giuridici e metodologico-sistematici della questione», *La Scuola Cattolica* 96 (1968) 3-42, 107-141.

————, «Il Vescovo, capo della Chiesa locale, protettore e promotore della disciplina locale», *Concilium (I)* 4 (1968) 106-121.

————, «Articolazione della sinodalità nelle Chiese Particolari», in *La synodalité. la participation au gouvernement dans l'Église*, ACan hors série II (1992) 861-868.

————, «Sinodalità», in G. BARBAGLIO – S. DIANICH, *Nuovo dizionario di teologia*, Rome 1985[4], 1466-1495.

————, «Nature et structure de la *sacra potestas* dans la doctrine et dans le nouveau code de droit canonique», *RDC* 34 (1984) 361-389.

————, «Structure et articulation du pouvoir dans l'Église», *Communio* 9/5 (1984) 104-119.

————, «"Ius universale" – "Ius particulare"», in G. BORGONOVO – A. CATTANEO, éd., *Ius et Communio. Scritti di Diritto canonico*, I, Casale Monferrato (AL) 1997, 549-572.

————, *La formazione della Chiesa cattolica negli Stati Uniti d'America attraverso l'attività sinodale*, Bologna 1991.

————, «Dalla sussidiarietà alla comunione», in G. BORGONOVO – A. CATTANEO, éd., *Ius et Communio. Scritti di Diritto canonico*, I, Casale Monferrato (AL) 1997, 531-548.

CORECCO, E., «Ontologia della sinodalità», in G. BORGONOVO – A. CATTANEO, éd., *Ius et Communio. Scritti di Diritto canonico*, II, Casale Monferrato (AL) 1997, 82-108.

————, «Struttura sinodale o democratica della Chiesa particolare?», in G. BORGONOVO – A. CATTANEO, éd., *Ius et Communio. Scritti di Diritto canonico*, II, Casale Monferrato (AL) 1997, 9-39.

CORECCO, E. – GEROSA, L., *Il diritto della Chiesa*, Milano 1995.

COSTALUNGA, M., «Valore e senso delle nuove norme (Inter eximia episcopalis)», *Notitiae* 14 (1978) 321-323.

————, «L'organizzazione in province e regioni ecclesiastiche», *IusCan* 22 (1982) 749-762.

DARROUZÈS, J., *Notitiæ episcopatuum Ecclesiæ Constantinopolitanæ: texte critique, introduction et notes*, Paris 1981.

DAUVILLIER, J., *Les temps apostoliques*, in, *Histoire du droit et des institutions de l'Église d'Occident*, éd. G. Le Bras, II, Paris 1958.

DE BERTOLIS, O., *Origine ed esercizio della potestà ecclesiastica di governo in san Tommaso*, Roma 2005.

DE CLERCQ, C., *La législation religieuse franque de Clovis à Charlemagne. Études sur les actes des conciles et capitulaires, les statuts diocésains et les règles monastiques (507-814)*, Louvain – Paris 1936.

————, «La législation religieuse franque depuis l'avènement de Louis le Pieux jusqu'aux Fausses décrétales», *RDC* 6 (1956) 263-289.

DE HALLEUX, «La collégialité dans l'Église ancienne», *RTL* 24 (1993) 433-454.

DEJAIFVE, G., «Conciliarité au concile du Vatican», *NRT* 82 (1960) 787-802.

DELARUELLE, E., «La décadence mérovingienne», in E. DELARUELLE – A. LATREILLE – J.R. PALANQUE, éd., *Histoire du catholicisme en France. Des origines à la chrétienté médiévale*. I, Paris 1957, 121-163.

DEL POZZO, M., «La struttura "ordo-plebs" cardine del sistema costituzionale canonico», *IusEccl* 26 (2014), 27-48.

————, «L'estenzione della potestà primaziale nel disegno costituzionale», *IusCan*, 56 (2016) 195-227.

DELLAVITE, G., *Munus pascendi: autorità e autorevolezza. Leadership e tutela dei diritti dei fedeli nel procedimento di preparazione di un atto amministrativo*, Roma 2007.

DE LUBAC, H., *Les Églises particulières dans l'Église universelle*, Paris 1971.

DEMOUSTIER, A., «Épiscopat et union à Rome selon saint Cyprien», *RSR* 52 (1964) 337- 369.

DENIS, J., «1951. Chroniques des Actes de l'Épiscopat français», *ACan* 1 (1952) 227-264.

———, «Les Statuts de la Conférence Épiscopale de France», *ACan* 12 (1968) 399-413.

———, «1966-1967. Chroniques des Actes de l'Épiscopat français», *ACan* 12 (1968) 415-437.

———, «Les Statuts provisoires de la Conférence Épiscopale de France», *ACan* 19 (1975) 259-270.

———, «Les Statuts de la Conférence Épiscopale française», *ACan* 20 (1976) 259-263.

———, «Excommunication», in *Catholicisme*, 4, 877-883.

D'ERCOLE, G., *Communio, collegialità, primato e sollicitudo omnium Ecclesiarum dai Vangeli a Costantino*, Roma 1964.

DESTIVELLE, H., *Conduis-la vers l'unité parfaite*, Paris 2018.

DIANICH, S., *Diritto e teologia: ecclesiologia e canonistica per una riforma della Chiesa*, Bologna 2015.

———, «Per una collegialità episcopale nelle Chiese locali», *Vivens homo* 11/1 (2000) 91-118.

———, «Sinodalità tra ecclesiologia e diritto», in G. ANCONA, éd., *Dossier. Chiesa e sinodalità*, Gorle 2005, 43-65.

DIATEZULWA-MBUNGU, F., *Les conciles particuliers dans l'Église latine: enjeux des canons 439-446 du Code de 1983*, Publications Universitaires Européennes, série XXIII, vol. 882, Bern 2009.

Il diritto nel mistero della Chiesa, Libri II e III del Codice, éd. Gruppo italiano docenti di diritto canonico, II, Roma 1990[2].

Il diritto della Chiesa tra universale e particolare. 39e incontro di studio, Centro Pio X - Borca di Cadore (BL), 2-6 luglio 2012, éd. Associazione Canonistica Italiana, Milano 2013.

DIX, G., *Le ministère dans l'Église ancienne (des années 90 à 410)*, Neufchâtel-Paris 1955.

———, «Ministry in early Church», in K.E. KIRK, éd., *The Apostolic Ministry, essay on the History and the doctrine of episcopacy* London 1957[3], 266-274.

DOMBOIS, H., *Das recht der Gnade. Ökumenisches Kirchenrecht*, Witten 1961.

D'ONORIO, J., *Le pape et le gouvernement de l'Église*, Paris 1992.

———, «Les conciles particuliers après dix ans d'applications du code de droit canonique de 1983», in CPTL, éd., *Ius in vita et in missione ecclesiæ*. Acta Simposii Internationalis Iuris Canonici occurrente X anniversario promulgationis Codicis Iuris Canonici, diebus 19-24 aprilis 1993 in Civitate Vaticana celebrati, Città del Vaticano 1994, 593-603.

DORON, M., *The Media Revolution of Early Christianity: an essay of Eusebius's «Ecclesiastical History»*, Cambridge 1999.

DORTEL-CLAUDOT, M., *Églises locales, Église universelle. Comment se gouverne le Peuple de Dieu*, Châtelet-Lyon, 1973.

————, «L'évêque et la synodalité dans le nouveau Code de droit canonique», *NRT* 106 (1984) 641-657.

DUBRUEL, M., «Gallicanisme», in *DTC*, 6/1, 1096-1137.

DU CHEYRON, A., *La part faite au gouvernement français dans le processus actuel de nomination des évêques*, Cerf patrimoine, Paris 2019.

DUCHESNE, L., *Origine du culte chrétien*, Paris 1903.

DUJARIER, M., «La tradition synodale africaine», *Concilium (F)* 239 (1992) 13-26.

DUNN, G.D., «*Sententiam nostram non nouam promimus*. Cyprian and Episcopal Synod of 255», *AHC* 35 (2003) 211-221.

DUPREY, P., «La structure synodale de l'Église dans la théologie orientale», *Proche-Orient chrétien* 20 (1970) 123-145.

————, «Conciliarité et primautés», *Proche-Orient chrétien* 39 (1989) 225-236.

DUPUY, B.D., «*La théologie de l'Épiscopat*», *RSPT* 49 (1965) 288-342.

DUVAL, Y.M., «Densité et répartition des évêchés dans les provinces africaines», *Mélange de l'École française de Rome, Antiquités* 96 (1984) 493-521.

————, *Les Chrétientés d'Occident et leur évêque au IIIe siècle*, Paris 2005.

DVORNIK, F., «Emperors, Popes and General Councils», in *Dumbarton Oaks Paper* 1951, 1-23.

————, Byzance et la primauté romaine, UnSa 49, Paris 1964.

ECK, W., «Der Einfluss der Konstantinischen Wende auf die Auswahl der Bischöf im 4. Und 5. Jh», *Chiron, Mitteilungen der Kommission für Alte Geschichte und Epigraphik des Deutschen Archäologischen Instituts* 8 (1978) 561-586.

ERDÖ, P., «Expressiones obligationis et exhortationis in Codice Iuris Canonici», *Periodica* 76 (1987) 3-27.

————, «Caput II De Metropolitis, cc. 435-438», in A. MARZOA – AL., éd., *Comentario Exégetico al Código de Derecho Canónico*, II, Pamplona 1996, 903-916.

————, «La partecipazione sinodale al governo della Chiesa; problemi circa gli organi sinodali con potere di governo», *IusEccl* 10 (1998) 89-107.

FADDA, A.A., *Il principio di corresponsabilità nella costituzione gerarchica della Chiesa: (C.J.C. cann. 330-572)*, Roma 2004.

FAGGIOLI, M., «Institutions of episcopal collegiality-synodality after Vatican II: The decree *Christus Dominus* and the agenda for collegiality-synodality in the 21st century», *The Jurist* 64 (2004) 224-246.

FAIVRE, A., *Naissance d'une hiérarchie,* Paris 1977.

FAMERÉ, J., «Communion ecclésiale, conciliarité et autorité. Le document de Ravenne», *RTL* 40 (2009) 236-247.

———, «Le décret Christus Dominus, une reconfiguration du ministère épiscopal», *RTL* 46 (2015) 490-514.

FANTAPPIÈ, C., *Ecclesiologia e canonistica*, Venezia 2015.

FELICIANI, G., *Le Conferenze episcopali*, Bologna 1974.

———, «Corresponsabilità ecclesiale nella struttura gerarchica della Chiesa», in J. BEYER – G. FELICIANI – H. MÜLLER, *Comunione ecclesiale e strutture di corresponsabilità*, Roma 1990, 37-49.

———, «Le conferenze episcopali», in M. GHISALBERTI – G. MORI, éd., *La sinodalità nell'ordinamento canonico,* Padova 1991, 167- 193.

———, «Le conferenze episcopali come fonte di Diritto particolare», *Fcan* 2 (1999) 21-29.

FELICIANI, G., «La dimensione collegiale del ministero del vescovo a livello locale», in A. CATTENEO, éd., *L'esercizio dell'autorità nella Chiesa, riflessioni a partire dell'esortazione apostolica Pastores Gregis*. Atti del convegno di studio, Venezia il 12 maggio 2004, Venezia 2005, 53-61.

FISCHER, J.A., «Die ersten Synoden», in W. BRANMÜLLER, éd., *Synodale Strukturen der Kirche. Entwicklung und Probleme*, Donauwörth 1977, 27-60.

FISCHER, J.A.– LUMPE, A., *Die Synoden von den Anfängen bis zum Vorabend des Nicaenums*, Paderborn 1997.

FONTBONA, J., «La sinodalitat», *RCatT* 37 (2007) 357-385.

FORGET, J., «Diacres», in *DTC*, 4, 703-736.

FOURNIER, P.– LE BRAS, G., *Histoire des collections canoniques en Occident depuis les fausses décrétales jusqu'au Décret de Gratien*, I, Paris 1931.

FRANCK, B., «La Conférence Épiscopale et les autres institutions de collégialité intermédiaires», *ACan* 27 (1983) 67-120.

GAFFIOT, F., *Dictionnaire Latin-Français*, Paris 2000[3].

GALLAGHER, C., «Collegiality in the East and the West in the first millennium. A study based on the canonical collections», *The Jurist* 64 (2004) 64-81.

GAILLARD, J., «*Fermentum*», in *Catholicisme*, 4, 1191-1193.

GARCÍA Y GARCÍA, A., «Conciles particuliers du second millénaire et conférences épiscopales», in H.M. LEGRAND – J. MANZANARES – A. GARCÍA Y GARCÍA, éd., *Les Conférences épiscopales. Théologies, statut canonique, avenir*. Actes du colloque international de Salamanque 3-8 janvier 1988, CogFid 149, Paris 1988, 85-97.

GARUTI, A., «Il papa, Patriarca d'Occidente? Considerazioni dottrinali», *Antonianum* 65 (1990) 23-59.

———, *Libertà religiosa ed ecumenismo. La questione del «territorio canonico» in Russia*, Siena 2005.

———, *Patriarca d'Occidente? Storia e attualità*, Bologne 2007.

GAUDEMET, J., *Les Élections dans l'Église latine des origines au XVIe siècle*, Paris 1979.

———, *L'Église dans l'Empire romain*, in *Histoire du Droit et des Institutions de l'Église en Occident*, éd. G. Le Bras, III, Paris 1958.

———, «Le symbolisme du mariage entre l'évêque et son Église et ses conséquences juridiques», *Kanon* 7 (1985) 110-123.

———, «Pouvoir d'ordre et pouvoir de juridiction. Quelques repères historiques», *ACan* 29 (1985-1986), 83-98.

———, *Les sources du droit canonique VIIIe-XXe siècle*, Paris 1993.

———, *La doctrine canonique médiévale*, Ashgate 1994.

GAUDEMET, J., *Église et cité. Histoire du droit canonique*, Paris 1994.

———, *Les institutions de l'Antiquité*, Paris 2002[7].

GAUTHIER, A., «Juridical Persons in the Code of Canon Law», *StCan* 25 (1991) 77-92.

GEROSA, L., «Les conseils diocésains. Structures "synodales" et moments de "coresponsabilité" dans le service pastoral», *ACan* , hors-série II (1992) 782-794.

———, «Die Kirchenprovinz. Ein Ausweg für die Zukunft aus dem Spannungsfeld von Demokratisierung und Zentralismus?», *AfkKR* 166 (1997) 401-416.

GIACOBBI, A., «Strutture di comunione tra le Chiese particolari», in *Il diritto nel mistero della Chiesa, Libri II et III del codice*, éd. Gruppo Italiano Docenti di Diritto canonico, II, Roma 1990[2], 521-554.

GHERRI, P., «Episkopé e vigilanza amministrativa nell'ordimento canonico», in M. DE BENEDETTO, éd., *Visite canoniche e ispezioni*, Torino 2019, 75-98.

GHIRLANDA, G., *Hierarchica communio. Significato della formula nella Lumen Gentium*, Roma 1980.

————, «La notion de communion hiérarchique dans le concile Vatican II», *ACan* 25 (1981) 231-254.

————, «Il sinodo diocesano», in CPTL, éd., *Ius in vita et missione ecclesiæ. Acta Symposii Internationalis Iuris Canonici occurrenti per anniversario promulgationis Codicis Iuris Canonici diebus 19-24 aprilis 1993 in Civitate Vaticana celebrati*, Città del Vaticano 1994, 577-592.

————, «Atto giuridico e corresponsabilità ecclesiale (can. 127 CIC)», *Periodica* 90 (2001) 225-272.

————, «De natura, origine et exercitio potestatis regiminis iuxta novum Codicem», *Periodica* 73 (1984) 109-164.

————, «Église universelle, particulière et locale au concile Vatican II et dans le nouveau code de droit canonique», in R. LATOURELLE, éd., *Vatican II bilan et perspectives vingt-cinq ans après (1962-1987)*, Montréal – Paris 1988, 263- 297.

————, «Riflessioni sulla *Nota Explicativa Prævia* alla Lumen Gentium», *Gregorianum* 69 (1988) 324-331.

————, «Concili particolari e conferenze dei vescovi: "munus regendi" e "munus docendi"», *CivCatt.* 142/II (1991) 117-132

————, «Significato teologico-ecclesiale della territorialità», *Synaxis* 14 (1996) 251-264.

————, «Criteri di organizzazione del popolo di Dio e di inserzione delle persone nell'economia della salvezza, alla luce del libro II del CIC 1983», in P. ERDÖ – P. SZABÓ, éd., *Territorialità e personalità nel diritto canonico ed ecclesiastico. Il diritto canonico di fronte al terzo millennio*. Atti dell'XI° congregazione internazionale di Diritto Canonico e del XV° congregazione internazionale della Società per il Diritto delle Chiese Orientali, 2-7 settembre 2001, Budapest 2002, 93-122.

————, «Autonomia delle Chiese particolari», in B. CHIARELLI, éd, *La Chiesa particolare nel codice del post-concilio*, Roma 2005.

————, «Il documento di Ravenna della commissione mista internazionale cattolici-ortodossi», *Periodica* 97 (2008) 541-595.

————, «La Costituzione Apostolica *Anglicanorum cœtibus*», *Periodica* 99 (2010) 373- 430.

GHIRLANDA, G., *Introduzione al diritto ecclesiale. Lineamenti per una teologia del diritto nella Chiesa*, Roma 2013.

————, *Il diritto nella Chiesa, mistero di comunione. Compendio di diritto ecclesiale*, Cinisello Balsamo 2015[6].

————, «Inculturazione del Vangelo e inculturazione del diritto ecclesiale», *Periodica* 105 (2016) 3-70.

GIRARD, P.F., *Manuel élémentaire de droit romain*, Paris 1911.

GLOTZ, G., «Le droit des gens dans l'Antiquité grecque», *Mémoires présentés par divers savants étrangers à l'Académie* 13 (1923) 91-113.

GRANGE, J., «L'office ecclésial: cadre canonique de l'exercice des "charges" dans l'Église», *Les cahiers du droit ecclésial* 2 (1985) 53-70.

GRÉA, A., *L'Église et sa divine constitution*, Paris 1885, 1965[2].

GREINER, PH., «Peut-il exister un rapport d'accommodement de l'Église catholique aux droit séculiers?», *AnCan* 52 (2010) 181-194.

GRESHAKE, G., «Die Stellung des *Protos* in der Sicht der römischkatholischen dogmatischen Theologie», *Kanon* 9 (1989)17-50.

————, «"Zwischeninstanzen" zwischen Papst und Ortsbischöfen. Notwendige Voraussetzung für die Verwirklichung der Kirche als "communion ecclesiarum"», in H. MÜLLER – H. J. POTTMEYER, éd., *Die Bischofskonferenz. Theologischer und juristischer Status*, Düsseldorf 1989, 88-115.

GRIGORIŢĂ, G., *L'autonomie ecclésiastique selon la législation canonique actuelle de l'Église Orthodoxe et de l'Église Catholique. Étude canonique comparative*, Roma 2011.

————, «Le concept de primauté dans l'Église et son rôle dans la synodalité. Les prescriptions des saints canons et les réalités ecclésiales actuelles», in P. SZABÓ, éd., *Primacy and Synodality. Deepening Insights.* Proceedings of the 23rd Congress of the Society for the Law of the Eastern Churches, Debrecen, 3-8 septembre 2017, *Kanon* 25 (2019) 125-175.

GROSSI, V. – DI BERARDINO, A., *La Chiesa antica: ecclesiologia e istituzioni*, Roma 1984.

GROOT, J.C., «Aspects horizontaux de la collégialité», in G. BARAÚNA, éd., *La Chiesa del Vaticano II*, Firenze 1965; éd. fr., Y. Congar, *L'Église de Vatican II. Études autour de la constitution conciliaire sur l'Église*, III, UnSa 51c, Paris 1966, 805-828.

GRYSON, R., «Les élections ecclésiastiques au IIIe siècle», *RHE* 68 (1973) 353-404.

————, «Les élections épiscopales en Orient au IVe siècle», *RHE* 74 (1979) 301-345.

GRYSON, R., «Les élections épiscopales en Occident au IVe siècle», *RHE* 75 (1979) 257-283.

GUERRY, É., «L'Assemblée des Cardinaux et Archevêques de France. Son autorité, sa mission», *DocCath* 59 (1962) 861-863.

GUIGOU, J.L. – PARTHENAY, D. – AL., Rapport du Conseil d'analyse économique, «Aménagement du territoire», *La Documentation française*, Paris 2001.

GUIGOU, J.L., Rapport du Conseil d'analyse économique, in DATAR, éd., «Aménager la France de 2020. Mettre les territoires en mouvement», *La Documentation française*, Paris 2002.

GUIRAUD, P., *Les assemblées provinciales dans l'Empire romain*, Roma 1966[2].

GOUDOT, J.P., «Pourquoi un patriarche d'Occident?», *NRT* 134 (2012) 78-96.

GUTIÉRREZ, J.L., «I raggrupamenti di Chiese particolari», *MonEccl* 116 (1991) 437-455.

HAJJAR, J., «Synode permanent et collégialité épiscopale dans l'Église byzantine au premier millénaire», in *La collégialité épiscopale. Histoire et Théologie*, UnSa 52, Paris 1965, 151-166.

HAMER, J., «la conférence épiscopale, exercice de la collégialité», *NRT* 85 (1963) 966-969.

———, «La responsabilité collégiale de chaque évêque», *NRT* 105 (1983) 641-654.

HARNACK, A., *Entstehung und Entwicklung der Kirchenverfassung und des Kirchenrechts, in der zwei ersten Jahrhunderten*, Leipzig 1910.

HAUBTMANN, P., «La VIe Assemblée plénière de l'Épiscopat français», *DocCath* 61 (1964) 1123-1133.

HAUSER, H., *L'Église à l'âge apostolique. Structure et évolution des ministères*, Lectio divina 164, Paris 1996.

HEFELE (VON), K.J. – LECLERCQ H. [Hefele-Leclercq], *Histoire des conciles d'après les documents originaux*, I-XI, Paris 1907-1913.

HERIVONJILALAINA, O.M., *Synodalité du et dans le peuple aujourd'hui. Conscience, spiritualité et praxis dans l'Église-famille et Fihavanana*, Bruyères-le-Châtel 2015.

HERTLING, L., *Communio, Chiesa e papato nell'antichità cristiana*, Roma 1961, version originale «Communio und Primat», in *Miscellanea Historiæ Pontificiæ*, VII, Roma 1943.

HERVADA, J., «La dignidad y la libertad de los hijos de Dios», *Vetera et nova. Cuestiones de Derecho canónico y afines*, Pamplona 2005[2], 745-760.

HOFFMANN, J., «Grâce et institution selon Hans Dombois: une nouvelle approche du mystère de l'Église», *RSPT* 52 (1968) 645-676; *Id.*, 53 (1969) 41-49.

HOHL, H., *Das Amt des Metropoliten und die Metropolitanverfassung in der lateinischen Kirche: Geschichte, Theologie und Recht,* Essen 2010.

HOLSTEIN, H., «L'actualité religieuse. Les nouvelles régions apostoliques», *Études* 312 (1/1962) 107-109.

HONIGMANN, E., *Le Synekdèmos d'Hiéroklès et l'opuscule géographique de Georges de Chypre,* Bruxelles 1939.

HUCK, O., «La "création" de l'audientia episcopalis par Constantin», in *Empire chrétien et Église aux IVe et Ve siècle: intégration ou "concordat"? Le témoignage du Code Théodosien.* Actes du colloque international, Lyon 6-8 octobre 2005, Paris 2008.

INCITTI, G., «Metropolitano [arzobispo]», in *DGDC*, 5, 369-371.

———, «L'esercizio della sinodalità», in L. BALDISSERI, éd., *A cinquant'anni dall'Apostolica sollicitudo. Il sinodo dei vescovi al servizio di una Chiesa sinodale,* Città del Vaticano 2016, 369-395.

INTERLANDI, R., *Potestà sacramentale e potestà di governo nel primo millennio: esercizio di esse e loro distinzione,* Roma 2016.

JANSSEN, H., *Kultur und sprache. Zur Geschichte der alten Kirche im Spiegel der sprachentwicklung von Tertullian bis Cyprian,* Nijmegen 1938.

JIMENEZ URRESTI, T.I., «L'autorité du Pontife romain sur le Collège épiscopal et par son intermédiaire sur l'Église universelle. La collégialité épiscopale d'après les titres décernés au pape par les conciles œcuméniques», in *La collégialité épiscopale. Histoire et Théologie,* UnSa 52, Paris 1965, 223-281.

JOANNOU, P.P., éd., *Fonti. Fascicule IX. Discipline générale antique (IIe-IXe siècle). I/1-2. Les canons des Synodes particuliers* [*CSP*], Grottaferrata 1962.

———, *Pape, Concile et Patriarches, dans la tradition canonique des Églises orientales jusqu'au IXe siècle,* Rome 1962.

———, «Tradition et canons», in *CSP* I/2, 494-498.

———, «Canon et synode», in *CSP* I/2, 499-502.

JOHNSON, G., «Grouping of Particular Churches [cc. 431-459]», in J.P. BEAL – J.A. CORIDEN – T.J. GREEN, *New commentary on the Code of Canon Law. Commissioned by CLSA,* New York – Mahawah (NJ) 2000, 566-609.

JOIN-LAMBERT, A., *Les liturgies des synodes diocésains français 1983-1999,* Paris 2004.

JOIN-LAMBERT, A., «Partikularkonzilien seit dem Zweiten Vatikanischen Konzil. Ein Überblick», in J. SCHMIEDL, éd., *Nationalsynoden nach dem Zweiten Vatikanischen Konzil. Rechtliche Grundlagen und öffentliche Meinung.* Theologische Berichte 35, Fribourg/Schweiz 2013, 21-38.

————, *Synodes et concile en France. Bilan et perspectives*, in CEF, éd., *Documents Épiscopat* 5, Paris 2016.

————, *Synodes diocésains, «parasynodes» et conciles particuliers dans l'Église Catholique depuis le concile Vatican II. Liste, bibliographie, ressources,* Cahiers Internationaux de Théologie Pratique, série Documents n° 3, Louvain-la-Neuve – Paris – Québec 2018[7], www.pastoralis.org.

————, «Le concile provincial, une chance pour la synodalité de l'Église», *RSR* 107 (2019) 301-320.

JOMBERT, E., «Excommunication», in *DDC*, 5, 615-628.

JOURNET, CH., *L'Église du Verbe incarné*, I. *La Hiérarchie apostolique*, Bruges 1955.

JUNOD, É., «Naissance de la pratique synodale et unité de l'Église au IIe siècle», *RHPhR* 68 (1988)163-180.

KAPTIJN, A., «Primauté et synodalité dans les Églises catholiques orientales; peuvent-elles encore évoluer?», in É. BESSON, éd., *Les évolutions du gouvernement central de l'Église.* Colloque de droit canonique de Lyon, 23-25 novembre 2016, Toulouse 2017, 205- 225.

————, «Origin and Nature of supra-episcopal power. A Catholic Perspective», in P. SZABÓ, éd., *Primacy and Synodality. Deepening Insights.* Proceedings of the 23rd Congress of the Society for the Law of the Eastern Churches, Debrecen, 3-8 september 2017, *Kanon* 25 (2019) 193-217.

KARAMBAI, S.S., *Ministers and ministries in the local Church: a comprehensive guide to ecclesiastical norms*, Bombay 2015[2].

KEHL, M., *La Chiesa. Trattato sistematico di ecclesiologia cattolica*, Cinisello Balsamo 1995.

KIRK, K.E., éd., *The Apostolic Ministry, essay on the History and the doctrine of episcopacy*, London 1957[3].

KISTNER, P., *Das göttliche Recht und die Kirchenverfassung. Der Freiraum für eine Reform*, Berlin 2009.

————, *Das göttliche Recht und die Kirchenverfassung. II. Subsidiarität als Reformgebot*, Berlin 2010.

KOMONCHAK, J.A., «Le principe de subsidiarité et sa pertinence ecclésiologique», in H.M. LEGRAND – J. MANZANARES – A. GARCÍA Y GARCÍA, éd., *Les conférences épiscopales. Théologie, statut canonique, avenir.* Actes du colloque international de Salamanque, 3-8 janvier 1988, CogFid 149, Paris 1988, 391-447.

KRETSCHMAR, G., «Die Konzile der Alten Kirche», in H.J. MARGULL, éd., *Die ökumenischen Konzile der Christenheit*, Stuttgart 1961, 13- 74.

———, «Le développement de la doctrine du Saint Esprit, du Nouveau Testament à Nicée», *Verbum Caro* 22 (1968) 5-55.

———, *Das bischöfliche Amt: kirchengeschichtliche und ökumenische Studien zur Frage des Kirchlichen Amtes*, Göttingen 1999.

LABANDEIRA, E., «La distinction de poderes y la potestad ejecutiva», *IusCan* 38 (1988) 85-97.

LA DELFA, R., éd., *Primato e collegialità "partecipi della sollecitudine per tutte le Chiese"*, Roma 2008.

LAGRANGE, M.J., *Histoire ancienne du canon du Nouveau Testament*, Paris 1933.

LAMPE, G.W.H., *A patristic Greek Lexicon*, Oxford 1968.

LANNE, E., «L'origine des synodes», *ThZ* 27 (1971) 201-222.

———, «Le canon 34 des apôtres et son interprétation dans la tradition latine», *Irenikon* 71 (1998) 212-233.

LAUWERS, M., «"Territorium non facere diocesim". Conflits, limites et représentation territoriale du diocèse, Ve-XIIIe siècle», in F. MAZEL, éd., *L'espace du diocèse. Genèse d'une représentation dans l'Occident médiéval Ve-XIIIe siècle*, Rennes 2008, 23-65.

LE BRAS, G., «Un moment décisif dans l'histoire de l'Église et du droit canon: la renaissance gélasienne», *RHDF* 9 (1930) 506-518.

———, «Institutions ecclésiastiques de la chrétienté médiévale», in A. FLICHE – V. MARTIN, éd, *Histoire de l'Église depuis les origines jusqu'à nos jours*, XII, Paris 1959.

LECLERCQ, H., «Le concile apostolique», in Hefele-Leclercq, I, 1047- 1070.

———, «Archiépiscopat», in *DACL*, 5, 233-235.

———, «Canons apostoliques», in *DACL*, 2/2, 1910-1950.

———, «Diptyque», in *DACL*, 6, 1045-1094.

———, «Divisions administratives et ecclésiastiques», in *DACL*, 4, 1212-1219.

———, «Les élections épiscopales», in *DACL*, 4, 2618-2652.

———, «Pallium», in *DACL*, 13, 935-936.

———, «Synaxe», in *DACL*, 15, 1834-1836.

LECUYER, J., «L'épiscopat comme sacrement», in BARAÚNA, G., éd., *La Chiesa del Vaticano II*, Firenze 1965; *L'Église de Vatican II. Études autour de la constitution conciliaire sur l'Église*, III, éd. fr. Y. Congar, UnSa 51c, Paris 1966, 741-762.

LEFEBVRE, CH., «1964-1966, «Chroniques des Actes de l'Épiscopat français», *ACan* 11 (1967) 199-213.

LEFLON, J., «L'application du concordat français», in A. FLICHE – V. MARTIN, éd, *Histoire de l'Église depuis les origines jusqu'à nos jours*, XX, Paris 1951, 199-222.

LE GUILLOU, M.J., «L'expérience orientale de la collégialité épiscopale et ses requêtes», in Y. CONGAR, éd., *La collegialité épiscopale. Histoire et théologie*, UnSa 52, Paris 1965, 167-181.

LEGRAND, H.M., «Nature de l'Église particulière et rôle de l'évêque dans l'Église», in *La charge pastorale des évêques. Décret «Christus Dominus». Texte, traduction et commentaires*, UnSa 74, Paris 1969, 103-176.

———, «La délimitation des diocèses», in *La charge pastorale des évêques. Décret «Christus Dominus». Texte, traduction et commentaires*, UnSa 74, Paris 1969, 177-219.

———, «Enjeux théologiques de la revalorisation des Églises locales», *Concilium (F)* 71 (1972) 49-57.

———, «Le développement d'Église-sujets; une requête de Vatican II», in G. ALBERIGO, éd., *Les Églises après Vatican II, dynamisme et prospective*. Acte du colloque international de Bologne 1980, Paris 1981, 149-184.

———, «Communion ecclésiale et eucharistie aux premiers siècles», *ACan* 25 (1981)125-148.

———, «Collégialité des évêques et communion des Églises dans la réception de Vatican II», *RSPT* 75 (1991) 545-568.

———, «Les évêques, les Églises locales et l'Église entière», *RSPT* 85 (2001) 461-509.

———, «L'épiscopat: le cahier des charges œcuménique de la théologie catholique», *Œcumenia Civitas* 3 (2003) 3-29.

———, «Un seul évêque par ville. Pourquoi et comment redevenir fidèle au 8ᵉ canon de Nicée? Un enjeu pour la catholicité de l'Église», *Irénikon* 77 (2004) 5-43.

———, «la sinodalità, dimensione inerente alla vita ecclesiale. Fondamenti e attualità», *Vivens Homo* 16 (2005) 5-42.

———, «La sinodalità al Vaticano II e dopo il Vaticano II», in R. BATTOCCHIO – S. NOCETI, éd., *Chiesa e sinodalità. Coscienza, forme, processi*, Associazione Teologica Italiana, Milano 2007, 67-108.

LEGRAND, H.M. – MANZANARES, J. – GARCÍA Y GARCÍA, A., éd., *Chiese locali e cattolicità*. Atti del Colloquio internazionale di Salamanca 2-7 aprile 1991, Bologna 1994.

LEMAIRE, A., *Les ministères dans l'Église*, Paris 1974.

LEMESLE, B., *Le gouvernement des évêques. La charge pastorale au milieu du Moyen-Âge*, Rennes 2015.

LÉON-DUFOUR, X., éd., *Vocabulaire de théologie biblique*, Paris 1970².

LESNE, É., *La hiérarchie épiscopale, provinces, métropolitains, primats en Gaule et en Germanie depuis la réforme de saint Boniface jusqu'à la mort d'Hincmar 742-882*, Lille – Paris, 1905.

LE TOURNEAU, D., «Le statut canonique de la Mission de France: passé, présent, avenir», *StCan* 24 (1990) 357-382.

————, «Le soin pastoral des catholiques orientaux en dehors de leurs Églises de rite propre. Le cas de l'ordinariat français», *IusEccl* 13 (2001) 391-419.

————, «Note canonique à propos du décret de la Congrégation pour les Évêques portant sur la nouvelle organisation des provinces ecclésiastiques en France du 8 décembre 2002», *IusEccl* 15 (2003) 860-869.

————, *Les mots du christianisme: catholicisme, protestantisme, orthodoxie*, Paris 2005.

LEYS, AD., *Ecclesiological impacts of the principle of subsidiarity*, Kampen 1995.

LIÉBAERT, J., «communion spirituelle et institution dans l'Église avant le IVᵉ siècle. Un sondage», *ACan* 25 (1981) 149-168.

LODA, N., *La collegialità nella Chiesa con particolare riguardo alle varie forme di collegialità episcopale*, Roma 1995.

LOEIZ, L., *Petit départements et grandes régions. Proximité et stratégie*, Paris 2011.

LOTTIN, A., «La mise en œuvre de la réforme catholique, à travers les conciles provinciaux de Cambrai (1565, 1586, 1631)». in M. AOUN – J.M. ANDRIEU, éd., *Conciles provinciaux et synode diocésains, du concile de Trente à la révolution française. Défis ecclésiaux et enjeux politiques?*, Strasbourg 2010, 167-186.

LÜBECK, C., *Reichseinteilung und Kirchliche Hierarchie des Orients biszum Ausgange des vierten Jahrhunderts*, Münster 1901.

LUMPE, A., «Zur Geschichte der Wörter Concilium und Synodus in der antiken christlichen Latinität», *AHC* 2 (1970) 1-21.

MACCARRONE, M., *Lo sviluppo dell'idea dell'episcopato nel II secolo e la formazione del simbolo della cattedra episcopale*, Milano 1970.

MAÏER, J.L., *L'épiscopat de l'Afrique romaine, vandale et byzantine*, Paris 1973.

MAISONNEUVE, H., «Métropole, Métropolitain», in Catholicisme 9, 72-73.

MARCHETTI, G., «Origine e significato nell'ordinamento canonico delle province e delle regioni ecclesiastiche», *QDE* 23 (2010) 132-157.

MARCHETTO, A., *Episcopato e primato pontificio nelle decretali Pseudo-Isidoriane*, Roma 1971.

MARGUERAT, D., *La première histoire du christianisme*, Lectio Divina 180, Paris – Genève 1999.

———, *Les actes des Apôtres* (13-28). *Commentaire du Nouveau Testament, 2e série 5b*, Paris-Genève 2015.

MARIORAS, M., «L'institution du synode de province», *Theologia* 73-74 (2002-2003) 391-442. 237-278.

MAROT, H., «Les conciles anténicéens et conciles œcuméniques», in B. BOTTE – AL., éd., *Le concile et les conciles*, Paris 1960, 19-43.

MARITZ, H., «Die Kirchenprovinz Provinzialkonzil und Metropolit», *in* H. SCHMITZ – J. LISTL, éd., *Handbuch des katholischen Kirchenrechts*, Regensburg 1999^2, 415-419.

———, «Die Stellung des Metropoliten im neuen kirchlichen Recht», in G. ANDRÉ, éd., *Ministerium iustitiae,* Fs. H. Heinemann, Essen 1985, 243-247.

MARTINEZ GONZÁLES, A., *Il "coniugium spirituale" tra vescovo e Chiesa nel secondo millennio: lettura comprensiva storico-canonica*, Roma 2016.

MASSONET, J., «Sanhédrin», in *DBs*, 11, Paris 1991, 1353-1413.

MATHOREL, F., «La région apostolique française», *ACan* 29 (1985-86) 281-308.

———, «Province et autonomie des Églises particulières en France», *ACan* 30 (1987) 101-113.

MAURICE, J., «Les pharaons romains», *Byzantion* 12 (1937) 71-103.

MAZZILO, G., «Nodi storici ed ecclesiologici della prassi sinodale», in G. ANCONA, éd., *Dossier - Chiesa e sinodalità*, Gorle 2005, 121-144.

MAZZONI, G., *La collegialità episcopale: tra teologia e diritto canonico*, Bologna 1986.

———, «Episcopato collegialità e primato: presupposti teologici e giuridici», *Monitor Ecclesiasticus* 115 (1990) 535-549.

MCALEESE, M., *Quo vadis?: collegiality in the Code of canon law*, Dublin 2012.

MEDICO, G., «La collégialité épiscopale dans les lettres des pontifes romains du Vᵉ siècle», *RSPT* 49 (1965) 369-492.

MELLONI, A. – SCATENA, S., éd., *Synod and synodality: theology, history, canon law and ecumenism in new contact*. International colloquium Bruges 2003, Münster 2005.

MENDONCA, A., «Le pouvoir propre et le pouvoir vicaire dans l'Église», *Concilium (F)* 217 (1988) 95-107.

METZ, R., *Le nouveau droit des Églises orientales catholiques*, Paris 1997.

————, «De principio subsidiaritatis in iure canonico», in *Acta conventus internationalis canonistarum Romæ diebus 20-25 mai 1968 celebrati*, Città del Vaticano 1970, 297-306.

————, «L'institution synodale d'après les canons des synodes locaux (topiques). Étude des sources et application actuelle», *Kanon* 2 (1974) 154-176.

————, «Les conciles nationaux, pléniers, régionaux. Les conciles provinciaux», in G. LE BRAS – J. GAUDEMET, éd., *Histoire du droit et des institutions de l'Église en Occident*, XVII, Paris 1983, 131-153.

METZGER, M., «La pénitence dans les *Constitutions Apostoliques*», *RDC* 34 (1984) 224-234.

————, «Communautés locales, ministères et églises aux premiers siècles», *RDC* 67 (2017) 309-323.

MIELE, M., *Dalla sinodalità alla collegialità nella codificazione latina*, Padova 2004.

MILTOS, A., *Collégialité et synodalité. Vers une compréhension commune entre catholiques et orthodoxes*, Paris 2019.

MINNERATH, R., *De Jérusalem à Rome. Pierre et l'unité de l'Église apostolique*, Paris 1995.

————, «Primauté, collégialité, synodalité», in É. BESSON, éd., *Les évolutions du gouvernement central de l'Église*. Colloque de droit canonique de Lyon, 23-25 novembre 2016, Toulouse 2017, 95-110.

MIROSŁAW, S., *Competences of collegial organs in a particular Church: in the exercise of executive power according to the code of canon law of 1983*, Lublin 2013.

MODRIĆ, A., *Interazione tra l'esercizio della potestà dei vescovi diocesani e di quella del romano Pontifice alla luce dell'enciclica Ut unum sint*, Roma 2017.

MOLLAT, G. «Réserve», in *DDC*, 7, 635-640.

MONCEAUX, P., *De Communi Asiae provinciæ*, Paris 1885.

MONETA, P., «La sede episcopale metropolitana nel diritto canonico», *Il Diritto Ecclesiastico* 104 (1993) 82-96.

MONIER, R., *Manuel élémentaire de droit romain*, I-II, Paris 1947⁶-1954⁶, réimp. Scientia Aalen 1970.

MONNERON, J.L., *L'Église: institution et foi*, Bruxelles 1979.

MONTAN, A., «Responsabilità ecclesiale, corresponsabilità e rappresentanza», in P. GHERRI, éd., *Responsabilità ecclesiale, corresponsabilità e rappresentanza. Atti della giornata canonistica interdisciplinare 2009 (PUL)*, Roma 2010, 9-33.

MONTINI, G.P., «Le conferenze episcopali e i sinodi delle Chiese orientali», *QDE* 9 (1996) 433-448.

————, «Superior jerárquico», in *DGDC*, 7, 460-463.

MORANDINI, S., «Un dinamismo ecumenico», in P. CODA – R. REPOLE, éd., *La sinodalità nella vita e nella missione della Chiesa. Commento a più voci al Documento della Commissione teologica internazionale*, Bologna EDB 2019, 83-92.

MORGANTE, M., «Pallium», in P. PALAZZINI, éd., *Dictionarium morale et canonicum*, III (1966) 568-569.

MORRISEY, F.J., «Opinion, n. 8: Responsibility of Metropolitan in the Misconduct Cases», in F.S. PEDONE – J.I. DONLON, éd., *Roman Replies and CLSA advisory opinions*, Washington 2000, 71-73; *ibid.* 2004, 120-121.

MORTARI, L., *Consacrazione episcopale e collegialità, la testimonianza della Chiesa antica*, Firenze 1969.

MOSCONI, M., «"Favorire la comunione tra i vescovi e la solidarietà tra le Chiese": un'opportunità e una sfida per la provincia (e la regione) ecclesiastica», *QDE* 23 (2010) 186-212.

MÜLLER, H., «Utrum "communio" sit principium formale-canonicum novæ codificationis iuris canonici Ecclesiæ latinæ», *Periodica* (1990) 85-108.

————, «Comunione ecclesiale e strutture di corresponsabilità dal Vaticano II al codice di diritto canonico», in J. BEYER – G. FELICIANI – H. MÜLLER, *Comunione ecclesiale e strutture di corresponsabilità*, Roma 1990, 17-35.

MÜLLER, K., «Grenzen», in *Die Religion in Geschichte und Gegenwart. Handwörterbuch für Theologie und Religionswissenschaft*, III, Tübingen 1957³, 1854-1856.

MUNIER, C., «La coopération des évêques au bien commun de plusieurs Églises», in *La charge pastorale des évêques. Décret «Christus Do-*

minus». Texte, traduction et commentaires, UnSa 74, Paris 1969, 329-352.

MUNIER, C., «Concilium (concilia)», in C. MAYER – E. FELDMANN – K.H. CHELIUS, *Augustinus-Lexikon.* I, Basel 1986 -1994, 1085-1099.

MUSSELLI, L., «Forme ed Istituti di rappresentanza canonica», in P. GHERRI, éd., *Responsabilità ecclesiale, corresponsabilità e rappresentanza. Atti della giornata canonistica interdisciplinare 2009 (PUL),* Roma 2010.

MYRE, A., «Nouveau Testament et ministères», in Y. BERGERON, éd., *Des ministères nouveaux? Une question se pose,* Montréal 1985.

NAU, F., «Canons des apôtres», in *DTC,* 2/2, 1605-1626.

NAVARRO, L., «Manifestazioni giuridiche della comunione fra i vescovi», *IusEccl* 3 (1991) 573-585.

NAZ, R., éd., *Traité de Droit canonique,* I, Paris 1954.

———, «province ecclésiastique», in *DDC,* 7, 397-398.

———, «Synode», in *DDC,* 7, 1134.

NEDUNGATT, G., «La giurisdizione delle Chiese particolari», *Unitas* 31 (1976) 180-198 et 261-285.

NÈGRE, P., *Pour qu'Il ait en tout la primauté. Jean Zizioulas et Walter Kasper en dialogue,* CogFid 306, Paris 2018.

OCHOA SANZ, X., *Index verborum ac locutionum Codicis Iuris Canonici,* Roma 1984^2.

OCHOA SANZ, X. – ANDRÈS GUTTÉRIEZ, D., éd., *Leges Ecclesiæ post Codicem Iuris canonici 1917 editæ,* I-X, Roma 1966-2010.

ŒSTERLÉ, G., «Juridiction d'après le Code», in *DDC,* 6, 223-236.

ONCLIN, W., «La Collégialité épiscopale à l'état habituel ou latent», *Concilium (F)* 8 (1965) 79-88.

———, «Les évêques et l'Église universelle», in *La charge pastorale des évêques. Décret «Christus Dominus». Texte, traduction et commentaires,* UnSa 74, Paris 1969, 87-101.

———, «The Power of Decision in the Church at the supra-diocesan level», *Comm.* 2 (1970) 196-212.

———, Le pouvoir de l'évêque et le principe de la collégialité», in *Atti del Congresso Internazionale di Diritto Canonico. La Chiesa dopo il Concilio, Roma 14-19 gennaio 1970,* Milano 1972.

ORIOLI, D.G., «La collazione del pallio», *Nuntia* 2 (1976) 88-96.

ORLANDIS, J., «Funzione storica e ecclesiologica dei concili particolari», in M. GHISALBERTI – G. MORI, éd., *La sinodalità nell'ordinamento canonico,* Padova, 1991, 147-165.

ORLANDIS, J., *Le istituzioni della Chiesa cattolica: storia, diritto, attualità*, Cinisello Basalmo 2005.

ORRIEUX, L.M., «Fonctions et pouvoirs hiérarchiques», *RThom* 58 (1958) 654-673.

ÖRSY, L., «The Development of the concept of "Protos" in the ancient Church», *Kanon* 9 (1989) 82-97.

ORTIZ DE URBINA, I., *Histoire des conciles œcuméniques. I. Nicée et Constantinople*, Paris 1961.

OSTROGORSKY, G., *Histoire de l'État byzantin,* Paris 1956.

PAARHAMMER, H, «Kirchenprovinz, Metropolit, Provinzialkonzil», in F.M. SCHMÖLZ – H. PAARHAMMER, éd., *Uni trinoque domino,* Fs. Karl Berg, Thaur/Tirol 1989, 469-496.

PAGÉ, R., *Les Églises particulières*, I-II, Montréal – Paris 1989.

PALANQUE, J.R., «La paix constantinienne», in A. FLICHE – V. MARTIN, éd., *Histoire de l'Église depuis les origines jusqu'à nos jours*, III, Paris 1936, 17-39.

————, «Les métropoles ecclésiastiques à la fin du IVe siècle», in A. FLICHE – V. MARTIN, *Histoire de l'Église depuis les origines jusqu'à nos jours*, III, Paris 1936, 435-487.

PALARD, J., «Les recompositions territoriales de l'Église Catholique entre singularité et universalité. Territorialisation et centralisation», *ASSR* 107 (1999) 55-75.

PALAZZINI, P., «Archiepiscopus», in P. PALAZZINI – F. GALEA, éd., *Dictionarium morale et canonicum*, I, Romæ 1962, 301-302.

PASSICOS, J., «La réception des documents conciliaires relatifs à l'épiscopat dans les textes normatifs émanant du saint-Siège jusqu'au Code de 1983 inclus», in H.M. LEGRAND – CH. THÉOBALD, éd., *Le ministère des évêques au concile Vatican II et depuis,* Fs. G. Herbulot, Paris 2001, 103-120.

PARAVICINI BAGLIANI, A., «L'Église romaine de 1054 à 1122: réforme et affirmation de la papauté», in J.M. MAYEUR – CH., L. PIETRI – A. VAUCHEZ – M. VENARD, éd., *Histoire du christianisme. 5, Apogée de la papauté et expansion de la chrétienté (1054-1274)*, Paris 1993, 57-100.

PARTHEY, G., *Hieroclis Synecdemus et Notitiæ graecæ episcopatuum*, Berlin 1866.

PASQUALE, F.P., *La collegialità attraverso il passaggio dall'ecclesiologia preconciliare sulla comunione ed uguaglianza dei fedeli a quella postconciliare (can. 209): aspetti, espressioni e problematiche*, Roma 2005.

PÉLISSIER, J., «Nouvelle organisation pastoral de la France», *DocCath* 58 (1961) 1541-1546.

PERI, V., *I concili e le Chiese, ricerca storica sulla tradizione di universalità dei sinodi ecumenici*, Roma 1965.

——, «Chiese locali e cattolicità nel primo millennio della tradizione romana», in H.M. LEGRAND – J. MANZANARÈS – A. GARCÍA Y GARCÍA, éd., *Chiese locali e cattolicità*. Atti del colloquio internazionale di Salamanca 2-7 aprile 1991, Bologna 1994, 101-129.

——, «La Chiesa di Roma e le missioni "Ad gentes" (sec. VIII-IX)», in V. PERI, *Lo scambio fraterno tra le Chiese. Coponenti storiche della comunione*, Città del Vaticano (1993), 181-255.

PERROT, C., «Synagogue», in *DBs,* XIII, Paris 2005, 653-751.

PETERS, E.N., *Incrementa in progressu 1983 Codicis Iuris Canonici*, Montréal 2005.

PETRUCCI, E., «Rapporti di Leone IX con Costantinopoli. Parte I: Per la storia dello scisma del 1054», in *Studi Medievali*, 14 (1973^3) 733-831.

PETTINO, S., «*Sollicitudo pro universa Ecclesia», profili canonistici*, Milano 1983.

PHILIPS, G., *L'Église et son mystère au deuxième concile du Vatican. Histoire, texte et commentaire de la constitution «Lumen gentium»*, I-II, Paris 1967.

PIÉ-NINOT, S., *La sinodalitat eclesíal*, Barcelona 1993.

POIRIER, M., «L'évêque, les clercs, le peuple. La structure d'une communauté chrétienne au IIe siècle en Occident, d'après les œuvres de saint Cyprien», *Bulletin de la Société nationale des Antiquaires de France*, 2002 (2008) 54-78.

PONTAL, O. *Les conciles de la France capétienne jusqu'en 1215*, Paris 1995.

——, *Histoire des conciles mérovingiens*, Paris 1989.

POPEK, A.S., *The rights and obligations of metropolitans, a historical synopsis and commentary*, Washington 1947.

POTTMEYER, H.J., «Primato-collegialità episcopale nella ecclesiologia eucaristica di Joseph Ratzinger», in R. LA DELFA, éd., *Primato e collegialità "partecipi della sollecitudine per tutte le Chiese"*, Roma 2008, 71-90.

POTTERIE (DE LA), I., «L'origine et le sens du mot "laïc"», *NRT* 80 (1958) 840-853.

PRECLIN, M, «Le Gallicanisme au XVIIIe siècle, surtout en France», in A. FLICHE – V. MARTIN, éd., *Histoire de l'Église depuis les origines jusqu'à nos jours*, XIX/1, Paris 1955, 220-233.

PREVOST, J.P., éd., *Nouveau vocabulaire biblique,* Paris-Montréal, 2004.

PROVOST, J.H., «Groupings of Particular Churches, cc. 431-459», in J.A. CORIDEN – TH.J. GREEN – D.E. HEINTSCHEL, éd., *The Code of Canon Law. A text and commentary,* New York – Mahwah 1985, 350-377.

PUNIET (DE), P., «cathéchuménat», in *DACL,* 2/2, 2579-2621.

QUEINNEC, H., «La réforme des officialités françaises de 2011. Quelques remarques historiques, doctrinales et pratiques», *AnCan* 54 (2012) 361-376.

RAHNER, H., *L'Église et l'État dans le christianisme primitif (textes choisis),* tr. fr., Paris 1964.

RAMBAUD-BUHOT, J., «Denys le Petit», in *DDC,* 4, 1131-1152.

RATZINGER, J., La collégialité épiscopale, développement théologique», in G. BARAÚNA, éd., *La Chiesa del Vaticano II.,* Firenze 1965; *L'Église de Vatican II. Études autour de la constitution conciliaire sur l'Église.* III, éd. fr. Y. Congar, UnSa 51c, Paris 1966, 763-790.

————, *Le nouveau peuple de Dieu,* Paris 1971; titre original, *Das neue Volk Gottes. Entwürfe zur Ekklesiologie,* Düsseldorf 1969.

REED, G., «Grouping of Particular Churches», in G. SHEEHY – AL., éd., *The canon Law. Letter and Spirit. A Practical Guide to the Code of Canon Law,* prepared by the CLSA, Dublin 1995, 241- 257.

REDAELLI, C.R., *Il concetto di diritto della Chiesa nella riflessione canonistica tra Concilio e Codice,* Milano 1991.

————, «Le regioni ecclesiastiche in Italia», *QDE* 13 (2000) 403-433.

REMOSSI, A., *Il concetto di rappresentatività nell'ordinamento canonico,* Roma 2014.

RENKEN, J.A., *Particular Churches and the authority established in them: commentary on canons 368-430,* Ottawa 2011.

————, *Particular Churches: their internal ordering; commentary on canons 460-572,* Ottawa 2011.

————, «Metropolitans in the Latin Church», *Studies in Church Law* 8 (2012) 247-278.

RHODE, U., «Die recognitio von Statuten, Dekreten und Liturgischen Büchern», *AfkKR* 169 (2000) 433-468.

————, «Consentimiento para actos de la autoridad», *DGDC,* 2, 653-656.

————, *Kirchenrecht,* Stuttgart 2015.

ROBINSON, H.W., *Corporate personality in Ancient Israel,* Edinburgh 1981.

ROBINSON, H.W., «The Hebrew Conception of Corporate Personality», in P. VOLZ – Al., éd., *Werden und Wesen des Alten Testaments*, BZAW 66, Berlin 1936, 49-61.

RODRÍGUEZ-OCAÑA, R., «El motu proprio *Vos estis lux mundi*», *IusCan* 59 (2019) 825-884.

ROLAND, E., «Élections d'évêques», in *DTC*, 4, 2256-2281.

ROUQUETTE, R., «Actualités religieuses. Les collèges épiscopaux de la région parisienne», *Études*, 11/1966, 568-569.

ROUTHIER, G., «La synodalité de l'Église locale», *SCan* 26 (1992) 111-161.

―――, «Perspectives et dimensions d'une recherche sur la synodalité de l'Église», in A. MELLONI – S. SCATENA, éd., *Synod and Synodality. Theology, History, Canon Law and Ecumenism in new contact. International colloquium Bruges 2003*, Munster 2005, 92-103.

RUGGIERI, G., *I sinodi tra storia e teologia*, in G. ANCONA, éd., *Dossier – Chiesa e sinodalità*, Gorle 2005, 129-161.

RUIZ ORTA, J., «La organización de la Conferencia Episcopal Española en comparación con otras Conferencias Episcopales», *Cuadernos Doctorales* 11 (1993) 143-208.

SABBARESE, L., «Provincia ecclesiástica», in *DGDC*, 6, 611-615.

―――, *La costituzione gerarchica della Chiesa universale e particolare: commento al Codice di diritto canonico, libro II, parte II*, Città del Vaticano 2013.

SALACHAS, D., «Conciliarità e autorità nella Chiesa», *FCan* 10 (2007) 17-34.

SANCHEZ, J.M., «Synodalité: flux et reflux d'un concept», *Catholica* 101 (2008) 36-47.

SANTOS, M.A., «Sinodalidad», in *DGDC*, 7, 341-345.

SAXER, V., «L'Afrique chrétienne, 180-260», in J.M. MAYEUR – CH., L. PIETRI – A. VAUCHEZ – M. VENARD, éd., *Histoire du christianisme*, I, *Le nouveau peuple (des origines à 250)*, Paris 2000, 578-622.

―――, «L'organisation des Églises héritées des Apôtres (70-180)», in J.M. MAYEUR – CH., L. PIETRI – A. VAUCHEZ – M. VENARD, éd., *Histoire du christianisme*, I, *Le nouveau peuple (des origines à 250)*, Paris 2000, 367-436.

―――, «La mission: l'organisation de l'Église au IIIe siècle», in J.M. MAYEUR – CH. & L. PIETRI – A. VAUCHEZ – M. VENARD, éd., *Histoire du christianisme*, II. *Naissance d'une chrétienneté (250-430)*, Paris 1995, 41-75.

SCHATZ, K., «La riforma gregoriana e l'inizio di un'ecclesiologia universalistica», in H.M. LEGRAND – J. MANZANARÈS – A. GARCÍA Y GARCÍA, éd., *Recezione e comunione tra le Chiese*. Atti del colloquio Internazionale di Salamanca 8-14 aprile 1996, Bologna 1998, 147-159.

SCHELKLE, K.H., *Disciple et apôtres, Commentaire biblique du ministère sacerdotal*, Le puy-Lyon 1965.

SCHIMMELPFENNIG, B., «Ornements liturgiques du pape», in P. LEVILLAIN, éd., *Dictionnaire Historique de la Papauté*, Paris 1994, 1233.

SCHMALE, F.J., «Synodus, synodale, concilium», *AHC* 8 (1976) 80-102.

SCHNACKENBURG, R., «La coopération de la communauté par le consentement et l'élection», *Concilium (F)* 77 (1972) 21-30.

SCHOENIG, S.A., *Bonds of wool. The Pallium and papal power in the Middle Ages*, Washington 2016.

SCHOUPPE, J.P., «Les circonscriptions ecclésiastiques ou communautés hiérarchiques de l'Église catholique», *EthL* 81 (2005) 435-467.

SIEBEN, H.J., *Die Konzilsidee der alten Kirche*, Paderborn 1979, 384-423.

———, «Les synodes particuliers vus par eux-mêmes et vus par Rome. Quelques aperçus sur le premier millénaire», in H.M. LEGRAND – J. MANZANARÈS – A. GARCÍA Y GARCÍA, éd., *Les Conférences épiscopales. Théologies, statut canonique, avenir*. Actes du colloque international de Salamanque 3-8 janvier 1988, CogFid 149, Paris 1988, 53-84.

SIRKS, A.J.B., «The episcopalis audientia in Late Antiquity», *Droit et Culture* 65 (2013) 79-88.

SOBAŃSKI, R., «Implications canoniques de l'emploi de la notion de "collégialité" dans le contexte théologique des déclarations officielles de l'Eglise», *Concilium (F)* 230 (1990) 57-68.

SOHM, R., *Das altkatholische Kirchenrecht und das Dekret Gratians*, Darmstadt 1967[2].

———, *Kirchenrecht. I, Die Geschichtlichen Grundlagen*, München – Liepzig 1923.

SUTTER, J., «Les mutations de l'Église de France», *Politique aujourd'hui* (12/1970) 36-74.

———, «Analyse organigrammatique de l'Église de France», *Archives de sociologie des religions*, 31 (1971), 99-149.

STICKLER, A.M., «De potestatis sacrae natura et origine», *Periodica* 71 (1982) 65-91.

———, «La bipartición de la potestad eclesiástica en su perspectiva histórica», *IusCan* 15 (1975) 45-74.

SZABÓ, P., «Competenza governativa e fisionomia degli organi sinodali. L'integrità della potestà episcopale nel sistema degli organi sinodali di carattere permanente», *IusEccl* 19 (2007) 445-456.

————, «Analisi della competenza giuridica del metropolita "sui iuris"», in A. SZUROMI, éd., *Parare viam Domino*, Budapest 2005, 151- 177.

THOMASSIN, L., *Ancienne et nouvelle discipline de l'Église*, I-VII, Bar-Le-Duc 1894.

TILLARD, J.M., «Vatican II et l'après concile. Espoirs et craintes», in G. ALBERIGO, éd., *Les Églises après Vatican II. Dynamique et prospectives*, actes du colloque international de Bologne 1980, Paris 1981, 340-360.

————, *Église d'Églises. Ecclésiologie de communion*, CogFid 143, Paris 1987.

————, «Autorité et mémoire», *Irénikon* 61 (1988) 332- 346; 481-481.

————, *L'Église locale, ecclésiologie de communion et catholicité*, Paris 1995.

————, «Communion», in J.Y. LACOSTE, éd., *Dictionnaire critique de théologie*, Paris 1998, 236-242.

TOXÉ, PH., «Les nouveaux Statuts de la Conférence des Évêques de France», *ACan* 48 (2006) 261-273.

————, «L'office ecclésiastique dans l'organisation de l'Église», *ACan* 49 (2007) 55-82.

TRICHET, L., *Les synodes en France au XIXe et XXe siècles. Des atouts et des ambiguïtés*, Paris 2006.

TURNER, C.H, «The Blessed Presbyters who condemned Noetus», *The Journal of Theological Studies* 23 (1922) 28-35.

URRUTIA, F.J., *Les normes générales, commentaire du Code de Droit Canonique, Livre I*, Paris 1992.

VALDRINI, P., «La synodalité. Séance de clôture», *ACan,* hors-série II (1992), 847-860.

————, «La synodalité dans l'Église. L'expérience française depuis le concile Vatican II», *BO-CEF* 7, Paris 1992.

————, «La réforme des provinces ecclésiastiques en France métropolitaine. Le décret du 8 décembre 2002», in J.J. CONN – L. SABBARESE, éd., *Iustitia in Caritate,* Fs. V. De Paolis, Città del Vaticano 2005, 265-276.

————, «Note sur la notion d'office ecclésiastique dans le code de droit canonique», *ACan* 49 (2007) 47-53.

————, «Communauté et institution en droit canonique», in J.M. HUELS, éd., *Ad justitiam promovendam,* Fs. Roch Pagé, *StCan* 41 (2007) 47-63.

VALDRINI, P., «La synodalité dans le code de droit canonique de 1983. Une évaluation», in M. AOUN – J.M. ANDRIEU, éd., *Conciles provinciaux et synode diocésains, du concile de Trente à la révolution française. Défis ecclésiaux et enjeux politiques?*, Strasbourg 2010, 63-73.

————, «Gouvernement ecclésiastique et nouveaux réseaux d'influence et d'appartenance», *ACan* 54 (2012) 185-193.

————, «Promotion et limites de la synodalité dans l'Église catholique», *QDPE* 1 (2017) 127-139.

————, «La synodalité comme dimension constitutive de l'Église», in Pape FRANÇOIS, *Marcher ensemble. Discours pour le 50ᵉ anniversaire de l'institution du Synode des évêques*, Paris 2019.

————, «Doveri (generali) di vigilanza e incarichi (puntuali) di vista nell'ordinamento canonico», in M. DE BENEDETTO, éd., *Visite canoniche e ispezioni*, Torino 2019, 133-141.

VALDRINI, P. – Al., *Droit canonique*, Paris 1999².

VALDRINI, P. – É. KOUVEGLO, *Leçons de droit canonique*, Paris 2017.

VALENTINI, D., «Regard sur les positions des théologiens. Revue des principaux écrits et état actuel de la question», *Concilium (F)* 230 (1990) 43-55.

VALICOURT (DE), É., «Le canon 127 et l'exercice du pouvoir de gouvernement de l'évêque diocésain», *ACan* 53 (2011) 209-250.

VALLIN, P. «Figures de synodalité aujourd'hui», *Concilium (F)* 291 (2001) 115-127.

VAUCELLES (DE), L., «Structure générale de l'Église de France», *Études* (10/1973) 425-439.

————, «La réforme constitutionnelle de la Conférence Épiscopale», *Études* (4/1974) 593-600.

VIANA, A., *Organización del gobierno en la iglesia según el derecho canónico latino*, Pamplona 1995.

————, «Territorialidad [principio de]», in *DGDC*, 7, 557-562.

VIDAL, M., «La réception des documents conciliaires concernant leur ministère par les évêques de France», in H.M. LEGRAND – CH. THÉOBALD, éd., *Le ministère des évêques au concile Vatican II et depuis,* Fs. G. Herbulot, Paris 2001, 155-163.

VILELA, A., *La condition collégiale des prêtres au IIIᵉ siècle*, Paris 1971.

VILLEMIN, L., «Le diocèse est-il une Église locale ou une Église particulière? Quel est l'enjeu de ce vocabulaire?», in H.M. LEGRAND – CH. THÉOBALD, éd., *Le ministère des évêques au concile Vatican II et depuis,* Fs. G. Herbulot, Paris 2001, 75-86.

VILLEMIN, L., *Pouvoir d'ordre et pouvoir de juridiction, histoire théologique de leur distinction,* Paris 2003.

————, «Les provinces ecclésiastiques et la théologie de l'Église», in G. ROUTHIER, éd., *Nouveaux apprentissages pour l'Église,* Fs. H.M. Legrand, Paris 2006, 185-204.

VILLIEN, A., «Décrétales (les fausses)», in *DTC,* 4, 212-222.

VITALI, D., «I soggetti della sinodalità alla luce dell'ecclesiologia del concilio: popolo di Dio, collegio episcopale, vescovo di Roma», in L. BALDISSERI, éd., *A cinquant'anni dall'Apostolica sollicitudo. Il sinodo dei vescovi al servizio di una Chiesa sinodale,* Città del vaticano, 2016, 141-189.

————, «Sensus fidei, dono della dignità battesimale per edificare una Chiesa sinodale», in *La sinodalità nella Chiesa. Un approccio multidisciplinare,* éd. Archidiocesi di Milano, Milano 2018, 141-170.

VOGEL, C., «Unité de l'Église et pluralité historique des organisation», in Y. CONGAR – B.D. DUPUY, éd., *L'Épiscopat et l'Église universelle,* UnSa 39, Paris 1962, 590-636.

————, «Communion et Église locale aux premiers siècles», *ACan* 25 (1981) 169-177.

WEBER, J.J., «Où en est l'organisation de l'Église en France», *RDC* 17 (1967) 3-14.

WEIDEMAN, M., *Kulturgeschichte der Merovingierzeit nach den werken Gregors von Tours,* Mainz 1982.

WERNZ, F.X.– VIDAL, P., *Ius canonicum. II. De Personis,* Roma 1943[3].

WIJLENS, M., «Local Churches and their grouping: a Roman catholic perspective», *IKZ* 92 (2002) 100-117.

WILL, R., «Église», in A. WESTPHAL, éd., *Dictionnaire encyclopédique de la Bible,* I, Valence-sur-Rhône, 1957[2].

WITSCH, N., «Synodalität», in A. VON CAMPENHAUSEN – I. RIEDEL-SPANGENBERGER – R. SEBOTT, éd., *Lexikon für Kirchen und Staats-kirchenrecht,* III, Paderborn – Müchen – Wien – Zürich 2000, 642-644.

WROCEŃSKI, J., «La potestà amministrativa ordinaria propria e vicaria», in J. WROCEŃSKI – M. STOKŁOSA, éd., *La funzione amministrativa nell'ordinamento canonico: XIV Congresso internazionale di diritto canonico, Varsavia, 14-18 settembre 2011.* I, Warszawa 2012, 417-439.

YANNOU, H., «Les Assemblées Plénières de l'Épiscopat français, 1906-1907», in *Sanctuaires français et italiens dans le monde contemporains, Mélanges de l'École Française de Rome* 117-2 (2005) 787-829.

ZANNOTTI, L., *La Chiesa e il principio di autorità: una riflessione sugli elementi essenziali del diritto canonico*, Torino 2012.

ZEILLER, J., «L'organisation ecclésiastique», in A. FLICHE – V. MARTIN, éd., *Histoire de l'Église depuis les origines jusqu'à nos jours*. II, Paris 1935, 398-400.

ZIZIOULAS, J., «The development of Conciliar Structures to the Time of the First Ecumenical Council», in *Councils and the Ecumenical Movement*, Genève 1968, 34-51.

———, *L'Être ecclésial*, Genève 1981.

———, «Episkopé et episkopos dans l'Église primitive. Bref inventaire de la documentation», *Irénikon* 56 (1983) 484-501.

———, *L'Eucharistie, l'Évêque et l'Église durant les trois premiers siècles*, Paris 1994.

———, *The One and the Many. Studies on God, Man the Church and the World Today*, Alhambra (California) 2010.

INDEX DES AUTEURS

TABLE DES MATIÈRES

DEUXIÈME PARTIE
LES FONCTIONNEMENTS DE LA SYNODALITÉ ÉPISCOPALE
PROVINCIALE EN FRANCE

CHAPITRE III: *Les fonctions des provinces ecclésiastiques en France* 235

TESI GREGORIANA

Depuis 1995, la collection «Tesi Gregoriana» met à la disposition du pubblic quelques-unes des meilleures thèses élaborées à l'Université Pontificale Grégorienne. La composition en est assurée par les auteures eux-mêmes, selon les normes typographiques définies et contrôlées par l'Université.

Volumes Publiés [Série: Droit Canonique]

60. UGGÉ, Bassiano, *La fase preliminare/abbreviata del processo di nullità del matrimonio in secondo grado di giudizio a norma del can. 1682 § 2*, 2002, pp. 368.

61. SAJE, Andrej, *La forma straordinaria e il ministro della celebrazione del matrimonio secondo il Codice latino e orientale*, 2003, pp. 276.

62. COLOMBO, Giovanna Maria, *«Sapiens aequitas». L'equità nella riflessione canonistica tra i due codici*, 2003, pp. 452.

63. SEQUEIRA, Domingos, *Os presbíteros diocesanos e o seu envolvimento na política: proibição e excepção. Estudo histórico-canónico-teológico*, 2004, pp. 384.

64. GAVIN, Fintan, *Pastoral Care in Marriage Preparation (Can. 1063). History, Analysis of the Norm, and Its Implementation by Some Particular Churches*, 2004, pp. 240.

65. BESSON, Éric, *La dimension juridique des sacrements*, 2004, pp. 386.

66. WALKER VICUÑA, Francisco, *La facultad para confesar*, 2004, pp. 270.

67. TKHOROVSKYY, Mykhaylo, *Procedura per la nomina dei Vescovi. Evoluzione dal CIC 1917 al CIC 1983*, 2004, pp. 276.

68. MANTARAS RUIZ-BERDEJO, Federico, *Discernimiento vocacional y derecho a la intimidad en el candidato al presbiterado diocesano*, 2004, pp. 492.

69. DOTTI, Federica, *Diritti della difesa e contraddittorio: garanzia di un giusto processo? Spunti per una riflessione comparata del processo canonico e statale*, 2005, pp. 290.

70. DE BERTOLIS, Ottavio, *Origine ed esercizio della potestà ecclesiastica di governo in San Tommaso*, 2005, pp. 214.

71. DE OLIVEIRA, Mário Rui, *O direito a viver do Evangelho. Estudo jurídico-teológico sobre a Sustentação do Clero*, 2006, pp. 368.

72. CIERKOWSKI, Stanisław, *L'impedimento di parentela legale. Analisi storico-giuridica del diritto canonico e del diritto statale polacco*, 2006, pp. 584.

73. VANZI, Alberto, *L'incapacità educativa dei coniugi verso la prole come incapacità ad assumere gli oneri essenziali del matrimonio (can. 1095, 3°)*, 2006, pp. 344.

74. GIRAUDO, Alessandro, *L'impedimento di età nel matrimonio canonico (can. 1083). Evoluzione storica e analisi delle problematiche attuali della dottrina e della prassi*, 2007, pp. 470.

75. SOSNOWSKI, Andrzej, C.R., *L'impedimento matrimoniale del voto perpetuo di castità (can. 1088 C.I.C.). Evoluzione storica e legislazione vigente*, 2007, pp. 336.

76. DELLAVITE, Giulio, *«Munus pascendi»: autorità e autorevolezza. Leadership e tutela dei diritti dei fedeli nel procedimento di preparazione di un atto amministrativo*, 2007, pp. 388.

77. ANAYA TORRES, Juan Miguel, *La expulsión de los religiosos. Un recorrido histórico que muestra el interés pastoral de la Iglesia*, 2007, pp. 550.

78. MAZZOTTI, Stefano, *La libertà dei fedeli laici nelle realtà temporali (c. 227 C.I.C.)*, 2007, pp. 336.

79. PIŁAT, Zbigniew, *Rilevanza giuridica delle interpellazioni e delle cauzioni nello scioglimento del matrimonio*, 2007, pp. 302.

80. SMITH, Gregory N., *The Canonical Visitation of Parishes. History, Law and Contemporary Concerns*, 2008, pp. 366.

81. GORBATYKH, Vitaliy, *L'impedimento della parentela spirituale nella Chiesa Latina e nelle Chiese Orientali. Studio storico-canonico*, 2008, pp. 352.

82. HUBERT, Patrick, *«De praesumptionibus iurisprudentiae». Zur Entwicklung ständiger richterlicher Vermutungen in der neueren Rota-Rechtsprechung und deren Anwendung an untergeordneten Gerichten*, 2009, pp. 320.

83. HALLEIN, Philippe, *Le défenseur du lien dans les causes de nullité de mariage. Étude synoptique entre le code et l'Instruction «Dignitas connubii», fondée sur les travaux des commissions préparatoires de l'Instruction*, 2009, pp. 728.

84. CEREZUELA GARCÍA, Carlos A., *El contenido esencial del* bonum prolis. *Estudio histórico-jurídico de Doctrina y Jurisprudencia*, 2009, pp. 364.

85. PETIT, Emmanuel, *Consentement matrimonial et fiction du droit. Étude sur l'efficacité juridique du consentement après l'introduction de la fiction en droit canonique*, 2010, pp. 410.

86. GRIGORITA, Georgică, *L'autonomie ecclésiastique selon la législation canonique actuelle de l'Eglise orthodoxe et de l'Eglise catholique. Étude canonique comparative*, 2011, pp. 612.

87. SCOPONI, Paolo, *I divieti matrimoniali in casi singoli*, 2011, pp. 346.

88. IVANDIC, Petar, *Die verbindlich vorgeschriebenen Konsultationsorgane des Diözesanbischofs im universalen Recht der lateinischen Kirche und deren Verwirklichung in den Partikularnormen der Diözese Eisenstadt. Eine kanonistische Studie unter besonderer Berücksichtigung der diözesanen Gesetzgebung*, 2011, pp. 272.

89. POCAŁUJKO, Tomasz Paweł, *La prevenzione della nullità del matrimonio nella preparazione e nell'ammissione alle nozze con una considerazione del contributo dei tribunali ecclesiastici*, 2011, pp. 362.

90. SARTOR, Roberto, *Le convenzioni tra il Vescovo diocesano e il Superiore di un Istituto missionario a norma del can. 790 §1, 2° del CIC. Prassi della Congregazione dei Missionari Oblati di Maria Immacolata*, 2011, pp. 382.

91. FRANCHETTO, Fabio, *«Error in persona» (can. 1097 §1). Il dibattito sul concetto di persona nella trattazione dell'*error facti. *Analisi della dottrina e della giurisprudenza*, 2011, pp. 514.

92. MEZZOGORI, Ciro, *Vocazione sacerdotale e incardinazione nei movimenti ecclesiali. Una questione aperta*, 2012, pp. 520.

93. DANTO, Ludovic, *Le pouvoir des évêques en matière de dispense matrimoniale. Etude historico-canonique du Concile de Trente au Code de Droit Canonique de 1983*, 2012, pp. 336.

94. ALEXANDRE, Hélder Miranda, *A figura do penitenciário no desenvolvimento histórico-canónico do sacramento da penitência*, 2013, pp. 324.

95. NORD, Aaron Paul, Sede Vacante *Diocesan Administration*, 2014, pp. 396.

96. MILLOT, Guillaume, *La négligence dans l'exercice des charges. Approche en droit canonique pénal*, 2014, pp. 330.

97. HANSEN, Fredrik, *The Unity and Threefold Expression of the* Potestas Regiminis *of the Diocesan Bishop – Cann. 381 §1 And 391*, 2014, pp. 238.

98. ALBANESE, Emanuele, *Pornografia e consenso matrimoniale. La fruizione di pornografia oggi e il suo influsso sul consenso matrimoniale canonico*, 2014, pp. 270.

99. AROH, Prudentius Emeka, *Priestly Celibacy: A Gift and a Commitment (can. 277 §1). Adaptation to Igbo culture*, Nigeria, 2014, pp. 413.

100. DOHNALIK, Jan, *Il precetto pasquale. La normativa sulla Comunione e la confessione annuale (cann. 920 e 989) alla luce della tradizione canonica*, 2015, pp. 478.

101. RZECZEWSKA, Jolanta, *Les charismes dans l'Eglise et leur institutionnalisation canonique*, 2016, pp. 520.

102. SANGIANI, Fausto, *Comunità di famiglie: nuovo orizzonte dell'associazionismo nella Chiesa*, 2016, pp. 434.

103. INTERLANDI, R., *Potestà sacramentale e potestà di governo nel primo millennio. Esercizio di esse e loro distinzione*, 2016, pp. 728.

104. LOHSE, Edward, *Restricting the Right of the Faithful to Enter a Church for Divine Worship: Law and Jurisprudence*, 2016, pp. 442.

105. DOKTORCZYK, Stephen S., *Persistent Disobedience to Church Authority: History, Analysis and Application of Canon 1371, 2°*, 2016, pp. 336.

106. OPONDO, Jacinta Auma, *Temporary profession and exclusion from subsequent profession (cann. 655; 689). Theological-Juridical Study*, 2016, pp. 448.

107. GILLESPIE, Kevin G., *Ecclesiastical Office and the Participation of the Lay Faithful in the Exercise of Sacred Power. Towards a theological and canonical understanding of the mutual orientation in the sign of Christ*, 2017, pp. 494.

108. MODRIĆ, Alan, *Interazione tra l'esercizio della potestà dei vescovi diocesani e di quella del romano pontefice alla luce dell'enciclica* Ut unum sint, 2017, pp. 384.

109. PAGLIALUNGA, Sara, *Il sanzionamento del sacerdote concubinario. Una norma a difesa dell'obbligo alla continenza (can. 1395 § 1)*, 2017, pp. 206.

110. SPEDICATO, Emanuele, *Le cause di canonizzazione alla luce del diritto processuale. Analisi testuale e contestuale del can. 1403*, 2017, pp. 316.

111. BERTOMEU FARNÓS, Jordi, *La participación de los laicos en el ejercicio de la cura pastoral parroquial: ¿expresión de una nueva ministerialidad en la Iglesia? Estudio exegético del can. 517 §2 CIC*, 2017, pp. 400.

112. GOŁĘBIOWSKI, Robert, *Il curatore processuale nelle cause di nullità matrimoniali secondo la giurisprudenza rotale: funzione e costituzione*, 2018, pp. 302.

113. MASSIGNANI, Enrico, *L'istituto della convalidazione automatica: un confronto tra l'ordinamento canonico e quello statuale (in particolare italiano), con speciale riguardo alla convalida del matrimonio*, 2019, pp. 416.

114. DE CANDOLLE, Côme, *Paternité et autorité dans la vie religieuse. À la lumière des canons 618 et 619 CIC 1983*, 2019, pp. 477.

115. CHEULA, Stefano, *L'ufficio del parroco secondo il dettato del canone 522. Per un'analisi della nota della stabilità nell'ufficio e del suo fondamento ecclesiologico*, 2020, pp. 342.

116. GALLO, Piero, *Rapporti tra diritto canonico, diritto vaticano e Curia Romana. Le recenti riforme adottate dalla Santa Sede in materia penale ed economico-finanziaria*, 2020, pp. 258.

117. HANICOTTE, Vincent, *Confier une paroisse à une collectivité associative? Enjeux et conditions d'une application analogique du can. 520*, 2020, pp. 516.

118. POLAND, John D., *Guidelines Produced in Response to the Cdf's Circular Letter of 3 May 2011 Complementary to Art. 6 §§1-2 of the 2010* Normae De Gravioribus Delictis. *A Canonical Analysis in Light of the Work of the CDF*, 2021, pp. 479.

119. FERMANEL, Frédéric, *La synodalité épiscopale dans la province ecclésiastique latine. Sa physionomie dans l'ordonnancement canonique actuel, particulièrement en France*, 2021, pp. 522.

Finito di stampare nel mese di giugno 2021
presso Printbee.it - Noventa Padovana (PD)